INÉS ET LA JOIE

Du même auteur :

Le Cœur glacé, Lattès, 2008.

www.editions-jclattes.fr

Almudena Grandes

INÉS ET LA JOIE

Roman

Traduit de l'espagnol
par Serge Mestre

JC Lattès

Ouvrage publié sous la direction de Sibylle Zavriew

Titre de l'édition originale
INÉS Y LA ALEGRÍA
publiée par Tusquets Editores S.A., Barcelona

Couverture : Bleu T
Photo : Guérilleros de la UNE à Bosost (Val d'Aran, oct 1944).
Photographie tirée de *Hasta su total aniquilación*, de Fernando Martínez de Baños (Madrid, Almera, 2002). © Droits réservés.

ISBN : 978-2-7096-3678-0

(Première édition : avril 2012)

À Luis
À nouveau,
et ce ne sera jamais assez

« Hoy, cuando a tu tierra ya no necesitas,
Aún en estos libros te es querida y necesaria,
Más real y entresoñada que la otra ;
No esa, mas aquella es hoy tu tierra.
La que Galdós a conocer te diese,
Como él tolerante de lealtad contraria,
Según la tradición generosa de Cervantes,
Heroica viviendo, heroica luchando
Por el futuro que era el suyo,
No el siniestro pasado al que a la otra han vuelto.

Lo real para ti no es esa España obscena y deprimente
En la que regentea hoy la canalla,
Sino esta España viva y siempre noble
Que Galdós en sus libros ha creado.
De aquella nos consuela y cura esta. »

Luis Cernuda, « Díptico español »,
Desolación de la Quimera (1956-1962)

À Azucena Rodríguez,
qui a aussi écrit ce roman pour moi,
tandis que j'écrivais pour elle le scénario
d'un film qui n'a jamais été tourné,
mais qui nous a liées d'amitié pour toujours.
Nous sommes toutes les deux Inés,
car celle-ci est notre histoire.

Et à la mémoire de Toni López Lamadrid,
que j'ai tant estimé,
et envers qui je me sentirai toujours en dette
pour tant de choses, la dernière,
sa passion pour ce livre.

« Malgré le meilleur compagnon perdu,
malgré ma sordide famille qui ne comprend pas
ce que j'aurais voulu surtout qu'elle eût compris,
et malgré cet ami qui déserte et nous vend ;

Niebla, mon camarade,
tu n'en sais rien, bien sûr, mais il nous reste encore,
au milieu de cette héroïque peine bombardée,
la foi, qui est la joie ; la foi : la joie, la joie. »

Rafael Alberti, « À *Niebla*, mon chien »,
Capitale de la gloire (1936-1938)

Note de l'auteur

Inés et la joie est une fiction insérée au sein de la chronique d'un événement historique réel. Pour affronter son écriture, un format totalement nouveau pour moi, j'ai fidèlement conservé certains événements authentiques et j'ai pris certaines libertés.

J'ai développé ma propre version de l'invasion du val d'Aran dans un roman qui possède trois axes : premièrement les chapitres dont le titre est entre parenthèses, deuxièmement l'histoire d'Inés et troisièmement l'histoire de Galán.

Le premier axe des chapitres entre parenthèses est le récit d'une série d'événements historiques qui se sont réellement déroulés pendant la période où se situe la narration et est d'une nature différente à celle des autres chapitres du livre. C'est le niveau du pouvoir, celui des hautes sphères où a été décidé le sort des guérilleros.

Les deux autres axes – celui de l'histoire d'Inés et celui de l'histoire de Galán – complètent une trame fictionnelle que j'ai inventée, bien que les personnages et les faits se fondent sur une histoire et des personnages aussi réels que ceux des chapitres dont le titre est entre parenthèses. Mais ils surviennent à un niveau différent, celui des simples acteurs de l'invasion, qui ignorent les décisions qu'on est en train de prendre à propos de leur destin, en plusieurs hauts lieux, parfois très éloignés, et toujours sans les consulter. Malgré cette distance, les pages du roman, comme les jours de la réalité, sont perforés de tunnels et de raccourcis permettant aux personnages des hautes sphères du pouvoir de redescendre, de temps à autre, au niveau du sol.

Il y a donc trois narrateurs. Deux d'entre eux, Inés et Galán, sont des personnages de fiction. Le troisième narrateur est un personnage réel, puisque c'est moi. Les quatre chapitres entre parenthèses intercalés entre les chapitres de fiction du livre renferment ma vision personnelle de cet épisode, ce que j'ai pu vérifier, mettre en rapport et interpréter pour élaborer ce qui prétend n'être juste qu'une hypothèse vraisemblable de ce qui s'est passé en réalité. Si j'ai osé proposer ma propre version, c'est parce que, pour des raisons qu'on peut aisément deviner dans de nombreuses pages de ce livre, il n'existe pas de version officielle de ce qui a eu lieu. Ni les autorités franquistes, ni la direction du PCE, n'ont jamais souhaité se donner la peine de fixer le récit de cet épisode.

En ce sens, je voudrais insister ici sur le fait qu'*Inés et la joie* est du début à la fin un roman et donc, en aucun cas, un livre historique. Les fragments non fictionnels font eux aussi partie de la fiction et je n'ai jamais prétendu – je ne le ferai jamais – m'octroyer la moindre autorité à propos de ce sujet. Si j'ai opté pour extraire la trame historico-politique du corps central du livre – un procédé que je réutiliserai probablement, pour les mêmes raisons, dans le quatrième et le sixième de mes « Épisodes d'une guerre interminable » – c'est parce que aujourd'hui personne ne possède une connaissance précise de cette invasion. Par ailleurs, il était narrativement impossible de soutenir que deux militants de base, tels qu'Inés et Galán, puissent avoir eu accès à une information secrète ne circulant que dans les hautes sphères d'une Direction dont ils ne faisaient absolument pas partie. Et enfin, aucun lecteur contemporain n'aurait pu comprendre leurs réactions ni comprendre leur histoire, s'il n'avait été au courant de la conjoncture historique et du contexte politique au sein desquels ont eu lieu les opérations de l'armée de l'Union nationale espagnole.

(Avant)

Toulouse, une journée du mois d'août, ou peut-être est-ce encore juillet, ou alors début septembre 1939.

Une femme marche dans la rue, les lèvres serrées, le pas pressé et à la fois retenu de quelqu'un qui a des ennuis ou une longue liste de choses à faire. Elle s'appelle Carmen, semble extrêmement jeune. Il est fort probable que ce jour-là, dont on ignore la date précise, elle n'ait pas encore vingt-trois ans. Cependant elle a déjà beaucoup vécu.

« *Bonjour, monsieur*[*1].

— *Bonjour, madame*[*]. »

Le boulanger, peut-être le boucher, ou le marchand de fruits, appuyé contre l'encadrement de la porte que vient de franchir Carmen, salue d'un air satisfait une de ses clientes qu'il n'a pas vue depuis plusieurs jours ; probablement était-elle en vacances. En 1939, les Français partaient encore l'été, ils continuaient à vivre dans un monde où l'on trouvait du travail et prenait des congés, où l'on pouvait voir des plages, des cabines et des parasols plantés dans le sable, des vagues paisibles en Méditerranée et de majestueuses marées dans l'Atlantique.

Carmen devait penser à tout cela et probablement à un archipel d'innombrables terrasses avec des draps étendus ou des treilles croulant sous le poids des grappes vertes, elle devait penser au soleil étincelant sur les murs chaulés dans le silence paresseux de la sieste, à une mouche soûle d'avoir voleté pendant des heures au-dessus du rond mystérieux de

---

1. Tous les mots ou phrases en italique suivis d'un astérisque sont en français dans le texte. (*Toutes les notes sont du traducteur*.)

la même cruche, et à des enfants à moitié nus au sourire de figue, ou de pastèque, le jus sucré des fruits dégoulinant en joyeux ruisseaux de plaisir le long de leur menton. Ces souvenirs faisaient déjà partie d'un temps révolu, d'étés tout proches, mais qui semblaient à présent si lointains, dans ce pays qui existe et n'existe pas, qui a disparu et aura toujours les fenêtres closes, les persiennes tirées en guise de bouclier protégeant de la chaleur, et dont les terrasses des villes seront pleines de noctambules en train de chanter et d'ivrognes heureux de voir un nouveau jour se lever alors qu'ils traînent encore dans la rue. Et sur la côte, on pourra voir ces mêmes villages aux vertigineuses montées, semblables à des toboggans d'un blanc poussiéreux et sans trottoirs, laissant voir au loin des lambeaux de mer aussi propre, aussi belle et aussi bleue que ne pourra jamais l'être aucune autre mer. Mais il vaut mieux tout oublier, éviter de se rappeler. Tandis qu'elle entend la voix d'une cliente inconnue demandant le prix de ceci ou de cela à un commerçant, Carmen pense à l'Espagne et presse davantage le pas, ses lèvres aussi : variante exaspérée de la détermination, qui est le seul patrimoine des gens désespérés.

« *Écoute, Marcel ! Où vas-tu tellement** ?... » Le bruit du pédalier, des engrenages tournant à toute vitesse dans un tintamarre de grincements métalliques, l'empêche de saisir la fin de la question.

« *Salut** ! » En revanche, elle entend la réponse, une expression neutre que l'accent maladroit et malicieux du cycliste a transformée en mot de passe impossible à déchiffrer pour elle.

Lorsque leurs chemins se croisent, l'adolescent marchant sur le trottoir continue à rire, bien que la bicyclette de son ami ait disparu depuis plusieurs minutes à l'angle d'une rue. Il ne sait pas que la jeune femme qui vient dans sa direction utilise tous les jours une expression pratiquement identique, *¡salud!* même si personne ne sourit plus en l'entendant. S'il le savait, cela n'aurait d'ailleurs aucune importance. C'est la raison pour laquelle Carmen préfère ne même pas y penser tout en pressant le pas, en surveillant l'agitation qui l'entoure et en tentant de ne pas trop attirer l'attention des passants. Cela n'a jamais été très difficile pour elle, qui est plutôt petite, avec des hanches larges, des jambes plutôt courtes et un visage sympathique, de petits yeux vifs et un sourire permanent aux lèvres. On ne peut pas dire qu'elle soit laide, elle aurait même un physique agréable si l'on voulait se donner la peine de la détailler. En réalité elle est surtout commune voire banale, intérieurement comme extérieurement. En somme, c'est une femme comme on en voit partout. Carmen de Pedro a toujours été une femme comme une autre. Et elle l'est demeurée jusqu'à ce qu'elle… – mais peut-être serait-il plus précis d'utiliser une majuscule – jusqu'à ce qu'Elle la choisisse parmi tant d'autres, pour lui confier une tâche bien au-delà de son ambition et de ses compétences.

Depuis ce jour, Carmen ne dort plus très bien. Elle a peur de tout, et surtout d'elle-même, de l'échec prévisible de cette mission trop gigantesque pour elle. Lorsqu'elle avait adhéré au Parti, elle était encore une jeune fille, presque une gamine. Elle n'aurait jamais pu imaginer la colossale responsabilité qu'un jour on allait lui confier, qui allait laminer son caractère fantaisiste et finir par ébranler sa conscience. Voilà le genre de responsabilité qu'elle ressent à présent, l'immense rocher aux arêtes acérées qui lui déchire la peau à chaque pas et lâche des monstres, des dangers semblables à des monstres, tout au long de ses interminables insomnies, et dans les plis sombres de ses rêves toujours plus sombres.

Tandis qu'elle marche dans Toulouse, rue des Jacobins peut-être, rue Mirepoix, rue Léon-Gambetta, des rues étroites bordées de maisons de pierre au bout desquelles on n'aperçoit jamais la mer en fond, voilà ce que voit cette brave fille qui n'a jamais demandé à devenir autre chose que la dactylo du Comité central, à Madrid. Elle connaissait personnellement presque tous les dirigeants du parti communiste espagnol, oui, bien sûr, mais seulement parce qu'elle tapait leurs interventions à la machine, remettait leurs lettres au propre, avant de les leur faire signer, et aussi parce qu'elle leur ouvrait la porte lorsqu'ils arrivaient et la refermait lorsqu'ils repartaient, toujours le même sourire aux lèvres. Cela avait dès le début été son travail et elle le faisait correctement. Elle n'avait jamais espéré autre chose. À présent, tandis que Toulouse profite d'une nouvelle journée agréable et tempérée, et de l'ennuyeuse existence d'une

France qui ne veut rien savoir, ni ce qui se passe autour d'elle, ni quel jour il est, qui sont ses voisins, à quoi ils jouent, ce qu'ils cherchent, Carmen de Pedro marche dans les rues avec un enfer sur les épaules, un malaise qu'elle transporte où qu'elle aille : une autre de ces maudites bénédictions espagnoles.

« *À tout à l'heure, madame** *!*

— *Au revoir, Marie. À dimanche** *!* »

La clochette installée sur le chambranle de la porte de la boutique tinte comme un joyeux crotale exotique, un raffinement sonore, qui va de pair avec l'allure de la vieille femme – couverte de bijoux, bien coiffée, bien habillée, donnant l'impression d'avoir été riche toute sa vie – qui sort de la pâtisserie une boîte de gâteaux à la main, tandis qu'une gamine élancée, d'une dizaine d'années, lui maintient la porte ouverte.

« *Au revoir, Nicole** *!* » Le salut fait sourire la gamine dont les lèvres sont tachées de sucre. Dans sa main droite, on peut voir la brioche à moitié mordue qu'elle a choisie pour son goûter à la sortie de l'école.

« *Au revoir, madame** *!* »

Derrière la vitre, sa mère est vêtue d'un tablier impeccablement blanc, sur lequel est brodé, en lettres bleues à la calligraphie fleurie, le nom de l'établissement : Pâtisserie du Capitole. Elle attend que la cliente se soit éloignée pour demander à sa fille de monter à l'étage faire ses devoirs. La rue Gambetta s'élargit juste pendant quelques mètres avant de déboucher sur la place du Capitole, aussi vaste et harmonieuse que la mer qui n'atteint pas Toulouse. Plus loin, sous les arcades, à moitié dissimulé à la devanture d'un magasin, faisant semblant d'observer une vitrine où est installée une sélection de parapluies, ou de fromages, ou de livres, qui de toute façon ne l'intéresse absolument pas, un homme est en train de l'attendre.

Voilà déjà plusieurs jours qu'il la suit à bonne distance sans se faire repérer. Il sait où elle habite, connaît la liste des gens qu'elle fréquente. Il est informé de l'heure à laquelle elle sort de chez elle et du chemin qu'elle emprunte. Il est également au courant de l'endroit où elle déjeune et avec qui, de l'heure à laquelle elle revient chez elle, mais il a surtout vérifié qu'elle rentrait bien toute seule. Il aurait pu l'aborder la veille ou le lendemain. Mais, avec une saisissante simplicité et son aplomb habituel, il a décidé de le faire aujourd'hui, allez savoir pourquoi. Il étudie un instant son reflet dans la vitrine, corrige légèrement l'inclinaison de son chapeau, enfonce les mains dans ses poches et se retourne soudain pour traverser la place, les yeux fixés au sol, avec une hâte artificielle. Il coupe la trajectoire de la femme en ligne droite et la bouscule doucement.

« *Excusez-moi**. » Et lorsqu'il se retrouve nez à nez devant elle, seulement à ce moment-là, il redresse la tête et croise son regard. L'expression, qu'il avait répétée plusieurs jours auparavant, se dessine sur sa bouche. Elle exprime un étonnement excessif.

« Carmen !

— Jesús... » Elle met un moment avant de le reconnaître, regarde à droite puis à gauche, derrière elle, vérifie qu'il est tout seul, croise à nouveau son regard, son sourire et lui sourit enfin.

« Carmen, quelle surprise ! » Il lui tend ses mains, saisit les siennes et l'embrasse sur les joues. « Comment vas-tu ? »

Il n'est pas facile de décrire cet homme, et il est encore plus difficile de le comparer à ses camarades, à ses compatriotes, à ses contemporains. Il est facile à aimer et difficile à oublier, de l'intérieur, mais aussi de l'extérieur. C'est un garçon grand et costaud, avec de larges épaules, des mains énormes, peut-être le signe d'une future obésité, qui pour l'instant n'est pas d'actualité car elle est tout à fait incompatible avec son statut de réfugié politique en France, en plein mois d'août, peut-être est-ce encore juillet, ou alors début septembre 1939. Jesús Monzón Reparaz est surtout à cet instant précis un homme accueillant, une immense baraque. Il n'a pas un beau visage, car sa tête semble soudée directement à son tronc sans l'intermédiaire du cou, et puis il commence à perdre sérieusement ses cheveux. Cependant, parfois, lorsqu'il sourit légèrement, ses yeux s'illuminent d'une lueur oblique, s'infléchissant et adoptant le même angle que celui de ses lèvres. Dans ces moments-là, son intelligence qui est considérable et son amertume qui ne l'est pas moins lui confèrent une beauté bien supérieure à la beauté molle, charnue, tout en rondeur et souvent puérile de la plupart des hommes beaux. À cet instant-là, ce n'est pas seulement un homme séduisant, c'est un garçon tout à fait irrésistible. Ce qu'il sait parfaitement.

Voilà comment se sont passées les choses, ou du moins comment elles ont très bien pu se passer. La seule certitude est que Carmen de Pedro et Jesús Monzón, qui jusqu'à présent s'étaient juste croisés, rien de plus, se sont retrouvés en France, probablement à Toulouse et apparemment par hasard, un beau jour d'été du mois d'août, peut-être de juillet, ou alors des premières semaines de septembre 1939. Car si l'on manque de détails supplémentaires sur leurs retrouvailles, c'est que Jesús a pris soin d'éviter que quiconque soit témoin de cette rencontre. Une rencontre qui a changé bien des éléments de l'histoire, et a même failli les transformer absolument tous.

À l'époque, Jesús Monzón n'a pas encore trente ans, mais il en paraît aisément dix de plus. Son air sérieux et mature l'avantage plus qu'il ne le handicape, surtout durant ces journées dangereuses et compliquées, où personne n'ose faire confiance à personne et où de nombreux ministres, députés et dirigeants de la République espagnole, morts de trouille, se comportent comme de vraies poules mouillées, si ce n'est comme des hyènes, prêts qu'ils sont à tuer leur propre mère pour parvenir à embarquer sur un navire mexicain. À l'époque, le chapeau impeccable de Jesús Monzón, la parfaite coupe de son manteau anglais, son assurance acquise dès le berceau dans une des familles les plus aisées de Pampelune, et celle acquise ensuite pendant la guerre dans les bureaux des gouvernements civils d'Alicante puis de Cuenca, le font passer pour un homme d'une extrême qualité, qui inspire confiance et a le pouvoir de résoudre n'importe quelle situation, y compris lorsque la conjoncture se révèle extrêmement difficile. Mais Jesús Monzón ne fait pas que passer pour un homme d'une extrême qualité. Il l'est assurément, quoi qu'en pensent les dirigeants du Parti qui n'ont jamais daigné lui accorder la moindre confiance.

Quelques mois avant que n'éclate la guerre civile, Monzón monte de toutes pièces une section du parti communiste espagnol en Navarre, et en devient logiquement le secrétaire général jusqu'à ce que le coup d'État du 18 juillet 1936 fasse tomber Pampelune sans résistance. C'est précisément de cette ville que le général Emilio Mola donne ses instructions aux nationalistes. Mais Jesús parvient à fuir, probablement grâce à l'aide d'un des membres de sa famille, un de ses frères, de ses cousins, de ses parents, de ses grands-parents, de ses arrière-grands-parents, qui sont ou ont tous été carlistes : *Dieu, la Patrie et le Roi*. C'est donc un requeté[1] qui, malgré ses convictions politiques, l'aide à franchir la ligne de front. Mais arrivé à Bilbao, première étape de son retour en zone républicaine, son triomphe lui vaut moins les félicitations de ses camarades que d'injustes soupçons.

Le cas de Monzón est loin d'être un cas isolé. Dans les deux camps, qui se sont affrontés lors de cette guerre, on se méfie pareillement des fils prodigues, qui se voient souvent directement précipités au fond d'un cachot juste après leur interrogatoire. Jesús, lui, n'est jamais ni arrêté ni importuné, mais il n'est pas félicité ni récompensé non plus. Il ne reçoit par exemple pas de nouvelles responsabilités au sein de son organisation, alors que d'autres communistes, appartenant à des familles aussi distinguées que la sienne : Ignacio Hidalgo de Cisneros et Constancia de la Mora pour ne citer qu'eux, connaissent des carrières fulgurantes au sein du Parti sans que personne ne songe à leur reprocher leurs origines aristocratiques. La promotion de Monzón, nommé successivement gouverneur civil d'Alicante, puis de Cuenca, par Juan Negrín, se déroule exclusivement au sein de la sphère gouvernementale, autrement dit, loin des centres de décision du Parti. Plusieurs jours avant que le colonel Casado ne mette fin à la guerre – en utilisant un coup d'État, c'est-à-dire le même procédé qui l'avait provoquée –, Negrín, trop intelligent pour se priver d'un homme de la qualité de Monzón, le nomme secrétaire général du ministère de la Défense, une fonction extrêmement lourde dans les circonstances du moment, que celui-ci n'aura cependant jamais le temps d'occuper.

Mais il continue à ne pas être très en vue à la direction nationale du PCE. Juste après son arrivée en France, Dolores Ibárruri, La Pasionaria, fait seulement appel à lui pour épauler sa secrétaire, Irene Falcón, en l'aidant à établir la

1. Les requetés sont les miliciens carlistes espagnols.

liste des dirigeants espagnols qui vont être invités à résider en Union soviétique, une sélection où n'apparaît pas le nom du secrétaire général du parti communiste de Navarre. Il n'est pas difficile d'imaginer l'amertume qu'un tel poste subalterne représente pour l'amour-propre d'un homme aussi rompu à commander, aussi brillant, aussi conscient de son talent et aussi fier que Jesús Monzón. Pour illustrer le peu de prestige des tâches qu'on lui demande d'accomplir, il suffit de préciser que Georgi Dimitrov, le secrétaire général de l'Internationale communiste dont il fait la connaissance à cette époque, le prend tout simplement pour un des secrétaires de La Pasionaria. Et après avoir passé son temps à noter sur son journal les qualités – mais surtout les défauts – de dirigeants aussi médiocres que Mije, Checa ou Delicado, celui-ci conclut que Monzón est un incapable, tout gouverneur civil qu'il ait été pendant la République.

Personne n'est à l'abri d'être dans son mauvais jour, et en tout cas cette fois-là on ne peut pas dire que Dimitrov soit bien inspiré de mépriser Monzón comme il le fait. D'ailleurs il est fort possible que plusieurs camarades espagnols du dirigeant russe aient déjà découvert que Jesús peut se révéler aussi dangereux par ses qualités que par ses défauts. Et on aurait raison de penser cela : il est fort probable que Dolores Ibárruri n'ait jamais commis une erreur plus grave que celle de sous-estimer Jesús Monzón Reparaz. La seule circonstance atténuante qu'on puisse lui trouver est d'avoir opté pour une mauvaise solution, car sur le moment elle n'a pas pu en imaginer d'autre.

L'Histoire immortelle accomplit des choses étranges en croisant la trajectoire de l'amour des corps mortels. Ou peut-être pas, peut-être est-ce seulement que l'amour charnel n'affleure jamais dans cette version officielle de la petite histoire qui façonne par la suite la fameuse grande Histoire et sa majuscule sévère, rigoureuse, parfaitement équilibrée, avec ses angles droits à chaque sommet, mais qui daigne à peine observer les amours de l'esprit, les plus élevés, oui, mais aussi ceux qui sont bien plus pâles et par conséquent moins marquants. Les bâtons de rouge à lèvres n'atteignent jamais les pages des manuels d'histoire. Les professeurs ne s'en soucient guère. Ils préfèrent s'intéresser aux facteurs économiques, idéologiques, sociaux, afin de délimiter des secteurs exacts, interdisciplinaires, où l'on ne trouve pas la place de glisser un frémissement, une prémonition, la plainte silencieuse de deux regards qui se croisent, la chair de poule qui saisit soudain un personnage, ou une improbable rencontre apparemment due au hasard, mais qui a été millimétriquement orchestrée durant plusieurs nuits blanches. Les manuels d'histoire ne savent pas décrire ces regards fouillant l'obscurité d'un ciel délimité par les quatre angles du plafond d'une chambre. Ils ne savent pas décrire le désir qui monte peu à peu, franchit les limites d'une fantaisie savoureuse, d'une polissonnerie insignifiante, d'une impertinence amusante, jusqu'à se mettre à bouillir avec la même épaisseur métallique que le plomb fondu, un liquide lourd qui sèche la bouche, lamine la gorge, comprime l'estomac et prolonge les flammes de son empire pour aller allumer un foyer jusque dans la plus infime cellule d'un pauvre corps humain, mortel et pris au dépourvu. Les amours de l'esprit sont plus grands que cela, bien entendu, mais ils ne résistent pas à une telle secousse. Rien ni personne ne peut y résister. Même pas elle car, si elle était déjà devenue immortelle, elle était cependant toujours vivante.

« *¡ No pasarán !* »

Les Madrilènes entassés dans les loges et les couloirs, les marches et les escaliers, les corridors et les vestibules, du *Monumental Cinema* de la place Antón Martín, ne peuvent déceler le moindre indice de ce qui est en train de se passer, de ce qui s'est peut-être déjà passé, ou de ce qui est sur le point de se passer. Les articles de journaux relatant cette réunion, où l'on peut les voir pour la première fois ensemble et en public, comme des pairs, mentionnent seulement leur nom, résument les discours qu'ils illustrent de photos interchangeables avec de nombreuses autres photos, d'autres estrades, d'autres meetings et d'autres théâtres. Mais aujourd'hui, ce n'est pas un jour comme les autres.

« *¡ No pasarán !* »

Les calendriers se sont arrêtés sur la journée du 23 mars 1937, alors que le *Monumental Cinema* est rempli à ras bord de Madrilènes euphoriques, pour l'instant incrédules et donc encore plus heureux, en proie à une joie radicale et nouvelle, étrangère et inconnue. Aujourd'hui, ils ont enfin quelque chose d'important à fêter, car voilà quarante-huit heures qu'il vient de leur arriver ce que, jusqu'à présent, seul l'ennemi avait pu fêter. En effet, l'armée de la République, non plus cet informe amalgame de bataillons de volontaires sans préparation, sans discipline, sans officiers, qui malgré sa nature improvisée a défendu Madrid en 1936, mais une véritable armée de la République, vient de remporter une gigantesque et véritable victoire à la loyale, on ne saurait plus humiliante pour les soldats de Mussolini. Goliath est tombé d'un coup de caillou en plein front et David ne parvient pas à y croire, mais il sait compter sur ses doigts.

« *¡ No pasarán !* »

Voilà ce qu'elle a hurlé jusqu'à s'égosiller, qu'ils ne passeraient pas, et ils ne sont pas passés, ni par la montagne, ni par la Moncloa, même pas pour rire par la route de la Corogne, et encore moins par Guadalajara – en aucun cas par Guadalajara –, tout comme ils ne sont pas passés par le Jarama. Madrid est plus vivante, plus fière que jamais grâce à Guadalajara, et le premier orateur l'affirme haut et fort, afin que la plupart des femmes l'applaudissent charmées, qu'elles le fêtent, lui, plutôt que la victoire. Car Francisco Antón est un homme séduisant, oui. C'est un homme très, très séduisant. Vingt-huit ans, grand, élégant, mais surtout irrésistible, un visage puissant où la finesse presque adolescente de ses os, de ses mâchoires saillantes, de son nez gracieux, délicat, et la sensualité pulpeuse de ses lèvres, contrastent avec ses yeux noirs et ses sourcils épais. De face, il est impressionnant. De profil, il ressemble à un acteur de cinéma. Autrement dit, c'est une image tirée d'une fresque de Michel-Ange. Toutes ces qualités ont été concentrées chez un garçon de condition modeste, engoncé dans un uniforme de commissaire de l'Armée du centre. Un spectacle auquel il est vraiment difficile de résister, c'est évident.

« *¡ No pasarán !* »

Elle est déjà immortelle, mais elle est cependant toujours vivante. Aujourd'hui, elle est également ici, sur la scène du *Monumental Cinema*, aussi euphorique, aussi heureuse, aussi enthousiaste que les autres fois, mais pas plus que d'habitude, car c'est précisément tout cela qu'elle incarne immuablement. Son visage qui tapisse tous les bâtiments, ses mots imprimés sur les tracts, sa voix retentissant sur les ondes, l'énergie de ses grands gestes l'enveloppant en permanence, représentant toujours les forces que les siens craignent de perdre, le souffle qui pourrait s'évanouir entre leurs dents, la foi qui est sur le point de les lâcher. Dans ce meeting, c'est tellement elle une fois encore, elle oui, égale à elle-même, à sa légende, que personne ne parvient à déceler le moindre changement par rapport aux autres après-midi, aux autres meetings, alors qu'elle est déjà si différente, qu'elle ne peut vraiment que l'être.

De nombreuses années plus tard, ceux qui découvriront la vérité s'efforceront de se rappeler cet après-midi, de l'imaginer à nouveau perchée sur la scène de ce théâtre, et peut-être parviendront-ils à retrouver des images éparpillées, le sourire qui débordait de sa bouche, sa façon de saluer les camarades plus grands qu'elle, en les saisissant fermement par l'avant-bras et en les fixant dans les yeux, et pas grand-chose d'autre, en réalité rien, car elle s'adressait à Antón de la même façon qu'à tout le monde. Et puis elle était toujours semblable à elle-même : le même chignon, le même chemisier ample, la même jupe informe et ce deuil perpétuel, imaginaire, pure propagande au-delà de la douloureuse absence de ses quatre enfants perdus avant qu'ils n'aient eu le temps de connaître leur mère.

Pauvre Dolores. Elle n'aurait pas aimé inspirer ce genre de pitié, mais ce n'est pas facile de cesser d'y penser, de cesser de le dire. Pauvre Dolores, qui n'a jamais été capable de s'acheter une robe cintrée, quelle qu'en soit la couleur, ni des chaussures à talon, qui n'a jamais réussi à se détacher les cheveux ni à teindre les petites mèches blanches qui poussent sur ses tempes. Pauvre Dolores, pauvre femme à part, pauvre symbole universel, pauvre idole des infortunés du monde entier, pauvre et cependant toujours elle-même, puissante, ambitieuse, inflexible, géniale, adorée comme Dieu sur terre, mais aussi comme un dieu cruel lorsque le désamour l'a rendue furieuse après l'avoir réduite à la misère humaine des amantes éconduites. Pauvre Dolores, en cet hiver et ce printemps 1937, se passant du rouge aux lèvres rien que pour lui, transgressant l'étonnante perfection du personnage qu'elle s'est elle-même forgé, sans savoir combien cela va lui peser par la suite. Sur certains portraits réalisés pendant la guerre, on peut apprécier une bouche plus marquée, mieux dessinée, bien colorée, mais tout le reste est identique, la même mèche de cheveux sur le front, le même chignon rapidement ramassé sur la nuque, les mêmes minuscules boucles d'oreilles, parfois avec une toute petite perle, parfois sans perle, mais toujours semblables à celles qu'on trouve sur les stands minables installés dans les rues de n'importe quel village d'Espagne, pendant les fêtes du mois d'août.

Et cependant, elle dort déjà avec lui, en secret, clandestinement, sans attirer l'attention, sans qu'on les surprenne en train d'entrer ou de sortir ensemble de quelque part. Apprenant chaque soir un code différent, un protocole éphémère de mots de passe et de portes fermées, Francisco Antón et Dolores Ibárruri dorment ensemble, et elle doit même remercier ceux qui ne l'en empêchent pas. La Pasionaria n'est pas une femme comme les autres, il est impossible qu'elle le soit, car elle est bien plus qu'une femme, elle est une icône, un symbole, une image pieuse, asexuée et transcendante comme les anges. Dolores est mère, oui, mais du peuple. C'est la Vierge Marie du prolétariat international, conçue sans défaut et surtout sans le défaut d'avoir à engendrer les enfants d'un dirigeant communiste, d'un homme ténébreux, sérieux et honnête, oui, mais médiocre, et beaucoup plus maladroit qu'elle, d'une ombre effacée à laquelle personne ne prête jamais attention. Personne n'a jamais prêté attention à Julián Ruiz avant que la force de la nature qu'est Dolores ne fasse honneur à sa condition de femme, et que celle-ci ne tombe amoureuse comme une tornade, un raz de marée, un orage électrique, tropical, dévastateur, d'un autre garçon très séduisant, très jeune, très satisfaisant pour elle, en revanche très dangereux pour sa carrière.

Elle a quarante-deux ans et lui quatorze ans de moins, mais au printemps de la guerre, ils dorment ensemble, et lorsqu'ils se lèvent, le matin, ils ont exactement le même âge. C'est l'impression qu'elle donne et c'est ce que croient les camarades, ceux qui l'aiment, qui ont besoin d'elle, ne jurent que par elle lorsqu'ils la croisent à différents endroits dans une même journée : des journées longues et exténuantes, au cours desquelles elle parvient à tout faire, alors que personne n'est capable de suivre son rythme. Elle a un sourire infatigable et tant de force, tant d'énergie, tant de douceur à la fois. Elle passe du front au comité, puis d'une séance de photos au front, elle assiste à tous les dîners, à toutes les réunions, à tous les hommages, aux meetings quotidiens. On entend pratiquement tous les soirs sa voix à la radio. Mais d'où cette femme peut-elle bien tirer cette énergie ? se demande-t-on. Elle doit s'écrouler fourbue sur son lit… Et elle s'écroule fourbue, mais pas de sommeil. Tandis que personne ne devine l'origine de sa légendaire résistance, elle ne veut pas perdre de temps à dormir.

Il n'existe qu'un seul plus grand bonheur que celui de tomber amoureux dans la vie, et c'est celui de « bien » tomber amoureux. Voilà pourquoi cela se produit si peu souvent. Ce qui est d'abord arrivé à Dolores Ibárruri puis à Carmen de Pedro est une chose bien pire, mais bien plus fréquente aussi. Car ces deux femmes ne sont pas « bien » tombées amoureuses ou « mal » tombées amoureuses, elles sont tombées « dangereusement » amoureuses, de deux hommes très différents l'un de l'autre, mais aussi dangereux l'un que l'autre, chacun à sa façon, pour des raisons qui n'ont rien en commun. L'Histoire immortelle accomplit des choses étranges lorsqu'elle croise l'amour des corps mortels, vulnérables, fragiles, absurdes, incapables de voir au-delà de l'objet aimé, irrémédiablement soumis au pouvoir informel et sans structure qui gouverne certains désirs invincibles. L'Histoire immortelle est souvent une histoire d'amour, et celle-ci en particulier est l'histoire d'amour de deux femmes qui n'ont pas pu aimer le même homme pendant de nombreuses années de suite, qui n'ont jamais eu le temps d'en avoir par-dessus la tête de leurs ronflements, qui ne sont jamais parvenues à répéter des milliers de fois les mêmes questions inutiles, mais qu'est-ce que ça te coûte de reposer la serviette de toilette sur le porte-serviettes au lieu de la laisser traîner par terre, tu veux me le dire ? Qui n'ont jamais regretté, jamais menacé, jamais baissé les bras au cours d'une dispute devenue au bout d'un moment routinière, identique à tant d'autres disputes. Qui n'ont jamais vu vieillir leur amoureux non plus. Elles n'ont pas eu le temps de connaître cette étrange tendresse du corps familier qui se détériore au rythme de la dégradation de son propre corps, ce corps qui semble toujours le même lorsqu'on l'étreint dans le lit, tous les soirs. Mais qui ne l'est cependant plus, car il a changé et que son profil est différent, la texture de la peau est différente, le ramollissement progressif de la chair, le volume qu'il occupe entre les draps. Mais ce corps continue à être le même, car il conserve la mémoire de la minceur de la taille, des hanches rondes, de la sveltesse des jambes, du ventre plat, des seins fermes qu'il a fini par perdre progressivement sans vraiment s'en apercevoir.

Ni l'une ni l'autre ne va aussi loin mais, en attendant, cela ne les empêche pas d'être sauvagement heureuses. Leur amour est pratiquement identique. Et la clandestinité à la fois différente et proche que revêtent leurs deux histoires est finalement plus douce qu'amère, du moins au début. Le secret allait davantage rapprocher Dolores – si religieuse lorsqu'elle était très jeune – de l'homme interdit venu soudain réveiller au fond d'elle une passion endormie depuis l'époque des jeûnes et des veillées, des sacrifices et des mortifications, qui l'avaient destinée au Sacré Cœur de Jésus, tandis qu'elle se cherchait toutes les raisons du monde pour renoncer à sa divinité et épouser une cause universellement humaine. Et après tant d'années, voilà qu'elle vit à nouveau cette passion, mais sans douleur cette fois, sans culpabilité, car elle est trop intelligente et que sa vie est trop exceptionnelle pour se laisser impressionner par les préjugés qui continuent à tenailler les gens qui l'entourent. Et c'est ainsi que, dans les bras d'Antón, elle goûte à nouveau au vertige de la tentation, à la douceur du péché, à l'agréable agonie de l'abandon, à cette éblouissante transgression au terme de laquelle on atteint le point de non-retour.

Ses camarades, si rigides, si sérieux, ces hommes si responsables qui, sous ses ordres, partagent la direction du Parti avec elle ne parviendront jamais à comprendre comment une personnalité aussi importante a pu tomber dans un piège aussi futile. Les femmes le comprendront peut-être mieux, mais elles sont souvent encore plus intransigeantes. Cependant tout le monde tolère à contrecœur cette idylle avec une même regrettable discipline. Personne n'ose affronter Dolores, et si quelqu'un s'aventurait à le faire, il courrait le risque de dévoiler une affaire extrêmement grave, une bombe suicidaire à manier avec des pincettes. Le remède serait pire que la maladie et donc, il est préférable de se taire.

Ainsi, les amours de Dolores deviennent un secret dont on ne parle jamais, dont on ne discute pas, qu'on n'évoque même pas, y compris parmi les gens qui sont au courant. Personne n'aborde le sujet avec les camarades. Personne n'a besoin de baisser la voix pour s'entretenir des amours de La Pasionaria, car tout le monde sait que c'est interdit. Même si personne ne l'a explicitement décrété, ce n'est pas nécessaire. Chacun, chacune se l'interdit à soi-même, car une femme de son âge, une femme mariée, qui a eu des enfants, une dirigeante aussi importante qu'elle… coucher avec un garçon aussi jeune qu'Antón… c'est moche, voilà tout. C'est du linge sale qu'on ne peut même pas laver en famille, y compris en barricadant les portes et en baissant les persiennes, au fond du lavoir de sa propre conscience. La formule à laquelle les militants ont recours pour se l'interdire est franchement honteuse, mais plutôt efficace pour maquiller leur morale offensée et les restes de leurs préjugés puritains, étrangers à la cause qu'ils soutiennent, dissimulés par de malhonnêtes et abjects arguments.

« Mais ce n'était pas de l'amour », disent encore de nombreuses années plus tard plusieurs dissidents, les seuls qui ont osé aborder le sujet. « Au fond, ce n'était qu'une histoire de fesses, de la luxure, une passion passagère… Et puis, il faut avouer que le gars n'était pas à la hauteur. Ils étaient très différents elle et lui. Il ne peut naître de véritable amour qu'entre deux personnes de même valeur. L'amour doit être un projet commun, un compagnonnage, une générosité, une union absolue de tout son être : le corps, l'esprit, les sentiments, la vie entière. Le véritable amour n'a jamais été un caprice. C'est autre chose que de baiser, baiser et toujours baiser… »

C'est bien joli tout ça, bien grand, bien progressiste… mais c'est surtout un ignoble mensonge. Car les militants qui ont eu la chance de savoir ce que cache en réalité ce *baiser, baiser et toujours baiser…* ne se sont pas gênés pour commettre leurs petites incartades eux aussi. Ils pouvaient le faire en toute tranquillité, eux, car ils n'étaient que des militants de base, au Parti. Tandis qu'elle, qui était la responsable, s'est retrouvée seule en sachant qu'Antón ne pourrait jamais devenir son compagnon officiel, qu'il resterait toujours son amant, son chéri, sa faiblesse. Mais pas son compagnon. Voilà pourquoi, malgré son pouvoir, lorsque la guerre a été perdue, elle n'a pu le sauver et le garder auprès d'elle, l'emmener à Moscou. Voilà pourquoi il est allé atterrir dans un camp français, comme tous les autres, et qu'elle a dû s'enfuir toute seule, entourée bien sûr d'une multitude de gens, mais toute seule.

Depuis le printemps 1939, Dolores est à l'abri à Moscou, habitant dans une maison chauffée et confortable, rédigeant les discours qu'elle doit prononcer le lendemain, souriant sous les applaudissements de la foule, collectionnant les bouquets de fleurs et les bises des enfants pionniers, recevant quotidiennement des délégations venues lui exprimer leur admiration, leur respect, leur solidarité avec le peuple espagnol, et se couchant toute seule dans un lit moelleux, si spacieux qu'il lui semble trop vaste : une sorte de désert aride et glacial. Avant de s'endormir – le seul moment où elle réussit à se retrouver toute seule face à sa solitude –, elle pense encore plus à lui. Antón est enfermé au camp du Vernet. Il s'agit d'un camp disciplinaire réservé aux républicains espagnols rebelles, dangereux ou fichés en raison de leur parcours révolutionnaire. C'est exactement le cas de Francisco Antón, dirigeant du parti communiste espagnol. Les autorités françaises ignorent le genre de relation qui existe entre Antón et La Pasionaria : c'est sans doute cette ignorance qui lui sauve la vie. En revanche, tout comme l'ensemble des prisonniers du camp, il reçoit deux fois moins de nourriture et d'eau que les Espagnols détenus dans les autres camps. Sans compter les fois où il est envoyé au « piquet ». Il reste alors vingt-quatre heures debout, à jeun, chevilles et poignets liés à un poteau.

Dolores pense à Francisco tous les jours, toutes les nuits, à n'importe quelle heure et porte en permanence sur elle une photo de son amoureux. Mais les photos qu'elle possède de lui sont probablement bien différentes de celles que les gens glissent à l'intérieur de leur portefeuille d'habitude. Sur chacune d'elles, on peut apercevoir une estrade, une table avec beaucoup de monde autour, des micros, un portrait de Marx, un autre de Lénine. Elle ne possède même pas une seule photo où ils seraient ensemble et tout seuls. Une photo clandestine, où on les verrait insouciants, à la fin d'un repas ou devant un beau paysage. Ce genre de photo de mauvaise qualité que se font prendre les amoureux, enlacés devant la balustrade d'un pont ou le flanc d'une montagne, avec le même sourire aux lèvres, et rien d'autre ; autrement dit, le genre de photo que tout le monde possède quelque part chez lui, dans un coin. Elle ne peut donc qu'observer ses souvenirs et se repasser plusieurs fois de suite des images glacées, immobiles, de plus en plus défraîchies, de cet amour qui a commencé par fleurir sous les bombes, pour finir par se refléter dans le miroir de sa propre inquiétude.

Ce n'est pas seulement son angoisse permanente et incontournable qui lui fait imaginer les conditions de vie du prisonnier, la faim, la soif et la souffrance, les punitions qui humilient quotidiennement ce corps qu'elle aime, qu'elle a choisi, l'incertitude du destin de cet homme qui par le plus capricieux des hasards peut à tout moment perdre la vie. Au camp du Vernet, la moindre maladie peut devenir l'antichambre de la mort et à un certain moment, entre la fin 1939 et le début 1940, Francisco tombe gravement malade. À l'autre bout de l'Europe, Dolores l'apprend, elle s'inquiète, et les nouvelles qu'elle reçoit de l'état de santé du prisonnier deviennent de plus en plus préoccupantes. S'il devait mourir ce serait la pire, la plus dure, la plus douloureuse de toutes les épreuves qu'elle a vécues jusqu'ici. Elle possède de nombreux ennemis mais, à ce moment-là, le plus redoutable de tous est devenu le temps. À Moscou, à l'abri, isolée parmi tant d'autres gens, elle voit son corps vieillir à un rythme accéléré, différent de celui des caresses que le cours du temps et des nuits dessine encore sur la peau de son amant, malgré sa réclusion et sa maladie. Dolores est pressée. C'est une femme de quarante-quatre ans, quarante-cinq maintenant, avec un visage avenant, qui a vécu plusieurs accouchements avant de commencer à devenir bien plus qu'une femme, une icône, une idole, la déesse des athées. Mais elle a cependant quarante-quatre ans, quarante-cinq maintenant, elle a vécu quatre grossesses, et nulle ascension aux plus hautes instances ne peut y remédier. Dolores ne peut absolument rien contre cela.

Dans cette distance installée par le temps et la fameuse Histoire, qui n'a jamais voulu reconnaître son amour avec Francisco, dans cette amertume qu'elle éprouve à Moscou, il y a quelque chose de profondément attendrissant. Dolores, qui a eu le courage de s'opposer au prestige sacré de la maternité, si cher à la culture catholique, pour se mettre tout entière au service de l'antifascisme, n'aimerait pas qu'on lui parle de cela. Cependant sa solitude, son inquiétude, son angoisse de femme mûre, adultère, irrémédiablement attachée à l'impitoyable jeunesse d'un corps magnifique, sont bien plus émouvantes que toute autre manifestation préfabriquée de tendresse féminine, qu'elle a d'ailleurs toujours su contrôler et transmettre intelligemment en la transformant en un ingrédient essentiel de la lutte révolutionnaire, dans n'importe quel endroit du monde. Au-delà du temps et de l'Histoire, sa fragilité est aussi émouvante que cette colère sourde qu'elle n'ose exprimer à haute voix, car elle est Dieu, mais elle n'est pas un homme, elle est Dieu, mais elle est femme aussi, et c'est bien pour cette raison qu'être Dieu ne lui sert à rien. Car elle est à la fois Dieu et Vierge, Dieu et Mère, Dieu et Sœur, Dieu et Épouse exemplaire, Dieu et Miroir de ses Compagnes, Dieu et Travailleuse dévouée, Dieu et Révolutionnaire inflexible, Dieu et Grande Prêtresse de la classe ouvrière internationale… La classe ouvrière internationale aurait accueilli avec de discrets coups de coude de connivence et d'indulgents sourires de complicité le fait que n'importe quel homme de quarante-quatre ans soit parti en exil avec une magnifique jeune fille de vingt-sept ans. D'ailleurs plusieurs l'ont fait et il ne s'est rien passé. Ils se sont justifiés en évoquant la guerre, la confusion de la débâcle, tout était si dur… C'est exact, tout a été très dur, mais la même situation dont ils ont profité pour oublier qu'ils avaient laissé une épouse légitime en Espagne, avec laquelle ils ne voulaient plus vivre, n'a cependant pas empêché que de nombreux couples heureux se soient rapidement rejoints de l'autre côté des Pyrénées, ou de l'Atlantique.

Dolores doit attendre. Elle, qui prend autant de risques qu'un homme, qui décide et commande comme un homme, doit partir en exil comme ce qu'elle est, autrement dit une femme, c'est-à-dire avec son mari. Sans doute n'a-t-elle même pas réussi à le voir. Ils n'étaient pas dans le même avion en tout cas, et ne se sont pas retrouvés ensuite. Voilà des années qu'ils ne se croisent plus du tout. Qu'importe.

Ce qui compte, c'est que le couple figure sur la liste des dirigeants communistes espagnols accueillis par l'Union soviétique : Dolores en tête de liste, et son mari presque à la fin. Mais ils y sont cependant tous les deux, et même s'ils continuent à ne plus se voir, à ne plus se parler, à ne plus vivre sous le même toit, à ne pas dormir dans le même lit, ils sont inscrits en tant que mari et femme devant le dieu de l'ennemi, ce dieu qui s'est malgré tout enraciné dans la conscience de ceux qui l'exècrent le plus.

Au printemps 1939, avant de partir pour Moscou, Dolores Ibárruri, la plus haute autorité du PCE hors de l'Union soviétique, où s'était déjà rendu José Díaz, à qui elle allait succéder en tant que secrétaire générale en 1942, confie le destin du Parti, et de dizaines de milliers de communistes espagnols survivant en France, à une autre femme, Carmen de Pedro, qui n'a toujours pas récupéré de la gueule de bois de la débâcle et n'est pas encore amoureuse. C'est une très mauvaise décision de la part de Dolores, mais à ce moment-là elle a vraiment la tête ailleurs.

« Que Carmen prenne soin d'Antón, demande-t-elle à Luis Delage qui est chargé de lui transmettre le pouvoir. Carmen doit s'occuper d'Antón, elle doit tenter de lui envoyer des paquets, des nouvelles, elle doit s'arranger pour lui faire savoir qu'il n'est pas seul, que nous pensons tout le temps à lui, même si nous sommes obligés de partir... »

Le poste qu'il occupe au bureau politique donne le pouvoir à Francisco Antón de parler à la première personne du pluriel, au nom du Parti et pas seulement en son nom propre, et il est donc facile d'imaginer la panique qu'une mission si importante éveille chez une fille aussi effacée que Carmen de Pedro. D'abord déconcertée, celle-ci se sent accablée par une tâche aussi colossale, trop importante pour elle, bien trop lourde, trop dangereuse pour sa modeste envergure. Elle sait parfaitement qu'on ne peut rien faire pour les prisonniers du camp du Vernet, si ce n'est prier pour eux et, en tant que communiste, elle ne possède même pas ce loisir. De plus, elle comprend avant tout le monde que Dolores, qui est pourtant entourée d'un nombre considérable de subordonnés – sinon brillants du moins compétents et prêts à obéir sans discuter à n'importe lequel de ses ordres –, vient de réaliser un choix extrêmement étrange en la préférant à eux. Il est important de savoir que La Pasionaria reçoit à son tour des ordres, et que ceux du Komintern – exigeant que tous les dirigeants communistes espagnols aient quitté le sol français avant la signature du pacte germano-soviétique – sont incontournables en ce qui la concerne. Cependant, parmi les militants qui n'ont pas été invités à faire le voyage en Union soviétique, il s'en trouve de bien mieux placés que Carmen pour assumer la responsabilité que Dolores lui confie. Cela ne va d'ailleurs pas tarder à sauter aux yeux comme une évidence.

La Pasionaria écarte donc les militants compétents, au profit de cette femme insignifiante, mélange de sainte nitouche et de chien fidèle, de cette jeune fille qui n'a presque pas de formation politique, aucun horizon, aucune ambition, pas la moindre idée personnelle. Et en faisant cela Dolores se trompe. Elle pense que le pouvoir d'intervention du PCE dans un pays étranger, qui va bientôt faire partie du Troisième Reich, ne mérite pas d'être pris en compte et elle se trompe. Elle pense qu'on peut tout à fait installer le Bureau politique du PCE à Moscou, son Comité central à Buenos Aires, la délégation la plus importante de ce comité à La Havane, et qu'on peut laisser s'éparpiller l'immense majorité des militants en France et en Espagne sans que la cohésion du Parti en souffre. En cela elle commet une énorme erreur. Elle pense qu'il vaut mieux se protéger d'un coup d'État au sein du Parti, que de promouvoir un nouveau leader. Et voilà qu'elle se trompe encore. Elle pense qu'en déléguant son pouvoir à Carmen elle va pouvoir conserver la maîtrise de la situation à des milliers de kilomètres de là. Et elle commet une nouvelle erreur qui, à un moment, est sur le point de ruiner sa carrière politique.

« Comment se fait-il que tu sois toujours ici ? » Car l'homme grand, costaud, cette immense baraque accueillante qui vient de fomenter une fausse rencontre fortuite avec Carmen de Pedro, un jour du mois d'août, peut-être est-ce encore en juillet, ou alors dans les premières semaines de septembre 1939, a déjà calculé toutes les conséquences de l'erreur de Dolores. « Je pensais que tu étais partie à Moscou, ou pour l'Amérique du Sud.

— Oui, tout le monde est là-bas, tu es au courant, n'est-ce pas ? » Il hoche la tête. Bien entendu qu'il est au courant. « Mais, moi, on m'a demandé de rester pour reprendre les choses en main.

— Eh bien ! Je ne t'envie pas, vraiment, c'est une énorme responsabilité !

— En effet. »

Et à cet instant, alors que Jesús considère que le moment est venu de lui sourire comme il sait si bien le faire, Carmen doit certainement sentir le sol se dérober sous ses pieds.

L'Histoire immortelle accomplit des choses étranges lorsqu'elle croise la trajectoire de l'amour des corps mortels, et la grande étrangeté de cette époque-là touche en même temps l'amour de l'immense Pasionaria et celui de la microscopique Carmen de Pedro. En août 1939, alors que Staline décide qu'il est temps de trahir sa propre cause et les millions de personnes qui la soutiennent à travers le monde, en écrasant un monstrueux baiser sur la bouche d'Adolf Hitler, Dolores est arrivée depuis peu à Moscou. Et il est fort probable que Carmen ait déjà rencontré un grand séducteur qui saura se contenter de devenir son ombre toute-puissante jusqu'à ce que vienne le moment pour lui d'apparaître au grand jour. Tandis qu'en France une femme espagnole sent que cet homme va bientôt devenir plus important pour elle que le Parti et ses nouvelles responsabilités, en Union soviétique une autre femme s'efforce d'expliquer l'inexplicable, d'élaborer des théories alambiquées et malhonnêtes, d'autant plus alambiquées d'ailleurs qu'elles sont malhonnêtes, en créant de toutes pièces une surprenante distinction entre tactique et stratégie, en habillant la trahison de pragmatisme, en honorant le mensonge, en l'appliquant aux adjectifs et en insistant sur le fait que la guerre impérialiste n'affecte en rien la cause des travailleurs du monde entier. Carmen diffuse ces consignes parmi les prisonniers des camps français, elle tente de les convaincre, de les calmer, de les contenir avec il est vrai un bien maigre succès, mais ce cataclysme moral ne l'empêche pas de continuer à consacrer ses moments de liberté à des tâches bien plus agréables.

Jesús est un magicien, un être prodigieux, le genre d'homme qui sait transformer la vie d'une femme en montagne russe aux vertiges agréables et excitants. Carmen est une jeune fille de quartier, ses origines sont les mêmes que celles de Francisco Antón, mais leur ambition est tout à fait différente. Voilà où se situe l'énorme erreur de Dolores : elle n'a pas compris à temps que le pouvoir n'intéressait pas Carmen, qu'il ne l'avait jamais intéressée. Et que celui-ci l'intéresse encore moins lorsque Jesús lui bande les yeux pour mieux lui faire apprécier les vins qu'ils boivent, lorsqu'il lui fait goûter du foie gras dans des restaurants de luxe, lorsqu'il loue des villas isolées avec jardin, où le soleil pénètre jusqu'au beau milieu de la chambre présidée par un lit de bonheur, en permanence défait. Mais ce plaisir a un coût qui n'est autre que le pouvoir au sein du Parti. Et Carmen le lui cède avec le même enthousiasme que met Jesús à lui faire plaisir en tout, avec la même dévotion qu'elle va bientôt mettre, sans même avoir vu venir la chose, à ne vivre que pour lui faire plaisir en tous points, mais désormais sans réciproque. L'Histoire avec un *H* majuscule méprise les amours de la chair mortelle, de la chair faible qui la distord, l'ébranle, la met en désordre avec un acharnement qui est loin d'être à portée des amours de l'esprit. Cependant, la partie n'a été gagnée pour Jesús que lorsque l'Allemagne a finalement envahi la France et que le monde s'est mis à trembler.

Le 22 juin 1940, le maréchal Pétain signe à Vichy l'armistice avec les autorités allemandes d'occupation. Et ce jour-là, à l'autre bout du continent une femme amoureuse, puissante et amoureuse, ambitieuse et amoureuse, intelligente et amoureuse, disciplinée et amoureuse, légendaire mais par-dessus tout amoureuse, et cependant faible, obsédée, naïve, vulnérable, tremble bien plus que ne tremble soudain le monde entier. Voilà longtemps qu'elle craint cet instant. Et même si elle prend sans doute le temps de se passer très soigneusement du rouge à lèvres et d'étudier son visage dans le miroir, il n'y a plus une minute à perdre. Le jour où l'armistice est signé à Vichy, Dolores Ibárruri se sent forte à nouveau, elle se sent jeune. Oubliant son âge, elle devient soudain plus attentive à ce que ressent sa peau. Sa voix ne tremble pas lorsqu'elle appelle le Kremlin pour solliciter une audience privée. L'Histoire immortelle accomplit des choses étranges lorsqu'elle croise la trajectoire de l'amour des corps mortels. Et La Pasionaria n'a jamais été aussi mortelle qu'à l'instant où elle traverse le bureau de Staline, en le fixant dans les yeux.

« Camarade, tu dois me rendre un service. »

Dans ses mémoires, Enrique Líster écrit que, ce jour-là, Staline explique à son entourage le plus proche, sur un ton méprisant, étudié pour ridiculiser la passion dérisoire et petite-bourgeoise des faibles d'esprit, que si Juliette ne peut plus vivre sans son Roméo, alors il faudra bien le lui ramener. Il n'y a pas de raison de douter de ce récit, mais il est vrai que cette allusion à Shakespeare semble quelque peu déconcertante. À en juger par la syntaxe délibérément monotone, répétitive et simpliste, des rapports que lui adresse le NKVD, Staline n'est franchement pas un lecteur exceptionnel. Il est sans doute plus raisonnable de pencher pour un simple calcul arithmétique de sa part. Le leader soviétique ne peut refuser cette faveur à Dolores car, même s'il se fiche éperdument du petit homme emprisonné au camp du Vernet, il a intérêt à ce que cette femme soit satisfaite de lui. Les camarades espagnols sont vraiment très étranges, a-t-il dû murmurer une nouvelle fois avant de saisir le téléphone pour s'entretenir avec le camarade Molotov. En ce moment, le camarade Molotov se sent assez à l'aise pour téléphoner à son ami Ribbentrop. Et Ribbentrop doit à son tour se dire que Molotov est en train de lui rendre service, car plus vite les Français auront compris qui commande vraiment dans la France libre, mieux ce sera. En effet, à Vichy personne ne proteste. Il suffit qu'un adjoint de Ribbentrop donne des instructions, pour qu'un adjoint de Pétain les transmette directement au camp du Vernet. Et cinq minutes plus tard, Francisco Antón est relâché. Les nouvelles autorités françaises lui remettent le passeport soviétique qui lui permettra de traverser l'Europe en guerre, presque de bout en bout, dans des wagons du Troisième Reich, jusqu'à Moscou.

Lorsque Dolores, son rouge à lèvres soigneusement passé, va le voir arriver, tout amaigri, pâle, blessé, tenaillé par la faim et la fièvre, elle sera tellement émue qu'elle ne parviendra même pas à se dire que le passager qui vient de descendre de ce train est non seulement l'homme qu'elle aime, mais aussi le seul membre de la direction du parti communiste espagnol qui était resté en Europe occidentale. Mais à présent, le voici enfin à Moscou, auprès d'elle. Pendant qu'elle le serre dans ses bras, pendant qu'elle l'embrasse les yeux noyés de larmes, qu'elle lui demande de reprendre le moral, car leurs souffrances sont enfin finies, Dolores est si attendrie, si heureuse de se retrouver dans ses bras, si triste de le voir si faible et si malade, qu'elle ne pense pas un seul instant à s'interroger sur les conséquences que ce voyage risque d'avoir en France. En France, au même moment, une ancienne sainte nitouche, qui est désormais loin d'être sainte et encore moins « n'y touche », aux lèvres bien fardées de rouge, compulse des noms sur son agenda.

« Jesús et moi avons l'intention d'organiser une réunion.
— Jesús ? Mais pourquoi Jesús ? se demandent, l'un après l'autre, les délégués qu'elle a convoqués.
— À Marseille…
— À Marseille ? Et pourquoi Marseille, alors que nous habitons tous Toulouse !
— Car nous pensons que le moment est venu de passer à l'action…
— Maintenant ? Justement maintenant que les nazis viennent d'envahir la France ? Et c'est maintenant que nous allons agir ?
— Ah ! Et puis j'ai une bonne nouvelle pour vous… Francisco Antón a enfin pu se réfugier à Moscou. »

Pauvre Carmen. Lorsqu'elle rencontre Jesús, elle n'est pas à la hauteur, elle a vingt-deux ans et elle n'est pas à la hauteur, elle n'a personne sur qui s'appuyer et elle n'est pas à la hauteur, elle n'a pas la moindre compétence, théorique ou pratique, pour assumer les responsabilités qu'on lui a confiées, elle se sent seule, abandonnée, impuissante. Pauvre Carmen, elle est si petite, lorsque cet homme si grand s'approche d'elle en rectifiant son chapeau, avec ses bonnes manières, son assurance naturelle, son savoir-vivre, sa façon d'appeler un serveur, de combiner les meilleurs plats, de choisir les meilleurs vins, de laisser exactement ce qu'il faut de pourboire afin qu'on le salue révérencieusement. Pauvre Carmen, tandis qu'il commence à lui apparaître comme un cadeau du ciel, comme la réponse à chacune de ses prières, la solution à tous ses problèmes. Pauvre Carmen, qui ne lui résiste pas même cinq minutes, parce que c'est une femme très faible pour Jesús Monzón, pas assez intelligente, mais suffisamment pour comprendre qu'elle va pouvoir être une autre femme.

Lui, en revanche, est plus qu'à la hauteur, il est extrêmement intelligent. Si intelligent que, pendant près d'un an, il se contente de mimer sa responsable politique, de la flatter, de lui être agréable, de faire des choses en sa compagnie qu'elle n'avait jamais osé imaginer qu'on puisse faire avec un corps humain, et aussi de lui susurrer à l'oreille ce qu'il vaudrait mieux qu'elle dise, qu'elle fasse, qu'elle accepte ou qu'elle refuse. Toujours à l'oreille, car il faut absolument que personne ne sache qu'ils couchent ensemble. Il faut que personne n'aille imaginer des choses bizarres, par exemple qu'il est en train d'essayer de la rendre amoureuse de lui afin de la manipuler pour s'emparer peu à peu du pouvoir. Pauvre Carmen, qui n'est pas très intelligente et ne comprend pas bien cette clandestinité à l'intérieur de la clandestinité, alors que tous les deux sont libres et ne font de mal à personne, car elle est célibataire et lui c'est comme s'il l'était : encore un de ces hommes qui, officiellement du moins, ont perdu une femme en chemin, à cause de la guerre, tu comprends, la confusion pendant la débâcle, les choses étaient extrêmement difficiles... Et elles continuent d'être très difficiles, et cette clandestinité amoureuse au sein de la clandestinité politique devient un élément de plus de l'incessante excitation avec laquelle cette fille, qui ne se rappelle plus d'avoir un jour été si fade, déguste chaque intense minute de son existence.

Cette année-là, à Moscou, à Buenos Aires, à La Havane, tout n'est qu'éloges envers Carmen de Pedro, envers le travail splendide qu'elle est en train d'accomplir dans des circonstances si difficiles, envers les mesures, aussi audacieuses qu'appropriées, qui sont en train de coordonner progressivement l'ensemble de tous les camarades retenus dans les camps et ceux qui intègrent les bataillons de travail, l'ensemble des communistes espagnols et des communistes français. Carmen reçoit des instructions entrecoupées de baisers, la tête sur l'oreiller, sa peau totalement comblée. La voix tendre et caressante de Jesús lui explique exactement ce qu'elle doit faire, comment s'y prendre, les mots qu'elle doit utiliser pour parvenir à ses fins, et cela ressemble encore à un jeu, à une caresse de plus, à une nouvelle preuve de la générosité charmeuse de cet homme qui ne vit que pour la rendre heureuse. C'est vrai, elle n'a jamais été aussi heureuse et c'est pour cette raison que, lorsqu'elle quitte son lit, elle se comporte comme si elle était une autre femme, comme s'il lui avait insufflé une partie de sa force, de son caractère, de son intelligence, de son ambition qui demeure cependant intacte sous le masque de l'amant modèle.

Jesús Monzón est si intelligent que, tout le temps que Francisco Antón est enfermé au camp du Vernet, il ne parle jamais en public pour évoquer les affaires du Parti. Lui, qui est un érudit, qui connaît tellement de choses sur la musique, le cinéma, l'art, la littérature, la gastronomie, les théories politiques et la marche du monde en général, prend un malin plaisir à se mêler aux conversations, mais lorsqu'elles dérapent sur une pente qui peut devenir trop savonneuse, il se tait, laisse parler Carmen et arrive même à l'écouter avec intérêt, admiration, comme s'il se demandait avec les autres, d'où cette femme peut bien tirer des idées aussi excellentes. Il ne prend jamais le moindre risque, pas tant que les filets peuvent se refermer sur lui, pas tant qu'on peut se douter de quelque chose, ou que ses propos ont une chance, aussi infime soit-elle, de passer par-dessus les fils de fer barbelés du camp du Vernet et que l'amant de Dolores comprenne ce qui est en train de se produire à l'intérieur du Parti que La Pasionaria pense parfaitement contrôler depuis Moscou. Il n'est pas pressé, il laisse faire le temps et attend que l'Allemagne envahisse la France. Cet événement, qui anéantit les réfugiés espagnols et précipite leur destin – déjà pas très rose – dans l'horreur, améliore radicalement le quotidien de Francisco Antón et de Jesús Monzón, qui tous deux ont su inspirer un amour inconditionnel à des femmes providentielles.

La bonne nouvelle que Carmen de Pedro transmet à l'ensemble des militants de Toulouse convoqués à la réunion de Marseille l'est au-delà de toute prévision possible. Car, d'une certaine façon, elle en finit avec le grand secret de Dolores Ibárruri. Moscou n'est pas la France, et encore moins l'Espagne, et dans cette ville où peu de gens connaissent Dolores, et où personne ne connaît Francisco, et encore moins Julián Ruiz, il n'est plus nécessaire pour elle de cacher son amant. À Marseille, il se produit quelque chose d'à peu près semblable. Dans une villa avec jardin, confortable et discrète comme Jesús les aime, devant une vingtaine de délégués venus de divers endroits de la France occupée et d'autres qui sont de simples militants, choisis en fonction de la confiance qu'ils leur inspirent, Jesús Monzón et Carmen de Pedro se présentent pour la première fois en public comme un couple. Et celui-ci récupère enfin la fonction de la parole qu'il semblait avoir perdue depuis le mois de mars 1939.

C'est toujours Carmen qui reçoit les camarades et leur propose un siège, des cendriers, quelque chose à boire. C'est encore elle qui leur adresse quelques mots de bienvenue, dans le but de les présenter les uns aux autres. Mais celui qui fait le discours est désormais Jesús.

« Camarades, Carmen et moi... » Et il prononce encore son nom en premier, mais juste pour respecter la syntaxe de la courtoisie. « Camarades, Carmen et moi pensons que, dans cette période si difficile que nous sommes en train de traverser, il est indispensable de réorganiser un minimum le Parti, pour que les nôtres ne se sentent plus livrés à eux-mêmes, qu'ils conservent le moral et ne pensent pas qu'il n'y a plus rien à faire, qu'ils ont tout perdu une seconde fois et à jamais... »

Il a raison. Il a tellement raison que personne ne songe à le contredire. Personne ne fait non plus le rapport entre la bonne nouvelle de la libération d'Antón et l'organisation de cette réunion où Jesús Monzón se présente pour la première fois comme le principal dirigeant du parti communiste espagnol en France. À partir de ce moment, il ne cesse plus de prendre des initiatives. S'il est vrai que personne ne le lui a demandé, il est néanmoins tout à fait exact que toutes celles qu'il prend sont excellentes.

Extrêmement intelligent, très ambitieux, communiste, courageux, séduisant, superbe, séducteur, égocentrique, brillant, téméraire, capable, aventurier, réservé, conspirateur, inventif, convaincant, sûr de lui, généreux, homme à femmes, sympathique, machiavélique, élégant, compréhensif, astucieux, courtois, exigeant, cynique, raffiné, cultivé, polyglotte, intrigant, bon vivant, politique, aimable, cosmopolite, compliqué, sensuel, dangereux, dominant, pervers, puissant, gourmet, bon débatteur, meilleur écrivain, inégalable organisateur, trop exquis pour lui appliquer l'étiquette de simple bourgeois, amateur expert de tous les plaisirs sophistiqués, possédant une solide formation théorique, d'extraordinaires dons de meneur, une facilité innée pour rendre toutes les femmes amoureuses de lui, un charisme comme on en voit peu et juste les scrupules qu'il faut, pas davantage.

Voilà à quoi ressemble l'homme qui se retrouve tout seul en France, au printemps 1939, méprisé de ses supérieurs, qui ont refusé de compter avec lui, et isolé de ses pairs, qui ne partagent pas son malheur, mais les mains totalement libres. Voilà à quoi ressemble cet homme, en train d'observer ce qui se passe autour de lui, d'analyser la situation, d'évaluer les conséquences de son analyse et de passer à l'action. Voilà qui il est, avant de se montrer au grand jour, pour prouver que tous les qualificatifs énumérés dans sa description peuvent se résumer à deux d'entre eux. À partir de ce moment-là, ceux qui le croisent succombent sans condition au charme d'un homme facile à apprécier et difficile à oublier.

« Fais-toi belle, mon cœur, et ne t'occupe de rien, je suis là pour ça... »

Depuis le printemps 1939 et jusqu'à l'hiver 1943, cette pauvre fille, simple dactylo au Comité central de Madrid, apprend qu'elle est bien plus heureuse en choisissant d'être l'enfant choyée d'un homme tout-puissant, qu'en exerçant ce pouvoir qui le rend, lui, à ce point heureux. À partir de cet instant, elle s'applique exclusivement à être comblée.

Jesús décide de ne pas tenir compte du pacte germano-soviétique et ordonne de boycotter, quel qu'en soit le prix, l'adhésion des Républicains espagnols à l'Organisation Todt, formée de compagnies de travailleurs directement contrôlées par l'armée allemande. Et, pendant ce temps, Carmen est heureuse.

Jesús élargit la structure du Parti à tous les camps d'internement, à toutes les prisons, à toutes les compagnies de travail situées des deux côtés de la ligne de démarcation, qui délimite la France libre et la France occupée. Et Carmen est heureuse.

Jesús rencontre les dirigeants du parti communiste français dans une insolite position de supériorité – car étant espagnol, il a plus de militants qu'eux, plus de cadres, plus de contacts, une meilleure et plus efficace organisation que la leur. Et, pendant ce temps, Carmen est heureuse.

Jesús décide que le moment est venu de passer à la lutte armée. Il choisit son propre état-major parmi les hommes qui possèdent une formation militaire et lui inspirent le plus confiance. Il encourage le recrutement de guérilleros, établit le nombre, la structure et la hiérarchie de ses propres brigades. Il conçoit des plans d'action, les intègre à la toute nouvelle résistance française, puis réussit à prendre le commandement de certains réseaux dans plusieurs endroits du sud du pays. Et, pendant ce temps, Carmen est heureuse..

Jesús transforme le PCE en une incontestable force hégémonique de l'exil républicain espagnol en France, mais il commence à sentir que cela n'est plus suffisant. Et, pendant ce temps, Carmen est heureuse..

Au cours de la guerre, Jesús pense à Moscou, à Buenos Aires, à La Havane et, les mains plus libres que jamais, il analyse la situation, la projette dans le futur immédiat, passe à l'action, ce qui lui réussit toujours. Et, pendant ce temps, Carmen est heureuse..

Jesús continue à louer des villas isolées avec jardin et domestiques, traitant Carmen comme une déesse, l'emmenant dîner dans les meilleurs restaurants, choisissant les meilleurs vins, lui rendant la vie plus agréable qu'elle n'avait jamais imaginé que pourrait être un jour sa vie, et il a déjà décidé de retourner en Espagne, mais Carmen l'ignore. Et, pendant ce temps, elle n'a jamais été aussi heureuse.

Au début de 1943, Jesús Monzón a une nouvelle idée, aussi bonne, aussi brillante, aussi visionnaire, que le sont d'habitude toutes ses idées. Il ne sait pas que ses camarades du bureau politique ont pensé à quelque chose de semblable avant lui. Mais, en ce qui le concerne, Staline est loin pour l'empêcher de la mettre en pratique. Il imagine de concevoir l'Union nationale espagnole (qui a hérité son nom de l'organisation que Heriberto Quiñones a tenté d'implanter depuis l'intérieur du pays, dans l'immédiat après-guerre) comme la plateforme d'un programme démocratique modéré, où seront représentées toutes les organisations qui s'opposent à la dictature de Francisco Franco (bien entendu contrôlée par le PCE, et plus exactement par lui-même, il l'a inventée dans ce but) qui deviendra une interlocutrice idéale lorsque le moment sera venu pour les Alliés, après avoir mis en pièces les puissances de l'Axe, de s'intéresser à l'Espagne.

Au début de l'année 1943, Jesús Monzón est persuadé que Hitler va perdre la guerre, mais même si le conflit dure plus longtemps et s'il se complique à cause de facteurs imprévisibles, l'Union nationale espagnole reste une excellente idée, comme le démontreront toutes les forces démocratiques espagnoles plus de vingt ans plus tard, en mettant sur pied des plateformes similaires.

Jesús Monzón a pensé à tout. Il s'est d'une part entretenu avec Juan Negrín et le général Riquelme, et d'autre part avec des représentants du PSOE, de la CNT, de l'UGT et de la gauche républicaine en France. Il est vrai que ses contacts avec ce qui reste des membres du Front populaire, qui avait remporté les élections en février 1936, ne font pas partie des directions de leur parti respectif, mais de toute façon il n'aurait pas pu en être autrement. Car aucun des dirigeants socialistes ou des républicains importants ne vit en France pendant les années 1940, et cinq ans après la débâcle, la CNT est pratiquement exsangue. Mais aussi, pour que personne ne soit effrayé, et pour que les puissances démocratiques qui ont déjà trahi la République ne se lavent pas à nouveau les mains, en se cachant derrière la propagande contre les hordes marxistes qui ont conduit Franco jusqu'au palais du Pardo, il a également pris rendez-vous avec des royalistes, avec des carlistes, avec des phalangistes rebelles et avec certains membres de la CEDA[1] mécontents, qu'il se propose de rencontrer à Madrid.

« Ah, bon ! Alors, on retourne à Madrid ! » s'exclame la pauvre Carmen lorsqu'il le lui dit. « C'est formidable !

— Non, ma chérie... » Jesús tente de la décevoir avec tendresse. « C'est moi qui vais à Madrid. Et j'ai pensé que le

1. La Confédération espagnole des droites autonomes était un parti de droite pendant la deuxième République espagnole.

mieux serait que toi, tu partes pour la Suisse, avec Manolito Azcárate. »

Il lui explique ensuite qu'il a établi le contact avec un Nord-Américain qui s'appelle Noël Field, un fonctionnaire de la délégation des États-Unis à la Société des Nations, dont le siège est installé à Genève, qui travaille, depuis 1941, en parallèle, pour l'Unitarian Service – une organisation d'aide aux réfugiés, à travers laquelle sont réunis les fonds de son gouvernement destinés à soutenir l'activité des antifascistes en Europe. Field, qui a lui-même déjà été recruté par Allen Dulles – qui avant de devenir le premier directeur civil de la CIA, occupe pendant la Seconde Guerre mondiale le poste de chef de la délégation des Services secrets nord-américains en Suisse –, est en contact permanent avec la fragile direction clandestine des communistes allemands. C'est peut-être grâce à ce circuit que Monzón a appris l'existence de ce philanthrope mystérieux qui se révélera finalement être philanthrope, mais pas si mystérieux.

Pablo Azcárate – que sa mission d'ambassadeur de la République espagnole à Londres avait transformé pendant la guerre civile en une espèce de ministre des Affaires étrangères permanent du gouvernement Negrín devant le Comité de non-intervention – est devenu ami de Field, qui résidait au Royaume-Uni pendant toute la durée de cette exténuante bataille. L'Américain s'est toujours conduit comme un antifasciste sincère et un ami loyal de la République et c'est bien ainsi que s'en souvient Manolo Azcárate, fils de Pablo, le camarade et ami de Jesús Monzón. Voilà pourquoi Carmen tente de dire, mais non, mais non, il n'en est pas question, pour quelle raison ferait-elle ça ? Elle préfère se rendre à Madrid avec lui. Azcárate n'a qu'à se rendre tout seul à Genève, puisque le fameux Field était un ami de son père. Mais Jesús ne cède pas.

« C'est toi qui commandes, Carmen. » Pauvre Carmen. « C'est toi la déléguée du bureau politique, pas moi. Alors, il faut que tu te rendes en Suisse, et que tu tires tout l'argent que tu pourras de ce type, puis tu rentres, car on ne peut surtout pas laisser le Parti complètement désemparé en France. »

Pauvre Carmen, qui n'est pas très intelligente, mais qui n'est pas si bête non plus pour ne pas comprendre que ce magicien, qui est capable de faire apparaître n'importe quoi de son chapeau, s'est dans le meilleur des cas lassé d'elle et, dans le pire, en a tiré tout ce qu'il pouvait en tirer et que, dans un cas comme dans l'autre, il va s'en débarrasser. Jesús, qui est trop malin pour lever le lièvre avant l'heure, s'arrange par tous les moyens pour gommer cette impression, et parvient à ce que Carmen parte pour Genève de meilleure humeur afin de travailler pour lui et pour le parti communiste espagnol dont il est désormais le seul dirigeant.

Elle le fait, et elle le fait bien, comme une disciple digne de son maître. Après plusieurs entrevues, elle soutire plus d'un demi-million de pesetas de 1943 à Noël Field, une petite fortune qui atterrit à Madrid, dans une villa confortable, discrète, avec jardin bien entendu, du quartier de Ciudad Lineal : la maison depuis laquelle Jesús Monzón subjugue, domine, séduit, convainc, organise et commande autant, ou même plus, que de l'autre côté de la frontière, la maison où il fixe des rendez-vous avec un nombre limité, mais bien choisi, de déserteurs du franquisme, la maison où il recrute de nombreux mécontents sans reconnaissance politique, la maison où il fait du PCE de l'intérieur le germe d'une organisation aussi admirable que le PCE de l'exil français, la maison où il peut compter sur les services d'une assistante au physique pas du tout insignifiant qui, au bout d'un mois, tout au plus un mois et demi, cesse de passer pour sa maîtresse, pour devenir vraiment sa compagne.

Voilà à quoi ressemble la maison du mirage, de l'hallucination de Jesús Monzón. Ici, tout près de la Puerta del Sol, très loin de Moscou, de Buenos Aires, de La Havane, si près de Toulouse qu'il lui suffit de claquer des doigts pour s'y retrouver. Voilà à quoi ressemble la maison où tout se passe encore mieux qu'il n'avait osé l'imaginer et où plusieurs dirigeants historiques de la droite espagnole le vouvoient. Monzón se soûle de pouvoir, il se croit immortel, invincible, omnipotent, et commence à commettre des erreurs.

Ou peut-être pas. Peut-être ne commet-il pas d'erreurs. Peut-être conserve-t-il tout son pouvoir d'analyse, car ses calculs sont faux, oui, mais seulement de quelques dixièmes. Pendant l'été 1944, ses hommes – car ce sont les siens, car c'est lui qui les a formés, les a dirigés, car c'est à lui qu'ils obéissent, c'est-à-dire au seul dirigeant qui a risqué sa vie à leur côté, et pas à ceux qui sont partis en vacances à Moscou, à Buenos Aires, à La Havane – libèrent le sud de la France. À ce moment-là, l'homme de Ciudad Lineal comprend que Jesús Monzón Reparaz, c'est-à-dire lui-même, ce dirigeant de rien du tout, cet homme originaire de Navarre, terne et méprisable, avec lequel on avait refusé de compter en 1939, à qui personne n'avait proposé une place dans un avion, ni la moindre mission, possède, en plus du pouvoir en France et en Espagne, une armée personnelle – vingt-cinq mille, trente mille hommes bien armés, parfaitement entraînés, disciplinés et victorieux, qui ont mis en fuite les nazis et n'attendent qu'un seul ordre de lui pour franchir la frontière.

« Tu peux te moquer de moi, à présent, Dolores », murmurait probablement Jesús Monzón dans sa maison de Madrid, très loin de la place Rouge, tout près de la Puerta del Sol. « Moque-toi, vas-y, rira bien qui rira le dernier… »

Et la dernière à rire, c'est bien elle, mais il s'en est fallu d'un cheveu. Il s'en est fallu d'un cheveu pour que Franco ne puisse continuer à vivre au Pardo pendant trente et un ans de plus. D'un cheveu pour que le profil de Jesús Monzón se retrouve imprimé sur des millions de timbres et de billets de banque. D'un cheveu pour que le paseo de la Castellana s'appelle aujourd'hui l'avenue Jesús Monzón. Il s'en est fallu d'un cheveu pour que cet homme dont personne ne se souvient aujourd'hui ne devienne le héros, le sauveur, le père de la patrie.

Car au début de l'automne 1944, Jesús Monzón Reparaz donne l'ordre, depuis sa maison madrilène de Ciudad Lineal, à l'armée de l'Union nationale espagnole, son armée personnelle, de traverser les Pyrénées.

Radio Espagne Indépendante, la chaîne de radio clandestine du PCE, plus connue sous le nom de la « Pirenaica », annonce dans ses journaux d'information que l'opération « Reconquête de l'Espagne » a commencé.

Et le 19 octobre 1944, un jeudi, l'armée de l'Union nationale espagnole franchit en effet la frontière pour envahir le val d'Aran.

I

Ici, Radio Espagne Indépendante…

De la farine, toute la farine.

Lorsque j'étais entrée dans la cuisine, les marbres reluisaient, le sol avait été lavé et tous les ustensiles rangés. Il n'était pas encore huit heures du matin, mais la cuisinière et la personne qui l'aide d'habitude étaient déjà parties.

J'avais respiré profondément, posé mes mains sur la planche à pétrir et fermé les yeux. Mon cœur battait la chamade, frénétiquement, comme le mécanisme d'un jouet mécanique sur le point de se disloquer, de s'éparpiller joyeusement dans les airs, en une cascade de ressorts et de vis minuscules, pour ne plus jamais fonctionner. Cependant mon corps, mon visage, mes mains ne trahissaient pas la moindre nervosité. J'étais calme et cela me semblait indispensable, même si personne n'était là pour m'observer. J'avais mis plusieurs secondes à percevoir les odeurs particulières de cette cuisine en ordre : celles de l'eau de Javel et du savon, de l'humidité et de la propreté, un parfum humble, domestique, qui m'avait calmée comme s'il me caressait du bout des doigts.

Bien que personne ne m'ait jamais enseigné à travailler dans une cuisine, certains des moments les plus importants de ma vie avaient eu lieu dans des pièces dépouillées, lumineuses, aux murs revêtus de faïences et aux surfaces de marbre brut, de petits univers blancs, aussi rangés que celui dans lequel je m'étais retrouvée toute seule. Sans doute est-ce pour cette raison, tandis que les derniers habitants de cette maison se préparaient à l'abandonner, que j'avais décidé de passer un tablier et de faire des *rosquillas*[1].

1. Beignets en forme de couronne.

De la farine, toute la farine, m'étais-je répété, et j'avais ouvert les yeux, levé les mains de la planche à pétrir et haussé les épaules avant de me mettre à l'ouvrage. Dans le cellier, j'en avais trouvé trois paquets d'un kilo et j'avais tant de fois réalisé cette recette, que j'avais calculé sans la moindre difficulté la quantité des autres ingrédients nécessaires. J'avais mis neuf œufs de côté, un kilo de sucre et le lait qui restait du petit déjeuner, presque un litre. Quelqu'un avait dû demander au laitier de ne pas passer ce matin-là, mais il y en avait suffisamment. Pas de beurre. Le 20 octobre 1944, il était impossible de trouver cinq cents grammes de beurre, y compris dans la cuisine d'un délégué provincial de la Phalange espagnole. Mais, lorsqu'il n'y avait rien d'autre, sœur Anunciación utilisait du saindoux, et c'est ce que je m'apprêtais également à faire.

Lorsque j'avais entrepris de râper les citrons, mes mains tremblaient. Je m'étais déjà râpé deux ou trois fois le bout de l'index et j'avais dû m'arrêter un instant. Je m'étais dit que ce n'était pas le moment de me blesser, surtout pas à la main droite, et encore moins au doigt en question. J'avais donc continué à râper mon citron plus lentement et, le travail terminé, j'avais pensé que le mieux serait de pétrir la pâte par petites quantités. Je n'étais pas une pâtissière aussi expérimentée que sœur Anunciación, je voulais surtout réussir mes *rosquillas*, et que ces *rosquillas* soient les meilleures de toute ma vie.

J'avais versé le tiers des ingrédients et plongé mes deux mains jusqu'aux poignets dans le pétrin. Tandis que je pétrissais la pâte avec mes doigts, je me sentais de mieux en mieux, de plus en plus sûre de moi. La texture huileuse, douce et molle, que formaient peu à peu les grains de sucre et les grumeaux de farine en se mélangeant aux œufs, au lait, au saindoux fondu et à la liqueur – dont j'avais décidé de doubler la dose pour me convaincre que j'étais bien en train de cuisiner pour des soldats –, avait décontracté mes muscles et comme rafraîchi ma tête. En glissant entre mes doigts, les pâtes sucrées, ou salées, me produisent toujours une sensation légère, humide, spongieuse et fraîche. Depuis que je m'étais brusquement réveillée du rêve qu'avait été le meilleur de ma vie, la cuisine était devenue le seul endroit où je parvenais à ressentir que je possédais une peau et qu'elle me procurait encore un certain plaisir.

« Mademoiselle, je voudrais vous demander un service... »

Le jour de septembre 1936 où Virtudes m'avait dit cela, la guerre avait déjà commencé, et cependant ç'avait été seulement à cet instant que tout avait commencé pour moi.

« C'est au sujet de la réunion de cet après-midi... Tu te souviens que je t'ai dit que je devais sortir ? Bon. Eh bien nous venons tout juste d'apprendre que le gouvernement a réquisitionné le local où nous devions nous réunir, et je me suis dit que... Comme ici c'est tellement grand et que nous ne sommes plus que toutes les deux... Est-ce que ça vous gênerait si la réunion se tenait dans la cuisine ? »

Virtudes et moi habitions déjà depuis un mois et demi toutes seules dans la maison de mes parents, et bien que je lui aie demandé plusieurs fois de me tutoyer, comme lorsque nous étions petites, elle s'adressait à moi avec un déconcertant mélange de familiarité et de respect, comme si elle non plus ne parvenait à croire ce qui était en train de nous arriver. Nous avions toutes les deux le même âge et nous connaissions depuis que nous étions enfants, parce que c'était la petite-fille de la gouvernante de la maison et que, toute gamine, elle habitait avec nous, dans la chambre de sa grand-mère. À l'époque, nous étions toujours fourrées ensemble, mais lorsqu'elle avait eu sept ans, sa mère l'avait réclamée et emmenée chez elle à Carabanchel. Je ne l'avais plus revue jusqu'à l'âge de quinze ans. Elle s'était alors présentée à la maison, avec une coiffe amidonnée et une tenue de femme de chambre. Nous ne savions alors pas trop bien comment nous conduire l'une envers l'autre. J'avais une grande affection pour elle et j'étais incapable de lui donner des ordres. Quant à elle, on aurait dit qu'elle craignait de s'adresser à moi sans y mettre suffisamment les formes. Au début, nous rougissions jusqu'aux oreilles, lorsque nous nous croisions dans le couloir. Et par la suite nous n'avons jamais su trouver une façon simple de nous parler. Jusqu'à ce jour de 1936 où ce genre de cérémonie ridicule avait cessé d'être d'actualité.

« Inés !... » Le 19 juillet ne s'était pas encore levé que quelqu'un ou quelque chose, que je n'avais pas su immédiatement identifier, m'avait brusquement arrachée à mon sommeil. « Inés, s'il te plaît, réveille-toi ! »

Le soir précédent, j'avais eu bien du mal à m'endormir. Peu d'Espagnols ont dû réussir à bien dormir ce 18 juillet 1936. J'étais loin d'être une exception, même si en réalité j'étais plus ou moins au courant de la situation. Car mon frère Ricardo conspirait depuis plusieurs mois déjà, et même si je ne savais pas exactement de quelle façon ni pour quelle raison il faisait cela, je savais en revanche avec qui et contre qui il le faisait. Il n'était donc pas bien difficile pour moi de compléter le puzzle.

« Hier, au bal du Casino… Quel dommage que vous ne soyez pas venus ! C'était formidable… »

Ma cousine Carmencita était arrivée pour prendre un café avec son fiancé, un après-midi du mois de mai. C'était un de ces amis avec lesquels mon frère s'enfermait certains après-midi dans le bureau de mon père. Les yeux brillants d'émotion, ma cousine avait commencé à raconter sa grande aventure de la veille. Dans la matinée, elle était allée avec ses amies chez un grainetier de la rue Hortaleza pour acheter un kilo de millet. Puis elles avaient rempli plusieurs sacs avec les graines, qu'elles avaient ensuite cousus dans la doublure de leur robe de soirée. Elles s'étaient rendues au bal comme si de rien n'était et, tout en dansant, avaient éparpillé les graines aux pieds des officiers de l'armée de la République, qui étaient en train de danser avec leur fiancée. La piste de danse s'était alors transformée en un véritable poulailler. C'était leur but.

« À bon entendeur… », avait conclu Carmencita, tandis que son fiancé, mon frère, ma mère, ma sœur Matilde et mon beau-frère José Luis éclataient de rire en approuvant la perspicacité du stratagème.

En ce qui me concerne, je m'étais abstenue. C'est sans doute à cet instant que tout avait commencé, car je n'avais pas ri ni trouvé l'exploit de ma cousine très amusant.

Carmencita avait à peine deux ans de plus que moi. Mais dès qu'elle ouvrait la bouche, une espèce de supériorité congénitale la dotait de plusieurs années supplémentaires. Lorsque nous étions sagement assises, sans parler, j'avais l'air d'être plus âgée qu'elle, car j'étais plus grande de taille :

un peu trop pour l'époque. Et j'avais les épaules, la poitrine, les hanches plus prononcées qu'elle – trop également pour les bourgeois de l'époque. Ainsi que des cuisses d'amazone : bien trop musclées pour les mères marieuses de la bourgeoisie de l'époque. J'avais en plus un visage allongé, aux traits marqués, avec les pommettes saillantes et une bouche très large. En résumé, j'étais vraiment très différente des poupées qui, dans les vitrines des magasins de jouets, représentaient les canons de beauté auxquels le visage de Carmencita correspondait parfaitement. C'est sans doute pour cette raison que personne ne m'avait jamais donné le diminutif Inessita. Ainsi, le mirage de ma supériorité s'évanouissait à l'instant même où ma cousine ouvrait la bouche et commençait à hocher la tête, pour se donner raison à elle-même, tout en murmurant, oui, oui, oui, oui, oui, en pinçant ses lèvres.

Tout ce qu'elle disait, tout ce qu'elle pensait ou faisait, révélait une inébranlable confiance en soi. Non seulement, elle n'hésitait pas à penser qu'elle avait toujours raison, mais elle n'avait pas le moindre respect, ni la moindre curiosité pour l'opinion d'autrui, comme si ses interlocuteurs n'avaient jamais su réfléchir. Carmencita était le prototype du fasciste espagnol, avant même que le fascisme espagnol n'ait été inventé. Lorsque nous étions gamines, son assurance me complexait tellement que je préférais m'effacer en sa présence. Cependant à cette époque, en mai 1936, les choses avaient bien changé. J'avais tout simplement trouvé que Carmencita était une caricature d'elle-même. Peut-être ne serais-je jamais parvenue à une conclusion aussi simple et pratique, si une autre de mes cousines ne m'avait définitivement ouvert les yeux.

J'étais la plus jeune de tous les petits-enfants de mon grand-père. Et Florencia, qu'on appelait María, était l'aînée de tous les neveux et nièces de mon père. Celui de Florencia était mort alors que j'étais toute petite. Lorsque María avait atteint l'âge de l'adolescence, tante Maruja, sa mère, avait décidé qu'elle ne pourrait jamais rien tirer de sa fille, qu'elle ne la reconnaissait plus, tant elle la trouvait rebelle, indisciplinée et bagarreuse. C'est pour cette raison qu'elle l'avait sans le moindre regret envoyée faire ses études à l'étranger, d'abord en France, puis en Angleterre. Ensuite, on ne l'avait plus revue pendant de longues années. Et lors des conversations échangées par mes tantes, mes oncles et mes parents à l'occasion des fêtes familiales, le mot qui revenait le plus souvent était *traînée* ou, sa variante bien plus sinistre, l'expression *faire la traînée*. Tant et si bien que, pendant l'hiver 1933, tout le monde avait été contrarié de s'apercevoir à quel point ils avaient pu se méprendre.

Ma cousine était retournée chez nous à Madrid au bras d'un pianiste uruguayen, à la peau blanche et aux cheveux bruns, longs comme ceux des troubadours du Moyen Âge, qu'elle avait présenté à la famille comme son fiancé. Ce qualificatif lui ayant fait perdre toute méfiance, elle avait commencé à raconter que son amoureux ne l'appelait jamais María, mais Florencia, car elle avait décidé de renoncer à son premier prénom pour n'utiliser que le second. Bien que spectaculaire, celle-ci n'avait pas été la seule nouveauté qu'elle avait mise dans ses bagages. La fille prodigue de ma tante Maruja, qui était aussi grande et large d'épaules que moi, portait des robes de satin et de soie qui lui seyaient formidablement. Lorsqu'elle marchait, le tissu léger et brillant lui collait aux hanches, découvrait ses jambes et faisait remonter la robe juste au-dessous du genou. Certaines personnes juraient même l'avoir aperçue en pantalon. Par ailleurs, chacun avait pu constater que ses cheveux étaient plus courts que ceux de son fiancé, qu'elle avait la nuque nue, se faisait les yeux avec le même crayon noir et gras que les femmes arabes, fumait avec un fume-cigarette et avalait même la fumée. Et malgré tout, ce catalogue complet d'horreurs ne collait absolument pas avec l'image de *malheureuse traînée* et de *fille des caniveaux* dont les autorités de ma famille l'avaient affublée à de si nombreuses reprises. Ma cousine était tout simplement splendide, resplendissante, bien habillée et couverte de bagues à chaque doigt, toutes moins brillantes que ses yeux de femme heureuse ne cherchant l'approbation de personne pour profiter de son bonheur.

Le fiancé de Florencia, Osvaldo, était venu à Madrid pour donner un concert au Teatro Real, mais en réalité le couple avait donné trois spectacles. Je n'avais pas pu assister au premier, car je n'avais encore que seize ans et ma mère qui était très conservatrice ne me laissait pas sortir, mais j'avais assisté au compte-rendu de Carmencita, qui fréquentait déjà les bals du Ritz et prenait un malin plaisir à raconter en public le scandale que Florencia avait provoqué en dansant un tango avec l'Uruguayen.

« Collés, collés, mais vraiment collés l'un à l'autre comme des berniques. » Et elle joignait la paume des mains pour donner plus de réalisme à sa description. « Accouplés comme des animaux, c'est vrai, quelle honte ! Les gens s'étaient groupés tout autour d'eux, bien entendu, car elle... Et vas-y qu'elle mettait sa jambe entre ses jambes ! Et lui... Et vas-y qu'il la renversait jusqu'au sol pour mieux la relever ensuite ! Je ne savais vraiment plus où me mettre.

— Ne sois pas idiote, Carmencita. » Mon frère Ricardo, qui était également présent au bal, était intervenu pour défendre la modernité comme il le faisait toujours à l'époque. « Les gens s'étaient groupés autour d'eux parce qu'ils dansaient excellemment. C'est comme cela qu'on danse le tango.

— Ah, oui ? Eh bien moi, je ne le danse pas comme cela. Je ne pense pas qu'une femme un tant soit peu décente ait besoin de se contorsionner de cette façon pour danser quoi que ce soit. »

J'avais cependant eu la chance de voir, et surtout d'écouter, leur deuxième spectacle, le concert au Teatro Real. Maman, que j'avais réussi à accompagner car mon père m'avait cédé son billet d'entrée au tout dernier moment tout en disant qu'il voyait venir la chose, n'avait pas du tout apprécié le répertoire. Mais elle avait cependant dû reconnaître qu'Osvaldo était un pianiste talentueux, et elle avait même fini par regretter qu'il n'ait pas choisi de la vraie musique à cette occasion. Ce que ma mère entendait par « vraie musique » se réduisait au baroque allemand et à l'opéra italien. Le romantisme était déjà trop strident pour elle, et elle aurait préféré ne même pas avoir eu vent de l'impétueuse modernité des pirouettes que Prokofiev et Stravinsky avaient composées pour les Ballets russes de Paris. Mais elle avait cependant été obligée de les écouter, car c'est ce qu'avait interprété Osvaldo ce soir-là : des extraits de *Roméo et Juliette*, de *Petrouchka* et de *L'Oiseau de feu*, qui avaient provoqué des réactions furieuses de la part du public.

Au bout d'une dizaine de minutes, une bonne moitié des abonnés de l'orchestre avait commencé à se lever en faisant bruyamment claquer le siège de leur fauteuil contre le dossier avant de sortir, en frappant des talons dans les couloirs, le menton aussi haut que si l'on venait de leur jeter un gant à la figure. On aurait dit que le théâtre s'était complètement vidé. Et puis, lorsque la dernière note avait résonné, le public du paradis, où se réunissaient les musiciens désargentés, les étudiants du conservatoire, ainsi que les mélomanes, avait lancé une interminable ovation, émaillée de « bravos ». Les spectateurs étaient si enthousiastes qu'ils avaient obligé Osvaldo à revenir par deux fois jouer, notamment une pièce extraite d'*Iberia* d'Albéniz qui dissimulait sous ses arpèges et son extraordinaire virtuosité une variante de « *la Tarara si, la Tarara no, la Tarara, madre, que la bailo yo* ».

« Mais quelle horreur ! » Et cette mélodie enfantine que, par chance, il avait réservée pour le final avait définitivement provoqué l'indignation de ma mère. « J'en ai pardessus la tête, allons-nous-en ! Quel manque de respect ! Mais pour qui se prend-il donc, pour venir nous insulter dans notre propre théâtre avec des inepties de ce genre ? »

Cependant, toutes les critiques avaient été excellentes, enthousiastes : aussi bien celles des pauvres petits journaux modernes de l'époque comme *El Sol*, et *El Heraldo*, auxquels les membres de ma famille ne prêtaient pas la moindre attention, que celles de l'*ABC*, qui était le seul quotidien respectable à leurs yeux. Sans doute encouragée par ce succès unanime dans la presse, ma tante Maruja avait fini par convaincre Florencia d'assister avec son pianiste à la fête d'anniversaire de sa belle-sœur Carmen. Et cela avait été le troisième spectacle qu'ils avaient donné à Madrid. Le meilleur des trois, à mon goût.

« María ! avait lancé Carmen en la voyant entrer, feignant d'être extrêmement ravie de sa présence dans son salon. Quelle joie !

— Appelle-moi Florencia, ma tante », avait répondu sa nièce avec douceur, après lui avoir fait deux bises aussi hypocrites que celles qu'elle venait de recevoir de sa part. « Je préfère.

— C'est vraiment incroyable !... » Et c'est alors que Carmencita, avec cette assurance supplémentaire que lui donnait le fait de se trouver dans le salon de sa maison, s'était laissée aller à un jugement on ne peut plus méprisant, tout en hochant la tête pour se donner raison à elle-même. « Tu crois que cela valait absolument la peine de rencontrer tout ce beau monde, oui, oui, oui, oui, oui,... pour finir par adopter un prénom aussi rustre, qui sent la vache à cent mètres et que chacune d'entre nous porte comme une croix... »

Et à cet instant, Florencia, dont les prénoms de baptême étaient María Florencia, tout comme Carmencita s'appelait en réalité Carmen Florencia, et ma sœur Matilde Florencia, et moi, Inés Florencia – il s'agissait d'une tradition ancestrale, scrupuleusement respectée jusqu'à la génération de nos parents qui avait fini par reléguer ce prénom au deuxième rang de tous les actes de naissance –, s'était arrêtée net, l'avait regardée à nouveau, et s'était mise à parler du haut d'une tour imaginaire, aussi vertigineuse que si une mer de nuage avait encore eu la place de nous séparer d'elle.

« Mais enfin, c'est un plaisir de sentir la vache, la campagne et l'air frais ! » Et comme si cela n'avait pas été suffisant, elle lui avait souri. « N'importe quel autre parfum vaut bien mieux que cette odeur de brasero, d'arrière-boutique de pharmacie et de sacristie qu'exhale une famille aussi fière de n'être jamais sortie de ce pays inculte de conquistadors de pacotille. Le mieux qu'on puisse trouver en Espagne, c'est justement des étables, ma chérie. Des étables avec les gens qui s'en occupent. Votre élégance ne leur arrive pas à la cheville. »

Elle avait lâché cela puis, tandis que ma tante Maruja feignait un évanouissement pour ne pas avoir à affronter sa fille aînée, et que le visage des autres personnes virait de la pâleur de l'effarement au rouge de l'indignation sans trouver de mots pour exprimer ni l'un ni l'autre, María – désormais Florencia, pour toujours – avait saisi le bras de son fiancé et s'en était allée pour ne plus jamais revenir, sans imaginer combien sa cousine Inés, avec laquelle elle n'avait jamais parlé plus d'une dizaine de fois, allait dès lors se souvenir d'elle pour toujours. Notamment pendant ce printemps 1936, où tout ce qui se passait autour de moi, le sol de la piste de danse du Casino recouvert de graines de millet par exemple, ne faisait que conforter les idées de Florencia.

« Tu ne comprends donc pas ce qui arrive, Inés ? » Car lorsque tout le monde avait recouvré une sérénité suffisante pour analyser cet affront impardonnable, on en avait conclu que Florencia était passée à l'ennemi, représenté jusqu'à maintenant par tous les gens qui osaient les contredire mais, depuis sa victoire électorale de février, désormais l'ennemi était systématiquement devenu le gouvernement du Front populaire.

« Cette fois-là, on ne s'est pas gênées pour traiter les officiers de l'armée de la République de lâches et de poules mouillées, parce qu'ils n'avaient même pas réagi, tu n'as pas ?...

— Si, si, Carmencita. Bien sûr que j'ai compris.

— Et cela ne t'amuse pas ?

— Eh bien..., avais-je dit en cherchant une formule pour esquiver la réponse qu'elle attendait, alors que cela ne me semblait pas du tout amusant. C'est ingénieux, en effet. »

À cette époque, j'avais déjà commencé à penser par moi-même, même si personne ne s'en était aperçu, peut-être même pas moi, au sein de mon incomparable famille amoureuse de l'ordre. Mon enfance, placide et confortable, amidonnée comme les draps de fil entre lesquels je dormais, s'était déroulée au milieu des dentelles blanches, où tout – de mes vêtements à ceux de mes poupées, des rideaux de ma chambre à ceux de leur petite maison, de mon dessus-de-lit à celui de leurs petits lits, ainsi que mes foulards et même les étagères où je rangeais ma dînette – était bordé d'une monotone variété de galons brodés. À mes treize ans, j'avais soudain trouvé toutes ces dentelles affreuses, mais personne n'avait daigné prendre en compte mon opinion. Et deux ans plus tard, on ne s'était pas intéressé davantage à ce que je pensais lorsqu'on m'avait forcée à arrêter l'équitation, probablement parce que les chevaux étaient le seul élément de mon existence qu'on ne pouvait décorer de dentelles.

Ma sœur aînée, qui avait comme moi étudié l'anglais et le français, la musique et le dessin, la littérature, l'histoire et les mathématiques, s'était mariée à dix-huit ans avec une robe en dentelles et une traîne de tulle de plusieurs mètres de long. Trois mois plus tard, elle était enceinte. Carmencita se préparait à faire la même chose, et c'était aussi ce qu'on attendait de moi. Cependant, en juin 1933, alors que la rumeur du scandale de Florencia ne s'était pas tout à fait dissipée, la mort brutale de mon père, terrassé dans la rue par une malformation cardiaque jamais diagnostiquée, avait ouvert une brèche qui n'avait cessé de s'élargir dans la puissante et apparemment indéformable structure de la famille.

Ma mère s'était effondrée de telle façon que nous pensions qu'elle ne se remettrait jamais de ce malheur. Brisée par une mélancolie qui allait au-delà de toute tristesse raisonnable, elle avait commencé à passer des journées entières dans son lit, tandis que son fils aîné, Ricardo, assumait le rôle de père de famille en décidant que ce serait moi qui m'occuperais de notre mère jusqu'à ce qu'elle se reprenne. Ce rôle qui d'un certain côté m'avait semblé très lourd, car il m'empêchait de sortir, m'avait finalement dispensée d'avoir à chercher dans l'immédiat un mari : ce fameux trésor qui ne m'intéressait absolument pas. Cependant, de temps à autre, on m'obligeait à sortir, chaque fois avec un chaperon différent, pour qu'on n'oublie pas mon existence et afin de préparer mon apparition sur le marché des célibataires disponibles. Ce prétendu début de bonheur adulte consistait surtout à me laisser marcher sur les pieds par un tas de jeunes boutonneux, tout en faisant bonne figure à leur mère. Le but était de parvenir à décrocher le gros lot, en dénichant un bon parti dont personne ne me demanderait s'il me plaisait autant que le pianiste uruguayen avait plu à Florencia. C'était le prolongement naturel du monde de dentelles dans lequel j'avais vécu depuis tant d'années. C'est pourquoi, malgré mon isolement, qui m'éloignait peu à peu de l'existence de mes cousines, de leurs amies et des miennes, je ne me suis jamais plainte de rester à la maison pour m'occuper de ma mère – un empressement dont elle m'avait bientôt récompensée en se levant du lit le matin pour rester assise dans un fauteuil tout le temps qu'il faisait jour.

À la mort de mon père les choses avaient changé rapidement, puis elles avaient continué à changer toujours au même rythme. Au début, Ricardo avait tenté de s'occuper de moi avec la même sévérité qu'il avait lui-même subie à mon âge. Mais, au commencement de l'année 1934, lorsque cela ne faisait même pas encore un an qu'il jouait ce rôle, il avait adhéré au parti politique que venait de fonder un des enfants de Primo de Rivera, et il n'avait plus eu le temps, ni le désir, de se consacrer à autre chose.

« Alors ? » Il n'avait plus retiré la chemise de coton bleu qu'il avait étrennée un après-midi à la maison, afin que ma mère et moi puissions la découvrir avant tout le monde. « Elle vous plaît ? »

J'avais ressenti une telle frayeur que je n'avais pas réussi à desserrer les lèvres. Ma mère lui avait adressé une franche grimace de contrariété.

« Pshhh… Elle n'est pas très élégante, vraiment. Je suis heureuse que ton père n'ait jamais pu te voir avec une telle dégaine, car… tu t'es regardé ? Tu ressembles à un ouvrier, mon pauvre petit.

— C'est bien de cela qu'il s'agit, maman. » Mon frère s'était approché d'elle pour l'embrasser sur le front. « Nous sommes les ouvriers de la construction d'une nouvelle Espagne forte et sociale.

— Du bla-bla, tout ça, avait répondu ma mère. Moi, j'ai été royaliste toute ma vie et je continuerai à l'être jusqu'à la mort.

— La monarchie est une chose très féminine, vraiment une faiblesse, maman…

— Du bla-bla, avait-elle répété. Moi, je suis une femme, et pourtant j'ai été suffisamment forte pour vous mettre au monde tous autant que vous êtes, alors ne viens pas me… »

Ricardo l'avait embrassée à nouveau, puis il avait éclaté de rire. Ensuite, il avait pris son chapeau, son manteau et s'était approché de moi pour m'embrasser à mon tour.

« Attends, je viens avec toi », lui avais-je dit. Et lorsque nous étions restés seuls dans le couloir, je lui avais demandé dans un murmure : « Tu es donc devenu communiste ?

— Communiste ? » Il avait répété ma question à haute voix dans un grand éclat de rire. « Mais pas du tout, Inés ! Tu crois que je peux devenir communiste, moi ? J'ai pris la carte de la Phalange.

— Ah bon ? Eh bien je suis désolée de te dire que c'est comme ça que s'habillent les communistes. J'en vois tous les jours, en train de vendre leur journal, lorsque je passe devant le marché de la rue García Paredes, et ils ont tous une chemise comme la tienne.

— C'est vrai…, avait admis Ricardo en continuant à sourire. Mais ils ne vont plus la porter très longtemps, ne t'en fais pas. »

Il avait raison. Et lorsque les communistes leur avaient cédé le monopole de la chemise bleue, il était déjà tellement engagé en politique que, un jour sur deux, il ne dînait même plus à la même heure que nous. Cependant la Phalange avait modifié bien plus que ses horaires.

J'aimais énormément Ricardo, plus que Matilde, et que Juan, car le mariage précoce de la première, la carrière militaire du second et la mort de notre père nous avaient laissés seuls, comme deux enfants uniques, le premier trop âgé, la seconde trop petite, dans l'appartement familial de la rue Montesquinza. Pendant la première étape des trois dernières années où nous y avons habité ensemble, moi m'occupant de maman, lui s'occupant de nous deux, Ricardo avait été pour moi bien plus qu'un grand frère. Il avait été mon compagnon et ma référence, les yeux qui regardaient le monde à ma place, les lèvres qui me racontaient ce qu'il avait vu. Dans la bouche de Ricardo, le monde était amusant parce que lui-même était amusant, noctambule, ingénieux, et aussi moderne que j'aurais aimé le devenir un jour. Voilà pourquoi je ne m'étais pas préoccupée de son appartenance politique, peut-être parce qu'à cette époque tout le monde militait dans un camp ou dans l'autre à Madrid. Les patrons et les ouvriers, les messieurs et les morts de faim, les dames et leurs servantes, tout le monde appartenait à un parti, défendait sa cause, assistait aux meetings, faisait du prosélytisme et se rendait à des fêtes le dimanche avec ses coreligionnaires. Tout le monde sauf moi, qui ne sortais même pas de la maison les jours où maman n'avait pas le courage d'aller se promener.

« Je suis très inquiète à cause des nouveaux amis de ton frère, me disait-elle de temps en temps. L'autre jour, je l'ai entendu parler de je ne sais quelle révolution sociale, et je lui ai dit : “Les pieds devant ! Voilà comment tu me verras sortir de cette maison avant que je n'accepte de te voir devenir un révolutionnaire…” »

Moi, je souriais. Je tentais de ne pas la contrarier. Mais même si je ne le disais pas, je prenais toujours le parti de mon frère. Ricardo était jeune, il était célibataire, et il me semblait normal qu'il devînt révolutionnaire, de la même façon qu'avant il était devenu républicain. Moi, je ne connaissais rien à la politique, je savais juste un peu d'anglais et de français, j'avais quelques notions de musique et de dessin, un pâle vernis de littérature, d'histoire et de mathématiques, les quelques rudiments de culture générale s'étaient évanouis depuis longtemps sans m'avoir jamais servi. Ricardo, en revanche, était allé à l'université. Il avait des amis poètes. Il se réunissait avec eux le soir. Ils portaient tous ces fameuses chemises bleues d'ouvrier et chantaient, se soûlaient et draguaient les filles, rien de plus que ne faisaient déjà les garçons de son âge… Du moins, c'est ce qu'il me racontait, et je le croyais, car mon frère était toujours aussi sympathique, très moderne, et il riait encore de tout, sans prendre les choses trop au sérieux.

« L'Espagne porte une robe trop longue, maman. Il faut la lui raccourcir… Un bon bout. »

Alors elle se fâchait. Moi je riais. Et tout continuait pareil, jusqu'à ce que ce « tout », rythmé par la présence de mon frère, par sa compagnie et ses conversations, ses blagues et ses éclats de rire, se mette soudain à rétrécir, à perdre de son épaisseur, de sa consistance, à mesure que le gouvernement Lerroux s'affaiblissait, ou peut-être, mieux encore, à mesure que la gauche voyait croître ses chances de récupérer bientôt le pouvoir.

À mesure que l'année 1935 avançait, Ricardo avait commencé à me manquer également pendant le petit déjeuner. Au début, seulement de temps en temps, ensuite de plus en plus fréquemment, jusqu'à ce jour où il avait cessé de rentrer dormir une fois sur deux. Je le voyais encore dans la journée, mais le plus souvent comme une ombre imprévisible, un fantôme pressé, fugace, qui avait perdu l'envie de parler avec moi, de me raconter des choses et de me faire des câlins, car il avait juste le temps de se doucher, d'enfiler une chemise propre et de manger quelque chose, debout dans la cuisine, avant de sortir à nouveau ou de s'enfermer dans le bureau de papa où il passait tout son temps libre à conspirer en compagnie de ses amis, ces garçons si amusants, si modernes, ces noctambules que je pensais connaître de toute éternité jusqu'à ce qu'ils deviennent peu à peu aussi étranges que lui.

« Inés ! » La seule fois où mon frère m'avait ouvert la porte de cette forteresse, ce n'était pas pour me demander comment j'allais, ni pour bavarder un moment. « Entre. Ferme la porte et donne un tour de clé. Dépêche-toi ! »

Ensuite, avec cette allure grave qu'il adoptait depuis quelque temps, comme s'il aimait se donner dix ans de plus, il avait pris place dans le fauteuil de notre père et saisi un cahier dont la couverture en maroquin était extrêmement usée. C'était l'agenda dans lequel chacun de nous avait noté pendant des années les numéros de téléphone qu'il ne fallait surtout pas égarer. Il l'avait ouvert à la lettre R et m'avait observée.

« Comment t'appelles-tu ? m'avait-il demandé. Dis-moi...

— Eh bien, comment veux-tu que je m'appelle ? avais-je protesté car je ne comprenais pas à quoi rimait cette comédie. Comme toi. Tu es vraiment très bizarre, Ricardo...

— D'accord, mais dis-moi quel est ton premier nom, avait-il insisté avant que je n'aie le temps de protester. Dis-le-moi, et ne fais pas l'imbécile, c'est très important.

— Ruiz, avais-je répondu. Mon nom est Ruiz.

— Très bien. » Et il avait pointé mon nom, quatre lettres qui n'étaient unies à aucun autre nom propre, mais simplement à une abréviation, à la page où il avait ouvert l'agenda. « Le voici, M. Ruiz, tu vois. » J'avais acquiescé de la tête. « Et ton deuxième nom ?

— Maldonado... » Il avait tourné les pages jusqu'à trouver, à la lettre M, une entrée similaire, et m'avait observée à nouveau. « Castro..., avais-je poursuivi. Soto... Suárez.

— Très bien, avait-il répété, satisfait. Eh bien voilà ! Les quatre premiers numéros de téléphone qui coïncident avec tes cinq premiers noms, écrits dans cet ordre, forment la combinaison du coffre-fort.

— Le coffre-fort ? » À cet instant, j'avais senti un frisson parcourir tout mon corps de haut en bas, en creusant un sillon glacé et sale, désagréable, au milieu de mon dos. « Et à quoi me sert de connaître la combinaison du coffre-fort ? Que se passe-t-il, Ricardo ?

— Rien. » Il avait l'air toujours aussi grave. « Il ne se passe rien. Mais si un jour il venait à se passer quelque chose... » Il s'était levé, m'avait pressée dans ses bras et embrassée comme s'il était redevenu mon frère d'avant, celui que j'avais toujours connu. « Tu dois me promettre de ne pas tout dépenser pour t'enfuir en Amérique avec un fiancé, hein ?

— Un fiancé ? » J'avais levé les yeux au ciel. « Où veux-tu que je trouve un fiancé... » Et comme avant, comme toujours, nous avions éclaté de rire ensemble en raison de ma réponse, puis nous n'avions jamais plus reparlé du coffre-fort.

Pendant la campagne électorale de 1936, la situation avait une nouvelle fois changé à la maison, mais dans un sens radicalement différent. Tout d'abord parce que ma mère avait récupéré miraculeusement. Elle ne souffrait plus de ses crises de mélancolie. Lorsque nous étions seules, elle me disait qu'elle était inquiète à cause des amis de mon frère. Cependant elle se précipitait pour aller ouvrir la porte et les recevoir. Elle les serrait dans ses bras, leur adressait des regards appuyés révélant l'intensité des mots qu'elle leur aurait volontiers dits si je n'avais pas été là. Ils souriaient, acquiesçaient en silence. Ils passaient à côté de moi sans me voir, le col relevé, l'air menaçant et théâtral de conspirateurs d'opérette, les sourcils froncés, un pistolet leur déformant la veste. Depuis qu'ils étaient armés, ils n'avaient plus une seule seconde à me consacrer. Ils ne vantaient plus ma coiffure ou mes robes. Ils ne se plaignaient plus de l'acharnement de Ricardo à m'enfermer à la maison, sans leur permettre de m'emmener danser quelque part. Ces galanteries qui avaient soulagé pendant des années la dure monotonie de mon existence, sans jamais avoir été plus qu'une attitude courtoise, étaient devenues incompatibles avec leur nouvelle personnalité, avec la métamorphose qui avait durci l'expression de leur visage, affûté leurs traits et doté leurs yeux d'une mobilité violente, lumineusement sombre, qui les faisait ressembler chaque jour davantage à leurs pères. Cette bande de garçons joyeux et irresponsables s'était transformée en une confrérie de messieurs extrêmement sérieux, taciturnes, qui ne semblaient déjà plus partisans de raccourcir la robe de qui que ce soit, et surtout pas de l'Espagne.

« Pauvres garçons ! » Et lorsque la porte du bureau se refermait, ma mère se tournait vers moi pour me regarder, ses lèvres exprimant une crainte que démentait son léger hochement de tête attendri. « Mais bien sûr la situation est tellement grave ! En ce moment chacun doit savoir comment se situer et quel est son devoir. »

Moi aussi j'acquiesçais en silence, mais j'étais devenue insensible à la morsure des regrets que ces commentaires tentaient en vain de faire naître en moi. Ce n'était pas ma faute si je m'étais à ce point ennuyée, pendant si longtemps, sans que personne ne s'en émeuve. Tandis que mon frère conspirait, que ma mère se plaignait et allait se coucher en plein milieu de l'après-midi, moi je m'ennuyais, je n'avais même pas une amie proche à qui me confier. Je m'ennuyais à la messe le matin. Je m'ennuyais en récitant le rosaire l'après-midi. Et le lendemain je m'ennuyais à nouveau tandis que je me demandais que faire en premier : arroser les plantes ou aller acheter des gâteaux à la pâtisserie pour le goûter. Voilà les décisions les plus difficiles que j'avais eu à prendre, jusqu'à cet après-midi où je m'étais mise à éprouver si fort cet ennui que – ni ma mère ni mon frère ni ses compagnons ne se préoccupant de moi – j'avais fini par oser accepter l'invitation de la voisine du troisième, la seule qui semblait entrevoir la profondeur du puits de désœuvrement au fond duquel mon air se raréfiait peu à peu.

Aurora ne me ressemblait pas. Elle ne ressemblait à aucune autre femme que je connaissais. À plus de vingt-cinq ans, elle était toujours célibataire et enchantée de l'être. Elle persévérait dans le mode de vie que Ricardo avait délaissé. Elle continuait à sortir tous les soirs pour ne rentrer qu'au petit matin dans des voitures remplies d'hommes et de femmes bruyants, tellement soûls que je pouvais presque sentir leur haleine de ma chambre, mais toujours très amusants. Cette attitude la distinguait de Carmencita. Mais tout le reste, l'aplomb avec lequel elle parlait, l'assurance de ses gestes, la certitude passionnée de ses affirmations, les rapprochait l'une de l'autre. En réalité, elles se ressemblaient comme deux gouttes d'eau, prélevées sur les deux rivages opposés d'un même océan, dont la silhouette figée ressemblait à l'Espagne. Mais je trouvais Aurora bien plus sympathique que ma cousine, car lorsqu'elle montait faire la piqûre de ma mère, elle souriait, elle me regardait différemment, avec compassion.

« Et toi, tu ne t'ennuies pas, Inés ? Toute la journée enfermée ici, sans jamais prendre l'air…

— Bon, à présent que maman va mieux, nous sortons tous les matins, tu sais.

— Oui, c'est bien ce que je disais… » Et elle hochait la tête d'un air affligé. « Je voulais parler d'un autre genre de sorties, je ne sais pas… aller au théâtre, au cinéma, au concert… Quel âge as-tu à présent, dix-huit, dix-neuf ans ? Tu ne peux pas continuer à vivre comme une vieille, à ton âge. Un de ces jours, s'il y a quelque chose d'intéressant à faire, je te préviendrai et nous sortirons ensemble. »

Et elle avait tenu parole. Elle avait commencé à me faire des propositions que j'avais rejetées les unes après les autres, plutôt par crainte que par sagesse. Je connaissais Aurora depuis que nous étions petites, mais je ne savais pratiquement rien d'elle, de son existence, de ses amis, des lieux qu'elle fréquentait. Moi, je ne sortais de la maison que pour aller me promener avec ma mère ou me rendre avec un de mes frères à des fêtes organisées par des gens très convenables, durant lesquelles, la plupart du temps, je ne parlais avec personne d'autre que des membres de ma famille, car je n'avais pas encore appris à danser et parce que, même dans ces salons, la seule chose qui intéressait tout le monde était de parler politique. Inutile de dire qu'avec un tel bagage je ne pouvais aller nulle part. En réalité j'avais peur de paraître ridicule, de ne pas être assez brillante, ou mordante, ou séduisante, ou moderne, dans un monde où les célibataires sortaient seules le soir pour rentrer au petit matin après avoir bu quelques verres de trop. Mais, au-delà de mon manque d'assurance, ses propositions me tentaient comme si je pressentais que leur attirance et les incartades de Florencia étaient unies par un fil invisible et puissant. Et parfois, un vague pressentiment me suggérait que, sur l'autre rivage de l'océan, dans ce paysage brumeux que je n'avais jamais visité et que je n'avais jamais osé imaginer, une voix m'appelait par mon prénom, « Inés », comme si elle m'avait toujours attendue.

Et puis un jour Aurora m'avait fait une proposition à laquelle je n'avais pas su résister. J'étais trop curieuse d'aller écouter ces jeunes poètes qui pullulaient autour de la Résidence des étudiants des hauts de l'Hippodrome pour ne pas tenter l'aventure. Et cela m'avait semblé d'autant plus facile à accepter qu'en septembre 1935 ma mère, toujours prostrée sous l'effet de ce mal sans nom et sans symptôme dont la nature échappait à l'érudition des médecins, était encore plus déconnectée de la réalité que moi. Elle était si loin de tout, qu'elle n'avait plus la moindre idée du lieu où elle m'avait autorisée à me rendre en compagnie de notre voisine, alors que son fils aîné semblait, lui, avoir cessé de vivre chez nous.

« María de Maeztu ? s'était-elle contentée de commenter. Eh bien je ne la connais pas mais, d'après son nom, ce doit être la sœur de Ramiro, n'est-ce pas ? Un homme formidable, c'est certain, qui fait partie d'une famille très respectable... »

Lorsque mon frère Ricardo avait réalisé ce que je venais de faire, il était déjà trop tard. Lorsqu'il m'avait formellement interdit de remettre les pieds au Lyceum Club, j'avais déjà découvert un film qui ne ressemblait à aucun de ceux que j'avais vus auparavant et à aucun de ceux que je réussirais à voir par la suite.

Il s'agissait d'un documentaire dont les images avaient été tournées à la campagne, avec des montagnes en fond, près d'un village, aux maisons en pierre et aux rues tortueuses, avec des enclos et des pâturages pour les troupeaux. Il avait été tourné probablement en Castille, peut-être à León, ou en Galice intérieure, dans les Asturies, peut-être aussi sur les flancs des pics d'Europe, dans le nord en tout cas, et en plein hiver, car il faisait si froid qu'un vent cruel et glacial avait failli recouvrir la caméra de givre, traverser l'écran et me glacer littéralement sur mon siège. Cependant, les enfants qui jouaient dans la rue ne sentaient pas le froid, comme s'ils savaient qu'ils n'allaient pas tarder à me transmettre leur chaleur. Les bambins avaient tous entre cinq et dix ans. Ils étaient très bruns, avaient la peau brûlée par le soleil et leur vie au grand air. Ils avaient les cheveux très courts, certains pratiquement rasés, d'autres carrément chauves. Ils étaient mal habillés, encore plus mal chaussés. Ils étaient très maigres, très sales. Ils auraient dû faire pitié, mais ils étaient en train de rire. Bien entendu, ils transmettaient au spectateur cette tristesse des objets, des vêtements et des ongles noirs qui germe au milieu de la pauvreté.

Cependant ils étaient en train de rire. Ils n'arrêtaient pas de rire, car ils étaient sans doute heureux. Ils faisaient une ronde. Un adulte jouait avec eux, un homme encore jeune, bien coiffé, bien habillé, avec un visage soigné et des manières élégantes. C'était un habitant de la ville, cultivé, prospère, un homme dont la présence semblait un peu déplacée parmi ces garçons. On aurait dit un acteur sorti d'un autre film, arrivé là à la suite d'une grossière erreur de montage. Il faisait la ronde avec ces enfants sales et teigneux, et il riait avec eux, de la même façon qu'eux. Au bout d'un moment, j'avais eu l'impression qu'il riait également pour moi, pour me persuader que sa présence dans cette scène n'était pas du tout le fruit d'une erreur, mais relevait plutôt d'un miracle. Voilà ce que j'avais ressenti lorsque les lumières s'étaient rallumées et, parmi les applaudissements chaleureux d'un auditoire conquis, l'homme qu'on venait de voir à l'écran avait quitté son fauteuil pour monter sur scène.

Je m'appelle Alejandro Casona, avait-il dit. Et c'était la vérité. Il s'agissait bien d'Alejandro Casona, un dramaturge très célèbre, dont on jouait les pièces dans les plus grands théâtres de Madrid, un homme touché par la chance, par le succès, qui gagnait sa vie de sa plume, qui avait dernièrement décidé de se rendre dans les régions pauvres, les plus misérables et les plus lointaines d'Espagne. Il avait débarqué dans des villages où les habitants n'étaient jamais allés au théâtre, où l'on ne savait même pas ce que signifiait le mot « théâtre ». Et là-bas, tandis que les acteurs répétaient et que les techniciens montaient les tréteaux où l'on allait représenter une de ses pièces, il jouait à la ronde avec les enfants du coin. Voilà ce qu'il voulait nous dire cet après-midi. C'est pour cette raison qu'il était présent dans la salle de spectacle du Lyceum Club. Il n'était pas là pour nous parler de ses succès, mais de son expérience au sein des Missions pédagogiques. Car je vous assure que ce dont je suis le plus fier dans ma vie, avait-il ajouté, tout en marquant une longue pause pour donner plus d'emphase à ce qu'il allait déclarer, c'est d'avoir accepté cette mission. Voilà ce qu'il avait dit et, en l'entendant parler ainsi, j'avais senti monter dans mes yeux l'émotion qui vibrait dans les siens pendant une seconde aussi longue qu'une vie tout entière.

Pendant cette seconde où les yeux de Casona retenaient les larmes qu'il avait évité de libérer en notre présence, un silence total avait envahi la salle. Puis il avait souri, avait pointé son doigt en direction de l'écran, blanc comme un monde qui vient de naître. Il avait alors expliqué qu'il aimait jouer avec ces enfants, qui lui avaient enseigné de merveilleuses chansons qu'il aurait été incapable d'écrire lui-même. Je vais essayer de vous en fredonner une, avait-il dit. Et il avait chanté. Sa voix n'était pas vraiment belle, mais il chantait juste. Et, moi, je ne parvenais même plus à l'écouter tellement les larmes qu'il avait réussi à contenir s'étaient déversées dans mes propres yeux jusqu'à la fin de la séance et y étaient demeurées ensuite, comme un trésor exceptionnel et merveilleux, sur lequel était venu s'écrire le destin de ma vie. Le jour où mon frère s'était levé aux aurores pour demander à maman de me laisser seule avec lui, je conservais encore ces larmes à l'abri de mes paupières : elles étaient restées pures, chaudes, cristallines, définitivement miennes, comme deux yeux tout neufs à travers lesquels je pouvais enfin voir clairement mon nouveau visage dans le miroir et le visage des passants dans la rue, mes actions, mes pensées, tout comme les actions et les pensées des autres. Ce matin-là, même si Alejandro Casona ne l'a jamais su, deux larmes du dramaturge avaient pris place dans mes yeux pour me tenir compagnie autour de la table du petit déjeuner.

« Je ne peux pas accepter que tu remettes les pieds dans ce club, Inés. » Et pendant qu'il me disait cela, il avait saisi mes mains et les avait pressées dans les siennes sur la nappe. « Promets-le-moi. Je ne t'ai jamais interdit quoi que ce soit, tu le sais parfaitement. Mais si tu ne m'obéis pas, je ne vais pas avoir d'autre choix que de commencer à le faire.

— Mais pourquoi ? lui avais-je demandé. Je ne fais rien de mal, là-bas. Je vais juste voir des expositions, écouter des conférences, assister à des lectures de poèmes, à des concerts…

— Oui, je sais de qui. » Et le ton de sa voix s'était durci. « Et je sais également à qui cela profite. L'autre jour, pour fêter la victoire du Front populaire, ils ont commencé à chanter des petites chansons, à jouer au piano, à réciter leurs espèces de poèmes, tandis que toi, tu assistes tranquillement à la fête, un verre à la main.

— Mais je ne savais pas cela, Ricardo. » J'avais trouvé étrange de devoir défendre mon innocence, sans connaître la nature de mon délit, mais j'avais néanmoins insisté : « Aurora m'a dit que nous allions à une fête, et moi...

— Je ne veux plus que tu fréquentes Aurora, Inés ! Tu files un mauvais coton. Je te le dis sérieusement. C'est... dangereux. » Il avait à nouveau pressé mes mains dans les siennes, les avait portées à ses lèvres, les avait embrassées et avait repris le ton complice et fraternel du début. « Tu es très jeune, petite sœur. Tu n'as pas assez vécu. Tu as passé toute ta vie, enfermée ici, je le sais, j'y ai souvent pensé, crois-moi. Et pour ma part, j'ai été très occupé dernièrement. Je me suis engagé dans cette campagne car c'était important, très important, et je ne me suis pas occupé de toi. À présent, je m'aperçois que je n'ai pas compris que tu... Tu ignores tout de la vie, tu n'es pas capable de te défendre seule... Ces gens sont dangereux, Inés, aussi corrosifs que l'essence de térébenthine, même si tu as du mal à le croire. Ils peuvent te sembler très amusants, mais ils ne respectent rien. Ni Dieu ni personne. Crois-moi, je dis cela pour ton bien. Et de plus... » Il avait fait une pause, observé ses mains, les miennes, et froncé les sourcils. « Tout ça ne va plus durer très longtemps. Lorsque l'Espagne sera à nouveau libérée, tu pourras te rendre à toutes les expositions et à tous les concerts qui te feront plaisir, je te le promets. »

J'aurais pu lui demander de nombreuses choses, mais je m'étais contentée de hocher la tête, renonçant à lui avouer le fond de ma pensée. J'aurais pu lui demander de préciser qui étaient d'après lui les gens qui privaient l'Espagne de liberté, alors que le pays était en ce moment plus libre que jamais. J'aurais pu lui demander comment il savait qu'ils étaient dangereux, et ce qu'il allait faire pour les écarter de mon chemin, et aussi quel genre de danger me guettait au Lyceum Club. C'était un des clubs de femmes les plus modernes d'Europe. María de Maeztu avait bataillé plusieurs mois pour tenter de le transformer en club mixte et n'était jamais parvenue à convaincre l'organisation internationale qui avait fondé le modèle original. C'était une association extrêmement avant-gardiste où j'avais cependant appris des vérités toutes simples et inoffensives. La dernière déclaration de ma cousine Florencia – « Le mieux qu'on puisse trouver en Espagne, c'est justement des étables, ma chérie. Des étables et les gens qui s'en occupent. Votre élégance ne leur arrive pas à la cheville. » – était loin d'être une stupidité, mais plutôt l'expression d'une pensée largement partagée par des personnes très cultivées, cosmopolites, et si fortes – même si elles ne dissimulaient pas un pistolet sous leur veste – qu'elles savaient retenir les larmes qui personnellement me faisaient rougir les yeux.

Voilà le genre de débauche qui régnait au Lyceum Club où Conchita Méndez se rendait, au volant de sa voiture personnelle, où d'autres jeunes femmes d'excellente famille fumaient, buvaient du champagne, faisaient des jeux de mots à double sens à propos de leur vie intime et s'efforçaient d'avoir une opinion sur tout. C'est grâce à ces jeunes femmes et aux hommes qui les accompagnaient, sans s'occuper du statut social de chacun, que j'avais appris ce qu'étaient le fascisme et le socialisme, les hommes de progrès et les réactionnaires, le machisme et le féminisme. C'est grâce à ces jeunes femmes et aux hommes qui les accompagnaient que j'avais surtout découvert l'existence d'un endroit différent de celui où j'avais vécu. Un endroit qui s'appelait tout simplement le monde, qui me plaisait au-delà de tous mes espoirs les plus secrets, tandis que je l'entrevoyais avec le mélancolique désir de la favorite d'un sultan, privilégiée et captive en même temps derrière ses ridicules rideaux de dentelle.

J'aurais pu poser de nombreuses questions à Ricardo, ce matin-là, mais j'avais préféré me taire, car j'imaginais les réponses à l'avance. Voilà pourquoi le 18 juillet 1936, lorsque j'avais appris que l'armée d'Afrique s'était soulevée, je m'étais soudain souvenue de tous les mots qu'il m'avait dits quelques mois auparavant. J'avais compris alors que j'en savais bien plus que je ne l'aurais souhaité.

Je savais par exemple que ma cousine Carmencita et ses amies avaient nourri ce soulèvement avec du millet au bal du Casino. Je savais que Ricardo et ses amis l'avaient organisé dans le bureau de mon père. Je savais que, s'il triomphait, c'en serait fini des femmes qui fumaient et conduisaient leur voiture personnelle, des séduisants poètes blonds qui embrassaient sans pudeur des écrivaines blondes et splendides à pleine bouche, des poètes bruns qui jouaient au piano, et des dramaturges à succès émus de s'amuser avec des enfants misérables et teigneux, mais souriants. J'ignorais cependant pourquoi je me sentais si bien parmi eux, pourquoi j'avais l'impression que ce lieu m'appartenait, pourquoi ces habitudes, ces mots, cette façon de comprendre le monde, la vie, tout ce qui déplaisait à ma famille m'attirait et me réconfortait à ce point. Je ne savais pas pour quelle raison ni à quel moment j'étais passée de l'autre côté, je m'étais accrochée à l'hospitalité d'un rivage où l'obscurité et la lumière se mouvaient dans la direction opposée à celle que j'avais connue jusqu'alors. J'étais persuadée que si les généraux triomphaient, c'en serait fini du Lyceum Club. Ce monde, que je n'étais pas encore parvenue à faire tout à fait mien, me filerait alors entre les doigts comme un nuage de poussière dorée, un mirage aussi beau et perfide que les caresses d'un amant infidèle, un piège auquel je n'avais pas encore eu à me mesurer. Alors, les larmes qui vibraient dans mes yeux, ces larmes qui me suivaient partout où j'allais, comme la promesse d'une émotion que je ne connaissais pas encore, sécheraient pour toujours. Il n'y aurait plus jamais de théâtre dans les villages où l'on venait tout juste de le découvrir. Il se passerait des choses terribles, mais je savais qu'il pouvait y avoir pire encore. En effet mes deux frères, peut-être même mon beau-frère, étaient mouillés jusqu'au cou dans cette tentative d'en finir avec la joie de vivre de quelques enfants en train de faire la ronde. Voilà d'ailleurs la raison pour laquelle je me trouvais en ce moment toute seule, devant Ricardo, à Madrid.

Lorsque les premières chaleurs furent annoncées, ma sœur Matilde, qui avait déjà deux enfants, attendait des jumeaux. Sa grossesse ne se passait pas bien et elle avait loué une maison sur une plage proche de San Sebastián. Elle avait réussi à persuader Ricardo que ma mère pourrait profiter du changement d'air, et elle-même des services que celle-ci pourrait lui rendre. Au début du mois de juin, il avait été décidé que j'accompagnerais ma mère à la maison de villégiature de ma sœur. J'avais passé trois semaines avec elle, puis cédé ma chambre à une belle-sœur et un beau-frère de Matilde qui m'avaient promis de me la libérer le 29 juillet. C'est-à-dire la veille de mon vingtième anniversaire, un événement que ma famille avait décidé de fêter en organisant une réception où tous les estivants célibataires des alentours seraient invités.

Non seulement je n'avais pas été fâchée de rentrer à Madrid, mais j'y étais retournée bien décidée à profiter de tous les instants de cette providentielle parenthèse de liberté. J'avais donc été très contrariée lorsque mon frère Juan, lieutenant d'infanterie affecté à Pampelune, s'était présenté là-bas une semaine après mon arrivée afin d'y installer sa femme et ses enfants, en insistant pour que je retourne sur-le-champ à San Sebastián. Matilde avait protesté. Il n'y avait pas assez de chambres. Mais Juan l'avait menacée de ne plus jamais lui adresser la parole si elle refusait d'accueillir sa famille, quand bien même cette dernière dût dormir sur les canapés du salon, et l'avait obligée à entasser tous les domestiques dans une même pièce. Mon frère Juan avait été tout aussi grossier avec moi, mais je n'avais pas pu lui obéir car, comme il fallait s'y attendre, à pareille date, les trains étaient réservés et complets depuis plusieurs mois. Chaque année, c'était la même chose. Les Madrilènes, qui pouvaient s'offrir des vacances et ne partaient pas dans le Nord la deuxième quinzaine de juin, le faisaient pendant les premiers jours de juillet. J'avais donc téléphoné à ma mère pour la prévenir que j'avais réussi à réserver une place dans l'express du 17, qui arrivait à destination le 18 au matin. Elle avait trouvé cela parfait. Mais, à une dizaine d'heures environ avant le départ, alors que j'étais déjà en train de boucler les valises, Juan m'avait téléphoné pour me donner l'ordre, sans explication, de remettre mon voyage à plus tard. Ce soir-là, Ricardo était arrivé à la maison en courant, à bout de souffle. Il m'avait aperçue, assise dans le salon, et s'était jeté sur moi pour me couvrir de baisers. Il avait cru que j'étais déjà dans le train.

Cependant, au petit matin du 19 juillet 1936, alors que chacun était prêt à combattre, et que Ricardo était venu s'asseoir sur le bord de mon lit, je m'étais encore payé le luxe de faire mine de ne pas voir ce qui se passait.

« Mais qu'y a-t-il ? » J'avais d'autant plus continué à faire semblant qu'en ouvrant les yeux j'avais aperçu Ricardo vêtu d'un uniforme militaire différent de celui qu'il portait d'habitude. « Ricardo ! Que fais-tu habillé ainsi ? Quelle heure est-il ?

— Il est cinq heures et demie du matin, Inés, embrasse-moi... » Il m'avait prise dans ses bras avec une profonde intensité ; une forte émotion semblait troubler son regard. « Ne sors pas de la maison, aujourd'hui, s'il te plaît. Ne bouge pas d'ici et attends-moi. On se retrouvera ce soir, lorsque tout sera fini.

— Pourquoi dis-tu ça ?... » Et, sans le lâcher, je l'avais embrassé à de nombreuses reprises, parce que c'était mon frère, et que je l'aimais, mais surtout, parce que je m'étais aperçue qu'il tremblait. « Que se passe-t-il, Ricardo, où vas-tu, que... ?

— N'aie pas peur, Inés. » Lui aussi m'avait embrassée, pour la dernière fois avant longtemps, puis il s'était dégagé de mon étreinte. « Tout va bien se passer. On va régler le problème une bonne fois pour toutes.

— Ricardo ! » Mais lorsque je l'avais appelé une deuxième fois, il était déjà parti.

J'avais suivi ses instructions à la lettre et j'étais restée seule à la maison toute la journée. Le soir venu, mon frère n'était pas rentré, ni le lendemain, ni le jour suivant non plus. Virtudes, la seule domestique qui n'avait pas accompagné ma mère à San Sebastián, était arrivée en fin d'après-midi, alors que je ne l'attendais déjà plus. Elle m'avait alors aidée à comprendre le rôle d'apprenti conspirateur que Ricardo avait joué pendant plusieurs mois.

« Les soldats de la caserne de la Montaña se sont rendus, m'avait-elle annoncé, pour toute justification de l'absence de mon frère. Il paraît que ce matin, le combat faisait rage. Cette bande de..., avait-elle commencé en me regardant. Bon, je veux dire que les militaires qui s'étaient enfermés à l'intérieur avaient récupéré tous les fusils de Madrid et les avaient cachés là, pour que personne d'autre ne puisse s'en servir. Mais un colonel, ou un général, je n'en sais rien, un militaire républicain de l'artillerie a fait donner du canon. Il faut voir les châtaignes que les insurgés se sont prises... » Et elle mimait la scène comme si c'était elle qui tirait. « Une salve après l'autre... Finalement, les soldats insurgés ont agité un drapeau blanc, en faisant comme s'ils se rendaient, bien sûr ! Mais lorsque les soldats fidèles à la République ont arrêté de tirer en attendant de voir ce qui allait se passer, lorsqu'ils se sont approchés, les autres ont repris le combat. Ils ont fait un incroyable carnage. En fin de compte, les insurgés ont été forcés de se rendre.

— Tu y étais..., lui avais-je demandé par pure curiosité, alors qu'elle devenait toute rouge, comme si elle avait eu peur de se faire disputer. Toi ?

— Non, mademoiselle, j'étais... Je suis désolée. Moi, ce sont les gens qui m'ont raconté tout ça, dans la rue, parce que ce matin, je suis allée rendre visite à mes parents, de très bonne heure. Et j'ai eu toutes les peines du monde à arriver à Carabanchel, croyez-moi. Presque aucun tramway ne circulait, et ceux qui passaient étaient bondés. J'ai dû faire une bonne partie du chemin à pied. Et une fois là-bas... Eh ben ç'a été la douche froide... Vous savez bien comment est ma mère. Je venais juste prendre de leurs nouvelles, mais elle s'est mise à pleurnicher pendant une bonne demi-heure. Elle a insisté pour que je reste manger avec eux. Et ensuite j'ai dû reprendre la marche en sens inverse. C'est pour ça que j'arrive si tard.

— Il n'y a aucun problème, Virtudes. » Je l'avais regardée en souriant. « Tu as bien fait d'aller rendre visite à tes parents, surtout si les choses se sont envenimées au point que tu dis... Heureusement, que les nationalistes de la caserne de la Montaña se sont rendus... » Je réfléchissais à haute voix. « Tout est rentré dans l'ordre à présent, non ?

— Allez savoir, mademoiselle ! » Elle n'avait pas l'air d'en être convaincue. « Il paraît que dans d'autres régions ça ne s'est pas passé de la même façon qu'ici. Les gens disent que les généraux putschistes ont pris Séville, et la Galice aussi, et je ne sais plus combien d'autres endroits encore...

— C'est égal, Virtudes. Si les soldats se sont rendus à Madrid, ils se rendront là-bas aussi, tu verras. »

Ce jour-là, nous n'avions pas bavardé davantage. Elle ne m'avait pas demandé de nouvelles de mon frère, et je m'étais gardée de faire allusion à lui. Nous avions passé la soirée à la maison, toutes les deux, seules, elle à son repassage et moi à faire semblant d'écouter la radio dans le salon. En réalité, j'étais à l'affût d'un éventuel bruit de la porte d'entrée. Mais ce soir-là, Ricardo n'était pas rentré.

Tandis que je continuais de suivre ses instructions avec une discipline qui me semblait de plus en plus absurde, Virtudes accomplissait ses tâches routinières. Elle sortait de bonne heure afin d'acheter du lait et du pain pour le petit déjeuner. Puis, un peu plus tard, elle se rendait au marché. Dans l'après-midi, elle partait faire une promenade car il n'y avait pas beaucoup de travail. Moi je restais, à la maison. J'étais toujours chez nous à regarder par le balcon, comme d'habitude, toujours les mêmes passants, faisant les mêmes choses. En tout cas c'était l'impression que cela me donnait, car il y avait encore des combats loin du centre de Madrid. Et les uniformes, les fusils, que j'apercevais parfois sur les trottoirs, ne parvenaient pas à rompre le calme de cette rue tranquille, où il semblait que rien ne se passait qui ne fût très commun. Depuis le balcon, j'apercevais également Aurora entrant, sortant et entrant à nouveau, au début à l'heure du dîner, puis deux jours après, aussi tard que d'habitude. De temps à autre, elle venait me rendre visite pour me raconter des événements que la radio ne diffusait pas : une version de la réalité qui correspondait bien plus aux pronostics de Virtudes qu'à mon optimisme forcené.

« Viens passer la soirée avec moi, avait-elle suggéré un jour que j'étais enfermée chez moi depuis une bonne semaine. Je n'ai rien d'exceptionnel à te proposer, mais on pourra toujours boire un verre ensemble et nous amuser un moment. Secoue-toi, allez...

— Non, un autre jour. En ce moment... je suis trop inquiète. Je n'ose pas sortir de la maison, au cas où Ricardo...

— Ricardo ne reviendra pas, Inés. » Ma voisine avait tenté de me détromper avec douceur. « Il était mouillé jusqu'au cou dans le soulèvement. Tu es au courant, n'est-ce pas ? J'ai appris qu'il avait demandé asile à l'ambassade de Suède, en même temps que le fiancé de ta cousine et deux ou trois autres personnes. Je suis persuadée que c'est la vérité. C'est un des fascistes que les Suédois ont refoulé qui me l'a raconté. Ils avaient vraiment pris l'ambassade pour un hôtel et tout le régiment frappait à la porte.

— Mais alors, qu'est-ce qui ?... » Et je n'avais pas pu poursuivre, car j'avais senti que mon cœur était sur le point de s'échapper par ma bouche.

« Mais alors, rien du tout ! » Aurora était venue s'asseoir près de moi, en prenant mes mains dans les siennes et en me souriant. « Il ne va rien lui arriver, justement pas à Ricardo, rien de rien, sérieusement », avait-elle répété et j'avais vu dans ses yeux qu'elle disait la vérité. « S'il était allé se cacher ailleurs, je ne dis pas... Mais dans une ambassade, et qui plus est européenne... Personne ne va toucher à un cheveu de ces gens-là, tu peux en être sûre. Lorsque les choses se seront calmées, il lui faudra certainement s'exiler, ça c'est sûr. Les Suédois l'aideront à quitter le pays, et ensuite... Va-t'en savoir. Tout cela est une folie, c'est une telle énormité que je ne serais pas étonnée que d'ici peu tout redevienne comme avant. Chaque camp évitera de saluer l'autre, c'est la moindre des choses, et un point c'est tout... »

Et même si ce soir-là je n'étais pas sortie de la maison, notre existence n'était jamais plus redevenue comme auparavant.

La révélation d'Aurora m'avait inquiétée plus que ne m'avait préoccupée l'absence de mon frère. Car la bonne nouvelle de le savoir à l'abri s'accompagnait soudain d'un paradoxe bien amer. Moi qui n'avais jamais pu vivre seule et avais toujours souhaité le faire, je venais d'y parvenir au moment le moins indiqué. Moi, qui n'avais jamais pu prendre la moindre décision de toute ma vie, qui n'avais jamais fait le moindre choix ni décidé de mon destin, je venais enfin de conquérir mon libre arbitre et cela dans la pire des conjonctures qui fût. Moi, qui avais toujours imaginé le monde comme une interminable addition de choses intéressantes à voir, à faire, dont il fallait profiter, j'avais soudain le monde devant moi, à portée de main, mais ne me sentais pas la force de sortir sur le palier, dans l'escalier. Il n'avait pas été facile d'oublier tout ce que j'avais appris, même si je n'avais jamais aimé cela, cela n'avait pas été simple. Ça n'allait pas de soi de faire des choses sans autorisation, moi qui avais toujours détesté demander la permission. Franchir le pas, laisser derrière moi un passé que je détestais, pour me projeter dans un avenir inconnu, où l'on trouvait le meilleur comme le pire, avait été quelque chose d'extrêmement compliqué. Mais c'était la guerre et il n'y avait plus place pour les états d'âme.

« Excusez-moi, mademoiselle, mais... » Le 27 juillet, Virtudes était entrée dans le salon en tortillant le tablier entre ses doigts. « Est-ce que vous avez de l'argent ?

— De l'argent ? lui avais-je demandé, comme si j'ignorais le sens de ce mot. Eh bien... non. Enfin, je n'en sais rien, voilà si longtemps que je n'ai pas mis les pieds dehors, que... Pourquoi donc ? » Puis, je m'étais soudain souvenue de la date. « Ah, bon ! Je croyais que tu touchais ta paye en fin de mois...

— Ce n'est pas pour cela, mademoiselle, c'est que... » Elle était devenue encore plus nerveuse et je ne voyais plus l'ourlet du tablier rouler entre ses doigts. « Ma paye n'a pour l'instant pas d'importance. Mais je n'ai même plus un sou pour acheter le pain.

— Ah bon ? avais-je dit, extrêmement surprise. Mais dans le tiroir de la cuisine...

— Il ne reste plus rien, mademoiselle. Hier, j'ai dépensé tout ce qui restait, et...

— Très bien, très bien. » J'avais hoché la tête en signe d'assentiment. « Tu as raison, voilà déjà une bonne semaine que mon frère... » Dans ma tête, j'avais pensé « n'est pas rentré », sans le dire. « Bien, ne t'en fais pas. Je vais chercher par là, voyons si je trouve quelque chose. Il doit y avoir un peu d'argent dans mon sac... »

Je n'avais pas grand-chose, mais je lui avais tendu ce qui me restait en lui disant que, puisqu'elle sortait, ce serait bien qu'elle en profite pour faire les courses. Je voulais rester toute seule, avec mon prénom et mes différents noms en tête, Inés Ruiz Maldonado Castro de Soto Suárez de Medina. Le dernier n'était même pas noté dans l'agenda, ce n'était pas la peine. J'avais copié très méticuleusement les quatre premiers chiffres des cinq premiers noms, avant de décrocher le portrait de mon grand-père pour affronter le coffre scellé dans le mur.

Je savais qu'il se trouvait là, car je l'avais quelquefois vu de loin sans jamais m'approcher. J'avais étudié attentivement la porte en acier, la mollette et la poignée. L'ensemble me paraissait si compliqué que je me sentais découragée à l'avance. Mais, malgré mes mains qui tremblaient, j'avais réussi à l'ouvrir. Incapable de me calmer, j'avais cependant retiré tout ce qui se trouvait à l'intérieur. Le sang circulait à toute vitesse dans mes veines, ou alors trop lentement ; en tout cas, ce n'était pas le bon rythme et j'avais une certaine maladresse dans les mains et les doigts. Le coffre-fort contenait une pile de documents au-dessus de laquelle était posée, à mon attention, une note de Ricardo datée du 19 juillet 1936, à cinq heures du matin.

Ma chère Inés, Si tu es en train de lire cette lettre, c'est que tout s'est mal passé. Si tu es en train de lire ce mot, c'est que je suis mort. Mais je suis mort la conscience tranquille d'avoir donné ma vie pour la liberté de ma patrie, avec l'espoir que ma mort servira à mettre en place un nouveau pouvoir, et avec la tristesse de t'avoir laissée désemparée, Inés, ma petite Inés. Je ne peux que te demander pardon de n'avoir pas su m'occuper de toi, de n'avoir pas su t'éviter la douleur et l'angoisse que tu dois endurer en ce moment. Pardonne-moi, Inés, pardonne-moi, pardonne à ton malheureux frère qui n'a rien fait d'autre qu'accomplir son devoir. Et ne fais confiance à personne, à personne, sois forte et courageuse pour t'occuper de toi et un jour…

À la suite de cette phrase qu'il n'avait pas achevée, Ricardo avait inscrit la même formule que d'habitude : il me serrait dans ses bras, m'embrassait et m'aimait. Moi aussi je l'aimais et c'est probablement pour cette raison que j'étais en train de le pleurer comme s'il était mort, même si j'avais toujours eu une totale confiance en ce que m'avait dit Aurora. J'étais persuadée qu'il n'était rien arrivé à mon frère mais, ce matin-là, j'étais aussi inconsolable que si j'avais été en train de le veiller. Cependant, après avoir tiré du coffre la carte de la Phalange espagnole établie au nom de Ricardo Ruiz Maldonado, mes pleurs avaient brusquement cessé. Ce document annonçait tout simplement la guerre civile et l'heure n'était certainement plus aux états d'âme.

Avant de brûler la carte dans un cendrier, j'avais fermé la porte au verrou. Ensuite, et avec une sérénité grandissante qui plus tard m'étonnerait vraiment, car à l'époque je n'avais le temps de rien, j'avais peu à peu examiné tout le contenu du coffre-fort, les documents officiels, les actions, le testament de mon père et celui de ma mère. J'avais également trouvé une quantité effarante de billets de banque.

Jamais je n'en avais vu autant. J'avais commencé à les compter, un par un, et m'étais aperçue que cela représentait une somme astronomique : deux cent trente-deux mille pesetas exactement. J'avais prélevé une liasse et plié quelques billets dans ma poche, avant de ranger le reste dans un des tiroirs du bureau que j'avais refermé à double tour. Puis j'avais caché le reste de l'argent dans le coffre-fort, avant de m'arranger les cheveux et de me lisser les vêtements. Je me sentais aussi coupable que si quelqu'un venait de me surprendre en train de fouiller dans ses affaires.

J'avais enfin placé vingt-cinq pesetas dans le tiroir de la cuisine et dit à Virtudes de m'en demander davantage lorsqu'elle en aurait besoin. Puis, je m'étais débrouillée pour ne plus la croiser de toute la journée. J'avais l'impression d'être une voleuse, d'avoir usurpé le trône d'autrui ou d'être une maladroite arnaqueuse, le genre de personne qui se croit très intelligente alors que la police vient juste de lancer un avis de recherche contre elle. Mais la police n'avait jamais envoyé quelqu'un pour venir me chercher.

Et quand un homme était venu le faire, cinq mois plus tard, Virtudes me tutoyait déjà, car nous nous considérions l'une et l'autre comme deux sœurs. « Sur le palier, Inés, il y a un homme qui prétend te connaître, c'est un ami de Ricardo, mais je t'assure que je ne l'ai jamais vu avant aujourd'hui... »

Lorsque mon frère avait envoyé un émissaire pour venir me chercher et prendre l'argent qui se trouvait dans le coffre, j'avais déjà compris que mon sang bouillonnait à l'intérieur de mon corps, et je savais parfaitement pour qui mes yeux avaient conservé leurs larmes, qui représentaient pour moi un trésor bien plus inestimable que le contenu de n'importe quel coffre-fort.

« Dis-moi, Virtudes... » Car si le jour où j'avais ouvert le coffre-fort, je n'étais pas sortie de chez moi, ni le lendemain, le 30 juillet, en revanche, j'avais décidé que cela suffisait. « Je me suis dit que, comme aujourd'hui c'est mon anniversaire, et que je n'ai pas eu l'occasion de le fêter, tu pourrais te faire belle et m'accompagner à la Gran Vía, qu'en penses-tu ? »

Le 30 juillet 1936, j'avais eu vingt ans et je m'étais fait le cadeau de prendre enfin le temps de réfléchir par moi-même. J'avais regardé autour de moi, soustrait ce que j'avais perdu de ce qui me restait encore à vivre, et ainsi compris que ce qui avait jusqu'alors été mon existence, avec ses habitudes et ses routines, les règles que j'avais toujours respectées sans rechigner et la culpabilité qui me tordait les tripes lorsque je les enfreignais, avait soudain perdu tout son sens. Je n'avais plus que deux solutions : fermer toutes les portes au verrou et m'enterrer vivante sans autre horizon, ni d'autre but que mon propre enfermement, ou apprendre à vivre autrement. J'avais finalement opté pour la seconde solution, en me disant que je méritais amplement ce cadeau. J'étais donc allée rejoindre Virtudes à la cuisine. Elle était en train de repasser et m'avait opposé une résistance bien plus farouche que je m'y serais attendue de prime abord, tout en sachant qu'elle avait déjà presque fini de préparer le dîner.

« À la Gran Vía ? »

Elle avait répété sa question à mi-voix, en me regardant comme si je lui avais parlé dans une langue incompréhensible. Puis, lorsqu'elle avait repris la parole, sa voix avait encore diminué de volume, pour devenir un mince filet fragile et tremblant.

« Et pour quoi faire à la Gran Vía ? » m'avait-elle demandé. Je n'avais pas su quoi lui répondre.

Si elle m'avait simplement demandé « Pourquoi ? », ç'aurait été bien plus simple pour moi, car j'avais réfléchi à la réponse pendant toute la journée. Si elle m'avait demandé pourquoi je voulais aller à la Gran Vía, je lui aurais répondu : « Parce que je ne suis pas responsable de ce qui se passe, parce que j'en ai assez de rester enfermée à la maison, et parce que si on m'a abandonnée ici et livrée à moi-même, j'ai bien le droit en retour de me faire plaisir, parce que je suis en train de devenir aussi pâle qu'une morte à force de ne plus voir le soleil, parce que si j'arrive à sortir ce soir, j'arriverai aussi à sortir demain soir, et parce que c'est mon anniversaire, que je viens d'avoir vingt ans aujourd'hui et que je n'ai d'autre alternative que de sortir ou de mourir. »

Mais Virtudes m'avait demandé : « Pour quoi faire ? » Et ç'avait été compliqué pour moi de trouver une réponse.

« Pour aller se promener, un point c'est tout. » Je n'avais rien trouvé de mieux à lui répondre, puis je m'étais approchée d'elle pour lui prendre les mains et les balancer en même temps que les miennes, comme lorsque nous étions petites. « Tu n'es jamais allée à la Gran Vía, le soir ?

— Houlà, non, mademoiselle ! » Elle avait secoué vivement la tête. « Moi, pas du tout, je n'y suis jamais allée.

— Eh bien, moi non plus. Et... veux-tu que je te dise ?... je crois qu'il serait temps de passer à l'acte...

— C'est que... » Je ne l'avais pas convaincue. « Sortir le soir à la Gran Vía, toutes les deux, et seules... On va nous prendre pour des racoleuses.

— Des racoleuses ? » Je lui avais lâché les mains et avais ressenti l'épouvantable déception que charriait ma voix, tandis que je m'adressais à elle avec une fermeté que je n'avais jusque-là jamais employée. « Ne me dis pas une chose pareille, Virtudes ! Tais-toi, s'il te plaît, ne me redis jamais plus cela ! Tu crois que justement ce soir, la première fois de ma vie où j'ai l'occasion de faire ce que j'ai envie, on va me prendre pour une racoleuse ?

— Je suis désolée, mademoiselle. »

Je n'avais pas pu la regarder dans les yeux car, après m'avoir demandé pardon, elle avait baissé la tête, et fixé le carrelage. J'avais alors compris qu'elle n'avait pas saisi ce que je voulais dire. Ce n'était pas facile à expliquer. J'avais alors repris ses mains dans les miennes, je les avais serrées jusqu'à ce qu'elle me regarde à nouveau. Puis j'avais continué à lui parler, en recouvrant ma voix habituelle, mais pas mon ton à présent assuré – une assurance qui devait venir de moi puisqu'elle était en train de sourdre de mes lèvres, mais dont j'avais jusqu'alors ignoré l'existence, comme si je n'en avais jamais eu besoin auparavant.

« Je veux juste sortir, aller me promener, parce que c'est mon anniversaire et que j'en ai assez de rester enfermée à la maison, et... Et puis parce que j'ai toujours eu envie d'aller me balader le soir sur la Gran Vía. » En lui confiant la vraie raison, j'avais éclaté de rire comme une sotte. « Que veux-tu que je te dise ? Ma mère dit toujours que j'ai des goûts de péquenaudes. Ça ne m'empêche pas d'avoir toujours eu envie d'aller me balader sur la Gran Vía, mais personne n'a jamais voulu m'y accompagner. Alors à présent...

à présent il n'y a plus personne à qui je puisse demander la permission, n'est-ce pas ? Ils m'ont laissée toute seule. Cela fait de moi une femme libre, qu'en penses-tu ? Nous sommes toutes les deux des femmes libres, Virtudes. Aussi libres qu'Aurora, qui sort tous les soirs avec ses amis et rentre au petit matin. Et pourtant il ne lui arrive rien, à elle.

— Bien sûr, mais mademoiselle Aurora est habituée, et nous...

— Nous allons rapidement nous y faire, ma chère Virtudes, tu vas voir. Et puis moi, je veux aller à la Gran Vía juste pour me promener, il n'y a tout de même rien d'extraordinaire à cela, n'est-ce pas ? » Il n'y avait rien d'extraordinaire, mais à l'époque cela représentait tellement pour moi que ma voix s'était brusquement cassée. « C'est idiot de perdre notre temps à discuter pour si peu de choses, Virtudes. Va donc choisir une robe dans mon armoire et sortons, car aujourd'hui je viens d'avoir vingt ans et je ne veux même plus penser à... Je ne veux surtout pas finir la soirée dans la cuisine en train de manger une omelette nature.

— Bon, puisque vous y tenez... » J'aurais aimé ne pas être à l'origine de cette compassion que je venais d'apercevoir dans ses yeux. Mais c'était la seule chose qui était parvenue à lui faire changer d'avis. « Je ne veux surtout pas vous voir pleurer, mademoiselle.

— Mais je ne pleure pas, regarde, tu le vois bien ? » lui avais-je dit en m'essuyant les yeux du revers de la main. « Je ne suis plus en train de pleurer. »

Une demi-heure plus tard, deux femmes libres descendaient d'un taxi à l'angle de la rue Alcalá et de la Gran Vía. Toutes les deux souriaient.

« Mais où vont ces deux ravissantes demoiselles ? »

Lorsque j'avais tourné la tête, je n'avais pas pu savoir lequel des miliciens qui s'éloignaient dans un camion, vers le bas de la rue Alcalá, avait lancé cette question, car ils nous avaient tous souri en même temps. Alors j'avais regardé autour de moi, ouvert grand les bras, comme si je n'en avais jamais eu jusqu'à présent, comme si je ne les avais jamais ouverts, comme si la brise légère d'une nuit d'été ne les avait jamais caressés.

Avant d'arriver à Callao, j'avais compris qu'il ne pouvait exister plus grande cause au monde pour moi que celle de mes bras, de la brise, de la plaisanterie des miliciens et des rires juvéniles qui l'avaient accompagnée. Il ne pouvait exister plus grande cause qu'une ville tournée vers l'extérieur, vivant tout entière dans la rue, avec des trottoirs remplis de monde comme en plein jour, par cette soirée étincelante et lumineuse. Le danger semblait être encore loin, mais en réalité, il était déjà là, dissimulé derrière les mots, les gestes, les corps et la vie. Cette soirée se révélait bien plus intense que je l'avais imaginé, et j'avais imaginé de si grandes choses qu'à présent un tel débordement de vie m'étourdissait. Puis, le premier moment de confusion passé, j'avais commencé à me sentir à mon aise parmi ce tumulte de gens hétéroclites. Mystérieusement, je me sentais faire partie intégrante d'un ensemble harmonieux qui prenait soudain tout son sens : femmes parfumées, élégantes, acceptant en souriant le feu que leur offrait un ouvrier encore en bleu de travail ; hommes impeccablement habillés discutant avec passion autour des tables des cafés ; couples adultères qui n'avaient d'autre choix que de s'embrasser au coin des rues sans se faire remarquer ; officiers en uniforme souriant le poing levé lorsqu'on applaudissait à leur passage ; nombreux étrangers ; Virtudes et moi ; une multitude extrêmement vivante d'hommes et de femmes inconnus mais à l'allure familière ; une ville différente, insoupçonnée, qui était toujours la même, qui était ma ville, celle à laquelle je me sentais appartenir comme jamais auparavant. Rien de ce qui s'est passé par la suite ne serait arrivé si cette soirée-là ne m'avait appris que mon sang aussi pouvait bouillonner.

« Asseyons-nous ici, avais-je proposé à Virtudes en voyant une table qui se libérait sur une terrasse. Viens...

— Ah, non, mademoiselle, ça ce n'est pas possible. » Elle m'avait agrippée le bras alors que j'avais déjà saisi une chaise. « Dans la journée pourquoi pas, mais pas à cette heure-ci... Nous ne pouvons pas nous asseoir ici, toutes les deux toutes seules, comme si nous étions en vitrine, exposées à tous les regards. À quoi allons-nous ressembler ? Que va-t-on penser de nous ? »

Je l'avais observée et j'avais perçu une véritable angoisse dans ses yeux, une authentique crainte qui n'avait pas grand-chose à voir avec la théorie, avec ces conventions injustes, odieuses et ridicules qui avaient inspiré sa réflexion.

Virtudes, qui était petite, menue, qu'on remarquait moins que moi malgré son visage bien plus beau que le mien, s'était habillée avec mes vêtements : un chemisier, une jupe et un collier de perles de toutes les couleurs. Extérieurement, nous semblions être les mêmes, mais intérieurement, c'était l'inquiétude qui nous distinguait. Moi, je pouvais me payer le luxe de me moquer de ce qu'on allait penser de moi ce soir-là. Virtudes, en revanche, devait absolument soigner sa réputation. Voilà ce que je m'étais dit. Et je m'étais aussi dit que je ne pouvais pas l'obliger à faire comme moi, car ce serait injuste pour elle. Je l'avais donc prise par le bras et nous avions poursuivi notre promenade, en nous laissant entraîner par ce torrent humain, interminable, jusqu'à la Puerta del Sol où elle avait enfin accepté d'entrer à la Mallorquina pour acheter deux gâteaux à la crème que nous avions dégustés dans la rue. Car s'asseoir même dans un salon de thé représentait pour elle un laisser-aller incompatible avec la décence de deux jeunes femmes encore célibataires. C'était un maigre festin pour un anniversaire mais, avant de finir le gâteau, j'avais déjà appris que les choses seraient encore plus compliquées qu'il n'y paraissait déjà.

« Que fais-tu ? »

Elle ne m'avait pas répondu. Elle n'avait même pas tourné la tête vers moi et, jusqu'à ce que le feu passe au vert, elle était resté plantée là sur le trottoir, le corps raide, un sourire imperturbable aux lèvres et le bras droit replié en angle droit, pour saluer avec le poing fermé un camion de miliciens qui s'était arrêté à notre hauteur.

« Virtudes ! » Je m'étais approchée d'elle et l'avais secouée. « Qu'est-ce que tu fais...

— Rien du tout. Je les salue, m'avait-elle répondu de la façon la plus naturelle du monde. Ils sont de mon camp.

— De ton camp ? avais-je insisté comme si je n'avais pas compris du premier coup. Qu'est-ce que ça signifie : de ton camp ?

— Eh bien, oui, ce sont des gens de mon camp. » Elle avait soudain regardé ailleurs, baissé la voix et semblé regretter ses débuts de confidences. « Je ne vous l'ai jamais dit, mademoiselle, mais... J'ai pris la carte de la JSU.

— De la JSU ? » J'avais étrangement fixé mon regard sur le gâteau que j'avais grignoté, puis je l'avais enveloppé dans une serviette pour ne pas le salir et l'avais posé sur la rampe de l'escalier du métro, car je n'avais même plus la force de le finir. « Comment ça, tu as la carte de la JSU ? Autrement dit, tu prétends que sortir le soir, c'est se comporter comme une racoleuse, tu m'interdis de m'asseoir à une terrasse, tu m'obliges à manger tout en marchant dans la rue afin qu'on ne nous prenne pas pour des putes… Et puis tout d'un coup tu me racontes que tu as la carte de la JSU ?

— Eh bien, oui. » Elle avait léché la crème qui restait et m'avait regardée d'un air étonné. « Ça n'a rien à voir.

— Comment ça… ça n'a rien à voir ? »

Je m'étais mise à aller et venir le long du trottoir, trois pas à gauche, trois pas à droite, à nouveau à gauche, et j'avais aperçu une vieille femme qui, avant de s'engouffrer dans le métro, avait saisi le paquet enveloppé dans la serviette, l'avait ouvert, avait souri radieusement et avalé tout ce qui restait de mon gâteau en quelques bouchées.

« Réfléchis un peu, Virtudes, les choses ont toutes à voir les unes avec les autres, tu ne comprends pas ça ? » Et avant qu'un attroupement ne se forme autour de nous, je l'avais saisie par le bras et nous avions continué notre promenade. « Si tu veux que les choses changent, qu'il y ait plus de justice et de liberté pour tout le monde, alors pourquoi acceptes-tu que nous, les femmes, n'ayons pas le droit de faire les mêmes choses que les hommes ? »

Nous avions pris un taxi pour retourner à la maison et, en arrivant, je lui avais demandé de m'attendre dans la cuisine. Lorsque je l'avais rejointe, une bouteille de Pedro Ximénez et deux petits verres à la main, elle m'avait à nouveau regardée comme si elle ne me connaissait pas, comme si elle ne pouvait pas comprendre ce que je venais de faire et de dire ce jour-là.

« Bon, eh bien on va trinquer, avais-je proposé. C'est la moindre des choses qu'on puisse faire le jour de son anniversaire. Et nous en profiterons pour bavarder un moment et voir si nous arrivons à nous entendre… »

Ce soir-là, nous avions parlé et parlé et discuté et ri, et bavardé jusqu'au moment où, au petit matin, nos paupières s'étaient fermées toutes seules de fatigue et d'ivresse. Un mois et demi plus tard, lorsque la sonnette de la maison s'était mise à retentir à l'heure de la réunion que Virtudes avait organisée, je n'avais pas encore réussi à la convaincre tout à fait, probablement parce que mes propres convictions s'étaient progressivement modifiées depuis ma première soirée de liberté. Il s'était écoulé peu de temps et pourtant la Gran Vía était déjà devenue trop étroite pour moi. Je n'avais pas encore trouvé d'autre façon de décrire ma soif de vivre, représentée par ce trou imaginaire creusé au fond de mon estomac qui ne parvenait jamais à se combler malgré mes aventures nocturnes qui, si importantes au début, étaient à présent devenues banales. Aurora m'invitait à sortir de temps à autre, mais je m'entendais mieux avec Virtudes, peut-être parce que les quelques amis que conservait ma voisine n'avaient qu'un seul sujet de conversation, qui consistait le plus souvent à se moquer des absents engagés au front.

J'avais l'impression que leur cynisme, la finesse glaciale de leur ironie, masquaient leur mauvaise conscience, leur lâcheté dissimulée derrière une supériorité intellectuelle qui cherchait ma complicité, mais ne parvenait qu'à creuser davantage le trou de mon estomac. Puis un soir, me disant comme tant d'autres fois que si j'avais été un homme, moi aussi j'aurais sans doute fait le choix de m'engager dans le conflit, j'avais compris que ma pensée ne pouvait pas se contenter de n'être que des mots : si j'avais été un homme, je me serais vraiment engagée au front, voilà la vérité. Voilà pourquoi je l'avais affirmé haut et fort. Puis je m'étais levée, avais enfilé mon manteau, étais sortie dans la rue puis étais retournée à la maison à pied. Par la suite, je m'étais abstenue de resservir à Virtudes un quelconque sermon sur l'émancipation de la femme. Ce n'était plus nécessaire. Je savais déjà que ce soulèvement militaire ne ressemblait à aucun autre de ceux que nous avions déjà connus. Mais jusqu'alors, je n'avais pas compris que, malgré la désorganisation générale, les désordres, les excès et les erreurs qu'on commettait tous les jours, nous étions en train de tout jouer sur une seule donne. Dès lors, j'avais systématiquement levé le poing, tout en souriant, pour saluer les camions que je croisais dans la rue.

Nous vivions une période décisive. Mon estomac l'avait découvert bien avant moi. Lorsque j'avais quitté le canapé pour me rendre dans la cuisine afin de grignoter un peu, j'avais senti que celui-ci était vide, mais je ne savais pas pourquoi, ni comment décrire cette sensation. Cet après-midi-là, je m'ennuyais autant que d'habitude. Je n'avais rien à faire et, pour la première fois, l'occasion d'assister, ne serait-ce que de loin, à une réunion politique s'était présentée à moi. Lorsque j'avais discrètement suivi le couloir qui menait à la cuisine, je n'avais rien d'autre derrière la tête. Je crois que si la porte avait été fermée, je serais retournée sur mes pas un peu déçue, et ne m'en serais même pas souvenue le lendemain matin. Cependant, cette porte, qui allait directement déboucher sur mon avenir, était ouverte.

Et, sans me faire remarquer, j'avais aperçu douze personnes très jeunes – neuf hommes et trois femmes – avec sur le visage la même expression grave et concentrée, chargée d'angoisse et d'émotion. Huit garçons et une fille portaient un uniforme militaire. Tout le monde semblait obéir à un individu un peu plus vieux que les autres. Il était habillé en civil avec une veste de cuir noir croisée, dont le large col lui donnait une allure plus martiale que celle des soldats, sur une chemise immaculée. Il avait les cheveux châtains, frisés, ébouriffés sur le front, de grands yeux couleur miel et une bouche aux lèvres fines et pincées qui dessinaient une moue résolue et sereine. Il ne disait rien, se contentait d'acquiescer de la tête aux paroles d'un petit milicien à la glabelle bien fournie, ressemblant à une gravure classique de paysan espagnol. Ses mains énormes étaient disproportionnées et il avait plusieurs traces de tonsure sur sa tête récemment rasée.

« Fini le temps de la politique, camarade, avais-je d'abord entendu. Le général Mola a, paraît-il, pris Navacerrada. On ne peut pas continuer à organiser des réunions et à faire des analyses comme auparavant. À présent, il faut passer à l'action.

— Écoute, Pedro… » La milicienne s'était adressée à l'homme qui portait la veste en cuir, avec une certaine véhémence toutefois contrôlée et respectueuse. « Je me suis engagée grâce à toi, tu le sais parfaitement, mais cette fois… José a raison.

— Je ne dis pas le contraire. » En entendant sa réponse, un frisson avait parcouru mon corps, car je n'avais jamais entendu une voix telle que la sienne, à la fois puissante et veloutée, avec une autorité aussi bienveillante, presque douce, qui lui permettait d'affirmer sa supériorité sans offenser quiconque, mais sans laisser pour cela la moindre place au doute et à l'insubordination. « Bien sûr que tu as raison. C'est le moment de passer à l'action, mais là, dans la rue, les gens doivent savoir ce que nous faisons et contre qui nous nous battons. L'avenir de l'Humanité se trouve en Espagne. Vous le voyez bien, n'est-ce pas ? Nous sommes l'avant-garde de la liberté dans le monde.

— Ça c'est vrai. » Un autre milicien avait dit à haute voix ce que je pensais dans l'ombre protectrice du couloir. « Nous ne sommes pas une armée quelconque.

— Car ce n'est pas une guerre quelconque. C'est une guerre juste, une guerre contre la misère, contre l'injustice, contre l'exploitation. Une guerre pour l'avenir. » Cette voix m'attirait, m'envoûtait, me déréglait de l'intérieur et, à l'extérieur de moi, elle déréglait tout ce qui m'entourait. « Est-ce que vous avez conscience que pour la première fois le destin est entre nos mains ? Est-ce que vous avez conscience que pour la première fois dans l'histoire de ce putain de pays nous pouvons décider qui nous voulons être et comment nous voulons vivre ? »

Sans doute n'aurais-je pas été plus émue que cet après-midi-là, dans la cuisine de mon appartement, si j'avais entendu ces mots dans une salle de cinéma, ou de théâtre remplie de monde, de spectateurs anonymes en train d'acquiescer en silence devant une estrade. Une incroyable tendresse jusque-là inconnue m'avait peu à peu gagnée, par vagues successives comme lorsque l'océan envahit le sable. J'observais les visages sérieux et décidés de ces jeunes gens sans le sou, si calmes au moment de prendre l'Histoire à bras-le-corps, de la charger sur leur dos comme un fardeau qui s'ajoutait à ceux qu'ils avaient charriés depuis que leur mère leur avait donné la vie, si calmes au moment de transporter sur leurs épaules un monde qu'on leur avait depuis toujours confisqué.

« Que sommes-nous vraiment ? Qu'ont donc été nos parents ? Et même nos grands-parents ? » Et j'avais eu l'impression de les voir alors qu'ils étaient encore enfants, en train de faire la ronde, mal habillés, horriblement chaussés, amaigris, extrêmement sales. « Des domestiques traités comme des mulets, des bêtes de somme, voilà ce qu'ont été nos familles et comment nous sommes venus au monde, nous n'avions d'humain que le nom. Nous n'avons jamais rien possédé. Et aujourd'hui enfin l'occasion se présente à nous. » Et ces larmes qu'on m'avait cédées, ces larmes mystérieuses et anciennes, avaient repris vie et sens, avant de franchir enfin la frontière de mes paupières. « Ce n'est rien d'autre qu'une occasion. Ça ne semble pas grand-chose, mais c'est bien plus que nous n'avons jamais possédé. Voilà pourquoi le moment est venu de nous battre, mais aussi de savoir pourquoi nous nous battons, pourquoi jusqu'à présent nous n'avons jamais réussi à lutter pour notre propre compte, pour notre avenir, pour celui de nos enfants. » Et rien ne m'avait jamais autant appartenu que ces pleurs brefs, secrets, juste deux larmes imprégnant en même temps mon nouveau destin et mes joues. « Voilà quelle est notre mission, forger une authentique armée du peuple, des soldats qui sachent parfaitement ce qu'ils sont et ce qu'ils représentent, une armée de poings et de consciences ayant le pouvoir de faire feu avec des armes, mais surtout avec l'authenticité de la vérité... »

En mars 1943, alors que je croyais avoir déjà perdu même le souffle nécessaire pour respirer, ma vie s'était améliorée grâce à l'affection de ma belle-sœur Adela et à cette radio que j'écoutais la nuit. Deux ans auparavant, lorsque mon frère m'avait sortie de la prison de Las Ventas, cette radio, la Pirenaica, n'existait pas encore. J'avais appris son existence, comme tant d'autres choses, grâce à des bribes de conversations captées au hasard derrière une porte close.

Après avoir été nommé délégué de province de la Phalange espagnole à Lérida, Ricardo avait loué un bel appartement dans une des rues les plus cotées de la capitale. À l'époque, Adela venait d'accoucher de Matilde, sa deuxième et dernière fille, et elle était encore faible. Quelques mois plus tard, avec l'accord bienveillant du gynécologue et du pédiatre, mon frère avait loué une maison de campagne située aux alentours de Pont de Suert – un endroit privilégié sur un versant des Pyrénées –, cachée dans une pinède, tout près d'une rivière aussi belle que son nom était mystérieux : Noguera Ribagorzana. Le jardin ressemblait à une île verdoyante dans un océan de la même couleur. Il était l'épicentre d'un monde frais et paisible, fertile et merveilleux comme les pays des contes de fées. Tant qu'elle avait cru qu'elle ne l'habiterait que l'été, ma belle-sœur avait trouvé la maison extraordinaire, mais le mois de septembre venu, lorsque Ricardo lui avait annoncé que, son travail lui interdisant d'habiter aussi loin de la capitale, il avait jugé qu'il serait préférable pour elle de rester à la campagne avec les enfants et qu'il viendrait la voir tous les week-ends, elle avait compris les véritables enjeux de cette merveilleuse demeure. Il s'agissait d'une prison dorée où je serais bien loin d'être la seule prisonnière.

« Mais c'est que... je ne sais pas comment dire... tu vas vivre de ton côté et moi du mien..., avait bredouillé ma pauvre belle-sœur. C'est comme si nous étions séparés, tu ne crois pas ?

— Tu exagères, lui avait-il répondu. Les Anglais ont toujours vécu de cette façon.

— Eux peut-être, mais moi, je suis de Vitoria et toi de Madrid. Nous ne sommes pas des Anglais, Ricardo.

— D'accord, mais pour nous, c'est la meilleure solution. » Il lui avait lancé un regard bien plus péremptoire que sa réplique et l'avait embrassée sur le front. « C'est ce qui nous convient le mieux à tous les deux. Et je sais de quoi je parle, fais-moi confiance. »

Depuis l'automne 1942, Ricardo ne passait que les week-ends à la maison, et quelques jours par-ci par-là lorsque ses déplacements à travers la Province le conduisaient dans un village plus proche de Pont de Suert que de la capitale. Lorsque cela se produisait, il téléphonait pour prévenir, et moi j'étais au courant avant même qu'Adela n'ait le temps de me l'annoncer. Il me suffisait de voir l'expression de son visage. Et si son regard resplendissait, je renonçais à l'avance à mon habituelle expédition nocturne. D'habitude, je restais lire dans ma chambre en attendant que la maison fût complètement endormie. Je descendais ensuite l'escalier, pénétrais dans la bibliothèque sans faire de bruit, allumais la radio dans le noir et tournais lentement le bouton jusqu'à tomber sur cette voix : *Ici, Radio Espagne Indépendante, station Pirenaica, la seule radio non censurée par Franco*, qui me réchauffait le cœur et me ramenait le souvenir d'un bonheur si proche dans le temps, et pourtant déjà loin dans ma mémoire, comme si je ne l'avais jamais vécu. Cette voix était devenue la seule chose que je possédais désormais, la seule chose qui me restait du destin que j'avais choisi, du monde auquel j'avais souhaité appartenir. Ce n'était pas grand-chose, mais ma vie, qui avait réussi à être si grande, était soudain devenue tellement étriquée, que cette voix suffisait à l'envelopper entièrement et à la bercer avec un doux et chaleureux espoir. Elle me tenait compagnie au sein de l'implacable solitude de mes prisons. Ce n'étaient que des mots, mais j'avais besoin de les entendre.

Ces soir-là, Adela avait pris l'habitude d'avaler un somnifère pour ne pas passer la nuit à penser aux raisons qui retenaient son mari à la capitale, au-delà de son bien, du bien des enfants, et du plaisir que prenaient les amis qu'il invitait presque tous les week-ends pour aller à la chasse ou faire une balade à cheval lorsque le temps le permettait. C'est pour cette raison, et parce que la Pirenaica était encore une nouveauté qui absorbait toute mon attention, que je ne l'avais pas entendue entrer. J'étais encore en train de me demander comment j'avais pu réussir à allumer la lumière sans toucher à l'interrupteur, lorsque j'avais tourné la tête et l'avais aperçue debout, sur le seuil de la porte, en chemise de nuit et pieds nus, comme moi, bras croisés sous sa poitrine, une perplexité franchement plus intense que d'habitude sur son visage.

« Je ne comprends pas, Inés. Vraiment, je ne te comprends pas. »

Adela était la bonté même, mais c'était aussi une femme très naïve. Or sa bonté n'était pas une conséquence de son ingénuité. Au contraire, elle était le fruit d'un effort permanent à surmonter sa difficulté de comprendre le monde. Pour elle, qui était convaincue qu'il y avait d'un côté les gens bien et de l'autre les gens mauvais – tout comme on imprime à l'encre noire sur les pages blanches des livres –, moi, insolite lettre blanche sur une page qui selon elle ne pourrait jamais être que noire, je représentais un conflit permanent qui alimentait une crise bien plus profonde. Adela avait réussi à être à peine heureuse avec mon frère. Je n'avais jamais connu quelqu'un d'autre qui aurait mérité d'être heureuse autant qu'elle, et cependant elle ne l'était pas. C'est sans doute pour cette raison, ou parce qu'elle ne comprenait pas l'obsession de Ricardo à me retenir contre ma volonté en Espagne, et qu'elle avait décidé de m'aimer dès le début de ce qu'il fallait bien appeler ma réclusion. Elle m'aimait comme si elle était ma mère et ma sœur en même temps, et aussi pour que je n'oublie pas ce que signifiait avoir de l'amour envers quelqu'un. Moi aussi je l'aimais, si bien que ce soir-là j'avais été incapable de bouger, ni même d'éteindre la radio, tandis qu'elle m'observait d'un air aussi déçu que triste.

« Je n'ai jamais osé te le demander, mais toi... » Elle avait hoché la tête en fermant les yeux, lèvres pincées, toujours cette même moue de déception. « Comment as-tu pu ? Mais qu'avais-tu donc en commun avec cette populace ? »

À ce moment, je m'étais aperçue que, même si cela semblait invraisemblable, ni ma mère, ni mes frères, ni la directrice de la prison, ni les gardiennes, ni la mère supérieure, ni les bonnes sœurs, ni même sœur Anunciación n'avaient manifesté suffisamment d'intérêt envers moi pour me poser un jour cette question. On aurait dit que tout le monde était persuadé que je n'avais pas eu la moindre raison de changer de voie et de peau, de passer à l'ennemi, tellement ils me haïssaient et me craignaient et n'avaient jamais eu besoin de grand-chose pour me condamner. Je n'avais donc pas préparé de réponse à sa question. J'avais un instant fermé les yeux, puis m'étais souvenue de cet après-midi de septembre 1936, des mots de Pedro Palacios dans la cuisine de notre maison de la rue Montesquinza. J'avais éteint la radio et m'étais dirigée vers ma belle-sœur pour la serrer dans mes bras.

« J'avais beaucoup de choses en commun avec cette populace, comme tu dis, Adela. Plus que tu ne peux l'imaginer. » Je m'étais écartée d'elle pour l'observer et prendre sa tête entre mes mains afin de l'empêcher de faire non, de la secouer de gauche à droite. « Ces gens-là parlaient de liberté, d'humanité, d'avenir et ils étaient si jeunes, si courageux... Ils ne possédaient rien, et ils étaient prêts à tout donner, à mourir pour moi. Et tu trouves que je n'avais rien de commun avec eux ? »

Cette nuit-là, Adela et moi étions restées de longues heures à parler dans la bibliothèque. Je lui avais raconté ma vie, et malgré sa naïveté, elle l'avait comprise à tel point qu'elle n'avait jamais plus osé me demander pourquoi, cet après-midi de septembre, alors que nous étions en pleine guerre civile, j'avais quitté la pénombre du couloir pour pénétrer au beau milieu de notre cuisine, en pleine lumière.

« Bonjour ! » À ce moment-là mon instinct avait suffi à justifier mon intrusion. « Je m'appelle Inés. Est-ce que je peux m'asseoir parmi vous, pour écouter ? »

Personne, pas même Virtudes, n'avait répondu tout de suite. J'avais regardé autour de moi et commencé déjà à me sentir une intruse, lorsque le rayonnant sourire de Pedro avait pris le dessus des onze visages sceptiques et des onze bouches ouvertes, paralysées par la perplexité.

« Bien sûr que tu peux. » Tandis qu'il se levait pour me céder sa chaise, il m'avait regardée de haut en bas avec un large sourire. « Tu es la bienvenue. »

Puis il s'était appuyé contre le mur et avait continué à parler, à expliquer que, dans une guerre antifasciste, il fallait lutter aussi bien au front qu'à l'arrière-garde, que tout le monde était nécessaire, les soldats dans les tranchées, les travailleurs dans les usines, les militants dans la rue, afin de maintenir vivant l'engagement de la population, la foi du peuple envers l'effort de guerre et le sacrifice qui conduirait à la victoire. Et, alors que je l'écoutais, j'avais enfin compris pourquoi j'avais toujours possédé ce trou béant au fond de mon estomac. À présent, ce n'étaient plus deux voies qui s'ouvraient à moi, mais une seule. Je devais me livrer tout entière et donner aussi tout ce que je possédais, me livrer jusqu'au tréfonds. Je devais avoir davantage qu'une opinion, qu'une sympathie. Il n'était plus question d'action isolée, plus question de prendre des précautions, d'en être sans en être vraiment, de penser sans ressentir. Je devais désormais prendre une décision grave et complexe. Finalement, cela avait été plutôt facile, car en réalité j'avais depuis longtemps compris ce qui se passait et j'avais choisi. Il m'avait suffi d'écouter cette voix, qui émiettait comme de la mie de pain ce qui avait été jusqu'alors une réalité, pour que la carapace de mon passé éclate en mille morceaux au contact des mots qu'il égrenait.

« Je sais que je suis en train de vous demander beaucoup, mais je vais vous en demander bien plus encore. » Pedro s'adressait à ses compagnons, tout en me regardant. « Je vais tout vous demander. Il faut tout donner, sans céder au découragement, à la douleur, à la fatigue, pour arriver à tout avoir ensuite. On ne peut pas se contenter de moins.

— Compte aussi sur moi, s'il te plaît, lui avais-je dit à la fin, après avoir attendu que tout le monde soit parti pour rester seule un moment avec lui, sur le seuil de la porte. Pour tout ce dont tu auras besoin. »

Il avait de nouveau souri, levé les yeux au ciel et avait dirigé sa main droite vers moi, qui s'était égarée entre mon cou et le col de mon chemisier, il l'avait pressée un instant sur ma peau, et j'avais doucement laissé retomber ma tête sur elle pour apprécier sa chaleur, le toucher rugueux et ferme de ses doigts.

« Merci, Inés. Au revoir. » À cet instant, il savait déjà ce qui allait tôt ou tard se passer entre nous. Et moi aussi je le savais, mais peut-être de façon moins précise. « Salut. »

J'étais restée sur le seuil de la porte pour le regarder descendre l'escalier. Dans l'entrée, il avait levé la tête vers moi et souri. Je lui avais rendu son sourire. J'étais en train de trembler, mais je n'avais pas pu goûter à cette fébrilité car Virtudes m'avait attirée à l'intérieur pour refermer la porte.

« Putain de Castelar, il ne manquait plus que ça ! » Elle avait l'air furieuse et je ne comprenais pas pourquoi. « Il veut faire croire qu'il a suivi des études, ou quoi ?

— Il a dû en faire, Virtudes. » J'avais pris la défense de Pedro sans renoncer à sourire. « Même s'il n'est pas allé à l'université, je suis sûre qu'il a étudié. On ne peut pas aussi bien parler si...

— Mais c'est la première fois qu'il parle de cette façon ! C'est un putain d'ouvrier des chemins de fers, qu'est-ce que tu crois ?... Eh bien, pour une douche froide, c'est une douche froide !... Je ne sais pas à qui il a entendu dire des choses pareilles, mais je suis sûre qu'elles ne sont pas sorties de sa cervelle. » Et elle m'avait observée comme si elle était fâchée contre moi aussi. « Il a dit ça juste pour t'impressionner, il faut que tu me croies.

— Eh bien s'il cherchait à m'impressionner. » Et je m'étais mise à rire toute seule de ma conclusion. « Tu ne peux pas imaginer à quel point il a réussi son coup.

— Ah ! Tu veux jouer à ça, hein ? Eh bien je vais te dire autre chose, Inés. Ne lui fais surtout jamais confiance.

— Pour quelle raison ? Dis-moi.

— Parce qu'on ne peut pas lui faire confiance, parce que… » Elle s'était mordu les lèvres et avait arrêté de parler, comme si elle avait eu besoin de se donner du courage avant de poursuivre. « Parce que c'est un gigolo, voilà, ça y est, je l'ai dit. Même si c'est un dirigeant de mon parti, c'est la vérité. Et s'il est si courageux qu'il le prétend, s'il connaît tant de choses qu'il l'affirme, s'il est si convaincu de ce qu'il proclame, il n'a qu'à aller au front lui-même, c'est là-bas qu'on a besoin d'hommes. Mais lui, il s'en garde bien, va ! Lui, il n'a pas assez de cran pour ce genre de choses. Ce qui lui plaît, à lui, c'est de commander les autres et de rester à Madrid, bien confortablement, de passer ses journées à se balader de réunion en réunion et à faire le beau, le soir, dans les cafés. Pour ça, c'est un expert ! Voilà ce qu'il aime, parader devant les gens, se donner des airs. Et chaque semaine, il sort avec une fille différente, alors tu vois.

— Ça ne m'étonne pas. » J'avais à nouveau souri, sans m'en apercevoir. « Il est tout de même extrêmement beau.

— Extrêmement beau, lui ? » Cet adjectif avait fini de la scandaliser. « Il n'est pas beau du tout, Inés, il est quelconque, un point c'est tout !

— Non, Virtudes, il est extrêmement beau. Reconnais-lui au moins cela. »

Aucune d'entre nous n'avait accepté de céder un pouce de terrain et nous avions cependant raison l'une et l'autre. Pedro était extrêmement beau, mais il ne fallait surtout pas lui faire confiance. Qu'il soit extrêmement beau m'avait donné une formidable joie de vivre et quelques déceptions. Qu'on ne puisse lui faire confiance avait fini par détruire complètement la vie de Virtudes et la mienne aussi : moi, j'avais survécu, mais pas elle.

Aucun des lapins qu'il m'avait posés, aucune de ses infidélités, aucun de ses voyages et aucune de ses missions fictives – si secrètes, disait-il toujours, qu'il ne pouvait en parler à personne, même pas à moi –, et qui se terminaient toujours de la même façon – par quelqu'un venant me raconter qu'on l'avait aperçu en compagnie d'une, de deux, ou même de trois femmes, en train de parader dans les tavernes tout en prétendant qu'il en avait assez de coucher avec une petite bourgeoise de la rue Montesquinza, entre les draps de fils brodés à la main de sa sainte mère –, ne m'avaient suffi à comprendre l'individu misérable qui s'était présenté, comme il l'avait fait, la dernière fois devant moi. Pendant tout ce temps, je travaillais, travaillais et travaillais sans relâche, au bureau du Secours rouge que j'avais moi-même installé chez mes parents et dont je m'étais occupée toute seule presque jusqu'à la fin de la guerre, grâce à la considérable quantité d'argent qui se trouvait dans le coffre. Je n'arrivais pas à croire les confidences de ces hommes et de ces femmes qui s'évertuaient à m'ouvrir les yeux. Je voulais ignorer ses prouesses de gigolo de bas étage, car j'étais amoureuse de lui, voilà tout, car j'étais persuadée que, tôt ou tard, il me reviendrait avec des baisers, des caresses et des mots doux – Pardonne-moi, pardonne-moi, je suis un imbécile, mais je t'aime. Si je fais cela, c'est parce que je n'arrive pas à comprendre qu'une femme aussi bien que toi puisse aimer un pauvre type comme moi, qui ne suis rien du tout, qui ne possède rien dans la vie. Mais tu sais bien que je t'aime, Inés, que je t'aime, que je t'aime au point de ne rien y comprendre. Et l'amour est toujours un problème pour un révolutionnaire, et aimer une femme comme toi l'est encore davantage. Car tu es ma révolution dans la révolution, Inés. Voilà pourquoi j'oublie tout parfois et que je deviens fou. Mais il faut que tu me pardonnes, parce que je t'aime tellement, tellement... Lui, qui était un beau parleur, qui connaissait toutes les astuces, et surtout comment s'y prendre pour exploiter le péché originel que représentait la richesse de ma famille, de mes ancêtres bourgeois et de droite, de mon complexe d'infériorité de demoiselle très bien, n'avait eu besoin que de trois mots pour me trahir de la pire façon qui soit :

« C'est elle. »

Il se trouvait sur le palier de l'escalier de service de l'appartement de mes parents, comme la première fois, mais à présent il ne souriait plus. Et moi non plus.

Le 28 avril 1939, la police avait frappé à la porte à huit heures et demie du matin, mais je n'avais pas perdu ma contenance, car je pensais bien maîtriser la situation. Sept camarades étaient cachés chez moi, car pour l'instant ma famille n'osait pas retourner vivre à Madrid. Ricardo se trouvait à Salamanque, avec ma mère, ma sœur Matilde et la veuve de Juan, mort à Belchite. Je les avais eus au téléphone, leur avais raconté que tout allait bien, qu'au pire j'avais juste eu un peu faim et assez peur, et maman m'avait répondu de ne surtout pas venir les rejoindre, de rester tranquillement à la maison, jusqu'à ce que la situation se normalise tout à fait. C'est pour cette raison que, ce matin-là, j'avais envoyé Virtudes, qui avait à nouveau retrouvé son uniforme – un impeccable tablier amidonné –, ouvrir la porte, et que je m'étais même payé le luxe de sourire au premier policier qui avait pénétré dans la cuisine.

« Excusez-moi, monsieur le policier, ce doit être une erreur. Je m'appelle Inés Ruiz Maldonado, c'est la maison de mes parents, et de toute ma famille…

— Ne te fatigue pas, c'est inutile. » Et avant même de me donner le temps de lui expliquer que mon grand-père avait été un des fondateurs de la banque de Santander, il m'avait déjà passé les menottes. « Nous savons tout sur toi. »

C'est alors que, tandis que le policier me poussait vers le palier où ils avaient déjà arrêté Virtudes, j'avais entendu une voix connue. Non, non je ne pouvais pas y croire. La lumière de l'escalier était allumée et j'avais donc pu parfaitement apercevoir Pedro Palacios, debout, entre deux policiers. J'avais immédiatement pensé qu'il était tombé dans le même coup de filet que moi, en tout cas j'avais tenté de m'en persuader, mais il était absolument impossible de ne pas remarquer qu'il avait les mains libres et qu'une certaine fébrilité avait envahi son regard incapable de se poser ne serait-ce qu'une seconde sur le mien. Il me connaissait si bien qu'il n'avait pas besoin d'observer mon visage pour m'identifier, ce qu'il avait évité de faire. Il s'était contenté d'acquiescer en hochant la tête et trois mots de lui avaient suffi « C'est elle », pour me démontrer à quel point je m'étais trompée sur le personnage. Car, jusqu'à cet instant, si j'étais persuadée que tout était perdu, que tout était détruit, anéanti, il lui avait cependant suffi de ces trois mots pour finir de me perdre vraiment, de me détruire, de m'anéantir plus que la défaite elle-même.

« Tu peux t'en aller, à présent, lui avait dit le policier qui se trouvait à sa gauche. Va...

— Regarde-moi, Pedro ! avais-je hurlé, alors qu'il commençait à descendre l'escalier. Regarde-moi, espèce de fils de pute, regarde-moi ! »

Je n'avais jamais pu savoir par la suite si finalement il m'avait regardée avant de disparaître, car un policier m'avait donné une gifle si violente du revers de la main qu'il m'avait fait tomber par terre.

« Tu es bien plus mignonne quand tu te tais. »

Un instant plus tard, c'est lui-même qui m'avait relevée, mais Pedro n'était plus là. Personne n'avait plus eu de nouvelles de lui, après cette matinée où l'on m'avait emmenée à la prison de Las Ventas comme une femme de plus, une autre prisonnière anonyme parmi des milliers de recluses abandonnées à leur sort dans des conditions bien plus dures que si on les avait parquées aux quatre vents. Ce que nous mangions n'était pas suffisant, et on ne nous donnait pratiquement pas à boire. Il n'y avait pas d'eau non plus pour se laver, et la menstruation était devenue une tragédie mensuelle à laquelle la malnutrition avait fini par remédier peu à peu. Nous étions tellement affamés que les plus jeunes, comme moi, avions fini par ne plus avoir nos règles.

Nous ne contenions pas toutes à la prison de Las Ventas, nous n'avions pas assez de place pour nous allonger et dormir, même pas un morceau de mur où nous appuyer lorsque nous étions assises, ni la moindre place dans la cour pour nous promener. Lorsqu'on nous emmenait dehors, nous n'avions plus la force de marcher, à peine celle de traîner les pieds, de bouger en groupe, à petits pas, comme une bande de pingouins entassés dans un wagon de métro à sept heures et demie du matin. Dans cette cour, il n'y avait pas suffisamment d'air pour tout le monde, l'endroit sentait la foule, la serre, la transpiration irrémédiable de milliers de corps souffrant de leur propre saleté. Au mois de mai, nous grillions littéralement sous la chaleur. Les journées étaient terribles, les nuits effrayantes, mais le pire restait le froid du petit matin, la tenaille de givre qui nous enserrait la gorge chaque fois que le jour se levait, lorsque des détonations lointaines nous réveillaient avec la ponctualité d'une horloge macabre, alors que le soleil sommeillait encore, mais pas nous. Tous les jours, ils fusillaient plusieurs des nôtres à la même heure, contre le mur du cimetière de l'Est, si près de nous que ni le vent ni la pluie ne nous épargnaient le tourment d'assister à ces exécutions à distance. Tous les jours – sauf le dimanche, car les assassins respectaient la loi du jour du Seigneur –, nous étions réveillées par les salves du peloton d'exécution. Tous les jours, nous entendions s'égrener les coups de grâce, isolés, les uns après les autres, et nos yeux se remplissaient de larmes, et nous étions un instant mortes de froid, ne sentant plus la chaleur et notre souffrance, la faim, la soif, la peur, la fatigue. Tous les jours, et celui-là également.

J'avais réussi à m'habituer à dormir recroquevillée, coincée entre deux autres femmes, sur la dalle et demie de sol qui me revenait, mais pendant tout le mois et quelques semaines que j'avais passés en prison, je n'avais jamais ressenti l'attaque froide et visqueuse de cette espèce de serpent qui avait traversé mon corps de haut en bas lorsqu'une des gardiennes avait prononcé mon nom, ni la moiteur des mains de mes compagnes d'infortune, qui m'avaient caressée en silence pour me donner du courage de la seule façon qu'il était possible de le faire. Cependant, l'homme qui m'attendait dans l'antichambre du bureau de la directrice était habillé en civil, et m'avait saluée très courtoisement avant de m'expliquer que c'était un avocat, et que c'est mon frère Ricardo qui l'envoyait.

« Votre famille est très inquiète pour vous, m'avait-il dit avec une amabilité quelque peu mielleuse, incompatible avec de la sincérité. Votre mère et vos frères et sœurs se sentent responsables de la tragédie que vous avez été forcée de vivre pendant trois ans, toute seule, sans l'aide de quiconque, dans cette ville de Madrid où votre nom pouvait vous mettre tous les jours en danger de mort, et… Ils sont tous d'accord pour convenir que, dans des circonstances aussi dures, la seule chose qui compte est que vous ayez réussi à survivre. Et ils espèrent que nous allons pouvoir trouver une solution pour démêler votre situation le plus rapidement possible. »

Il avait fait une pause pour me regarder et m'avait souri. Il avait gardé le même sourire imperturbable aux lèvres, pendant plusieurs secondes. Il ne s'était pas trop appliqué à jouer son rôle d'ange gardien, car il devait être persuadé que j'allais craquer à l'instant où il desserrerait les dents. Il s'était préparé à cette situation, à ce que je me jette dans ses bras les yeux pleins de larmes, prête à renier ce que j'avais fait, à le supplier, à accepter n'importe quoi pour pouvoir sortir de là, mais à aucun moment la tentation de m'effondrer ne m'avait effleurée. Même si l'annonce de sa visite m'avait inspiré la même panique que chacun d'entre nous éprouvait face à la nouveauté, aussi insignifiante fût-elle, je l'attendais depuis la première nuit que j'avais passée à la prison. J'avais souvent calculé le temps qu'il serait raisonnable d'attendre avant que ma famille réagisse, ainsi que la nature prévisible de cette réaction. Voilà pourquoi je m'étais contentée de l'écouter, de le regarder d'un air serein, attentif, mais également distant, et lorsqu'il s'en était aperçu, il avait cessé de sourire et le ton de sa voix s'était légèrement durci.

« Je suppose que vous n'avez besoin de personne pour vous expliquer que cette prison n'est pas le meilleur endroit pour vivre. Je ne vais donc pas perdre mon temps à vous parler de l'entassement des gens, des épidémies, de la gale, de la nourriture...

— Effectivement. » Et je lui avais donné raison, comme une jeune fille très bien élevée. « Je n'ai pas besoin qu'on m'explique ce genre de chose.

— Bien, voilà... je suis venu pour vous proposer un marché. Vous êtes très jeune, mademoiselle... Puis-je vous appeler Inés ? » J'avais acquiescé d'un signe de tête et il avait à nouveau souri. « Voilà. Permettez-moi de vous rappeler, Inés, que la jeunesse est l'âge où l'on fait quelquefois des bêtises.

— Ah bon, lui avais-je répondu en lui rendant son sourire. Moi, je n'en ai pas fait.

— Vous le pensez vraiment ? » Non seulement il n'avait pas apprécié mon attitude, mais il m'avait tenu tête en me présentant une photographie. « Vous connaissez cet homme ?

— Non, je ne crois pas... » Bien entendu que je le connaissais. « Voyons, montrez-le-moi de plus près... »

Il avait environ trente-cinq ans et, le jour où je l'avais rencontré, il était habillé comme un ouvrier, avec une veste de laine tout élimée en bas et presque transparente aux coudes et des sandales aux pieds avec l'empeigne dégagée, à l'air libre malgré le froid. Cela m'avait déconcertée autant que son salut, bonjour, camarade, je suis venu te chercher, des mots qui ne collaient pas avec ceux que Virtudes avait prononcés quelques minutes auparavant, sur le palier il y a un homme qui dit être un ami de Ricardo... et puis j'avais réalisé que les phalangistes, après avoir copié la couleur de notre chemise, s'étaient également mis à s'appeler camarade entre eux.

« Non, non je ne le connais pas. » Au mois de mai 1939, j'avais rendu sa photo à l'avocat de ma famille avec un sourire qu'il n'avait pas apprécié non plus. « À première vue, on dirait le cordonnier de la rue Almagro, mais je ne le connais pas. »

Je ne vous connais pas, avais-je également répondu à l'homme, cet après-midi de décembre, qui êtes-vous ? Il ne m'avait pas dit son nom, mais il m'avait tendu une note dont l'en-tête était identique à la lettre que j'avais brûlée avec la carte d'adhésion à la Phalange de mon frère, *ma chère Inés*, puis quatre phrases suivaient écrites avec la même calligraphie, *je suis déjà auprès de maman et de Matilde. Je t'écris ces mots pour te recommander à un ami cher, un excellent ouvrier qui saura restaurer la toile de grand-père. Moi, je vais bien et il me tarde de t'avoir près de moi. Je t'aime très fort, Ricardo.*

« Vous en êtes vraiment sûre ?

— Absolument. » Mais j'avais eu l'impression qu'il ne me croyait pas. « Je n'ai jamais vu cet homme de toute ma vie. »

Je ne comprends pas ce qui est écrit, ici, lui avais-je dit cet après-midi-là. Je ne sais pas qui a écrit cela ni ce qu'il veut, alors je vais vous demander de partir immédiatement de chez moi. Que dites-vous ? Cet homme était encore moins préparé à encaisser ma réponse que l'avocat qui m'avait apporté sa photo à la prison deux ans et demi plus tard. Mais... Ce n'est pas possible... Vous n'avez donc pas lu ?... Quoi, ce galimatias ? avais-je fait en jetant la note par terre. Oui, bien sûr que je l'ai lu, mais je ne comprends pas ce que cela signifie, je vous l'ai déjà dit, et je n'ai pas l'intention de vous suivre où que ce soit, car je ne vous connais pas, et vous ne m'inspirez pas la moindre confiance, alors partez, s'il vous plaît, vous avez bien dû vous apercevoir en entrant que cette maison est un bureau du Secours rouge international, et qu'il est sous la protection du gouvernement.

« En revanche, nous pensons que vous avez rencontré cet homme, José Luis Ramos García, et qu'il a traversé la ligne de front le 18 décembre 1936 pour remplir une série de missions à Madrid. La première consistait à venir vous chercher en même temps que l'argent réuni par votre frère pour financer le soulèvement national, et à vous mettre à l'abri dans notre camp. Ricardo avait beaucoup insisté pour qu'il prenne d'abord contact avec vous avant de se rendre à tout autre rendez-vous, afin que votre fuite, que devait organiser la même équipe qui l'avait tiré de l'ambassade de Suède, se passe dans les meilleures conditions. Il n'y a aucune raison qu'il n'ait pas suivi ces instructions, et nous savons qu'il avait contacté d'autres personnes à Madrid avant d'être arrêté et condamné à mort par un tribunal populaire et fusillé sur-le-champ.

— Oui, ça c'est la guerre, lui avais-je répondu. Vous devez être au courant puisque c'est vous qui l'avez déclarée. »

Si vous ne partez pas tout de suite, j'appelle la police. Voilà ce que j'avais fini par lui dire, même si j'avais un instant réfléchi à sa proposition, Salamanque, ma famille, sa protection, la tranquillité d'une vie aux journées toutes semblables, comme auparavant, comme toujours, et pas la moindre responsabilité, pas la moindre douleur, la fin de l'inquiétude, des sirènes, des bombardements, la paix en échange d'un voile et d'un missel, d'un prie-Dieu moelleux, pour ne pas abîmer mes bas, et du chocolat avec du biscuit si je retournais à la maison. Si vous ne partez pas tout de suite, j'appelle la police, avais-je répété. Je parle sérieusement ! Il ne me croyait pas, et j'avais dû décrocher le téléphone et composer un numéro pour enfin le convaincre. Bonjour, je voudrais parler au directeur général de la sécurité, je m'appelle Inés Ruiz Maldonado, je suis une amie de sa sœur Aurora, c'est très urgent… Et finalement, tandis que Gustavo me disait qu'il valait mieux que ce soit vraiment urgent parce que sa table était couverte de photographies de cadavres non identifiés, il s'était levé et était parti en courant. J'avais fait mes excuses au voisin pour l'avoir dérangé pour rien et n'avais parlé à personne, même pas à Virtudes, des véritables intentions de cet homme. Que voulait-il ? Rien du tout, me demander si nous pouvions cacher un membre de sa famille, mais je n'ai pas confiance, il n'a pas voulu me dire son nom, ni où il habite, rien du tout…

« Effectivement, ça c'est la guerre. » Mais il n'avait pas du tout apprécié que je le lui rappelle. « C'est pour cette raison que nous l'avons déclarée. Pour la remporter. Je vais être très franc avec vous, mademoiselle. Moi, je n'ai aucun intérêt à vous sortir d'ici. Si cela ne tenait qu'à moi, vous pourriez tout à fait pourrir au fond de cette prison. Mais votre frère se sent coupable de ce qui s'est passé et refuse d'entendre raison, il ne veut pas admettre que vous n'êtes qu'une espèce de petite mal élevée, qui s'est maquée avec un ouvrier au beau visage et a commencé à jouer les mécènes de la révolution avec de l'argent qui ne vous appartenait pas. Voilà pourquoi il tient tant à vous donner une nouvelle chance. Mais ce sera la dernière. »

Il avait fait une pause pour chercher quelque chose parmi ses papiers et, subodorant la valeur du tapis que, malgré tout, il était prêt à dérouler à mes pieds pour me faire reprendre le bon chemin, j'avais compris mieux que jamais la transcendance de l'irréversible métamorphose qui s'était opérée au fond de moi.

« Je vais vous expliquer. C'est très simple. Si vous acceptez de déclarer que Virtudes Moreno Castaño vous a retenue chez vous contre votre gré et que, sous la menace, elle vous a forcée à installer un bureau du Secours rouge dans la maison familiale de la rue Montesquinza, et qu'on la soupçonne d'avoir dénoncé José Luis Ramos…

— Il est inutile de poursuivre votre lecture. » Après l'avoir interrompu je m'étais levée de mon siège. « Il n'est pas question pour moi de signer cette déclaration.

— Demain, à cette heure-ci… » Il avait fait une pause pour m'observer. « Vous pourriez être libre.

— Demain, à cette heure-ci... » J'avais moi aussi fait une pause pour l'observer. « Je serai toujours ici, et Virtudes sera auprès de moi. Dites cela à mon frère, et dites-lui aussi... »

Jusqu'à ce que l'avocat prononcât le prénom et les noms de Virtudes, j'étais parvenue à garder mon calme, mais ensuite ma frayeur m'avait rendue incapable de poursuivre l'entretien. Cependant, la guerre n'était finie que depuis quelques mois, et moi, je n'avais pas encore compris dans quel genre de pays je vivais désormais. Je pensais encore que mes mots pouvaient être utiles, que mes décisions pouvaient changer quelque chose au destin de Virtudes, que je pouvais encore compter sur le réconfort de la dignité.

« Et dites-lui aussi que je l'aime. Que je l'aime énormément, tout autant qu'avant, et comme toujours. Mais que jamais je ne lui demanderai pardon d'avoir fait ce que je pensais devoir faire. » Considérant que notre conversation était terminée, j'avais tourné les talons et m'étais dirigée vers la porte. « Bonne journée.

— Un jour, vous vous repentirez de ce que vous venez de dire.

— Si j'avais de l'argent... » Je m'étais retournée pour l'observer à nouveau. « Je parierais jusqu'au dernier sou que non, que je ne m'en repentirai jamais. »

Je ne me suis jamais repentie, même pas lorsque on a commencé à me retourner les lettres que j'écrivais à Virtudes depuis le couvent, ni lorsque Enriqueta m'avait écrit pour me dire qu'on avait fait appel du jugement de sa cousine, qu'on l'avait jugée à nouveau, qu'on l'avait condamnée à mort, et qu'on avait exécuté la sentence très rapidement ensuite. Je ne me suis jamais repentie, parce que je savais désormais dans quel pays je vivais, et que même si j'avais proposé ma collaboration en échange de sa grâce, mon frère n'aurait jamais respecté le contrat. Toute ma vie durant, j'allais me sentir coupable de cette mort. Mais je ne me suis jamais repentie. Je n'avais jamais eu l'espoir non plus de gagner ce pari jusqu'à ce petit matin du 18 octobre 1944, lorsque mon long et exténuant voyage avait fini par prendre une tournure imprévue.

Ce soir-là, comme tant d'autres, j'avais descendu l'escalier sans faire de bruit, je m'étais glissée dans la bibliothèque à pas feutrés, j'avais allumé la radio à tâtons, cherché la fameuse voix, *Ici, Radio Espagne Indépendante, station Pirenaica, la seule radio non censurée par Franco*. Et soudain, les mots étaient devenus des dagues, des fusils, s'étaient transformés en portes et en fenêtres qui battaient sous l'effet d'une tempête ayant le pouvoir de balayer la poussière grise des cauchemars, en lumière du matin sur tous les objets, en ciel tendre de l'aurore, en sortie triomphale du labyrinthe, en feux d'artifice explosant un soir d'été, en chansons, en corps joyeux dansant dans les rues, en bras nus se levant en l'air, en bouches inconnues en train de s'embrasser au coin des rues, en un même sourire sur des milliers de lèvres différentes : c'était à nouveau Madrid et la joie.

Les mots que j'entendais contenaient soudain tout cela et une douce et intense saveur avait inondé ma bouche, une délicieuse saveur que je ne parviendrais jamais à décrire, car il s'agissait de mes camarades qui arrivaient, qui revenaient, qui étaient déjà en route, qui allaient bientôt franchir à nouveau la frontière. Et moi j'étais tout près d'eux, si près que je pouvais presque les voir, les toucher, les appeler. Voilà ce que j'avais ressenti. Tout comme ce que doivent ressentir les serpents lorsqu'ils muent et changent de peau, la mienne était devenue lisse, tendue, rosée comme celle des nouveau-nés. Ma peau était devenue si étrange que pendant un instant je n'avais plus su que faire, car j'avais envie de rire et pourtant j'étais en train de pleurer. Je m'étais mise à pleurer sans raison, et pourtant il y avait de très nombreuses années que je n'avais pas été aussi contente. Puis j'avais caché mon visage dans mes mains pour ne pas faire de bruit, je m'étais allongée sur le tapis tout en continuant à pleurer, à pleurer du dehors et à rire en dedans, tandis que j'entendais ces mots, *les jours du tyran sont comptés, l'opération Reconquête de l'Espagne est désormais en marche. Après avoir libéré le sud de la France de l'horreur nazie, la victorieuse armée de l'Union nationale espagnole s'apprête à franchir la frontière et à restaurer la République et les libertés*.

Ce soir-là, j'avais à peine dormi deux heures, mais je m'étais réveillée reposée, euphorique, et tant qu'Adela ne m'avait pas demandé quelle mouche m'avait piquée pour aller et venir dans la maison en souriant sans arrêt, je ne m'étais même pas aperçue que mon enthousiasme pouvait être dangereux.

« Ah, je vois pourquoi tu es aussi gaie. » Heureusement que ma pauvre belle-sœur n'était jamais au courant de rien. « Tu sais déjà que le commandant Garrido vient dîner chez nous, ce soir, n'est-ce pas ?

— J'ai entendu dire quelque chose de ce genre, avais-je répondu pour éviter le sujet. Oui...

— Ah bon ? » Ma réponse l'avait rendue perplexe. « Eh bien, je me demande comment tu as fait, ma chère, car... C'est un événement ultrasecret, paraît-il. Ricardo m'a déjà dit qu'il préférait que je ne me montre pas, même pas pour venir le saluer. Je ne sais pas ce qui se passe exactement, mais il est si nerveux qu'il n'ose même plus organiser de réunions dans son bureau. Il a préféré inviter tout le monde à dîner ici.

— Ce qui signifie qu'il ne va pas dîner en tête à tête avec Garrido, n'est-ce pas ?

— Penses-tu ! Il y aura aussi le gouverneur civil et le gouverneur militaire, et... je ne sais plus qui d'autre. Un tas de gens, mais comme il ne me raconte jamais rien, la seule chose que je sais, c'est le nombre d'invités dont je dois m'occuper.

— Ne t'en fais pas, je vais me charger du dîner.

— D'accord, mais ne pense pas que tu vas réussir à apercevoir ton amoureux ce soir. »

Et je ne l'avais effectivement pas aperçu, mais j'avais pu entendre sa voix, mêlée à plusieurs autres, connues et inconnues, au moment où la conversation de la salle à manger s'était transformée en discussion qui m'avait permis, après avoir passé plus de deux heures cachée derrière la porte qui donnait à la cave, d'aller me coucher encore plus heureuse que la nuit précédente.

Au moment de me glisser entre les draps je m'étais sentie absolument épuisée. Puis je m'étais souvenue de la frayeur de mon frère : Ce n'est pas possible, que s'est-il donc passé ? Combien sont-ils ? Et ensuite le murmure honteux de Garrido : À Madrid, on dit qu'ils sont une centaine de mille, je n'y crois pas... Et les chiffres qu'annonçait le général Ayuso sur un ton qui se voulait neutre : Ils sont plus ou moins huit mille, c'est facile à calculer car ils se sont regroupés près de Tarbes, mais ils ont aussi le double de soldats en réserve. Et à nouveau la voix de mon frère : Et nous combien sommes-nous ? Et puis celle de Garrido : Au Val d'Aran ? Eh bien si on compte la garnison de Viella, les appelés de toute la province, et les soldats que nous pourrons transférer d'ici, à peu près mille neuf cents, plus ceux que pourra rajouter le Somatén. Et une nouvelle fois Ayuso : Mille neuf cents et le Somatén ? Je commence à comprendre pourquoi ils fanfaronnent à ce point sur cette radio qu'ils ont installée dans les Pyrénées. Et encore mon frère : Putain, putain, putain, mais à quoi pensent-ils à Madrid ? Toute cette discussion m'avait carrément empêchée de m'endormir tout de suite.

Le 20 octobre 1944, je m'étais levée de bonne heure pour vivre le jour le plus important de ma vie. Lorsque la servante d'Adela m'avait annoncé que mon frère désirait me parler, il n'était pas encore sept heures et j'étais déjà habillée. J'avais attendu plusieurs minutes, retiré mes chaussures pour descendre l'escalier en silence, et me diriger sur la pointe des pieds vers la salle à manger pour m'arrêter juste avant d'arriver à la porte. Elle était ouverte, mais Ricardo, en bout de table, me tournait le dos, et Adela, à sa gauche, n'osait pas lever les yeux de la nappe. Elle était si effrayée que je n'arrivais pas à comprendre ce qu'elle disait, au milieu de son interminable et lancinante pleurnicherie. Ce jour-là, tout aurait été bien plus difficile pour moi, si les nerfs de ma belle-sœur n'avaient pas, une fois encore, fait craquer ceux de son mari.

« Il le faut, Adela. Bien entendu qu'il le faut. » Car en revanche j'avais parfaitement pu entendre ce que disait Ricardo. « Comment veux-tu que je te le dises ? Tu es idiote, ou quoi, merde… Hier soir, les Rouges ont passé la nuit à Bosost, à cinquante kilomètres d'ici, tu trouves que ce n'est rien, ça ? »

Lorsqu'un grincement caractéristique m'avait prévenue que la porte de la cuisine venait de s'ouvrir, j'avais rapidement remis mes chaussures et les avais rejoints.

« Bonjour ! » J'avais salué mon frère sur le ton le plus serein et le plus pacifique que j'avais pu. « Cristina m'a dit que tu voulais me parler, Ricardo.

— C'est exact. » Il avait commencé à feuilleter le journal, pour me répondre sans me regarder en face. « Je voulais te dire que nous partons. Provisoirement, bien entendu.

— Mais assieds-toi donc, Inés, s'il te plaît. » Sa femme avait un instant cessé de gémir pour montrer qu'elle était la seule à penser à moi, quelles que soient les circonstances. « Tu as déjeuné, Inés ? »

J'avais secoué la tête et m'étais installée en face d'elle pour me servir du café, du lait, un biscuit, sans même prendre la peine de regarder Ricardo, comme si je me fichais de ce qu'il avait à me dire.

« Eh bien voilà, nous allons fermer la maison. L'armée a donné l'ordre d'évacuer toute la région. Il y a une menace de tempête.

— De tempête ? » Je m'étais dit qu'il valait mieux ne pas trop faire la naïve. « Mais nous sommes très loin de la mer...

— Une tempête de neige, venue des Pyrénées. » J'avais acquiescé en hochant la tête et il avait continué à parler sans lever les yeux de son journal. « Nous devons tous évacuer la maison. Les enfants partent ce matin pour Madrid avec la nounou. Moi, je vais partir tout de suite pour Lérida, et je resterai là-bas, au cas où il faudrait organiser la coordination des équipes de secours. Alors pour l'instant, vous restez toutes seules. Cet après-midi, une voiture viendra vous prendre. Elle te conduira jusqu'au couvent et poursuivra sa route avec Adela jusqu'à Madrid. Nous retournerons ici, dès que le danger sera écarté.

— Moi aussi ? »

Tandis qu'il faisait oui de la tête, Adela s'était mise à sangloter, mais elle n'avait rien dit. Moi non plus. J'avais à tel point oublié que la chance pouvait exister que je n'avais même pas été capable d'assumer avec sérénité celle qui se présentait à moi. Jusqu'à présent, je m'étais contentée de calculer l'effet que les actions de huit mille hommes armés pourraient avoir sur ma vie, sans prendre en compte ma propre possibilité d'agir. Mais, en réalité, je préparais ma fuite depuis plusieurs mois, aussi lorsque Ricardo m'avait annoncé l'arrivée de cette voiture que, de toute façon, avais-je décidé, je ne prendrai pas, j'avais compris qu'une telle chance ne se reproduirait plus jamais.

Le chauffeur avait klaxonné depuis le jardin et mes mains étaient devenues toutes moites, mes jambes s'étaient mises à trembler, ma tête ne parvenait pas à s'accorder au rythme de mes pensées. Ricardo s'était levé, avait pris congé de sa femme en l'embrassant sur le front, il avait commencé à se diriger vers la porte, puis était revenu sur ses pas pour venir m'embrasser à mon tour, au même endroit et avec la même hâte. Puis, il était sorti sans dire un mot. Avant que le bruit de ses pas ne s'évanouisse dans le couloir, ne pouvant plus contenir les pleurs qu'elle avait réprimés tout le temps que son mari avait été là, Adela avait fondu en larmes.

« Tu te rends compte, c'est incroyable : être obligés de partir de cette façon, les enfants d'un côté et moi de l'autre, comme si nous étions en train de fuir, une nouvelle fois... » Lorsque les soupirs et les sanglots l'avaient empêchée de poursuivre, elle avait saisi la serviette pour s'essuyer le visage et j'avais pu apercevoir ce qui se trouvait en dessous. « Qu'allons-nous devenir maintenant, où allons-nous aller, nous n'avons même plus de maison à Madrid, plus rien du tout... Et s'il nous arrivait quelque chose pendant le trajet ? »

Ce morceau de métal avait attiré irrésistiblement mes yeux, activé mes jambes, m'avait forcée à me lever, à me mettre en mouvement, et j'avais fait le tour de la table pour me diriger vers Adela, pour venir derrière elle, mes mains sur ses épaules, le pistolet telle une île inexplorée posé sur la carte immaculée de la nappe blanche.

« Ne pleure pas, Adela, il ne faut pas exagérer... » J'avais tout juste réussi à entendre ma voix étouffée par ma nervosité, mais j'avais cependant trouvé suffisamment de sérénité pour improviser un ton de simple curiosité. « Et ça, qu'est-ce donc ?

— Le pistolet ? » Elle s'était retournée sur sa chaise pour me regarder et j'avais acquiescé. Son visage était tout rouge et ses paupières gonflées par les pleurs. « Tu le vois bien, ton frère... Au cas où j'en aurais besoin, a-t-il dit...

— Et pourquoi en aurais-tu besoin, ma chérie ? » En m'entendant, elle s'était remise à pleurer, et j'avais commencé à me sentir coupable. « Puisqu'il s'agit juste d'une tempête de neige. Range-le dans ta chambre, va, il ne faudrait pas effrayer quelqu'un. »

Une heure et demie plus tard, toute seule dans la cuisine, une armée de *rosquillas* parfaitement rondes sur le plan de marbre, l'huile chaude à point et les idées enfin claires, aussi bien rangées que les pâtisseries dans ma tête, le pistolet me préoccupait moins qu'Adela elle-même. Les enfants étaient déjà partis. J'avais moi-même pris ma nièce dans les bras pour la descendre, encore endormie dans ses couvertures, et l'avais installée à côté de son frère sur la banquette arrière d'une automobile qui avait démarré quelques minutes après celle de leur père. Ensuite, j'avais retroussé mes manches, pétri la farine par petites quantités, travaillé le mélange jusqu'à obtenir une texture parfaite, transformé le tout en cylindres réguliers, formé patiemment et soigneusement les couronnes, et je n'avais vu personne d'autre jusqu'au moment où les talons de ma belle-sœur avaient claqué sur le carrelage. J'avais déjà fait frire plus de la moitié des *rosquillas*.

« Mon Dieu, mais que fais-tu donc ?

— Eh bien, des *rosquillas*. » Je l'avais aperçue du coin de l'œil, toute dépeignée et encore plus nerveuse qu'auparavant, ouvrant et refermant les tiroirs trop rapidement pour trouver ce qu'elle était en train de chercher. « Tu ne le vois donc pas ?

— Mon Dieu, ma chérie, tu as vraiment du courage ! Je ne te comprendrai décidément jamais. Avec ce qui vient de nous tomber dessus, toi, tu te mets tranquillement à cuisiner...

— Je vais les apporter à sœur Anunciación, la cuisinière du couvent, c'est elle qui m'a appris à les faire. » Je lui avais dit la première chose qui m'était passée par la tête et ce n'était pas très ingénieux, mais je ne pouvais plus revenir en arrière. « Elle les vend et gagne ainsi un peu d'argent pour les pauvres, tu sais ?

— Ah bon ! C'est parfait, alors. »

Par chance, Adela, qui avait réussi à trouver une paire de ciseaux, n'avait pas eu le temps de relever mes contradictions.

« Je suis en train de finir. Je monte tout de suite t'aider.

— Oui, j'en ai bien besoin, parce qu'il y a un de ces désordres là-haut... »

Lorsque j'avais sorti la dernière couronne de l'huile, je m'étais aperçue qu'il n'allait pas être très facile de transporter tous ces kilos de *rosquillas* sans les casser et sans qu'elles ne finissent en un grand tas difforme de miettes sucrées et collées, mais j'avais des problèmes plus graves à résoudre et le moment était venu de m'y atteler.

J'avais retiré mon tablier, gravi les marches de l'escalier, pénétré dans la grande chambre et, au milieu des valises ouvertes et des vêtements entassés sur le lit, j'avais aperçu le pistolet posé sur un tas de billets de banque, sur la table de nuit d'Adela.

« Inés, grâce à Dieu ! » La pauvre avait été soulagée de me voir. « Regarde donc si… »

Mais elle n'avait pas pu finir sa phrase, car j'avais déjà pris le pistolet dans mes mains.

« Mon Dieu ! Pose ça, s'il te plaît, j'en suis malade rien que de le voir.

— Pourquoi ? Il ne doit même pas être chargé. » J'avais alors tiré le percuteur en arrière et m'étais aperçue que ce n'était pas le cas. « Ah, si ! Il est vraiment chargé !… »

« *Bonjour, Nicole**. »

La clochette de métal doré, servant à annoncer l'arrivée des nouveaux clients, ne m'avait pas reçu avec la même joie qui venait d'illuminer son visage en me voyant entrer.

« Bonjour, mon… » Et tout en s'efforçant de trouver le mot qui lui manquait, elle avait fermé les yeux et tiré le bout de sa langue entre ses dents, comme un écolier en train de passer un examen pour lequel il n'a pas assez étudié. « Capitaine ? »

Celle qui m'avait semblé être mon admiratrice la plus assidue, jusqu'au jour où j'avais découvert qu'elle flattait de la même façon tous les hommes célibataires qui s'approchaient du comptoir, était une adolescente de petite taille, un peu boulotte et très jolie, peut-être parce que ses traits, sa peau ferme et rose, ses pommettes rebondies et ses lèvres pulpeuses n'avaient pas encore tout à fait quitté l'enfance. Du haut de ses quinze ou seize ans, Nicole était la jeune fille la plus coquette que j'avais connue de toute ma vie. Également une des plus charmantes, car elle aguichait sans la moindre malice, juste pour le plaisir de jouer, sans tricher et sans double jeu, en souriant constamment.

« Très bien, Nicole. » Moi aussi je lui avais souri tout en hochant la tête pour approuver. « *Très bien. Celui-là est le mot juste**, capitaine. *Et alors**… Je vais prendre cinq cents grammes de ces petits gâteaux russes que vous avez là. »

Je changeais de langue sans prévenir, afin de mettre à l'épreuve le peu d'espagnol qu'elle avait appris au collège, et elle avait l'air de me comprendre de mieux en mieux. Cependant, ce matin-là, elle m'avait regardé fixement les pinces à la main, sa bouche dessinant un rond à la fois parfait et parfaitement perplexe.

« *Donc... Vous voulez cinq cents grammes de ces petits gâteaux russes**... »

Tandis que je faisais oui de la tête, j'avais remarqué que le plateau qui contenait les biscuits russes était plus vide que plein, mais je ne comprenais toujours pas ce qui l'avait surprise.

« *Oh la la** *!* » Elle avait éclaté de rire. « *Aujourd'hui c'est le jour des Espagnols qui achètent des gâteaux russes. Vous êtes le troisième, je crois**. »

Et à cet instant, j'avais commencé à avoir des soupçons. Pas du fait d'être le troisième Espagnol à acheter des biscuits russes dans cette délicieuse petite pâtisserie de la rue Léon-Gambetta – qui, d'après la femme de Comprentu, était la meilleure de tout Toulouse –, mais parce que j'étais quasi certain de savoir qui étaient les deux premiers. J'aurais pu me le faire confirmer en posant deux ou trois questions toutes simples, mais ça ne valait vraiment pas la peine. J'allais le savoir tout de suite, car il était déjà plus d'une heure de l'après-midi et Angelita m'avait donné rendez-vous à deux heures lorsqu'elle avait appelé pour m'inviter à déjeuner.

« *Merci bien Nicole**. » J'avais posé un billet de cinq francs sur le comptoir et j'avais souri en moi-même en la regardant immobile devant la caisse enregistreuse, dos au comptoir, prenant plus de temps que nécessaire pour rendre la monnaie.

« *Et qu'est-ce qu'il fait notre héros, ce soir** ? » Et malgré la maîtrise dont elle faisait preuve dans ce genre de situation, elle était devenue toute rouge au moment de poser les pièces de monnaie sur le comptoir.

« *Je ne suis pas un héros, Nicole.*

— *Bien sûr que vous l'êtes, et je me demandais... Avez-vous un autre rendez-vous avec madame** ? »

Je lui avais souri, puis j'avais saisi les gâteaux avant de me diriger vers la porte.

« *Pas avec madame, Nicole**. *Madame, c'est du passé.*

— *Quel dommage** *!* » Mais elle avait éclaté de rire en le disant. « *N'est-ce pas ?*

— *À tout à l'heure, Nicole !*

— *Au revoir**, mon capitaine. »

La première fois que Sandrine m'avait emmené dans la maison de campagne qu'elle avait héritée de ses parents, je ne me suis pas aperçu que les petits-fours salés et les gâteaux qu'elle avait tirés du coffre de la voiture avant de m'inviter à entrer étaient enveloppés dans du papier venant de la Pâtisserie du Capitole, la boutique de la mère de Nicole. La première fois, je ne me suis pas aperçu non plus que ce village, beau et tranquille selon les critères spécifiquement français de la beauté et du calme, avec ses prés verts, ses clôtures en bois, ses églises plus petites que leur clocher et ses façades de bars, dont le menu noté à la craie sur une ardoise trônait près de la porte, s'appelait Vieille Toulouse. Cette fois-là, je n'ai pas non plus appris que les Romains avaient fondé à cet endroit une ville qu'ils avaient baptisée du même nom avec lequel les exilés espagnols parlaient de la ville qui lui avait succédé, *Tolosa*, pour Toulouse, comme si nous voulions nous donner le sentiment d'être en Navarre. Et j'aurais peut-être dû me demander où se trouvait son mari, un jeudi, à l'heure du repas, mais je n'en avais pas eu le temps, ni d'ailleurs eu le temps d'atteindre le lit.

Sandrine, ou plutôt Mme Mercier, était mariée à l'un des industriels les plus florissants de Toulouse, un fabricant de pièces pour automobiles qui avait fait d'excellentes affaires avec l'occupant avant de prendre la décision, dans les tout premiers mois de 1944, de céder une partie de ses bénéfices à l'armée de la France libre afin de s'acheter un certificat de patriotisme. J'avais fait sa connaissance, et surtout celle de son épouse, à cette occasion-là, le 26 août de cette même année, lorsque mon colonel, qui ne s'était pas encore remis du dîner de la veille, m'avait donné l'ordre de le représenter à la réception donnée à la mairie.

« Tu ne peux pas me refuser ça, mon vieux. » Ce jour-là, j'avais commis l'imprudence de monter faire la sieste dans ma chambre, et El Lobo avait insisté jusqu'à ce que je décroche le téléphone. « Parce que je te jure que je n'en peux plus. J'ai mal au cœur, j'ai mal au ventre, j'ai la gueule de bois, des aigreurs d'estomac et Amparo est en combinaison, en train de trépigner dans le couloir, les yeux déjà faits, et de hurler qu'elle préfère me savoir à la guerre qu'à la maison, si c'est pour qu'on ne se voie jamais, alors… J'ai bien peur que ce ne soit un ordre.

— Bon, d'accord. » Et en imaginant l'insubordination domestique de la seule femme qui avait réussi à survivre à deux guerres sans perdre les courbes qui l'avaient couronnée reine des grandes fêtes de la Saint-Joseph, à Catarroja, en 1927, j'avais éclaté de rire.

Six jours après la Libération, Toulouse avait apparemment commencé à recouvrer une certaine normalité, mais la fête qui avait troussé les jupes de cette ville pendant toute la fin de la semaine n'était pas encore terminée. Les poches de résistance, les militaires soûls, les femmes complaisantes, les chansons, les guitares, les disputes, les jurons et les dizaines de bouteilles de vin vides, alignées comme une armée de soldats de plomb sur les tables des tavernes, étaient encore tellement d'actualité que j'avais pensé ne trouver personne pour m'accompagner. El Zurdo et El Sacristán avaient disparu au combat. Comprentu, de qui j'avais pris congé moins ému qu'alcoolisé à neuf heures du matin, le 21, s'était enfermé à l'hôtel avec sa femme. Il avait décroché le téléphone et, que je sache, n'était pas encore ressorti de la chambre. Je n'avais pas tenté d'emmener El Pasiego parce que je me souvenais que son épouse, partie à sa recherche au petit matin, l'avait trouvé en ma compagnie et celle d'une demoiselle de bonne réputation assise sur ses genoux, et l'avait fait sortir à grandes gifles de cette cave où tout se passait si bien. Cependant, tandis que j'étais en train de quitter l'hôtel Les Arcades, que l'Union nationale espagnole avait réquisitionné pour loger ses officiers avec la bénédiction des nouvelles autorités, la providence des athées avait soudain mis sur mon chemin El Cabrero.

« Mais tu ne vois pas de quoi j'ai l'air ? » Il avait traîné toute la journée dans la rue et sa chemise était couverte de taches, les cheveux étaient en bataille, et une espèce de patine de transpiration faisait briller son visage comme s'il sortait tout juste de son bain. Mais le plus saisissant était cette incompréhensible odeur de poisson qui l'enveloppait comme une deuxième peau. « Où veux-tu que je t'accompagne, dans cet état ?

— Je m'en fous. » Je l'avais saisi par le bras pour le conduire jusqu'à l'ascenseur, comme s'il était prisonnier. « Tu prends une douche, tu passes ton uniforme, et ça roule, mon vieux.

— Elle est à quelle heure, cette réception ? m'avait-il demandé en tentant encore de m'échapper. Tu m'as dit...

— À huit heures. » J'avais jeté un coup d'œil à ma montre. « Autrement dit, dans dix minutes.

— Bon, d'accord, mais à neuf heures, je m'en vais, parce que j'ai encore beaucoup à faire. »

À huit heures cinq, nous avions rejoint Ben et Jean-Paul qui nous attendaient devant la porte. Les hommages en tout genre, publics et privés, avaient également fait des ravages parmi les francs-tireurs patriotes français – l'organisation de résistants du PCF qui nous encadrait, nous, les Espagnols de l'Union nationale espagnole, autrement dit l'UNE –, car à la tête de notre délégation il n'y avait qu'un lieutenant-colonel, Benoît Laffon. Il était accompagné d'un commandant récemment promu, qui possédait encore les galons de capitaine avec lesquels il avait fui l'Espagne cousus sur sa veste – il s'agissait de moi –, ainsi que deux capitaines, Jean-Paul et El Cabrero, ce dernier ayant également toujours gardé ses insignes espagnols de lieutenant. Le romantisme n'a qu'à aller se faire foutre ! se plaignait quelquefois El Lobo, si fier de lui qu'il n'avait pas hésité à coudre sur sa vareuse la totalité de ses distinctions militaires françaises. Les gaullistes de l'Armée secrète – et plus que secrète, disions-nous avant cet été-là, car tout le temps que nous avions été postés dans la montagne, nous n'en avions pas aperçu un seul – s'étaient contentés de dépêcher un autre commandant. Mais, dans cette réunion, il n'y avait pas grand monde capable d'apprécier le modeste niveau de la représentation, aussi bien native qu'étrangère, des Forces françaises de l'intérieur.

« *Ce salaud**... »

Ben m'avait fait un signe de la tête en direction de Mercier, qui semblait faire partie des bourgeois florissants, bien habillés et mieux nourris, qui pullulaient dans la salle. Ce salopard avait autant collaboré que les trois quarts au moins des dirigeants circulant le verre à la main, après avoir serré les nôtres, avec une moue apitoyée bien plus fourbe qu'un baiser de Judas. Mais son épouse était tout à fait séduisante, avais-je objecté. C'est exact, m'avait-il concédé, avant de vérifier la chose du regard. Fort attirante. Et il avait hoché la tête pour souligner son assentiment.

Mme Mercier avait deux ans de plus que moi et presque vingt de moins que son mari. Elle était grande, pas trop blonde et avec une peau parfaite qui trahissait ses origines slaves. Elle portait une robe blanche et un collier de perles à plusieurs rangs : un héritage de sa grand-mère – une aristocrate polonaise – qui emprisonnait son cou comme un carcan parfaitement accepté et luxueux. C'était la première chose qui avait attiré mon attention chez elle, mais ce n'était cependant pas la seule.

« Neuf heures... » Voilà un quart d'heure que nous étions en train de jouer à cache-cache parmi la foule – je te regarde, je me cache, je te regarde à nouveau – lorsque El Cabrero avait posé sa coupe de champagne sur la table. « Je me tire.

— Où ça ? » J'avais fait un pas vers lui de façon à avoir de nouveau Mme Mercier dans ma ligne de mire et elle m'avait souri. « Putain, tu es bien pressé !

— Oui. J'ai rendez-vous avec Sole.

— Avec qui ? avais-je demandé en levant mon verre en l'air pour trinquer à distance. « Avec qui ?

— Avec Sole », avait-il répété. Et ce n'est que lorsque j'avais été sûr que je ne connaissais personne de ce nom que je l'avais regardé à nouveau dans les yeux. « Oui, Sole, la fille du poissonnier, l'amie d'Angelita...

— L'amie d'Angelita ? avais-je fait en fronçant les sourcils après avoir compris de qui il parlait. Mais elle s'appelle Solange !

— Oui, mais comme je ne sais pas bien prononcer son prénom, je l'ai un peu transformé. »

En mars 1942, Comprentu et moi étions en train de travailler dans une usine de boulons réquisitionnée par les militaires, près de Perpignan, sur le prétendu territoire de la France libre. Deux mois plus tôt, on nous avait sortis de force du camp d'Argelès-sur-Mer, pour nous intégrer dans une Compagnie de travailleurs étrangers. Bien qu'elle fût dure, la vie à l'usine était toujours mieux que l'insupportable monotonie qui avait failli nous tuer d'ennui sur la plage. Cependant, on ne nous avait pas donné beaucoup de temps pour apprendre à manier le tour.

« Les anchois sont excellents, n'est-ce pas ? »

En levant la tête, j'avais aperçu un inconnu de l'autre côté de la machine à laquelle j'avais été assigné ce jour-là. J'étais sûr de ne l'avoir jamais vu, car je n'aurais jamais pu l'oublier. Il avait des sourcils épais, si bruns qu'on aurait dit qu'on les avait dessinés, et des yeux noirs légèrement bridés. En revanche, sa peau était très blanche, et son nez, sa bouche et ses pommettes parfaitement distribués dans un ovale irréprochable, que j'avais jusqu'ici seulement admiré sur le visage de certaines femmes très belles. Si avant de l'examiner, je n'avais pas entendu la moitié du mot de passe porté par sa grosse voix à l'accent aragonais, j'aurais tout à fait pu le prendre pour un homosexuel.

« Surtout au vinaigre, avais-je répondu en souriant.

— Dans un moment, le contremaître va vous appeler, ton ami et toi, pour vous annoncer que vous allez être transférés, m'avait-il expliqué. Ne refusez pas. »

J'avais hoché la tête et continué à travailler sans le regarder, sans que lui non plus ne lève à nouveau les yeux sur moi, jusqu'à ce qu'on vienne me dire que le contremaître désirait me parler. Puis je ne l'avais plus croisé de la journée, ni le lendemain, sauf lorsqu'on nous avait fait lever à quatre heures du matin pour nous demander de nous préparer à partir. Je l'avais entraperçu devant la porte de l'usine ; le premier d'une longue file où une trentaine de travailleurs, tous espagnols, dont je faisais partie, attendaient le camion qui devait transférer tout le monde jusqu'à une entreprise dont les patrons avaient réclamé de la main-d'œuvre. Nous venions d'être engagés pour travailler dans une scierie située sur le versant français des Pyrénées, dans une région appelée le Luchonnais, qui se trouve à quelque trois cents kilomètres de Perpignan et à une centaine de kilomètres au sud de Toulouse. C'est l'endroit le plus proche de la frontière espagnole, même si je ne connaissais pas encore toutes ces précisions, ainsi que j'avais commis l'erreur de le dire au gars qui se trouvait derrière moi.

« Camarade. »

La première fois qu'il m'avait appelé, je n'avais même pas bougé. Ce n'étaient plus les soldats sénégalais qui nous surveillaient à l'usine – ces hommes qui s'étaient juste retrouvés à Argelès-sur-Mer pour gagner de l'argent n'avaient pas la moindre animosité envers nous, ils s'étaient simplement sentis stimulés par une fierté de nanti lorsqu'on leur avait remis des armes pour s'en servir contre des hommes blancs. À Perpignan en revanche, nos gardiens étaient des civils armés, des volontaires au service du gouvernement vichyste, la version française des phalangistes et des requetés que nous avions combattus en Espagne. Ces fils de pute, qui étaient là de leur propre chef et n'avaient pas besoin de chercher de raisons pour s'amuser, nous avaient donné l'ordre de demeurer silencieux. Celui qui se trouvait derrière avait dû entendre le gars aussi bien que moi, mais ce dernier avait tout de même fait pssst entre ses lèvres pour attirer mon attention avant de m'appeler à nouveau.

« Hé, camarade ! » Et lorsqu'il s'était aperçu que je restais muet, il m'avait donné un petit coup sur l'épaule.

Les vichystes étaient en train de bavarder en tête de file, environ à la distance d'une dizaine d'hommes. Lorsque l'un d'entre eux s'était baissé pour allumer une cigarette avec le briquet d'un autre, je m'étais finalement tourné pour apercevoir à la lueur des faisceaux de lumière qui illuminaient l'usine, comme si c'était une prison, un garçon au visage couvert de grains de beauté aussi gros que des boutons.

« Eh ben, dis donc, j'ai cru que tu t'étais endormi. » Il avait des cheveux étranges, moitié orange tirant vers le marron et moitié marron tirant vers l'orange. À son accent, j'ai d'abord cru qu'il était originaire des Asturies. « Tu sais où on nous conduit ?

— Non », lui avais-je répondu et je m'étais à nouveau tourné vers l'avant, sans imaginer le monstrueux mécanisme qu'un seul monosyllabe venait de mettre en route. « Non.

— Mais tu crois que ce sera une usine du même genre, ou plutôt une carrière ? C'est peut-être une mine, j'ai entendu dire que c'était possible aussi. Moi ça m'est égal parce que je suis habitué, je suis de Fabero, tu sais ? Un petit village qui se trouve près de León, à la limite des Asturies, au pays du Bierzo… » Le gardien qui était en train de fumer avait commencé à marcher dans notre direction, la mitraillette à la main, mais le silence n'avait duré que le temps pour lui de s'éloigner à nouveau de trois pas. « C'est une région entièrement minière. Bon, tu dois t'en douter, car l'entreprise qui exploite les mines de mon village est très connue, elle s'appelle *Antracitas de Fabero*. À Madrid, sur la Gran Vía, il y a un grand panneau où est inscrit son nom, car les bureaux se trouvent là-bas, bien sûr, même si... » Le gardien était revenu près de nous pour offrir un bref repos à mes oreilles. « Ceux qui travaillent dans ces bureaux n'ont jamais mis les pieds dans mon village de toute leur vie. À Fabero, on ne les connaît même pas, mais ils doivent vivre très largement du charbon, car ils se sont arrangés pour qu'il n'y ait pas d'autre travail là-bas à part la mine, pas d'agriculture, pas de troupeaux, rien... » L'homme à la mitraillette avait décidé que sa ronde était terminée et j'avais à nouveau tourné la tête en direction du bavard. « Mes deux grands-pères et mon père et...

— Vas-tu te taire une bonne fois pour toutes, merde ? »

Je m'étais dit que ma voix, même en murmurant, traduirait parfaitement à quel point il était en train de m'énerver, mais il était tellement sur sa lancée qu'il ne s'était aperçu de rien.

« Oui, je voulais juste dire que ça me serait égal d'aller travailler dans une mine, car je viens d'une famille de mineurs. Mes deux grands-pères et mon père et mon frère aîné sont mineurs, tu sais ? Et moi, je suis descendu souvent au fond du puits lorsque j'étais enfant, car même si le règlement l'interdit, eh bien...

— Mais ferme-la à la fin ! » Cette fois, c'est Comprentu qui s'était retourné, et m'avait écarté d'un revers de main, afin de bien voir de qui il s'agissait. « À ce train-là, ce ne sera ni une mine ni rien du tout, comprends-tu ? Avant d'arriver où que ce soit, on nous aura tous abattus par ta faute.

— Il ne faut pas exagérer, il n'y a pas de quoi se mettre dans un état pareil. Je voulais juste dire que... » Par bonheur, le moteur du petit camion qui venait nous chercher lui avait cloué le bec.

Ce n'était pas un véhicule militaire, mais un petit camion avec la plateforme arrière vide et découverte, et sur les côtés, des écriteaux avec le dessin d'une scierie. Les gardiens nous avaient fait monter en file indienne et une fois que nous nous étions tous assis au sol, ils s'étaient contentés de fermer la ridelle et de taper sur la cabine afin que le chauffeur démarre. Pendant les trois ans que j'avais vécu en France, c'était la première fois que je ne me trouvais pas sous la menace d'un canon de fusil, mais mon compagnon ne m'avait même pas donné le loisir de penser à quoi l'on devait ce surprenant manque de surveillance.

« Même s'ils savaient que le règlement l'interdit... » Il avait repris son discours à l'endroit exact où il l'avait laissé, avec une facilité étonnante. « Ils utilisaient les enfants comme nous pour exploiter les galeries récemment percées, pour qu'on leur dise si...

— Putain ! » avais-je entendu à ma gauche. « Je ne te raconte pas le voyage qui nous attend, comprends-tu ?

— Écoute bien ce que je vais te dire ! » Et il avait à ce point raison que, lorsque je l'avais entendu, je m'étais déjà tourné vers le bavard et l'avais empoigné par la chemise. « Moi aussi je suis des Asturies, vois-tu ? Je suis né dans un village de l'intérieur qui s'appelle Gera, qui fait partie de la commune de Tineo, mais j'ai été élevé à Mieres. Et tu sais pour quelle raison ? » Il allait commencer à répondre à ma question, mais je ne lui en avais pas laissé le temps. « Eh bien parce qu'avant de mourir écrasé dans l'effondrement d'une galerie, mon père était mineur, tu te rends compte ! Et tu sais quel est mon métier ? » Il allait commencer à répondre, mais à nouveau en vain. « Eh bien mineur, comme mon père, alors j'en ai marre de descendre dans une mine de charbon et je n'ai absolument pas besoin qu'on me dise à quoi ça ressemble, ni comment on utilise les enfants afin d'exploiter les galeries fraîchement ouvertes et de détecter les fuites de grisou, car étant donné que leur corps est si menu, ils arrivent à passer dans les boyaux trop étroits pour le corps d'un homme, et ainsi les contremaîtres épargnent les heures de travail nécessaires aux piqueurs pour ouvrir une brèche plus importante. » J'avais parlé aussi vite que lui, et c'est sans doute pour cette raison qu'il avait respecté la pause qui m'avait permis de reprendre ma respiration. « Je sais tout, tu as compris cette fois ? Alors si tu peux te taire, je te remercie beaucoup.

— De rien, était-il parvenu à dire, avant de se corriger aussitôt. Non, pas de problème, je me tais. »

Le camion était sorti de la zone industrielle où se trouvait l'usine que nous venions de quitter et avait débouché sur une route secondaire sans la moindre lumière. J'avais très vite senti que quelqu'un commençait à bouger, même si l'obscurité ne m'avait pas permis de l'identifier. Lorsqu'il s'était approché de nous, j'avais reconnu dans son murmure la voix qui m'avait rappelé que les anchois étaient excellents.

« Prends ma place, Bocas », avait-il demandé à l'homme le plus bavard que n'ait jamais mis au monde une femme de Fabero, et en s'asseyant, la clarté qui avait à peine commencé à déchirer le voile épais et noir d'une nuit sans lune m'avait permis d'apercevoir sa main tendue vers moi. « Salut, on m'appelle El Sacristán. Toi, c'est El Gaitero, n'est-ce pas ?

— Oui, avais-je confirmé en prenant sa main. Et celui-ci s'appelle... »

Mais il ne m'avait pas laissé le temps de finir la phrase. « Tu t'appelles : Comprentu. N'est-ce pas ? Je t'ai reconnu. » Chez toi, c'est un tic « Comprends-tu, comprends-tu... », allait-il plaisanter, mais il s'était arrêté à temps. « Bon, je t'ai reconnu, c'est tout. »

Puis il nous avait expliqué où nous allions : une exploitation forestière qui appartenait à une entreprise franco-espagnole dont les associés étaient communistes. Quelqu'un était déjà en poste là-bas et nous avait recommandé pour un travail qui devait nous conduire à rejoindre un groupe de guérilla en train de se former et dont le but était de harceler l'arrière-garde allemande.

« Alors n'allez pas essayer de sauter du camion, nous avait-il conseillé, car, à part le boucan, nous allons être très bien là-bas, entre camarades », et il s'était accroupi pour avancer jusqu'à l'extrémité de la plateforme. « Je vais en parler à ces gars, là-bas... » Puis il s'était tourné pour nous regarder. « Je crois que vous avez déjà fait la connaissance de Bocas.

— Effectivement. Et ensuite ça va être le tour de se moquer de mon surnom à moi, comprends-tu ?

— C'est un brave garçon. » El Sacristán souriait. « Le seul problème, c'est que lorsqu'il devient nerveux, il parle beaucoup, et quand il ne l'est pas... c'est du pareil au même. »

Lorsque celui-ci s'était retrouvé à nouveau assis à ma droite, il était toujours muet, le front posé sur ses genoux, les jambes repliées et les bras autour comme pour se protéger de nous. Tandis que je devinais ses joues rouges de honte, je m'étais aperçu qu'il était extrêmement jeune, dix-huit ans à peu près, peut-être même pas, un grand enfant qui n'avait pas fini sa croissance. Même recroquevillé comme il l'était, il avait des jambes d'échassier, d'une longueur disproportionnée par rapport à son tronc très court, aplati, avec une taille qui lui arrivait presque sous les aisselles. En revanche, ses bras étaient très longs, avec une paire d'immenses et larges mains, des mains d'homme, suspendues à chacun de ses poignets. Dès le début, cela avait attiré mon attention. Puis je m'étais rappelé de moi et de ma mère, de son découragement quand elle sortait sa mallette à ouvrage, chaque fois que je rentrais du séminaire pour les vacances. Mon fils, me disait-elle, tu ressembles à une cigogne, je me demande ce que je vais bien pouvoir faire de toi, il n'y a pas un pantalon qui reste à ta taille plus de trois mois…

« Bocas. » Il avait levé la tête, m'avait regardé puis l'avait à nouveau cachée. « Dis-moi, Bocas… » Et j'avais dû lui donner un coup de coude pour qu'il me regarde une nouvelle fois. « Je suis désolé pour tout à l'heure. D'accord ? Excuse-moi. »

Le jour où nous avions fait la connaissance de Miguel Silva Macías, dit El Bocas, celui-ci venait d'avoir à peine dix-sept ans. Il était aussi grand que moi et mesurait un centimètre de moins que Sacristán. Pendant les deux années où nous avons séjourné à Bagnères, il avait fait une dernière poussée et dépassé Comprentu, qui était l'officier le plus grand de l'UNE dans notre secteur, mais sa stature n'avait pas réussi à modifier l'amitié qui s'était installée entre nous, ce jour-là.

El Bocas était seul au monde. Son père et son frère aîné étaient morts à notre guerre, le premier fusillé, le second au combat, et sa mère les avait suivis peu de temps après, ce même été 1936. Personne ne s'était rendu à son enterrement, car à ce moment-là son cadet était déjà dans le maquis et Miguel, qui avec ses onze ans était le dernier de la famille, se trouvait aux Asturies avec ses parrains – une parentèle lointaine sans enfant qui l'emmenait tous les ans à la plage, à la mi-juillet. Il avait fui le pays en bateau avec eux, peu avant que le front Nord ne soit mis en pièces. À son arrivée en France, ses parrains l'avaient alors confié à une sorte d'hospice dans lequel les choses s'étaient bien passées au début – même s'il avait fini par perdre tout contact, en février 1939, avec les seuls adultes qui auraient pu s'occuper de lui – jusqu'à ce qu'une avalanche de réfugiés ait transformé cet internat en une enceinte bourrée de femmes et d'enfants espagnols. À la fin de 1940, bien qu'il n'ait pas encore fêté ses dix-sept ans, il avait été enrôlé dans le Service du travail obligatoire. Son dernier point de chute avait été cette usine de boulons de Perpignan où El Sacristán, mis au courant de son histoire, avait trouvé qu'il avait surmonté suffisamment d'épreuves et demandé à son contact de l'inclure à la liste des gens sollicitant sa protection. À la scierie, cependant, ce n'est pas lui, mais moi qui avais rempli le rôle de père et de mère, de tuteur et de grand frère, de maître et de nourrice, de garde du corps et de confident, pour Bocas.

« Putain, Gaitero, arrête de surprotéger le petit comme ça ! » El Lobo m'avait souvent reproché de trop le couver, avant que mes hommes ne me donnent un nouveau surnom, et même souvent par la suite. « Tu es en train de le pourrir, toute la journée suspendu à tes basques, comme un enfant aux jupes de sa mère, comme un pédé...

— Tu dis n'importe quoi, El Lobo, c'est incroyable que tu ne comprennes pas, c'est tout simplement parce que ça me fait plaisir. Il est amusant et puis je le trouve sympathique. Un point c'est tout.

— Mais le premier devoir d'un officier est d'avoir un traitement égal envers l'ensemble de ses hommes.

— Tu es bien sûr de ça ? Alors tu n'as qu'à commencer toi-même par cesser de faire tant de faveurs à Romesco. »

Car lui aussi avait un protégé, un garçon du même âge que Bocas, qu'il avait pris sous sa coupe car il était originaire de Viella, près de Seo d'Urgell où lui-même était né et avait travaillé comme maître d'école publique jusqu'au coup d'État de 1936, et qu'il ne perdait jamais de vue.

« À couvert, Romesco.

— Mais je suis...

— À couvert, je te dis ! À plat ventre tout de suite, nom de Dieu ! »

C'est exactement ce que je faisais avec Bocas, en plus de l'aimer comme le petit frère que je n'avais jamais eu. Car pour moi la guerre avait commencé en octobre 1934 ; le jour où j'ai saisi pour la première fois un fusil, il me manquait à peine deux semaines pour avoir vingt ans. Et je ne l'avais pas lâché depuis. Cela faisait trop longtemps que je faisais la guerre, trop longtemps que je souffrais, que je mangeais peu, que je dormais par terre, que j'avais peur sous la pluie et toujours trop froid ou trop chaud. C'est pour cette raison que je l'aimais, parce que pendant huit, puis neuf et même dix ans d'affilée, je n'avais vécu qu'une existence horrible, la guerre et l'exil, puis à nouveau la guerre et l'exil, et encore la guerre. El Bocas avec ses longues jambes et son visage criblé de boutons me rappelait le garçon que j'avais moi-même été lorsque j'habitais encore une maison, que je dormais dans un lit et que je mangeais des petits plats cuisinés par ma mère, avant que la guerre ne me transforme en l'homme qu'à présent lui-même devenait grâce à moi – même si en arrivant ensemble à Bagnères, la guerre était bien plus lointaine que nous l'aurions souhaité.

« N'allez pas vous faire des illusions. » El Lobo nous attendait au pied du camion pour nous détromper après nous avoir données l'accolade. « On ne va pas pouvoir faire grand-chose ici, alors… » Et il avait ouvert ses mains pour nous montrer les ampoules que le manche de la scie lui avait données, les mêmes que nous aurions avant que ne se présente l'occasion d'empoigner une arme différente. « Voilà le problème. »

Ramón Ametller Rovira, surnommé El Lobo, n'était pas le seul camarade d'Argelès-sur-Mer que nous avions retrouvé à la scierie. Avant nous, il avait déjà demandé qu'on lui envoie Román El Pasiego et Antonio El Zurdo, qui avaient eu un destin pire que le nôtre et étaient là depuis déjà deux semaines. Juanito Zafarraya, son lieutenant pendant la guerre, avait mis plus de temps à nous rejoindre, et lorsque nous l'avons retrouvé, nous étions déjà devenus amis de Pepe Sánchez Ariza, dit El Sacristán, et de Manolo González Alcántara, dit El Cabrero. Tous les six, Comprentu et moi-même, avions fondé un groupe qui allait devenir la VIIe Brigade de la IXe division des Forces françaises de l'intérieur. Mais, jusqu'au printemps 1943, nous nous étions surtout contentés d'abattre des arbres et de fabriquer du charbon de bois.

« Le plus gros problème, c'est que nous n'avons pas d'armes. » Modesto Valledor, qui possédait, avec son frère José Antonio, cette exploitation forestière du PCE, parmi d'autres, en Haute-Garonne et dans les départements limitrophes, avait organisé une réunion quelques semaines après notre arrivée pour nous expliquer la situation. « Nos agents de liaison risquent chaque jour leur vie pour en trouver. Malheureusement, elles ne nous parviennent qu'au compte-gouttes... »

C'était tellement vrai que presque un an s'était écoulé avant que Lobo, qui travaillait dans les bureaux, ne monte un après-midi dans la montagne où nous étions en train de finir d'élaguer en attendant que la sirène sonne la fin de la journée, pour nous prendre à part et nous donner des instructions à voix basse.

Le 15 mai 1943, lorsque nous nous étions levés, il faisait encore nuit. Je n'avais pas réussi à bien distinguer l'expression du visage de Comprentu au moment où il m'avait expliqué que c'était la Saint-Isidro, mais j'avais pu l'imaginer au ton de sa voix pleine de nostalgie.

« Aujourd'hui, c'est jour férié à Madrid, comprends-tu ? Ce soir, il y aura une fête, un bal et des churros, et aussi les nanas de Vallecas avec des nichons gros comme ça...

— Ne t'en fais pas, toi aussi tu vas fêter la Saint-Isidro », avais-je tenté de le rasséréner alors qu'il n'avait pas encore dégonflé les deux énormes ballons que ses mains étaient en train de dessiner en l'air, et il avait souri. Ni l'un ni l'autre ne pouvions à ce moment-là nous douter à quel point les mots que je venais de prononcer étaient prophétiques.

Ce matin-là, nous n'étions pas allés travailler à la scierie. Avant que la sirène ne sonne, nous avions saisi deux sacs de haches ébréchées et un panier en osier à deux couvercles et une anse, que nous avions découvert dans la baraque la nuit précédente, comme si nous allions pique-niquer à la campagne. À l'intérieur, il y avait un laissez-passer signé par Émile Perrier, un des associés français des Valledor, afin de justifier notre absence au campement.

« Si une patrouille vous arrête avant d'arriver au village, nous avait expliqué El Lobo, vous le lui montrez. Vous amenez les haches au forgeron, vous lui demandez de vous les affûter et vous revenez tout de suite ici, sans vous faire remarquer.

— Et si on ne nous arrête pas ?

— Si on ne vous arrête pas et que vous n'aperceviez aucun Allemand, même pas au loin… vous poursuivez votre chemin… »

Ce que nous avons vu au loin, à neuf heures pile du matin, ç'avait été les coqs en céramique vitrifiée qui couronnaient la grille de la ferme Dupechez. L'arrêt de l'autobus se trouvait juste en face et, un peu plus loin, de l'autre côté de la route, en sens opposé au nôtre, nous avons aperçu une jeune fille en train de venir vers nous. Elle était vêtue d'un chemisier blanc, d'une robe bleue et coiffée d'une large capeline en paille. Elle portait un panier en osier suspendu à son bras absolument identique au nôtre. Mais, lorsqu'elle avait été suffisamment proche pour apercevoir les sacs sur notre dos, elle s'était arrêtée, avait retiré son chapeau de sa main droite, l'avait posé sur le panier et avait secoué sa tête pour libérer une cascade de boucles brunes qui lui étaient descendues presque jusqu'à la taille. Après s'être recoiffée avec les doigts, elle avait ostensiblement ramassé sa chevelure en un chignon, pour s'assurer que nous observions bien son manège. Puis elle avait repris son chapeau et son panier pour continuer à marcher jusqu'à l'arrêt de l'autobus, le regard droit devant elle, sur la ligne d'horizon, comme si elle ne nous avait pas vus.

« Pas de chance », avais-je murmuré à l'adresse de Comprentu. El Lobo avait été on ne peut plus clair, si elle ne porte pas son chapeau sur la tête, c'est qu'elle n'a pas les pistolets. Puis, lorsque j'avais cherché Comprentu du regard sur ma droite, il ne s'y trouvait plus. J'avais dû revenir en arrière pour le rejoindre à quelques mètres, immobile comme un arbre fraîchement planté, en train de regarder, bouche bée, dans la seule direction vers laquelle il n'aurait pas dû regarder.

« Qui est cette fille ? » m'avait-il demandé sans détourner la tête, comme s'il avait le cou tordu, ou comme si une corde invisible tirait dessus depuis l'autre côté de la route.

« Je n'en sais rien ! lui avais-je répondu en lui prenant le menton pour l'obliger à regarder devant lui. Allons-y... »

Mais même si j'avais réussi à le faire avancer, il n'était pas parvenu à regarder droit devant lui pendant plus d'une seconde.

« Ne la regarde pas, lui avais-je dit, en serrant les dents avec la même vigueur que je l'aurais écrasé si j'avais pu. Tu es idiot ou quoi ?

— Non... » Son accent était à présent aussi souriant que si nous nous étions tous les deux retrouvés dans une de ces fêtes qu'il aimait tant. « C'est parce qu'elle me plaît beaucoup, comprends-tu ?

— Eh bien si elle te plaît, ne la regarde pas, bordel ! » Et je lui avais donné un coup derrière la tête pour le faire réagir une bonne fois pour toutes. « Tu ne sais donc pas ce qu'elle porte dans son panier ? »

Il avait enfin tourné son regard vers moi en fronçant soudain ses sourcils, les joues étrangement rouges.

« C'est vrai, avait-il reconnu. Tu as raison, comprends-tu ? »

Pourtant, il l'avait regardée encore une fois, tout en faisant semblant d'attacher les lacets de ses chaussures, au bout d'un virage. Lorsque l'autobus qui allait en direction du village était passé à côté de nous, nous l'avions aperçue de nouveau. Elle était debout, au milieu du véhicule, accrochée à la barre, et regardait dans notre direction. Elle s'était aperçue de tout, car tandis que Comprentu levait la tête vers elle, elle lui avait adressé un large sourire.

Le village était bourré d'Allemands, mais en permission et pratiquement tous soûls. Nous avions fait plusieurs tours pour éviter les bordels, les cafés, les tavernes sans avoir eu à montrer le laissez-passer. Mais entre ces détours et le temps qu'avait mis le forgeron, il était si tard lorsque nous avions regagné le campement que Lobo était déjà au courant de l'échec de la remise des pistolets. Trois semaines plus tard, il nous annonçait qu'il allait tenter une nouvelle fois l'opération.

« On va faire ça à un arrêt différent, loin du village, à cinq kilomètres d'ici à peu près, mais ce serait peut-être mieux que d'autres que vous y aillent, parce que...

— C'est la même fille ?

— Bien entendu. C'est elle qui récupère toujours les pistolets.

— Alors c'est nous qui devons y aller, comprends-tu ?

— Mais c'est dangereux, parce que…

— Absolument pas ! » Il avait fait non de la tête avec une telle véhémence qu'on aurait dit que son cou s'était désarticulé. « On n'a montré le laissez-passer à personne, comprends-tu ? Personne n'a vu notre visage, ni quoi que ce soit… On va y aller, car on la connaît déjà, et c'est beaucoup mieux ainsi. » El Lobo n'avait pas paru très convaincu, mais Comprentu avait été plus rapide que lui. « L'autre jour il y avait deux autres filles qu'elle à l'arrêt, comprends-tu ? Et toutes les trois étaient habillées à peu près de la même façon. Il ne manquerait plus que demain il y ait une autre fille portant un chapeau… si on envoie quelqu'un d'autre, il risque de faire une bêtise. »

Et sans ajouter un mot, il s'était levé, avait secoué la poussière de son pantalon, et s'était mis à marcher de façon on ne peut plus décidée.

« Mais où vas-tu à présent ? » lui avais-je demandé. Il n'avait pas pris la peine de me répondre, et lorsque El Lobo m'avait demandé ce qui lui arrivait, je lui avais répondu que je ne savais pas très bien, mais que je ne l'avais jamais vu dans cet état-là. Je n'avais pas vu non plus deux autres filles ressemblant à notre agent de liaison, à cet arrêt d'autobus, mais ça je n'avais pas jugé bon de le lui dire.

Le 10 novembre 1936, j'étais certain que j'allais mourir. J'étais resté seul dans un coin du troisième étage de l'hôpital de Madrid, et j'étais sur le point de me trouver à court de munitions, après avoir utilisé celles des cadavres qui se trouvaient autour de moi. À ce moment-là, le seul front qui existait pour moi était celui de ce couloir. Les chambres du côté pair étaient les nôtres et celles du côté impair appartenaient à l'ennemi. Moi, je me trouvais seul d'un côté et il y avait au moins trois tireurs, de l'autre côté. Ce n'était pas la première fois que j'avais cru mourir, mais jamais je n'avais flirté d'aussi près avec la mort. J'avais déjà eu le temps de faire mes adieux au monde, de penser à ma mère, à mes sœurs et aux décisions que j'avais prises tout au long de l'été où j'avais décidé de m'engager volontairement à

Tolède, lorsque le gouvernement avait demandé des mineurs asturiens pour dynamiter l'Alcazar. Voilà le chemin qui m'avait conduit à mourir à Madrid, une ville dont je ne connaissais encore rien si ce n'est cet hôpital où se dirigeait le premier camion dans lequel j'avais pu prendre place deux jours auparavant alors que j'arrivais à pied d'Aranjuez. Cet hôpital où j'étais en train de lutter depuis plus de trente-six heures, d'abord pour la République et ensuite pour ma propre peau. J'avais donc déjà eu le temps de me résoudre de ne pas regretter les décisions que j'avais prises, lorsque j'avais pour la première fois entendu sa voix.

« Tiens bon, mon gars ! Comprends-tu ? » Et avant que je n'ai eu le temps de me demander ce que je devais comprendre, j'avais vu tomber l'Arabe qui était en train de me canarder depuis la porte de la chambre 311. « Tiens bon, mon gars, j'arrive ! »

Ce qui avait en premier attiré mon attention chez lui, y compris avant la question qu'il répétait à toutes les phrases, c'est qu'il visait extrêmement bien malgré des lunettes horriblement sales. Et en plus, ce matin-là, il les avait cassées, et il ne cessait de les retirer pour les réparer avec un rouleau de sparadrap récupéré au passage dans une salle de soins. À part ça, il était très grand, très mince, encore plus dégingandé que moi, et il avait les cheveux frisés, de mini tire-bouchons tout tortillés, qui lui retombaient sans arrêt sur le front. D'autres individus m'avaient sauvé la vie avant ce jour-là, mais je n'avais trouvé personne aussi bien que lui. Jamais je ne m'étais entendu si bien qu'avec ce garçon qui avait le même âge que moi, vingt-deux ans, et semblait lire dans mes pensées. Lorsque les gens de chez nous avaient réussi à sécuriser le secteur qui allait de notre position jusqu'aux escaliers, nous avions déjà liquidé en un tournemain les trois gars qui étaient en face de nous, et la relève nous avait retrouvés tranquillement en train de fumer une cigarette. Il m'avait raconté qu'il était originaire de Vicálvaro, qu'il était à Madrid depuis à peine une semaine, et qu'il s'était installé au Retiro dans un grand appartement avec des balcons, que les propriétaires avaient abandonné avant le 18 juillet. C'est la concierge qui lui avait donné le renseignement, car elle était de son village. Et lorsque je lui avais dit que je ne savais même pas où dormir, il m'avait répondu qu'il avait trop de deux cents mètres carrés pour lui tout seul et de toutes ces chambres. C'est ainsi que nous étions devenus amis, et depuis le jour où il m'avait sauvé la vie, jusqu'au jour où il était tombé amoureux d'une fille avec un panier en osier et un chapeau, nous ne nous étions pratiquement plus quittés.

« Merde alors, Comprentu ! » Lorsque je m'étais réveillé, au matin de la deuxième livraison de pistolets, il ne se trouvait plus dans la baraque. En le voyant soudain passer la porte, j'avais vraiment eu du mal à le reconnaître, car il s'était rasé, coupé les cheveux et avait passé une chemise fraîchement lavée qui dégouttait encore. « À côté de toi, je vais avoir l'air d'un mendiant.

— C'est tout à fait l'impression que je cherche à donner, comprends-tu ?

— Je ne suis pas certain que Lobo soit du même avis que toi. »

Mais il avait déjà saisi les sacs et souriait en silence.

« Je me suis demandé... » Nous avions déjà marché plus d'un kilomètre lorsqu'il s'était remis à parler. « Cette fille, comprends-tu ? Tu crois qu'elle est française ou espagnole ?

— Je n'en sais rien. » En vérité, je ne trouvais pas qu'il y avait de quoi en faire un plat et je ne l'avais même pas bien regardée. « À son allure, elle a plutôt l'air espagnole, mais ça ne veut pas dire grand-chose.

— Hum... » Il avait paru s'abîmer à nouveau dans ses pensées, mais il avait réagi tout de suite après. « Je préférerais qu'elle soit espagnole, comprends-tu ? Bien que cela me soit égal, comprends-tu ? Mais nous n'allons pas avoir le temps de beaucoup parler et...

— Vous n'allez pas avoir le temps de quoi ? »

À ce moment-là, c'est moi qui étais resté paralysé par la perplexité, au beau milieu de la route. Et c'est lui qui s'était retourné pour m'observer d'un air fort étonné :

« De parler...

— Écoute-moi bien, Sebastián... » On n'utilisait nos véritables prénoms qu'en cas d'extrême urgence mais, pour dissiper le moindre doute, je m'étais dirigé vers lui. Je l'avais saisi par les bras et secoué pour éviter de le frapper. « Comme il me semble que tu n'as pas compris où nous étions, ni ce qui se passe vraiment, ni ce que nous allons faire, je vais te l'expliquer. Ici, nous sommes en France. Tu vois ce que je veux dire ? C'est un pays occupé par les nazis. Toi et moi, nous sommes deux prisonniers espagnols, c'est-à-dire de la merde, c'est clair ? Cette fille est probablement une réfugiée espagnole. Sa vie a autant de valeur que les nôtres. Autrement dit, c'est une merde de plus. Et elle va risquer sa peau, ou plutôt elle la risque déjà, pour nous livrer des pistolets. Alors je vais te dire : personne ne va parler avec elle, compris ? Ni toi ni moi ni personne ! » Je m'étais arrêté là, car j'avais compris qu'il se moquait bien de ce que je pouvais dire. Il faisait toutes sortes de mimiques avec ses lèvres pour se retenir d'éclater de rire. « Je te jure que si tu te comportes dangereusement, je pioche un pistolet dans le panier et je t'aligne en moins de deux.

— Bon, on verra bien, comprends-tu ? »

Ce jour-là, aucune fête n'était prévue à Madrid, mais saint Isidro devait certainement se sentir en dette envers nous, car tout s'était bien passé. Par miracle. À l'heure convenue, nous avions vu arriver la même fille – même chemisier, même robe, à nouveau même panier en osier – marchant en sens inverse le long de la route, pour atteindre un arrêt d'autobus où l'on pouvait apercevoir une dame âgée en train de somnoler contre un pylône, et deux gamins de douze ans environs, guère plus réveillés qu'elle. Elle avait posé son panier par terre, mais sans retirer son chapeau cette fois et, au bout d'un moment, nous avons traversé la route, sommes arrivés à l'arrêt et nous sommes plantés à ses côtés. Comprentu s'était arrangé pour se coller à elle, puis il n'avait plus bougé. La tête droite, il regardait devant lui, une minute, une deuxième, et une troisième. Heureusement, m'étais-je dit. Je commençais à croire que mes remontrances avaient servi à quelque chose, lorsque je m'étais aperçu qu'il tournait la tête avec une expression complètement illuminée vers le visage de la jeune femme. Une minute plus tard, il fermait les yeux et lui souriait. Je m'étais alors éloigné de lui de plusieurs pas, m'étais étiré et avais bâillé. Puis je m'étais penché à droite comme pour guetter un autobus qui ne venait pas, et en regardant à nouveau derrière moi, je les avais vus se tripoter, en se tenant très droits, très sérieux, comme si les doigts qui se touchaient, qui montaient et descendaient pour se caresser mutuellement, ne leur appartenaient pas. J'avais repris ma position initiale, à la gauche de Comprentu puis, de rage, replié ma langue à l'intérieur de ma bouche pour y planter mes dents. Cela aurait dû suffire pour que mon ami s'aperçoive à quel point j'étais en colère, mais je n'avais pas résisté à la tentation de jurer dans un murmure.

« Bordel de Dieu de merde... »

Ni l'un ni l'autre ne s'était tourné vers moi, mais je m'étais aperçu que Comprentu avait esquissé un petit sourire en m'entendant jurer. Je n'avais cependant pas eu le temps de me mettre en colère une nouvelle fois, car j'avais soudain vu s'approcher au loin l'autobus.

Les enfants s'étaient avancés pour monter avant tout le monde et la dame qui somnolait s'était placée derrière eux. La fille avait attrapé notre panier tandis qu'elle poussait le sien vers nous du bout du pied, puis elle s'était approchée de la porte et, tandis qu'elle attendait que la vieille dame trouve l'appoint pour payer son billet, comme si elle savait déjà que Comprentu était tombé amoureux d'elle, elle avait retiré son chapeau, secoué la tête, l'avait regardé à nouveau et lui avait souri. Il avait suivi l'autobus des yeux jusqu'à le perdre de vue, puis il s'était tourné vers moi.

« Tu m'as demandé de ne pas parler et je n'ai pas ouvert la bouche, comprends-tu ? »

Il avait éclaté de rire et je crois que je ne l'avais jamais vu aussi euphorique, alors j'avais ri avec lui. Au bout du compte, nous avions récupéré les pistolets, quatre Luger allemands tout neufs, les premiers que nous avions réussi à obtenir ; c'était important, même si Comprentu était préoccupé par bien autre chose.

« Tu crois qu'elle est française ? » m'avait-il demandé sur le chemin du retour, puis le lendemain, puis tous les jours, plusieurs fois, pendant plus de trois semaines. « Parce que si elle était espagnole, lorsque tu as juré, elle a bien dû rigoler, comprends-tu ? Cela dit, tu as murmuré si doucement qu'elle n'a peut-être pas saisi.

— Et elle était d'où cette fille, Comprentu ? » se moquait Sacristán.

— Elle était française, non ? poursuivait El Cabrero. Ou alors elle était de Cartagène ? Je n'ai pas bien compris.

— Ce ne serait pas ma cousine Conchita, par hasard, car d'après la description...

— Allez vous faire foutre. » Et Comprentu se retournait comme si une guêpe l'avait piqué. « Tous les deux ensemble, comprenez-vous ?

— Vous n'avez vraiment pas la moindre sensibilité ! » Zafarraya se montrait faussement compréhensif. « Vous voyez bien qu'il est éperdument amoureux ! »

C'était ce qu'il supportait le moins. En entendant cela, il se levait d'un bond, secouait la poussière de son pantalon, comme s'il avait l'intention de ne plus se rasseoir de toute sa vie, et commençait à marcher, moins digne qu'indigné, sans se retourner. Mais il ne se passait pas deux minutes avant qu'il ne revienne vers nous, pour continuer à se poser des questions à haute voix et nous demander ce que nous pensions, sans pouvoir nous fournir autre chose qu'une vague description qui pouvait correspondre à la cousine de Sacristán, mais aussi à des millions d'autres jeunes filles, de toutes nationalités et de partout dans le monde. Elle était plutôt petite, les cheveux châtain foncé, menue, avec des yeux noirs et des cheveux longs, bouclés, et des dents très blanches... Et puis, un jour, elle avait en personne mis fin à son obsession.

« Comprentu ! » avais-je crié le jour où elle s'était présentée dans la clairière où nous étions en train de scier des troncs d'arbre. « Où es-tu ?...

— Je suis ici ! » avait-il répondu, alors que ce matin-là il était en train de faire du charbon de bois un peu plus haut. « Ici...

— La fille est espagnole, elle est andalouse, elle vient de Pozoblanco, et elle s'appelle Angelita.

— Ah, bon ? » Et une tête toute noire était apparue au-dessus d'une montagne de scories fumantes. « Et comment est-ce que tu sais tout ça ?

— Parce qu'elle vient de me le dire elle-même. Elle est ici.

— Ne te fous pas de moi ! » Et j'avais souri en repensant au soin qu'il avait mis pour se couper les cheveux, se raser et se laver la chemise quelques jours auparavant. « Bon, alors dis-lui d'attendre un moment, comprends-tu ? Je vais aller me débarbouiller le visage au moins… »

Angelita travaillait tout près de la scierie, dans une ferme qui appartenait aux parents d'Émile Perrier et dans des conditions assez proches des nôtres, car elle avait été réclamée par le Parti, alors qu'elle se trouvait dans une usine où elle avait atterri après être passée par un camp de femmes. Elle avait malgré tout bien plus de liberté de mouvements que nous, car Mme Perrier, en plus d'être une camarade, était âgée et ne sortait pratiquement plus de chez elle. C'est Angelita qui allait lui faire les courses au village et qui se rendait dans les bureaux de l'entreprise chaque fois que les parents d'Émile voulaient lui transmettre un message en évitant d'utiliser le téléphone. C'est ainsi qu'elle était venue à la scierie ce matin-là, et elle n'avait pas eu besoin de demander plusieurs fois où se trouvait un garçon très grand, les cheveux frisés, le nez aquilin et les lunettes très sales, car il n'y avait personne d'autre qui ressemblait à cela dans le coin.

À partir de ce moment-là, Comprentu et Angelita avaient décidé de risquer leur vie deux fois plus que les autres, de jour mais aussi de nuit. Tous les après-midi, quelques minutes avant que la sirène ne retentisse, il grimpait sur un tas de rochers d'où l'on pouvait voir la ferme des Perrier et examinait attentivement la cour de derrière. Angelita programmait leurs rencontres en utilisant un code particulier de vêtements étendus d'un côté ou de l'autre du poteau qui se trouvait là. Et Comprentu découvrait à travers la position des draps, des robes et des chaussettes, l'heure et le lieu où elle irait l'attendre ou pas ce soir-là.

« Fernando… »

S'il avait eu de la chance, il répétait mon vrai prénom dans un murmure, en me secouant doucement, jusqu'à ce que j'ouvre les yeux. La première fois que je m'étais réveillé et que j'avais découvert sa paillasse vide à côté de moi, je lui avais dit que, s'il devait se passer quelque chose, je préférais savoir où il se trouvait. Même si officiellement, pour les forces allemandes d'occupation, nous étions des travailleurs prisonniers, nous pouvions circuler librement à l'intérieur du campement, car il n'y avait pas de gardiens circulant parmi les baraques. Cependant, l'enceinte était entourée de barbelés et des hommes armés étaient postés à chaque entrée, dont la véritable mission ne consistait pas à nous interdire de sortir mais plutôt à nous protéger de toute intrusion extérieure. La plupart d'entre nous avions intégré ce camp en qualité de membres d'une Compagnie de travailleurs étrangers, mais il y avait de nombreux illégaux, des soldats républicains, communistes ou pas, qui s'étaient enfuis des camps ou des usines, et qui ne possédaient pas de titre de séjour pour résider dans la scierie. C'était la seule raison pour laquelle l'enceinte était surveillée et, de temps en temps, nous réalisions un exercice d'alerte pendant lequel nous nous tordions littéralement de rire.

Lorsque c'était le tour de garde de quelqu'un que nous connaissions, Comprentu entrait et sortait sans problème de l'enceinte. Lorsque ce n'était pas le cas, il se privait de fumer pendant une bonne semaine, mais il n'avait jamais manqué un rendez-vous. Je le sais, car je n'arrivais pas à me rendormir avant son retour. Puis sans même me donner le temps de réagir, cette espèce de salopard s'endormait immédiatement. Le lendemain matin, on aurait dit que ce n'était pas lui qui avait fait la fête, car il se levait frais comme un gardon et attaquait les troncs comme si c'étaient de simples roseaux, tandis que moi, je gravissais la côte en traînant des pieds et en bâillant à m'en décrocher la mâchoire.

« Ce qu'est en train de faire ton cher ami est très dangereux, me reprochait El Lobo.

— Je sais... » Et, tout en lui donnant raison, j'évitais de le regarder en face. « Je sais...

— Je ne le dis pas seulement pour lui, je le dis aussi pour elle.

— Je sais...

— Un de ces quatre matins, il va arriver un malheur.

— Je sais...

— Ça n'a aucun sens de risquer sa vie de cette façon.

— Tu en es bien sûr ? » Jusqu'à ce qu'un matin El Zurdo se fût mêlé à cette conversation à laquelle personne ne l'avait convié. « À quoi sert la vie alors, d'après toi ? »

Moi, j'étais de l'avis de Comprentu, El Zurdo était de l'avis de Comprentu, nous étions tous de son avis et du côté de cet amour extrêmement risqué qui fleurissait au milieu du désert désolé et râpeux d'une interminable déroute, comme une espèce de garantie que la vie suivait cependant son cours, que l'avenir suivait son cours quelque part, tandis que Comprentu et Angelita continuaient de se retrouver en pleine nuit, dans les bois, tandis qu'ils s'arrangeaient pour être heureux sans nous, mais aussi pour nous. Je me fous de leur romantisme ! protestait El Lobo et il avait sans doute raison. Nous étions tous en train d'enfreindre les règles, Angelita et Comprentu les premiers, qui sortaient de leur chambre pendant la nuit, ensuite El Lobo qui acceptait la situation, et puis nous qui les protégions. Nous avions fourni de grands efforts pour tisser un fragile réseau, et il est sûr que la faiblesse d'un seul des maillons pouvait mettre à mal l'ensemble de la structure. Mais il en était ainsi, nous en étions tous conscients et préférions savoir que leurs baisers existaient toujours. Ils étaient devenus plus importants que la nourriture.

À ce moment-là, Angelita, le cordon ombilical du Parti du dehors et du Parti du dedans, était bien plus utile pour l'organisation que nous pouvions l'être tous ensemble réunis. Elle, du haut de ses vingt-quatre ans, avec son petit air de jeune fille espagnole sans signes particuliers, était la coordinatrice des comités des entreprises de la zone, celle qui faisait embaucher les illégaux dans les scieries, celle qui nous fournissait les armes volées aux Allemands, celle qui retranscrivait les émissions de la BBC et qui déchiffrait les messages, pour nous prévenir des parachutages d'armement alliés destinés à l'Armée secrète de Charles de Gaulle qui ne se doutait pas que nous serions là avant lui pour récupérer le matériel. Lorsque nous réussissions à intercepter les armes, ou même en cas d'échec, elle était toujours près de nous, dans la clairière, au milieu des bois, en train de prendre des risques inutiles. En apercevant Comprentu, elle jaillissait de derrière le buisson où elle s'était cachée, lui souriait et faisait toutes sortes de gamineries, comme si c'était encore une enfant. Il la voyait se balancer, rectifier la position de la petite ceinture de sa robe ou arranger sa frange sur son front. Et, qu'il tombe des fusils du ciel ou pas, Comprentu allait droit vers elle, la prenait dans ses bras et, après l'avoir regardée un instant comme s'il ne l'avait jamais vue, il l'embrassait sur la bouche pour que nous aussi puissions sourire en même temps qu'eux, comme si nous venions juste de nous rappeler que nous avions également des lèvres, une langue et des dents. Pendant ce temps, El Lobo marmonnait sa monotone litanie, ennuyeuse et usée comme un chapelet de vieille bigote, je vais vous exclure du Parti, je vais vous exclure, je vais vous exclure du Parti, on va m'exclure moi-même, ça c'est sûr, et ce sera bien fait pour moi, mais avant ça, je vais tous vous exclure, tout le monde va y passer, vous entendez ? Tout le monde…

On ne le prenait jamais au sérieux. Si l'on devait me donner une peseta pour toutes les fois où tu m'as dit que tu allais m'exclure du Parti, Lobo, je serais l'homme le plus riche de la province de Grenade, lui disait souvent Zafarraya, qui était son meilleur ami et le seul qui osait se moquer ouvertement de lui. Et même si on ne m'avait donné que deux pièces d'un réal, eh bien je t'assure que je me serais déjà acheté une villa dans le quartier de l'Albaicín, avec de grands cyprès et des massifs et des fontaines… C'est la vérité, même si en fin de compte, El Lobo avait eu raison. Car Comprentu nous avait mis dans un gros pétrin au moment où l'on s'y attendait le moins, alors que nous étions déjà dans la montagne, engagés dans la guerre jusqu'au cou.

« Je vais descendre, comprends-tu ? »

Bientôt, ce serait à nouveau la Saint-Isidro, mais en 1944 nous n'habitions plus à la scierie, où d'autres travailleurs illégaux coupaient des troncs et fabriquaient du charbon de bois après avoir emprunté les noms et les prénoms de tous ceux d'entre nous qui étions là-haut en train de mener la lutte contre les Allemands. Les grands combats n'avaient pas encore commencé, mais nous avions déjà abandonné les opérations de sabotages pour commencer la guérilla. Notre base se trouvait tout près de nos anciens baraquements, pratiquement au-dessus de la ferme des Perrier, mais lorsque Comprentu m'avait annoncé qu'il avait décidé de descendre, je lui avais répondu qu'il n'en était pas question, et je le lui avais dit le plus sérieusement du monde. À présent, c'était la guerre, et nul besoin d'être El Lobo pour craindre les conséquences de ce qui avant n'était qu'une simple bêtise. Lorsqu'il disparaissait la nuit dans la plaine, Comprentu prenait ses propres risques, mais dans la montagne et dans ces circonstances précises, la moindre imprudence de sa part pouvait nous mettre tous en danger. Cependant, lorsque je l'avais menacé de le faire arrêter pour éviter qu'il descende, il m'avait regardé, avait souri, puis il avait poursuivi la conversation comme s'il n'en croyait pas un mot. « Voilà presque deux mois que je ne descends pas, comprends-tu ? » Et à la façon dont il m'avait dit cela, j'avais compris qu'il était extrêmement inquiet. « Ce n'est pas un caprice, ce n'est pas que je ne puisse plus me retenir, ce n'est pas un coup de tête, je te le jure. Ce n'est pas ça. C'est parce qu'elle m'appelle. Voilà dix jours d'affilée qu'elle est en train de m'appeler et ce doit être parce qu'il lui est arrivé quelque chose. Elle est toute seule en bas, comprends-tu ? Il faut que j'aille la voir.

— Écoute-moi un moment, Sebastián...

— Non. » Et il avait appuyé son refus de la tête. « Si tu as l'intention de prévenir El Lobo, c'est déjà un peu tard, comprends-tu. Et sinon, il vaut mieux que tu te taises, car ce soir j'ai décidé de descendre, un point c'est tout. »

À cinq heures et demie du matin, il y avait presque deux heures qu'il était parti et moi, je n'avais plus d'estomac. J'avais les jambes en coton, et mes tripes ne tenaient pas en place, j'avais juste un creux sous le nombril, les poumons complètement bouchés par la fumée et le pire sentiment de peur que puisse ressentir un soldat, non pas la peur de mourir, mais celle d'avoir fait une erreur, celle de mourir avec un massacre sur la conscience. Lorsqu'il était réapparu, je l'avais imaginé mort plusieurs fois, gisant avec une balle dans le dos, torturé à mort et agonisant au milieu de la rue, traînant sur le sol d'un cachot avec une balle dans la tête et même guidant un détachement d'Allemands jusqu'à nous. Lorsqu'il était réapparu, j'étais déjà sur le point de réveiller El Lobo, de lui raconter ce qui s'était passé, de lui demander de me fusiller sur-le-champ, s'il voulait, mais seulement après avoir réveillé tous les autres et levé le camp. Lorsqu'il était réapparu, j'avais pensé à tout et je l'avais vu dans toutes les circonstances possibles et imaginables, sauf en proie à cette angoisse qui maltraitait ses yeux.

« Tu es un connard ! » Parce que la première chose que j'avais faite avait été de me jeter sur lui et de lui donner un grand coup de poing sur l'épaule. « Tu m'avais dit que tu ne devais pas t'attarder là-bas.

— C'est vrai. Je n'avais pas prévu ce qui s'est passé. » Ce n'est qu'à ce moment-là que j'avais remarqué son manque d'entrain, il avait perdu l'épaisse sonorité que le plaisir laissait souvent dans sa voix et ses yeux si brillants de bonheur. « Mais étant donné que plus rien n'a d'importance, comprends-tu ? De toute façon cela ne se renouvellera pas, elle est trop angoissée et trop effrayée...

— Non pas ça ! » Je l'avais saisi par les épaules, je l'avais regardé et il avait acquiescé de la tête. « Non pas ça, Comprentu... »

Amparo Gómez Ripollés, qui s'était mariée avec Ramón Ametller en 1932, un an après avoir posé comme une Marianne, avec ses courbes d'odalisque appétissante, pour l'affiche de la FÊTE où ils s'étaient connus, avait réussi à sortir des camps grâce à l'intervention de plusieurs camarades français qui avaient eu pitié de l'asthme allergique de son benjamin. Depuis, elle habitait Toulouse, avec lui et son autre fille, dans une chambre qui était déjà petite avant qu'un rideau ne la coupe en deux. Le propriétaire de la taverne où elle travaillait lui prélevait le loyer de son salaire, mais ne la traitait pas trop mal, surtout à partir du moment où il avait commencé à se douter, par chance après la bataille de Stalingrad, que pendant son temps libre elle faisait office d'agent de liaison entre le PCE et le PCF. Amparo rencontrait presque quotidiennement son contact du parti communiste français, le patron de la poissonnerie où elle se fournissait, pour chez elle et pour la taverne. Claude Renaud était un brave homme, somme toute un peu radin. Il avait son étal ouvert plus de dix heures par jour sans autre employée que sa fille Solange – qui à vingt ans était aussi politisée que son père, sinon plus. Et c'est elle qui avait en réalité résolu cette crise.

Lorsque El Lobo en avait eu assez de menacer d'exclure Comprentu du Parti et Angelita et Zafarraya de demander au premier d'arrêter de dire des âneries, Amparo avait déjà raconté à Claude Renaud, avec les nuances les plus tragiques qu'elle avait su improviser, l'impasse de cet amour clandestin et antifasciste.

« Il faut la tirer de là, Claude. Elle doit s'en aller avant qu'on s'aperçoive qu'elle est enceinte. Elle a beaucoup travaillé pour nous, elle a pris énormément de risques, elle est très courageuse. Si elle s'en va, il ne lui arrivera peut-être rien, mais on ne sait jamais… À la ferme il n'y a pas d'hommes jeunes. Si les Allemands l'arrêtent et lui posent des questions, la scierie est tout à côté et les autres gars font la guerre dans la montagne, alors tu vois ce que je veux dire… »

Tandis qu'Amparo parlait, le poissonnier se contentait d'acquiescer d'un air préoccupé, mais sa fille, que le militantisme, loin de lui ôter toute illusion, rendait toutes les nuits plus romantique, soupirait le visage dans ses mains et les yeux fermés, en imaginant une clairière, un guérillero en train de risquer sa vie par amour, deux corps nus à la lueur de la lune…

« Ce n'est pas bien difficile, avait-elle dit à son père, tu la réclames et elle n'a qu'à venir vivre ici avec Amparo et travailler avec nous.

— C'est justement cela qui n'est pas clair, avait-il expliqué, car pour moi ce n'est pas un problème de la réclamer. Au contraire, j'en serais ravi. Mais il faut tout de même justifier son permis de travail, et ici nous sommes déjà deux, alors tu comprends…

— Bon, moi, je lui cède la moitié de ma journée, et la moitié de mon salaire, bien entendu.

— Mais, Solange, je ne te paie pas, toi !

— Eh bien justement. » Et sa fille s'était levée en tenant l'affaire pour conclue. « Cela fait trop d'années que tu m'exploites, tu ne trouves pas ? Si cette fille vient m'aider, je continue à travailler comme d'habitude. Sinon, il faut que tu me verses un salaire… »

Lorsque Angelita s'était retrouvée à l'abri, à Toulouse, notre vie avait à nouveau changé de façon si radicale que même Comprentu avait cessé de penser à tout moment à elle. Le débarquement allié en Normandie avait obligé les Allemands à concentrer leurs troupes dans le nord, et ce mouvement qui avait laissé le sud relativement dégarni nous avait permis de redescendre dans la plaine pour lutter à découvert. Il ne s'agissait plus d'une guérilla, mais d'une vraie guerre, différente de celle que nous avions connue auparavant. Je ne sais pas à quel moment les autres s'en sont aperçus, mais moi, dès le 2 juillet 1944, j'avais été convaincu que cette fois nous allions parvenir à vaincre l'ennemi.

« Comprentu ! avais-je crié lorsque j'avais eu l'impression que cela faisait trop de temps qu'il était en train de parler à cet Allemand. Viens ici. »

Ce jour-là, j'avais gagné la bataille la plus importante de ma vie. Et je l'avais remportée tout seul, car l'ennemi était supérieur en nombre. Contrairement à moi, les Allemands ne savaient pas qu'ils ne combattaient pas une armée, mais une équipe de loqueteux mal équipés, mal nourris et sans uniforme, qui luttaient dans un pays étranger où ils avaient été contraints de se réfugier. Voilà qui nous étions alors. Ce que nous ne serions jamais plus après avoir libéré tout seuls un petit village proche de Bagnères, qui n'était même pas noté sur les cartes.

« Que se passe-t-il ? »

Je lui avais demandé de parlementer à ma place, après que l'officier allemand, qui portait des galons de commandant, demande à un lieutenant de le remplacer plutôt que de s'adresser directement à moi.

« Il y a un problème, comprends-tu ? » Et il avait secoué la tête, un peu découragé. « Ils refusent de se rendre.

— Quoi ? » Et je m'étais adressé à lui en parlant si fort que l'officier, qui parlait espagnol, n'avait eu d'autre solution que de me regarder. « Comment ça, ils ne veulent pas se rendre, mais on les a déjà tous désarmés ?

— Oui, on a désarmé le bataillon, mais le commandant refuse de se rendre à nous, comprends-tu ? Il dit qu'il n'acceptera de se rendre qu'aux Français.

— Et peut-on savoir pour quelle raison ?

— Parce que... » Comprentu avait jeté un coup d'œil circulaire autour de nous, il s'était aperçu que nous étions entourés de nos hommes qui nous regardaient étrangement et avait baissé la voix. « Le commandant a participé à notre guerre, comprends-tu ? C'était l'assistant d'un des conseillers de Burgos, et il dit que... » El Bocas et El Tarugo, un garçon de la Rioja de son âge, qui parlait très peu et était tout naturellement devenu son inséparable compagnon, se trouvaient si près de nous qu'il avait baissé un peu plus la voix, devenue un infime murmure. « Il dit qu'il nous a déjà vaincus.

— Ah ! Nom de Dieu ! »

J'avais reculé de quelques pas et avais planté mes dents dans ma langue repliée à l'intérieur de ma bouche. Je sentais le sang battre à l'intérieur des veines de mon cou, de mes tempes et au fond de l'orbite de mes yeux, mon cœur le pulsant à une vitesse telle que ma tête semblait sur le point d'éclater. Je m'étais tourné vers le commandant de la Wehrmacht et l'avais fixé dans les yeux. Il avait soutenu mon regard avec une arrogance un peu déplacée car, personnellement, je n'avais pas fait d'études dans quelque académie militaire que ce fût, je n'avais jamais été décoré par un ministre de la Guerre, je n'avais pas de sabre, ni d'état-major, ni de cheval pour pénétrer au galop dans une ville mais, au bout du compte, je l'avais vaincu. Avec tous ses galons, ses décorations et ses aigles de métal brillant, il s'était fait laminer par un simple bout de tissu tricolore cousu n'importe comment sur une vareuse empruntée, qui ne ressemblait même pas à celle que portaient mes hommes. El Bocas, qui n'avait jamais fait la guerre, qui ne savait pas ce qu'était une débandade, une fuite, une déroute, qui n'avait d'ailleurs pas à le savoir, me regardait avec une inquiétude qui me faisait mal, car il était devenu un soldat victorieux et ne s'en était pas encore aperçu. Et les soldats victorieux n'ont rien d'autre à faire que de parader, de se taper sur l'épaule et de choisir de se soûler jusqu'à rouler par terre ou de tenter de coucher avec la première fille qui voudra bien se laisser faire. Les soldats victorieux sont fiers comme des coqs et ne regardent pas leur chef de la façon dont il me regardait, sans oser me demander ce que nous avions fait de mal cette fois encore.

« Comprentu ! »

Cette fois nous n'avions rien fait de mal, et tout le monde, les Allemands et mes hommes, n'allaient pas manquer de s'en apercevoir bientôt.

« Les gars de la VIe brigade doivent se trouver à une vingtaine de kilomètres, comprends-tu ? On peut prévenir Ben, ou…

— On ne prévient personne. » Et, à cet instant, tout mon corps s'était relâché. « Personne, tu m'entends ? Tu vas conduire les Allemands, au bout de ton pistolet, dans une maison et tu vas les y enfermer. Ensuite, tu apporteras trois ou quatre mitrailleuses à l'école, toutes celles qui pourront tenir dans la classe sous le tableau, et tu les dissimuleras sous une bâche. Puis tu iras chercher le commandant et ses officiers et, en les menaçant de ton pistolet, sans le moindre ménagement, tu les feras tous asseoir sur les petites chaises des gamins, juste en face des mitrailleuses. Et on verra s'ils vont accepter de se rendre ou pas. C'est clair ? » Il avait hoché la tête, car il avait compris ce que je comptais faire. « El Bocas, El Tarugo et quinze ou vingt hommes de plus, ceux que tu voudras, n'auront qu'à entrer dans l'école en même temps que toi et se placer autour d'eux. Lorsque le dispositif sera prêt, tu viendras me chercher. »

À l'instant où il avait vu Comprentu se diriger vers lui avec le pistolet dégainé, le commandant allemand avait fermé les yeux. Il les avait ensuite rouverts pour me fixer, tandis que mon lieutenant faisait tourner le canon de son arme en l'air pour lui demander de se lever. En le voyant me regarder, je m'étais aperçu qu'il avait compris ce qui allait se passer, mais je n'avais même pas songé à changer de stratégie.

« Bon après-midi, commandant. » Lorsque tout avait été prêt, les mitrailleuses montées, les Allemands d'ordinaire si grands tout recroquevillés sur les chaises minuscules, mes hommes plus petits qu'eux debout, raides comme des poteaux télégraphiques, chacun à son poste, je l'avais salué en espagnol. « J'ai cru comprendre qu'il y avait un problème et il va bien falloir trouver une solution, n'est-ce pas ? »

Le lieutenant qui avait parlementé tout à l'heure avec Comprentu s'était penché en avant, dans une posture plutôt inconfortable, pour traduire ce que je disais à son chef, qui demeurait imperturbable à son pupitre, le menton fier, les lèvres ourlées dans une moue de mépris extrêmement ridicule et si disproportionnée par rapport à ses jambes toutes recroquevillées que je n'avais pu m'empêcher de lui sourire avant de poursuivre.

« Et cette solution est entre vos mains, commandant. En réalité, vous avez deux solutions. » Je les avais indiquées en tendant deux doigts de ma main droite. « La première est de vous rendre... À moi ! » Et j'avais posé mon index sur ma poitrine. « Pas aux Français ! » J'avais écarté mon doigt pour le diriger vers la fenêtre. « Seulement à moi. Parce que celui qui commande ici… » Et je m'étais à nouveau frappé la poitrine avec mon doigt. « C'est moi. Et la deuxième solution… »

J'avais reculé de quelques pas sans cesser de le regarder, puis j'avais saisi un des angles de la bâche bleue avec laquelle mes hommes avaient recouvert les mitrailleuses et l'avais tirée d'un coup sec, dans un geste un peu trop exagéré, théâtral même, car toutes les armes étaient apparues simultanément devant lui.

« La seconde solution est à présent devant vous. » J'avais fait une pause pour le regarder à nouveau. « C'est à vous de choisir… »

Lorsque le lieutenant allemand avait tenté de traduire ma dernière phrase, le commandant avait fait non de la tête. Il n'avait plus besoin qu'on lui traduise quoi que ce soit. Il avait tout simplement pris son pistolet d'une main, l'avait placé sur la paume de son autre main et me l'avait tendu.

« *Merci beaucoup, commandant**. » J'étais allé le récupérer en souriant. « *Nous vous laisserons entre les mains de l'armée française**. »

Tandis que les autres posaient leur pistolet à terre, je m'étais dirigé vers la porte, mais le lieutenant qui avait servi d'interprète m'avait appelé avant que je ne l'atteigne.

« Capitaine ! » En me retournant, je m'étais aperçu que mes hommes, aussi prestes que d'habitude, avaient déjà ramassé toutes les armes. « Vous parlez très bien le français. Pourquoi avez-vous refusé de vous adresser à nous dans une langue que nous connaissons tous ? »

Avant de lui répondre, j'avais vérifié que tous les yeux, clairs ou sombres, qui se trouvaient dans cette salle de classe étaient bien pointés sur moi. Je m'étais placé au milieu de la pièce, avais libéré ma langue de mes dents et lui avais répondu d'un ton calme et même aimable :

« Parce que ça me cassait vraiment les couilles de le faire. »

J'avais ensuite tourné les talons, puis j'étais sorti de l'école en marchant lentement, suffisamment sereinement pour m'apercevoir que Comprentu m'avait emboîté le pas. Lorsque nous nous étions suffisamment éloignés, j'avais entendu un bruit que je n'avais pas réussi à identifier immédiatement, clap, clap, clap.

« Qu'y a-t-il ? » Et en voyant qu'il était en train de m'applaudir, j'avais éclaté de rire et m'étais retourné pour le regarder. « Ça t'a plu ?

— Mieux que ça, putain ! » Il m'avait donné une accolade avant de poursuivre. « C'était mieux que le spectacle de marionnettes dans mon village, comprends-tu ?

— Bon, eh bien on va voir si on peut tirer parti de tout ça. » Car j'étais décidé à aller jusqu'au bout. « Le camion est chargé ?

— Oui, tout le matériel est à l'intérieur. Je vais tout de suite...

— Non ! Pas toi... »

Il m'avait regardé d'un air étrange, car la première chose que nous faisions d'habitude, c'était de cacher les armes des Allemands. Lorsque nous n'en récupérions que deux ou trois, lors d'un petit accrochage sans importance, nous les dissimulions au fond de la caisse qui contenait les pommes de terre, jusqu'à ce qu'une récolte plus importante, comme celle que nous venions d'obtenir aujourd'hui, justifie un voyage à la ferme de Fermín, un camarade de Palencia qui avait émigré avant notre guerre et possédait un véritable arsenal dans son grenier. L'armement était notre principal souci, et tant que nous étions en train de nous battre en France, les Alliés, qui en avaient de reste, nous armaient. Les camarades français étaient au courant de tout et ils nous demandaient de temps en temps, juste pour la forme, où se trouvaient les armes des Allemands que nous avions saisies. Et lorsque nous répondions que nous n'en savions rien, qu'elles avaient dû être enterrées quelque part ou jetées à la rivière, ils éclataient de rire encore plus fort que nous.

« Aujourd'hui, non ! Pas toi. » Comprentu s'occupait de cela d'habitude, il faisait un minutieux inventaire de tout l'arsenal, jusqu'à la moindre balle, et le notait sur un carnet avec une couverture plastifiée qu'il portait toujours sur lui, mais ce jour-là j'avais besoin de lui. « Tu as tout noté, n'est-ce pas ? Alors envoie quelqu'un d'autre chez Fermín, un gars qui ne va pas s'arrêter dans tous les bars, qui conduise correctement et qui connaisse bien le chemin.

— Mais pourquoi ? » Je m'étais abstenu de lui répondre et il avait réfléchi un instant. « El Novillero ?

— Oui, c'est parfait. Qu'il choisisse les deux gars qui l'accompagneront et qu'ils partent tout de suite. Je veux voir tous les autres en formation sur la place dans dix minutes.

— Maintenant ? » Il me regardait avec des yeux exorbités. « Tu veux...

— Oui. » Et j'avais accompagné mon ordre d'un hochement de tête. « Maintenant.

— Mais ils sont crevés, comprends-tu ? On vient juste de finir. Il vaudrait mieux...

— Non ! Obéis !... Il faut que ce soit maintenant, avant qu'ils ne se refroidissent. »

Il était vrai que le combat venait à peine de se terminer. Il était vrai que mes hommes étaient fourbus, qu'ils avaient besoin de repos, mais je ne pensais pas que ces dix minutes allaient leur sembler plus longues qu'à moi. La décision que je venais de prendre m'avait rappelé la journée la plus amère de ma vie.

Et alors que j'entendais les cris de Comprentu, au loin, je l'avais revécue, j'avais tout revu, des tas de valises abandonnées bordant la route et ces femmes mortes de fatigue, chargées de paquets et de gamins, tenant parfois un enfant plus âgé par la main, avançant lentement sur la chaussée, encadrées par des soldats sales et tout recroquevillés sur eux-mêmes. Eux aussi passaient en France tout seuls, par deux ou en petits groupes, parfois avec un animal en liberté, attaché à une corde que personne ne tenait à l'autre extrémité. Et moi j'étais là, en train de tout voir, d'entendre le bruit de la défaite, les voix hurlant plusieurs fois le même nom, des plaintes, des jurons, les gémissements d'une gamine qui s'était perdue. Également le silence d'une femme exsangue, avec le foulard des paysannes sur la tête et tout le désespoir du monde accroché à son regard. Le silence de cette femme qui s'était assise sur le bas-côté de la route pour sortir un sein tout amaigri et tenter de rassasier le bébé qu'elle portait dans ses bras... certainement pas dans l'espoir qu'un photographe américain ne la cadre dans son appareil.

Finalement, cette photo sur la couverture de *Paris Match* avait fait le tour du monde, car alors que j'étais sur le point d'aller casser la gueule à ce connard, mon lieutenant-colonel m'avait appelé en hurlant, González ! Ce jour de février 1939, je n'étais pas encore El Gaitero et lui, José del Barrio, était encore le chef du XVIIIe Corps de l'armée populaire de la République espagnole, mon chef. Lorsque je m'étais placé à ses côtés, je m'étais aperçu que lui aussi regardait cette femme, il la regardait d'une façon qui m'avait obligé à me demander où j'allais bien pouvoir trouver le lait qu'il n'allait pas tarder à me réclamer, mais finalement je m'étais trompé, il avait dit : « Mes hommes ne passeront pas la frontière comme des vagabonds, comme des malfaiteurs, pas mes hommes. » Voilà ce qu'il avait déclaré, puis il avait ajouté : « Préviens le commandement que je cède ma place, nous passerons demain. »

Avant d'obéir à son ordre, je m'étais dirigé vers le photographe, je l'avais écarté de la femme, et alors que j'allais lui donner un coup de poing, il avait commencé à m'amadouer en espagnol, les bras tendus devant lui, les mains ouvertes, pas de problème, pas de problème. Puis il avait disparu en courant et j'avais été suffisamment idiot pour lui laisser la pellicule. Après cette scène, j'avais pensé que rien ne pourrait m'impressionner davantage. Mais au poste de commandement, j'avais découvert un général en chef, la vareuse couverte de médailles, en train de pleurer comme un enfant de soixante ans, n'arrêtant pas de répéter cette phrase : « Nous sommes des connards, des connards, nous sommes des connards. » Et cela ne m'avait pas ému autant que le discours qu'avait prononcé le lieutenant-colonel à mon retour devant une foule d'hommes débraillés, éreintés de l'extérieur et de l'intérieur, mais en formation parfaite.

Je les avais vus, j'avais vu leur fatigue, leur désespoir si proche du mien, et la façon dont nous nous redressions les uns et les autres, dont nous reprenions le moral et relevions la tête, en entendant ces mots : « Nous avons perdu la guerre mais pas notre honneur, nous avons perdu la guerre mais pas la raison, nous avons combattu pendant trois ans pour la légalité constitutionnelle de notre pays dans la seule armée espagnole légitime... » Le lendemain, tous les hommes du XVIIIe Corps d'armée, ainsi que moi-même, avons passé la frontière rasés de près, propres, bien peignés, en défilant et en chantant l'Hymne de la République espagnole en formation parfaite, pour aller atterrir dans les mêmes camps que tous les autres, comme si nous étions des vagabonds et des malfaiteurs.

En apparence, cette attitude n'avait servi à rien et pourtant, le 2 juillet 1944, lorsque j'étais entré sur la place de ce village de Haute-Garonne, dont la libération n'apparaîtra jamais sur aucun traité à propos de la Seconde Guerre mondiale, j'avais regardé le ciel, comme le regardent les toréros lorsqu'ils s'apprêtent à dédier leur taureau à quelqu'un qui n'est plus de ce monde, avant de commencer à parler de la même façon que notre lieutenant-colonel lorsque nous avions fait quelque chose de bien.

« Mes compliments, camarades ! Mes compliments et merci pour tout. Nous avons pris cette position sans pertes humaines, face à un ennemi supérieur en nombre, et ce n'est que le début, car notre chemin ne se finira pas à Paris. » Cette phrase les avait déconcertés à ce point, qu'ils n'avaient commencé à m'écouter attentivement qu'après l'avoir entendue. « C'est la première chose que je voulais vous dire. Nous ne luttons pas simplement pour arriver à Paris. Ni pour y parvenir comme des soldats de fortune. Nous ne sommes pas des mercenaires, ni des hors-la-loi, ni des brigands, ni des bandits de grand chemin. » J'avais fait une pause et puis j'avais haussé la voix. « Nous sommes toujours l'Armée de la République espagnole ! » Ils avaient rugi, mais j'avais rugi plus fort qu'eux. « Voilà ce que viennent d'apprendre les Allemands, il y a un instant, et c'est ce que je veux qu'aucun d'entre vous n'oublie, c'est clair ? Absolument aucun d'entre vous ! Car nous avons perdu une guerre, voilà cinq ans de cela, mais pendant ce temps nous avons lutté les armes à la main contre le fascisme, pour la légalité constitutionnelle de notre pays, pour les droits et les libertés des Espagnols. Et je ne sais pas ce qu'il en est pour vous, mais moi je continue toujours à lutter pour la même cause… »

Tandis que je parlais, je les regardais les uns après les autres, en gagnant leur confiance et en la perdant en même temps, car je ne savais pas de quelle façon ils allaient réagir.

Je n'avais pas de sabre, je n'avais pas étudié dans une académie, je n'avais aucun galon, je n'avais reçu aucune médaille d'un ministre de la Guerre et je n'avais jamais défilé avec un cheval blanc. J'étais comme eux, le même individu qu'eux, un mineur des Asturies, un soldat du XVIIIe Corps d'armée, un Rouge espagnol d'Argelès-sur-Mer, un bûcheron forcé et un guérillero, rien de plus que les hommes qui se trouvaient là, devant moi. Voilà pourquoi, je n'aurais pas été étonné qu'ils m'envoient paître, qu'ils se mettent à protester ou qu'ils continuent à se moquer de moi, après être allés se reposer à l'ombre d'un arbre. Tandis que je parlais, j'étudiais leur visage, leurs attitudes. Ils étaient tous très sérieusement concentrés sur ce qu'ils entendaient, certains d'entre eux regardaient le ciel, d'autres le sol, la plupart me regardaient. Tous sauf Machuca, un des vétérans qui devait avoir pas loin de quarante ans et avait fermé les yeux. Lorsqu'il les avait rouverts, ils brillaient plus que de raison, et j'avais commencé à me sentir mal à l'aise.

« Ne pleure pas, Machuca, je t'en prie. Ne pleure pas, putain, parce que si toi tu te mets à pleurer, moi aussi je vais pleurer, et je ne te dis pas le tableau... »

Pour éviter de le voir pleurer, j'avais préféré fixer Pollito, qui aurait pu être son fils et, m'étant aperçu que son visage était couvert de dégoulinades à lui aussi, il m'avait été impossible de poursuivre en les regardant.

« Demain, nous allons quitter ce village en défilant comme ce que nous sommes légalement, l'Armée populaire de la République espagnole. » Par chance, ils avaient à nouveau rugi au moment où ma voix s'était brisée, et il m'avait été plus facile de continuer. « À partir de maintenant, je ne veux pas voir un seul soldat sale, dépeigné ou mal rasé. Je ne veux pas voir un seul bouton décousu, ni de bretelles ballantes, ni une seule chaussure délacée. Je mets aux arrêts pour quinze jours tout soldat qui n'aura pas une allure digne de lui-même et de ses compagnons. Rompez les rangs ! »

Ils avaient mis une seconde avant de commencer à applaudir. Pendant une seconde, cela leur avait été impossible et moi non plus je n'avais pas pu ravaler mes larmes, même si Comprentu était venu me donner l'accolade au bon moment pour me permettre de m'essuyer le visage sur un coin de sa chemise. Ensuite nous étions tous allés – moi le premier – nous laver, nous raser, coudre nos boutons et nous couper les cheveux. Nous avions senti que la croûte de notre déroute se dissolvait dans l'eau sale, que le rasoir arrachait la fatigue humiliante des plages inhospitalières de nos joues et que l'aiguille et le fil fixaient notre honneur, l'honneur de l'Espagne, sur l'insigne tricolore de notre uniforme. Notre malheur ancien, l'injustice que nous avions subie et la vieille douleur de ces exilés qui viennent de trouver un chemin pour retourner à la maison, jonchaient le sol en compagnie des cheveux morts que le coiffeur nous époussetait dans le cou avec sa balayette.

Le 2 juillet 1944, je suis devenu le capitaine Galán. L'homme qui avait quitté ce village était différent de celui qui y était entré, et il avait également besoin d'un nouveau nom. Ce sont mes hommes qui l'avaient trouvé après que Lobo, en descendant du camion avec lequel il était venu nous féliciter en compagnie des Français de la VIe brigade, s'était demandé à haute voix s'il voyait des soldats ou de galants hommes.

« Et en parlant de galants, Comprentu… », avait-il ajouté tandis que Ben Laffon continuait à se marrer de la désinvolture avec laquelle nous venions de lui avouer que nous avions une nouvelle fois perdu les armes des Allemands. « Angelita est déjà à Toulouse. Elle habite chez ma femme. »

Le 2 juillet 1944 avait été une journée riche en émotions fortes, mais il restait encore suffisamment de sentiments à Comprentu pour continuer à s'émouvoir. Ensuite, comme s'il avait eu un peu honte d'exécuter tout une série d'attitudes pas très martiales : fermer les yeux, cacher son visage dans ses mains et le garder caché pendant plusieurs secondes, il s'était planté devant El Lobo, lui avait donné une accolade si forte que j'avais cru un moment qu'il allait le soulever à bout de bras, et avait baissé la tête pour l'embrasser sur le front.

« Merci, Lobo. » Et il avait éclaté de rire. « Si c'est un garçon, nous l'appellerons Ramón.

— Va te faire enculer, Comprentu, nom de Dieu ! »

J'avais ri tout autant que lui, tandis qu'il s'essuyait le front, on ne peut plus contrarié, et que Laffon nous regardait perplexe, nous demandant sans dire un mot ce qu'il y avait à comprendre.

Ce jour-là, la campagne avait commencé pour nous, courte et irrésistible, comme les victoires éclair des Allemands d'antan. Et le 20 août, lorsque nous nous étions bien habitués à frapper plutôt qu'à recevoir, à avancer plutôt qu'à reculer, à gagner des batailles plutôt qu'à les perdre, nous étions entrés dans Toulouse.

« Sebas ! »

Pendant les trois derniers jours, nous nous étions regroupés aux portes de la ville pour progresser lentement, de rencontre en rencontre, d'accolade en accolade, de fête en fête, sans aucun plan préconçu.

« Sebas ! »

En pénétrant dans Toulouse, nous ne savions pas où aller.

« Allons plutôt au centre, non ? » avait proposé El Pasiego, qui n'avait pas très envie de tomber sur sa femme. Il doit bien y avoir une grande place au centre, ou quelque chose de ce genre...

— Sebastián ! »

C'est exactement ce qu'avait imaginé Angelita que nous allions faire. Où peut donc bien aller un groupe de pauvres Espagnols qui entre pour la première fois dans une ville, nous avait-elle expliqué ensuite, si ce n'est dans le centre pour y chercher une grande place... C'est pour cette raison qu'elle était allée nous attendre place du Capitole, avec Amparo et Solange, la fille du poissonnier, et elle avait réussi son coup.

« Enfin ! » avait murmuré Comprentu, juste avant de la prendre dans ses bras.

J'avais pu partager son émotion à distance, comme du temps où nous étions dans la montagne, tout en m'étonnant de la mystérieuse élasticité du temps qui était passé si lentement pour Angelita qu'elle avait à peine pris un peu de ventre. Dans cet intervalle, – quatre-vingt-dix jours –, nous étions passés de la clandestinité à la victoire finale, et elle, seulement du deuxième au cinquième mois de grossesse. J'avais dû les recompter plusieurs fois pour m'en convaincre, et c'est alors que j'avais remarqué une fille qui regardait les amoureux aussi attentivement que moi, avec une attitude bien plus fébrile. Elle avait les cheveux très clairs, presque blancs, les yeux pas vraiment bleus, mais plutôt aquatiques, et une peau transparente, pâle et rosée comme celle d'un bébé qui n'a pas encore été exposé au soleil. Je m'étais demandé si El Cabrero l'avait déjà vue, et en le regardant, je m'étais aperçu qu'il l'avait remarquée avant moi.

« Alors, Manolito ? » Je m'étais approché de lui et, au cas où, j'avais baissé ma voix. « Tu as décidé d'occuper la position ? »

Pendant ce temps, je révisais mon habituelle intervention : Mon ami ne parle pas français, mais il aimerait te dire que tu es très belle. Il vient d'un village de Murcie, dans le sud de l'Espagne, tu sais ? Et là-bas, il n'y a pas de femmes aussi belles que toi...

« Je ne sais pas encore, m'avait-il cependant répondu.

— Tu ne sais pas. » Sa réponse m'avait beaucoup surpris. « Pourtant c'est tout à fait ton genre.

— Oui, c'est bien pour ça... »

Jusqu'alors, chaque fois que Cabrero croisait une fille comme elle, trop voyante à mon goût, il s'approchait immédiatement de moi pour me donner un grand coup de coude. Lui, qui avait deux ans de moins et qui était à peine allé à l'école, était né avec le don du calcul mental et, pour contrebalancer la chose, il avait une oreille aussi mauvaise que s'il n'en avait pas eu du tout.

Moi, je parlais français mieux que les autres, car il ne s'agissait pas de mon premier exil en France. Pendant les deux années qui s'étaient écoulées après la fin de la révolution des Asturies jusqu'à la victoire du Front populaire, j'avais habité à Paris et m'étais consacré à l'étude du français. J'étais sorti du séminaire avec le désir de devenir maître d'école, mais la mort de mon père m'avait obligé de descendre à la mine avant la date du concours. L'air qu'on respirait dans les galeries, pendant ces quelques mois prérévolutionnaires, était incompatible avec les études, mais à Paris, j'avais réussi à trouver un travail de nuit dans un garage, qui m'avait permis d'envoyer de l'argent chez moi et de me préparer à un examen qui n'avait jamais eu lieu, avec l'avantage d'apprendre une langue étrangère. C'est pour cette raison que j'avais tenté d'enseigner au moins quelques phrases à Cabrero, *je ne parle pas français, mais j'aimerais bien te dire que tu es tellement jolie**... Ç'avait été un fiasco total. Il prononçait tellement mal que moi-même je ne le comprenais pratiquement pas, mais lorsqu'il avait rencontré

Solange il avait décidé de se passer de mes services. Six jours plus tard, lorsque je l'avais obligé à se rendre en ma compagnie à la réception qu'on donnait à la mairie et qu'il m'avait dit qu'il disparaîtrait à neuf heures du soir, comme Cendrillon, j'en avais conclu qu'il ne s'en était pas si mal tiré tout seul.

« Bon, avait-il reconnu tandis que son visage de paysan, large et rond comme un pain grillé, rougissait quelque peu, ce soir-là il n'y a pas eu de problème, parce que... » À ce moment-là, Mme Mercier, que j'avais perdue de vue un peu avant, venait de réapparaître sur la gauche, en me faisant un large sourire. « Tu sais bien dans quel état elles se mettent dès qu'elles aperçoivent un uniforme...

— Comme des folles..., avais-je répondu en rendant son sourire à Mme Mercier, tout en continuant à discuter avec El Cabrero. Bien entendu

— Exactement. » Et il avait souri à son tour. « C'est comme si elles perdaient la tête, mais le lendemain, les choses ont été différentes. Tu ne crois pas que je suis une de ces filles qui partent avec un soldat chaque fois qu'il y a un défilé, non ? m'a-t-elle rétorqué. Je ne suis pas comme ça, et je sais que tu ne... Pendant ce temps j'avais plongé ma main dans son décolleté, et... Putain, tu aurais dû voir ça. Elle m'a envoyé une de ces baffes !

— Vraiment ? » J'avais fini par oublier Mme Mercier, pendant que Cabrero acquiesçait de la tête, en me souriant comme s'il ne lui était jamais rien arrivé de mieux de toute sa vie. « Alors tu as aimé ça, à ce que je vois...

— La baffe ? » Il avait éclaté de rire. « Non, mon vieux, pas la baffe, mais je la trouvais vraiment très charmante, et... » Il avait refusé de finir sa phrase mais je l'avais fait mentalement à sa place, j'ai préféré qu'elle me donne une baffe plutôt qu'elle soit partie avec le premier venu. « Pourquoi tu ne viens pas avec moi ? Elle m'a dit qu'elle viendrait avec des amies, Jean-Paul a accepté, lui.

— Oui, mais pas moi. » Et je lui avais fait un signe de la tête en direction de Mme Mercier. « Je préfère rester ici, pour voir si je peux ramasser un peu mieux qu'une baffe. »

Les victoires militaires font tourner la tête aux femmes, disait souvent El Pasiego. Ça les excite, ça les émeut, ça les pousse à se jeter dans les bras du premier jeune soldat croisé dans la rue... La première fois que je l'avais entendu nous étions tous les deux de garde, en train de nous rouler une cigarette pour tuer le temps. « Les déroutes aussi leur font tourner la tête, ne va pas croire, avait-il poursuivi de sa voix grave et posée de professeur de lycée, cela les excite tout autant, mais d'une autre façon. Elles cherchent autre chose, elles tentent de trouver une sensation dont elles pourront se rappeler, elles cherchent un moyen de triompher de l'ennemi en étant heureuses quelques minutes dans les bras d'un inconnu. Mais ce qui les excite le plus, c'est sans conteste la clandestinité. Ça les rend complètement folles. Entrer dans une maison en transpirant, la peur décalquée sur le visage, la tête tournée vers la rue, surveillant le bruit des pas des policiers se perdant dans le lointain... Ça ne rate pas. Elles n'y résistent même pas cinq minutes. Il n'est rien de mieux que la clandestinité, crois-moi. »

La théorie de Pasiego s'était scrupuleusement appliquée tout le long de l'année 1944, avec cependant des résultats plutôt disparates. C'était logique, car chacun d'entre nous, excepté El Lobo, Zafarraya et lui-même – qui n'étaient pas très âgés mais avaient eu le temps de se marier, et Juanito même de divorcer –, avait vingt ans ou un peu plus au printemps 1936 et avait enchaîné deux guerres avec un long moment de captivité entre les deux. Nos amours éternelles avaient été très fugaces, deux nuits, cinq, une semaine, et parfois même pas. Lorsque nous avions gagné une guerre dans laquelle nous aurions préféré ne pas avoir à combattre, tout le monde, sauf El Pasiego, en avait assez de ces idylles fugaces qui nous avaient tant stimulés au début. El Pasiego en avait assez de sa femme, mais nous, nous avions besoin d'en avoir une, de la même façon qu'on a besoin d'une maison pour vivre. Et cet été-là, je ne l'avais pas trouvée en France.

La victoire avait offert à Cabrero l'amour de sa vie, de la même façon que Comprentu l'avait trouvé auparavant dans la clandestinité. En ce qui me concernait, tout était resté bouclé dans un château de feux d'artifice, splendides, c'est vrai, et même spectaculaires, mais qui n'étaient que pure fumée de couleurs. Sandrine Mercier ne savait dire que quelques mots en espagnol – Olé, matador, mon amour et fête – que j'avais trouvés charmants le premier jour où j'avais couché avec elle, mais qui avaient commencé à me casser les couilles la troisième ou la quatrième fois où elle m'avait emmené à Vieille Toulouse. La dame sophistiquée qui avait tant impressionné mes camarades lorsqu'elle était venue me chercher à l'Hôtel des Arcades, le lendemain de la réception à la mairie où nous avions fait connaissance, n'était rien d'autre qu'une brave fille mal mariée qui s'ennuyait chez elle et cherchait ailleurs un peu plus que du sexe, sinon de l'amour, au moins un succédané qui n'était sans doute pas bien terrible, mais qui était bien au-delà de ce que je pouvais lui offrir.

« *Mais tu n'es pas romantique, mon cher**, me reprochait-elle, avec une insistance qui parvenait même à me faire oublier combien elle pouvait me donner du plaisir. *Je croyais que les Espagnols étaient très romantiques**. »

À peine mariés, son époux l'avait emmenée au théâtre voir une représentation de *Don Juan*, et elle n'avait jamais oublié cette aventure. Lorsqu'elle me l'avait racontée, je lui avais expliqué que Don Juan était originaire de Séville, et pas des Asturies comme moi. *Et ce n'est pas la même chose** ? Eh bien non, ce n'est pas pareil, mais je n'avais jamais réussi à le lui faire comprendre. Je n'aurais jamais trouvé la façon de la quitter non plus si, le 9 septembre, elle ne m'avait pas demandé de l'accompagner à la Pâtisserie du Capitole, pour aller acheter les sandwichs et les gâteaux que nous devions manger ce jour-là, un menu dont la monotonie commençait à me fatiguer autant que l'aspect routinier de cet *amour fou**, devenu à présent une obligation.

— *Bonjour, madame**. » Nicole avait mis quelques secondes avant de découvrir que l'homme qui était avec Sandrine n'était pas son mari. « *Mon capitaine** ! » Et elle avait ouvert de grands yeux en me voyant. « *Bonjour... Quelle surprise, n'est-ce pas** ? »

La pâtisserie de Nicole, la seule qu'Amparo et Angelita appréciaient de la même façon, était devenue un arrêt obligatoire depuis que les repas privés et espagnols avaient remplacé les banquets publics et français, dans nos loisirs de vainqueurs sans métier. Une semaine après la Libération, et bien que le patron de la taverne lui ait cédé le local pour s'en aller habiter à Paris, Amparo avait convaincu son mari de déménager dans un appartement plus grand. Le logement qui se trouvait au-dessus du commerce était parfait pour Angelita et Comprentu, car elle avait décidé de s'associer avec la femme de Lobo pour s'occuper de la taverne et que lui était ravi d'habiter dans la rue San-Bernardo, ainsi qu'il avait dès le début baptisé la rue Saint-Bernard, qui se trouvait tout près de Saint-Sernin, dans un quartier rempli de réfugiés espagnols. Les deux avaient fait à leur tour un repas de pendaison de crémaillère et, dans les deux cas, j'étais allé acheter cinq cents grammes de petits biscuits russes chez Nicole, les gâteaux favoris de Comprentu, rien que pour l'entendre ensuite dire : « Mais ce ne sont pas des biscuits russes, comprends-tu ? C'est vraiment de la merde. À Madrid, il y a une pâtisserie, dans la rue Orella, comprends-tu ? » Elle s'appelle Nice, qui fait de ses biscuits russes, putain ! Ça oui, ce sont des biscuits russes, mais pas ces trucs, comprends-tu ? Pendant ce temps, Comprentu les mangeait tout aussi vite, et nous riions énormément en l'écoutant parler.

Le jour où j'étais arrivé avec Mme Mercier dans sa boutique, Nicole m'avait expliqué qu'Amparo lui avait commandé un gâteau à trois étages pour l'inauguration de ce qui deviendrait, le soir suivant, la Taverne espagnole de Saint-Sernin. Lorsque Sandrine avait entendu cela, elle avait insisté en battant les mains pour m'accompagner à la fête. « Et ton mari ? » lui avais-je demandé moins par curiosité que pour faire descendre la pression, il ne va pas trouver cela un peu déplacé ? Elle m'avait répondu de ne pas m'en faire, et je n'avais pas osé continuer à l'interroger.

« Dis-moi, Fernando. » Diego, El Perdigón, qui était originaire de Huelva et chantait à merveille, s'était approché de moi alors qu'Angelita était en train de me servir une part de gâteau. « Dis à ta gonzesse de ne pas battre la mesure. Elle ne sait pas le faire et je n'arrive pas à me concentrer.

— Ah bon. » J'avais tenté de ne pas éclater de rire, sans y parvenir vraiment, ce dont il s'était aperçu. « Mais elle le fait sans penser à mal.

— Oui, je sais bien, de toute façon c'est impossible qu'elle le fasse exprès. » Et je m'étais esclaffé en même temps que lui. « Parce qu'elle ne sait même pas ce qu'est un rythme, cette salope... »

Pauvre Sandrine, avais-je pensé, tandis que je me dirigeais vers elle pour l'enlacer par-derrière afin d'immobiliser ses bras dans les miens. Pauvre Sandrine, qui voulait juste s'amuser et ne comprenait pas la différence qu'il pouvait y avoir entre un Andalou et un gars des Asturies, et encore moins celle qui existait entre ses propres mains et celles de Lola, une gitane de Cadix qui avait les cheveux blond foncé, des seins énormes, incompatibles avec sa minceur, et un visage émacié qui pouvait être aussi attirant que redoutable, selon la façon dont il était éclairé. Pauvre Sandrine, qui se plaignait d'avoir été arrachée à la fête, tandis que, déçue, elle pointait son doigt sur cet instrument de percussion vivant qui avait appris à frapper dans ses mains avant même de parler. Lola battait la mesure avec ses talons, ses épaules, de tout son corps, elle accompagnait El Perdigón, assise sur une chaise, jambes ouvertes autour du trou au fond duquel se perdait le regard de Pasiego, lorsqu'elle joignait ses genoux et lorsqu'elle ne le faisait pas. Puis, un instant après que mes yeux avaient découvert la puissance de son regard insistant, presque obsédant, la porte s'était ouverte et Carmen de Pedro était entrée dans la taverne.

Carmen était entrée et El Perdigón s'était immédiatement arrêté de chanter, Lola de se démener, El Cabrero et Sole, qui ne serait jamais plus Solange, de s'embrasser dans un coin comme s'ils tentaient de se tuer l'un l'autre par asphyxie, et Amparo de me faire la tête parce que Nicole avait dû lui raconter qui était Sandrine et, au passage, certainement aussi, son mari. L'apparition de la plus haute autorité du parti communiste espagnol en France libre avait interrompu toute activité dans cette taverne bourrée de communistes espagnols.

« Mais je vous en prie, s'il vous plaît, insistait-elle en souriant, tandis qu'elle embrassait les femmes et serrait la main des hommes. Continuez à faire la fête, je vous en prie, je ne voulais pas interrompre... »

Personne n'avait jamais entendu parler de Carmen avant de nous retrouver à la scierie. Puis nous nous étions habitués à son nom, toujours associé à celui de Jesús Monzón. Lui non plus, nous ne le connaissions pas, mais j'étais devenu son ami alors que les manches de la scie ne m'avaient pas encore donné d'ampoules sur les paumes des mains.

« Salut. » Un homme grand, costaud et bien habillé, qui semblait bien plus âgé que moi, alors qu'il n'avait guère que quatre ans de plus, m'avait tendu sa main à la porte d'une ferme si bien cachée qu'on aurait dit un authentique camouflage – des murs recouverts de lierre et un jardin entouré d'arbres si hauts qu'ils empêchaient de voir quoi que ce soit depuis la route. « Je m'appelle Jesús Monzón. »

Ce jour de printemps 1942, une voiture était venue me prendre à la porte de la scierie, à onze heures du matin. Angelita, qui m'avait prévenu de ce rendez-vous, ne m'avait rien dit d'autre. Elle ignorait l'heure, l'endroit, les raisons et surtout l'identité de mon interlocuteur. Et même si on nous avait donné la possibilité d'énumérer cent noms pour deviner son identité, je crois que nous n'aurions jamais trouvé le bon.

« Salut. » J'avais serré la main qu'il m'avait tendue et l'avais fixé dans les yeux. Ils étaient petits, vifs, pénétrants. C'étaient les yeux les plus intelligents que j'aie jamais vus de toute ma vie.

Je n'ai jamais su pourquoi j'avais été choisi. La première fois que je l'avais vu, il n'y avait pas deux mois que j'étais arrivé dans le Luchonnais. Il était évident que Lobo, qui était l'officier le plus gradé d'entre nous, avait pris le commandement du groupe et que personne n'allait le lui disputer. Il avait prétendu qu'il m'avait choisi justement pour cette raison. Ramón représentait l'autorité militaire et grâce à nos agents de liaison Jesús Monzón connaissait déjà son point de vue. Mais il voulait aussi connaître les opinions – et surtout les sentiments avait-il insisté – de quelqu'un comme moi, qui occupait un échelon inférieur sur l'échelle du commandement. Quelqu'un qui occupait une position semblable à la mienne, avait-il corrigé en souriant.

« Il ne s'agit pas d'une rencontre, disons officielle, m'avait-il expliqué après m'avoir conduit jusqu'à une table couverte d'une nappe blanche, dans l'entrée qui donnait sur le jardin. Ou du moins, ce n'est pas ce que j'ai prévu. J'aimerais que tu me parles avec la même liberté que tu pourrais le faire pendant un repas entre amis. »

Une fille française, brune et svelte, discrètement maquillée et vêtue d'une robe cintrée avec un décolleté pas plus échancré que celui d'une épouse irréprochable, avait commencé à nous servir le déjeuner, une excellente cuisine maison, cependant pas aussi fabuleuse que le vin.

« Un vin de la Rioja, naturellement, avait-il annoncé en remplissant mon verre. Dis-moi comment tu le trouves…

— Excellent, lui avais-je répondu, après en avoir humecté tous les recoins de ma bouche, jusqu'au dernier, et tout en sentant mon palais palpiter d'émotion. Excellent.

— J'en suis ravi, car je suis originaire de la Navarre, tu sais ? » Il m'avait souri et si je ne l'avais trouvé sympathique dès le début, il le serait définitivement devenu à cet instant. « Et maintenant, raconte-moi. Je sais qui tu es, comment tu t'appelles, où tu es né, depuis quand tu as adhéré au Parti… Je sais tout ce que les autres ont pu me raconter de toi, que tu as fait la guerre dans le XVIIIe Corps d'armée, que ton meilleur ami s'appelle Comprentu, et que tu aimes le vin rouge, les femmes brunes et la dynamite. » Je lui avais souri à mon tour. « Ce que je voudrais que tu me racontes c'est comment tu te sens, comment tu vois la situation, tes camarades, le bilan de l'organisation dans ce secteur, le niveau qu'on pourrait atteindre… Commence par où tu voudras. En ce moment, je suis responsable du Parti en France, et par extension, en Espagne, tu le sais, n'est-ce pas ? » J'avais fait oui de la tête. « Tout ce que tu voudras bien me raconter m'intéresse. »

Voilà de quelle étrange façon j'avais fait la connaissance de Jesús Monzón. Dans cette maison cachée derrière les arbres, assis autour d'une table qui semblait être un rêve, un mirage où bercer mes désirs de prisonnier et de paria, je m'étais mis à parler au plus haut dirigeant de mon parti sans la moindre pression, sans méfiance, sans suspicion et sans cette mise en scène d'interrogatoire policier à laquelle j'étais habitué. Et je m'étais tout de suite aperçu que j'étais en train de parler à un homme qui savait écouter, qui n'avait pas besoin de secrétaire, de garde du corps, de piédestal symbolique sur lequel grimper, pour asseoir une autorité, qui faisait partie de lui autant que son prénom et que personne ne lui avait jamais disputée. S'il m'interrompait, il me demandait pardon. S'il se trompait, il le reconnaissait. Lorsque quelque chose lui plaisait, il riait de bon cœur. Mais à aucun moment il n'avait recours aux procédés préconisés dans le manuel soviétique : sourires paternels et tapes dans le dos, utilisés par tous les dirigeants que j'avais connus pour inspirer confiance à leurs subordonnés. Sa voix n'avait jamais changé de ton non plus. Elle n'avait jamais pris la douceur mielleuse ni la rigidité inflexible avec laquelle on s'était d'autres fois adressé à moi. Cela n'aurait d'ailleurs servi à rien, car lorsque je m'en étais aperçu, il avait déjà eu ce qu'il voulait et cette rencontre était devenue un vrai déjeuner entre amis.

« Je crois que je vais lui demander de rester à la cuisine... », m'avait-il dit avec un petit sourire, après que j'étais resté bouche bée au beau milieu d'une phrase, lorsque la femme s'était penchée sur moi pour me servir le café. Et il avait attendu qu'elle reparte avant de me poser une question à laquelle je ne m'attendais vraiment pas du tout. « Si tu préfères, tu peux ne pas répondre, bien entendu, mais voilà un moment que je réfléchis à cela... Depuis combien de temps tu n'as pas tiré un coup ?

— Tiré un coup ? » Ma stupeur l'avait fait sourire. « Mais de quoi parles-tu ? Il me semble que j'ai entendu parler d'un truc de ce genre, mais je me souviens même plus comment on fait... »

Il était entré dans la maison, puis en était ressorti avec une bouteille de cognac et deux verres. La discussion d'après repas s'était prolongée jusqu'au milieu de l'après-midi, mais j'aurais pu continuer à parler avec lui pendant tout le reste de ma vie. Ce jour-là, j'avais raconté à Jesús Monzón tout ce qu'il désirait savoir, même si j'avais gardé pour moi la vérité qui me semblait la plus importante, à savoir que tant qu'il demeurerait au poste où il était, le parti communiste espagnol continuerait à être une nouvelle fois vivant. Voilà ce que j'avais ressenti et j'avais ressuscité en même temps que lui.

« Je dois partir. » À cinq heures et demie, il s'était levé et m'avait donné l'accolade. « Merci pour tout, camarade, tu ne sais pas combien cet entretien a été important pour moi. Reste encore un moment ici, veux-tu ? Cette route est si loin de tout qu'il serait douteux de voir sortir deux voitures en même temps. La tienne t'attendra autant qu'il le faudra. »

Je lui avais emboîté le pas pour traverser l'entrée et j'étais resté debout devant la véranda pour le regarder tandis qu'il remerciait très cérémonieusement la fille qui nous avait servi le repas. Elle l'avait accompagné jusqu'à la porte, l'avait refermée, puis avait pivoté sur ses talons pour me regarder. Lorsqu'elle était parvenue au milieu de la salle, elle avait descendu la fermeture Éclair de sa robe et celle-ci était tombée à ses pieds comme l'enveloppe d'un cadeau inespéré. En arrivant devant moi, dans l'entrée, elle était déjà nue.

Je n'ai jamais réussi à savoir s'il s'agissait d'une prostituée ou d'une camarade, même si lorsque je lui avais fait mes adieux, j'étais pratiquement sûr qu'elle devait être les deux. Je n'ai jamais su comment elle s'appelait non plus, car je ne le lui ai même pas demandé, bien que dans une certaine mesure elle eût été une des femmes les plus importantes de ma vie. L'homme que j'avais connu ce jour-là avait malgré tout laissé une marque indélébile dans ma mémoire. Voilà pourquoi un mois plus tard, lorsque je l'avais à nouveau rencontré dans cette maison, j'avais été ravi de le revoir – même si la personne qui nous avait servi le repas ce jour-là était une grosse paysanne aux cheveux blancs, de plus de cinquante ans.

« Je suis désolé, camarade, m'avait-il dit en souriant, en constatant que je la regardais. Mais tu sais ce que c'est... Parfois, on trouve et parfois on ne trouve pas. »

Je n'avais pas passé beaucoup de temps avec Jesús Monzón, mais je l'avais suffisamment côtoyé pour comprendre que cet après-midi de chasteté avait été une épreuve, une sorte d'examen de mon caractère. Je n'en avais pas été surpris. Dans la situation où nous nous trouvions, il était parfaitement normal qu'il ait souhaité s'assurer de ma solidité. De plus, et aussi hétérodoxe que pût être sa façon d'imposer son autorité, Jesús Monzón n'était rien d'autre qu'un dirigeant communiste et on ne lui demandait rien de plus.

« La prochaine fois, je tenterai de faire mieux, m'avait-il promis, après avoir étudié mon visage et m'avoir laissé entendre qu'il était satisfait de ce qu'il voyait. Aujourd'hui tout ce que je peux t'offrir, avait-il ajouté en enfonçant sa main dans la poche de sa veste pour en tirer un étui à cigares, c'est un Havane.

— Bon, ce n'est pas la même chose. » Et nous avions éclaté de rire en même temps. « Mais c'est déjà ça. »

Il y avait eu d'autres femmes par la suite, quatre de plus, toutes françaises et toutes différentes, au cours de mes huit rencontres avec Jesús Monzón dans cette maison, de mai 1942 jusqu'au mois de mars 1943, lorsqu'il m'avait convoqué pour me faire ses adieux.

« Tu vas me manquer, lui avais-je dit en lui donnant l'accolade, et il avait souri. Tu vas vraiment me manquer.

— J'imagine.

— Non. C'est toi qui vas me manquer. Le reste aussi, mais surtout toi. » Je lui disais la stricte vérité et il s'en était aperçu. « Prends bien soin de toi, Jesús. »

À l'époque où il avait déménagé à Madrid, nos conversations ne ressemblaient déjà plus à celle que nous avions eue lors de notre première entrevue. Monzón était une machine à idées, toujours intéressantes, même lorsqu'elles étaient mauvaises. Il enchaînait les projets les uns après les autres à un tel rythme que la fréquence de nos rencontres l'empêchait de me tenir au courant de toute sa production. Très vite, il avait fini par parler davantage que moi. Il me racontait sa façon de voir la guerre, le Parti, la situation en Espagne et les solutions qui pourraient apparaître avant et après la victoire des Alliés, qu'il donnait pour inéluctable alors qu'à ma connaissance personne n'en était encore vraiment certain. Si nous n'abordions pas de sujets concernant directement la guérilla, il ne me posait aucune question. Ce qui ne signifiait pas qu'il n'ait pas eu d'informateurs. Il en avait et nous les connaissions, mais jamais il ne m'avait obligé à donner mon avis sur la conduite ou l'attitude de mes camarades, au-delà de leur respect de la morale collective : sujet qui le préoccupait au plus haut point. Je lui en savais gré tandis que je lui expliquais notre situation – les hommes, les armes et les buts poursuivis –, puis que je décortiquais ses plans militaires pour analyser ensemble s'ils étaient valables ou pas, et pour quelle raison.

Jesús Monzón était trop intelligent pour mélanger les choses, ainsi que le genre de loyauté qu'il attendait de chacun. J'étais persuadé que je n'étais pas le seul guérillero recruté de cette façon comme conseiller, mais je savais aussi qu'il s'efforcerait de maintenir une relation différente, celle qu'il estimerait la plus idoine, avec chacun d'entre nous. En ce qui me concerne, il m'avait toujours traité comme son ami, à tel point que, pendant toutes les heures que nous avions passées ensemble à parler dans cette maison, il n'avait pas prononcé le nom de Carmen de Pedro plus d'une dizaine de fois. En revanche, le jour de l'inauguration de la taverne, elle avait immédiatement fait référence à lui.

« Galán, n'est-ce pas ? » Et elle m'avait embrassé sur la joue pour me distinguer des autres à qui elle s'était contentée de tendre la main. « Jesús m'a beaucoup parlé de toi. J'avais très envie de te rencontrer.

— Comment va-t-il ? » lui avais-je demandé tandis que je la regardais pour gagner du temps.

Carmen de Pedro n'était peut-être pas tout à fait la dernière femme au monde que j'aurais pu imaginer dans le lit de Monzón, mais elle n'en était vraiment pas loin. Elle était juste ce que n'importe quelle femme espagnole décrirait comme « une jolie fille sans plus », même si une femme plus laide m'aurait sans doute moins surpris que ce petit moineau enrhumé, sans autre caractère que sa propre fragilité et que les toutes petites dents qu'elle montrait quand elle souriait. Je savais parfaitement que Jesús avait bon goût pour les femmes et, à première vue, celle-ci ne semblait pas vraiment dotée d'une intelligence ou de qualités intellectuelles particulières, mais je n'avais pas eu le loisir de tenter d'élucider ce mystère.

« Il va bien, il va très bien. » Son sourire s'était élargi pour montrer que le fait d'être heureuse l'embellissait. « Il est à Madrid, il est vraiment très fier de vous, de tout ce que vous avez fait, et il a toujours plein d'idées, de projets...

— Comme d'habitude alors. » Je lui avais rendu son sourire. « Fais-lui mes amitiés. Dis-lui que lorsque je suis entré dans Toulouse, j'ai beaucoup pensé à lui.

— D'accord, et j'espère pouvoir lui raconter d'autres choses encore, car il m'a demandé de te parler en particulier. Je peux t'inviter à déjeuner un de ces jours ? » Le ton de sa voix, sa façon de s'exprimer, sa manière amicale, presque affectueuse, de me prendre par le bras tandis qu'elle me parlait, étaient du pur style Monzón. « Demain, si ça te dit. »

Nous étions donc convenus de nous voir à une heure de l'après-midi, puis je m'étais souvenu que j'avais rendez-vous à une heure et demie avec Sandrine, à l'hôtel. Mme Mercier était partie et je ne savais pas comment la joindre, mais je n'avais pas eu besoin de beaucoup réfléchir pour choisir. Parce que Carmen c'était aussi Jesús, et que Jesús était la dernière personne du monde à qui j'aurais osé poser un lapin.

Le lendemain matin, j'étais allé déposer une note pour ma maîtresse à la réception de l'hôtel, lui annonçant qu'une affaire urgente me retenait loin de la ville pour un temps indéterminé. Ensuite, j'avais hélé un taxi qui m'avait conduit dans un quartier de la périphérie aux rues défoncées, bordées de maisons basses, modestes, et encore plus loin jusqu'à une ancienne villa avec jardin transformée en hôtel de quelques chambres. Le restaurant était lui aussi minuscule. Il n'y avait qu'une dizaine de tables dont la moitié à peine étaient occupées par des convives qui ne semblaient pas comprendre l'espagnol.

« Jesús compte beaucoup sur toi, Galán. Plus que sur tout autre. Il dit que tu es le seul qui ne l'a jamais flatté. » Carmen n'était entrée en matière qu'après avoir servi le vin et vanté les spécialités qu'on proposait sur la carte, et cela m'avait à nouveau rappelé Monzón. « Voilà pourquoi il aimerait savoir... » Elle avait fait une pause apparemment destinée à choisir les mots qu'elle allait ensuite prononcer, mais elle n'était pas aussi experte en la matière que son amant, et je l'avais soupçonnée d'avoir déjà répété son discours avec le plus grand soin. « Il est convaincu qu'à partir de maintenant la bonne stratégie est de s'efforcer d'exploiter les répercussions de votre victoire, ici, dans le sud de la France. Ainsi, dans l'hypothèse où il nous serait possible de tenter une action militaire dans la région, mais de l'autre côté des Pyrénées bien entendu, en nous efforçant de mettre les Alliés de notre côté, sur quels moyens penses-tu qu'on pourrait compter ? »

Une semaine plus tard, Angelita m'avait appelé à l'hôtel, vers le milieu de la matinée, pour m'inviter à déjeuner le lendemain. « Tu es obligé de venir, avait-elle ajouté, car je vais cuisiner un riz au chorizo, comme on le fait dans ma région et que tu apprécies tellement... » La première chose que je m'étais dite, c'est qu'Amparo et elle, au courant de la lassitude qui m'avait éloigné de Sandrine, avaient décidé d'attaquer. J'étais persuadé qu'une brave fille espagnole, convenable, célibataire, travailleuse et communiste, avec le grappin prêt, devait m'attendre chez Comprentu et qu'elle ne me plairait certainement pas autant que le riz de son épouse. El Zurdo, que j'avais rencontré en chemin, un plateau de biscuits russes à la main, semblable à celui que j'avais également acheté, avait deviné mes pensées juste après m'avoir salué.

« Bref. » Car il était célibataire comme moi. « J'espère qu'au moins ce ne sera pas à nouveau les cousines de Botafumeiro. »

El Bota, comme on l'appelait pour abréger, avait deux cousines célibataires, plutôt belles mais assez insipides, dont Amparo pensait qu'elles étaient faites sur mesure pour nous deux. Mais ni l'une ni l'autre ne se trouvait chez Comprentu, ce dimanche-là. À leur place, nous avions trouvé El Pasiego et Zafarraya, qui nous avaient expliqué que ce repas avait été commandé par El Lobo, pas par Angelita, et qu'il ne nous avait pas donné rendez-vous chez lui, car Amparo avait catégoriquement refusé de fermer la taverne.

« Bon, eh bien, nous sommes tous là, n'est-ce pas ? » El Lobo avait regardé autour de lui et j'avais suivi son regard. « Voilà deux jours que Sacristán n'a pas mis les pieds dans sa chambre et il n'y a pas moyen de le retrouver. Et il va falloir le remettre sur le droit chemin, mon cher Román. » El Pasiego l'avait observé et haussé les épaules dans un mouvement qui englobait en réalité deux questions en une : Pourquoi dis-tu cela ? Et, pourquoi c'est à moi que tu le dis ? « Ainsi donc, je vous disais que... Ah non ! » Après s'être arrêté dans son élan, il s'était tourné vers El Zurdo et lui avait demandé : « Où est passé El Cabrero ?

— Il doit venir tout à l'heure, dès qu'il pourra... pour le café. » Il avait fait une pause pour donner de l'intérêt à son intervention. « Aujourd'hui il est de livraison.

— De livraison ?

— Oui, des poissons. » Et il avait été le premier à éclater de rire. « Le père de sa fiancée le traite comme un incapable, il l'oblige à aller d'un côté et de l'autre pour distribuer le poisson dans les restaurants, avec la fourgonnette...

— Bon, alors, on va l'attendre, n'est-ce pas ? » El Lobo avait évité d'être plus explicite. Néanmoins j'avais déjà remarqué que les huit convives étaient les huit de Bagnères, et je m'étais demandé pour quelle raison. « Et pendant ce temps, on mange, il ne faudrait pas que le riz soit trop cuit et qu'Angelita se fâche contre moi...

— Qu'y a-t-il ? » Zafarraya – car même lui ne savait pas ce qui allait se passer – l'avait regardé tandis que la maîtresse de maison commençait à servir. « Tu dois nous raconter quelque chose qui risque de nous couper l'appétit, peut-être ?

— C'est fort possible. » Il lui avait retourné son regard, puis avait fixé son assiette en esquissant un sourire sans autre destinataire que lui-même. « Je dirais même que c'est presque sûr. »

Il n'avait pas bougé de sa place tant que Cabrero n'était pas arrivé avec ses cinq cents grammes de biscuits russes achetés à la Pâtisserie du Capitole, enveloppés dans du papier froissé et sale.

« Eh bien, dites donc, regardez-moi qui va là, s'était enthousiasmé El Zurdo. El Pescadilla... *La Friture*...

— Ça ne fait rire que tes couilles, tu sais, Antoñito ? » Puis il avait déposé son paquet entre les mains de notre hôte. « Je suis désolé, Sebas, mais comme je n'ai pas dit à Sole ce que c'était, elle a posé les russes sur une caisse de rougets, je ne sais pas quel goût ils peuvent avoir à présent.

— Ça ne fait rien, comprends-tu ? » Et il avait pointé du doigt les deux plateaux qui étaient déjà posés sur la table. « C'est certainement parce qu'on appelle ça des russes...

— De toute façon, si j'étais toi, je ne mangerais pas trop aujourd'hui, Comprentu. » Et à ce moment précis, nous nous étions tous aperçus que, même s'il plaisantait, la voix de Lobo était devenue différente. « Qui sait si, dans quelque temps, tu pourras toujours en racheter dans cette fameuse pâtisserie... Comment s'appelle-t-elle, d'ailleurs ? Cannes ?

— Non, Nice, comprends-tu ? » Il l'avait corrigé avec un petit filet de voix, les yeux comme des soucoupes.

— C'est exact, Nice... » Puis il avait fait une autre pause qui avait davantage aiguisé notre impatience. « Car ce que je voulais vous raconter c'est que... Nous retournons en Espagne. On va envahir le pays. »

Le premier à réagir avait été El Zurdo, qui avait commencé à taper des deux poings sur la table, tandis qu'il acquiesçait de la tête et hurlait : « Oui ! Oui ! Oui ! » J'avais bondi sur ma chaise comme mû par un ressort et, avant de donner une accolade à Comprentu, je m'étais aperçu que Zafarraya s'était allongé par terre et que Cabrero, à ses côtés, le secouait comme s'il voulait le soulever à bout de bras. Si El Lobo nous avait dit que nous venions de gagner à la loterie, nous n'aurions pas fêté différemment la chose : des rires, des cris et des accolades répétées, à plusieurs reprises, tandis que Pasiego, le plus taciturne de nous tous, le seul qui ne parlait jamais pour ne rien dire, crachait des mots comme une vraie mitrailleuse : « Fascistes, salopards, fils de pute, maquereaux de merde, vous allez voir ce qu'on va vous mettre... » Lorsque la sonnette avait retenti et qu'Angelita était passée devant moi pour aller ouvrir la porte, je m'étais rendu compte qu'elle était la seule à ne pas se réjouir.

« À présent nous sommes au complet, comprends-tu ? » Son mari avait été le dernier à donner l'accolade à Sacristán, qui avait éclaté de rire, s'était approché du mur qui se trouvait près de lui et avait donné de grandes tapes répétées sur la cloison, devenant fou lui aussi à sa façon. « Descends à la taverne, Angelita, et demande une bouteille de cognac à Amparo... Ou deux, car il nous faut trinquer, comprends-tu ?

— Descends toi-même, avait-elle répliqué, furieuse, croisant ses bras et les posant sur son ventre comme s'il s'agissait de la rambarde d'un balcon. Moi, je...

— Bon, c'est moi qui vais y aller, comprends-tu ? Mais d'abord dis-moi ce qui t'arrive. » Il s'était approché d'elle et avait tenté de l'embrasser, mais Angelita s'était débattue. « Je ne comprends pas pourquoi tu es fâchée...

— Tu ne le comprends pas ? Regarde-les, Sebastián. » Et elle avait pointé son doigt sur nous. « Et regarde-toi, toi-même ! Allez, vas-y. On dirait que vous venez de décider d'aller faire la fête, et tu sais très bien que ce n'est pas du tout de ça qu'il s'agit ! Tu ne vas pas en Espagne, Sebas. Tu vas à la guerre. Tu viens juste d'arriver et tu y retournes déjà. À présent que nous sommes si bien tous les deux ensemble, dans notre maison, tellement heureux, tu t'en vas à nouveau et moi je vais rester toute seule, avec mon gros ventre et un commerce qui vient d'ouvrir, en train de me demander à tout instant si tu es vivant ou mort, si tu as déjà reçu une balle ou si tu vas bientôt la recevoir, c'est toujours la même chose, le même cauchemar... qui ne se terminera jamais... » Sa voix avait commencé à s'étouffer dans un sanglot qui venait de tomber sur notre moral comme un orage de grêle un matin de printemps. « Et le pire, c'est que je ne vais même pas te demander de rester. Le pire, c'est que je n'ai pas le droit de te le demander... Tu t'en vas et je le comprends, mais je ne veux pas que tu t'en ailles, tu m'entends ? Je ne veux pas.

— Un peu de bon sens, enfin ! avait déclaré El Lobo, en nous toisant l'un après l'autre, pour évaluer les effets du discours d'Angelita. Sacristán, descends toi-même chercher le cognac, ça te fera les pieds, la prochaine fois tu éviteras d'arriver en retard.

— Non, non, j'y vais, j'y vais. »

Angelita s'était dégagée de l'étreinte de Comprentu, s'était essuyé le visage avec les mains et avait traversé la pièce aussi vite que s'il lui tardait d'atteindre l'escalier pour éclater à nouveau en sanglots.

« Bon, eh bien maintenant, si je peux m'exprimer, je vais vous résumer les choses... » Notre chef avait allumé une cigarette et attendu pour continuer que nous soyons tous assis autour de lui, comme un groupe d'élèves bien appliqués. « Avant-hier, Carmen m'a convoqué à une réunion au siège du Parti. Elle ne m'avait pas dit à quel sujet ni qui serait présent. Mais lorsque je suis arrivé, je me suis aperçu qu'il n'y avait que des chefs militaires. Enfin, presque tous. Comme si elle avait besoin de gardes du corps, elle était encadrée par Flores, Pacheco et deux autres hommes en civil que je ne connaissais pas, des hommes de Monzón... »

Il avait fait une pause pour me regarder et j'avais soutenu son regard de façon tout à fait naturelle, car il n'y avait jamais eu de malentendus entre nous. J'étais un ami de Jesús et personne ne l'ignorait. Mes rencontres avec lui n'auraient eu aucun sens, si je ne leur avais pas raconté ce que lui me racontait, à moi. Cela faisait partie de ma mission et je ne leur avais jamais rien caché, à part le deuxième dessert qui arrivait parfois après celui servi à table, ce qui ne les regardait pas. Mais je n'avais jamais fait partie des

« hommes de Monzón », de l'appareil qui contrôlait le Parti en son nom, et cela tout le monde le savait parfaitement.

« La stratégie militaire est impeccable, avait reconnu El Lobo en continuant de me regarder. Si elle est bien exécutée, ça va être un franc succès. Nous pouvons compter sur au moins vingt et un mille hommes bien armés, bien préparés et prêts à franchir la frontière sans hésiter. Nous en laisserons treize mille en réserve. Sur le reste, quatre mille entreront par petits groupes au début, puis par groupes de plus en plus importants, par tous les points de la frontière, depuis Irun jusqu'à Puigcerdá – essentiellement par les Pyrénées qui dominent l'Aragon. Ils se mettront en route à la fin du mois et passeront de façon dispersée, au compte-gouttes, jusqu'au 20 octobre. »

Il s'était brusquement arrêté de parler pour mesurer l'attention qu'on lui portait.

« Pour les distraire, était intervenu Zafarraya. Non ?...

— En effet. Il ne faut pas qu'ils sachent combien nous sommes, ni d'où viendra l'attaque, afin qu'il leur soit impossible de concentrer des troupes sur un endroit précis. Le 19 octobre, les quatre mille restants entreront tous en même temps par Caneján pour envahir le Val d'Aran, le lieu le plus intéressant, car c'est le passage le plus praticable entre la France et l'Espagne, et le plus facile à défendre également. Le tunnel est encore en travaux. Nous avons déjà percé un tunnel suffisamment grand pour faire passer des hommes un par un, mais nous allons tout de même prendre le val, pour éviter tout risque. Les ordres sont donc d'occuper le val, de prendre Viella et d'établir une zone libre, de la même façon que nous l'avons fait ici avant que les nazis ne se rendent. Le commandement a divisé Aran en trois secteurs. Je commande l'un d'entre eux. » Il avait enfin souri. « Et vous êtes mon état-major.

— Tous les huit », avais-je conclu. Et il avait acquiescé. « Personne d'autre ?

— Pour l'instant, il y a aussi Botafumeiro, Perdigón, Tijeras et El Afilador. » Il avait continué à parler par-dessus un murmure de satisfaction, car si aucun de ces quatre hommes n'avait lutté auprès de nous en Haute-Garonne, ils étaient en revanche des amis, des camarades, et l'on pouvait leur faire confiance. « Nous nous présenterons comme l'armée de l'Union nationale espagnole. Il paraît que Juan Negrín et le général Riquelme sont d'accord pour présider un gouvernement républicain à Viella. Et ensuite, vous le savez bien, il faut croiser les doigts et prier pour que l'armée alliée nous vienne en aide. Tout cela est parfaitement pensé. Si tout va bien, les Alliés ne pourront jamais tolérer qu'un autre front s'ouvre en Europe occidentale, tandis qu'Hitler résiste à Berlin. Et, bien entendu, nous comptons sur la solidarité des camarades français, qui sont prêts à faire pression sur leur gouvernement, à couvrir notre arrière-garde et même à nous suivre en Espagne, si cela est nécessaire. Je pense que le moment est mal choisi pour que les Anglais réussissent à les en dissuader une fois encore, alors...

— Alors... que se passe-t-il ? » avait demandé El Pasiego. Car à cet instant il était évident que la pensée de Lobo allait d'un côté, et que ce qu'il disait allait de l'autre. « Alors ?...

— Je ne sais pas », avait-il répondu. Et lorsqu'on aurait pu croire qu'il allait ajouter quelque chose, il s'était contenté de répéter : « Je n'en sais rien.

— Mais qu'est-ce qui t'ennuie dans tout ça ? avais-je insisté. Allez, El Lobo, crache le morceau une bonne fois pour toutes...

— Oui, puisque de toute évidence le plan est remarquable, comprends-tu ?

— Remarquable, c'est exact. » Il s'était frotté le visage avec ses mains et avait pris son élan. « Il est remarquable, mais il ne possède ni père ni mère. Je ne sais pas qui est-ce qui l'a imaginé. J'ignore qui est derrière tout ça, et personne n'en sait rien, même pas López Tovar, et ça va pourtant être lui le commandant en chef de l'opération. Il s'agit d'une opération politique, c'est la première chose qui ne me plaît pas du tout, autrement dit... » Il avait promené son regard sur nous, nous dévisageant l'un après l'autre. « Autrement dit, ce sera une opération militaire, uniquement parce que c'est nous qui allons la mener, et que nous sommes des militaires, parce que c'est nous qui allons entrer, nous qui allons risquer notre peau et la peau de nos hommes, comprenez-vous ? » Et tour à tour, nous avions acquiescé de la tête. « Bref, cela signifie que nous n'avons pas eu notre mot à dire. On ne nous a même pas laissé décider de la date. Tout, y compris les cartes, est déjà fin prêt ; les phases de l'opération sont déjà décidées, les objectifs assignés, les brigades déployées. Même les villages où vont être installés les postes de commandement ont déjà été choisis. Pourquoi ? Par qui ? Par quelqu'un qui sait ce qu'il fait, bien sûr, cependant personne ne peut dire précisément qui est le responsable de cette campagne. Personne n'a donné d'explication, personne n'a été invité à exprimer ce qu'il pensait. La seule personne qui a pris la parole est Carmen, elle a parlé, parlé et parlé sans arrêt, mais rien de ce qu'elle a dit ne semblait venir d'elle. Jesús dit ceci, Jesús dit cela, Jesús a pensé que, Jesús, Jesús, Jesús... Elle a prononcé tant de fois son nom que quelqu'un – je crois que c'est Pinocchio, mais ç'aurait très bien pu être moi, car je pensais la même chose que lui – a demandé pour quelle raison le Parti n'avait envoyé personne pour soutenir une opération d'une telle envergure. Et à ce moment-là, elle s'est mise sur la défensive. La déléguée du bureau politique en France, c'est moi, tu le sais parfaitement... Je ne dis pas que ce soit faux. C'est vrai que Moscou est très loin, qu'il y a l'Allemagne au milieu, la guerre, que personne ne peut traverser l'Europe et venir jusqu'à nous. D'accord, mais, en juin, ça ne les a pas gênés d'envoyer Zoroa, pourtant installé en Amérique, juste pour venir voir comment les choses se déroulaient, n'est-ce pas ? Et à présent voilà qu'ils n'envoient personne ?... »

À cette époque, nous ne savions pas qui était Agustín Zoroa, à part qu'il habitait à Mexico, jusqu'à ce que le comité central l'envoie en Espagne pour faire un rapport sur ce qui s'était passé pendant son absence. Dans d'autres circonstances, nous aurions pu nous dire que la mission de Zoroa ne collait pas très bien avec la place confiée à Carmen par le bureau politique, mais à ce moment-là ça ne nous paraissait pas important. La guerre avait isolé de telle façon la direction du Parti de ce qui se passait en Europe occidentale, que nous aurions été très surpris de les voir persévérer dans leur confortable indifférence, plutôt que de profiter de la première occasion pour envoyer quelqu'un. Et dans ce cas, ce que Zoroa aurait trouvé aujourd'hui à Madrid, pensions-nous, était ni plus ni moins que ce qu'il méritait, après cinq ans passés à se tripoter les couilles au soleil du Mexique. Qui va à la chasse perd sa place. Alors ceux qui vont à Moscou, ou en Amérique du Sud, n'en parlons pas. Monzón avait pris le pouvoir à la force des poignets, et acquis le respect de nous tous, qui avions travaillé à ses côtés. Et c'est précisément nous, et pas Moscou, qui avions chassé les nazis du sud de la France, alors nous n'en avions rien à faire que Jésús Monzón ait été élu par le Congrès ou pas.

« C'est un peu gros, je suppose que vous me comprenez. » Ce jour-là cependant, El Lobo avait réussi à nous communiquer son inquiétude. « C'est un peu gros si ça rate… et si ça réussit n'en parlons même pas. J'ai l'impression – c'est juste une impression mais elle me gêne – que nous sommes devenus des pions que Monzón avance à sa guise sur un échiquier. Je n'ose pas affirmer de façon catégorique qu'à Moscou ou à Buenos Aires ils ne sont pas au courant de tout ce qui se trame ici, mais si je devais parier…

— Si ça réussit… » El Pasiego avait complété à haute voix le raisonnement que notre chef n'avait pas osé conclure. « Après que les Alliés auront envahi l'Espagne, leur interlocuteur sera Monzón et l'Union nationale espagnole, n'est-ce pas ?… Qui n'est représentée par personne d'autre que Monzón. Il prendra le pouvoir, pas seulement du Parti, mais de toute l'Espagne : le pouvoir avec un *P* majuscule. Je suppose qu'il cédera la présidence de la République à Negrín, puis il formera un gouvernement d'union nationale avec les socialistes, les anarchistes, les républicains et même les libéraux, jusqu'à la tenue d'élections libres et surtout jusqu'à ce qu'il soit en situation de les gagner…

— Oui, et alors ? avais-je demandé, car j'avais pensé la même chose que lui, mais un tout petit peu plus vite. Nous avons toujours été les pions de quelqu'un, en Espagne comme en France. Au bout du compte, c'est ce qui nous différencie des fascistes. Nous, nous ne prenons pas le pouvoir pour le garder, mais pour le rendre à la société civile, n'est-ce pas ? Ou alors, je ne comprends plus ce que nous avons fait ici !

— Exact, avait enchaîné El Pasiego. Tu as raison, je ne vais pas dire le contraire. Le jour où Monzón sera au pouvoir, moi, je serai très heureux. Et le lendemain matin, je retirerai mon uniforme, je le jetterai aux ordures et je retournerai à Santander, pour donner à nouveau des cours de latin. Et s'il faut faire la révolution, que ceux qui sont restés bien à l'abri chez eux s'en occupent, parce que moi, tout petit professeur de lycée que je suis, voilà plus de huit ans que je ne fais rien d'autre que tirer des coups de fusil.

— Moi aussi, j'en serai très heureux, avait ajouté El Lobo, en me regardant dans les yeux. Et je suppose que moi aussi je retournerai donner des cours, ou peut-être que je choisirai plutôt de faire la révolution, je ne sais pas encore, ce qui est sûr c'est que... » Il avait adressé un sourire à Pasiego, que ce dernier lui avait rendu. Puis El Lobo s'était à nouveau tourné vers moi. « Je ne suis pas un ami de Jésus, Galán, mais je le respecte plus que tout autre, tu le sais. Cependant... Il y a encore autre chose... »

Et c'est bien cette chose qui m'avait empoisonné la vie par la suite, car El Lobo et El Pasiego, et bien entendu Comprentu, étaient pour moi des amis bien plus intimes et indispensables que ne l'était Jesús. Mais j'avais tellement envie que l'opération réussisse que je n'avais pas hésité à les affronter avec la même ardeur que Carmen avait mis à nier l'évidence, avec la même conviction qui lui avait permis de soutenir deux jours auparavant que le mécontentement était perceptible dans les rues de toutes les villes d'Espagne, que les ordres pleuvaient sans arrêt, que les femmes se mutinaient sur les marchés à cause du manque de denrées alimentaires, que les franquistes étaient extrêmement démoralisés à cause de la défaite imminente de l'Axe, que la police ne chargeait plus les manifestants, que dans les usines et les ateliers, dans les commerces et les bureaux, tous étaient prêts à organiser la fameuse grève générale qui devait nous faire un pont d'or.

« Et pourquoi ne sommes-nous pas au courant de tout cela, nous ? m'avaient demandé mes amis. Alors que nous sommes tout près, que nous avons des amis là-bas, de la famille et que nous recevons sans arrêt des réfugiés qui ont réussi à passer la frontière... Comment se fait-il que n'ayons pas la moindre idée de tout cela, pourquoi les journaux d'ici n'en disent-ils pas un mot, pourquoi personne ne nous l'a-t-il raconté jusqu'à aujourd'hui ? »

Je n'avais bien entendu pas réponse à toutes ces questions, mais j'avais confiance en Jesús.

« Il habite à Madrid, leur avais-je dit. Il doit bien savoir de quoi il parle, il doit avoir les éléments d'information qui nous manquent...

— Un instant, je te prie, je crois que j'ai perdu le fil. » Alors que cette discussion se répétait une deuxième ou une troisième fois, El Sacristán avait demandé la parole en levant les deux mains en l'air en même temps. « Je ne comprends pas très bien. On va y aller ou on ne va pas y aller ?

— Bien entendu qu'on y va, lui avait répondu El Lobo. Bien entendu...

— Alors je ne vois pas très bien le pourquoi de toute cette discussion. »

On va y aller, voilà quel avait été le critère qui avait prévalu par rapport à toutes les réticences et à tous les doutes, à mesure que la date de l'invasion approchait. *On va y aller, on va combattre et puis nous verrons bien*. En attendant, j'étais resté un après-midi avec El Lobo, tout seul, et je lui avais raconté mon entrevue avec Carmen dans ce petit et délicieux restaurant de la périphérie. « Je le savais, m'avait-il dit en souriant. Car elle avait noté sur un morceau de papier jusqu'au dernier gramme de dynamite qui se trouve dans le grenier de Fermín, et que tu es le seul à en avoir fait le compte... C'est une idée qui ne pouvait venir que de toi. »

Le début de l'opération avait été fixé au petit matin du 19 octobre. Deux jours auparavant, en arrivant à Tarbes, où s'étaient regroupés les quatre mille hommes, dont je faisais partie, et qui allaient franchir le val d'Aran, j'avais subi ma première blessure. Et elle avait été grave.

« Et El Gitano ? avais-je demandé à El Lobo. Je ne le vois nulle part.

— Il ne vient pas avec nous, m'avait-il répondu en faisant une grimace dont j'avais été incapable de comprendre le sens. Il...

— Comment ça, il ne vient pas ?

— Pas avec nous, non. »

El Gitano, que nous appelions ainsi parce qu'il avait la peau très mate, même s'il n'était pas gitan mais originaire de Tordesillas, avait été le commissaire politique de Lobo depuis l'été 1936. Ce dernier ne s'était pas séparé de lui, ni de Zafarraya, jusqu'à la *retirada*, lorsqu'ils avaient passé la frontière. C'est à cette occasion, alors qu'ils étaient toujours ensemble, que Comprentu et moi avions fait leur connaissance à Argelès-sur-Mer. Si El Gitano ne nous avait pas rejoints par la suite à la scierie, c'est parce qu'on l'avait envoyé travailler dans une usine d'armement, en France occupée, d'où il s'était évadé. Mais on l'avait rattrapé, puis enfermé au camp du Vernet. Moi, j'avais donné pour acquis qu'il serait le futur commissaire en chef de notre secteur. Et El Lobo n'avait même pas eu le temps de s'en douter, car lorsqu'il avait pris congé de Carmen, lors de la première réunion à Toulouse, elle lui avait déjà annoncé que Flores serait son commissaire, et lorsqu'il avait tenté de protester, elle lui avait dit qu'elle n'allait pas risquer de faire capoter l'opération en considérant les caprices des uns et des autres.

« Ne déconne pas ! » m'étais-je exclamé lorsqu'il m'avait mis au courant de la chose.

Pour commencer, Flores, dont nous ignorions le vrai nom, n'était même pas militaire. Bon, qu'il soit civil n'aurait guère été très grave, s'il n'avait été par ailleurs un individu louche et désagréable – personne ne savait exactement le rôle qu'il avait joué dans notre guerre, et personne ne l'avait jamais croisé dans un camp de prisonniers, chose douteuse s'il en était, car dans son cas c'était difficile à expliquer. Mais le pire, c'est que nous le connaissions. Bien avant d'avoir entendu les rumeurs à son sujet, qui le présentaient comme celui qui accomplissait les sales besognes de Monzón, nous étions déjà persuadés que Flores, qui passait de temps en temps à la ferme des Perrier, sans prévenir Angelita et sans donner la moindre explication, avait été son informateur dans notre secteur. Et quand bien même personne n'aurait soupçonné cela de lui, il serait resté le même type d'homme auquel aucun guérillero n'aurait accepté de faire confiance. Et dans une caserne, parmi nous, il aurait été plus un espion que n'importe qui d'autre.

« Tu comprends, à présent ? m'avait demandé El Lobo. Mais ne raconte cela à personne. Finalement, il ne manque plus que deux jours... » Il avait regardé sa montre. « Un jour et demi, exactement. »

Je m'étais alors souvenu de cette phrase : On va y aller ou on ne va pas y aller ? On est en train d'y aller, alors il est bien tard pour penser à cela. El Lobo m'avait donné une tape dans le dos, et nous n'avions plus abordé ce sujet. Au petit matin du 19 octobre 1944, nous nous étions mis en route à l'heure prévue et avions traversé la frontière pour entrer en Espagne avec la même ponctualité.

À neuf heures moins le quart, Romesco s'était présenté en courant et m'avait informé que le colonel m'attendait au bout de la côte. Lorsque j'y étais arrivé et qu'il m'avait expliqué la raison pour laquelle il m'avait fait appeler, je m'étais tourné vers Comprentu, à qui je venais de demander de rester là pour attendre un groupe qui s'était retardé.

« Comprentu !

— À vos ordres.

— Monte !

— Tout de suite ? » Et il m'avait obéi en grommelant. « Il faudrait savoir, comprends-tu ? Un coup, il faut que je reste là, un coup il faut que je monte, un coup il faut que je descende… »

Lorsqu'il m'avait rejoint, El Lobo avait déjà commencé à redescendre.

« Qu'y a-t-il ? » m'avait-il demandé, et moi j'avais mis mon bras droit autour de son cou tout en lui montrant les camarades qui marchaient devant nous.

« Il ne se passe rien. Mais si tu te mets à marcher dans la même direction que ces camarades, tu les vois ? Et que tu continues jusqu'au bout, tu arriveras à Vicálvaro à pied.

— Nous sommes en Espagne ?

— Oui. »

Nous sommes restés là, tous les deux, sans parler, sans nous regarder, immobiles comme des statues, le regard fixé sur l'horizon, jusqu'à nous faire doubler par le dernier de nos hommes. Ensuite, Comprentu avait rompu le charme dans lequel nous avions été pris. Lorsque son coude gauche avait frôlé mon bras droit, je l'avais regardé, et j'avais vu qu'il était en train de soulever ses lunettes pour s'essuyer les yeux.

« Putain ! m'avait-il dit en secouant la tête comme s'il ne pouvait y croire. Je suis tellement ému, comprends-tu ? »

Lorsque je m'étais aperçue que j'avais un pistolet chargé à la main, j'avais senti tout s'arrêter un instant : le temps, ma vie, Adela et sa servante, qui continuaient cependant à s'activer autour des valises ouvertes posées sur le lit, comme si elles n'avaient eu aucune raison de s'arrêter. Même si je savais tirer, je n'avais jamais possédé d'arme et je n'étais pas habituée à m'en servir, mais ce que j'avais ressenti n'avait rien à voir avec le danger ou la nervosité. Bien au contraire. Pendant une seconde de paix irréelle, détachée de moi et de tout ce qui m'entourait, chacun de mes muscles s'était complètement relâché pour récupérer immédiatement et sans effort leur tension, comme si j'étais une naufragée qui, après avoir gagné à la nage une plage déserte, avait soudain compris sur quel territoire inhospitalier et hostile elle venait d'échouer. Alors, en recouvrant, aussi vite que je les avais perdues, la conscience et la maîtrise de mon corps, j'avais regardé devant moi et aperçu ma belle-sœur décoiffée, à genoux sur le lit, essoufflée, appuyant des deux mains sur le couvercle d'une valise que Cristina ne parvenait pas à fermer. Cette scène innocente, charmante et presque comique avait fini de me ramener à une réalité où chaque chose possédait son prix, et avait installé dans mon esprit un tendre et infime regret qui, loin de me décourager, m'avait confortée dans ma détermination à m'enfuir le plus rapidement possible.

J'aimais beaucoup cette femme qui disait « mercredi » plutôt que « merde » tout en s'asseyant sur la valise, mais c'était ma liberté contre sa déception. Moi, je l'aimais vraiment, je l'aimais tellement que cela me faisait mal au cœur de penser que le lendemain elle me prendrait peut-être pour une traîtresse, une ingrate, une égoïste et une indélicate. Mais ma chance était à présent au rendez-vous et il m'était impossible de la laisser passer. Adela m'avait regardée et froncé les sourcils en s'apercevant que je n'avais pas reposé l'arme sur la table de nuit, mais j'étais prête à tout risquer, ma vie, mon avenir, la possibilité d'être à nouveau moi-même, tandis qu'elle, au pire, risquait juste d'être déçue. Voilà ce que j'avais essayé de me dire tandis que j'empoignais le pistolet, plaçais mon doigt sur la détente et levais le bras bien raide en l'air.

« Je suis désolée, Adela. » Et pendant que je la visais, je lui avais confié ce qui se passait au fond de moi, et j'avais été on ne peut plus sincère. « Je donnerais je ne sais quoi, tout ce qu'il faut, pour ne pas avoir à faire ça. Vraiment je suis désolée.

— Inés, lâche ça, au nom de Dieu... » Soudain toute pâle, elle s'était levée et était venue vers moi, bras tendus, mains ouvertes, une émouvante grimace d'incompréhension dessinée sur son visage. « Ne fais pas de bêtise, allons !

— Ne t'approche pas, Adela ! S'il te plaît, retourne sur le lit. »

Elle avait refusé de m'écouter. Elle ne pouvait m'écouter parce qu'elle ne comprenait pas encore ce qui était en train de se passer, pour quelle raison j'avais son pistolet dans ma main, pourquoi je le pointais sur elle, pourquoi j'étais prête à la traiter comme un otage, comme une prisonnière, alors qu'elle était mon amie, la seule qui prenait mon parti.

« Mais que fais-tu ?... Que se passe-t-il ?...

— Adela, pour l'amour du ciel, reste tranquille. »

Lorsque je l'avais vue avancer d'un pas, j'avais levé le pistolet et tiré au plafond. J'aurais préféré ne pas le faire, mais je n'avais d'autre solution pour me faire obéir. C'était pour son bien et surtout pour le mien. Je savais que j'étais incapable de lui faire du mal. Je pouvais tirer au plafond, oui, mais pas sur elle. J'aurais avant retourné l'arme contre moi, mais je n'avais pas la moindre intention de me tuer, d'abandonner alors que j'avais encore tant de choses à voir, tant de choses à vivre. Je devais être capable de quitter cette chambre sans faire de mal à personne ou j'allais rester là pour toujours. Et cela, il n'en était pas question. Je ne méritais pas cela. Voilà pourquoi j'avais tiré et le coup de feu avait résonné comme un coup de canon dans toute la maison déserte, tandis qu'un nuage de poussière blanche avait dégringolé sur moi, comme un simulacre de neige sur la scène d'un théâtre.

« Assieds-toi, Adela, s'il te plaît. » Mais je n'étais pas une actrice, et je n'étais pas en train de jouer un rôle.

Elle m'avait regardée, avait fermé les yeux, secoué la tête comme si elle voulait m'effacer à jamais de sa mémoire, puis elle s'était affalée sur la chaise avec une lenteur si douloureuse que cela avait eu la vertu d'accélérer à nouveau mes mouvements.

« Attache Madame à la chaise avec la ceinture du peignoir, Cristina. La bleue, oui. Attache-la comme il faut, mais ne lui fais pas mal. » La servante terrorisée m'avait aussitôt obéi. « Je suis désolée, Adela, je te le jure, je suis vraiment désolée. Que cela soit tombé sur toi, qui as été ma seule amie, la seule personne bonne et affectueuse que j'ai rencontrée dans cette maison, la seule compagnie que j'ai eue depuis si longtemps… Que je sois obligée de te faire cela à toi, précisément à toi, en t'aimant comme je t'aime… quelle malchance !

— Mais que vas-tu faire, Inés ? » Elle avait tenté de se relever, en vain. « Quelle folie vas-tu faire ?…

— Il n'est pas question de tempête, Adela, et tu le sais très bien. Ce sont les gens de mon camp, et ils sont venus pour me délivrer, comme dans un conte de fées. » Et mes lèvres avaient involontairement dessiné un sourire presque enfantin sur ma bouche. « Et ce n'est pas seulement un prince charmant qui arrive, non. Il y en a huit mille qui viennent de traverser la frontière ! Je ne pourrai jamais oublier ce que tu as fait pour moi, Adela, je ne pourrai jamais te le rendre, mais à présent je dois les suivre, il faut absolument que je les suive. » Et puis je n'avais pas pu continuer à me justifier. « Essaie de comprendre, s'il te plaît, je sais que c'est difficile, que tu ne mérites pas cela, mais je n'ai pas le choix. Je ne peux pas rester ici, risquer de retourner en prison, risquer que ton mari m'enferme dans un hôpital psychiatrique, risquer de finir… » Même à ce moment-là, je n'avais pas eu la force de lui parler de

Garrido. « De finir de façon tragique, à présent qu'ils sont si près de nous. »

Elle avait refusé de me répondre, tant qu'elle me voyait agiter mon revolver pour indiquer une autre chaise à Cristina, où celle-ci était allée s'asseoir. Après avoir attaché la servante avec la ceinture d'un manteau, j'avais vérifié les nœuds de ma belle-sœur, puis je leur avais mis un mouchoir dans la bouche.

« Tu as mal ? » Adela avait dirigé son regard vers moi et fait lentement non de la tête, les yeux pleins de larmes. « Pardonne-moi, s'il te plaît, pardonne-moi, je… Je ne peux pas faire autrement, vraiment, tu le comprends, n'est-ce pas ? » Et je l'avais embrassée sur la joue et sur la tête, longuement, pour ne pas risquer de la voir faire non à nouveau.

Puis je leur avais tourné le dos et respiré profondément jusqu'à ce que mes mains cessent de trembler. Le pire est déjà passé, m'étais-je dit, et j'avais mis le cran d'arrêt du pistolet avant de le coincer dans la ceinture de ma robe et d'aller prendre de l'argent. Ricardo avait laissé plus de trois mille six cents pesetas à son épouse, un butin insignifiant par rapport à celui que j'avais récupéré une fois, mais qui restait important vu le contexte. Cependant, avant de le fourrer dans ma poche, j'avais saisi le carnet et le stylo qui se trouvaient près du téléphone, et étais allée m'installer devant la coiffeuse – je voulais éviter qu'Adela me prenne pour une vulgaire voleuse.

« Je vais emporter l'argent également. Ne t'en fais pas, je vais te faire un reçu. »

J'avais commencé à noter, d'une écriture lisible et ferme : Pont de Suert, le 20 octobre 1944. Reçu trois mille six cents quatre-vingt-douze – 3 692 – pesetas, réquisitionnées par… Et puis je n'avais plus su comment finir.

« Bon, voilà… » À la fin, j'avais inscrit mon prénom et mes deux noms. « Je vais le signer au nom de l'Union nationale espagnole, car à présent qu'Azaña est mort, je ne sais pas ce qui va se passer avant qu'on organise à nouveau des élections générales, mais c'est égal. L'argent n'est pas pour moi. Je le remettrai au commandement militaire et je demanderai un autre reçu en échange, et lorsqu'on se reverra à Madrid, ou n'importe où ailleurs, je te rendrai tout jusqu'au dernier centime. » Puis je m'étais levée et avais regardé ma belle-sœur avec douceur, une dernière fois. « Et ne t'en fais pas, Adela, car quoi qu'il se passe personne ne te fera de mal. Ni à toi, ni aux enfants. Je te le promets. »

Avant de quitter la pièce, j'avais regardé l'horloge. Il manquait deux minutes pour que sonnent neuf heures du matin, mais une longue journée m'attendait, et même si j'étais ennuyée de laisser Adela attachée et bâillonnée, je ne pouvais pas rester une minute de plus dans cette chambre. J'avais pris un carton à chapeaux ouvert et vide posé sur une chaise, me disant que ce serait parfait pour emporter les *rosquillas*. Et passant le seuil de la porte, j'avais ajouté : « N'ayez pas peur, il ne va rien vous arriver. Je vais laisser la maison ouverte. Cet après-midi, lorsqu'on passera vous prendre, on vous trouvera. »

Le jour où j'étais sortie de la prison de Las Ventas, une inconnue m'attendait dans l'entrée, tournant le dos à la violente lumière du soleil de juin. Malgré le contrejour, ses talons m'avaient laissée perplexe, ainsi que sa robe cintrée à la taille et surtout sa houppe démesurée – coiffure si caractéristique des femmes des vainqueurs. On avait baptisé cet énorme rouleau de cheveux défiant la gravité « Arriba España », celui-ci grimpait d'une bonne trentaine de centimètres sur lui-même, afin de dégager le front et d'allonger la silhouette de l'intéressée, se bornant à déformer son profil, ce que ne pouvaient se permettre que les vraies belles femmes. Cela ne lui allait pas si mal à elle, qui avait le visage très rond et de belles joues rebondies de paysanne. Pourtant ce n'était pas cela qui m'avait interpellée, mais plutôt le prix de ce genre de coupe, bien trop cher pour le salaire d'une gardienne de prison, car je n'avais pas envisagé que cette femme pût être autre chose que cela.

« Embrasse-moi, ma chère. » Lorsque j'avais fait mes adieux à Virtudes, je ne savais pas non plus que je ne la reverrais plus jamais. « Et promets-moi de bien te soigner.

— Inés Ruiz Maldonado ! » Bien qu'elle se soit appliquée à hurler mon nom, cette gardienne n'avait pas l'air d'être une mauvaise femme. « Je ne vais pas vous attendre toute la matinée.

— Je t'enverrai des bandes neuves et de la pommade contre la gale. » C'est pour cette raison que j'avais pris le temps d'embrasser mon amie. « Teresita a promis de te soigner. Rappelle-lui que le plus important est d'avoir toujours la peau bien sèche, et...

— Ne t'en fais pas pour moi, soigne-toi toi-même, Inés. Donne-moi encore un baiser.

— Inés Ruiz Maldonado ! »

J'avais embrassé une dernière fois Virtudes et, au moment de me lever, j'avais embrassé toutes les compagnes d'infortune que je pouvais, j'avais donné la main à toutes les mains qui se tendaient vers moi, en tentant d'atteindre l'extrémité des doigts qui pointaient vers moi. Adieu Faustina, adieu María, adieu Enriqueta, adieu Dolores, adieu Teresita, adieu ma chérie, j'espère que ton gamin va guérir, je ne sais pas où on m'emmène, mais si je peux t'envoyer quelque chose, je te promets de le faire, adieu, adieu, et dites adieu pour moi aux autres, Mercedes, Pili et les Pepa, n'oubliez surtout pas les Pepa, remontez-leur le moral et embrassez-les de ma part, adieu, adieu, chance, et adieu à vous toutes... J'étais sortie de cette cellule en pleurant, de ma dalle et demie au sol où je dormais toute recroquevillée en pleurant, de ces quatre murs bourrés de femmes affamées en pleurant, en pleurant d'émotion et en pleurant de tristesse, pour moi, pour elles, pour leurs enfants et pour ceux que je n'aurais peut-être jamais, pour le temps qui allait passer avant que je n'aie l'occasion de les revoir, et pour celles que je ne reverrais jamais plus. Ma peine de mort avait été commuée en trente années de prison et il me restait vingt-huit années à faire. Je n'avais pas encore vingt-cinq ans.

Une femme que je ne connaissais pas m'attendait également à la porte de la prison.

« Inés ! » Lorsqu'elle m'avait ouvert ses bras et avait collé sa tête à la mienne pour m'embrasser sur les joues, j'avais fermé les yeux pour mieux goûter à l'odeur de son parfum et j'avais eu l'impression que cela me nourrissait plus que mon petit déjeuner du matin. « Je suis ta belle-sœur Adela, la femme de Ricardo. J'avais très envie de faire ta connaissance. »

Tandis que je tentais de comprendre le sens de ces mots, la fonctionnaire qui l'attendait avec un imprimé dans ses mains s'était raclé la gorge, et Adela était devenue nerveuse comme une enfant qui vient de se faire gronder par son professeur. Après avoir signé le document, elle m'avait regardée, souri et prise par le bras comme si nous partions ensemble faire des courses ou une promenade.

Nous avions déjà avancé de plusieurs pas sans nous retourner, quand j'avais compris que le bâtiment que nous étions en train de quitter lui faisait plus peur qu'à moi-même. Mais lorsque j'avais pu la regarder à la lumière du jour, c'est sa coiffure qui avait attiré mon attention. Elle venait de sortir de chez le coiffeur et ses cheveux soyeux, soigneusement teints en blond platine, m'avaient fascinée tel le fragment d'un rêve flou, mélange de désir et de cauchemar, le vestige d'un monde perdu avec une touche d'irréalité. J'avais ressenti l'envie enfantine et soudaine de toucher ces cheveux brillants et incroyables qui semblaient sortis d'un film, d'un tableau ou d'une photographie venue d'ailleurs, mais je ne l'avais pas fait. Avant que je ne remarque ses sourcils sombres qui démentaient une telle blondeur, ma belle-sœur avait ouvert son sac et en avait tiré une cigarette.

« Bon, eh bien tout cela est terminé... », avait-elle murmuré pour elle-même, sur le même ton avec lequel on pourrait consoler un gamin apeuré, avant d'inspirer la fumée avec un plaisir qui avait foudroyé en un instant ma curiosité pour sa coiffure. « C'est terminé.

— Tu m'en offres une ? » S'il avait fallu, je la lui aurais demandée à genoux, et elle s'en était aperçue. « Hein ?...

— Bien entendu. » Elle m'en avait tendu une à une rapidité proportionnelle à mon désir. « D'habitude, je ne fume jamais dans la rue, ne t'en fais pas, et puis Ricardo veut que j'arrête, mais... »

En libérant la première bouffée de fumée, j'avais souri, et ce n'est qu'après que j'avais compris que j'étais en train d'avaler non seulement de la fumée, mais l'air de la rue. Mon sourire s'était élargi et ma belle-sœur avait continué de m'observer avec une moue de dégoût que je n'avais pas réussi à interpréter.

« Comme tu es maigre, Inés ! s'était-elle exclamée en secouant plusieurs fois la tête. Si je ne savais pas que c'est toi, je ne t'aurais pas reconnue, tu sais ? Hier, j'ai regardé tes photos, et... tu ressembles à quelqu'un d'autre.

— Oui, je sais, c'est la prison. » Je lui avais à nouveau souri, sans qu'elle parvienne à le faire en retour. « Où est Ricardo ? Pourquoi n'est-il pas venu lui-même ?

— Lui... Bon, tu sais, il est très occupé, il a beaucoup de travail. Il est toujours employé à *Obras públicas* et il passe des semaines entières à voyager d'un côté et de l'autre. Mais il m'a donné... » Elle avait rouvert son sac et j'avais eu l'impression qu'elle était soulagée de fouiller à l'intérieur. « La voici. C'est une lettre pour toi.

— Une lettre ? »

Jusqu'alors je n'avais pas eu l'idée de me demander ce que j'allais devenir. Trois jours auparavant, lorsqu'on m'avait prévenue qu'on allait me transférer, j'avais trouvé cela étrange, mais pas vraiment grave, car on m'avait déjà jugée. Les transferts individuels n'étaient pas fréquents et toute cette précipitation non plus, mais l'arbitraire des autorités était monnaie courante dans notre condition, et ce matin-là, en faisant mes adieux à mes compagnes, j'attendais juste qu'une fonctionnaire me fasse monter dans une fourgonnette, toute seule ou avec d'autres, sans forcément me préciser ma destination. Cependant, lorsque j'avais fait la connaissance de ma belle-sœur, je n'avais pu m'empêcher de me faire des illusions.

Après la misérable visite de cet avocat qui m'avait proposé la liberté en échange de la vie de Virtudes, mes rapports avec ma famille avaient été quasi inexistants. Personne n'était venu me rendre visite à la prison, même si ma mère m'écrivait régulièrement, trois ou quatre paragraphes remplis d'amour et d'incompréhension, qui trahissaient une douleur aussi profonde que celle que j'éprouvais en les lisant. Je lui avais toujours répondu par des lettres plus longues que les siennes, qui ne tentaient pas d'expliquer ce qu'elle ne pouvait comprendre mais lui rendaient autant d'amour, jusqu'à ce que, début 1941, elle avait cessé de m'écrire. Je lui avais envoyé quatre lettres d'affilée sans obtenir de réponse. Puis, au mois d'avril, ma sœur Matilde m'avait écrit, pour la première et dernière fois, pour m'informer qu'elle était morte et que tout le monde considérait que c'était ma faute. *C'est toi qui l'as tuée, Inés...*

J'avais déchiré cette lettre en mille morceaux, mais elle était restée à jamais intacte dans ma mémoire. Par la suite, personne ne s'était plus occupé de ma situation jusqu'à ce qu'Adela vînt me sortir de prison, malgré son mari, déjà furieux contre moi bien avant que je n'aie refusé une première fois les conditions de ma libération. C'était le seul élément que j'avais réussi à tirer de maman, qui se lamentait mais me demandait de ne pas me décourager, car elle ne désespérait pas de convaincre Ricardo d'intercéder tôt ou tard en ma faveur. Je savais que mon frère nourrissait contre moi une rancœur très particulière pour mon affront que tous tenaient pour une trahison. Toute sa vie, mon frère ruminerait la dilapidation de cette fortune au profit des soldats de l'Armée populaire. Mais lorsque Adela m'avait tendu l'enveloppe, j'étais libre, je me promenais dans la rue en fumant une cigarette avec elle. Elle était ma belle-sœur et, pendant les quelques minutes que nous avions passées ensemble, elle m'avait déjà donné plus d'affection que l'un ou l'autre de mes frères depuis la fin de la guerre. Si j'avais pris le temps de réfléchir à ce qui allait se passer par la suite, j'aurais pu supposer qu'Adela allait héler un taxi, m'inviter à y prendre place avec elle pour nous rendre ensemble à la maison. Mais, je m'étais très vite rendu compte que nous n'étions pas en train de marcher comme le ferait n'importe qui dans la rue. En quittant la prison, elle m'avait saisie par le bras pour me conduire jusqu'à une voiture noire dont le moteur tournait. Le chauffeur était assis à sa place, et il y avait deux policiers qui nous surveillaient sur le trottoir. L'un d'eux avait posé sa main droite sur la crosse de son pistolet.

Pour tenter de comprendre ce qui était en train de se passer, j'avais ouvert l'enveloppe et tiré la feuille de papier qu'elle contenait. *Je n'ai pas gagné cette guerre pour que tu viennes me pourrir la vie, Inés*, avais-je pu lire avant de fermer les yeux.

« Où allons-nous ? avais-je demandé à ma belle-sœur. Où...

— Moi, je ne viens pas... » J'avais soulevé mes paupières et m'étais aperçue qu'elle était devenue nerveuse. « Je ne peux pas aller avec toi. J'ai un enfant en bas âge. C'est vrai, ça je ne te l'ai pas dit, on a eu tellement peu de temps pour parler... C'est un garçon, il s'appelle Ricardo, il a quinze mois, je ne peux pas le laisser seul, mais tu vas... » Elle s'était approchée de moi et m'avait serrée dans ses bras, pour continuer à me parler, la tête collée à la mienne. « Tu vas être très bien là-bas, tu vas voir. Les religieuses sont très gentilles et... »

Sa dernière phrase avait claqué comme un coup de fouet à mes oreilles et rien n'aurait pu me faire autant de mal. Voilà pourquoi je m'étais écartée d'elle et l'avais maintenue à distance, les bras tendus. J'aurais pu tomber à genoux par terre, à ses pieds, si un des policiers ne m'avait immédiatement immobilisée, en me tenant les bras derrière le dos comme s'il allait me passer les menottes.

« Je ne veux pas aller au couvent, Adela, s'il te plaît, s'il te plaît ! » Elle me regardait avec une moue effrayée et ses yeux étaient devenus humides, mais je m'étais mise à pleurer avant elle. « Je préfère retourner en prison, ramène-moi en prison, s'il te plaît, Adela ! En prison, pas au couvent, je te le demande s'il te plaît, ne me fais pas ça, je ferai ce que tu voudras, pas dans un couvent, pas dans un couvent...

— Mais tu vas être très bien, là-bas. » Elle s'était approchée, avait tendu la main vers moi avec précaution, m'avait caressé la joue. « Tu verras, Inés...

— Non, Adela, je ne veux pas, je ne veux vraiment pas, je ne veux pas aller dans un couvent, je te le demande s'il te plaît, je préfère la prison, s'il te plaît...

— Bon, ça suffit ! »

Le policier m'avait traînée et obligée à monter dans la voiture avant que l'incident ne dégénérât en scandale sur la voie publique, mais Adela m'avait suivie, et avait toqué du bout des doigts à la vitre, jusqu'à ce que je l'ouvre.

« Je suis désolée. C'était mon idée, je pensais que c'était le plus simple, parce que...

— Madame, nous devons y aller, avait déclaré le policier. Nous ne...

— Oui. » Elle avait acquiescé tout en glissant une main à l'intérieur de la voiture pour saisir la mienne dans laquelle elle avait mis son paquet de cigarettes, puis elle l'avait serrée. « Courage, Inés. »

Voilà ce que m'avait dit Adela, courage, et non pas au revoir, lorsque nous avions pris congé l'une de l'autre, la première fois.

C'est pour cela que, le 20 octobre 1944, lorsque je l'avais abandonnée, ligotée et bâillonnée dans la chambre de sa maison, j'avais eu besoin de souhaiter quelque chose du même genre à Adela. Sans toutefois savoir très bien comment m'y prendre. Finalement, lorsque je m'étais contentée de refermer la porte, j'étais soudain devenue très nerveuse. Au lieu de me sentir armée et libre, forte et sûre de moi, j'avais été troublée par l'atmosphère de cette maison que j'allais abandonner, j'avais également perçu le danger, inexistant, sur les murs, sur les tapis, sur les fenêtres, dans tous les recoins du couloir où je marchais. La maison était vide, mais mon expérience de la captivité se confondait avec ce qui n'était déjà plus un projet, l'irrémédiable nécessité de fuir, afin d'accélérer le mouvement. Était-ce dû au silence, à la certitude que tout était désormais fini pour moi, à cet endroit ? Toujours est-il que j'avais agi avec la même rapidité que si une meute de chiens féroces avait été lâchée dans le jardin. Ainsi, sans prendre le temps de retrouver mon souffle, je m'étais changée, j'avais attrapé une musette dans laquelle j'avais fourré les vêtements indispensables, j'étais descendue à la cuisine, j'avais embarqué toute la nourriture facile à emporter à cheval, que j'avais trouvée dans les garde-manger, et m'étais dépêchée de ranger les *rosquillas* dans la boîte à chapeaux. Puis j'avais tout emporté devant la façade principale, près de la porte, et rempli mes poumons de l'air du jardin. Et ensuite, lorsque je m'étais sentie plus calme, j'étais allée chercher *Lauro*.

Lorsque Ricardo m'avait emmenée habiter à Pont de Suert, je n'aurais même pas osé imaginer que j'allais remonter à cheval. Les photos et les trophées qui se trouvaient dans la chambre de mon enfance avec les broderies et les napperons blancs de toutes sortes dormaient dans une malle depuis le jour où ma mère avait décidé que j'étais devenue une jeune fille et que je devais arrêter de faire des compétitions, car les concours de saut, si charmants et si louables chez une gamine, étaient trop masculins et dangereux pour une demoiselle. Tu veux que tout le monde te voie allongée par terre, en train de te relever pour faire une nouvelle chute, couverte de boue de haut en bas ? Il ne manquerait plus que cela. Le fiancé que tu trouverais serait certainement formidable, tiens !... J'avais tenté de m'opposer de toutes mes forces à cette idée absurde, mais je n'étais pas parvenue à m'adjoindre d'autre allié que mon père, et il avait refusé de supplanter le jugement de sa femme, car le 30 juillet 1931, jour de mes quinze ans, personne n'avait oublié le coup de massue du 14 avril. Voilà de quelle étrange façon – « Je suis désolé, Inés, mais nous avons eu suffisamment de malheurs cette année pour qu'en plus je me dispute avec ta mère à cause de tes petits chevaux. » – la République m'avait écartée de l'équitation. Elle me la restituait à présent de façon tout aussi étrange.

Adela n'aimait pas lire et elle avait également horreur que je lise. Ç'avait été une des premières choses que j'avais apprises d'elle. Lorsque je l'avais revue, quelques jours avant la Noël 1941, elle m'avait demandé si j'avais besoin de quelque chose et je lui avais demandé de m'envoyer des livres. Elle n'avait pas compris pourquoi.

« Tu parles sérieusement ? Mais pour quelle raison veux-tu donc des livres ? »

Le troisième jour où je m'étais réveillée au couvent, j'avais reçu son premier paquet : deux cartouches de cigarettes, trois tablettes de chocolat, plusieurs grosses chaussettes de laine, deux tee-shirts à manches longues, un chandail et, à ma grande surprises, deux pots de crème blanche et épaisse, un pour le visage et un pour le corps, *car lorsque je t'ai vue à Madrid, j'ai été effarée par ta peau tellement sèche, alors n'oublie pas de te passer les deux crèmes, tous les jours, matin et soir, et étale-les bien pour t'assurer qu'elles pénètrent correctement*... Après avoir lu la lettre où son mari spécifiait mes futures conditions de vie – *j'ai promis deux choses en échange de ta liberté, Inés. Que tu ne remettrais jamais plus les pieds à Madrid et que j'allais te retirer pour toujours de la circulation. Alors tu peux commencer à te faire à cette idée...* –, ses instructions m'avaient fait sourire. C'est peut-être pour cette raison que j'avais déjà utilisé les deux pots de crème, et encore deux autres, lorsque Adela était venue me rendre visite au mois de décembre. « C'est parfait ! Ta peau se porte beaucoup mieux », s'était-elle exclamée en me voyant, avant d'écouter ma requête qui lui avait immédiatement fait froncer les sourcils.

« Pour quelle raison je veux des livres, Adela ? Eh bien pour les lire. Ici, je n'ai pu trouver qu'une Bible et même si j'apprécie beaucoup l'Ancien Testament, je n'ai pas l'intention de l'apprendre par cœur.

— Bien sûr, mais... » Ses sourcils étaient à peine revenus en place qu'elle les avait froncés à nouveau. « Que veux-tu que je t'envoie ?

— Les œuvres complètes de Galdós. » Car, à choisir, je préférais retourner chez moi, dans mon pays, dans une Espagne que je puisse comprendre, qui m'appartienne, même si je n'avais pas réussi à formuler ce désir à haute voix, parce que les mimiques d'Adela m'avaient à nouveau déconcertée. « Benito Pérez Galdós, tu vois de qui je veux parler, non ?

— Oui, ça me dit quelque chose, vraiment, mais... Tu veux tous ses livres ?

— Eh bien... Ils ont été réunis en six ou sept volumes, et puis certaines éditions sont très bon marché.

— Ah, bon ! » Et elle avait souri. « Tu aurais dû commencer par là. »

Les livres l'ennuyaient tellement que chaque fois qu'elle me voyait lire elle était triste et, malgré l'énergie que je mettais à le lui assurer, refusait de croire que cela me plaisait. Ricardo, en revanche, continuait à être un très bon lecteur – en mars 1943, lorsque j'étais arrivée chez lui, j'avais autant apprécié la compagnie de sa bibliothèque que celle de sa femme. Après avoir partagé mon existence entre une prison et un couvent pendant quatre ans, j'avais été heureuse d'habiter de nouveau dans un lieu où il y avait des livres, et durant plusieurs mois, j'avais fait des infidélités à Galdós, le seul compagnon qui me restait, même en présence de l'ennemi. Ainsi, quand Adela me découvrait en train de lire à tous moments de la journée, elle se dirigeait vers moi en marchant lentement et s'asseyait à mon côté.

« Que fais-tu là, Inés ? » Et elle formulait elle-même une réponse imprévisible à une question aussi simple. « Jeune comme tu es, tu as toute la vie devant toi, et tu la gâches de cette façon.

— Mais je ne suis pas en train de la gâcher, Adela. Je suis tout simplement en train de lire.

— C'est bien ce que je dis, tu es en train de lire, là, toute seule, tu vois bien... » J'apercevais alors dans ses yeux une compassion si sincère qu'elle me désarmait. « Allez viens, on va faire un tour.

— Mais je n'ai aucune envie d'aller faire un tour, je te répète que je suis très bien, ici.

— Non, tu n'es pas bien ! » Alors elle se levait, m'arrachait le livre des mains, le jetait sur la table et m'obligeait à me lever à mon tour. « Comment veux-tu être bien ! Nous allons sortir pour que tu prennes un peu l'air, on dirait une morte vivante... »

Dès lors, nous grimpions dans la voiture, le chauffeur nous emmenait au centre du village, et nous allions à la mercerie pour acheter des boutons, ou au kiosque à journaux pour choisir des magazines, ou tout simplement nous promener dans la grand-rue. Je ne m'ennuyais pas, car le paysage était si beau que le trajet me paraissait court, et puis c'était agréable de croiser à nouveau des gens inconnus sur les trottoirs. Mais je regrettais invariablement ma chaise, mon livre, l'endroit où je m'étais interrompue, que je ne pouvais retrouver que lorsque Adela mettait un terme à sa bonne action.

À cette époque, *Lauro*, un magnifique poulain arabe espagnol de trois ans, aux proportions aussi parfaites que *Sultan*, le cheval avec lequel, enfant, j'avais gagné plusieurs trophées, se trouvait déjà dans l'écurie. Ricardo l'avait acheté pour Adela quelques mois auparavant, mais, habituée à sa vieille jument, calme et pacifique comme une vache laitière, elle redoutait de le monter. Un matin où en passant près de l'écurie, elle s'acharnait à vouloir m'imposer ses jugement personnels sur la façon de s'amuser, j'avais aperçu *Lauro* dans le manège en train de tourner avec une telle élégance que je m'étais approchée des barrières. J'étais restée là, à le regarder, comme attirée par un aimant.

« Quel beau cheval ! m'étais-je exclamée si fort que le palefrenier avait tiré sur les rênes. Je peux m'approcher ?

— Bien sûr. » Lorsqu'il avait souri, il m'avait laissé voir des dents aussi blanches que sa chemise déboutonnée jusqu'au milieu du torse. « C'est un bon cheval. »

Voilà de nombreuses années que je n'avais posé ma tête sur une encolure telle que celle-là, de nombreuses années que je n'avais caressé une peau semblable et que je n'avais senti le sang battre sous mes doigts. *Lauro* m'avait facilité les choses, car il s'était laissé faire avec tant de complaisance, que j'avais dû me retenir pour ne pas demander qu'on m'apportât une chaise.

« Vous voulez le monter, mademoiselle ? » Le palefrenier me tendait les rênes en continuant à sourire, comme s'il avait lu dans mes pensées. « Il vous irait parfaitement, savez-vous ? Il est très jeune et il n'y a guère que moi qui le monte, ici... »

Au même instant l'animal, ayant sans doute perçu quelque chose qui le gênait, un insecte ou un bruit lointain, avait rué tout en secouant la tête, en penchant son cou vers moi. Il ne m'avait pas fait mal, mais j'avais senti son haleine et l'avais caressé pour le calmer. Le palefrenier avait fait la même chose. Il s'était approché davantage, pour le caresser du côté opposé. Sa chemise était toujours ouverte. Le manège se trouvait dans une clairière, en plein soleil – un brûlant soleil de juin. Le garçon transpirait, moi aussi je transpirais, le cheval nous donnait chaud, son haleine, sa peau, le sang qui gonflait ses veines. Je suis en train de me sentir mal, m'étais-je dit. Mais je ne me sentais pas mal, non. C'était autre chose. Lorsque je l'avais compris, j'avais brusquement reculé, comme si je venais de recevoir une décharge électrique.

« Vous voyez ? Il est très nerveux. » Le palefrenier ne pouvait pas s'être aperçu de quoi que ce soit. J'étais bien plus nerveuse que le cheval et je n'avais même pas osé le regarder dans les yeux. « Vous voulez le monter ?

— Non, merci. Un autre jour plutôt. » Je lui avais tourné le dos, avais saisi le bras d'Adela et avais pour la première fois pris l'initiative au cours d'une de nos promenades. « Rentrons à la maison, veux-tu ? Je ne me sens pas très bien.

— Ah bon ? » Elle s'était brusquement immobilisée, m'avait saisie par les épaules et regardée attentivement. « C'est vrai, tu es toute rouge.

— Tu crois ? Je ne sais pas ce qui m'est arrivé.

— Tu as sans doute eu une chute de tension. Ou tu es peut-être anémiée, ça ne m'étonnerait pas du tout, car tu ne manges rien. Mais tu serais plutôt pâle si c'était le cas, n'est-ce pas ? Alors... Ça t'arrive souvent ?

— Quelquefois, avais-je menti. Ne t'en fais pas, ça me passe rapidement.

— Sérieusement ? Tu ne veux pas que j'appelle le médecin ?... » Elle avait posé sa main sur mon front avec l'inquiétude d'une mère. « Voyons, qu'est-ce que tu as eu comme symptôme ? Ça ressemblait à quoi ?

— J'ai eu... » J'avais regardé ma belle sœur et tenté d'imaginer la tête qu'elle ferait si je lui disais la vérité – j'ai eu envie de ce garçon, Adela –, et je lui avais repris le bras pour l'obliger à marcher plus lentement. « Je crois que c'est parce que je n'ai pas pris le petit déjeuner.

— N'en dis pas plus ! Quelle idée, Inés, d'aller se promener dans la campagne à jeun, avec le soleil qu'il fait... »

En arrivant à la maison, j'avais été obligée de prendre un deuxième petit déjeuner sous l'étroite surveillance de ma belle-sœur. La dernière fois que j'avais couché avec un homme j'avais vingt-deux ans, et ce matin-là j'en avais presque vingt-sept, mon corps n'avait pas besoin de moi pour être en manque, et ça n'allait certainement pas passer avec une omelette et deux tranches de pain grillé.

En vérité – et je n'aurais jamais osé raconter cela à Adela –, il m'arrivait souvent, alors que je dormais ou que j'étais éveillée, de ressentir des choses pareilles sans pouvoir les maîtriser, les contrôler, sans pouvoir éviter les images qui se pressaient soudain dans ma tête : des hommes sans visage ou avec des visages connus, des sensations familières ou fabuleuses, des souvenirs réels ou imaginaires, le rythme régulier de deux corps qui s'unissaient tout près de mes oreilles et un frisson fulgurant, qui au début m'échauffait pour ensuite me laisser transie de froid. En prison, je n'avais jamais ressenti une chose pareille. J'avais trop peur et trop de choses à faire et auxquelles penser. De plus, à l'époque, ma mémoire conservait encore la fraîcheur d'une expérience que le passage du temps allait parcheminer, fossiliser, rendant de plus en plus étrange l'expérience du plaisir, du vertige, de la suprématie de la vie sur la mort dans le sang, la chair, la peau, la langue, les dents, le rire, dans la sueur de mon corps puissant, triomphant de la faim et du désespoir, des bombes et des décombres.

En automne 1936, Virtudes et moi avions appris ce qu'était la guerre. Une ligne fragile, extrêmement subtile, qui sépare la vie de la mort. Un jour d'octobre, une bombe avait touché la fille de la concierge, une fille plus jeune que moi, à deux pas de la bouche de métro, dans la rue Luchana. Je l'avais croisée le matin même, nous avions bavardé un moment dans l'entrée de l'immeuble, nous nous étions moquées du voisin du second, qui lui faisait une cour assidue, et elle m'avait raconté que son fiancé était dans la montagne, qu'on venait de le nommer caporal. Tout cela s'était passé à dix heures et demie du matin et à deux heures de l'après-midi elle était morte. Un autre jour, Virtudes était rentrée en pleurant. Un de ses cousins était mort dans le bombardement d'une école à Aluche : il n'avait que cinq ans. L'enterrement avait eu lieu l'après-midi même et ensuite ni elle ni moi n'avions eu envie de rentrer chez nous. Nous étions allées ensemble, toutes seules, dans un café, puis dans un autre, et personne ne nous avait regardées de travers, personne ne s'était dit que nous étions des racoleuses, et de toute façon, désormais elle se fichait éperdument de ce que les gens pouvaient penser d'elle. Voilà à quoi ressemblait la guerre, et c'est pour cette raison que, depuis ce jour-là, nous étions sorties ensemble presque tous les soirs, jusqu'à cet après-midi de 1937, dans l'entrée du *Monumental Cinema*, où Pedro Palacios m'avait vue descendre les marches de l'escalier, avait attendu que je passe près de lui, m'avait prise dans ses bras et m'avait embrassée sur la bouche sans dire un mot.

Nous avions marché jusqu'à la rue Antón Martín pour fêter la victoire de Guadalajara, et même si nous étions arrivées très en avance, nous n'avions trouvé que des places debout, dans la salle en gradins du *Monumental Cinema*. J'étais persuadée que lui aussi s'y était rendu, et même si je savais que j'avais peu de chance de le remarquer, je n'avais pas cessé de chercher son visage parmi les centaines de têtes que j'avais aperçues pendant les deux heures qu'avait duré le meeting. Cela faisait six mois que je le cherchais en cachette dans tout Madrid, dans les endroits où je pensais pouvoir le croiser, et dans les autres aussi. Il continuait à venir chez moi lorsqu'il y avait des réunions, il n'arrêtait pas de me regarder, de me sourire, de me prendre par le cou, avant de s'en aller, pour presser un instant ma peau et sentir comment elle se hérissait. « Ne te fais pas d'illusions, Inés, il se moque de toi, tu ne le vois donc pas ? »

m'avertissait Virtudes. Je ne tentais même pas de protester. C'est vrai qu'il se moquait de moi, mais j'aimais tellement cela que passer pour une imbécile ne me gênait pas. Et lorsque je pensais pouvoir le rencontrer à nouveau, ne serait-ce qu'en passant, au grand dam de Virtudes, je posais sans autre explication un lapin à ce jeune capitaine d'artillerie qui me faisait la cour à la manière d'un gentleman. Cet après-midi-là, cependant, elle était tellement concentrée sur la scène, qu'elle ne m'avait même pas sermonnée.

« Il est très beau, n'est-ce pas ? » Et je n'avais pas compris à qui faisait allusion Virtudes jusqu'au moment où les orateurs s'étaient plantés à l'avant-scène pour entonner l'*Internationale*.

J'avais eu envie de lui répondre qu'il n'était pas beau du tout, qu'il était quelconque, un point c'est tout, afin de lui rendre la monnaie de sa pièce lorsqu'elle s'était permis de critiquer Pedro, le jour où je l'avais rencontré. Mais je lui avais dit oui, car elle ne pouvait parler que d'un des hommes qui chantaient au bord de la scène, un jeune commissaire brun qui s'appelait Francisco Antón et qui était en effet extrêmement beau.

« Il me plaisait beaucoup, tu sais ? Bon, il plaisait aussi à tout Carabanchel, que veux-tu que je te dise. » Lorsque les lumières s'étaient allumées et que nous avions commencé à descendre l'escalier, elle s'était expliquée un peu mieux. « Il le savait, c'est un de ces beaux garçons qui le savent très bien, et les dimanches, quand il allait à la maison... »

Je n'avais jamais pu entendre la fin de sa phrase, car un autre beau garçon, qui le savait également, était en train de me sourire, planté dans le hall du théâtre, résistant aux bousculades, aux coups de coude des gens qui sortaient, sans bouger d'un centimètre. Ce soir-là, nous nous étions enfermés dans la chambre de mes parents et n'en étions ressortis que tenaillés par la faim, à cinq heures de l'après-midi du lendemain. Ensuite, et même si je savais qu'il ne se gênerait pas pour me tromper avec la première venue, je lui étais toujours restée fidèle.

Lorsque, entre les murs d'un couvent de la province de Zaragoza, je m'étais souvenue de lui malgré moi, je n'étais pas convaincue que tout cela avait réellement fait partie de ma vie et de mon corps. Ainsi, tandis que toutes les lumières diminuaient sans s'éteindre vraiment, pour maintenir une pénombre bien plus triste que l'obscurité, tandis que les nuits se transformaient en un couloir infini, percé dans une roche sans fin, et que ma peau, bien hydratée du dehors, grâce aux colis d'Adela, se desséchait de l'intérieur, je me mettais à regretter d'avoir vécu toutes ces choses.

Au couvent, je me lavais avec le même savon qui servait à nettoyer le sol, les marbres de la cuisine, et à faire la vaisselle. Les chambres, les couloirs, le linge, l'air, mon corps, tout sentait la même chose : l'odeur des bonnes sœurs. Tout exhalait la même odeur de renfermé : un parfum froid, humide, semblable à celui d'une roche couverte de mousse. Je haïssais cette odeur de toutes mes forces, mais je ne pouvais l'éviter, l'éliminer de mon nez, arrêter de la sentir. Je me disais qu'il aurait été préférable de ne rien avoir à quoi la comparer quand soudain, un soir, malgré le verrou de ma porte que la mère supérieure fermait de l'extérieur après la dernière prière, Pedro était revenu se glisser dans mon lit. Tout le temps qu'il était resté avec moi, j'avais trouvé cela si agréable qu'en me réveillant le matin je n'avais su si je devais en être heureuse ou le regretter. Ce garçon, qui m'avait tout donné pour me le retirer aussitôt, s'était également emparé de mes rêves, et l'odeur de mousse était devenue une vraie odeur de renfermé, plus humide et plus dense à chacun de mes réveils. L'homme dont je rêvais n'existait pas, et la femme qui se tordait dans tous les sens au-dessous de son corps non plus, car je n'étais plus moi-même. Je n'étais plus qu'un creux qui sentait la lessive, et je ne devais surtout pas l'oublier. Mais je n'avais que vingt-quatre ans, puis vingt-cinq, puis vingt-six et, malgré mes efforts pour la tromper, ma peau conservait la mémoire de mon âge. Ainsi ce qui avait commencé, en apparence comme un jeu, avait fini par devenir un piège. Le plaisir que je ressentais en rêve ne parvenait pas à compenser le désespoir qui s'emparait de moi pendant que j'étais réveillée et qu'il faisait froid. Il faisait froid dans mon corps, dans mon existence, dans le monde entier. C'est à tout cela que j'avais pensé au moment où j'avais volé le couteau de cuisine.

Le 22 décembre 1942, je savais déjà qu'Adela ne viendrait pas me rendre visite. Ses visites qui, tous les trois ou quatre mois, bousculaient l'effarante routine de mon enfermement avaient été la seule chose agréable qui m'était arrivée cette dernière année, et pas seulement parce que ma belle-sœur avait convaincu la mère supérieure de me laisser m'habiller comme quelqu'un de normal pour aller déjeuner avec elle dans quelque auberge des alentours. Adela était ma seule garantie que le monde continuait à exister au-delà des murs de cette enceinte isolée, aussi imprenable qu'une forteresse. Me donner l'occasion d'arracher l'habit qu'on me forçait à revêtir tous les jours signifiait pour moi beaucoup plus que le simple fait d'aller me changer.

Au couvent, je possédais une cellule individuelle et je dormais dans un lit, mais ces deux commodités ne rachetaient pas tout ce que j'avais perdu en sortant de prison. Adela ne comprenait pas cela. Elle n'avait jamais été enfermée dans un couvent, et c'était loin d'être la seule différence entre nous. Moi, j'avais perdu une guerre et ma belle-sœur l'avait gagnée. Moi, j'avais été heureuse avant et elle jamais tout à fait. Moi, j'étais seule et elle aussi, mais pas au même degré ni de la même façon. Adela avait eu ses enfants, et moi je n'avais personne à chérir, à choyer, pour qui m'inquiéter. Je n'avais personne à qui parler, avec qui partager ma souffrance, organiser une fuite impossible ou rire de mon propre malheur. C'est cela, pourtant si infime, que je regrettais après ma sortie de cette prison, de cet enfer où toutefois je restais quelqu'un, avec un nom et une histoire, des idées, des amies et un avis sur ce qui nous arrivait, ainsi que de la curiosité, et des oreilles pour écouter les autres. À la prison de Las Ventas, j'agissais pour moi et aussi pour les autres, mais au couvent je n'étais plus rien, je n'étais personne. Je ne m'intéressais à rien. Et je n'intéressais personne non plus.

Au début, j'avais essayé. Au début, je m'étais montrée rebelle et même insupportable, j'étais devenue le cauchemar particulier de la mère supérieure. Je refusais tout, et chaque refus constituait pour moi une conquête, chaque punition, une décoration, malgré les jours d'enfermement au pain et à l'eau, malgré les coups et les menaces de toutes sortes.

« Négocions, ma mère, lui disais-je chaque fois qu'elle m'ouvrait la porte. Négocions...

— Il n'y a rien à négocier, ma fille, me répondait-elle. Ici, ça ne se passe pas de cette façon. Moi, je donne les ordres pour le bien-être de la communauté et les sœurs m'obéissent sans discuter, et c'est que tu vas bien finir par faire, à un moment ou à un autre. »

J'avais entendu de nombreuses fois le même avertissement, mais je ne m'étais jamais soumise, et j'avais quotidiennement entendu le bruit de ma clé qui m'enfermait à nouveau dans ma cellule. Mais comme je n'avais rien à gagner à me retrouver dehors, je m'étais dit qu'elle se fatiguerait avant moi et c'est ce qui avait fini par se passer. À la fin, elle n'avait eu d'autre solution que de négocier, de faire quelques concessions, en échange de la promesse de me conduire correctement, un marché qui lui convenait autant qu'à moi, car mes demandes étaient finalement très modestes. Je voulais qu'on me permette de troquer mon habit de bonne sœur contre un habit de novice, qu'on ne m'oblige plus à porter la cornette ni à chanter à l'église, qu'on m'assigne un poste fixe à la cuisine plutôt que de m'envoyer faire de la broderie ou bêcher le jardin, qu'on me donne la permission de fumer et de lire des romans lorsque j'étais seule dans ma cellule, pour ne pas montrer le mauvais exemple aux jeunes novices. Et puis je m'étais aperçue que non seulement je n'étais plus une femme, car je ne savais même plus quelle était l'odeur des hommes ; mais que je n'étais plus une personne non plus, car je n'avais plus de nom, plus d'histoire, plus d'amis ni de possibilité d'avoir une opinion, ni d'en écouter d'autres. J'étais comme une plante qu'il fallait arroser pour qu'elle ne meure pas – car il ne fallait surtout pas que Ricardo se fâche –, et puis c'était tout.

Lorsque Adela venait me rendre visite, je tentais de lui expliquer tout cela sans la blesser et, ne comprenant rien à ce que j'essayais vainement de lui dire, elle me prenait les mains et hochait la tête jusqu'à ce que je me sente mieux. Puis elle me racontait des bêtises, les espiègleries de ses enfants, les quelques ragots qu'elle avait réussi à glaner lors de ses rares escapades à Lérida, les robes qu'était en train de lui coudre la modiste et ses hésitations sur le fait de remplacer ou non les meubles du salon.

« Et tes cheveux ? » Un jour, j'avais osé dessiner avec mes mains un rouleau semblable au sien sur ma tête. « Mais comment fais-tu pour ?...

— Ce n'est pas moi qui le fais, c'est la coiffeuse. On place un rouleau de coton à l'intérieur et beaucoup de laque pour faire tenir le tout, c'est très simple. »

Ainsi, je m'intéressais à nouveau au monde pendant quelques heures, je souriais, je riais, je buvais du vin, je touchais avec mes doigts, je prenais dans mes bras, je regardais mes jambes tout en marchant. Je recevais tous ces petits et ces grands cadeaux avec le calme d'une mendiante qui ne se demande pas pourquoi une dame l'a choisie pour lui faire la charité, pourquoi c'est à elle qu'elle donne l'aumône et pas à une autre de ses compagnes avec lesquelles elle se regroupe sur le même escalier tous les matins. Je savais que pour se rendre au couvent ma belle-sœur devait se lever au petit jour, prendre un autobus, un train, un autre autobus, puis refaire le même parcours en sens inverse après le déjeuner pour rentrer chez elle alors que la nuit était déjà tombée. Je savais qu'elle pensait avoir une dette envers moi, qu'elle se sentait coupable d'avoir convaincu Ricardo de m'enfermer dans cet endroit, mais je n'avais pas compris que nos rencontres étaient tout aussi importantes pour elle que pour moi. Je n'avais pas compris que pour Adela venir me voir était également une façon de rompre la monotonie de son existence, que ses visites étaient beaucoup plus qu'une œuvre de charité, que derrière sa sollicitude il n'y avait pas seulement de la compassion, ni la moindre pénitence, et qu'elle n'agissait pas en vertu de quelque devoir familial. Ce n'est que lorsque nous avions commencé à vivre ensemble que j'avais compris qu'Adela s'occupait de moi parce qu'elle avait de l'amour à revendre et qu'elle ne savait à qui l'offrir dans cette énorme maison, éloignée de tout, avec deux enfants petits et la tristesse de savoir qu'elle ne serait jamais une épouse anglaise. Tandis que je pensais qu'elle ne me comprenait pas, c'était moi qui ne comprenais rien. Jusqu'à ce jour d'automne 1942 où mon frère était arrivé sans crier gare à Pont de Suert et avait trouvé ses enfants avec la gouvernante et sa femme absente. Et tout s'était arrêté là.

Ma belle-sœur n'avait pas voulu m'avouer que Ricardo lui avait interdit de retourner au couvent.

Je ne sais pas quand je pourrais te rendre visite à nouveau, en tout cas je ne pourrais pas jusqu'après la Noël, je suis très occupée car nous allons recevoir des invités à la maison pour les vacances, et il faut que je prépare tout...

Ce n'était pas vrai, mais je ne le savais pas. Je ne savais pas non plus quel genre d'homme était devenu mon propre frère. Je ne savais rien, sauf qu'Adela avait déserté, qu'elle m'avait abandonnée. Et, quinze jours avant Noël, lorsque j'avais reçu un énorme colis, avec le double ou le triple de provisions habituelles, mais aucune lettre à l'intérieur, et même un nom inconnu à la place du destinataire, j'avais compris que ma vie valait aussi peu que si j'avais commencé à mourir.

Le 22 décembre 1942, le jour s'était levé tout gris, moche dès le début, depuis que je m'étais réveillée, morte de froid, et j'avais découvert que les dalles du cloître étaient gelées. Ce matin-là, le givre, tout aussi moche et sale, formait une fine pellicule cassante à la surface de l'eau boueuse des flaques, tandis que la nature capricieuse de la pluie neigeuse qui tombait sans arrêt empêchait à la fois que la glace ne durcisse au sol et qu'elle ne fonde vraiment. Durant l'automne qui venait de s'achever, il n'avait pas assez plu sur l'Espagne, encore moins qu'au printemps précédent. Aussi un ciel justicier, radin, nous donnait-il à présent ce que nous méritions, c'est-à-dire l'épaisse tristesse d'une petite pluie plutôt que la joie d'une bonne tempête de neige, propre et copieuse.

De plus, le 22 décembre 1942, alors que je savais déjà qu'Adela n'allait pas venir me rendre visite, cela faisait exactement un an que Virtudes avait été fusillée. Sa cousine m'avait écrit que la pauvre était persuadée qu'on allait la laisser en vie jusqu'à la fête des Rois, mais on l'avait fusillée à l'aube, le jour du tirage de la grande loterie. En septembre 1941, trois mois après que Ricardo m'avait fait sortir de prison, le tribunal qui nous avait déjà jugées avait rouvert le dossier et avait à nouveau jugé Virtudes, toute seule, pour justifier les irrégularités de ma libération. Sa peine de mort n'avait pas été commuée. Voilà pourquoi, le jour du premier anniversaire de son exécution, j'étais assise toute seule en train d'écouter le ronronnement du tirage de la loterie de Noël, dans une pénombre plus sombre que l'obscurité elle-même, en songeant que je n'avais pas tenu ma dernière promesse, que je n'avais jamais pu lui envoyer de nouveaux bandages en prison, ni de la pommade contre la gale. Toutes les bonnes sœurs étaient occupées à prendre congé des gamines qui allaient passer les vacances chez elles. Personne ne m'avait vue prendre le couteau, le cacher dans une manche, traverser le cloître, entrer dans ma cellule, déplacer la table de nuit avec une chaise dessus pour la coincer contre la porte sans verrou, me coucher dans le lit et me couper les veines.

Je n'avais pas su m'y prendre. J'avais perdu beaucoup de sang, mais pas suffisamment. Car ce sont les entailles longitudinales qui tuent, les perpendiculaires cicatrisent toujours – j'avais trop souvent regardé un livre qu'on m'avait offert où l'on voyait je ne sais qui en train d'agoniser avec des coupures perpendiculaires aux veines du poignet, comme des bracelets de sang très bien dessinés. Ce livre m'avait sauvé la vie, mais il était exclu de le remercier. En me réveillant à l'hôpital, je me sentais encore plus morte que vivante. Pourtant cet échec avait transformé mon destin.

« Inés… »

Ce matin-là une infirmière m'avait annoncé que mon frère viendrait me prendre vers midi, mais j'avais à peine reconnu l'homme qui avait ouvert la porte de ma chambre pour me regarder depuis le seuil, avec la même moue étrange qu'il lisait sur mon visage.

Je n'avais pas revu mon frère depuis sept ans. Avant de découvrir à quel point il avait changé à l'intérieur de lui, j'avais dû faire un effort pour réaliser qu'il venait d'avoir trente-cinq ans et je n'avais pas réussi à y croire. Le grand frère tant aimé avait toujours un physique de jeune homme, mais il était parvenu à effacer de son visage les traces du garçon qu'il était autrefois, son allure et son sourire complice. Il n'était plus le même désormais, il ne paraissait plus aussi joyeux, même s'il était plus élégant avec son costume gris, anglais, son chapeau impeccable, sa magnifique cravate, et à la place des cheveux en bataille d'autrefois, des cheveux gominés, peignés avec la raie sur le côté, et une fine moustache, rectiligne, comme tracée à la règle, sur la lèvre supérieure. Tout chez lui – sa façon de regarder, d'agir, de marcher – se voulait souligner la noblesse d'un âge qu'il ne possédait pas encore, ou marquer la différence entre le jeune garçon dont je me souvenais et l'étranger qui était en train de m'observer comme s'il ne m'avait jamais vue auparavant.

« Ricardo… » Il continuait d'être mon frère et, bien que je n'aie rien su dire d'autre que son prénom, je m'étais levée et dirigée vers lui.

En tendant ma main pour frôler la manche de sa veste, les siennes m'avaient attirée à lui et nous étions restés un moment dans les bras l'un de l'autre, comme autrefois, comme s'il ne s'était rien passé pour nous depuis cinq heures et demie du matin ce 19 juillet 1936, ni la guerre, ni la vie, ni la mort. Je vais fondre en larmes, avais-je un instant pensé avant de sauter à son cou. Je vais fondre en larmes, m'étais-je dit avant d'appuyer ma joue contre la sienne. Je vais fondre en larmes.

« Inés, Inés, que vais-je bien pouvoir faire de toi ? » Je n'avais pas pleuré et lui non plus. « Pourquoi m'as-tu mis dans une situation aussi difficile ? »

Je n'avais répondu à aucune de ses questions car je m'étais soudain souvenue du début de sa dernière lettre – *je n'ai pas gagné cette guerre pour que tu viennes me pourrir la vie* – et j'avais compris que cette phrase n'était pas le résultat d'un accès de colère, d'orgueil ou de désespoir, mais plutôt une réelle déclaration de principe, la règle qui désormais allait gouverner nos rapports.

« Nous allons tenter de mener cette affaire du mieux que nous pourrons, d'accord ? » Il s'était écarté de moi, m'avait regardée, et j'avais à nouveau eu le sentiment que je ne le connaissais pas. « Au bout du compte nous resterons toujours frère et sœur. Assieds-toi, allons ! »

Il m'avait indiqué le lit, avait saisi une chaise qu'il avait placée en face de moi, puis s'était assis en croisant les jambes.

« Lorsque j'ai fait mes adieux à maman, elle m'a demandé de ne jamais t'abandonner, vois-tu ? C'est la dernière chose qu'elle a dite avant de mourir : Occupe-toi d'Inés. »

À ce moment-là, comme s'il avait compris à quel point ces mots venaient de m'émouvoir, ou comme si lui aussi avait eu besoin de temps pour les prononcer, il avait tiré un paquet de cigarettes de sa poche, m'en avait offert une, en avait pris une autre à son tour, et avait allumé les deux avec le briquet de papa, un étincelant Dupont en or blanc.

« Je ne vais pas te raconter d'histoires. J'ai souvent pensé que j'aurais préféré qu'elle ne me dise rien, qu'elle ne se souvienne pas de toi, mais elle l'a fait. Elle est morte en pensant à toi. » Et les larmes que j'avais pu à peine verser en prison, en apprenant sa mort, celles qui ne s'étaient pas manifestées non plus lors de mes retrouvailles avec Ricardo, avaient soudain inondé mes yeux comme un torrent abondant et paisible. « Elle s'est toujours sentie coupable de t'avoir laissée toute seule cet été-là. Tout ce qui s'est passé est ma faute, disait-elle, pauvre Inés, si jeune et si seule, si désemparée dans Madrid, ma pauvre petite fille… Voilà pourquoi elle a insisté pour que je lui promette de m'occuper de toi, elle ne m'a pas lâché tant que je ne l'ai pas fait, puis elle m'a regardé et m'a dit : N'oublie surtout jamais ce que tu m'as promis. J'aurais préféré ne rien lui promettre, mais ce qui est fait est fait et je dois tenir parole. Aide-moi donc à le faire toi aussi. En attendant de trouver un autre couvent qui veuille bien t'accepter, tu habiteras dans ma maison de campagne, c'est un joli endroit, avec ma femme et mes enfants, mais à une seule condition. » Il avait écrasé son mégot par terre, du bout de sa chaussure aussi luisante que s'il venait de quitter la chaise d'un cireur. Il avait fermé les yeux. « Ne me fais plus chier, Inés. » Puis il les avait rouverts. « C'est clair ? Ne me fais plus chier, car j'ai atteint les limites de cette promesse. Et aussi les limites de ma patience.

— Laisse-moi quitter l'Espagne, Ricardo.

— Je ne peux pas. Si cela ne dépendait que de moi, je t'enverrais le plus loin possible, ce serait la meilleure solution pour nous deux. Mais tu es trop connue, Franco ne délivre pas de passeport aux Rouges, et je ne peux me risquer à organiser une fuite illégale, cela pourrait être très dangereux pour moi. Alors, nous allons faire ce que je vais te dire, et tu peux remercier Adela car j'avais envisagé de te faire enfermer dans un hôpital psychiatrique. »

Où est donc passé mon frère ? avais-je pensé tandis que je m'étais levée et avais saisi une valise contenant tout ce que je possédais : une chemise de nuit, des chaussettes, un tee-shirt et deux pots de crème hydrante à moitié vides. Mais moi non plus je n'étais plus la même, m'étais-je dit en le suivant le long du couloir, puis en constatant qu'il préférait s'asseoir à côté du chauffeur et me laisser seule sur la banquette arrière. Où suis-je donc passée, où est passé mon frère ? Je n'ai jamais pu répondre à cette question, car il avait changé autant qu'avait changé l'Espagne, et moi je n'étais plus qu'un creux qui sentait le détergent. Nous nous comportions ainsi, alors que je n'étais pas un objet, ni lui un territoire. Tous les deux, nous aurions dû continuer à être autre chose : lui, un homme, et moi, une femme avec des yeux et des oreilles, avec de la peau et de la mémoire, un frère aîné et sa petite sœur, comme lorsque nous habitions avec maman dans l'appartement de la rue Montesquinza. Mais nous n'avons jamais réussi à redevenir nous-mêmes, et lorsqu'on aurait pu penser que c'était le cas, le résultat avait été bien pire.

En ce qui me concerne, j'aimais toujours Ricardo, j'aimais le frère avec lequel j'avais vécu à Madrid. Parfois des éclats, des notes fugaces de ce jeune garçon me revenaient, chez ce monsieur grincheux qui ne cessait d'alterner silences renfrognés et ordres intransigeants, comme si l'autorité qu'il désirait exercer à tout prix ne pouvait s'exercer sur des bases aimables et pacifiques. Et cependant, il continuait à avoir des amis, des distractions qui remplissaient la maison de voix et de rires, de cliquetis de briquets qui s'allumaient et de verres qui s'entrechoquaient, tous les samedis, parfois également les vendredis, des invités qui me regardaient attentivement au début, qui étaient aimables avec moi par pure curiosité, et qui s'approchaient de moi comme ils se seraient approchés d'un perroquet coloré, d'une plante carnivore, ou de m'importe quelle créature exotique incompréhensible et attirante. Pendant les premiers mois, j'avais été la sœur Rouge du délégué de la Phalange, une attraction touristique, l'imberbe femme à barbe de l'époque. Cela ne me gênait pas outre mesure, mais la froideur de Ricardo me faisait souffrir. J'avais du mal à croire qu'elle fût authentique, qu'il ait vraiment réussi à m'effacer de sa vie comme si je n'étais plus qu'un fantôme, un dessin incorporel et plan qu'on pourrait éliminer d'un coup de gomme. Parfois, sans doute inconsciemment, mon frère se rappelait que nous habitions à nouveau ensemble, et lorsque je m'amusais à imiter Carmencita, que je fronçais les lèvres, et hochais la tête tout en murmurant oui, oui, oui, oui, oui, mes neveux éclataient de rire et il éclatait de rire avec eux. Moi aussi je riais, mais ce rire me faisait souffrir. Avec le temps, je m'étais habituée, mais j'avais continué de souffrir, je souffrais de ses baisers superficiels, muets, ses lèvres frôlant quelquefois mon front, d'autres fois ne le frôlant même pas, obéissant à un critère imperceptible et capricieux. Je m'étais habituée à ce qu'il ne me regardât pas, qu'il ne me sourît point, qu'il ne m'adressât jamais la parole. Je m'étais habitué à être une gêne, la croix qu'il portait sur son dos, mais j'avais vraiment eu plus de mal à voir sa femme se résigner à souffrir à cause de moi.

Dans les moments les plus agréables de son existence, lorsque Ricardo était à la maison et qu'elle – très belle dans les toilettes qu'elle ne portait jamais lorsque nous étions toutes seules – laissait sur son passage une délicieuse fragrance de parfum, Adela souffrait à cause de moi. Je m'en apercevais toujours. Elle ne savait jamais comment faire avec moi, s'il fallait m'encourager à sortir ou me demander de m'enfermer dans ma chambre, me présenter les rares célibataires qui nous rendaient visite ou me cacher comme le fruit d'un infâme péché. Moi, je tentais de l'aider en disparaissant le plus vite possible, mais mes disparitions la rendaient aussi triste que ma présence la préoccupait. Et puis un jour, tandis que je l'avais entendue se plaindre de la cuisinière, qui était parfaite pour les repas quotidiens, mais ratait chaque fois les recettes plus sophistiquées qu'elle aimait proposer aux invités, j'avais eu une idée pour me rendre utile et invisible à la fois.

« Laisse-moi essayer. Je cuisine très bien, tu sais, j'ai appris au couvent.

— Mais, Inés... » Elle avait secoué la tête en prenant une mine scandalisée. « Tu ne vas tout de même pas t'enfermer dans !...

— Mais bien sûr que si, Adela. » Et, face à sa perplexité, je lui avais souri. « Moi, ça me plaît vraiment et je peux tout à fait m'y mettre. Je connais par cœur tous les livres de recettes qui se trouvent dans le cellier. Tu verras bien. »

Nous nous étions affrontées sur ce sujet pendant plusieurs jours, mais un vendredi après-midi, tandis que mon frère et ma belle-sœur étaient partis faire une promenade à cheval, je m'étais enfermée dans la cuisine pour confectionner un *soufflé* si bien réussi que Ricardo l'avait félicitée le lendemain. Elle avait été si heureuse qu'elle m'avait remerciée comme si j'avais fait quelque chose de formidable pour elle. Moi, j'avais été ravie d'avoir pu lui rendre une infime partie de tout ce qu'elle avait fait pour moi. À partir de ce jour-là, j'avais passé de longs moments dans la cuisine de ma belle-sœur, à faire des essais, à perfectionner ou expérimenter des recettes avec lesquelles séduire les hautes sphères du pouvoir de la province de Lérida – ce à quoi je tâchais de ne jamais penser. Et nous étions toutes les deux extrêmement heureuses.

À Pont de Suert, je m'étais sentie à nouveau revivre. Là-bas, j'avais une cuisine pour moi toute seule, le livre de recettes publié par la Section féminine, celui de la Marquise de Parabere si mondain, si brillant et bien mieux que je n'aurais voulu le reconnaître, ainsi qu'un cahier dans lequel j'avais noté ma version des recettes de sœur Anunciación, jusqu'à ce que je les aie apprises par cœur. Là-bas, il y avait les enfants et Adela, la radio de la bibliothèque, les livres, le jardin. Il me manquait de nombreuses choses, mais j'aurais pu parvenir à être heureuse à Pont de Suert. Cependant, je n'y étais pas arrivée.

« Comment vas-tu, Inés, comment t'adaptes-tu à tout cela ?

— Très bien, merci.

— C'est sûr ? » Et Alfonso Garrido, qui avait été si aimable, si galant, si gentleman jusqu'alors, m'avait souri d'une façon qui m'avait déplu. « Moi, je te trouve un peu nerveuse, non ? »

Dans d'autres circonstances, je n'aurais certainement pas prêté attention au commandant Garrido. Si j'avais eu la liberté de vivre dans un monde complet, peuplé d'hommes de toutes sortes, sans doute ne l'aurais-je pas regardé.

Cependant Garrido n'était pas un type banal, il avait une façon tout à fait singulière de se montrer séduisant. Du haut de ses deux mètres, avec ses mains énormes, ses longues jambes, sa grosse tête, son buste romain et ses très larges épaules, il aurait pu ressembler à un phénomène de foire s'il n'avait eu une corpulence aussi bien proportionnée qui, malgré une allure de colosse sans le moindre embonpoint, révélait plutôt la puissance et la souplesse d'un sportif. Excepté la petite moustache réglementaire qui chapeautait sa lèvre supérieure, son visage, aux traits imposants – mâchoire carrée, nez épaté, légèrement aquilin –, était en accord avec son corps. En revanche ses yeux, marron clair avec quelques nuances vertes, qu'un bronzage persistant rehaussait toute l'année, étaient sereins, parfois même empreints d'une certaine douceur.

Avant la guerre, Alfonso Garrido avait été champion de ski, un sport exclusif, cher, et même aristocratique dans un pays méridional et aussi aride que le nôtre. Lorsque nous avions fait connaissance, il commandait un bataillon d'Infanterie basé dans la capitale, mais en hiver il partait sur les pistes des Pyrénées pour travailler comme moniteur, dans un club de ski. Après la fonte des neiges, il devenait à nouveau un invité permanent chez mon frère qu'il avait rencontré à Salamanque pendant la guerre, peu avant de devenir veuf avec deux filles encore petites, dont il avait confié l'éducation à ses parents. Il n'avait rien à faire en ville et c'est pour cette raison que, lorsqu'il faisait beau temps, il nous rejoignait le samedi avec Ricardo à l'heure du déjeuner, pour repartir ensuite avec mon frère, le lundi matin. Pendant ce temps, il ne cessait de m'observer.

Il y avait si longtemps que je vivais en dehors du monde que j'avais mis plusieurs mois à comprendre que ce n'était pas un hasard. Je ne pouvais sortir de la maison, ni emmener mon neveu et ma nièce en promenade, ni m'asseoir avec eux au jardin, sans que le commandant mette plus d'une minute à me rejoindre. Je ne comprenais pas ce qu'un homme tel que lui pouvait trouver à une femme aussi dévastée que je l'étais, convalescente et maigre. Cela dit, je ne pouvais éviter de me sentir ragaillardie par cet incompréhensible empressement. Garrido me regardait avec un intérêt si constant qu'Adela n'avait pas été la seule à se tromper.

Pendant le premier été que j'avais passé à Pont de Suert, elle était même parvenue à me tromper moi-même. Et pourtant c'est lui-même qui avait dissipé mes doutes avant le début de l'automne.

« Tu veux qu'on aille faire un tour ? »

Cet après-midi-là, je me croyais seule à la maison et m'étais installée dans la véranda avec un livre à la main, lorsqu'il avait soudain surgi à côté de moi.

« Vous n'êtes pas allé vous promener à cheval avec les autres ?

— Non. » Il m'avait souri. « Les manœuvres de la semaine dernière m'ont éreinté. J'ai fait suffisamment d'exercice ces derniers temps, mais je ne peux pas non plus faire la sieste jusqu'à l'heure du dîner. Je vais aller marcher un peu sous les pins, et je me suis dit que peut-être tu aurais envie de m'accompagner.

— D'accord. » En me levant, j'avais senti dans mes jambes un fourmillement si ancien que j'avais eu bien du mal à l'identifier.

Me voyant si petite à son côté, alors que j'étais habituée à ce que les hommes mesurent à peine quelques centimètres de plus que moi, dans le meilleur des cas, j'avais laissé échapper un sourire qui avait très longtemps taraudé ma mémoire comme la pointe d'un clou tout oxydé.

Dans les Pyrénées, la température du mois de septembre était fraîche et agréable, très différente du soleil de plomb qui continuait à tomber sur ma ville ainsi que sur la sienne. Nous avions parlé de cela pendant un moment, puis nous avions dépassé les limites du jardin pour pénétrer dans l'épaisse pinède qui entourait la maison. C'est alors qu'il m'avait dit qu'il me trouvait très nerveuse, et même si j'avais perçu une chose nouvelle et bizarre dans sa voix et dans son regard, je lui avais répondu tout à fait naturellement, car j'avais été incapable d'identifier son origine.

« Oui, ma situation, eh bien... Ma situation n'est sans doute pas la meilleure que j'ai vécue, c'est le moins qu'on puisse dire, mais je me sens bien mieux ici qu'au couvent.

— Oui, j'imagine. » Et il m'avait à nouveau souri. « De ce point de vue, tu peux être tranquille, car je ne crois pas que ton frère te conduise dans un autre couvent. Dans le fond, il est très satisfait que tu sois là, car tu tiens compagnie à Adela. Elle est bien plus contente, et elle ne s'ennuie pas comme auparavant.

— Adela est très gentille avec moi, avais-je prudemment répondu. Je l'aime énormément.

— Bien entendu, c'est une brave fille. Le problème c'est que ton frère... » Il avait tourné la tête pour fixer l'horizon et avait continué à parler comme si je n'étais plus à côté de lui. « Le problème des femmes est une chose très compliquée chez un homme. Et celle de Ricardo ne lui plaît plus. En vérité, elle ne lui a jamais tellement plu, et pourtant il passe sa vie à tenter de séduire des filles qui lui ressemblent, de braves filles bien mariées, honnêtes et bonnes maîtresses de maison, qui vont à la messe tous les dimanches et n'ont jamais trompé leur mari. Voilà le genre de fille qui l'excite car, en plus, c'est un expert. Il s'y prend tellement bien que, même si elles ne s'en seraient jamais cru capables, la plupart d'entre elles se laissent prendre dans ses filets. C'est curieux, n'est-ce pas ? »

Il m'avait regardée. Tous mes signaux d'alerte s'étaient mis à clignoter mais je ne savais pas quoi faire.

« C'est curieux, avait-il insisté, n'est-ce pas ?

— Je n'en sais rien », avais-je répondu en regardant par terre.

Il avait recommencé à marcher, très lentement, et j'avais eu envie de m'enfuir, de revenir à la maison en courant. Cependant j'avais trouvé ridicule ne serait-ce que de le penser, car en réalité il ne s'était rien passé, et j'avais continué à marcher à son côté.

« Moi, j'aime un autre genre de femmes. Les femmes mauvaises. Pas les putes, car en général ce sont de braves filles qui n'ont pas eu de chance, et elles finissent par mourir d'ennui. Non, je veux parler d'un autre genre de putes, celles qui ne sont pas des professionnelles... Pendant la guerre, par exemple, je pensais beaucoup à des filles comme toi. » Il m'avait alors prise par le bras, sans le serrer. Il ne m'avait pas fait de mal, il s'était contenté de passer son bras dans le mien, comme pour s'assurer que je n'allais pas m'enfuir avant d'avoir entendu ce qu'il avait à me dire. « Je pensais, moi, je suis là comme un imbécile dans cette tranchée et ceux d'en face sont en compagnie de femmes, des femmes libérées, n'est-ce pas ? Sans fiancé, sans mari, qui ne se donnent qu'à la révolution et à leur parti. Moi, je luttais contre ça, bien entendu, mais en pensant à vous, je devenais... Houlà ! Voilà pourquoi chaque fois que je te vois, j'imagine combien tu devais te sentir bien toute nue sous ta salopette... » En écoutant ces mots, aussi violents que des gifles, j'avais tenté de m'arracher à son bras, mais il m'avait retenue. « Reste tranquille. » Et il avait continué à parler, sans marcher à présent, sans bouger, jouissant de mon embarras, de ma confusion, m'observant, je suppose, tandis que je regardais seulement le sol tapissé d'aiguilles de pin. « Et je t'imaginais en train de descendre la fermeture Éclair avec l'un ou avec l'autre, en train de baiser sans savoir avec qui, car cela ne vous intéressait pas, n'est-ce pas ? Dans notre camp, les filles allaient à la messe, récitaient le chapelet, tricotaient des chandails et écrivaient de charmantes petites cartes postales aux soldats, mais pas chez vous, pas question de perdre votre temps avec ces mièvreries... Vous, vous apparteniez à tout le monde, à la cause, c'est pour cette raison que vous aviez dépassé la superstition du mariage, le préjugé de l'honnêteté, et que vous étiez si chaudes toute la journée, car il fallait récompenser les héros du peuple, il fallait qu'ils se sentent bien, n'est-ce pas ? Même si vous deviez traiter les chefs mieux que les autres, j'en suis certain. Dis-moi, Inés, est-ce tu t'agenouillais devant ton responsable politique lorsque tu lui suçais la queue ?

— Laisse-moi tranquille ! » J'avais tenté de me dégager de toutes mes forces, de m'écarter de lui, mais il était plus fort que moi, et n'avait pas eu à faire de gros efforts pour m'immobiliser en emprisonnant mes poignets avec ses mains.

« Pourquoi veux-tu que je te laisse tranquille ? » Sa voix était douce, et je l'avais regardé. Je l'avais vu sourire, se moquer de moi, sans plus de violence que nécessaire pour me maintenir près de lui : « Je suis juste en train de te poser une question. Je voudrais le savoir, ce n'est pas méchant, n'est-ce pas ? Tu devrais te conduire mieux que cela envers moi, Inés, car moi j'ai gagné la guerre, je ne sais pas si tu t'en souviens. Mais si tu ne veux pas me répondre, ce n'est pas grave. Je sais que tu couchais avec ton responsable politique parce que c'est lui qui t'a dénoncée, j'ai eu accès à ton dossier. Un vulgaire cheminot, qui se tapait une fille de bonne famille comme toi... Putain ! Ça va être difficile de se mesurer à lui, il devait en avoir une de ces queues, dure comme du caillou, ce fils de pute... Et il te partageait avec combien d'autres camarades, dis-moi ? Combien de fois t'a-t-il envoyée au Gaylord pour aller sucer les Russes qui étaient propriétaires des lieux ?

— C'est faux ! » À cet instant-là, morte de peur, j'avais trouvé que je ne gagnais rien en me taisant. « Tout ce que tu dis est faux, et tu le sais très bien. Tu le sais très bien, tu n'es qu'un connard et un menteur...

— Hé, hé, hé ! » Il s'était approché si près de moi que j'avais senti son érection, la bosse de son sexe contre mon bassin, tandis qu'il réunissait mes deux poignets pour les tenir de sa main droite et qu'il me pelotait les seins de la gauche, sans me faire de mal, avec une déconcertante douceur dans sa voix et dans ses mains. « Attention à ce que tu dis, il ne faudrait pas qu'il arrive un malheur. Surtout parce que... » Il avait collé son visage au mien pour me parler de très près à l'oreille. « Tu as un problème envers moi, Inés, un problème très important. Tu es chaude comme une chienne, et on dirait que personne ne s'en est aperçu. Mais moi oui, moi je te vois venir depuis ton arrivée ici. Tu meurs d'envie de baiser, et le pire c'est que ça se voit, énormément, tu sais ? Tu n'en peux plus. Hein que tu n'en peux plus ? » À ce moment-là, je m'étais mise à pleurer et lui à rire. « Ne pleure pas, imbécile, je ne vais rien te faire. Qu'est-ce que tu crois ? Je pourrais t'allonger tout de suite par terre et te la foutre jusqu'au fond de la gorge, et tu aimerais ça en plus. Je suis certain que tu aimerais ça, mais qu'est-ce que je gagnerais à faire ça, à part de me brouiller avec Adela, alors que je peux obtenir tant de choses ? Non. Je préfère que tu te traînes à mes pieds, en me suppliant de te laisser t'agenouiller devant moi, et que tu me donnes du plaisir, je te donnerai également du plaisir, ne t'en fais pas. La vie est très longue, Inés, et moi je suis très patient. Et Lérida est une province où on s'ennuie énormément. Nous avons beaucoup de temps devant nous. Si ce n'est pas maintenant, ce sera bientôt, mais toi et moi nous finirons par passer du bon temps ici, tu verras. »

J'avais alors senti sa langue me lécher le cou très lentement, de l'épaule jusqu'au lobe de l'oreille, qu'il avait mordillé ensuite, sans me faire mal. Puis, avec un sourire triomphal, il m'avait lâchée, s'était retourné et avait continué d'avancer lentement, sans me regarder. J'étais partie en courant en sens inverse, et pendant que je courais, j'attendais qu'il se passe quelque chose, n'importe quoi, qu'il me fasse un croc-en-jambe pour me faire tomber par terre, qu'un autre homme vienne couper ma course. Mais il ne s'était rien passé. J'avais franchi la grille, traversé le jardin, j'étais entrée dans la maison, m'étais enfermée à clé dans ma chambre sans que personne ne tente de m'en empêcher. Ce soir-là, je n'étais pas ressortie et, le lendemain, lorsque Adela m'avait appelée pour nous rendre ensemble à la messe, le commandant n'était plus là. Il s'était passé une bonne vingtaine de jours avant que je ne le revoie, seulement de loin. Je ne savais plus ce que je devais penser, ni comment définir ou décrire ce qui s'était déroulé dans la pinède. Tout avait été si soudain, si étrange, que j'avais fini par être convaincue que cela ne se reproduirait plus.

J'avais entendu raconter des histoires de ce genre lorsque j'étais en prison, des récits de femmes harcelées à cause de la fantaisie, de l'obsession fébrile qui bouillonnait dans l'imagination de certains hommes qui en réalité ne savaient pas ce qu'ils cherchaient. Car en poursuivant ces femmes, ils poursuivaient quelque chose qu'ils ne se permettraient jamais de posséder, ce qui leur manquait, ce qu'ils désiraient, mais qu'ils n'accepteraient jamais que leur fasse leur fiancée ou leur épouse. Ces récits commençaient toujours avec les mêmes mots, « toute nue sous la salopette », qui constituaient le mot de passe, l'idée fixe, permanente, la pierre de touche de la secrète et minuscule déroute qui avait survécu à leur grandiose victoire publique, un sale et chaud délire, le passe-temps coupable des bons garçons qui baisaient les mains des évêques et décrétaient à grands cris que Vive le Christ Roi.

Garrido ne pouvait pas être comme eux. Il avait succombé une fois, oui, il avait peut-être bu, ou alors il s'ennuyait et il avait voulu me faire peur, s'amuser un moment ou baiser une proie facile. À mesure que le temps passait et que rien ne se produisait, j'avais commencé à me convaincre de cette dernière éventualité. Je ne pouvais faire autrement que de reconnaître que son diagnostic était exact, à tel point qu'il y avait à peine quelques mois, les premiers jours de grande chaleur, un palefrenier à la chemise ouverte et un cheval en train de ruer avaient suffi à me faire perdre le contrôle de moi-même. C'était vrai que je n'en pouvais plus de ne pas faire l'amour, et s'il avait choisi de prendre un autre chemin, une approche plus aimable, ou même s'il m'avait simplement proposé du sexe sans autre préambule, sans insultes, sans mépris, sans cette arrogance odieuse propre aux fascistes espagnols, j'aurais peut-être accepté de le faire là où nous nous trouvions. Le commandant Garrido avait fait erreur sur moi et, dans le fond, c'était dommage, mais j'étais toujours la petite sœur de Ricardo Ruiz Maldonado, et il était trop mûr, trop séduisant, trop puissant pour persévérer dans ce passe-temps d'adolescents en chaleur. Voilà ce que je m'étais dit et cela m'avait permis de recouvrer mon calme, jusqu'à ce samedi de novembre, alors que je ne savais même pas qu'il se trouvait à la maison, où je m'étais aperçue que c'était moi qui me trompais.

« Inés, Inés… » Cette voix m'avait agressée dans le dos, et lorsque j'avais reconnu qu'il s'agissait de la sienne, il m'avait déjà prise dans les bras au milieu du couloir pour coller son corps contre le mien. « C'est impossible qu'une femme comme toi ne puisse pas voir que je suis de ton côté… » Il avait commencé à glisser sa main gauche à l'intérieur de mon chemisier, il l'avait introduite dans mon soutien-gorge, en avait extrait un de mes seins, avait troussé ma jupe de son autre main, et pendant quelques secondes je n'avais même pas tenté de me débattre tellement j'avais été décontenancée. « Enfin, lorsque tu commenceras à grimper au mur, souviens-toi tout de même que j'existe. »

Et il avait disparu une nouvelle fois. Il m'avait abandonnée dans le couloir, le chemisier ouvert, la jupe à la taille, dans une confusion encore plus profonde, proche de l'incompréhension, car cette scène avait été plus brusque mais moins désagréable que la précédente. Je ne savais que penser et cependant le lendemain, tandis qu'il était à la messe avec Adela et moi, il m'avait adressé toutes sortes de gestes galants qui avaient enthousiasmé ma belle-sœur mais avaient commencé à me terrifier. Il m'avait fallu encore un peu de temps avant de comprendre le jeu qu'il jouait, cette imprévisible succession de caresses et de menaces, d'attentions et d'indifférence, qu'il avait su rendre compatibles jusqu'aux vacances de Noël, pendant lesquelles il avait emmené ses filles de Salamanque pour venir nous rendre visite à plusieurs reprises, se comportant comme le plus affectueux et le plus tendre des pères. Puis un de ces après-midi passés à manger du touron et à entonner de petits chants de Noël, il avait réussi à s'enfermer avec moi dans la salle de bains. Et ce jour-là, il m'avait fait mal.

« Ce qui signifie qu'avec ce pauvre type tu voulais bien, mais pas avec moi. » Le ton de sa voix, doux, serein, ne s'était pas altéré pendant qu'il me projetait contre le mur. « Je me serais bien acheté une salopette bleue, mais elle ne me serait pas allée, et donc... En vérité, tu es en train de me faire perdre patience, Inés. » Il avait écarté le col de mon chemisier, fait sauter tous les boutons et, bien que je me fusse accroché à ses poignets, je n'avais pas pu me libérer de ses doigts qui pinçaient mes mamelons. « Tu devrais te montrer plus sympathique avec moi, ma belle, je te l'ai déjà dit cet été. Pourquoi veux-tu me filer entre les doigts ? Je vais être obligé de me fâcher, tu sais ? Et il ne vaut mieux pas, je te le dis sérieusement. »

Puis il m'avait lâchée, avait écrasé mes épaules jusqu'à me faire asseoir par terre, il s'était penché au-dessus de moi, avait saisi ma tête, avait tiré sur elle jusqu'à la placer à hauteur de sa braguette et l'avait écrasée contre son pantalon.

« C'est pour que tu ne m'oublies pas. » J'avais entendu son rire tandis qu'il me maintenait collée à lui. « Moi aussi, je penserai beaucoup à toi pendant que je serai en train de skier là-haut, n'en doute pas un seul instant. »

Puis il était parti comme il était venu. Au bout d'un moment, lorsque j'étais passée sur la pointe des pieds devant la porte du salon, je l'avais aperçu avec ses filles dans les bras, chantant en chœur avec elles, lui aussi m'avait vue et il m'avait souri.

Le chat jouait avec la souris. Il la traquait, la griffait, lui donnait de violents ou de plus doux coups de patte. Il était toujours sur le point de la blesser gravement, de l'éventrer, mais il n'avait pas l'intention de le faire. Ou du moins, pas encore. Pour l'instant, le jeu était différent, il voulait la voir danser, souffrir, courir se cacher, voilà ce qui l'amusait chez elle. Il ne la mangeait pas car il n'avait pas faim, ni même envie de liquider sa victime avant de la posséder tout à fait. Voilà pourquoi le calendrier lui imposait une trêve obligatoire : il n'avait pas voulu aller jusqu'au bout, manger le dessert avant d'attaquer le plat de résistance.

Lorsque j'avais découvert le jeu auquel il se livrait, la peur qu'il m'avait inspirée s'était compliquée de facteurs plutôt sombres, plus redoutables que la terreur. Garrido me dégoûtait, mais pas autant que j'aurais pu me dégoûter moi-même si j'avais accepté d'entrer dans son jeu, si j'avais accepté les lichettes empoisonnées qu'il savait glisser parmi ses menaces, l'offrande de sa voix, de ses mains, de sa langue qui savait me donner la chair de poule sans tenir compte de mon désir. Garrido était intelligent, puissant et mortifère, car s'il parvenait à me faire succomber, il me détruirait complètement, du dedans et du dehors, il en finirait avec moi, avec tout ce en quoi j'avais cru, ce pour quoi j'avais lutté, et il parviendrait à la suprême victoire d'avilir ce qui avait été noble, de salir ce qui avait été propre, de pervertir l'innocence encore vivante dans ma mémoire. Il ne voulait pas me conquérir, il entendait me soumettre, me faire capituler, claudiquer, m'obliger à me donner à lui sans condition, voilà pourquoi il renonçait à gagner les batailles qu'il avait lui-même engagées. Il ne voulait pas me violer, abuser de ma faiblesse, jouir de mon corps, non, il aspirait à beaucoup plus que cela. Il voulait être une nouvelle fois vainqueur, gagner la guerre en moi, prendre possession d'une femme vaincue, humiliée, sans dignité, sans espoir, sans respect pour elle-même.

Je ne le laisserais pas faire. Il était facile de penser cela, seule dans ma chambre, il était facile de le dire, et je ne m'étais pas privée de le faire. Alfonso Garrido ne me posséderait jamais, je me suiciderais avant, il était facile de penser cela, très facile d'imaginer mon corps en train de chuter d'un balcon pour s'écraser au sol, et pourtant, cet homme si grand, si intelligent, si dangereux, me faisait toujours peur. Ainsi, pendant les premiers mois de 1944, mon existence dans cette maison où j'étais parvenue à me sentir bien, à profiter de la campagne, des livres, de ma nièce et de mon neveu, sous la protection de ma belle-sœur, s'était transformée en tourment de cobaye enfermé dans une cage sans issue, dans un labyrinthe dépourvu de refuge. L'ombre de Garrido se posait sur moi nuit et jour, et elle était aussi puissante par sa présence que par son absence, car elle me laissait à peine suffisamment d'espace pour penser à autre chose.

« Que t'arrive-t-il, Inés ? » Hormis Garrido, Adela était la seule qui me prêtait attention, et elle n'avait pas mis longtemps à voir que quelque chose clochait. « Tu n'as pas bonne mine et tu maigris à vue d'œil, tu devrais prendre des vitamines, je ne sais pas moi, quelque chose de ce genre. »

Je lui expliquais qu'il ne m'arrivait rien du tout, qu'il ne fallait pas qu'elle s'inquiète. Toutefois elle avait raison, je ne me sentais pas bien, et si je continuais à vivre dans sa maison, j'irais de mal en pis. Il n'y avait qu'un seul remède capable de me guérir, et il était presque aussi dangereux que ma maladie. Je n'arriverais à rien en racontant la vérité à Adela. Elle ne me croirait pas, et si elle me croyait, elle ne pourrait de toute façon pas m'aider. Ni me protéger. Elle n'avait pas le pouvoir nécessaire pour cela, et je n'avais pas osé faire appel à celui de mon frère. J'y avais souvent pensé, mais j'étais toujours parvenue à la même conclusion. Il m'avait demandé de ne pas l'emmerder, et même si ce n'était pas ma faute, et même s'il finissait par le reconnaître, son intervention se bornerait à m'enfermer dans un autre couvent, ce que je refusais. La seule solution était la fuite, ou tout au moins essayer de s'échapper, même si cela risquait de me ramener en prison ou de me coller une balle dans le dos. N'importe quoi plutôt que de continuer à faire la funambule sur une corde raide qui tôt ou tard n'allait pas manquer de se rompre, car ma résistance était moins forte que la ruse de Garrido – déjà il avait réussi à ce que je lui sois reconnaissante de ses visites, comme si dans le fond j'avais commencé à accepter que mon destin ne consistât désormais qu'à faire ses quatre volontés.

La terreur est un moyen extrêmement efficace. Je le savais parce que j'étais espagnole, parce que j'habitais en Espagne et que je n'étais pas plus forte que les autres. Durant les longues nuits d'hiver, tandis que le givre et la neige me préservaient de Garrido et même de Ricardo qui partait souvent skier avec lui le samedi, je pensais au dégel, au trouble printemps qui suivrait. Et parfois je cédais à la tentation d'imaginer que j'allais demeurer calme et soumise, car ce ne serait pas si difficile de lui sourire, de le flatter, de me mettre à genoux. Il n'était rien de plus qu'un homme et moi j'aimais les hommes, ce n'était jamais que du sexe et moi j'aimais le sexe, et puis peut-être qu'il se fatiguerait, il suffirait peut-être de quelques fois pour qu'il soit satisfait, et même qu'il en ait assez, assez de moi, et je pourrais alors me reposer. Parfois, je parvenais même à être convaincue que je ne risquais pas grand-chose, car rien n'allait se déchirer à l'intérieur de moi, ce serait juste une représentation, une farce, une pure stratégie de survie qui ne mettrait rien en péril. Mais lorsque je pensais cela, je m'imaginais, pâle et maigre comme je l'étais, vêtue d'une robe noire, décolletée, avec un rouge à lèvres intense, assise au côté de Garrido dans un café, muette, tandis qu'il parlait de ses affaires avec des hommes importants, mais attentive à lui avancer son paquet de cigarettes, à lui proposer du feu et à garder les jambes bien ouvertes au cas où il aurait des envies. À Madrid, pendant la guerre, j'avais vu des scènes de ce genre, des femmes anéanties, vidées, si creuses qu'il ne leur restait même plus d'espace où ranger leur peur, assises parmi des hommes en uniforme qui les traitaient comme du bétail, comme des animaux de compagnie qu'ils venaient de trouver dans la rue et qui aimaient les coups qu'elles recevaient en échange de quelque chose à manger, d'un coin sous un toit où pouvoir dormir. C'était répugnant, cela me dégoûtait et me faisait honte. Honte parce que ces connards étaient dans notre camp, et cela me faisait encore plus de mal que la lumière sombre qui transformait les yeux de ces femmes en perpétuelles flaques noires.

Les ennemies, c'étaient elles, les filles de bonne famille qui avaient éparpillé des graines de millet sous les pieds des officiers au bal du Casino après la victoire du Front populaire, c'étaient elles les instigatrices de la trahison d'un groupe de généraux qui s'étaient soulevés contre le peuple qu'ils avaient juré de défendre et qu'ils étaient en train de massacrer sans la moindre pitié, c'étaient elles les complices de ce qui était en train de se passer en Espagne. Leur avilissement était leur affaire, mais elles nous avilissaient en même temps, elles nous présentaient comme des créatures détestables, elles nous renvoyaient aux jours terribles où l'aurore se levait sur des rues jonchées de cadavres et nous ôtaient la raison, la seule chose qui précisément nous appartenait encore. Voilà de quoi je me souvenais lorsque je me voyais moi-même vêtue d'une robe noire avec du rouge à lèvres trop criard, comme une poupée abîmée entre les mains du commandant Garrido. Et je comprenais alors que je devais m'enfuir, qu'il ne me restait d'autre issue que de le tenter, coûte que coûte, quel qu'en soit le prix : la prison ou la mort. Mais je préférais mourir que de devenir seulement l'enveloppe de la femme que j'avais été, que j'étais encore, une chose qui aurait eu mon visage et mon corps, mais ne serait qu'une offense vivante envers tout ce que j'avais aimé, tout ce en quoi j'avais cru et tout ce qui m'avait fait devenir ce que j'étais.

Lorsque j'avais revu Garrido, au mois d'avril, j'avais déjà repris des forces et des couleurs. Je ne pensais qu'à fuir, et il me suffisait d'y réfléchir pour soudain aller mieux, pour avoir plus d'entrain, pour me sentir si forte que je me demandais comment j'avais fait pour ne pas y avoir songé plus tôt. Cependant, la chose n'avait pas été facile au début.

« Eh bien, le problème, c'est que... » Ma belle-sœur m'avait lancé un regard coupable, chargé de compassion, et j'avais tenté de ne pas montrer ma déception. « Ça ne va pas être possible, Inés. Je suis franchement désolée, vraiment, du fond du cœur, mais Ricardo a été formel dès le début, il me l'a expressément interdit, et je ne sais pas...

— Ne t'inquiète pas, Adela. » Je m'étais reproché ma naïveté, qui m'avait conduite à la mettre aussi mal à l'aise. Car il était évident qu'elle ne pouvait me faire une autre réponse que celle-là. « Il n'y a pas de problème. Je m'étais dit que reprendre l'équitation me ferait du bien, je voulais juste faire un peu d'exercice et prendre l'air, surtout que je me sens très faible, mais...

— Je sais, tu as raison. Moi aussi j'y ai souvent pensé, depuis le jour où tu es arrivée, et j'en ai parlé à ton frère, je lui ai dit qu'il était dommage que tu ne puisses pas profiter des chevaux. Mais il a refusé, car il ne veut pas risquer... » Elle avait secoué la tête avant de cacher son visage dans les plis de sa robe. « Bon, il ne veut pas risquer que tu t'échappes.

— De toute façon... » Je lui mentais. « Je ne pourrais pas aller bien loin sur un cheval.

— Je le sais bien, mais lui... que veux-tu que je te dise ? »

J'avais évité que le refus d'Adela ne me démoralise trop longtemps, car je n'avais plus de place au fond de moi pour la déception. Les chevaux étaient toujours là et même si ce n'était pas la même chose de s'échapper avec un animal qu'on connaissait qu'avec le premier qui se laisserait monter, je pouvais toujours croiser les doigts et me recommander à l'esprit du Far West, où tous les poulains semblent également dociles et doux. De toute façon, au début du mois de mai, j'avais profité des absences de ma belle-sœur pour m'approcher des écuries et rendre visite à *Lauro*. Je le brossais, lui donnais des morceaux de sucre pour l'apprivoiser. Jaime, le palefrenier, devait désormais savoir qui j'étais vraiment, car il ne m'avait plus proposé de le monter. Jusqu'au jour où Adela avait décidé de me faire une surprise.

« Devine quel jour nous sommes, aujourd'hui ? » Lorsqu'elle était entrée en trombe dans ma chambre et avait posé un grand paquet enveloppé de papier cadeau, je n'avais pas encore fini de m'habiller. « Eh bien ?...

— Eh bien..., avais-je répondu tout en boutonnant ma veste. Nous sommes mercredi.

— Le mercredi 22 mars. » Et elle m'avait regardée en levant les sourcils. « C'est-à-dire... Tu ne te souviens pas ? Vraiment ? Aujourd'hui, cela fait un an que tu es arrivée ici ! Et je t'ai apporté un cadeau d'anniversaire. Tiens, ouvre-le. » Elle s'était assise sur le lit et m'avait tendu le paquet. « Je crois que ça va te plaire. »

C'était des vêtements. J'avais tout de suite senti l'aspect mou du tissu et quelque chose d'un peu plus dur au-dessous, comme le carton d'une boîte de chaussures. J'avais aussitôt pensé à Garrido qui, faute de neige pour skier devait certainement avoir envie de parrainer le guet-apens dans lequel ma belle-sœur était en train de me pousser. J'étais persuadée que, d'une façon ou d'une autre, le commandant se trouvait derrière tout ça.

Je n'avais pas découvert de nuisette dans le paquet, ni de robe de cocktail, ni de châle, ni de chaussures à talons. À la place il y avait une tenue d'amazone, des pantalons, des bottes, une veste et un ciré.

« Adela ! » Il y avait bien longtemps que je n'avais été aussi heureuse. « Merci beaucoup ! Ça me plaît énormément, mais… Je ne sais pas, je croyais…

— Bien sûr. » Ma belle-sœur avait hoché la tête et m'avait fait un sourire ambigu, gêné. « Je me souviens de ce que je t'ai dit. C'est la vérité, ne crois pas, c'est la stricte vérité, mais j'ai bien réfléchi et… Je te trouve si peu en forme, Inés, si triste, que je vais désobéir à mon mari. J'espère que je n'aurai pas à m'en mordre les doigts. »

Elle m'avait regardée et moi j'avais regardé les bottes. Je les avais caressées et brandies avant de lui répondre par une question à travers laquelle n'importe qui de moins naïf, ou de moins innocent, aurait pu déceler mon manque de franchise.

« Et de quoi veux-tu te mordre les doigts ? »

Elle avait secoué la tête, comme pour chasser cette idée de ses pensées, et avait continué à parler de façon plus nerveuse.

« Je me suis dit qu'on pourrait monter toutes les deux ensemble, les jours de semaine, dans la matinée. Ricardo n'a pas à le savoir, ou plutôt, il ne pourra pas le savoir. » Elle m'avait regardée et j'avais acquiescé, puis elle avait repris plus calmement : « J'ai dit à Jaime que tu allais monter *Lauro* et que mon mari serait très fâché s'il venait à l'apprendre. Il sait que moi j'ai peur de le monter, que Ricardo ne comprend pas ça, et il m'a promis de ne rien dire. Je lui ai donné un bon pourboire, mais de toute façon j'ai confiance en lui, car le cheval a besoin d'être monté et il n'a pas le temps de tout faire. Il ne manque plus que tu me promettes quelque chose.

— Dis-moi quoi, lui avais-je répondu, tout en sachant ce qu'elle allait me demander. Dis-le-moi…

— Promets-moi de ne pas t'échapper. » Elle avait fait une pause pour m'observer, mais je n'avais pas sourcillé. « Promets-moi que tu ne vas pas en profiter pour partir au grand galop un de ces jours. Il faut que tu me le promettes, Inés ! Parce que si cela devait se produire… Tu m'enfoncerais à jamais. Ton frère serait capable de me quitter, de me prendre les enfants… Je préfère ne pas y penser.

— Je te le promets, Adela. Nous irons ensemble le matin et nous reviendrons ensemble tous les jours. Et si un jour tu vois que je tente de m'enfuir, avais-je ajouté, pour paraître aussi sincère que je le pouvais, je te promets que tu ne seras pas mêlée à l'affaire, que Ricardo ni personne d'autre ne pourront te rendre responsable de ce qui peut se passer dans ma vie.

— Bon, mais je préfère que tu ne t'échappes jamais, allez. Nous sommes tellement bien ici, toutes les deux ensemble, surtout en ce moment que le beau temps est de retour... »

Sept mois plus tard, lorsque j'étais allée chercher *Lauro* vêtue des vêtements qu'elle m'avait offerts et son propre pistolet dans ma poche, je m'étais souvenue de la promesse que je lui avais faite, de la même façon que ma belle-sœur aussi devait être en train de s'en souvenir, ligotée et bâillonnée dans sa chambre. Cependant, j'avais tenu ma promesse. Pendant sept mois, je m'étais rendue avec Adela jusqu'aux écuries et j'étais revenue avec elle à la maison, sans manquer à ma parole. Cependant, le 20 octobre 1944, les choses avaient été très différentes. Par la suite, je m'étais toujours sentie en dette envers elle. Et pas seulement en raison de sa bonté. La pauvre Adela m'avait fait promettre que je ne m'échapperais pas, et en réalité je n'aurais jamais réussi à fuir si nous n'étions pas parvenues à cet accord.

La première fois que j'avais monté *Lauro*, j'avais oublié qu'il y avait plus de treize ans que je n'étais pas montée à cheval, et ce que j'avais éprouvé ressemblait à peine à ce dont je me souvenais. L'adolescente bien nourrie et souple, qui sautait des obstacles trois par trois sans même les frôler, était devenue une femme épuisée, au corps rouillé par le manque d'exercice, aux jambes si fragiles qu'elles tremblaient au plus petit galop, aux bras si faibles qu'ils parvenaient à peine à manier les rênes. Lorsque nous avions mis pied à terre, j'avais avoué à Adela que j'étais épuisée, mais je n'avais pas imaginé les courbatures qui allaient me terrasser le lendemain, trahissant l'inévitable échec qui m'attendait si je tentais de passer la frontière. Car même si *Lauro* réussissait à me conduire loyalement jusqu'aux flancs des Pyrénées, il me faudrait ensuite grimper à pied et, dans mon état, je ne pourrais jamais atteindre la cime du massif.

Si mon corps avait perdu la mémoire des temps heureux, je me rappelais encore ce que je devais faire. Avant tout, manger, renoncer aux bouillons, aux œufs durs et à tous ces ersatz de nourriture qui entretenaient ma mauvaise mine de prisonnière, pour reprendre le régime généreux et solide de mes années d'amazone. Puis, il me faudrait recommencer les exercices au sol pour tenter de reprendre la forme le plus vite possible. J'y étais parvenue assez rapidement, car mon corps travaillait comme une machine qui ne devait servir qu'à une seule chose : m'enfuir, m'enfuir, m'enfuir.

La perspective de m'enfuir me donnait plus d'énergie que la nourriture, plus de résistance que les exercices, et elle m'aidait à trouver le sommeil, à dormir d'une seule traite, et à me réveiller le matin avec des forces renouvelées. Ainsi, en très peu de temps mon aspect physique s'était amélioré à tel point que lorsque le commandant Garrido m'avait revue, au milieu du mois d'avril, il avait été à ce point étonné qu'il était resté là, paralysé, bouche bée, à me regarder monter l'escalier à toute vitesse pour aller me cacher dans la chambre de ma nièce et mon neveu. Cependant, ses visites étaient ensuite devenues si fréquentes que je n'avais pu éviter ses harcèlements.

« Eh bien, Inés, tu es bien belle, et bronzée... » J'avais entendu le bruit des talons d'Adela et je m'étais dit que j'étais sauvée, mais il ne s'était pas écarté de moi et n'avait pas retiré sa main qui reposait sur mon bras. « Tu t'es remplumée, n'est-ce pas ?

— N'est-ce pas qu'elle est belle ? » Ma belle-sœur s'était approchée de nous avec une bouteille de porto à la main et un sourire maternel aux lèvres. « Hein !...

— Oui, absolument, c'est ce que j'étais en train de lui dire. » Garrido lui avait rendu son sourire. « Que je ne l'avais jamais vue aussi en forme. Il vous faudra venir un jour à Lérida et nous irons déjeuner ou dîner dans le coin, d'accord ?

— Bien sûr. Il faut y aller, n'est-ce pas, Inés ? » J'avais évité de faire le moindre geste, tandis que ma belle-sœur avait continué à sourire. « Bon, je vais apporter la bouteille au général Ayuso, vous ne pouvez pas imaginer à quelle vitesse il avale le porto. Je reviens tout de suite... »

Et, joyeuse, elle avait disparu avec le vin, tandis que Garrido me soulevait la robe par-derrière et se penchait sur moi pour me parler à l'oreille, comme d'habitude.

« J'espère que tu ne me fais pas cocu, espèce de petite pute ? Tu as peut-être trouvé un ouvrier avec lequel te rouler sur le matelas. J'en serais extrêmement fâché, tu sais. Mais ne t'en fais pas, car un de ces jours, lorsque ton frère devra se rendre à Madrid, je vais te faire arrêter... » Adela s'était retournée sur le seuil de la porte pour nous regarder, et Garrido avait retiré un moment sa main de sous mes vêtement pour lui adresser un petit signe. « Une arrestation non officielle, bien entendu, pour en finir une fois pour toutes avec ces conneries. J'ai tout calculé. Tu n'imagines pas comme tu vas être belle dans un cachot, toute nue et couverte de chaînes. Et ce sera ta faute, bien entendu, parce que tu ne peux pas dire que je ne t'ai pas donné l'occasion de... »

Je vais m'enfuir, je vais m'enfuir, je vais m'enfuir. Lorsque Adela avait disparu dans la maison, je m'étais répété : je vais m'enfuir. J'avais remarqué que ses menaces s'étaient durcies – pour la première fois il y avait une date, des éléments concrets –, mais en même temps elles m'avaient semblé trop théâtrales pour être vraiment dangereuses. En fin de compte, c'est Adela qui avait levé le malentendu lorsque nous nous étions retrouvées seules à nouveau.

« Quelle déception, le commandant, vraiment... », avait dit Adela comme si elle parlait pour elle-même, tandis que nous nous promenions sur le sentier menant aux écuries. « Après t'avoir déclaré ces choses si sympathiques, dans le couloir, ne voilà-t-il pas qu'il m'a demandé la permission d'emmener une amie la prochaine fois.

— Tu lui as expliqué que ce n'était pas un problème, n'est-ce pas ?

— Bien entendu, je ne pouvais pas faire autrement, mais je m'étais fait des illusions sur vous deux, que veux-tu que je te dise... »

Je vais m'enfuir, je vais m'enfuir, je vais m'enfuir. Garrido ne m'avait pas fait arrêter, mais son accompagnatrice, comme l'appelait Adela pour bien marquer la distance et me redonner du courage, n'avait pas empêché quelques pénibles confrontations avec lui.

« Ne t'en fais pas, Inés. » La dernière fois, il m'avait surprise en train de cuisiner et il m'avait soulevé la jupe, avait descendu ma culotte et enfoncé ses doigts sans violence à l'intérieur de moi, puis il m'avait embrassée sur la joue, tandis que je tournais la béchamel. « Elle ne compte pas pour moi, tandis que toi, tu seras toujours ma favorite, tu le sais, n'est-ce pas ? » Et il avait fait cela si rapidement que lorsque la sauce commençait à faire des grumeaux, il était déjà reparti.

Cependant, ce que cette femme, avec son allure de pute à la retraite, ne m'avait pas évité, ce sont les Alliés qui l'avaient réussi en débarquant en Normandie. Le 6 juillet 1944, le monde avait changé et l'onde de choc avait atteint mon frère qui avait soudain cessé de ne penser qu'à faire la fête. Moi, en revanche, j'étais fin prête pour la commencer. Après deux mois et demi de dévouement réciproque, *Lauro* et moi frisions déjà cet état de fusion absolue qui transforme parfois cheval et cavalier en un unique centaure. Nous étions désormais capables d'aller où bon nous semblait, mais j'avais décidé d'attendre car, même si cela pouvait paraître étrange, je n'étais plus du tout pressée.

Alors que les événements se précipitaient à une telle vitesse qu'ils semblaient sur le point de me permettre une fuite avec toutes les garanties de réussite, ou même de rendre ma fuite superflue, prendre des risques inutiles n'avait aucun sens. Je n'allais certainement pas risquer de recevoir une balle dans le dos précisément pendant cet été silencieux et calme durant lequel mon frère s'était contenté de présider la cérémonie du 18 juillet, renonçant à organiser ensuite la fête où Adela jouait tous les ans son va-tout. Le commandant Garrido, que je n'avais pas vu depuis un mois, était parti en vacances à Salamanque, et ma vie était redevenue agréable, avec des journées bien remplies et sereines. Je n'avais plus à me cacher, je n'avais qu'à attendre, monter à cheval, écouter la Pirenaica, étudier les cartes pour reconnaître les routes où l'armée allemande reculait, mètre par mètre, et même lire les journaux pour la simple satisfaction d'être au courant des mensonges de la presse franquiste à propos du déroulement de la guerre, en m'amusant de la panique grandissante qui affleurait entre les lignes des éditoriaux. Les Alliés gagnaient tous les jours du terrain, les nazis reculaient sans cesse et la fin semblait toute proche. Toutefois, les choses n'avaient pas changé autant qu'on aurait pu le croire. Au mois d'août, lorsque Garrido était rentré de vacances, la maison était toujours pleine de militaires. Il n'y avait pas de femmes, pas de musique, pas de bal ni de cocktails, mais le cognac coulait à flots et les conversations tournaient toutes autour du même sujet. Ni Ricardo ni ses amis n'avaient envie de faire la fête, mais la guerre était toujours au centre des discussions.

Je connaissais bien le phénomène qui les laissait enfermés dans la bibliothèque pendant des après-midi entiers – l'obsession de savoir, de devancer le cours des événements, d'actualiser la situation de chaque front, centimètre par centimètre, ville par ville, minute par minute, et la tentation d'interpréter tous les faits à l'envers, de confondre la déroute avec une retraite tactique, de voir une victoire partielle là où il n'y en avait pas, un repli au lieu d'une débandade, de la malice à la place des petites trahisons quotidiennes. Je savais fort bien ce qu'ils ressentaient car j'avais éprouvé la même chose, car j'avais perdu une guerre avant eux. Cela dit je n'avais pas prévu les effets que pouvait avoir sur eux le désespoir, les conséquences cruelles de la peur chez eux, la besoin de se rasséréner que provoquait leur impuissance, et cette même absolue indifférence pour les conséquences de leurs actes qui s'empare des joueurs lorsqu'ils ont déjà perdu la partie. J'aurais dû y songer, car je savais ce que signifiait perdre une guerre. Au lieu de cela, je m'étais contentée de rester dans ma chambre, heureuse, rigolant toute seule, jusqu'à ce que, un après-midi, la porte s'était ouverte sur Garrido en uniforme. Constatant que ma chambre n'avait pas de verrou, il m'avait lancé un sourire en coin.

« Fort bien, Inés. » Il m'avait parlé avec la même douceur avec laquelle il s'était toujours adressé à moi, la main sur la crosse de son pistolet. « C'est toi qui l'auras voulu. Je t'ai déjà expliqué plusieurs fois qu'il ne fallait pas m'énerver, que tu devais être obéissante avec moi, mais… »

Je m'étais levée de ma chaise, mon livre à la main. Lorsqu'il s'était approché de moi, j'avais laissé tomber le bouquin par terre, et j'avais cédé à la naïve tentation de me mettre à courir pour atteindre la porte et m'enfuir, mais il avait coupé ma trajectoire sans effort. Puis il lui avait suffi de tendre son bras pour me faire tomber par terre.

« Tu es vraiment idiote, ma fille. Je te le dis sérieusement car, pute et chaude comme tu l'es, je ne comprends pas pourquoi tu te conduis ainsi. » Il m'avait tendu la même main avec laquelle il m'avait projetée par terre, mais j'avais préféré me relever par mes propres moyens, ce qui l'avait fait sourire. « Nous aurions pu nous amuser énormément, Inés, nous aurions pu passer de très bons moments ensemble... Moi, j'étais prêt, tu le sais parfaitement, mais toi, avec ta dignité stupide, tu as été très désagréable avec moi, très antipathique... Et à présent qu'est-ce que tu as gagné, hein ? Tu vois le résultat. Bien entendu, la violence possède aussi son charme, surtout pour celui qui commande. Et ici, bien évidemment, c'est moi. »

J'avais soudain entendu le bruit d'un moteur et j'avais tourné la tête vers la fenêtre pour apercevoir la voiture de mon frère s'éloigner et les cheveux blonds platine d'Adela à travers la lunette arrière. Garrido avait souri à nouveau. Ensuite, il m'avait fait reculer jusqu'à ce que mon dos se plaque contre le mur, et lorsqu'il avait réussi à me coincer dans un angle de la pièce, il avait saisi la chaise sur laquelle j'étais assise au début et il l'avait placée derrière lui, tout en restant debout.

« À genoux », m'avait-il ordonné.

À ces mots, j'avais ressenti une sorte de brûlure venimeuse dans l'estomac, une rage soudaine, amère et dure, proche de la folie. C'était comme si je devenais aveugle, comme si je devenais sourde, comme si j'avais perdu la faculté de saisir la scène que j'étais en train de vivre, les images que je voyais et les sons que j'entendais.

« Il n'en est pas question. »

Je lui avais dit cela et j'avais été sur le point d'ajouter : Et maintenant tue-moi si tu as des couilles. Mais il avait tiré le pistolet de son étui et l'avait pointé sur ma tempe.

« Qu'as-tu dit ? » J'avais entendu, encore plus distinctement que sa voix, le cliquetis signifiant qu'il venait d'ôter le cran de sûreté de son arme.

Il n'osera pas, m'étais-je dit pour me calmer, il n'osera pas, je suis la petite sœur de Ricardo Ruiz Maldonado, je suis chez lui, autrement dit chez moi, il ne peut pas me tuer, il ne pourrait pas l'expliquer, il ne pourrait pas justifier la présence de mon cadavre sur le tapis... Voilà ce que je m'étais dit pendant une seconde, peut-être moins. Je l'avais fixé dans les yeux et il m'avait souri, avait caressé mon crâne avec le canon du pistolet, et s'était aperçu avant moi que j'étais en train de me pisser dessus.

« Je n'ai rien dit. » Je suis une merde. C'est ce que j'avais pensé tandis que je m'agenouillais en vitesse. « Pardon, pardon... Voilà, je suis à genoux.

— Que t'arrive-t-il ? Le danger te donne plus de plaisir ? » Il avait éclaté de rire, mais il n'avait pas réenclenché le cran de sûreté du pistolet tandis qu'il s'asseyait. « Très bien, comme tu voudras, mais à partir de maintenant, il vaudrait mieux pour toi que tu te conduises comme il faut, compris ? Voyons, montre-moi ce que tu sais faire, toute seule, mais avec douceur, hein ? En y prenant du plaisir. Comme tu faisais avec les Russes, car tu dois sentir quelque chose de rond et de dur sur la tête, n'est-ce pas ? C'est mon autre pistolet, alors fais très attention avec tes dents... »

Je suis une merde. Voilà ce que j'avais pensé en enterrant ma tête entre ses cuisses, et puis plus rien, parce que le goût de la panique, plus intense encore que celui de son sexe, avait engourdi en même temps mon palais et ma pensée. Et je m'étais bien conduite, très bien, mieux que je ne l'aurais pensé, à tel point que je m'étais dit que je ne pourrais jamais me le pardonner, tandis que j'étais à l'affût de la moindre de ses distractions, du relâchement de la main qui maintenait fermement le canon du pistolet pointé sur ma tête, le plus infime changement de position de son doigt sur la détente. Mais Garrido était un expert, capable de m'insulter et de m'encourager à la fois, de me donner des instructions pour s'exciter en parlant, sans jamais perdre le contrôle de lui-même. Ce n'est que lorsqu'il avait senti qu'il s'approchait de la fin qu'il avait retiré le pistolet de ma tempe pour m'immobiliser la tête de ses deux mains avec tant de force que je n'avais pu reprendre ma respiration avant qu'il ne me lâche.

« Très bien, Inés ! Si tu continues à te débrouiller comme ça pendant quelque temps, peut-être qu'un de ces jours je te la mettrai même dans la chatte... Mais pour l'instant, il me faut te laisser, tu comprends ? Car ton frère ne va pas tarder à revenir. C'est dommage qu'il ne t'ait pas surprise il y a un instant. Je suis persuadé qu'il aurait été très fier de toi. »

Ce n'est qu'ensuite qu'il avait réenclenché le cran de sûreté du pistolet, qu'il l'avait remis dans son étui, avait défroissé sa vareuse et était sorti sans dire un mot ni se retourner. J'étais demeurée assise par terre, contre le mur, sans même avoir la force de me dire que je n'étais vraiment qu'une merde. Lorsque j'avais enfin réussi à me lever et que j'étais entrée dans la salle de bains pour me laver le visage et boire de l'eau, je m'étais regardée dans le miroir et je m'étais dit :

« Ce n'est pas grave. » Le miroir me renvoyait un visage très pâle, comme si tout mon sang s'était accumulé autour de mes yeux, en formant deux cercles mous, fiévreux, rougeâtres. « Je vais m'enfuir, c'est tout ce qui compte. Il ne s'est rien passé car je vais m'enfuir, et lorsque je serai loin, tout ça ne comptera plus. » Tandis que je parlais à ma propre image, je me regardais bouger les lèvres, j'écoutais ma voix. Je sentais que la femme qui parlait parvenait à calmer peu à peu la femme qui me regardait, qui était également moi. « Je ne suis pas en train de pleurer. Tu vois, regarde ! Je ne pleure plus. Parce que je te jure que je vais m'enfuir et que c'est tout ce qui compte. »

Cela s'était passé un samedi, le 19 août 1944. Et le jeudi 24, à neuf heures et vingt-deux minutes, le premier char allié était arrivé sur la place de l'Hôtel de Ville de Paris. Il avait un nom inscrit sur la carrosserie, un mot de cinq syllabes que peu de Parisiens ont dû comprendre alors. Il s'appelait *Guadalajara*, même si tous les hommes qui se trouvaient dessus étaient d'Estrémadure. Et derrière lui, il y en avait d'autres : *Madrid*, *Jarama*, *Ebro*, *Teruel*, *Belchite*, *Don Quijote*, et il y en avait même un qui s'appelait *España Cañí*. Cette fin de semaine-là, Ricardo n'était même pas rentré à la maison.

« Tu es au courant de ce qui se passe à Paris ? » J'avais fait oui de la tête, et Adela avait secoué la sienne, d'un air sombre. « Quelle horreur, ton frère est extrêmement préoccupé, et ses amis militaires, n'en parlons pas… On n'a vraiment pas de chance d'être ici, ils auraient tout de même pu nous envoyer en Andalousie, enfin, il me semble… »

Moi, je ne disais rien. J'attendais, je montais, j'écoutais la radio et me promettais de me sauver dès que je verrais Garrido descendre de voiture. Mais je ne l'avais jamais plus revu.

« Même le commandant ne peut plus venir te voir. » Adela me l'avait confirmé avec une moue de contrariété censée me faire plaisir. « C'est que, paraît-il, les choses vont très mal dans le sud de la France. Étant donné que les Allemands se sont repliés...

— Ils ne se sont pas repliés, Adela, étais-je intervenue. Ils ont été chassés.

— Oui, bon, si tu veux... Au total, je crois que les Rouges de là-bas sont en train de mettre une grosse pagaille. Ils occupent le consulat d'Espagne... Et Garrido, eh bien, c'est évident, lorsqu'il ne surveille pas la frontière, il se retrouve, comme qui dirait, à Lérida, mobilisé dans la caserne, avec son régiment, car on lui a interdit de quitter la ville même pour la nuit. C'est logique, bien entendu, la France est si proche de nous... Et cependant, on dirait qu'à Madrid ils ne se rendent pas compte de ce qui se passe, Ricardo se plaint tous les jours, au lieu de leur envoyer des renforts, on leur dit de ne pas s'en faire. Alors tu vois... »

Cachée dans le couloir, deux jours avant l'invasion, j'avais appris que le gouvernement n'avait pas encore réagi. Et à dix heures et demie du matin, le 20 octobre 1944, lorsque j'étais arrivée devant les écuries sans avoir croisé âme qui vive sur le chemin, le nord du Val d'Aran était à nouveau aux mains des Républicains. En me voyant, *Lauro* avait réagi comme s'il savait déjà ce qui nous attendait. En revanche, Jaime avait sursauté en m'apercevant sur le seuil de la porte de la cabane où il habitait, avec le cheval sellé, prêt à partir.

« Mais que faites-vous donc ?... » Il m'avait regardée, puis avait regardé les alentours, sans comprendre ce qui était en train de se passer. « Vous êtes venue faire vos adieux ?

— Pas du tout. Je suis venue te demander quelque chose. Est-ce que tu sais comment on va à Bosost ?

— Oui, bien sûr. » Il m'avait observée d'une autre façon, comme s'il venait de se rappeler qui j'étais. « Mais on ne peut pas aller là-bas, en ce moment, car c'est plein de...

— De Rouges, n'est-ce pas ? » Je lui avais souri, mais il ne m'avait pas imitée. « C'est justement pour cela que je veux me rendre à Bosost, mais je ne connais pas le chemin, alors tu vas devoir me guider.

— Moi ? » Il avait secoué la tête, très rapidement. « Non, mademoiselle, moi, je n'ose pas...

— Mais si, tu vas voir comme tu vas oser, parce que... » Et je lui avais montré le contenu de mes poches. « Regarde, j'ai vingt-cinq pesetas et un pistolet. Choisis ! Que préfères-tu ? »

Il était resté silencieux, et avait commencé par regarder par terre, puis il avait contemplé l'arme, ensuite le billet et enfin il m'avait fixée dans les yeux, qui avaient fini par le convaincre qu'il ne pouvait pas faire autrement.

« Je préfère les vingt-cinq pesetas. »

Je l'avais suivi jusqu'aux écuries et je ne l'avais pas perdu de vue tout le temps qu'il avait sellé le cheval de mon frère, ni ensuite, lorsque je lui avais ordonné de charger *Lauro* de ma musette, la boîte à chapeaux, un jambon entamé, un autre entier, deux fromages et toute la charcuterie que j'avais pu dénicher. Je lui avais demandé de monter à cheval. Il avait très peur et je lui avais dit :

« Je t'ai à l'œil avec mon pistolet, n'oublie surtout pas ça. Si tu veux vivre pour toucher tes vingt-cinq pesetas, il vaudrait mieux que tu choisisses bien la route et que tu me conduises à travers champs, loin des routes et des postes de la garde civile. C'est clair ?

— Oui, j'essaierai de suivre le chemin le plus court, autant que faire se peut. »

Il avait mis son poulain au trot, afin de ne prendre aucun risque. Nous avions chevauché ensemble et en silence pendant plusieurs heures, mettant de temps à autre pied à terre pour donner à manger et à boire aux chevaux. Il n'avait pas protesté, ne s'était pas plaint et n'avait pas fait le moindre geste suspect tandis que nous traversions des paysages déserts, sans autre compagnie que la silhouette lointaine de quelque berger ou de quelque clocher, de l'autre côté des montagnes. Au milieu de l'après-midi, nous étions passés près d'une rivière où les chevaux avaient pu à nouveau s'abreuver. Peu après, il avait arrêté sa monture pour m'indiquer une direction.

« Bosost se trouve derrière ces collines. » Il m'avait regardée, mis ses doigts croisés devant sa bouche, puis les avait embrassés. « Je vous le jure sur la tête de ma mère. Vous n'avez qu'à filer tout droit, il n'y a même pas cinq kilomètres. Moi, si ça ne vous dérange pas, je préfère faire demi-tour ici. »

J'avais regardé autour de moi, puis fixé Jaime, ensuite le pistolet que je tenais à la main. Je n'avais aucune idée du lieu où je me trouvais, mais il avait l'air trop apeuré pour oser me tromper dans un endroit qui devait être bourré d'hommes armés, et cette dernière idée m'avait aidée à me décider.

« Très bien. » Je lui avais montré le billet de vingt-cinq pesetas et il avait tendu la main pour le prendre avec la même précaution que s'il avait eu peur de se brûler. « Adieu pour toujours, et merci. »

J'avais mis mon cheval au trot et j'avais gravi le flanc de la colline sans trop me presser. De l'autre côté, une voix m'avait enjoint de m'arrêter avant que je n'aie eu le temps de redescendre la pente.

« Halte-là ! » Et jamais une expression ne m'avait rendue aussi heureuse. « Qui vive ?

— La République ! avais-je crié en tirant doucement sur les rênes. La République !

— Quoi ? »

Lorsque j'avais entendu cette question, j'avais eu peur de m'être trompée, mais les soldats qui étaient sortis de derrière un rocher portaient un uniforme inconnu de moi, sauf pour ce qui concernait les couleurs de l'insigne, rouge, jaune et violet, collé sur leur poitrine.

« Mais qu'est-ce que c'est ? » Celui qui semblait être le chef n'avait pas perdu son accent andalou. « C'est une blague ? »

Je m'étais approchée d'eux très lentement, les mains en l'air, les rênes accrochées à mon pouce, avec un sourire aux lèvres qui avait fini de les déconcerter.

« Vous êtes..., leur avais-je demandé lorsque j'étais arrivée à leur hauteur, des Rouges ?

— Quoi ? m'avait à nouveau demandé celui d'avant, comme s'il ne savait rien dire d'autre. Quoi ?

— Je vous demande..., avais-je insisté doucement, si vous êtes des Rouges.

— Oui, m'avait répondu un autre, sur le même ton que je venais d'utiliser. Nous sommes des Rouges.

— Et vous êtes là pour envahir l'Espagne ?

— Oui. » Il était peut-être de Tolède. « Qu'est-ce qu'il y a ?

— Ah, quel bonheur ! » Et sans cesser de lui sourire, j'avais senti deux larmes rouler sur mon visage, aussi grosses, aussi rondes, aussi salées que si c'étaient les dernières qui me restaient. « Quel bonheur ! Vous ne pouvez pas imaginer... Je vais mettre pied à terre pour venir vous embrasser. »

Et j'avais embrassé cinq hommes stupéfaits, qui ne savaient que faire de leur fusil tandis que je les serrais dans mes bras, qui n'avaient pas su quoi faire de moi ensuite, et me regardaient comme s'ils n'avaient jamais vu une femme à cheval.

« Conduisez-moi à votre chef. » Moi, en revanche, je savais très bien ce que je devais faire. « Il faut que je lui parle. »

Après une seconde d'hésitation, l'Andalou avait réagi. Il avait laissé trois hommes sur place et m'avait accompagnée au village avec un autre soldat qui m'avait très vite expliqué qu'il n'était pas de Tolède, mais d'Albacete.

« Et toi ? m'avait-il demandé à son tour. D'où sors-tu donc ? »

Je m'étais mise à leur raconter mon histoire tandis que je marchais entre eux deux, en tenant *Lauro* par la bride. Puis nous étions arrivés à Bosost, un minuscule village, très joli, avec des rues en pente et des maisons de pierre aux toits d'ardoise, sur les bords d'une Garonne jeune et impétueuse. Mais ce n'était pas sa beauté qui m'avait coupé le souffle, c'était de réaliser soudain que ce que j'étais en train de vivre n'était pas un rêve.

Voilà ce qui m'avait fait frissonner à mon arrivée à Bosost, trouver exactement ce que j'attendais, m'apercevoir que ce que j'avais entendu à la radio, ce qui terrorisait mon frère Ricardo, ma liberté, le présent, et surtout l'avenir, n'étaient pas un rêve, mais une vérité nouvelle, tellement puissante que les différents épisodes de ma souffrance – ce succédané d'existence où je m'étais traînée dans le seul but de connaître cet instant – devenaient à chaque pas plus brumeux, plus pâles, plus fanés, aussi incolores que l'incertitude.

Le soir commençait à tomber, mais le halo de lumière que le soleil avait suspendu dans le ciel en se cachant m'avait suffi pour apercevoir le drapeau tricolore que quelqu'un avait attaché autour du joug et des flèches qui flanquaient le nom de Bosost sur le panneau, à l'entrée du village. Sur le bord du fleuve, j'avais découvert, avant les maisons, un énorme campement militaire, des tentes et des tentes, des hommes et encore des hommes entrant et sortant, s'affairant, se reposant, fumant et parlant, tout seuls ou en petits groupes, et ensuite encore des soldats en train de marcher le long des rues, assis sur le seuil des portes d'entrée, remplissant les tavernes, appuyés contre les façades. Toute une armée d'occupation déployée selon le plan prévu. Puis mes accompagnateurs, qui me regardaient avec curiosité, sans comprendre la tempête qui se déchaînait en moi, s'étaient arrêtés devant une immense maison de pierre qui occupait un des angles de la place principale. Un homme montait la garde devant la porte, au-dessus de laquelle flottait un immense drapeau républicain accroché au balcon.

« Nous y sommes, avait dit l'Andalou après avoir salué la sentinelle. Il y a une écurie derrière. Si tu veux…

— Non, je préfère l'y conduire moi-même. » J'avais déchargé *Lauro* de ses provisions et leur avais donné le carton à chapeaux. « Amenez tout ça à l'intérieur, je reviens tout de suite. »

Tandis que je faisais le tour de la maison, j'avais entendu des voix étouffées qui tentaient d'expliquer l'inexplicable : nous avons une invitée, une prisonnière, mon colonel. Une invitée ou une prisonnière ? avait ironisé une voix. Le soldat originaire de La Mancha n'avait pas su répondre : Eh bien c'est ce que… nous ne le savons pas encore, mon colonel.

Lorsque j'étais revenue de l'écurie, il n'y avait plus personne devant la porte – la sentinelle était partie me chercher en contournant la maison par l'autre côté. J'avais très envie d'entrer, de parler, de fixer définitivement ma destinée. Cependant, me retrouvant toute seule avec ce drapeau, j'avais découvert que je n'avais pas encore épuisé mon stock de larmes. Elles grossissaient, se bousculaient, luttaient pour jaillir de mes yeux. Elles étaient à la fois nouvelles et anciennes, elles m'appartenaient et ne m'appartenaient pas, car Alejandro Casona me regardait à nouveau, comme il m'avait regardée une fois depuis une estrade, pour semer dans mes yeux les larmes qu'il n'avait pas voulu verser. Mon voyage commençait et s'achevait avec le mystère qui renfermait l'éternelle promesse de ces pleurs. Voilà ce que j'avais ressenti pendant un instant, et cela n'avait vraiment duré qu'un instant. Une seconde acide et salée, amère et douce, glacée et brûlante, qui avait suffi pour que je me remette à pleurer toutes les larmes de mon corps. Sans réfléchir, j'avais pris le coin du drapeau pour y enfouir mon visage.

« Bonsoir. »

À ces mots, j'avais lâché le drapeau, tourné la tête, pivoté sur mes talons et levé mon poing fermé à hauteur de la tempe avec tant d'énergie que je m'étais fait mal.

« Salut ! »

L'homme qui se tenait devant moi m'avait regardée attentivement avant de me rendre tranquillement mon salut.

« Salut. » Il paraissait un peu plus âgé que moi. Il était plus grand que petit, plus robuste que maigre, plus châtain que blond, et ni beau ni laid, car il avait le nez cassé. En revanche, ses yeux brillaient lorsqu'il souriait. « Je suis le capitaine Galán. Et toi, qui es-tu ? » Il me souriait. « Que veux-tu ?

— Moi... » J'avais avancé dans sa direction pour entrer dans le halo de lumière de l'ampoule allumée au-dessus de la porte. « Je m'appelle Inés Ruiz Maldonado... » Remarquant les traces de mes pleurs, il avait baissé légèrement la tête, comme si ce détail l'avait mis mal à l'aise. « Je suis la sœur du délégué de la Phalange espagnole à Lérida... » Son regard m'avait émue à tel point que j'avais été dans l'incapacité de poursuivre. « Pardonne-moi, mais... Je n'arrive pas à parler. C'est l'émotion. »

Je ne saurai jamais lequel des deux avait fait le pas qui avait supprimé la distance qui nous séparait. À ce moment-là, je ne savais pas qui avait le premier écarté les bras. Mais nous nous étions donné l'accolade, je la lui avais donnée, il me l'avait donnée, et avant même de sentir la pression de ses mains, j'avais intensément perçu son odeur – un parfum de bois, de tabac, de clou de girofle et de savon avec un arrière-fond un peu acide et doux en même temps, comme un zeste de citron pas très mûr, et une pointe de quelque chose qui piquait le nez comme une trace de poivre fraîchement moulu. Je n'ai jamais connu d'homme qui sente aussi bon, m'étais-je dit, avant de me souvenir que j'avais oublié quelle était l'odeur des hommes.

Ce prodige m'avait troublée à tel point que lorsque j'avais levé la tête pour l'écarter de la sienne, je ne m'étais pas aperçue qu'il était en train de faire le mouvement à l'envers et, sans le vouloir, nous nous étions cognés.

« Je suis... Désolée.

— Ce n'est pas grave, j'ai la tête dure. » Et il avait à nouveau souri. « C'est pour ça que je suis ici. »

(Pendant)

Madrid, palais du Pardo, le 19 octobre 1944.

Une voiture noire s'arrête devant l'entrée principale de la résidence du chef de l'État. Le chauffeur se hâte de descendre pour aller ouvrir la porte à une femme de petite taille et d'un diamètre considérable, des proportions de poussah couronnées par une petite tête, les cheveux noirs et clairsemés, ramassés en chignon. Elle a quarante-neuf ans, mais en paraît beaucoup plus, et porte le deuil depuis que, voilà quatre ans, son mari est parti pour une autre vie en la laissant toute seule dans cette vallée de larmes, avec dix enfants et une pension mensuelle de cent quatre-vingt-dix pesetas. Malgré tout, grâce à sa parenté avec le Généralissime, son veuvage est loin d'être dramatique.

Pilar Franco Bahamonde sourit aux fonctionnaires, civils ou militaires, qu'elle croise et leur demande des nouvelles de leur santé – comment va donc ce genou ? –, des études de leurs enfants – et votre garçon ? Il est déjà chez les curés, non ? J'en suis ravie. À présent, il va devoir bien s'appliquer –, ou de leur vie sentimentale – marie-toi, écoute-moi, plus le temps passe et plus tu auras la flemme, plus ce sera difficile ensuite –, tandis qu'elle pénètre dans le palais comme si elle était chez elle, ou simplement comme une sœur qui va rendre visite à son frère. Pendant les premières années de la dictature de Franco, cette scène, qui vingt ans plus tard ne sera pas si fréquente, se répète presque quotidiennement. Doña Pilar, Pila pour les intimes, fait partie du cercle intime du Caudillo, au sein duquel elle se révèle tout à fait maternelle, et parfois absolument déconcertante.

Aujourd'hui, cependant, Pila ne pourra pas voir son frère. Alors qu'elle avance d'un pas assuré sur les tapis moelleux des antichambres et des couloirs, elle ne peut imaginer qu'un huissier, peut-être un officier de l'armée faisant office d'huissier, car la situation n'est pas aux protocoles, va lui barrer le passage juste devant la porte du bureau de son frère.

« Je suis désolé, doña Pilar, mais le Généralissime a suspendu toutes les audiences prévues dans son agenda. » Le ton respectueux mais ferme parvient à être presque cinglant. « Aujourd'hui il ne pourra pas vous recevoir. Il est très occupé.

— Je ne comprends pas... Que se passe-t-il ?

— Je suis désolé, doña Pilar.

— Bon, écoute, ça suffit ! Je n'ai pas besoin de toi, tu peux t'en aller...

— Je suis désolé, doña Pilar. »

Il n'est pas simple d'accepter un tel refus pour la sœur du dictateur, d'autant plus que celui qui s'est érigé en jardin du temple n'a manifestement aucune intention de lui donner les raisons de cet affront. Voilà pourquoi, au lieu de rebrousser chemin, elle se dirige vers l'antichambre où patientent les personnalités convoquées par Franco. Il est possible qu'elle y croise quelque proche, impresario, conseiller, dirigeant du mouvement, ou peut-être quelque évêque, aussi étonné qu'elle.

« Éminence... Don Cosme... Pepito, comme je suis heureuse de te voir ! » Et après avoir embrassé une main, serré une autre et posé deux bises maternelles sur des joues pâles, elle se montre encore plus perplexe. « Ne me dites que vous non plus on ne vous a pas laissé entrer.

— Eh bien vous voyez...

— Même pas vous, Illustrissime ?

— Même pas moi.

— C'est bizarre ! » Pilar Franco prend place dans un fauteuil puis les regarde l'un après l'autre, elle se sent incapable de formuler la moindre hypothèse. « C'est vraiment bizarre ! »

Et voilà que les minutes commencent à s'écouler, des fragments de temps mystérieux par cette journée à ce point inhabituelle qu'aucun domestique n'est venu leur proposer un café. Le 19 octobre 1944, les personnes les plus proches du Caudillo sont indésirables au Pardo. Le mieux pour tout le monde serait de retourner là d'où ils viennent, en silence et sans rouspéter, mais aucun d'eux n'a l'habitude que quelqu'un, si ce n'est Franco lui-même, vienne leur dire ce qu'ils doivent faire. C'est peut-être pour cette raison qu'ils restent un long moment dans cette antichambre à attendre qu'il se passe quelque chose qui mette fin à ce malentendu. Et si cela devait se passer ainsi, ils n'en seraient que plus déconcertés.

Il est probable que quelque capitaine général en uniforme, bardé de médailles, passe devant eux comme un souffle, sans même prendre la peine de les saluer. Pour lui, en revanche, la porte du bureau s'ouvrira, mais pas assez rapidement pour ne pas leur donner le temps d'observer l'expression décomposée, le visage pâle, blanc comme un linge, du nouveau venu. Mais il est encore plus probable qu'ils voient surgir un homme plus jeune, habillé en civil, tenant une chemise entre ses mains et accusant une pâleur différente, congénitale et du même ton que la couleur de ses yeux, de ses cheveux, des taches de rousseur qui constellent ses joues. Il ne court pas, il marche avec une allure courtoise et même un peu intimidée tant par l'importance du message qu'il apporte que par la personnalité de l'homme qui va le recevoir. Si le cerbère du Généralissime vient à sa rencontre, les courtisans éconduits pourront peut-être entendre le dialogue bref entamé par le visiteur pour se présenter en des termes d'une exquise courtoisie, propre à sa profession, et un espagnol plus que correct, mais avec un fort accent étranger.

« Bonjour. Je suis... » Et il prononce un nom insignifiant, avant d'ajouter son “Sésame ouvre-toi”. « Je suis fonctionnaire à l'ambassade britannique. Peut-être son Excellence se souvient-elle de moi. Voilà quelques mois, sir Samuel Hoare m'a fait l'honneur de nous présenter.

— Oui, suivez-moi, je vous prie. » Et ce goujat, qui n'a même pas daigné leur adresser la parole, se défait à son tour en amabilités. « Par ici... Son Excellence vous attendait. »

Ensuite, doña Pilar et ses compagnons d'infortune parviendront tout juste à entendre le bruit d'une porte qui s'ouvre et se ferme, et au maximum, pendant ce bref intervalle, quelque exclamation lointaine, ou le bruit d'un poing s'écrasant sur une table.

« Eh bien, dites donc ! réfléchit à haute voix la sœur du Caudillo, avec sa légendaire bonhomie. Celui-là, il a réussi à entrer.

— On dirait bien. On dirait bien..., ne trouve qu'à répéter l'évêque.

— Cela dit, il y a de quoi se mettre à trembler, car si la perfide Albion est mêlée à l'affaire... La seule chose que ces connards savent faire, c'est tout foutre en l'air. » À cet instant, don Cosme, ou Pepito, aurait préféré s'être mordu la langue en se rappelant la dignité d'un de leurs compagnons d'antichambre. « Pardon, pour mon expression, Votre Illustrissime.

— Pas de problème, mon fils. Dans des circonstances pareilles... »

Mais personne ne connaît au juste les circonstances de cette scène où le hasard les a obligés à n'être que de vulgaires figurants.

Les auteurs friands de la figure et de l'œuvre du Caudillo d'Espagne par la grâce de Dieu sont tous d'accord pour mésestimer le témoignage que Pilar Franco Bahamonde a généreusement éparpillé pendant les dernières années de sa vie, dans des entrevues, des documentaires et un impayable livre de Mémoires, *Nosotros, los Franco*. Ce n'est pas étonnant car l'unique sœur du Généralissime est une intarissable commère. Et elle ne mérite pas tant cette appréciation par le culot avec lequel elle évoque des épisodes qu'aucun autre membre de sa famille n'a osé ne serait-ce qu'effleurer, que par sa microscopique intelligence, qui a inspiré la stratégie échevelée à laquelle l'ont poussé ses meilleurs desseins.

Après s'être elle-même érigée en défenseur inconditionnel de tous les Franco de la famille, bien que personne ne le lui ait demandé, et au lieu d'opter pour la seule attitude que n'importe quel gamin un tant soit peu malin aurait trouvée sensée – c'est-à-dire, écarter les situations délicates ou scabreuses dans lesquelles se sont empêtrées les personnes de son entourage –, Pilar, dans ses Mémoires, passe en revue toutes les rumeurs sur sa famille, ainsi que les scandales et les conflits, à une exception près. Elle les décortique et les analyse, en utilisant une par une toutes les informations que son frère Francisco avait réussi à cacher pendant ses quarante années de dictature, pour tenter ensuite de les démonter avec ses propres arguments – une sombre source d'inepties à la hauteur de sa véhémence et, toute considération mise à part, une vraie mine d'or.

Il est fort probable que, comme l'affirment ses détracteurs, la sœur du Caudillo, dans son excitation de se savoir en train d'écrire pour la postérité, soit une femme très fantaisiste, qui adore se donner plus d'importance qu'elle n'en a réellement. En revanche, il est improbable – si l'on considère la mauvaise qualité des arguments qu'elle est capable de fabriquer – qu'elle possède l'imagination suffisante pour inventer quoi que ce soit.

Par exemple, pour justifier l'élan qui conduit son frère Nicolás à installer dans une suite de l'hôtel Palace à Madrid une des petites-filles d'Isaac Albéniz, bien plus jeune que lui et aussi belle que le sont paraît-il toutes les descendantes du compositeur, Pilar conclut que les gens sont incapables de comprendre le sens d'une amitié véritable.

Pour expliquer, à son tour, la détresse qu'éprouve Franco au moment de donner l'ordre de fusiller, pendant les premières heures du soulèvement de juillet 1936, son cousin Ricardo de la Puente Bahamonde qui, avant de devenir un officier d'aviation loyal envers la légalité républicaine, avait été le meilleur compagnon de jeu du Caudillo pendant son enfance, Pilar explique que son frère a été victime d'un guet-apens dont il ne peut sortir que de façon dramatique : en se sacrifiant par amour pour l'Espagne.

Mais même cette ineffable combinaison de stupidité et de cynisme ne parvient à égaler sa version de l'accident aérien qui a coûté la vie à son frère Ramón, alias le Chacal, héros du vol transatlantique du *Plus Ultra*, anarchiste et républicain de la première heure, député du groupe Radical socialiste en 1931 – ami d'Ignacio Hidalgo de Cisneros, de Francesc Maciá, de Blas Infante – que le président de la République, Manuel Azaña, envoie comme conseiller militaire à Washington en 1935 car il craint qu'il ne devienne leader d'un coup d'État d'extrême gauche, et incarnation suprême de la figure du traître pendant la Guerre civile espagnole. Il faut dire que les traîtres sont légion dans cette bataille. Comme lui, qui a failli s'étouffer en apprenant que son frère est devenu le chef des rebelles.

C'est sans doute pour cette raison que sa mort – survenue, avec tous ses camarades d'équipage, le 28 octobre 1938, en décollant de l'aérodrome de Palma de Majorque pour aller bombarder, de sa propre initiative, le port de Valence, malgré des conditions météorologiques si mauvaises que le commandement a suspendu toutes les opérations – représente un mystère passionnant pour tout un chacun, sauf pour sa sœur. Elle affirme en premier lieu que ce sont les francs-maçons qui l'ont assassiné – en effet, qui cela pourrait bien être d'autre ? –, puis elle rapporte le témoignage d'un compagnon de Ramón pour rendre crédible la thèse de l'accident parfait, une habile succession de hasards dans laquelle on ne sait plus où est allée atterrir la franc-maçonnerie internationale. Ainsi, le lieutenant-colonel Ramón Franco, qui fonce volontairement dans les nuages à une époque où les avions ne sont pas dotés d'instruments de bord pouvant garantir ce genre de traversée sans danger, ne meurt pas d'une balle en pleine tête, comme chacun le sait – et le démontre le trou parfaitement net et rond qu'on découvre sur sa tempe gauche lorsqu'on repêche son cadavre dans la mer, le reste de son visage ne comportant pas la moindre égratignure – mais plutôt à cause de son manque de chance. En effet, elle prétend qu'à la suite d'une turbulence, sa tête est allée cogner un boulon du fuselage auquel il manquait malheureusement l'écrou. Et c'est ce boulon fatal qui, dans un avion où tout le monde possède sur lui au moins un pistolet, lui perfore la cervelle.

Voilà la capacité de fabulation que peut atteindre l'exceptionnelle cervelle de Pilar Franco Bahamonde. Il est cependant curieux que la seule histoire familiale qu'elle taise soit beaucoup plus facile à expliquer.

« De mes trois garçon, Ramón était le meilleur. Nicolás est le plus intelligent, et Francisco… »

Au petit matin du 23 février 1942, le père de Ramón, Nicolás et Francisco Franco Bahamonde, autrement dit Nicolás Franco Salgado-Araujo quitte ce monde à reculons, à presque quatre-vingt-six ans, afin de ficher la paix à son fils Francisco plutôt que d'y reposer lui-même.

« Si Francisco avait aimé les femmes. » Ou les hommes, faut-il ajouter afin d'éviter tout malentendu absent dans l'esprit de Nicolás Franco Salgado-Araujo. « Il en irait autrement. »

Ce soir-là, le dictateur, imperméable aux douceurs et aux tourments de la chair, comprend qu'il ne peut s'en remettre qu'à sa sœur Pilar pour se débarrasser de la croix qu'il porte depuis de nombreuses années, car c'est la seule qui lui ressemble. Et c'est donc Pilar qui prend un taxi pour se rendre au 47 de la rue Fuencarral, où habite leur père avec Agustina Aldana, la femme – à l'époque presque une gamine – pour laquelle celui-ci a abandonné son épouse légitime – une sainte – en 1907, pour partir vivre à Madrid avec elle.

Le Caudillo est au courant de tout ce qui se passe. La première décision de sa sœur est d'appeler un curé afin de réconforter le moribond. Tout de suite après, elle s'adresse à Ángeles – une jeune fille aux origines mystérieuses qui a depuis toujours habité dans cette maison en tant que nièce d'Agustina, bien que certains voisins soient persuadés qu'il s'agit d'un enfant du couple – pour lui demander d'aller se cacher dans une autre pièce, car elle redoute qu'un homme d'Église voie le fruit du péché du mourant. Mais lorsque le curé arrive, le père refuse de confesser quoi que ce soit et meurt sans absolution.

« Ce Caudillo est un gigolo et un connard », aimait hurler Nicolás Franco Salgado-Araujo presque tous les soirs après avoir bu quelques verres dans les bars d'un des quartiers les plus centraux et les plus peuplés de Madrid, derrière la Gran Vía. « Je le sais très bien, moi ! Je suis son père ! »

L'intarissable commère de la famille Franco, celle qui raconte plus qu'il n'en faut, veille à filer doux devant cet intendant général de la Marine, libéral depuis toujours, libre-penseur, anticlérical, homme à femmes, *bon vivant**, lecteur de Galdós, de Pardo Bazán, de Blasco Ibáñez, qui méprise la morale bourgeoise et représente tout ce contre quoi va se soulever son fils, le 18 juillet 1936.

« Francisco, chef de l'État ? Ne me fais pas rire ! »

Si le père du dictateur avait été plus antipathique, s'il s'était arrangé pour ne pas jouir à ce point de la vie, peut-être que nous, ses compatriotes, aurions pu éviter l'effigie et l'œuvre de son fils Francisco. Cependant, lorsque ce petit général bedonnant, qui va passer toute sa vie obsédé par l'idée de l'Espagne, par la quintessence de la nature espagnole, par le concept même d'hispanité, les attributs de la race et une considérable quantité d'âneries de ce genre – à peine plus structurées que la cervelle de sa sœur –, se retrouve précisément devant un grand esprit espagnol, il le renie. Guérillero et anarchiste, arrogant et indomptable, individualiste et sentimental, bourreau de l'ordre établi et prêt à donner sa vie pour défendre sa liberté, équitable mélange de Cid Campeador et de Don Juan Tenorio, si l'esprit espagnol a quelquefois existé, le père de Francisco Franco Bahamonde l'incarne avec bien plus de légitimité que son fils.

À un certain moment des dernières années du règne d'Alphonse XVIII, Nicolás Franco Salgado-Araujo décide de se marier avec la femme de sa vie. Son épouse légitime est encore en vie. Le divorce n'existe pas en Espagne. Et il n'a même pas l'idée de solliciter auprès de l'Église l'annulation de son premier mariage. Il n'a que faire de ce genre de choses. Car il n'est pas question que ce soit un curé qui le marie, ni un juge. Ce sont tout simplement ses saintes couilles qui vont le marier.

« Eh bien voilà, ça y est, nous sommes mariés ! C'est formidable non ? Tu ne trouves pas ? »

Voilà ce que dit Nicolás Franco Salgado-Araujo à Agustina Aldana lorsqu'ils sortent de la Bombilla, une salle de théâtre où l'on donne habituellement les zarzuelas les plus typiques de Madrid, et où il a payé de ses propres deniers une grande fête privée, avec des stands, des côtelettes, des churros et un manège. Une fête à laquelle, outre ses amis les plus proches, il convie une centaine de ses relations, qui le regardent ouvrir le bal avec sa fiancée au son de l'harmonium, aux cris de : « Embrassez-vous ! Embrassez-vous ! » et « Vive les mariés ! Vive les mariés ! »

Francisco Franco Bahamonde vit cette cérémonie comme un affront. Et même au moment de la mort de son père, il est incapable d'imiter cet homme qui s'est tellement amusé en se fichant éperdument de son entourage. Voilà pourquoi, en apprenant la nouvelle de sa mort, Francisco Franco Bahamonde pense avant tout au qu'en-dira-t-on, et demande à sa sœur qu'on passe l'uniforme à son père et qu'on emporte le corps au palais du Pardo où il a l'intention de le veiller toute la nuit, comme le fils aimant qu'il n'a jamais été.

Il ne parle pas à sa sœur d'Agustina, ce n'est pas la peine. Francisco et Pilar sont des experts pour régler ce genre de situation. Quatre ans plus tôt, après l'accident qui a coûté la vie à leur frère Ramón, ils résolvent ensemble le problème d'Engracia Moreno, la seconde épouse du lieutenant-colonel Franco, dont le mariage civil et républicain connaît le même sort que tous les autres de la même espèce – il sera purement et simplement annulé par le dictateur. Ramón et Engracia ont eu une fille qui, curieusement, s'appelle aussi Ángeles –, un prénom qui ne possède d'autre résonance dans la famille Franco que celle du prénom de la mystérieuse nièce d'Agustina Aldana. Mais ni Ángeles, devenue fille naturelle du couple, ni Engracia, devenue du jour au lendemain simple concubine, n'auront l'autorisation d'assister à l'enterrement de l'héroïque pilote du *Plus Ultra*. Et Pilar déploie la même énergie pour que la femme de son père soit absente de toutes les cérémonies funèbres de Nicolás Franco Salgado-Araujo, depuis la veillée jusqu'au cimetière. Ensuite, Nicolás Franco Bahamonde, qui ressemble moins à son père que Ramón –, même s'il aime autant les femmes qu'eux deux –, s'arrange pour qu'Agustina puisse toucher une pension de veuve de la Marine, après la mort de l'homme avec lequel elle a vécu pendant trente-cinq ans. Francisco ne le lui pardonnera jamais. Pilar justifie également cette attitude en expliquant que son frère aîné est allé se mêler de ce qui ne le regardait pas.

Le 19 octobre 1944, il ne s'est écoulé que deux ans et demi depuis que le Caudillo a confié à Pilar la délicate mission de s'occuper de la mort de leur père. Cela est important dans la mesure où c'est la preuve de l'intimité qu'entretient le dictateur avec la seule personne de son entourage qui osera raconter ce qui s'est passé dans le grand bureau du palais du Pardo, le jour où le chef de l'État a suspendu toutes les audiences prévues sur son agenda.

« Je suis arrivé dans ce palais par la force des fusils et ce n'est que par la force des fusils que je le quitterai ! »

L'homme qui hurle cette phrase devant les plus hauts dirigeants de son état-major militaire, après avoir demandé à

Dieu ce qu'il a fait pour être entouré d'individus aussi incapables, est complètement décomposé, « hors de lui », écrit sa sœur, qui ne s'embarrasse pas pour cacher que cette expression pourrait être remplacée par « Mort de peur ». De toute façon, elle ne va pas bien au-delà des faits car, comme d'habitude, après avoir lâché la bombe, elle minimise les dégâts : « Moi, je ne l'ai su que lorsque tout était fini. Ça m'a été raconté par quelqu'un qui était présent, mais en réalité je n'ai pas entendu la phrase. Tout compte fait, je ne suis même pas certaine d'y croire, mon frère Francisco était un homme très brave, et très pacifique… »

« Je suis arrivé dans ce palais par la force des fusils et ce n'est que par la force des fusils que je le quitterai ! »

En ce moment personne ne doit parier dix pesetas, et même pas une, sur l'avenir du général Moscardo, le capitaine général de Catalogne, même s'il a été le héros de l'Alcazar, en 1936. Bien qu'il soit impossible de donner son identité, on ne doit pas donner bien cher non plus du chef militaire qui est probablement en train de demander à Franco de considérer la possibilité d'une sortie négociée. Peut-être que ce chef militaire n'a pas eu à évoquer cette idée pour que, malgré la grâce de Dieu qui l'accompagne, le Caudillo porte la main à son pistolet. Cependant cette phrase isolée semble être une réponse à la seule conclusion sensée dans un premier temps, si l'on considère à la fois la situation en Europe, le déroulement de la guerre mondiale, le rapport entre la victoire de Franco en 1939 et l'aide qu'il a reçue des puissances de l'Axe, la dangereuse idée de son beau-frère Ramón Serrano Súñer de créer la fameuse División Azul, et la situation dans le sud de la France où les Rouges espagnols font ce que bon leur semble avec la bienveillante complicité des nouvelles et victorieuses autorités antifascistes.

« Je suis arrivé dans ce palais par la force des fusils et ce n'est que par la force des fusils que je le quitterai ! »

La colère de Franco est compréhensible. Mais pas l'indolence de ses subordonnés. Il semble invraisemblable qu'une telle erreur ait pu être commise au sein d'une dictature militaire aussi parfaite, aussi admirablement ajustée à sa nature que, avec l'aval de Staline, elle a déchaîné envers les Espagnols une des répressions les plus consciencieuses et sanglantes jamais vues en temps de paix. Mais le fait est que, le 19 octobre 1944, Franco a une armée ennemie à l'intérieur de ses frontières. Que s'est-il passé ? C'est difficile à comprendre. La manœuvre de diversion de l'UNE a été un vrai succès. Depuis le 20 septembre, par petits groupes d'une cinquantaine d'hommes au début, ensuite par groupes plus importants allant jusqu'à deux cents hommes, les Rouges espagnols ont passé la frontière au compte-gouttes, d'Irun à Puigcerdà, et surtout dans les Pyrénées aragonaises. Dans sa première phase, le plan de Monzón a été exécuté à la perfection, mais cela ne suffit pas à expliquer la confusion, la paralysie et l'inefficacité de l'armée franquiste devant une invasion à tel point connue de tout le monde que même la Pirenaica l'annonce.

« Je suis arrivé dans ce palais par la force des fusils et ce n'est que par la force des fusils que je le quitterai ! »

Que s'est-il passé ? Est-il possible que les responsables de la sûreté des frontières, José Moscardo en tête, n'aient pas pris au sérieux ces avertissements, ces fanfaronnades ? Ont-ils jugé ces menaces sans fondements réels, de simples vantardises de gens désespérés. Mais il semble plus probable que la terreur, la stratégie à laquelle Franco a eu recours pour arriver au pouvoir ne se soit pas seulement propagée aux rues, aux maisons et aux usines, mais aussi aux casernes, depuis les dortoirs des soldats de deuxième classe jusqu'aux postes de commandement. Qui va oser vendre la mèche ? Qui va oser appeler le Pardo pour raconter ce qui est en train de se passer, pour demander des renforts, pour reconnaître qu'il est incapable de maîtriser la situation ? Personne n'ose, ni le commandement de Viella, ni celui de Lérida, ni même le ministère des Armées, à Madrid. Et le 19 octobre 1944 l'impensable, l'inconcevable, l'inexplicable, se produit.

Francisco Franco affronte la crise la plus grave de ses presque quarante années de pouvoir, en se sentant aussi seul que d'habitude, coincé entre l'ineptie de ses subordonnés et la nécessité de s'appuyer sur eux. C'est le problème des dictateurs qui mettent un soin particulier à éliminer de leur cercle les individus qui pourraient leur faire de l'ombre et qui finissent par regretter leur savoir-faire. Et cependant, bien qu'il ne le sache pas, à des kilomètres de là, dans son propre bureau à elle, une des rares personnes qu'il ait jamais daigné admirer dans sa vie, est assise devant sa table de travail. Elle a tiré plusieurs enveloppes du tiroir et cherche ses mots.

« Elle est maligne comme un singe ! »

Le 19 octobre 1944, Dolores Ibárruri, qui n'a jamais admiré et n'admirera jamais Franco, n'est pas vraiment plus calme que lui. Elle possède, c'est vrai, l'avantage de connaître la situation quelques jours avant le dictateur. Nous ne savons pas de quelle façon elle s'y est prise, car elle n'a pas de sœur grande gueule, mais nous savons en revanche qu'à cette époque le siège de la Pirenaica, qui n'a jamais émis depuis les Pyrénées, se trouve en plein centre de Moscou.

« Quelle conne, cette sainte Nitouche ! a-t-elle vraisemblablement maugréé ce jour-là, tout comme le lendemain, et encore le surlendemain. Et tout ça pour que l'autre finisse peut-être par la nommer ambassadeur à Tegucigalpa. Difficile d'être plus conne… »

La secrétaire générale du parti communiste espagnol, probablement la seule personnalité que Franco considère être à sa hauteur, aura également eu sa propre crise de nerfs. Elle aussi se sera pris la tête à deux mains avant de hurler et de donner un grand coup de poing sur sa table de travail devant son cercle d'intimes, avec l'assurance que personne n'ira raconter cela par la suite. Ce qui est arrivé est en grande partie sa faute et elle le sait pertinemment. C'est elle qui a choisi Carmen de Pedro, qui lui a délégué toutes les responsabilités puis s'est désintéressée de ce qui se passait ensuite à l'autre bout de l'Europe, elle qui n'a pas su mesurer la faiblesse et le manque d'ambition de sa subordonnée. Ni prévoir la considérable marge de manœuvre d'un séducteur aussi irrésistible que Jesús Monzón, même si rien n'est plus difficile à accepter que la grande réussite de sa vie – se retrouver auprès d'un Francisco Antón à nouveau en bonne santé – est en même temps à l'origine de l'une des plus grandes erreurs de sa carrière politique.

Il est tout à fait raisonnable de penser que la nouvelle de l'invasion soit arrivée jusqu'à Dolores par la voie d'Agustín Zoroa, l'homme que le Comité central a envoyé à Madrid en juin 1944. Cependant, la situation, déjà compliquée en elle-même, avec un Bureau politique à Moscou, un Comité central réparti entre Buenos Aires et La Havane, se complique davantage cet été-là, car le mentor de Zoroa, Santiago Carrillo se trouve en Afrique du Nord.

Le futur successeur de La Pasionaria au secrétariat général du PCE, connu à l'époque comme chef des Jeunesses socialistes unifiées pendant la guerre civile, est le premier dirigeant à soutenir publiquement la candidature de Dolores Ibárruri au poste de secrétaire générale du parti, en 1942. À la mi-mars de la même année, le leader communiste espagnol José Díaz, déjà condamné par les médecins, meurt en tombant par la fenêtre de la chambre qu'il occupe à l'hôpital de Tiflis, capitale de la République soviétique de Géorgie. Ce suicide – mais peut-être n'est-ce qu'un accident – déclenche une féroce bataille de succession dans laquelle Jesús Hernández, rival de La Pasionaria, l'attaque, entre autres, sur sa relation adultérine avec Francisco Antón. La victoire de Dolores représente la première marche de la future ascension politique de Santiago Carrillo, que sa supérieure – et elle le restera pendant de nombreuses années sans jamais être remise en cause – envoie tout de suite en voyage à travers le monde : New York, La Havane, Mexico et Buenos Aires, pour tenter d'établir des ponts entre les différents centres de la direction communiste espagnole disséminés un peu partout. Lors de l'étape mexicaine de ce périple, Carrillo se lie d'amitié avec Zoroa et lui donne une lettre de recommandation pour entrer en contact avec Jesús Monzón à Madrid. Pendant que son homme s'acquitte de sa mission, Carrillo s'installe à Oran dans l'Algérie cervantine, alors républicaine car le pays est plein d'exilés espagnols travaillant à la reconstruction de la délégation du PCE.

Que Carrillo soit en train de s'occuper du Parti à Oran et non en France libre, où la colonie communiste est bien plus importante, ne peut s'expliquer que par le besoin de la direction de consolider des secteurs favorables et loyaux aux dirigeants, absents pendant cinq ans, avant de donner l'assaut à la forteresse monzoniste. Lesdits dirigeants n'ont pas besoin de se rendre en France pour comprendre que leur tâche va être extrêmement difficile. Il n'est pas bien important de savoir si c'est Zoroa ou pas qui informe Carrillo de l'invasion, et si c'est celui-ci qui passe ou pas le message à sa secrétaire générale. Apparemment, la mission de Zoroa à Madrid consiste, plutôt qu'à évaluer la situation, à tenter d'ébranler un tant soit peu le fauteuil où s'est installé Monzón. Et, si c'est le cas, on ne peut pas dire qu'elle ait été couronnée de succès. Car non seulement il ne parvient même pas à projeter l'ombre d'une inquiétude sur sa présumée victime, mais il n'apprendra ce qui se trame que lorsque l'imminence de la date prévue pour une opération militaire de cette envergure rendra la chose inévitable.

La succession des événements suivant le début de l'invasion permet de se risquer à affirmer que Dolores n'a pratiquement aucun moyen de réagir. Elle n'a sans doute pas passé beaucoup de temps à se lamenter sur la situation. Elle s'est enfermée toute seule pour faire ce qu'elle fait le mieux depuis toujours : penser. Et toute seule avec ses pensées, cette icône du prolétariat international qui a été avant tout l'épouse d'un ouvrier – une maîtresse de maison hors pair pour administrer correctement toute sa famille avec très peu de ressources – se rappelle peut-être la principale leçon d'économie domestique qu'on enseigne traditionnellement aux jeunes Espagnoles dans les foyers, les écoles et les centres paroissiaux. Il est très important d'avoir toujours à portée de la main quelques enveloppes bien libellées : loyer, électricité, charbon, nourriture, médicaments, imprévus… Comme toutes les femmes espagnoles de son époque, une Dolores jeune mariée aurait réparti la paye de son mari dans ces enveloppes qui, d'après les experts, garantit le bonheur domestique de n'importe quel couple. À la mi-octobre 1944, cette recette lui a sans doute été à nouveau utile.

« Elle est maligne comme un singe ! »

Dolores comprend que la dernière chose à faire est de mettre tous les œufs dans le même panier. Voilà pourquoi elle répartit le capital de son pouvoir dans au moins quatre enveloppes différentes. Il est vraisemblable qu'elle ait écrit sur la première enveloppe *Pirenaica*. Nous savons avec certitude que Radio Espagne Indépendante annonce l'invasion, et cela permet de calculer les différents avantages que rapporte à la secrétaire générale du PCE la décision de rendre publique une opération gardée secrète par ses organisateurs. Attention, parce que je sais tout et je surveille ce qui se passe, serait le principal avantage de cette divulgation, mais pas le seul. L'enthousiasme avec lequel les intervenants de la radio annoncent l'héroïque invasion des guérilleros de l'Union nationale lui permettra de faire semblant devant tous les Espagnols, ceux qui sont en exil et ceux de l'intérieur, que c'est elle qui a commandé cette opération, dans le cas, impossible à écarter alors, où elle connaîtrait un franc succès. Pour les auditeurs de la Pirenaica, elle est une icône et Jesús Monzón est un parfait inconnu, de telle façon que personne ne se posera la question de savoir à qui revient la victoire, si celle-ci devait avoir lieu. Et si c'est le cas, elle pourra toujours soutenir, y compris devant Monzón, que son intervention, grâce à l'agitation qu'elle a entraînée au sein des masses, a été tout autant décisive, voire plus, que l'envoi des troupes à l'intérieur du pays.

« Elle est maligne comme un singe ! »

Franco a raison, et voilà pourquoi Dolores inscrit *Malaga* sur une autre enveloppe. Elle est en contact avec Carrillo à travers l'ambassade soviétique en Algérie et sait que l'objectif principal de la délégation d'Oran, qui vient d'être reconstruite, consiste à organiser un débarquement d'hommes armés sur la côte de Malaga. Même si ensuite la direction du Parti tente de ridiculiser par tous les moyens l'invasion du val d'Aran, en la traitant de bricolage chimérique et d'improvisation irresponsable, il est en tout cas exact que Carrillo est en train de monter une opération similaire et qu'il a déjà acheté des bateaux pour transporter jusqu'à la côte andalouse les hommes qu'il est en train de former depuis des mois dans une école de guérilleros.

Par rapport à l'entrée par le val d'Aran, le débarquement à Malaga possède à la fois de nombreux avantages et un inconvénient de taille. Les habitants de la côte de Malaga, des journaliers agricoles, des pêcheurs, les ouvriers du port ont derrière eux un long et glorieux passé de lutte révolutionnaire, ils ont une conscience politique largement supérieure à celle des petits propriétaires terriens d'Aran et ils ont subi une répression brutale, qui a fait de leur Province l'une des plus martyrisées de toute l'Espagne. Mais Malaga n'a pas de frontière avec la France, aucun val fermé dont la situation géographique puisse inquiéter les Alliés. Le débarquement en Andalousie jouera cependant un rôle fondamental dans le cas où la manœuvre de Monzón serait un succès. Une invasion simultanée depuis le sud ne va pas seulement faciliter les possibilités d'avancée au nord en forçant les franquistes à diviser leurs troupes, elle permettra de placer le secrétariat général du PCE où celui-ci le souhaitera, c'est-à-dire en première ligne dans l'organe de décision du nouveau conflit.

« Elle est maligne comme un singe ! »

Elle l'est tellement qu'elle demande à Santiago Carrillo de faire en sorte que le débarquement à Malaga soit mené à bien dès l'instant où elle en donnera l'ordre. Ensuite, elle doit se remettre en marche. La troisième enveloppe que va libeller La Pasionaria porte un autre nom de ville, *Paris*. Santiago doit se rendre là-bas le plus vite possible – et pas encore à Toulouse.

Dolores sait que, à l'automne 1944, sa direction n'est pas spécialement populaire auprès des communistes espagnols exilés en France. L'ascension rapide de Monzón aurait été impossible si les militants ne s'étaient pas sentis abandonnés, victimes du sauve-qui-peut de la tête du Parti – ces grosses huiles qui s'étaient empressées de se mettre confortablement à l'abri des intempéries qu'allaient cruellement subir les autres. Ni Dolores, ni aucun autre dirigeant de son équipe ne reconnaîtront cependant les mérites personnels du créateur de la puissante organisation dont ils vont hériter en France. Mais il se peut également qu'ils n'aient jamais été conscients des circonstances qui ont permis à un tel talent de se développer.

Objectivement, on ne peut pas les tenir pour coupables d'une décision du Komintern à laquelle ils n'ont pas eu la possibilité de s'opposer. Aucun dirigeant de quelque nationalité que ce soit ne peut désobéir à une directive de l'Internationale communiste, à une époque où cette organisation constitue un seul parti mondial, avec des délégations dans tous les pays et une seule direction qui se place au-dessus des intérêts particuliers des nations. Objectivement, ils n'ont fait qu'obéir aux ordres, avec la même discipline inconditionnelle qu'ils exigent de leur subordonnés, mais il est malgré tout difficile d'exiger l'objectivité de ces militants qui ont supporté tant d'injustices, tant de prison, tant de faim, tant d'insécurité, tant de froid, tant d'esclavage, tant de morts, et qui ont fait autant d'efforts, ont fait preuve d'autant d'audace, d'autant de courage que ces camarades espagnols, abandonnés par le Parti dans des camps français, et qui les attendent à présent, enfin libres et victorieux. Voilà pourquoi, et parce qu'elle est plus maligne qu'un singe, Dolores donne l'ordre à Santiago de se rendre à Paris, et non à Toulouse, pour obtenir un entretien avec les dirigeants du parti communiste français, et non avec ceux de leur propre parti. Car si les Français approuvent de façon inconditionnelle cette opération, on ne peut agir que d'une seule façon. En revanche, si leur position est plus neutre, il y aura toujours plusieurs possibilités parmi lesquelles choisir, en fonction de l'évolution des événements.

Jusque-là, tout est suffisamment clair. Il y a de nombreuses évidences et autant d'indices, de témoignages, de documents, les mémoires de Carrillo lui-même, pour prétendre que ce sont ces trois enveloppes que Dolores Ibárruri a libellées pour échafauder sa stratégie. Mais on peut supposer qu'il existait une quatrième enveloppe et que le mot inscrit dessus était *Staline*.

En octobre 1944, Hitler continue de résister à Berlin et la guerre du Pacifique est encore loin d'être conclue. Jesús Monzón a étudié ce scénario avec soin, et il s'appuie sur lui, plus que sur tout autre, pour le succès de son opération. Lorsque sa défaite est consommée, les centres de pouvoir qui sont intervenus dans cette crise – le Pardo, le Bureau politique du PCE, le Kremlin, la diplomatie britannique – s'unissent dans une même stratégie. Comme s'ils s'étaient préalablement donné le mot, ils s'accordent tous pour minimiser l'invasion du val d'Aran et pour la décrire comme une extravagance, comme une aventure échevelée, une folie totale. Cependant, le 19 octobre 1944, Franco est hors de lui, La Pasionaria s'arrache les cheveux, Carrillo se précipite pour traverser la Méditerranée, l'ambassade britannique à Madrid s'attend au pire et Roosevelt, qui n'est pas nécessairement antifranquiste, est encore vivant. D'autres actions bien plus insignifiantes qu'une invasion militaire de cette dimension ont déjà réussi, et réussiront encore à déclencher des crises internationales de toute première importance. Dans ces circonstances, il semble impossible que Staline ne convoque pas Dolores, ou que Dolores ne se précipite pas pour lui demander une audience. Personne n'a jamais parlé de cette entrevue, bien entendu, mais cela n'affecte en rien sa vraisemblance. Et si elle a effectivement eu lieu, La Pasionaria ne mentirait pas du tout en expliquant au leader soviétique que ce n'est pas elle qui a organisé cette invasion, que personne ne l'a informée à l'avance de ce qui allait se passer et qu'il s'agit avant tout d'une injure envers le pouvoir, au sein même du PCE.

Elle ne mentirait pas non plus en affirmant qu'à son avis il s'agit d'une opération prématurée qui complique la tâche des Alliés, au moment où ils en ont le moins besoin, et qui compromet la possibilité de tenter une action plus importante et mieux coordonnée, avec un soutien militaire international, une fois la Seconde Guerre mondiale gagnée. La seule raison pour que Monzón ait lancé l'action à ce moment précis est qu'il est vraiment le seul à ne plus pouvoir attendre. L'efficacité de son coup de main dépend précisément du fait que, le 19 octobre 1944, La Pasionaria se trouve à Moscou, qu'Azaña est mort et enterré, que les dirigeants du PSOE se sont perdus dans les merveilles d'un monde neutre, que la CNT-FAI n'est plus qu'une pure légende sans possibilité d'intervention, et que Monzón ne possède aucun autre interlocuteur, aucun autre organisme de contrôle, aucun concurrent possible au cas où cette aventure atteindrait l'objectif de blesser mortellement le franquisme.

Et puis Staline ne veut certainement pas se mêler de cette invasion, à quelques mois de la fin de la guerre en Europe, alors que Hitler lui-même sait déjà que sa défaite est inéluctable. L'Union soviétique a déjà choisi sa part du gâteau de la victoire, et l'Espagne n'est qu'une minuscule cerise, située à l'autre bout de l'Europe. La propagande est une chose et la réalité en est une autre, tout à fait différente, comme l'avait clairement suggéré Molotov en signant le Pacte germano-soviétique, en 1939, avec Ribbentrop. En octobre 1944, Staline n'a rien à gagner à mettre la pression sur ses alliés. Et le cadet des soucis de Dolores Ibárruri est d'user de son influence et de son prestige pour porter au pouvoir l'homme qui a usurpé sa fonction de dirigeante suprême des communistes espagnols. Cependant, il ne faut pas se montrer trop naïf non plus pour penser que, si

La Pasionaria s'était jetée à genoux aux pieds de Staline pour le supplier à chaudes larmes d'aider les hommes qui planteront à nouveau le drapeau de la République espagnole au val d'Aran, le dirigeant soviétique aurait changé d'avis. Et si, par extraordinaire, la secrétaire générale du PCE avait essayé de l'influencer en ce sens, jamais – même pas après 1956, lorsque s'ouvrent les hostilités antistaliniennes –, on n'a trouvé trace d'une telle démarche de sa part. Et il est fort probable que le plus petit intérêt de Staline pour cette invasion aurait à l'époque déclenché une crise d'hystérie parmi la représentation diplomatique anglo-saxonne à Madrid.

Voilà pourquoi on peut supposer que Staline préfère faire le mort, et qu'en conséquence, malgré l'extrême audace et l'ambition démesurée de Jesús Monzón, les antifascistes espagnols se retrouvent comme d'habitude seuls au monde et le cul à l'air. Il paraît évident que le dirigeant soviétique n'ait pas dépensé une once de salive, ou d'encre, pour expliquer une décision si peu reluisante – car il s'agit en l'occurrence d'un abandon d'hommes qui une fois de plus luttent seuls contre le fascisme, les armes à la main. Déjà l'Espagne avait connu ça en 1936, et après 1945 lorsque la diplomatie alliée avait laissé un régime fasciste au pouvoir. Staline, et encore moins Dolores, n'ont en outre aucun intérêt à reconnaître expressément les faiblesses interne du PCE qui ont permis l'ascension de Jesús Monzón. Voilà pourquoi il est plus raisonnable de supposer que le Kremlin décide de ne pas intervenir – une attitude qui à l'ambassade britannique de Madrid saura être parfaitement interprétée. Car, en matière de non-intervention en Espagne, les Britanniques ont été des experts.

La Grande-Bretagne est la seule puissance alliée qui, depuis le premier jour d'avril 1939, maintient une représentation diplomatique de haut rang dans la capitale d'un État fasciste allié des puissances de l'Axe. Il y a bien aussi une ambassade nord-américaine à Madrid, mais jusqu'à l'été 1942, date de la venue de Carlton Hayes, son responsable occupe plutôt des fonctions de responsable des échanges commerciaux que de chef de la diplomatie d'une puissance en guerre. Sir Samuel Hoare, ambassadeur britannique à Madrid depuis 1940, est en revanche une figure de tout premier ordre, il possède un talent politique qu'il a su déployer quelques années auparavant comme ministre des Affaires étrangères du gouvernement de Sa Majesté. Son travail est un élément clé pour comprendre le développement du régime franquiste durant toute cette décennie. Sa tâche consiste pour l'essentiel à persuader Franco que Churchill l'aime bien – même si les circonstances ne lui permettent pas de le montrer.

Bien entendu rien de tout cela ne serait arrivé si, pendant leur seule entrevue, Franco n'avait demandé à Hitler, en échange de sa participation à la guerre comme allié de l'Axe, de lui laisser les possessions françaises en Afrique du Nord – afin d'unifier le Protectorat espagnol au Maroc, pour élargir son propre empire colonial. Cette miette, dont Pétain s'est contenté en échange de l'Occupation de la France, est la seule chose que le Führer refuse de donner à Franco – même s'il s'empresse de lui dire qu'une légère modification des termes pourrait rendre sa requête recevable. Car Mussolini ne va pas du tout apprécier qu'une autre puissance lui dispute sa maîtrise de la Méditerranée, mais la possibilité de traverser l'Espagne, de prendre Gibraltar, de s'emparer du Détroit et de s'étendre tout le long de la côte africaine est plutôt tentante.

« Participe d'abord à la guerre. » Cependant lorsqu'il intervertit l'ordre des facteurs, Hitler n'a pas la moindre idée de ce qu'est un Galicien comme Franco. « Participe d'abord à la guerre et lorsque tu seras devenu un allié, nous en reparlerons. À ce moment-là tout sera plus facile. »

Le 23 octobre 1940, à la gare ferroviaire de Hendaye, Franco demande beaucoup en échange d'une vague promesse. À partir de février 1943, lorsque la défaite allemande est consommée à Stalingrad, le climat a tellement changé qu'il est prêt à tout donner pour survivre.

« Aïe, la Grande-Bretagne ! »

C'est la main de sir Samuel Hoare que Franco serre quelque temps après au cours d'une réception. Il laisse échapper un soupir devant les membres du minuscule Corps diplomatique accrédité à Madrid, tandis que la División Azul est toujours déployée sur le front de l'Est. Ce corps de volontaires conçu, recruté et organisé au vu et su de tout le monde par l'appareil d'État franquiste, combat aux côtés des Allemands mais sous commandement espagnol –, il est donc difficile de soutenir qu'il ne fait pas partie de l'armée nationale. Ainsi, lorsque Franco retourne sa veste, personne ne doute de l'alignement de l'Espagne sur les puissances de l'Axe, même s'il passe sous silence la cour que lui fait en secret Churchill.

En échange de l'acrobatique pirouette – qui consiste à considérer que l'Espagne est un pays neutre, en passant outre le petit détail des dizaines de milliers de soldats espagnols qui combattent contre l'Union soviétique – Hoare est le grand gagnant. Grâce à ses négociations, les exportations espagnoles de wolfram – un minerai stratégique, très rare dans le reste du monde et indispensable pour l'industrie des armements de l'époque – cessent d'être le monopole des nazis et sont partagées, dans des proportions toujours plus favorables pour les intérêts de Hoare, entre l'Allemagne et la Grande-Bretagne. Valet de deux maîtres qui se font la guerre, Franco répartit également son angoisse entre la peur que son jeu ne soit découvert – pas seulement à Berlin, mais aussi parmi ses hommes, les hautes sphères de l'Armée et de la Phalange qui continuent de gober son histoire de germanophilie – et ses difficultés pour payer, dans une monnaie qui ne soit pas le wolfram, la gigantesque dette économique contractée auprès de l'Allemagne en échange de son aide pendant la guerre civile.

« Mussolini a dépensé bien plus d'argent et pourtant il s'est comporté comme un grand seigneur. » Car il paraît que, jusqu'à ce qu'il reçoive la facture de la Légion Condor, il n'a jamais eu la moindre idée de ce qu'est vraiment un Allemand. « Il ne nous a pas demandé une seule peseta… »

C'est aussi sir Samuel Hoare qui s'arrange pour que la División Azul soit démantelée en novembre 1943, et qui, à la fin janvier de l'année suivante, exige sans ménagement que la Legión Azul, qui succède à la División Azul intégrée à la Wehrmacht – et qui semble n'avoir apparemment aucun rapport organique avec l'armée franquiste (*excusatio non petita, acusatio manifesta*) –, soit complètement démantelée. Francisco Franco Bahamonde – le même homme qui avait expliqué en 1940, pour répondre à une question de ses amis du Troisième Reich, que les seuls Espagnols qu'il reconnaissait comme tels habitaient en Espagne et qu'en conséquence ils pouvaient faire ce qu'ils voulaient des ex-Espagnols républicains détenus dans leurs camps – rappelle à sir Samuel le nombre considérable de ses « compatriotes » – soldats et officiers Rouges – en train de lutter dans l'armée alliée. Après avoir affirmé qu'il l'avait toujours su, même s'il n'avait jamais protesté, il baisse la tête. Et la Legión Azul disparaît.

Comme s'ils voulaient compenser les nombreuses humiliations subies par Franco, il est probable que ce soient les représentants de Londres qui lui apportent un peu de joie durant la seconde moitié du mois d'octobre 1944. Même si, depuis que le vent a tourné, Franco courtise ouvertement Hayes, l'ambassadeur américain – qui ne doit pas beaucoup apprécier ses simagrées puisqu'il présente sa démission au milieu de la même année –, ce sont uniquement les garanties britanniques – dans la mesure où la Grande-Bretagne n'a aucune intention d'intervenir dans un conflit qu'il considère être une affaire intérieure du gouvernement de Madrid – qui mettent un point final à l'aspect diplomatique de la crise du val d'Aran. Ce qui n'empêche pas tous les imbéciles bien informés d'Espagne, Pilar Franco Bahamonde en tête, d'attribuer l'invasion à la perfide Albion.

La longue et florissante farce de l'hostilité entre l'Espagne franquiste et le gouvernement britannique est tellement bénéfique pour les deux camps qu'il est raisonnable de songer qu'elle est l'œuvre de Hoare, un grand expert en la matière. Et il le devient à tel point que Ramón Serrano Suñer ne lui a jamais pardonné sa version de leur conversation téléphonique du 24 juin 1941. Ce matin-là, tandis qu'une marée de phalangistes jettent des cailloux contre les fenêtres de la représentation diplomatique de Sa Majesté britannique pour fêter la création de la División Azul – qui ne signifie rien d'autre que l'entrée en guerre de l'Espagne aux côtés de l'Allemagne –, le beau-frère et ministre des Affaires étrangères de Franco appelle l'ambassadeur britannique pour lui proposer un supplément de forces de sécurité.

« Non, Serrano, ne m'envoyez pas davantage de policiers », prétendait avoir répondu Hoare au même homme qui – comme phalangiste et non comme chef de la diplomatie espagnole – avait proclamé le matin même, depuis un balcon de la rue Alcalá, que l'extermination de la Russie était « une exigence de l'Histoire et de l'avenir de l'Europe ». « Envoyez-moi plutôt moins d'étudiants. »

« C'est faux, c'est faux ! avait répété Serrano par la suite, des années durant. Il n'a pas dit ça, il n'a pas dit ça ! C'est ingénieux, mais ce n'est pas historique. Il a inventé cela pour me prendre de haut, pour me ridiculiser. Ça me met hors de moi d'entendre une chose pareille… »

Toujours est-il que sir Samuel Hoare – envoyé en Espagne en 1940 pour neutraliser toute tentation de Franco d'entrer en guerre comme allié des puissances de l'Axe – a rempli aussi scrupuleusement qu'admirablement sa mission. Pour le reste, il semble qu'il ait été un homme extrêmement antipathique. Ceux qui l'ont fréquenté pendant ces années racontent que c'est un Anglais distant, austère, bourru et orgueilleux qui déteste le *cocido*, le flamenco, la sieste et l'Église catholique. Cependant il serait honnête d'ajouter autre chose.

Le 16 octobre 1944, lorsque les forces de l'UNE sont déjà réunies et se préparent à passer la frontière, Hoare, qui est retourné à Londres quelques jours auparavant pour demander qu'on le relève de ses fonctions, envoie un mémorandum au Foreign Office pour souligner que l'Espagne de Franco est un État fasciste et collaborationniste, et pour recommander que les Alliés prennent les mesures nécessaires pour l'écraser, au moment qui leur semblera le plus opportun. C'est peut-être son opinion depuis le début, et ce serait alors sans doute pour cette raison que tout le monde le déteste à Madrid. Peut-être que, lorsqu'il est nommé en Espagne, il n'a pas encore un avis aussi tranché, mais, à la veille de l'invasion, il n'hésite pas à manifester sa mésentente radicale avec Winston Churchill qui (sans doute à cause de l'influence de son cousin, Jimmy – Fitz-James Stuart, descendant d'Arabella Churchill et duc d'Albe, malgré ses patronymes –, ambassadeur officieux du gouvernement de Franco à Londres pendant et après la guerre civile) n'a jamais caché vers qui allait sa sympathie.

Il est tout à fait improbable que, au moment de quitter l'Espagne, Hoare n'ait pas eu vent de ce qui se trame de l'autre côté des Pyrénées, ne serait-ce que parce que, en octobre 1944, Madrid est l'une des villes au monde qui possède le plus d'espions au mètre carré. Cependant, il semble peu probable qu'en se prononçant contre le franquisme à Londres, Hoare ait exprimé un quelconque soutien envers l'opération du val d'Aran. Si ç'avait été son intention, il l'aurait explicitement mentionné. En tout cas, et même si ses supérieurs ne vont pas prêter la moindre attention à ses recommandations, ni alors ni par la suite, son opportun départ le dispense d'assister, en tant que représentant officiel du gouvernement britannique, à ce qui est sur le point d'arriver.

Car la Grande-Bretagne est une puissance alliée, et les Alliés sont en guerre contre l'Allemagne. En 1939, très peu de temps avant de devenir un territoire occupé par le Troisième Reich, la France a reçu cinq cent mille réfugiés et soldats républicains espagnols qui ont ensuite intégré, par dizaine de milliers, la Résistance française. Ce sont ces hommes, portant encore l'uniforme de l'armée alliée, qui viennent de traverser les Pyrénées sous le drapeau d'une plateforme démocratique aspirant à rétablir la légalité constitutionnelle confisquée par un coup d'État militaire. Mais la Grande-Bretagne, au lieu de les aider, comme ces hommes les ont aidés à gagner la guerre, va choisir leur ennemi.

Si au palais du Pardo quelqu'un ose formuler que l'Angleterre aurait pu prendre une décision inverse, il ne fait pas partie des collaborateurs du dictateur – auxquels il inspire la même terreur qu'à tout le monde. Franco, pour ne pas faire mentir son père, n'a jamais eu de maîtresses. Jamais d'amis non plus. Parmi les membres de la famille les plus proches, il faut éliminer son cousin germain qu'il a fait fusiller en 1936, son frère cadet qui se tue dans un invraisemblable accident aérien en 1938, son frère aîné qu'il envoie à Lisbonne la même année pour ne plus entendre parler de ses frasques, et pour finir son beau-frère qu'il destitue de son poste de responsable des Affaires extérieures en septembre 1942 – en théorie parce qu'il a trompé la sœur de son épouse avec, entre autres, la marquise de Llanzol, légitime épouse d'un autre de ses ministres, et en pratique parce que celui-ci est toujours resté fidèle à la cause allemande, même lorsque cela n'était plus possible. Ainsi, en 1944, il ne lui reste plus que sa sœur Pilar et son cousin, Francisco Franco Salgado-Araujo, militaire de carrière avec lequel il partage le prénom et le nom de son père. Cependant, à en juger par les Mémoires que le parent et secrétaire privé du dictateur a publiés après la mort de celui-ci, lui non plus ne jouit pas d'une extraordinaire confiance, si ce n'est que son dictateur de cousin lui a avoué un jour son admiration pour l'intelligence de Dolores Ibárruri.

Si au palais du Pardo quelqu'un se risque à dire parfois à haute voix ce qu'il pense tout bas, ce ne peut être qu'une de ses deux Carmen. Et il est facile d'imaginer ce que Franco aurait répondu si l'une des deux femmes de sa vie lui avait rappelé que jamais il n'aurait pu gagner la guerre civile sans l'aide de l'Italie et de l'Allemagne, et qu'il n'est pas très élégant de trahir un ami simplement parce que les choses se sont soudain gâtées pour lui. « Je vais te dire la même chose que je dis à mes ministres, suis mon conseil, ne fais jamais de politique », aurait-il répondu. En 1932, lorsqu'il le laisse empêtré dans une tentative de coup d'État avorté, le général Sanjurjo explique la chose d'une façon plus charmante.

« Franquito, le petit Franco », ainsi que l'appelaient ses compagnons en raison de sa petite taille, « est un petit malin qui s'occupe seulement de ses petits affaires. »

En marge de tous ces diminutifs et pour bien apprécier la tendre, quoique discrète, amitié qu'entretient Francisco Franco avec le gouvernement de Londres, il est utile de rappeler quelle est la situation politique de la France, en octobre 1944. Dans ce pays, où le rôle des communistes a été décisif pour battre les Allemands, aucune révolution prolétarienne n'est en route. Les communistes vont faire partie d'un gouvernement d'alliance nationale, en respectant les règles du jeu démocratique avec la même transparence que proposent les statuts de l'Union nationale espagnole fondée par Jesús Monzón. C'est la même attitude qu'adopteront les partis communistes dans d'autres pays situés hors de l'influence de Moscou – qu'il s'agisse, malgré leur rôle primordial dans la libération de leurs territoires respectifs, des communistes italiens ou, encore des grecs.

Mais l'Espagne a toujours été une exception, le péché originel des champions de la démocratie et de la liberté du monde. L'homme qui, le 19 octobre 1944, ne change aucune de ses habitudes quotidiennes dans sa maison madrilène de

Ciudad Linéal compte sur cela. Jesús Monzón a pensé à tout. Il sait très bien ce qu'il a fait, dans quelle affaire il s'est mis, mais il ne compte pas seulement sur la partialité de la chance et son amoureuse faiblesse envers les audacieux.

Monzón sait qu'à l'instant où ses hommes seront parvenus à installer un gouvernement républicain provisoire à Viella, tout ce qu'auront réussi à échafauder jusqu'alors Franco, Dolores, Staline, Churchill et n'importe quel autre acteur du panorama international, va s'effondrer comme un château de cartes.

Tout, entrevues secrètes, télégrammes chiffrés, mouvements de troupes, conspirations des casernes, recommandations amicales, ordres catégoriques, activités diplomatiques et exclamations blasphématoires, tout perdra sa valeur en se heurtant à une photographie qui va faire le tour du monde sur les unes de tous les journaux.

Car ne pas soutenir en secret l'instauration d'un gouvernement qui représente une cause aussi universellement prestigieuse que la Seconde république espagnole n'a rien à voir avec abattre en public ce même gouvernement.

Car si les autorités britanniques peuvent se permettre d'intriguer pour empêcher que Juan Negrín redevienne président d'un gouvernement républicain en Espagne, jamais elles n'oseront affronter le coût politique et moral, la ruine de leur réputation aux yeux de leurs alliés et de leurs propres citoyens, que leur apporterait de soutenir ouvertement Franco lorsque se sera mis en place un nouveau gouvernement représentant la légalité constitutionnelle interrompue par le coup d'État de 1936.

Car si Staline considère qu'il avance bien mieux, plus à l'aise et plus léger, en évitant un autre conflit espagnol, il ne pourra faire autrement que d'envoyer un télégramme de félicitations et un ambassadeur à Viella lorsque le nouveau gouvernement sera en place.

Car Dolores, elle aussi, ne pourra qu'écrire un de ces discours bien à elle, si impétueux, si émouvants, si extraordinaires, pour remplir de larmes de bonheur les yeux de tous les antifascistes du monde, qui partageront de tout cœur ce qu'elle ne pourra jamais avouer n'avoir jamais été la plus grande joie de sa vie.

Car, au moment précis où les membres du gouvernement de Viella poseront devant la presse, quelqu'un suggérera à Franco, sûrement en anglais, de ranger son fusil et de faire préparer un avion pour traverser l'Atlantique.

Car, au cas extrêmement probable où Franco choisirait de ne pas ranger son arme, le haut commandement allié se sentirait piqué au vif devant la possibilité qu'un général espagnol, qu'ils ont eu beaucoup de mal à maintenir hors jeu, puisse faire irruption au milieu d'une guerre qui semble déjà réglée au risque de donner une bouffée d'oxygène à une Allemagne à moitié asphyxiée.

Car c'est ce qui risque de se passer si, malgré tout cela, Franco envoie son armée contre un héroïque et minuscule noyau de défenseurs de la liberté, retranchés au val d'Aran.

Car, pour peu que la géographie du val d'Aran permette une résistance longue, que la facilité de communication avec l'arrière-garde française rendra relativement commode, les Alliés ne pourront mettre en doute que l'étonnante supériorité des moyens des attaquants va tôt ou tard garantir leur succès.

Car, qui a tourné sa veste une fois sait très bien comment s'y prendre, et un succès militaire de Franco, à dix petits kilomètres de la frontière française, implique la menace de se retrouver avec une armée entière déployée sur les flancs des Pyrénées, à un pas de l'Europe libérée.

Car, ce déploiement peut permettre à un dictateur déchu de décider de rendre la monnaie de leur pièce aux Alliés en traversant les Pyrénées pour déployer toutes ses troupes de l'autre côté.

Car il existe une solution facile, propre, commode et pratique pour neutraliser, en peu de temps et une totale garantie de bonheur, toutes ces menaces.

L'armée alliée possède en Europe occidentale une grande quantité d'unités de réserve, qui ne jouent plus aucun rôle, mais n'ont pas encore été démilitarisées. Il suffit de les envoyer en Espagne et ainsi, d'un trait de plume, tous les problèmes sont résolus en même temps. Les chefs de ces unités savent déjà, par expérience, qu'à l'instant où leur armée pose son pied dans un pays occupé, aussi tiède qu'ait été la réponse antifasciste de la population jusqu'alors, on voit sortir des guérilleros de partout, des résistants et des volontaires même de sous les pierres. En ce qui concerne l'Espagne, il est raisonnable d'attendre une réponse incomparablement plus favorable et un pourcentage très élevé de désertions dans le camp ennemi – des monarchistes, des traditionalistes, des phalangistes purs, des libéraux et, bien entendu, des opportunistes de tout poil. La solitude de Franco sera par ailleurs totale, car cette fois il ne pourra recevoir ses habituels renforts d'Afrique du Nord. Le détroit de Gibraltar, comme le reste de la Méditerranée, est un territoire allié et, donc, adieu les troupes régulières. Dans ce contexte de victoire inéluctable sur l'Allemagne, il est prévisible que la campagne espagnole ne soit pas très longue, ni trop coûteuse, même si n'importe quel prix est bon marché en échange du fait que Franco ne puisse pas entrer en guerre à contretemps. Et si l'Espagne redevient le bastion marxiste occidental, comme le craint Churchill, on aura toujours le temps d'arranger ça par la suite, car un mal mineur ne doit jamais paralyser la venue d'un bien majeur.

Jesús Monzón sait parfaitement tout cela.

Le 19 octobre 1944, dans sa villa de Ciudad Lineal, le fondateur de l'Union nationale espagnole a l'impression d'être Dieu, d'être aussi autosuffisant que l'entraîneur d'une équipe de football qui possède un tas de points d'avance sur ses adversaires. Tant de points qu'il se permet de mentir à ses propres joueurs, de les tromper, de leur cacher la presse, de fabriquer ses propres nouvelles et de falsifier les résultats du tableau des qualifications, pour les convaincre qu'ils ne dépendent que d'eux-mêmes.

Mais les êtres humains ne sont pas des machines, et même le meilleur avant-centre peut rater un penalty.

C'est la seule chose que ne parvient pas à prévoir Jesús Monzón.

II

La cuisinière de Bosost

La maison dans laquelle j'étais entrée à la suite du capitaine était immense, solide, avec des murs de pierres. Elle était meublée avec un minimum de choses, quelques meubles anciens de qualité, juste ce qui convenait à la demeure d'un paysan aisé, mais pas suffisamment pour cesser de cultiver ses terres.

C'est la première chose à laquelle j'avais pensé en franchissant le seuil, et je n'avais même pas été surprise par l'attention que j'avais portée à une foule de détails insignifiants : l'absence de vestibule, la totale simplicité de la décoration et surtout une photographie de mariage plutôt floue accrochée à un buffet – l'homme avait une mine sérieuse, des cheveux courts, il portait une cravate sombre, très étroite et regardait l'objectif comme s'il en avait peur ; la femme au visage large et nerveux, voile noir sur la tête et gardénia blanc à la boutonnière, semblait plus vieille qu'elle ne devait l'être, elle esquissait un sourire timide et indécis, impropre à une nouvelle mariée. J'avais fait attention à tout cela, tandis que j'avançais comme si mes pieds ne touchaient pas terre, l'esprit partagé entre l'exaltation et un sentiment plus intime et confus, une émotion proche de la pudeur, une timidité imprévue que je ne parvenais pas à déchiffrer, mais qui m'empêchait de rendre un seul des quinze regards qui me scrutaient tous avec la même intensité.

Au fond de cette salle, qui faisait office d'entrée, de cuisine et de salle de séjour, il y avait une très grande table autour de laquelle m'attendaient trois officiers qui siégeaient comme pour un tribunal. L'homme assis au centre était de petite taille et mince, avec des yeux minuscules, noirs comme des boutons vernis, si luisants qu'ils semblaient étinceler. Il paraissait un peu plus âgé que les autres, il portait des galons de colonel et je l'avais d'emblée trouvé très sympathique. Le commissaire assis à sa gauche ne m'avait pas plu, peut-être parce qu'il était trop gros et que son air bedonnant et sédentaire s'accordait mal à l'idée que je me faisais d'un soldat, trop différent des corps musclés, jeunes et bien entraînés des hommes qui l'entouraient. Celui qui était assis de l'autre côté du chef était très grand, les cheveux frisés, le nez aquilin et des lunettes extrêmement sales, il s'agissait de Comprentu, mais je ne le savais pas encore.

« Vous vous appelez Inés Ruiz Maldonado. » Galán non plus ne pouvait pas savoir à quel point la première de nos accolades allait nous unir, mais il avait déjà décidé de se comporter comme mon ange gardien. « Elle n'est ni une invitée ni une prisonnière. » Il s'était alors tourné vers moi, pour me montrer une nouvelle fois qu'il savait sourire. « Viens, approche-toi… C'est une volontaire.

— Une volontaire ? » Le colonel qui conservait un accent catalan aussi évident que les serpentins qui frisaient les syllabes du Sévillan qui m'avait guidée jusque-là, avait éclaté de rire, mais cela n'avait pas plu au commissaire. « Tu veux rire…

— Une volontaire, c'est une volontaire, un point c'est tout. » Et il m'avait doucement poussée en avant. « Explique-le-lui toi-même, allez. »

Je lui avais rendu son sourire, son regard, et avais observé autour de moi tandis que je calculais comment raconter tant de choses sans parler pendant des heures. Mais les mots étaient finalement venus tout seuls, sans difficulté. Ce soir-là, rien n'allait être difficile pour moi.

« Je m'appelle Inés, et je suis la sœur cadette de Ricardo Ruiz Maldonado, qui est le délégué de la Phalange espagnole de la Province de Lérida. » Il y avait soudain eu des frissons, des murmures, des sourcils froncés, mais personne ne m'avait empêchée de continuer mon exposé, et ce silence m'avait mise en confiance. « Je sais que ça semble étonnant, mais je suis dans votre camp. Vous pouvez prendre des renseignements sur moi, tant que vous voudrez, car je suis devenue très célèbre dans cette Province, où je suis connue comme la sœur Rouge du chef de la Phalange. Vous pouvez également demander à vos partisans qui se trouvent à Madrid, car là-bas aussi on me connaît bien. Pendant la guerre, j'avais monté un bureau du Secours rouge chez mes parents. Je travaillais avec Matilda Landa et toutes ses collaboratrices me connaissent, j'ai été incarcérée avec la plupart d'entre elles... » J'avais scruté les visages qui m'entouraient, et l'expression paisible de la plupart d'entre eux m'avait encouragée à poursuivre. « Bon, ce n'est pas tellement rare en fin de compte. À Madrid, il y avait beaucoup de monde dans mon cas. Sans aller plus loin : Pepe Laín Entralgo qui était alors très ami avec mon fiancé de l'époque, Pedro Palacios, le secrétaire général des JSU de mon quartier...

— Et comment savais-tu que nous étions ici ? » Le commissaire m'avait interrompue, sur un ton plutôt propre à un interrogatoire qu'à une conversation. « Hein ?...

— Parce que je l'ai entendu à la radio, il y a trois jours, je crois que c'était le 17... » Son ton m'avait rendue nerveuse et j'avais dû fermer les yeux pour me concentrer. « Oui, le 17, enfin bon, c'était déjà le 18, à trois heures du matin. Radio Espagne Indépendante a répété le même message toutes les demi-heures. Moi, je ne l'écoutais pas tout le temps, ce qui fait que je ne sais pas à quel moment ils ont commencé à diffuser la nouvelle, mais ce soir-là ils ont répété à plusieurs reprises que vous étiez sur le point de passer la frontière. Ils appelaient ça : Opération reconquête de l'Espagne. Moi, je me doutais déjà qu'il allait se passer quelque chose de ce genre, parce que mon frère était devenu très nerveux, et ce matin je l'ai entendu dire que vous étiez arrivés jusqu'ici. Depuis que j'habite chez eux, je suis devenue une experte pour écouter aux portes. » J'avais souri toute seule en me souvenant de cela et m'étais aperçue que le colonel souriait à son tour. « J'ai donc appris que mon frère se préparait à fermer la maison, et... Bon, en me résumant le plus possible, j'ai volé le pistolet de ma belle-sœur, j'ai volé un cheval, j'ai proposé vingt-cinq pesetas au palefrenier de chez nous pour qu'il me guide jusqu'ici, et me voilà.

— Tu es venue à cheval ? » Le gars qui ne nettoyait jamais ses lunettes avait posé ses mains sur la table et m'avait regardée bouche bée. « À cheval ?...

— Oui. » Son air incrédule m'avait beaucoup amusée. « La maison de mon frère se trouve à Pont de Suert, à une cinquantaine de kilomètres, et c'est un très bon cheval. Je l'ai attaché derrière la maison, dans l'écurie.

— De toute façon... » Il avait cessé de m'observer pour se tourner vers le colonel. « Si c'est une sœur du chef de la Phalange, elle peut nous être utile en tant qu'otage, comprends-tu ? »

Le colonel n'avait rien répondu, comme s'il avait besoin de réfléchir à cette proposition, mais moi, je m'étais précipité pour accepter à sa place.

« Comme otage, comme prisonnière, je vous fais le ménage dans la maison, je vous lave le linge, je vous fais la cuisine... Tout ce dont vous aurez besoin du moment que vous ne me renvoyez pas. De toute façon, je ne pense pas que mon frère va vous donner le moindre centime pour moi. Moi, en revanche, je vous ai apporté de l'argent... » J'avais fait une pause pour glisser ma main dans mon corsage, puis j'avais placé une liasse de billets sur la table. « Trois mille six cents pesetas, c'est tout ce qu'il y avait à la maison. J'ai signé un reçu à ma belle-sœur, je l'ai signé en votre nom, j'espère que cela ne vous gêne pas.

— Quoi ? » Le capitaine avait éclaté de rire, il m'avait regardée, puis il avait observé ses compagnons. « C'est une volontaire ou ce n'est pas une volontaire ?

— Alors tu es venue à cheval pour combattre avec nous..., avait récapitulé le colonel tout bas, au rythme de son étonnement, tandis qu'il signalait de la pointe de son menton le bout de la table où se trouvait le butin. Avec tes chapeaux et tout.

— Non, ce ne sont pas des chapeaux ! » J'avais soulevé le couvercle et m'étais à nouveau mise à rire. « Ce sont des *rosquillas*. Cinq kilos, c'est ma spécialité. Lorsque je suis nerveuse, je me mets toujours à cuisiner. Et ce matin, comme cela faisait longtemps que je songeais à m'échapper, eh bien... j'ai passé mon temps à cuisiner des *rosquillas*.

— Et que veux-tu qu'on fasse de cinq kilos de *rosquillas* ?

— Que voulez-vous donc en faire ? Les manger, bien sûr ! Vous n'avez donc pas faim ? »

À ce moment-là, le capitaine Galán, avec un petit sourire en coin, plutôt énigmatique car il semblait se l'adresser à lui-même, avait commencé à distribuer des *rosquillas* à ses compagnons.

« On ne peut pas dire qu'on ait vraiment faim, mais si c'est toi qui les as cuisinées, on va les manger. » Et il avait mordu dans la sienne pour donner l'exemple. « Il ne manquerait plus que ça...

— Dis donc, mais elles sont délicieuses, comprends-tu ? » Celui qui finissait toujours ses phrases avec la même question avait été le premier à en reprendre. « Elles me rappellent celles que font les bonnes sœurs de mon village.

— Ça ne m'étonne pas, avais-je dit. J'ai appris à les cuisiner au couvent.

— Tu es une bonne sœur ? »

Et malgré ses verres tout sales, j'avais vu de quelle façon il écarquillait les yeux.

« Non, je suis communiste. Mais à la prison de Las Ventas, j'étais trop voyante, et en 1941 ma famille m'a fait libérer pour me placer dans un couvent. J'y ai passé presque deux ans, jusqu'à ce que les bonnes sœurs me mettent à la porte et que mon frère m'emmène chez lui.

— Et donc tu es originaire de Madrid, n'est-ce pas ? » J'avais acquiescé de la tête. « Moi aussi, bon, je suis de Vicálvaro, comprends-tu ?

— De Vicálvaro ! » En entendant le nom de son village, j'avais souri puis fermé les yeux, et j'avais revu les maisons comme si elles se trouvaient devant mes yeux. « Pendant la guerre je suis devenue amie d'une de tes compatriotes qui s'appelait Faustina, rousse, grande... Elle a été condamnée à trente ans, comme moi, je me demande où elle doit se trouver en ce moment.

— Oui, je la connais. » Il avait souri également. « La fille du boulanger, une fille énorme, très grosse, comprends-tu ?

— Bon, lorsque je l'ai connue, moi, il n'y avait plus une seule femme grosse à Madrid. Mais dis-moi quelque chose, camarade... Tu ne nettoies jamais les verres de tes lunettes ? »

Pendant ce temps, d'autres hommes s'étaient peu à peu approchés, et deux d'entre eux encadraient déjà mon interlocuteur. Celui qui se trouvait à sa gauche avait un beau visage. Il avait les yeux légèrement bridés, noirs, brillants, et un grand nez très droit, ses traits étaient délicats et pourtant marqués, masculins, à l'intérieur d'un ovale aussi parfait que celui d'un visage d'enfant, et ses joues étaient pleines et roses. L'autre était plus petit que moi et très blond, il avait lui aussi les yeux sombres, mais bleu foncé, et son éternel sourire lui donnait un air de lutin. C'est lui qui avait le plus ri en entendant ma question.

« Pas trop souvent, non, comprends-tu ? »

Le guérillero myope m'avait répondu comme s'il était en train d'entendre les éclats de rire des autres.

« Non, pas trop souvent, non. » Mais le lutin aux yeux bleus s'était empressé de le démentir avec un accent doux et sinueux. « Il ne les nettoie jamais, on dirait que le médecin le lui a interdit... » Et, après Galán, il avait été le deuxième à me tendre la main pour m'adresser un salut dans les formes. « On m'appelle El Zurdo. Je suis né sur l'île de Gran Canaria, dans un petit village où il n'y a pas le moindre couvent, mais j'adore les *rosquillas*.

— Moi aussi. » Le beau garçon s'était approché encore plus près de moi et avait pris une de mes mains dans les siennes tout en se présentant. « Moi, je suis de Calatayud et on m'appelle El Sacristán, mais je n'ai jamais été sacristain, hein ? J'ai juste fait un peu l'enfant de chœur, lorsque j'étais petit, mais comme ils sont tous jaloux de moi, parce qu'ils sont très laids, ils m'ont baptisé comme ça pour me ridiculiser.

— Et voilà que les bêtises reprennent. » L'homme qui était intervenu était très mince et avait de longues jambes fines, et on ne l'appelait pas Tijeras pour cette raison, mais parce que ses oreilles décollées comme deux petits soufflets ressemblaient à des branches de ciseaux. « Je vais te dire quelque chose, Sacristán, si tu étais seulement deux fois plus bête que beau, ça nous suffirait amplement... » Lui aussi était en train de me tendre la main, et il m'avait expliqué qu'il était de la rive gauche.

« Quartier du Nervión, avais-je suggéré.

— Quartier du Nervión, avait-il souri, de quel autre quartier pourrait-il s'agir, sinon ?...

— Moi, je suis Afilador. » Celui qui était à côté de lui s'était présenté. « Je travaillais dans une boulangerie, mais depuis que je suis devenu guérillero, je fais un autre métier, car j'ai toujours accompagné ce gars-là. » Il avait désigné El Tijeras et j'avais ri à nouveau.

Je m'étais aperçue que, malgré leur jeunesse, car les plus vieux devaient avoir à peine plus de trente ans, il n'y avait que des officiers dans l'état-major du colonel qui avait présidé mon tribunal. Deux jours plus tard, je parvenais à les identifier à leur voix et, au-delà de leur nom, j'allais également apprendre beaucoup de choses à leur sujet. Par exemple que El Zafarraya était allergique aux poivrons verts, que El Botafumeiro avait horreur des omelettes aux pommes de terre trop baveuses, que El Cabrero préférait boire du lait sans rien d'autre pour déjeuner, que El Perdigón aimait les crudités, que El Lobo n'aimait ni les crudités ni les légumes, que El Afilador était très gourmand et que El Sacristán, en plus d'être le plus beau et le plus coquet de tous, avait faim à toute heure.

« Bon, en tout cas, je suis ravi que tu sois avec nous. » J'avais déjà compris ça lorsque je l'avais vu lever les yeux au ciel et pencher la tête sur le côté. « J'ai toujours pensé qu'avoir une belle femme auprès de soi, c'était déjà la moitié de la victoire assurée.

— Mais tais-toi, merde. C'est difficile d'être plus bête. » El Pasiego, très grand, très sérieux et silencieux, avec ses lunettes bien propres, avait esquissé un geste d'impuissance. « Tu es incorrigible...

— Bon, je vous assure que je suis bien plus heureuse qu'aucun d'entre vous de me retrouver ici. » Et je m'étais tournée vers le gars de Vicálvaro. « Voyons, passe-moi tes lunettes.

— Non, vraiment, ce n'est pas la peine.

— Passe-les-moi, va. Ça ne m'ennuie pas du tout.

— Donne-les-lui ! Bor... » Et c'est finalement El Zurdo qui les lui avait prises et me les avait tendues. « ...del !

— Je ne vous comprends pas, vous, les femmes, comprends-tu ? La mienne, c'est la même chose, toute la sainte journée avec mes putains de lunettes, qu'est-ce que ça peut vous faire, ce sont mes yeux, non ? Et moi je vois bougrement bien avec les lunettes sales, comprends-tu ? » Il s'était brusquement arrêté de parler, de gesticuler et puis il avait changé de ton. « Je peux en manger une autre ? »

En les humidifiant avec mon haleine, je m'étais aperçue que ces verres ne pouvaient récupérer leur transparence première qu'avec du savon et de l'eau. J'étais si occupée à ma tâche que je n'avais pas tout de suite compris ce qu'il me demandait.

« Ah, oui !... » Et je lui avais souri avant de commencer à les essuyer avec la pointe de mon chemisier. « Tu veux dire une autre *rosquilla* ?... Mange toutes celles que tu voudras, elles sont là pour ça.

— Pas toutes celles que je voudrai, non, comprends-tu ? » Mais El Afilador s'était également approché pour en prendre une deuxième. « Car à cette allure, je crois qu'il va falloir les rationner.

— Et toi, on t'appelle Comprentu, avais-je conclu, d'accord !...

— Comment veux-tu qu'on l'appelle ?... » Je savais que c'était Galán et qu'il était tout près, juste derrière moi, car j'avais senti son odeur. « Hein ?...

— D'accord... Le nom est bien choisi », avais-je concédé. Puis j'avais continué à frotter les verres jusqu'à ce que je juge le résultat acceptable en les regardant à la lumière. « Tiens, Comprentu, mets tes lunettes et ne me dis pas que tu ne vois pas mieux.

— Eh bien... pas vraiment, comprends-tu ? Que veux-tu que je te dise... »

Le bois et le tabac, le clou de girofle et le savon, le citron vert, et une pointe de poivre, Galán m'avait prise par le bras pour m'écarter et me parler presque à l'oreille sans perdre de vue El Sacristán, qui n'arrivait pas à détourner son regard de moi.

« Suis-moi ! Je voudrais te poser quelques questions.

— Bien entendu. » Enfin, avais-je ajouté pour moi-même tout en le regardant discrètement, car j'avais très envie d'être enfin interrogée par quelqu'un qui en valait la peine... À sept heures du soir, je l'avais suivi dans l'escalier qui menait à l'étage. Puis, je n'étais redescendue que vers une heure du matin, lorsque nous avions fait une pause et nous étions aperçus que nous n'avions pas dîné. En entrant dans un salon, meublé comme un bureau, qui ouvrait sur une chambre avec des balcons extérieurs, la première chose qu'il avait faite avait été de fermer la porte de communication entre les deux pièces. Puis il avait pris place derrière son bureau, avait saisi les deux cartes qui se trouvaient dessus et les avait soigneusement roulées. Il avait ensuite tiré des feuilles de papier et un stylo du tiroir et ne m'avait pas posé tout de suite de questions.

« Donne-moi le pistolet, m'avait-il dit d'une voix aimable, malgré l'autorité de son ton. Tu n'en as plus besoin, à présent. »

C'était vrai. Je n'avais plus à me défendre de qui que ce soit. Alors j'avais tiré l'arme de ma ceinture et la lui avais tendue, sans pour autant avoir apprécié qu'il me le demandât.

« Merci. » Il l'avait rangée dans un tiroir qu'il avait fermé à clé, puis avait glissé cette dernière dans sa poche. En me regardant à nouveau, il m'avait fait comprendre qu'il avait deviné ma déception, mais ne s'était pas excusé. « Le colonel m'a chargé de te demander si tu n'avais rien entendu d'autre, lorsque tu as écouté aux portes, chez ton frère.

— Bien sûr. » J'avais relevé le menton et l'avais regardé de haut, pour lui montrer que moi aussi je savais être distante s'il le fallait. « J'ai entendu beaucoup de choses. »

Et je lui avais raconté tout ce que je savais, en commençant par les détails les plus récents, la conversation dans la bibliothèque, la nervosité de Ricardo, les éléments apportés par Garrido, la colère d'Ayuso, des noms propres, des grades, des noms de lieux, des chiffres, des corps militaires, et il m'avait laissée parler tandis qu'il notait tout ce que je disais comme un écolier responsable, un élève appliqué qui, de temps en temps, me demandait d'aller plus lentement, ne t'emballe pas, s'il te plaît, et il souriait, je n'arrive pas à suivre… Parler m'avait fait du bien, et je m'étais sentie encore mieux lorsque je l'avais vu acquiescer à certains détails. « En ce moment, à Viella, ils n'ont que mille neuf cents hommes. » Il hochait la tête comme si je ne lui apportais rien de nouveau. « Ils savent que vous êtes quatre mille ici, que votre camp se trouvait près de Tarbes, que vous possédez presque le double d'hommes en réserve, mais ils n'osent pas concentrer des troupes car ils ont peur de dégarnir les frontières. » Sa tête m'indiquait qu'il était au courant. « Le commandant Garrido a reconnu qu'ils n'avaient pas la moindre idée de l'endroit où vous allez attaquer, car les Rouges pénétraient dans le pays de tous les côtés...

— Qui est le commandant Garrido ?

— Un fils de pute. » Galán m'avait regardée comme s'il attendait que j'en dise plus, mais je m'étais arrêtée là, car la prophétie du miroir s'était réalisée, et tout le reste n'avait plus d'importance. « Il commande le premier bataillon d'infanterie de la ville de Lérida, et c'est un intime du gouverneur militaire de la Province, le lieutenant général Ayuso, un ivrogne sénile, mais très décoré. »

Et j'avais continué à parler en lui racontant tout, les choses importantes et celles qui ne l'étaient pas vraiment, les prénoms, les noms, la fonction et le physique des hommes et des femmes qui fréquentaient les fêtes que donnait Ricardo à dates fixes. Et il continuait à écrire tout en m'écoutant, mais d'une façon de plus en plus détendue, notant des éléments épars avec une parcimonie qui lui laissait le temps de me regarder, de me sourire, de rire avec moi de certains détails. Je n'étais plus fâchée qu'il m'ait désarmée. J'avais commencé à comprendre qu'ici c'était différent des comités, des bureaux, des organisations politiques auxquels j'avais appartenu pendant une guerre qui était à tout le monde, mais dont le front se trouvait ailleurs. En revanche, ici, c'était une armée et j'en faisais à présent partie. J'étais soumise à la même discipline, à la même hiérarchie que les soldats aperçus dans le campement qui bordait le village. Cette idée m'avait fait chaud au cœur, mais elle m'avait également indiqué que le moment était venu pour moi de me taire. Puis j'avais réalisé que le capitaine était nonchalamment installé sur sa chaise, les bras croisés, en train d'écouter la recette des *rosquillas* que m'avait appris à cuisiner sœur Anunciación.

« Je suis désolée. » Et j'étais devenue rouge de confusion. « Je suis en train de te raconter ma vie, et ce n'est pas très intéressant pour toi.

— Bien sûr que ça m'intéresse, avait-il protesté gaiement. Je suis très intéressé par ce que tu dis, mais... Bon, je ne suis pas sûr que le commandement soit aussi intéressé que moi. Je vais descendre pour informer le colonel, d'accord ? Ne bouge pas, je reviens tout de suite. » Il s'était dirigé vers la porte, et lorsqu'il l'avait ouverte, nous avions découvert que le dîner était prêt. « Ça sent les pommes de terres cuisinées. Tu veux que je t'en remonte une assiette.

— Non, merci. Je n'ai pas faim. »

Ne le fais pas, Inés.

Il avait mis presque une demi-heure pour revenir. Pendant son absence, j'aurais dû avant tout penser à moi-même. J'aurais dû analyser la situation, mes attentes, mon avenir immédiat, décider si j'allais rester là, auprès de l'armée, ou s'il valait mieux profiter de la possibilité de passer en France le plus vite possible, pour attendre tranquillement le dénouement. J'aurais dû envisager de me chercher un logement, et même un travail, car la situation pouvait durer un moment. J'aurais dû aussi demander une liste des gens qui se trouvaient là, pour peut-être y découvrir le nom d'un ami. Je connaissais la guerre, et je n'étais pas idiote. Je savais qu'il me fallait penser à beaucoup de choses, que je devais prendre de nombreuses décisions, mais pendant cette demi-heure, je n'avais fait que me répéter la même phrase. Ne le fais pas, Inés.

J'avais vécu une longue et intense journée, peut-être même les heures les plus décisives de ma vie. J'avais réussi à rompre le cercle, à m'évader de ma prison, à gagner la minuscule et cependant démesurée bataille pour mon propre destin, mais en posant mon pied sur le bord de mon avenir, tous mes calculs avaient changé, tous les chiffres s'étaient rebellés, avaient rompu les chaînes apaisantes de l'arithmétique pour improviser une dangereuse discipline de nombres soûls et insensés. Ne le fais pas, Inés. J'avais tenté de les réunir, de leur redonner un ordre primitif et différent, de les soumettre à la rigueur d'autres opérations. J'avais voulu fuir, et je m'étais enfuie, j'avais voulu retrouver les miens, et je les avais retrouvés. Ils étaient quatre mille et ils avaient envahi l'Espagne. Quelle émotion, voilà ce que je me disais, quelle émotion ! Mais le point d'exclamation n'avait été d'aucun secours pour moi. L'orthographe s'était rebellée en même temps que les mathématiques, et ses symboles s'étaient mis au service d'autres chiffres.

Moi, j'étais communiste, mais j'avais vingt-huit ans. J'étais antifasciste, j'étais restée cinq années et demie enfermée en prison, dans un couvent, puis dans la souricière préférée du commandant Garrido. J'étais convaincue d'avoir choisi la bonne cause. Mais ce jour-là, nous étions le 20 octobre 1944. Et j'étais trop nerveuse pour penser sereinement. Je m'étais dit que, depuis le 25 mars 1939, j'avais toujours couché seule, par terre, sur une dalle, dans un lit inconfortable, puis dans un autre lit plus moelleux, mais toute seule. Au moment précis où je pourrais me remettre à penser sereinement, j'allais probablement comprendre que le parfum du capitaine n'était pas si important. Le capitaine sentait le bois et le tabac, le clou de girofle et le savon et, en fond, une note douce et acide, comme un zeste de citron pas très mûr, en surface, une note piquante, comme de la poudre de poivre tout frais moulu. C'est la première chose que j'avais sue de lui. Son parfum était responsable du fait que mes mains avaient miraculeusement reconnu un corps qu'elles n'avaient jamais connu auparavant, que ma tête se fût posée sur son cou comme si elle avait été modelée pour s'y emboîter, que mon nez l'eût respiré si profondément. Son parfum était responsable du fait que je ne parvenais plus à penser sereinement.

« Et soif, est-ce que tu as soif ? » Ne le fais pas, Inés. « J'ai remonté un peu du délicieux fromage que tu as apporté, pour ne pas nous soûler avant l'heure... »

Il m'avait regardée comme s'il venait de découvrir la lutte que j'étais en train de mener contre moi-même, et il avait souri. Mais au lieu de se rasseoir à son bureau, il avait posé les provisions sur la table basse disposée devant le canapé où le maire de Bosost devait inviter ses visiteurs à s'asseoir. À ce moment précis, tous mes mots avaient été plutôt simples, mais ils avaient soudain pris un sens étrange, rebelle, en sortant de ma bouche, comme si mon sort était jeté.

« Oui... J'ai un peu soif.

— Tant mieux. » Lorsque je m'étais assise à son côté, il m'avait regardée comme s'il hésitait à me servir un verre de vin, ce qu'il avait fini par faire.

Et à la fin, nous avons liquidé la bouteille, mais aussi mangé tout le fromage qui était vraiment excellent et nous avons même fumé une cigarette.

« J'aurais bien aimé te voir habillée en bonne sœur », avait-il murmuré tandis qu'il éteignait la sienne dans un cendrier que j'avais posé devant lui lorsque je m'étais aperçue qu'il était sur le point de mettre les cendres dans l'assiette de fromage.

« Ne va pas croire ça. » J'étais assise de travers sur une de mes jambes, et je m'étais redressée pour me pencher afin d'atteindre le cendrier. « Je suis beaucoup plus belle sans habits. »

Lorsque j'avais tourné ma tête vers la droite pour le regarder, son visage était si près du mien que j'avais fermé les yeux. Ne le fais pas, Inés. Il m'avait enlacée, en passant son bras droit sous mes aisselles et le gauche au-dessus de ma taille. Ne le fais pas, Inés. Puis il m'avait pressée contre son corps et m'avait embrassée. Et tout ce que je savais, tout ce que je pensais et que j'étais capable de dire, ce que j'avais appris et ce dont je me souvenais, ce que je désirais et que je craignais, s'était simultanément confondu sur sa langue. Depuis cinq ans, j'avais souvent pensé à ce que j'allais ressentir lorsqu'un homme m'embrasserait à nouveau, me prendrait dans ses bras, me pousserait dans son lit, et j'avais imaginé cela comme une espèce de cataclysme, un déluge universel, presque douloureux, une passion physique mais aussi sentimentale, morale, idéologique, aigre-douce, aveuglante et froide comme la vengeance. Voilà ce qui risquait de se passer, mais lorsque Galán m'avait regardée puis embrassée à nouveau, j'avais déjà tout oublié.

Les victoires militaires font tourner la tête aux femmes. Quelques jours plus tard, il m'avait raconté la théorie de Pasiego. Mais il m'avait déjà tellement fait tourner la tête que je lui avais raconté ce que j'avais ressenti ce soir-là, tandis que ses doigts travaillaient prestement sous mes vêtements, à la surface de ma peau, une peau renouvelée qui avait commencé d'exister à ce moment précis comme elle n'avait jamais existé auparavant. Je ne me souvenais plus de rien, mais mon corps conservait la mémoire de la désolation, de cette solitude au parfum froid, moussu, en putréfaction du couvent, ainsi que de l'amertume d'une autre peau inconnue, vieille et affamée, que les caresses de Garrido hérissaient contre ma volonté. Mon corps se rappelait la tristesse et la panique, tout en se remettant à vivre, à redevenir ferme et malléable, docile à mes désirs et si sensible aux désirs de cet homme. Et mon corps l'avait alors autorisé à me soulever sans cesser de m'embrasser. Ses bras m'avaient retenue pour éviter que je perde l'équilibre, ses mains avaient retiré mon chemisier, et c'est ensuite que sa tête s'était écartée de moi pour m'observer de haut en bas.

« Tu me plais beaucoup, camarade. » Il me regardait et se mettait à rire, moi je le regardais et me mettais à rire également tandis que ses mains caressaient mes seins, mes hanches qui ressuscitaient à l'extrémité de ses doigts. « Je n'ai jamais connu de bonne sœur qui me plaise autant que toi... » Il avait glissé ses pouces dans la ceinture de mon pantalon et avait poussé vers le bas afin que je puisse le retirer en levant les pieds avec une certaine élégance. « Et pourtant j'ai étudié au séminaire. »

Lorsque j'avais à nouveau réussi à penser sereinement, je n'avais pas perdu mon temps à calculer où étaient passées ma soif de vengeance et cette nostalgie du plaisir qui avait éclaté en mille morceaux sous la pression d'un vrai plaisir qui s'était multiplié sans faiblir, qui était doux, rond, affûté, violent et lumineux : une sorte de joie sauvage. Ensuite, je m'étais mise à rire sans très bien savoir pourquoi, et c'est pour cette raison que, lorsque j'avais enfin pu à nouveau penser sereinement, je n'avais même pas eu l'idée de continuer à penser.

« Tu veux bien aller chercher les cigarettes ? »

Je l'avais regardé un instant, j'avais deviné ce qu'il avait derrière la tête et, tandis qu'il souriait, je m'étais levée et étais allée toute nue jusqu'au bureau. En le quittant tout à l'heure, nous n'avions pas éteint la lumière. Lorsque j'étais retournée dans la chambre, il avait allumé la lampe de la table de nuit, et cela ne m'avait pas gênée. J'avais traversé la chambre sans me presser, et il avait commencé à applaudir avant que je n'aie le temps de le rejoindre sous le drap. Puis il m'avait prise dans ses bras et embrassée à de nombreuses reprises, comme s'il n'avait même pas envie de fumer, mais au bout d'un moment il avait allumé une cigarette pour me permettre de lui poser des questions sur la photo que j'avais vue au retour, posée sur la table de nuit, une femme brune dont le sourire m'avait fait sursauter avant que je ne remarque ses enfants, une gamine d'environ dix ans et un garçon un peu plus jeune, aux petits yeux, noirs, comme des boutons vernis, si luisants qu'ils semblaient étinceler.

« Qu'est-ce que c'est ? » J'avais saisi la photo pour l'étudier de près et il s'était collé à moi, comme si l'expression de mon visage l'amusait beaucoup. « C'est...

— Ma famille ? » Il avait fait une pause que je n'avais pas osé troubler, et il avait souri. « Non. Ce sont les enfants et la femme de Lobo... Oui, du colonel. C'est lui qui commande le secteur et, lorsque nous sommes arrivés, il a naturellement choisi la plus belle chambre.

— Et toi ?

— Moi, je n'ai jamais eu de chance pour les tirages au sort, alors j'ai dû me contenter de dormir dans le lit de camp de la chambre qui se trouve juste en dessous de celle-ci. » Il avait éclaté de rire et m'avait embrassée sur la joue, comme si le souvenir du bruit des ressorts du sommier, de la tête de lit frappant contre le mur, l'amusait beaucoup. « Avec Comprentu, El Zurdo et El Cabrero.

— Mais... » Je m'étais redressée dans le lit pour le regarder. « Je ne comprends pas. Tu es descendu et tu lui as dit, on échange nos places, comme ça, sans plus...

— Non, ce n'est pas exactement ça. En réalité, c'est à toi qu'il a cédé la chambre, mais on pourrait plutôt dire... » Il m'avait regardée, avait souri, avait embrassé un mamelon, puis l'autre. « El Lobo est mon colonel. Il commande et j'obéis, mais en dehors de la guerre, nous sommes très amis. Nous avons été ensemble à Argelès-sur-Mer, puis nous avons travaillé dans la même scierie, nous avons lutté contre les Allemands, toujours ensemble, et... Les amis se rendent des services, tu ne crois pas ? Lorsque je suis descendu, je lui ai rappelé qu'il n'y avait que lui qui dormait tout seul dans cette maison et qu'il fallait bien te caser quelque part. On n'allait pas te faire dormir avec la troupe, après avoir mangé tes *rosquillas*, et donc... »

À la fin du mois d'octobre, au val d'Aran, les nuits étaient déjà très froides, mais mon corps n'avait pas protesté lorsqu'il avait soulevé le drap, les couvertures, pour me regarder à nouveau, comme s'il n'en avait pas assez vu tout à l'heure.

« De toute façon, il me connaît tellement bien que lorsque je lui ai demandé si l'on devait t'interroger, il a arqué ses sourcils et il m'a dit... » Il avait fait une pause avant de reprendre en imitant la voix de Lobo : « Que t'arrive-t-il, tu es volontaire, n'est-ce pas ? »

Il ne s'était pas contenté d'imiter la voix du colonel, mais aussi ses gestes, sa façon de tordre la bouche, de regarder en l'air, et il m'avait fait rire, et il avait ri avec moi, tandis que sa main gauche se promenait sur mes seins et me caressait l'estomac, le ventre, avant de plonger entre mes jambes.

« Eh bien tu sais parfaitement ce que je pense de ce genre de choses. » Le colonel continuait à parler en tordant la bouche mais c'étaient les lèvres de Galán qui m'embrassaient dans l'oreille, le cou, l'épaule, en suivant le rythme lent, avide, de ses doigts. « Je vous ai déjà dit avant de venir ici que je ne voulais pas de femmes, qu'elles nous ont suffisamment déçus en 1936... » Puis tout avait cessé, les mots, les baisers, les caresses et j'avais ouvert les yeux et j'avais vu les siens, très sérieux, très près des miens, avant de réentendre sa vraie voix. « Mais si tu n'avais pas voulu, je serais allé dormir en bas. Tu es une femme très courageuse. Et il y a bien longtemps que j'aie appris à respecter les femmes courageuses. »

Mais moi je voulais, j'en voulais encore, j'en voulais tellement que je m'étais tournée vers lui, l'avais enlacé, m'étais accrochée à son corps. Il m'avait semblé plus grand, plus doux, plus ferme, plus chaud. Et nous avions roulé sur le lit, d'abord dans un sens, puis dans l'autre, tandis que l'émotion dans laquelle m'avaient plongée ses paroles s'était transformée en une émotion encore plus forte, remplie de couleurs qui avaient aiguisé mes sens au point que sans cesser de le sentir, de me laisser bercer par sa respiration et de respirer la tumultueuse intensité que le sexe imprimait au parfum de son corps, j'avais réussi à entendre le chahut d'un lit qui grinçait comme si tous les boulons étaient en train de perdre leur écrou. À cet instant, je me trouvais sur lui, et je m'étais arrêtée, je l'avais regardé, l'avais vu arquer les sourcils, puis faire non de la tête, tout en me prenant par la taille pour me faire tourner.

« Qu'ils aillent se faire foutre ! » Car j'étais en train de penser à ceux qui dormaient juste en dessous et il s'en était aperçu. « Ça m'est égal... »

Ensuite, Galán m'avait proposé d'aller prendre la cuisine d'assaut. Il était une heure du matin, il était mort de faim et il avait bien choisi ses mots, car il avait dit exactement cela, nous allons prendre la cuisine d'assaut, et en moins de temps qu'il ne faut pour le dire, il s'était habillé. J'avais enfilé les pantalons aussi vite que j'avais pu et j'étais encore en train de les boutonner lorsqu'il m'avait tendu sa vareuse.

« Tiens, mets ça. Il fait froid. »

Nous avions descendu l'escalier à tâtons, sans faire de bruit, puis traversé l'entrée avec les mêmes précautions, pour ne pas réveiller ceux qui avaient peut-être réussi à s'endormir et, une fois dans la cuisine nous avions trouvé une assiette recouverte par une autre assiette contenant des pommes de terres cuisinées avec du plat de côtes. Je les avais fait réchauffer dans une casserole et, tandis que le parfum me susurrait à l'oreille que j'avais bien plus faim que je ne l'avais cru au début, je m'étais dit qu'il n'y en avait pas assez pour deux, et je les avais donc servies dans une seule assiette.

« Mange-les, lui avais-je dit, tandis que je les posais sur la table. Un sandwich me suffira.

— Il n'en est pas question. » Et alors que je me dirigeais vers le garde-manger, il m'avait prise par la taille pour m'arrêter. « Nous allons partager ce qu'il y a, et si nous avons encore faim, nous nous ferons deux sandwichs. »

Il avait approché une chaise, s'était assis à côté de moi, et nous avions mangé les pommes de terre dans la même assiette, avec la même fourchette. Il les avait partagées scrupuleusement, une petite pour toi, une petite pour moi, en coupant les morceaux plus grands par la moitié, et il m'avait laissé manger la dernière.

« Elles étaient bonnes, n'est-ce pas ?

— Oui, mais pour moi, il manquait un peu de poivron moulu. » Et le poivron moulu m'avait soudain donné une idée. « Tu as toujours faim ? »

J'avais entamé un des chorizos que Ricardo ne partageait avec personne, même pas avec Ayuso, je lui avais fait un sandwich avant de m'asseoir sur la table.

« Excellent ! s'était-il exclamé dès la première bouchée. Vraiment, excellent !

— N'est-ce pas ? » Et je lui avais souri, car je venais de m'apercevoir que j'adorais le voir manger. « Mon frère le fait venir directement de Salamanque. Il était là-bas pendant la guerre, dans un bureau des relations internationales.

— Au moins, il n'a tué personne.

— Je n'en suis pas aussi sûre que toi, tu sais ! » Mais je n'avais pas voulu en dire plus.

Je n'avais pas voulu lui parler de Virtudes, pas encore, pas ce soir-là, pas à cet instant si simple et si parfait, car j'avais regardé par terre et m'étais aperçue que mes pieds bougeaient tout seuls que, sans m'en rendre compte, ils étaient en train de danser en l'air dans cette cuisine de village illuminée par une ampoule triste, brillant comme un soleil de guimauve, comme une étoile secrète dans le ciel d'une planète habitée seulement par deux individus, un monde minuscule et tout neuf où la douleur, la solitude et la tristesse n'existaient pas. Alors je n'avais pas voulu lui parler de Virtudes, pendant que je le regardais, qu'il me regardait, qu'il faisait de moi, à chaque seconde, une femme nouvelle qui ne pouvait, ne voulait se souvenir de rien d'autre qui n'eût lieu ici et maintenant, dans une splendide version de la réalité annulant toutes les autres. Et il s'en était aperçu. Il avait dû s'en apercevoir, car il s'était déplacé tout en restant assis sur la chaise et était venu devant moi, sans se soucier du grincement des pieds sur les tommettes du sol. Il m'avait dégrafé un bouton, puis un autre, et encore un, et avait ouvert les pans de la vareuse pour enfoncer sa tête entre mes seins. Et la porte s'était ouverte d'un coup.

« Mais qu'est-ce qui se passe dans cette cui ?... »

C'était un jeune soldat. Il devait avoir à peine vingt ans et il n'en croyait pas ses yeux : une femme décoiffée, assise sur la table de la cuisine, portant une vareuse qui ne pouvait pas lui appartenir, et cet homme décapité qui se trouvait en face d'elle, assis sur une chaise, agrippé aux pans de la veste, qui s'était brusquement redressé pour le regarder de façon étrange.

« Je suis vraiment désolé, mon capitaine. » On aurait dit un enfant qui venait de se faire prendre en train de copier sur le voisin pendant un examen. « Excusez-moi, je ne savais pas, je suis vraiment désolé…

— Ne t'excuse pas, Romesco. » Galán s'était adressé à lui sur un ton aimable et calme. « Tu n'as fait que ton devoir.

— Merci, mon capitaine. »

Et nous avons attendu qu'il s'en aille, mais il était resté là, immobile, comme subjugué, sur le seuil de la porte.

« Allez ! » La main qui tenait le pan gauche de la vareuse s'agitait à présent en l'air, comme si elle pouvait éloigner Romesco toute seule, et la pauvre sentinelle avait écarquillé les yeux en entrevoyant mes seins nus. « Tu peux y aller, Romesco, continue donc à faire ton devoir.

— Bien, mon capitaine. » Il s'était mis en position fixe, l'avait salué et était reparti si vite que lorsqu'on avait entendu la fin de la phrase, il avait déjà refermé la porte. « À vos ordres, mon capitaine.

— Montons… » C'était un autre ordre et il m'était adressé. « Dans la chambre…

— Non, je dois ranger la cuisine.

— Demain… »

Le lendemain, lorsque j'avais ouvert les yeux, c'est lui qui était torse nu. Le jour ne s'était pas encore tout à fait levé, mais la lumière qui pénétrait par le balcon, une clarté blanche et imprécise, contaminée par les restes de la nuit qui résistaient pour ne pas disparaître, semblait suffisante pour lui, qui était en train de se raser devant une bassine posée sur une coiffeuse dans un coin de la pièce. J'avais été émue par le trapèze parfait de son dos, par ses épaules rondes et souples, par ses longs bras aux muscles parfaitement dessinés. J'avais beaucoup aimé cette image de lui en train d'égaliser ses pattes, de se laver le visage, de se le sécher, puis de passer sa chemise. Je m'étais dit qu'il me croyait encore endormie, mais lorsqu'il s'était retourné, il était en train de sourire et son visage rayonnait en même temps que le jour se levait.

« Bonjour. »

Tandis qu'il s'approchait du lit, j'avais entendu des pas et des voix dans le bureau, mais il s'était assis à mes côtés, avait passé une main sous le drap, l'avait lentement écarté, et m'avait embrassée sur les lèvres avec une délicatesse inattendue.

« Je vais négocier avec Lobo pour qu'il nous autorise à nous installer ici. » Tandis que sa main se promenait sur mon corps, me caressant avec une extrême douceur, il me regardait dans les yeux. « Mais le bureau restera là, car il n'y en a pas d'autre, alors il vaudrait mieux que tu t'habitues à entrer et à sortir par l'autre porte. » D'un signe de la tête, il avait indiqué celle qui donnait sur le couloir. « Et le mieux serait même que tu attendes que nous soyons sortis.

— C'est ce que je vais faire, avais-je promis d'une voix endormie. D'accord...

— Parfait. » Il avait remis le drap sur moi, m'avait bordée comme une gamine et m'avait embrassée à nouveau. « À ce soir. »

Ces trois mots avaient fini de me réveiller et je m'étais assise dans le lit pour le regarder sortir et, alors qu'il avait posé la main sur la poignée de la porte, il s'était tourné vers moi pour me dire une chose qui m'avait ramenée à ce monde parfait qui venait de renaître et dans lequel il n'y avait pas de place pour le malheur.

« Je pensais qu'il ne restait plus de femmes comme toi en Espagne. »

Son sourire flottait encore dans l'air, lorsque j'avais entendu le bruit d'un verrou qui n'était pas parvenu à m'isoler du tumulte que son apparition avait engendré dans la pièce voisine, un vacarme confus de sifflets, de tapes dans le dos, d'exclamations de joie ou de reproches au-dessus duquel une voix s'était nettement démarquée.

« Putain ! Quelle nuit, comprends-tu ? »

Puis je m'étais rendormie. Je ferais mieux de me lever, avais-je pensé tandis que je me laissais lentement envelopper par un nuage tiède et moelleux. Puis je m'étais laissée aller, absorber par la douceur d'un rêve épais, anesthésiant, dans un repos si profond qu'en ouvrant les yeux j'avais été effrayée. Il faisait complètement jour. L'horloge du mur marquait huit heures moins dix. Je m'étais enveloppée dans le drap et n'avais pas entendu un seul bruit. Puis, lorsque j'étais revenue des toilettes, les balcons étaient ouverts, le lit fait et le cendrier tout propre sur la table de nuit. En descendant l'escalier, j'avais ensuite senti une bonne odeur de café et de ménage.

La responsable du parfum du ménage était une jeune femme moins âgée que moi, avec des yeux tout à fait réveillés et des joues roses : une espèce de rougeur veloutée que conservent bien au-delà de leur enfance les gens qui vivent à la campagne. Elle avait les cheveux châtains, attachés en queue-de-cheval, s'éparpillant en petites boucles bien serrées. Elle avait les pieds nus dans des sandales de corde noires avec des lacets parfaitement propres. Elle allait bras nus, semblait immunisée contre le froid et paraissait contente, car elle chantonnait tout en passant la serpillière avec des mouvements énergiques, presque violents.

Je lui avais dit bonjour et elle m'avait répondu bonjour en souriant de bon cœur.

En revanche, dans la cuisine, j'étais tombée sur une femme en deuil qui avait l'air de mauvaise humeur, car la réponse à mon bonjour avait été un grognement à peine articulé.

« Il y a du café ? » Elle ne m'avait pas répondu. « Parfait ! Si ça ne vous gêne pas, je vais déjeuner. Je suis morte de faim. »

Elle n'avait rien répondu à cela non plus, mais elle avait cessé de nettoyer les réchauds pour m'observer, bras ballants. Elle avait froncé les sourcils. Ses lèvres étaient serrées et elle n'avait nullement l'intention de se montrer aimable. Voilà pourquoi, même si j'avais par la suite été obligée d'ouvrir plusieurs portes pour chercher ce dont j'avais besoin, je m'étais bien gardée de lui donner la satisfaction de poser d'autres questions. Et finalement, lorsque j'avais réussi à trouver un bol, une assiette, une petite cuillère, un sucrier, le couteau nécessaire pour trancher une miche de pain, une salière et une burette d'huile, j'avais disposé le tout sur un plateau et j'étais allée déjeuner sur la grande table sans rien dire.

Après avoir fini de manger ma tranche de pain avec de l'huile et du sel, puis bu la moitié d'un breuvage possédant tout juste la couleur du café, la femme en habits de deuil était sortie de la cuisine et m'avait posé une question à brûle-pourpoint, comme si elle avait voulu me signifier qu'elle n'était pas muette.

« Vous restez ici, mademoiselle ? ». Et elle n'avait pas attendu que j'aie le temps d'avaler le bout de pain que j'avais dans la bouche. « Vous restez avec eux ?

— Oui, avais-je répondu. Je reste avec eux.

— Eh bien moi, je rentre chez moi, car j'ai encore beaucoup à faire. »

Elle avait disparu à toute vitesse, à tel point qu'arrivée à la porte elle courait déjà. Et moi j'étais restée interloquée, sans trop savoir que dire. Au bout d'un moment, l'huile de la tartine que je tenais entre les doigts avait traversé la mie et commencé à goutter sur la paume de ma main. La jeune fille avait alors cessé de faire la vaisselle et s'était précipitée à mon secours.

« Ne vous en faites pas, elle n'a qu'à s'en aller, nous serons bien mieux, sans elle... » Elle m'avait tendu une serviette qu'elle avait tirée d'un des tiroirs du buffet et avait haussé la voix. « De toute façon, moi je reste. Je n'ai rien à faire chez moi et ici c'est un travail comme un autre. Et fort bien payé, qui plus est.

— C'est pour cela qu'elle est ici ? » Elle m'avait regardée comme si elle ne comprenait pas ma question et je m'étais mieux expliquée. « Pour l'argent ?

— Non. » Elle avait éclaté de rire. « De l'argent, elle en a plus qu'il n'en faut. Elle sait bien cuisiner et elle a proposé ses services, parce que... » Elle avait regardé autour d'elle, comme si elle craignait que quelqu'un ne nous écoute. « Parce qu'elle était morte de trouille. Voilà la vérité. En 1939, ses enfants ont dénoncé une quantité de gens du coin ! Et maintenant, on peut toujours les chercher, on ne sait pas où ils se trouvent, en tout cas pas chez elle, ça c'est sûr ! C'est pour cette raison qu'elle est venue, mais comme elle a vu que dans ce camp on ne tuait personne, eh bien...

— Si je comprends bien, elle cuisinait et toi tu faisais la vaisselle, c'est ça ? » Elle avait fait oui de la tête avec une attitude de méfiance qui avait très vite disparu. « Ça t'ennuierait de continuer à faire la vaisselle ? Moi je préfère cuisiner.

— Pas de problème, c'est même mieux, parce que moi, je n'aime pas du tout cuisiner.

— Comment t'appelles-tu ?

— Montse.

— Moi, je m'appelle Inés, et si nous devons travailler ensemble, je préfère que tu me tutoies. »

Elle avait hoché la tête, considérant la conversation terminée, puis elle s'était retournée. Mais avant de s'en aller, elle m'avait regardée à nouveau d'un air à la fois timide et malicieux.

« Vous... Je veux dire, toi... Tu es comme eux ?... » En l'entendant parler ainsi, j'avais éclaté de rire. « Vraiment ?

— Tu veux dire une Rouge ? » Elle m'avait adressé un sourire timide, incomplet, comme si elle avait honte de répondre à ma question. « Oui, je suis une Rouge. Mais pas toi ?

— Moi... Moi, je ne sais pas ce que je suis. Mes parents n'étaient d'aucun bord. Et lorsque la guerre a commencé, j'avais quatorze ans, mais... » Elle avait secoué la tête, avec véhémence. « Ce dont je suis certaine, c'est de ne pas aimer qu'on me dise ce que je dois faire, tu sais ? Et je commence aussi à en avoir par-dessus la tête que... » Et elle avait enfoncé ses doigts dans sa chevelure pour attraper une grosse mèche. « Que tout soit un péché, que tout soit interdit et que tout le monde ait le droit de se mêler de mes affaires.

— Alors, fais attention, Montse, car c'est ainsi que ça commence ! »

Lorsque j'avais eu fini de déjeuner, j'avais tiré de ma poche le paquet de cigarettes que Galán avait abandonné pour moi sur la table de nuit, allumé une cigarette. Montse s'était précipitée vers moi en écarquillant les yeux.

« Ah ! Mais tu fumes aussi ?

— Oui. Tu en veux une ? » J'avais souri. « Je suis sûre que ça aussi c'est interdit.

— Oui, mais... » Elle avait éclaté de rire nerveusement. « Oui, d'accord... Non, non, il vaut mieux... Bon, je crois que je vais d'abord réfléchir. »

Je n'avais pas encore fumé la moitié de ma cigarette, lorsqu'un soldat avait fait irruption dans la pièce. Il était aussi jeune que Romesco et plus grand que Comprentu. Il ne ressemblait à aucun des autres hommes. Il avait le visage couvert de taches de rousseur et des cheveux bizarres, de couleur imprécise, ni vraiment châtain orangé, ni orangé marron. Lorsqu'il s'était approché, je m'étais aperçue qu'il avait le poignet bandé.

« Inés ?

— Oui. » Je m'étais levée et lui avais tendu la main. « C'est moi, pourquoi ?

— Bonjour. Je viens de la part du capitaine Galán, bon, pas vraiment de sa part. Ce matin, il m'a demandé de m'occuper de toi, c'est-à-dire qu'il m'a demandé de me mettre à ta disposition, au cas où tu voudrais faire une promenade, ou un tour dans le village, ou acheter quelque chose, je ne sais pas, c'est comme si j'étais ton garde du corps, tu comprends ? En fait, il m'a demandé de te protéger, de m'arranger pour qu'il ne t'arrive rien, rien de mal, je veux dire, ne crois pas que je vais m'occuper de tes affaires personnelles... » Il avait fait une pause que j'avais été incapable de combler, car je n'avais jamais connu quelqu'un qui parlât autant et à une telle vitesse. « C'est que, comme je suis blessé, tu vois ? Bon, ce n'est pas vraiment grave, c'est juste une plaie au poignet parce que je me suis cassé la figure en venant, rien du tout, je suis tombé et j'ai dévalé la pente en roulant, tu vois, une bêtise, en France j'ai vécu trois ans dans la montagne, je ne cessais de monter et de descendre, sans arrêt, et il ne m'est jamais rien arrivé, et voilà que maintenant, une fois retourné au pays, j'avais tellement envie de faire la même chose. » Il avait fait mine de perdre l'équilibre et avait failli y parvenir vraiment. « Et boum ! Je suis tombé et j'ai réussi à me bousiller la main, tu vois... »

Montse avait éclaté de rire de si bon cœur que je l'avais imitée, mais, croyant qu'on se moquait de la façon dont il avait raconté son accident, il nous avait magistralement démontré qu'il était capable de rire et de parler en même temps.

« Et résultat, ce matin, le capitaine est allé voir les infirmiers, bien sûr, et ils lui ont dit que le mieux serait de ne pas trop bouger le poignet aujourd'hui, pour ne pas finir de me le détruire complètement. C'est pour cette raison que je suis ici, parce que Galán m'a ordonné de venir, va avec Inés et comme ça, tu ne restes pas sans rien faire, on va voir si tu guéris vite, car à ce rythme-là, on va être obligé de te surnommer Mediahostia, ou *Demibaffe*...

— Et comment te surnomme-t-on pour l'instant ? lui avais-je demandé, après avoir laissé s'écouler quelques secondes pour m'assurer qu'il avait bien fini de parler. Hein ?...

— Bocas. » Montse avait éclaté une nouvelle fois de rire. « On m'appelle Bocas, parce qu'on dit que je parle énormément, mais c'est que... » Il l'avait regardée, m'avait regardée et avait souri. « Si personne ne parle et si je me tais tout le temps moi, je finis par m'ennuyer. »

C'était tellement vrai que, pendant les dix minutes que j'avais mises à emporter le plateau à la cuisine pour laver et faire sécher son contenu, il m'avait raconté bien d'autres choses.

« Car le capitaine est mineur également, savez-vous ? Mais, bien entendu, il n'est pas resté longtemps à la mine, car en 1934, à l'époque de la révolution, il a dû se cacher dans la montagne et puis il a pu fuir en bateau, en passant par Tazones, il est resté en France jusqu'à la victoire du Front populaire, et... » À ce moment-là, me sachant incapable d'arrêter ce torrent avec un autre moyen, j'avais levé la main droite. Et il avait réagi comme s'il était habitué à ce geste. « Qu'est-ce qu'il y a ?

— J'ai vu qu'il y avait plusieurs carnets sur la table. Arrache une page, prends un crayon et suis-moi, nous allons faire l'inventaire du garde-manger. »

La cuisinière acariâtre n'était pas non plus très prévoyante, car il n'y avait pas grand-chose d'autre que la nourriture que j'avais apportée : juste un sac de pommes de terre à moitié entamé, quelques œufs, des salades, de petits oignons et un peu de lard.

« Pour l'instant, tais-toi, car tu me distrais. Note ce que je vais te dire, allez ! Farine, sucre, sel, riz, pommes de terre, morue, œufs, viande, voyons, que reste-t-il ?... Du café, bon, on verra, et des lentilles, des pois chiches, des haricots... Quatre kilos de chaque, non ? Au bas mot... »

Nous étions en train de finir la liste, lorsqu'un claquement de bottes s'était fait entendre dans l'entrée.

« Cette maison doit être vide dans dix minutes. » Mais l'homme qui avait fait irruption dans la cuisine, un officier à la tête rasée et un accent caractéristique qui le poussait à ouvrir les *a* et à manger les *s* de tous les mots au pluriel, avait changé de ton en me voyant. « Bonjour, tu as bien dormi ?

— J'ai très bien dormi. » On le surnommait El Zafarraya, il était originaire d'un village autour de Grenade, et m'avait adressé un sourire complice, favorable, quoique non dépourvu de malice. « Merci.

— Eh bien, il va vous falloir sortir, car nous avons fait un prisonnier important et le colonel souhaite l'interroger ici.

— Nous y allons, mais avant, je voudrais te demander quelque chose… » Galán m'avait raconté que Zafarraya était l'assistant de Lobo, et je m'étais dit qu'il était inutile de déranger le colonel pour lui dire que j'avais décidé de devenir la cuisinière du campement.

« Pour ma part, j'en suis très heureux, car la vieille était plutôt antipathique. Mais… » Il avait à nouveau souri. « Si tu cuisines tous les plats aussi bien que les *rosquilla*, nous allons prendre du poids, c'est évident.

— Pour ça, il me faudrait avoir des provisions, car le garde-manger est vide… » Et j'étais passée du singulier au pluriel avec un naturel étonnant, y compris pour moi : « Que faisons-nous ? Nous achetons ou nous confisquons ?

— Non, non, nous achetons. Je vais te donner de l'argent et lorsque tu n'en auras plus, tu m'en redemanderas. » Il avait sorti une liasse de billets de sa poche dont il avait tiré deux cents pesetas qu'il m'avait tendues. « Je n'en reviens pas… » Il avait regardé Bocas avec une moue d'incrédulité. « Cette femme est au courant de tout… C'est incroyable !… »

J'étais au courant de beaucoup de choses, à tel point que j'étais restée de marbre, sur le seuil de la porte, lorsque j'avais vu, au loin, descendre un officier, ressemblant au commandant Garrido : cet homme qui avait réussi à susciter une telle haine et tant de crainte en moi, que j'avais été incapable de savoir si le fait de le savoir prisonnier me satisfaisait ou me déplaisait. Toutefois, j'avais très vite découvert que l'officier d'infanterie, menotté et encadré de deux soldats, n'était pas lui. Je l'avais cependant reconnu. Il s'agissait du lieutenant-colonel Gordillo. Son nom et son grade étaient notés sur la liste qu'avait dressée Galán la veille au soir, lorsque nous en étions encore à l'interrogatoire. Adela me l'avait présenté un mois auparavant, un après-midi où il était entré dans la cuisine pour demander un analgésique pendant que nous faisions goûter les enfants, et puis je ne l'avais plus revu que de loin, car je surveillais ses allées et venues depuis la fenêtre de ma chambre, comme je le faisais pour tout le monde, à l'époque des fameuses réunions qui avaient précédé la défaite allemande. À ce moment-là, il avait toujours un air préoccupé. À présent, il était également pâle, il avait une griffure sur le visage et marchait en regardant par terre jusqu'à ce que quelque chose – peut-être mes bottes d'amazone – attire son attention. Lorsqu'il avait relevé la tête, il m'avait regardée et s'était aperçu que je le fixais depuis un moment.

Nos regards s'étaient croisés en silence pendant un court instant qui m'avait semblé interminable. Nous avions dû tous les deux avoir une semblable impression, car en me reconnaissant, ses yeux étaient passés de l'étonnement à la peur, de la peur à la rancœur, de la rancœur à la haine et de la haine à la colère, et les miens avaient fait de même, mais pour des raisons contraires.

« Tu n'as pas perdu de temps pour venir en courant, hein ? » Et il m'avait même adressé un sourire en coin, déformé par son amertume. « On ne peut faire plus ingrate que toi… »

Il n'aurait pas dû me parler, il n'aurait pas dû s'arrêter devant moi, il n'aurait pas dû soutenir mon regard, car ses mots avaient libéré une colère que je retenais par habitude depuis l'époque de ma réclusion. Mais à présent c'était lui le prisonnier.

J'avais fait un pas en avant et il avait aussitôt compris ce qui allait se passer. Lorsque je lui avais craché au visage, il avait écarté la tête, mais n'avait pas pu empêcher ma salive d'éclabousser son cou et sa mâchoire. Ensuite, un des soldats qui l'escortaient l'avait poussé avec la crosse de son fusil, tout en me regardant avec une expression difficile à interpréter, de la complicité peut-être, ou de la surprise, sans doute de l'admiration, mais aussi de la pitié. Alors que le soldat frappait Gordillo qui refusait d'obéir, je m'étais rendu compte qu'il le faisait à cause de moi, parce que j'étais là.

« Tire-toi ! »

J'avais senti de la chaleur, une main qui serrait mon épaule gauche. Bocas était resté près de moi et me regardait en silence, avec un air inquiet, différent de celui plus pacifique de son camarade, très différent de la stupeur de

Montse qui était restée bouche bée. Finalement, Gordillo était entré dans la maison, à coups de crosse, son humiliation le rongeant de l'intérieur, tout comme la mienne m'avait rongée pendant de si nombreuses années. Et tandis que je le suivais du regard, j'avais senti que Lobo n'était pas loin et m'observait.

« Attends un instant, Inés. » Il m'avait alors paru plus grand, plus corpulent, et sa voix avait émis un son différent, imposant, autoritaire, presque sauvage. « Attends ! »

Il avait levé deux doigts en l'air et Zafarraya, qui semblait avoir avalé un manche à balai, s'était immédiatement approché de lui. Pendant ce temps, Gordillo se laissait choir sur une chaise.

« Je ne me rappelle pas t'avoir dit de t'asseoir. »

El Lobo avait attendu que son prisonnier se relève avant de murmurer des instructions à ses hommes. Zafarraya était monté à l'étage et Lobo s'était de nouveau adressé à Gordillo :

« Tu peux t'asseoir, si tu veux. »

L'humiliation était trop grande pour ce dernier, qui, au lieu d'accepter l'offre, avait vainement tenté de se jeter sur son ennemi.

« Vous êtes fous ! » Ses gardiens l'avaient empoigné pour l'obliger à se rasseoir, ce qui ne l'avait pas empêché de continuer à hurler : « Vous n'avez pas idée de l'endroit où vous avez mis les pieds ! Mes troupes régulières doivent déjà être en route. Et tout ça va très mal finir.

— Ah bon, les troupes régulières ! Non ? » El Lobo s'était approché du prisonnier en marchant lentement, il s'était assis sur un angle de la table, avait commencé à se rouler très tranquillement une cigarette. « Je l'emmerde ta glorieuse armée nationale ! Vous n'êtes rien du tout sans les troupes régulières, n'est-ce pas ? Eh bien je vais te dire quelque chose, espèce d'imbécile... » Il avait allumé la cigarette, s'était levé, avait regardé le lieutenant-colonel de haut. « Tu n'as rien compris, tu sais ? Tu as compris de la merde ! Avec les troupes régulières ou sans elles, tout ça ne va pas mal finir, car ce n'est pas le problème. Si ce n'est pas nous, ce seront d'autres camarades, et si ceux-là ratent encore, il en viendra toujours de nouveaux. Mais vous ne dormirez plus jamais tranquilles, je te le garantis ! Plus jamais. »

Au même moment, El Zafarraya avait descendu bruyamment l'escalier comme si ses bottes avaient eu des semelles de pierre. Il tenait quelque chose à la main, que le colonel avait saisi sans cesser de regarder son prisonnier. Puis il avait éteint la cigarette, lui avait tourné le dos et s'était approché de moi.

« Tiens. » C'était mon revolver. « Prends-le.

— Je n'en ai plus besoin, lui avais-je répondu. Non, merci...

— Je le sais. » Il avait pris ma main droite, y avait placé l'arme et l'avait serrée des deux mains. « Prends-le...

— Merci. »

Je l'avais coincée dans la ceinture de mon pantalon et lui avais lancé un regard confus, compliqué par l'émotion, mais il s'était contenté de sourire.

« Ferme la porte en sortant, s'il te plaît. Et demande à la sentinelle de prévenir le sergent Moreno pour que, lorsqu'il le jugera utile, il envoie quelqu'un à la recherche du commissaire Flores. Je ne sais absolument pas où il se trouve. Compris ? »

J'avais transmis ses ordres sans hésiter, en ignorant surtout à quel point je n'avais pas mesuré la nervosité de Lobo, lorsqu'il avait prononcé le nom du commissaire. Rien ne me semblait important après ce qui venait de se passer à l'intérieur de la maison, et ma revanche l'était surtout moins que l'attitude des soldats. Car il était évident que tous – à commencer par Zafarraya lui-même, les hommes qui l'accompagnaient et ceux qui avaient escorté Gordillo menotté – s'étaient efforcés de donner au prisonnier l'image impeccable de l'état-major d'une armée expérimentée et efficace, disciplinée et redoutable. Sa soudaine martialité avait été très différente de l'atmosphère décontractée que j'avais trouvée à mon arrivée, l'après-midi précédent. Cela dit, il se serait passé la même chose dans n'importe quelle autre armée, car la guerre est aussi une question de propagande et de compagnonnage. Et même si j'étais certaine que la décision de Lobo de m'armer allait augmenter la mortification de Gordillo, cela ne suffisait pas pour justifier cette suprême preuve de confiance, qui m'avait transformée en un de ses soldats. Et tandis que je marchais le long des rues de Bosost le pistolet enfoncé dans la poche, l'émotion ne m'avait pas empêchée de remarquer que ma position n'avait pas seulement changé pour moi. La femme endeuillée avait dû s'empresser de parler de mon arrivée à ses compatriotes, car les gens ne me traitaient pas comme une cuisinière. Au village, tous m'observaient comme une nouvelle occupante.

« Salut ! »

À quelques pas du quartier général, un homme jeune, à qui il manquait une bonne partie de l'avant-bras gauche, m'avait saluée en levant le poing droit en l'air.

« Regardez-moi celui-là ? » Après avoir baissé le bras avec lequel je lui avais rendu son salut, Montse avait froncé les sourcils. « Depuis quand est-il Rouge celui-là ?

— Tu le connais ?

— De vue. Il n'est pas d'ici, il habite dans une ferme, en dehors du village, mais que je sache… je ne sais pas… je suis très étonnée de son attitude.

— Ce n'est pas si bizarre ; les gens ont très peur, ici. La répression a dû être très brutale. » El Bocas s'était montré on ne peut plus succinct. « Hier, dans tous les villages que nous avons pris… Tout le monde avait l'air d'avoir très peur.

— Que veux-tu dire ?

— Ce que je viens de dire. Qu'ils ont très peur. »

J'avais espéré qu'il s'expliquerait davantage et donnerait force détails comme il l'avait fait tout à l'heure, mais il avait décidé de s'en tenir là. Il avait choisi de se taire sans que Montse parle, sans que je lève ma main, sans que quoi que ce soit l'oblige à le faire. Il s'était tu et, dans le brusque silence d'une rue déserte, nous avions continué à marcher lentement. Lorsque je m'étais tournée vers lui, je m'étais aperçue qu'il ne me regardait même pas. Il marchait les yeux rivés sur l'horizon, comme s'il y avait quelque chose d'intéressant au bout de la côte, autre chose que des maisons aux portes closes. Je ne m'étais pas soucié davantage de sa soudaine discrétion, car je connaissais mieux que lui la dureté de la répression, les fruits féconds de la terreur, de la peur que les gens respiraient, de la peur qu'ils mangeaient et buvaient, de la peur dans laquelle ils s'enveloppaient en allant se coucher, et Bosost ne pouvait faire exception. Ce matin-là, à chacun de mes pas, j'avais perçu cette peur, même si j'avais surpris çà et là quelques gestes isolés de sympathie, des signes discrets, des sourires imperceptibles – une femme s'était cachée derrière la porte de chez elle pour acquiescer de la tête à notre passage, sans que personne ne la voie, et puis elle nous avait ensuite envoyé son fils pour nous proposer des poulets vidés. C'était peu, mais c'était surtout prématuré, en avais-je conclu. Cependant l'hostilité manifeste de Ramona, la patronne de l'épicerie la mieux approvisionnée du village, qui avait posé sur le comptoir tout ce que nous lui avions demandé en fronçant en permanence les sourcils, avait été compensée par les sourires que quelques jeunes filles avaient adressés à Bocas.

« Il faut dire qu'ici nous sommes quatre pelés et un tondu, pratiquement de la même famille, et en comptant les garçons qui sont morts à la guerre, ceux qui sont en prison, et ceux qui en ont profité pour partir et ne jamais plus revenir..., avait expliqué Montse sans lever la voix. Il n'y a presque pas d'hommes jeunes et célibataires, tu sais ? Et soudain, voilà qu'il en arrive plus d'un millier. Alors, que veux-tu ? Eh bien, plus d'une qui se voyait déjà vieille fille ne sait plus où donner de la tête. »

La plus excitée devait être sa cousine, celle qui servait au bazar, qui était l'autre boutique importante du village, car on y trouvait de tout, hormis la nourriture.

« Tu es vraiment très fort ! N'est-ce pas ? »

Mari parlait un espagnol bien plus mauvais que celui de Montse, qu'elle mélangeait au catalan, car elle avait vécu quelques années à Barcelone, chez une de ses sœurs mariée à un Andalou très amusant. En voyant de quelle façon il la regardait, j'avais découvert que Bocas n'allait pas mettre longtemps à comprendre sa langue. Alors je les avais laissés s'amuser tandis que j'inspectais la boutique. Cependant, non seulement la cousine de Montse n'avait pas froid aux yeux avec les hommes, mais c'était aussi la vendeuse la plus redoutable et la plus perspicace que j'ai jamais connue.

« C'est *polit* hein ? » Je l'avais regardée interloquée, lui signifiant ainsi que je n'avais pas compris. « Jolie, n'est-ce pas ? » La perspective de parvenir à me vendre la robe que je regardais lui avait fait trouver le mot exact. « J'en ai une *pariér*... la même chose, mais en bleu turquoise, qui... Je vais vous la montrer. »

La porte du quartier général était ouverte, la sentinelle nous avait confirmé qu'il n'y avait plus personne à l'intérieur. Tant mieux, avais-je pensé, et j'étais montée en courant dans la chambre avec l'intention d'aller cacher mon butin, cette robe si suggestive, qui me mettait si bien en valeur. Une robe si démodée, que personne ne l'aurait remarquée à une autre époque, lorsque les femmes pouvaient se faire belles sans avoir l'air indécentes, lorsque être attirante n'était pas interdit, lorsque avoir un col aussi original que celui-là, avec deux petits revers fermés par un bouton presque au niveau de la gorge pour former un décolleté rond, même pas très profond, n'était pas un péché. Une robe qui malgré tout, pendant l'automne 1944, tenait du prodige. Un trésor, un vice choisi et clandestin.

Je n'aurais pas dû l'acheter, m'étais-je reproché tandis que je la passais par-dessus mes vêtements pour me regarder dans le miroir, je n'aurais pas dû succomber à cette tentation, une frivolité, un chiffon. Mais je ne pouvais pas la laisser ainsi abandonnée sur son porte manteau, car cette magnifique robe ample, ondulante, manches étroites et taille cintrée, était comme moi. Une survivante de la Deuxième République espagnole qui avait subsisté par miracle jusqu'à ce jour, qui avait patienté plus de cinq ans dans un magasin en attendant que je vienne la secourir, tout comme l'armée de l'Union nationale espagnole était venue me secourir. Voilà pourquoi j'avais ouvert le bâton de rouge à lèvres que m'avait offert Mari, pour ensuite m'auto-absoudre en pensant que j'allais être très belle. Après tout El Zafarraya m'avait demandé le matin même combien je voulais toucher de solde. Je lui avais répondu que j'avais tout ce qu'il me fallait. Il m'avait répliqué que, de toute façon, je n'avais qu'à m'acheter ce dont j'avais besoin. Et dès que je l'avais vue, cette robe était devenue la chose dont j'avais le plus besoin.

J'avais laissé la porte de la chambre ouverte car, en montant, je ne pensais faire aucune des simagrées que j'étais en train de faire devant le miroir, et j'avais dit à Montse et à Bocas, que j'allais descendre tout de suite. C'était ce que j'avais fait après avoir entendu un brusque vacarme de pas et de cris, un éclat violent et confus, qui ressemblait à un véritable signal d'alerte générale.

« Qu'est-ce que ça signifie ? »

Le commissaire Flores tournait sur lui-même, comme s'il était furieux contre le monde entier, et en me voyant, il avait expressément pointé un doigt sur moi.

« Qu'est-ce que signifie quoi ? » Moi aussi j'avais regardé autour de moi mais je n'avais rien trouvé qui justifiât sa colère. « De quoi parlez-vous ?

— Où est le colonel ?

— Est-ce que je sais, moi ? » Son regard m'avait aussitôt intimé de ne pas lui faire perdre patience, aussi m'étais-je expliquée plus clairement. « La dernière fois que je l'ai vu, il était ici, mais cela fait plus de deux heures. Ensuite, je suis partie faire les…

— Je ne parle pas de Lobo. » Il s'était approché de moi, et s'était adouci. « Le fameux colonel fasciste, le prisonnier, où est-il ?

— Je n'en sais rien. » Et je m'étais souvenue des paroles de Lobo, de l'étrange et paresseuse formule qu'il avait choisie pour demander qu'on aille chercher cet homme. « Je ne sais pas où est passé ce colonel fasciste. Je suis partie faire les courses, et lorsque je suis revenue, il n'y avait plus personne. Et maintenant, si vous le permettez, je vais à la cuisine. » Flores avait hoché la tête et n'avait rien ajouté. « J'ai beaucoup de travail. »

Je connaissais pas mal de choses, malheureusement trop, non seulement à propos des lieutenants-colonels, mais aussi des commandants fascistes. Pedro Palacios m'avait montré ce que pouvaient être les choses dans l'autre camp, dans le mien, avant de me dénoncer de trois mots : « C'est elle. » Pendant le reste de la journée, j'avais été très occupée, mais je n'avais pas cessé de penser à Flores, à Lobo, à Galán et aux autres, à l'espace invisible, presque irréel, qui séparait tous ces hommes minces et athlétiques des chairs molles d'un civil en uniforme qui avait cependant dû venir à pied, tout comme eux.

J'étais restée dans la cuisine jusqu'à la tombée de la nuit, à organiser le garde-manger, à composer des menus et à cuisiner. El Bocas m'avait servi d'assistant et il n'avait pas cessé un instant de parler. Je lui avais juste prêté l'attention nécessaire pour pouvoir lui répondre par monosyllabes tandis que je pensais à ce qu'il avait refusé de m'expliquer lorsque nous nous dirigions vers l'épicerie de Ramona. Eh bien ma mère n'utilise pas d'œufs durs pour faire les croquettes. Eh bien moi si. Pourquoi fais-tu de la ratatouille puisque tu as déjà fait des omelettes ? Pour que chacun puisse choisir. Et les restes ? Nous les garderons pour demain, ils seront excellents. Et tu vas faire une brioche ? Non, je vais en faire deux, une à la pomme et une autre nature, Montse va bientôt venir pour les emmener chez le boulanger. Et tandis que le garde-manger se remplissait de nouveaux plats, j'avais découpé les poulets. Et pourquoi conserves-tu les abats ? Pour faire un bouillon. Tu n'auras jamais le temps. Pas aujourd'hui, mais demain oui. Et j'avais planté deux gousses d'ail avant de commencer à les cuisiner sans cesser de songer à ce qui ne pouvait être qu'un conflit d'autorité au sommet de l'échelle du commandement dont dépendaient des milliers d'hommes en train de risquer leur vie, là, dehors, et qui savaient sûrement moins de choses que je n'en savais moi-même.

Et Montse était arrivée, elle avait emporté les moules remplis de pâte crue, et rapporté les brioches cuites, bien dorées, avec la surface creusée et croustillante. J'avais continué à cuisiner en me demandant pourquoi les choses se passaient toujours ainsi, pourquoi le courage et l'abnégation, le travail et la douleur de tant de gens dépendaient toujours des ambitions personnelles de quelques-uns. J'avais une nouvelle fois réfléchi à la guerre, à la consigne du commandement unique, un million de fois répétée et jamais respectée, pas même comprise, et à l'amertume de ce capitaine d'artillerie qui me courtisait comme un gentleman, à l'amertume de son commissaire politique – qui était commissaire mais pas un imbécile –, qui savait que la seule chose importante était de gagner la guerre – et c'est pour cette raison qu'il faisait davantage confiance à ce militaire de carrière, capable, loyal, sûr de lui, qu'aux civils qui lui donnaient des ordres depuis leur bureau. Comment se fait-il, continuais-je à penser, que tant d'années plus tard, nous ayons appris si peu de choses, comment est-il possible que le fait d'avoir perdu une guerre n'ait servi à rien, que nous continuions de la même façon après en avoir gagné une autre ?…

« Eh bien, dis donc ! » Comprentu venait d'entrer dans la cuisine et de faire un signe en direction de Bocas. Et la seule chose à laquelle j'avais pensé, c'est que je n'avais pas eu le temps de me faire belle. « Ne me dis pas que tu as passé toute la journée avec celui-ci. Il a dû te mettre la tête comme un tambour, comprends-tu ?

— Non, pas du tout. Il m'a bien aidée. Mais il sort maintenant, car il a un rendez-vous au village, n'est-ce pas ? »

El Bocas avait écarquillé les yeux, je lui avais fait oui de la tête, et il avait retiré à toute vitesse le tablier, que je l'avais obligé à passer sur l'uniforme, pour aller tout droit à l'évier et se laver les mains.

« Que se passe-t-il ? avait demandé le lieutenant. Il a trouvé une fiancée ?

— J'en ai bien peur.

— J'espère, pour elle, qu'elle est sourde et muette, comprends-tu ? »

Et même El Bocas avait éclaté de rire, avant que je n'intercède à nouveau en sa faveur :

« Non, elle est très bavarde et même très mignonne. Et vous, comment ça c'est passé ?

— Bien, mieux qu'hier.

— Et Galán ? lui avais-je enfin demandé, sans parvenir à me retenir de sourire, alors que Bocas était déjà sorti. Tu ne saurais pas où…

— Il est avec El Lobo, en train d'interroger un prisonnier que tu connais bien, paraît-il.

— Et Flores est au courant ? Parce qu'il est arrivé ici d'une humeur, je ne te dis pas…

— Je sais. » Comprentu m'avait répondu du tac au tac comme s'il ne voulait pas me laisser poursuivre. « Il est avec eux. Ils en ont donc pour un bon moment, comprends-tu. Car cela signifie qu'il va falloir répéter chaque question au minimum deux fois.

— Tu veux une croquette ?

— Bien entendu. »

Il en avait mangé trois pendant l'heure où il était resté avec moi à la cuisine à bavarder et à boire du vin. Je lui avais promis de garder le secret, comme à tous les autres, qui étaient venus tour à tour les engloutir. Puis Montse était arrivée pour dresser le couvert avec, sur ses talons, El Cabrero.

« Mmm ! » Il avait fermé les yeux pour déguster l'avant-dernière croquette qui restait au fond du plat, et lorsqu'il les avait rouverts, il avait écrasé un baiser sur mon front. « Je vais proposer qu'on te remette une décoration, c'est tout ce que j'ai à dire. J'emporte l'autre pour la route.

— Ben, ne te gêne pas, mon vieux ! » avait protesté Comprentu. J'en avais alors profité pour m'éclipser.

J'étais redescendue à temps pour voir El Lobo et Galán passer la porte. Le même soleil caramélisé que la veille au soir nimbait la tête du capitaine comme si toute la lumière du monde ne suffisait pas à l'illuminer. Je m'étais collée au mur pour l'observer, sans qu'il puisse me voir. Je ne comprenais pas comment j'avais pu penser que cet homme n'était ni beau ni laid en le voyant la première fois. Car à présent je le trouvais incomparable. Un instant plus tard, ses yeux m'avaient repéré et l'avaient poussé dans ma direction, l'obligeant à marcher lentement tandis qu'ils s'attardaient sur ma bouche fardée, ma robe turquoise, le volant qui ondulait sur mes jambes nues et les talons hauts que j'avais dénichés dans une armoire ; des chaussures d'été trop grandes pour moi, mais c'était égal. J'étais resplendissante, et je le savais. J'avais descendu lentement les dernières marches sans entendre une conversation qui aurait peut-être apporté des réponses à certaines des questions qui m'avaient tourmentée l'après-midi. El Lobo parlait avec ses officiers au centre de la pièce, mais je ne leur prêtais pas attention, car pour moi, il n'y avait qu'un seul homme dans cette maison, et j'étais concentrée sur lui, sur la forme de ses lèvres, sur ses dents parfaites, sur la courbe de son sourire qui contenait le reste de ma vie.

« Vraiment très belle ! »

Et comme s'il avait tout deviné, il m'avait tendu sa main droite pour m'aider à descendre la dernière marche. Ç'avait été mon grand succès de ce soir-là, et j'en avais profité au-delà des plats qui se vidaient, et au-delà de l'ovation qui m'avait forcée à me lever pour saluer après le dessert.

« Tu es très fatigué ? » avais-je demandé après avoir essuyé et rangé la dernière assiette. Puis, lorsque je m'étais retournée, j'avais aperçu un sourire malicieux sur les lèvres de Galán qui, appuyé sur la table, les bras croisés, était en train de m'attendre.

« Non, avait-il répondu en m'attirant à lui pour m'embrasser dans le cou. Pas du tout…

— C'est que je m'étais dit... Comme il est encore très tôt, si tu n'étais pas trop fatigué et pas trop pressé... » Je m'étais mise à rire et avais remarqué qu'il riait lui aussi. « Tu sais ce qui me ferait très plaisir ? Que tu me fasses visiter notre zone.

— Notre zone ? » Son rire s'était lentement évanoui. « Notre zone... avait-il répété plusieurs fois comme s'il n'était pas très sûr d'avoir saisi. Que veux-tu dire ?

— Oui, bon, je voulais parler de...

— Non, non, j'ai bien compris. » Il avait souri à nouveau, cette fois-ci j'avais eu l'impression qu'il se forçait. « Le problème, c'est que... Je ne vois pas comment... Il fait nuit noire, les miradors sont trop loin pour y aller à pied, et... Enfin, je ne crois pas que Lobo trouve que ce soit une bonne idée de prendre un camion pour aller se promener au clair de lune.

— Tu crois ? » Et tandis qu'il secouait la tête, j'avais réfléchi à une solution. « C'est égal. Moi, j'ai un cheval.

— Ton cheval ? Tu veux qu'on y aille à... » Il avait éclaté de rire, avec incrédulité. « Bon, si tu veux, avait-il fini par dire. C'est moins fatigant que de marcher, c'est évident. Moi, je ne sais presque pas monter, mais je suppose que toi...

— Moi, je monte divinement bien. » Et pendant qu'il riait encore, je m'étais affairée. « Je vais enfiler mes bottes et je descends tout de suite, attends-moi ici. »

Dix minutes plus tard, nous nous promenions au pas dans les rues de Bosost.

— Monte derrière », lui avais-je dit après avoir sellé *Lauro*. Mais il n'avait pas bougé. « Allez !

— C'est que moi... Il vaudrait mieux que je passe devant, non ?

— Si tu savais monter oui, mais comme tu ne sais pas... » Je lui avais désigné l'étrier et tendu le bras droit dans sa direction. « Mets le pied ici et donne-moi la main... Comme ça, oui. Maintenant, tiens-toi bien. » Il s'était collé à moi et avait glissé sa main gauche dans mon décolleté, puis il m'avait pris la taille de son autre main par-dessous ma robe. « Ça va, c'est confortable ?

— Oui, mais si mes hommes me surprennent assis derrière, à la place des femmes, ils vont se foutre de moi.

— Ah bon ? avais-je répondu en me couvrant avec une couverture pour que personne ne voie où étaient posées ses mains. Je ne crois pas. »

Personne ne s'était moqué de lui, même si presque tous les soldats que nous avions croisés avaient souri à notre passage. C'étaient des sourires francs, chargés d'envie complice. Car, alors que nous avancions lentement en direction du poste de contrôle, puis plus rapidement ensuite, nous étions désirables. Ou en tout cas, c'est ainsi que je me sentais : désirable, unique, élue parmi toutes les femmes tandis que ses mains me pressaient, son menton posé sur mon épaule, son nez frôlant mon oreille, bois et tabac, clou de girofle et savon pour m'assurer qu'il était bien là, qu'il ne s'était pas volatilisé comme les fantômes de mes mauvais rêves d'antan. À Bosost, durant ces derniers jours intenses et décisifs, qui concentraient en quelques heures des événements si graves et si contradictoires, si exceptionnels au cours d'une vie, j'avais eu peu de temps pour mesurer combien j'étais heureuse. Mais, là, alors que je chevauchais avec Galán à travers un val illuminé par une lune semblable à un quartier d'orange, j'avais pu apprécier ma chance.

Le chemin de terre que nous avions suivi depuis le village croisait la route à quelques kilomètres d'un promontoire rocheux défendu par un parapet de cailloux peint en blanc. Tandis que je dirigeais *Lauro* vers cet endroit, j'avais commencé à distinguer de petites taches de lumière, qui appartenaient à d'autres villages, peut-être quelques fermes, faiblement éclairées.

« Tout cela est à nous ? avais-je demandé en me tournant vers lui. N'est-ce pas ?

— Oui. » Il avait libéré ses deux mains pour m'aider à changer de position, jusqu'à ce que je sois assise de profil, mes deux jambes sur sa jambe droite, mon corps blotti contre le sien, et m'avait embrassée sur la bouche avant d'ajouter un détail qui avait résonné à la manière d'une excuse. « Mais, de jour, c'est bien plus impressionnant. »

Je m'étais un peu écartée de lui, pour le regarder. « Dis-moi, quand nous aurons pris Viella et que les réservistes viendront en renfort, si les Alliés nous aident et que tout se passe bien… Qu'est-ce que tu en penses ? Nous foncerons tout droit vers Madrid, ou nous prendrons d'abord Barcelone ? »

Il avait écarquillé les yeux et n'avait pas répondu tout de suite. C'est incroyable de voir le tort que peut faire une radio aussi inoffensive que la Pirenaica. Voilà ce qu'il avait pensé, mais il ne me l'avait pas dit alors. Il allait s'écouler de nombreuses années avant qu'il ne me confie pourquoi il avait tant tardé à me répondre.

« Alors, avais-je insisté, qu'en penses-tu ?

— Je n'en sais rien, vraiment. Je ne pense pas que ce soit encore décidé.

— Ah bon ! Moi, je préférerais foncer directement sur Madrid, parce que je suis de là-bas et qu'on m'a interdit d'y retourner, mais je crois que ce serait mieux de prendre d'abord Barcelone.

— Ah bon ? » Il avait souri et m'avait embrassée à nouveau. « Et pourquoi ?

— D'abord parce que c'est tout près, et ensuite parce que ça nous permettrait d'avoir un accès à la mer. C'est important ça, non ?

— Très important.

— Eh bien voilà ! » J'étais devenue fébrile. « Ensuite, nous pourrions débarquer à Valence, et en poursuivant par La Manche, qui est un territoire loyal, nous arriverions à Madrid en deux coups de cuillère à pot. »

À ces mots, il avait éclaté de rire, m'avait serrée dans ses bras et embrassée à plusieurs reprises. Des baisers rapides, légers, sur les lèvres, sur les joues, sur tout le visage.

« Qu'est-ce qu'il y a ? » lui avais-je demandé, anxieuse car ces baisers semblaient plutôt destinés à une gamine qu'à une femme de mon âge. « Je dis des bêtises ou tu n'aimes pas mon plan ?

— C'est toi que j'aime, Inés.

— Et mon plan ?

— Aussi.

— Et tu crois que si je demande à Lobo ?... »

Mais il m'avait interrompue :

« Non, non il vaut mieux laisser El Lobo tranquille, parce que lui... Bon, je le lui demanderai moi-même quand ce sera le moment. » Il avait pris son temps pour m'embrasser à nouveau d'une façon différente qui promettait une nouvelle nuit inoubliable. « Allons-y, parce qu'il fait un froid glacial. »

C'était vrai. Il faisait extrêmement froid mais, malgré ça, le chemin de retour avait été plus rapide. En traversant le village, je n'avais pas vérifié si les hommes que nous croisions nous regardaient ou pas. Arrivés à l'écurie, nous avions attaché *Lauro*, puis continué à pied. Nous étions aussi pressés l'un que l'autre, mais nous sommes tombés sur Comprentu assis sur le banc, devant la maison, une *rosquilla* à demi entamée à la main, la boîte à chapeaux d'Adela près de lui. À son côté, il y avait un homme qu'il me semblait connaître mais que je ne parvenais pas à identifier.

« Je croyais qu'elles étaient rationnées, avait dit Galán en désignant les *rosquillas*. Je me trompe ?

— C'est vrai, mais certains n'arrivent pas à se réchauffer autrement, comprends-tu ? »

Tous les deux m'avaient regardée en même temps, mais j'étais restée de marbre car au même moment, le soldat avait levé la tête et je l'avais reconnu.

« Jose ! » Cet homme sombre et amaigri était tout ce qui restait, après huit ans de guerre, du petit milicien, aux sourcils fournis, que j'avais rencontré dans la cuisine de l'appartement de la rue Montesquinza, en septembre 1936. « Tu es Jose, de Cuatro Caminos, n'est-ce pas ?

— Oui. » Il m'avait jeté un regard déconcerté. Manifestement, je ne lui disais rien. « Je m'appelle Jose et je suis de Cuatro Caminos, mais je ne sais pas...

— Tu ne te souviens pas de moi. Je suis Inés, l'amie de Virtudes qui sortait avec Pedro Palacios. » En entendant ce nom, il m'avait observée plus attentivement. « Nous nous sommes connus durant l'été 1936, dans un appartement de la rue Montesquinza...

— Ah, oui, Inés ! avait-il dit sans un sourire. Bien sûr que je me souviens de toi. » Là encore, il ne s'était pas levé pour me saluer. « Comment vas-tu ?

— Maintenant, ça va. » Je m'étais serrée contre Galán sans parvenir à vaincre la froideur de mon vieux camarade, froideur que j'avais été incapable d'interpréter alors. « Ç'a été terrible, comme pour tout le monde, n'est-ce pas ? Mais à présent, ça va. Je suis heureuse de te voir.

— Grâce à tes *rosquillas*, comprends-tu ? Elles sont devenues très prisées dans tout le campement... C'est ce que je lui ai dit. » Il avait donné un coup de coude à Jose. « Si la rumeur continue à se propager, plutôt que de les rationner, je vais les cacher, comprends-tu ? D'ailleurs, n'en parlons plus », avait-il conclu en me souriant.

Il avait attrapé la boîte à chapeaux, l'avait posée sur ses genoux. Le sourire de Comprentu avait été si affectueux, que je m'étais approchée de lui pour lui faire une promesse. « Lorsque nous serons à Madrid, Comprentu, je ferai cinq kilos de *rosquillas* rien que pour toi. Je te le promets », avais-je ajouté solennellement avant d'entrer dans la maison.

J'avais traversé le vestibule où quelques hommes jouaient aux cartes et, au moment de monter l'escalier, je m'étais aperçue que Galán ne se trouvait pas derrière moi. J'avais rebroussé chemin et l'avais trouvé en train de bavarder avec Comprentu sur le pas de la porte. Lorsqu'il m'avait vue, il s'était approché de moi en souriant.

« Pourquoi souris-tu ?

— À cause de Comprentu... » Il n'avait fini sa phrase que lorsque nous étions arrivés dans le couloir du premier étage, où personne ne pouvait nous entendre. « Qui m'a reproché de t'avoir dit qu'on allait à Madrid. Comme si c'était si facile... »

Il était déjà en train de retirer ma robe à deux mains, l'avait roulée en accordéon sur ma poitrine. Il avançait vers la chambre sans me lâcher, sans cesser de me caresser, m'obligeant à marcher à reculons. Puis il m'avait écrasée contre la porte. Mais cela n'avait pas adouci le commentaire de Comprentu et ne l'avait pas gommé de ma mémoire.

La nuit qui avait suivi avait été plus que difficile à oublier. Galán avait écarté le lit du mur, pour ne pas avoir de reproches, m'avait-il expliqué en riant, et nous avions cessé de parler. Chacun de nos gestes, chacun des rituels que nous avions inventés la veille prenaient un nouveau sens, plus complexe, plus ardu et plus dangereux. Il n'allait pas être facile d'atteindre Madrid et ce lit, même s'il restait le centre du monde, était redevenu ce qu'il était auparavant – autrement dit le lit du maire de Bosost, un village occupé par une armée de combattants, en plein territoire ennemi, une île précaire, qui venait juste de naître au beau milieu d'un océan déchaîné par une éternelle tempête. Et moi, je me trouvais là avec un homme qui me possédait avec la même intensité et autant d'enthousiasme que la nuit précédente, mais qui me donnait un plaisir différent, plus doux et somme toute plus venimeux, plus rare et plus sublime, comme toutes les choses éphémères par nature, comme tout ce qui peut s'arrêter à tout moment, comme tout ce qui dépend d'un hasard si subtil qu'il pourrait s'exprimer en une seconde, en un millimètre, un soupir capable de détourner la trajectoire d'une balle.

Voilà ce qu'était devenue ma vie. Et cela durerait très longtemps par amour pour cet homme qui savait tout ce que j'avais appris cette nuit-là en sa compagnie, au fond de ses cicatrices, de ses pauses et de ses silences. Il n'allait pas être facile d'atteindre Madrid, à aucun moment, malgré les consignes et les proclamations du manifeste de l'Union nationale espagnole. Tout le monde le savait, mais Galán m'avait laissée parler, m'avait souri en m'entendant, m'avait embrassée pour éloigner de moi sa propre incertitude et me protéger de sa peur. Il avait réussi à maintenir en respect l'amertume que nous subissions et celle qui allait nous brûler plusieurs fois la gorge. Je m'étais laissée aller à parler comme une imbécile, il m'avait prise dans ses bras, m'avait embrassée pour que je sois heureuse, car il aimait me voir heureuse ici, dans l'œil du cyclone, où nous n'arrêtions pas de faire l'amour, comme si tout risquait de nous anéantir d'un instant à l'autre. Et cependant, la soudaine conscience du danger ne parvenait pas à troubler ce que nous étions en train de vivre. Au contraire, cela nous illuminait avec une puissance inouïe qui exacerbait l'essence des choses, qui rendait la matière plus dense, l'esprit plus aérien, la peau plus sensible, le sexe plus féroce et le cœur plus rouge, plus chaud. Il n'y a rien de mieux que la clandestinité. Ni rien de pire, ni surtout d'aussi délicieux.

Ce soir-là j'avais compris tout cela et pourtant je ne connaissais même pas le nom de l'homme qui me caressait en me regardant dans les yeux, comme s'il pouvait y lire mon passé.

« Parle-moi de ton fiancé. »

En me proposant l'agréable futilité d'une conversation amoureuse, il espérait sans doute m'arracher à la gravité de mes réflexions.

« De quel fiancé ?

— De celui que tu as eu. Pedro je ne sais plus quoi... Celui que connaissait El Piñón. » J'avais froncé les sourcils, sans comprendre. « El Piñón, le soldat qui était avec Comprentu, là, dehors, il y a un instant...

— Ah, Jose ! Eh bien Pedro... Pedro Palacios, car il s'appelait Palacios. » Et toi, quel est ton nom de famille, m'étais-je demandé. « C'était un homme très beau, très bon orateur, très attirant pour les femmes... » J'avais fait une pause pour vérifier qu'il n'aimait pas du tout ce qu'il était en train d'entendre. « Et c'était un traître de merde, une ordure qui m'a dénoncée à la police en avril 1939.

— Vraiment ?

— Oui, vraiment ! »

Je lui avais raconté cette histoire et le reste, comment je l'avais connu, à quel point il m'avait éblouie, comment il m'avait séduite et ce qui s'était passé ensuite, ces matinées où il se présentait sans prévenir pour me pousser dans le lit, pendant que Virtudes et les filles travaillaient dans la salle à manger, ces nuits où je m'endormais avec la lumière allumée en l'attendant, même si on m'avait confié qu'il faisait déjà la fête avec une autre, ou avec plusieurs autres, dans la rue Echegaray, ou Corredera, ou à la Plaza Mayor.

« Et lorsque Virtudes m'avait raconté que quelqu'un l'avait vu pénétrer dans un petit local de la Phalange, avec une veste et une cravate, je n'avais pas voulu le croire non plus. Impossible, lui avais-je rétorqué, les gens racontent n'importe quoi, tout le monde est mort de trouille... » J'avais cessé de fixer le plafond, et je l'avais regardé lui, tandis qu'il me rendait mon regard. « C'est ma faute. J'aurais dû croire les camarades qui étaient cachés chez moi, demander à Virtudes d'aller les cacher ailleurs, dans un autre endroit, me cacher moi-même avec elle... Mais je ne parvenais pas à y croire, je ne pouvais pas, je te le jure. Pas lui, pas Pedro, non... Les infidélités, les lapins, les soûleries, bon, tout ça, d'accord, mais pas le reste... Je n'avais pas arrêté de penser que non, cette nuit-là, que ce n'était pas possible, car le reconnaître, ç'aurait été également admettre que toute ma vie était allée se faire foutre. Et c'est exactement ce qui s'est passé le lendemain matin. Tout est allé se faire foutre. » Et j'avais à nouveau fixé le plafond, incapable de regarder

Galán. « Ils l'avaient emmené avec eux, tu sais ? Je suppose qu'ils l'ont obligé à venir avec eux, en tout cas, il était là sur le palier, en train de nous désigner du doigt. Et nous avons été piégés : Virtudes, moi et les sept autres camarades que nous cachions à la maison. »

À ce moment de mon récit, il avait posé sa main gauche sur mon visage pour m'obliger à lui faire face, puis il m'avait embrassée sur les lèvres.

« Lorsque j'étais en prison, j'ai fait circuler son nom et sa description. On le connaissait déjà, car il avait dénoncé d'autres personnes, beaucoup, je ne sais pas combien, et personne ne l'avait jamais revu. Je ne sais pas au fond de quel trou il est allé se fourrer, mais il s'est bien caché. Il avait ses raisons, c'est évident. Je te jure que, si j'avais pu, je l'aurais tué de mes mains. » Galán avait eu un sourire triste. « Je te le jure. Si on l'avait arrêté, si on l'avait torturé, si on l'avait obligé à regarder comment on torturait sa mère, peut-être que... Je n'en sais rien, je ne sais pas ce que j'aurais fait moi-même, on ne peut jamais savoir... Mais nous trahir de cette façon, alors qu'il ne risquait rien, qu'aucun danger ne le guettait... J'espère qu'au moins il n'a plus pu dormir en paix depuis...

— Ça m'étonnerait, je suis persuadé qu'il dort bien mieux que nous. » Galán m'avait embrassée encore une fois et m'avait souri à nouveau, différemment, comme s'il voulait m'absoudre de mes péchés. « De toute façon, je suis ravi.

— Ravi de quoi ? »

Et pendant une fraction de seconde, j'avais eu très peur.

« Ravi de tout. Et même que tu ne l'aies pas tué.

— Ah bon ? » Et je lui avais rendu son sourire parce que j'avais compris à quoi il faisait allusion. « Et pourquoi ?

— Parce que je suis ravi. »

Deux jours plus tard, cette conversation – qui au début n'avait eu d'autre fonction que celle de nous permettre de nous détendre un moment, et qui à la fin avait poussé Galán à me déclarer ses sentiments d'une étrange façon – allait se retourner contre moi. Mais ce soir-là, avant de m'endormir, je m'étais demandé si Galán, qui ce jour-là avait beaucoup marché, et qui allait marcher sans doute davantage le lendemain, avait raison de faire aussi souvent l'amour. Et je m'étais endormie en me moquant de ma propre inquiétude.

Nous l'avons refait encore une fois le matin, avant qu'il ne rejoigne les autres et que je ne descende l'escalier à toute vitesse pour préparer le petit déjeuner à temps. J'avais coupé du pain, de la charcuterie, ébouillanté quelques tomates avant de les éplucher et de les frotter sur les tartines. Malgré les protestations de Zafarraya, putain, Inés, tu vas vraiment nous faire grossir, j'avais cuisiné des œufs au plat avec du lard. Et un instant plus tard, celui-ci s'extasiait, c'est excellent ! Ils avaient mangé si vite que lorsque j'avais sorti les brioches cuisinées avec El Bocas la veille, il avait suffi de quelques secondes pour ne plus voir que le fond gras du moule en faïence blanche. El Cabrero m'avait bénie, la bouche pleine, et El Sacristán m'avait suggéré de laisser tomber ce pauvre Galán et de l'épouser. Galán avait cessé de manger un instant, s'était tourné vers lui d'un air mauvais, et avait continué à avaler la moitié de la brioche aux pommes. Pendant ce temps, j'avais fait mentalement la liste de ce que j'allais devoir racheter. Je les regardais manger, surtout lui, et je me sentais aussi bien et aussi rassasiée qu'eux. Puis Montse était arrivée, et nous n'avions pas encore commencé à faire la vaisselle quand El Bocas s'était présenté à la porte.

« Bonjour, je peux entrer ? avait-il demandé. Je peux…

— Bien sûr. » Et j'avais été ravie de constater que son poignet n'était plus bandé. « Entre.

— Je venais vous dire bonjour et vous annoncer que ma main est guérie et qu'aujourd'hui je ne vais pas pouvoir rester pour vous aider. Mais s'il faut une autre charrette de provisions, vous pouvez dire à l'épicière de la laisser devant la porte. Et lorsqu'on reviendra, je vous la ramènerai jusqu'ici, car je ne sais pas à quelle heure on va rentrer, mais je ne crois pas…

— Bocas ! » Comprentu avait passé la tête par l'encadrement de la porte. « On y va.

— Oui, oui, j'arrive tout de suite, j'étais juste en train de dire…

— Non ! On part tout de suite, comprends-tu ?

— Bon, il va falloir que j'y aille.

— Attends un moment. » Et je n'avais même pas pris la peine de retirer mon tablier. « Je t'accompagne. Je reviens tout de suite, Montse. »

Lorsque je m'étais retrouvée dans la rue, il était déjà en train de monter la côte.

« Galán ! » Il avait tourné la tête, s'était arrêté et j'avais dû me mettre à courir pour le rattraper. « Galán…

— J'ai cru que tu ne voulais pas me dire au revoir.

— Ne sois pas idiot. » Je m'étais accrochée à son cou, l'avais embrassé, puis j'avais parcouru du bout des doigts les contours du col de sa vareuse, pour le retenir encore un instant. « Fais très attention à toi, s'il te plaît.

— Tu ne m'as pas dit ça, hier.

— Hier, non. » Je l'avais embrassé à nouveau. « Mais aujourd'hui je te le dis. »

Nous étions restés immobiles, silencieux, au milieu de la rue et puis nous avions entendu la voix de Comprentu : « Galán, il faut y aller, tu es pire que Bocas, mon vieux ! » Et il avait retiré mes mains de son col et commencé à marcher à reculons sans cesser de me regarder. J'avais compté ses pas, je l'avais vu se retourner au sixième, rattraper Comprentu et s'éloigner.

Lorsque je l'avais perdu de vue, je m'étais interdit de penser à ce qui pourrait se passer ensuite. Mais ç'avait été peine perdue. Rien ne m'avait préparée à le ramasser en petits morceaux, ce soir-là. Cassé de l'intérieur, mais intact en dehors, sans la moindre égratignure.

« Tu vas manger de la soupe à l'ail, au moins ? » Lorsque j'avais servi la première assiette aux autres, j'étais sortie le voir et l'avais trouvé dans la même position que précédemment, assis sur le banc de pierre près de la porte, les bras ballants, la tête appuyée contre le mur, les yeux rivés sur la maison d'en face. « Elle est vraiment réussie, tu sais ! El Perdigón a dit qu'elle valait largement une chanson et, même si tu ne le crois pas, après y avoir goûté, il a entonné un air d'Angelillo.

— Je sais. Je l'ai entendu. » Il avait tenté de sourire, sans y parvenir vraiment. « Il adore le flamenco. Et en plus, je suis sûr qu'il a eu plus de chance que moi aujourd'hui. »

J'avais moi aussi passé une journée tranquille et bénéfique, en tout cas c'est ce que j'avais cru, car j'avais semble-t-il réussi à régler la question de l'approvisionnement qui me préoccupait depuis le début.

« Je commence à m'inquiéter, avais-je confié à Montse lorsque je m'étais assise pour prendre le petit déjeuner en sa compagnie, dans la maison vide. Tu as vu tout ce qu'ils mangent ! Il n'y a plus de lait, plus de pommes de terre, plus de fruits et plus de tomates. Il reste juste quelques œufs. Et ce village est si petit, je ne sais pas si… Tu crois que Ramona pourra tous les jours nous vendre autant de choses qu'hier ?

— Bien sûr. Sinon elle s'arrangera pour en trouver… Cette femme n'a jamais renoncé à gagner la moindre peseta. Le mieux serait de lui passer commande la veille pour le lendemain, nous allons en discuter avec elle tout à l'heure. Mais, dis-moi… » Elle avait baissé la tête, levé les yeux au ciel, puis m'avait regardée d'un drôle d'air. Ensuite, elle avait changé de ton, comme si ce qu'elle allait dire était bien plus important, plus grave que de se soucier des provisions du lendemain. « El Zurdo… Tu sais pourquoi il parle de cette façon ?

— El Zurdo ? » Je l'avais regardée sans comprendre. « Je ne sais pas. Comment parle-t-il donc ?

— Comme ça… » Et elle avait fait des gribouillis sur la nappe avec son index. « Avec cette voix si… si douce.

— Si douce ? avais-je répété avant d'éclater de rire. Eh bien, parce qu'il est canarien, Montse. Les Canariens ont tous cet accent, ils parlent tous ainsi. « D'une voix douce…

— Oui, oui, je sais qu'il est canarien, même s'il est tellement blond, c'est bizarre, non ? » Elle m'avait regardée avant d'ajouter : « Donc, tu dis qu'il parle comme ça à tout le monde.

— Ça, je n'en sais rien. » Et j'avais souri en voyant qu'elle rougissait. « Car je ne sais pas comment il parle avec toi.

— Avec moi… » Et malgré l'incendie qui consumait ses joues, elle avait éclaté de rire. « Et bien, le jour où ils sont arrivés et que je suis venue leur proposer de travailler pour eux, c'est lui qui m'a reçue, tu sais ? Lorsqu'il m'a demandé le salaire que je souhaitais, il a souri, sans raison, vraiment, on aurait dit qu'il me faisait la cour, sérieusement. Et hier soir… nous sommes allés faire un tour, et j'ai encore eu cette même impression… Je te jure, Inés, que j'en ai connu pas mal qui m'ont fait la cour, mais ils avaient tous des voix très rauques.

— Et tu lui as dit non.

— Oui, mais pas pour ça. Moi, je ne savais même pas qu'il existait des hommes qui n'avaient pas de voix rauque. Et justement, en pensant à l'un d'entre eux, qui était paysan... » Elle avait secoué la tête, s'était redressée sur la chaise et avait changé de sujet. « Nous pourrions aussi acheter directement aux paysans, et ça nous reviendrait sans doute moins cher.

— Oui, mais c'est ce que font déjà les soldats du campement, et on ne va pas leur couper l'herbe sous le pied, non ? »

Ce matin-là, Romesco était de garde. Un peu après dix heures, lorsque nous étions sortis après avoir fait la moitié du ménage, je l'avais informé que nous aurions peut-être besoin de son aide avec la petite charrette, et il m'avait répondu de ne pas m'en faire, qu'il enverrait quelqu'un pour aller la chercher. Ensuite, Montse avait décidé que le mieux serait d'aller d'abord voir sa cousine Mari, et celle-ci n'avait pas eu besoin de plus de deux minutes pour nous démontrer qu'elle était également douée pour vendre autre chose que des robes.

« Le mieux serait de vous acheter un *pòrc*..., avait déclaré Mari, avec son accent du val d'Aran. Un *pòrc* entier, avait-elle insisté. Un...

— D'accord, d'accord, j'ai compris. Le problème, c'est que... Je ne sais pas... Je n'avais pas pensé à ça.

— Mais où veux-tu trouver un porc, Mari ? On n'est même pas en novembre ? »

Les deux cousines avaient alors commencé à parler en aranais, se tournant vers moi de temps à autre pour me traduire leurs arguments respectifs. J'avais fini par prendre parti pour Mari, car si nous ne voulions pas faire de charcuterie, mais juste avoir notre garde-manger plein de viande, il était égal que l'animal ne soit pas encore tout à fait engraissé.

« On peut saler les filets et les côtes, pour que la viande dure plus longtemps, avais-je suggéré, afin de convaincre Montse. Faire cuire les pieds et consommer au fur et à mesure ce qui risque de s'abîmer en premier, non ? Mais le problème est de savoir où en trouver un.

— Je vais… » Mari, elle, savait. « Je vais m'en occuper, aujourd'hui même, je sais où je peux en trouver. Je vais dire que c'est pour moi, car nous n'en avons *engreishat* aucun cette année. Je l'achète, je l'emmène chez le boucher… » Elle avait mimé le fait de couper, en frappant sur le comptoir avec le tranchant de la main dans toutes les directions. « Et voilà. Il commence déjà à faire froid, si vous le conservez dans un endroit frais…

— Et combien ça peut coûter, hein ? » Montse n'était pas encore satisfaite. « Tu as vite fait de régler les problèmes, Mari.

— Ce que ça me coûtera à moi. Et ce que me demandera le boucher. Pas un centime de plus. »

Les deux cousines s'étaient regardées un instant, et ce regard avait été décisif, bien plus déterminant que la conversation que nous avions eue ensuite, pour estimer grosso modo le prix et le montant des arrhes, que j'avais versées avant de quitter le bazar le cœur léger. Et c'est ainsi, avec le même sentiment de facilité et d'euphorie justifiée, que j'étais entrée dans l'épicerie de Ramona : un local sombre qui sentait les épices, l'escabèche, le laurier, un parfum dense et agréable qui compensait l'aspect renfrogné de sa propriétaire. La femme faisait plus âgée qu'elle ne devait l'être en réalité. Elle était vêtue d'une blouse violette que ne parvenait pas à serrer un cordon tout sale, qui avait dû un jour être doré et était à présent d'une indéfinissable teinte ocre. La veille, elle n'avait pas été très aimable avec nous, mais en la revoyant, j'avais compris à son allure rébarbative, à son regard hautain, à sa moue de mépris, qu'elle ne devait l'être avec personne. Au-dessus de sa tête deux grandes plaques de métal, une Immaculée Conception et un Sacré-Cœur, aux couleurs vives, semblaient bénir son incroyable hostilité.

« Bonjour, Ramona. » Elle ne m'avait pas répondu, mais j'avais insisté sur un ton encore plus courtois. « Vous vous souvenez de moi, n'est-ce pas ? » Elle était restée immobile, mais j'avais poursuivi comme si de rien n'était. « Eh bien, figurez-vous que malgré tout ce qu'on vous a acheté hier j'ai encore besoin de certaines choses. » J'avais consulté une des deux listes que j'avais faites avant de partir de la maison. « De la farine, des pommes de terre, des tomates, des œufs... Bon, voici la liste. »

Elle avait continué à me regarder, les bras croisés, sans réagir le moins du monde.

« Vous voulez bien regarder, je vous prie ? avais-je insisté plus fermement. Tenez...

— C'est que je n'ai presque plus rien, avait-elle fini par répondre. Vous le voyez bien...

— Non, je ne le vois pas. » Et j'avais pris la peine de sourire tout en regardant autour de moi. « Ce que je vois, c'est que vous avez beaucoup de marchandises. Les rayons sont pleins, non ?

— De boîtes de conserve, ça oui, mais... » Elle avait enfin daigné saisir la feuille pour la lire distraitement. « Des pommes de terre et des œufs, par exemple, je ne sais pas s'il m'en reste. Et des tomates... il n'y en a plus...

— Il y en a peut-être à l'intérieur, Ramona, était intervenue Montse, d'un ton plus tranchant. Peut-être n'avez-vous pas encore eu le temps de les installer.

— Peut-être, avait-elle admis à regret. Peut-être...

— Et ça vous ennuierait d'aller voir, s'il vous plaît ? » avais-je à nouveau insisté.

Elle avait mis un temps fou à bouger et encore autant pour rejoindre l'arrière-boutique en traînant des pieds, et moins de deux minutes pour ressortir. Il n'en avait pas fallu davantage pour que Montse me dise que je m'y prenais extrêmement mal. De cette façon, on ne va rien obtenir. Laisse-moi faire...

« Je vous l'avais bien dit. » L'épicière avait étiré ses lèvres en une moue qui se voulait courtoise. « Il ne me reste plus rien. »

Cette réponse avait eu raison de la patience de Montse, qui m'avait saisi le bras gauche, pour me signifier qu'elle allait prendre l'initiative. Elle s'était penchée au-dessus du comptoir.

« Écoutez, Ramona, vous et moi, nous nous connaissons bien, et depuis de nombreuses années, n'est-ce pas ? Ce n'est pas que je vous apprécie plus que cela, mais j'aimerais vous expliquer quelques petites choses. La première, c'est que les temps ont beaucoup changé ces derniers jours. Je ne sais pas si vous vous en êtes aperçue... » Je l'écoutais, en me demandant d'où elle tirait cette soudaine assurance. « On a retourné l'omelette, comme on dit vulgairement, ce ne sont plus les mêmes qui commandent, alors si en sortant d'ici, nous disions un petit mot... » Et elle avait levé son index en l'air. « Je dis bien un seul petit mot, eh bien croyez-moi, votre épicerie serait remplie de soldats en un éclair, ils vous emmèneraient en prison et tout ce qui se trouve ici nous reviendrait. » Ramona avait commencé à avoir peur, ce qui ne m'avait pas étonnée, car Montse était aussi en train de me faire peur. « Et vous le savez parfaitement, car vous vous souvenez très bien comment vous avez réussi à conserver la seule épicerie du village après la guerre, n'est ce pas ? Moi, je ne tiens pas à dire le petit mot en question car je ne veux rien qui vienne de vous, et encore moins qu'on puisse penser que nous sommes pareilles, mais si vous refusez de nous vendre vos produits, on va vous fermer le commerce, vous pouvez en être sûre. Et cela ne nous ennuierait pas tellement, croyez-moi, car mon amie, telle que vous la voyez, sait parfaitement conduire, et il suffirait d'emprunter la fourgonnette de mon oncle... Alors si vous ne voulez pas tout perdre, cessez vos âneries et servez-nous ! » Ramona avait filé dans l'arrière-boutique, quand Montse avait lancé en guise de conclusion : « Putain de merde ! »

Ensuite, elle s'était tournée vers moi et je m'étais aperçue qu'elle tremblait de la tête aux pieds. De colère, mais aussi de frayeur. Elle était à la fois excitée et stupéfaite d'être allée aussi loin, qu'il lui serait désormais difficile de revenir en arrière. Puis elle s'était frotté énergiquement le visage, avait respiré profondément à plusieurs reprises et avait ajouté à voix basse :

« Tu vas voir qu'elle a tout à fait compris. »

Ramona avait si bien compris qu'après avoir posé sur le comptoir tout ce que nous lui avions commandé, elle avait même pris la liste du lendemain et avait hoché la tête en la lisant. Pendant ce temps, Montse et moi avions chargé la petite charrette, et n'avions pas eu besoin de parler pour décider que, dès lors, nous avions suffisamment de forces pour la conduire nous-mêmes jusqu'à la maison.

Nous avions descendu le début de la pente en silence mais au premier virage, alors que Ramona ne pouvait plus nous voir, j'avais stoppé la petite charrette et regardé Montse avec une expression aussi admirative qu'inquiète.

« Je te préviens. Je ne sais pas conduire.

— Oui, je sais bien... Et mon oncle ne nous aurait pas non plus prêté la fourgonnette. » Elle avait éclaté de rire. « Mais tu n'imagines pas le plaisir que j'ai ressenti.

— Si, je l'imagine. Mais le problème... Tu es d'ici, Montse. Tout le monde te connaît, et ce qui me fait peur... » J'avais inspiré profondément et dit d'une seule traite : « Après ce que tu viens de lui dire, si les choses tournent mal...

— C'est impossible ! » Elle avait fait non de la tête, plusieurs fois. « Ne me dis pas ça, Inés.

— Pourtant, ça peut tout à fait mal tourner. » Et elle m'avait jeté un regard si désemparé que je m'étais aussitôt corrigée : « Non, tu as raison, je crois même que tout va bien se passer. Cela dit, peut-être qu'avant de renverser Franco il nous faudra partir d'ici, nous replier ailleurs, et alors... Qu'est-ce que tu feras ?

— Et toi ?

— Moi ? » Je n'y avais jamais réfléchi. « Je partirai avec eux. S'ils acceptent de m'emmener, bien entendu. Je partirai... en France, n'importe où. Je suis de Madrid, mais nous sommes loin de Madrid et on ne me laisse pas y retourner, Montse. Je ne pourrais jamais habiter là-bas, même si je le voulais. Toi, en revanche, tu es de Bosost, et si l'armée se replie, tu ne pourras pas continuer à vivre ici. » Je l'avais regardée avec inquiétude, mais elle ne m'avait pas donné l'impression d'avoir peur. « N'est-ce pas ?

— Allez, donne-moi une cigarette ! Je vais essayer. »

Elle avait aspiré une bouffée en plissant ses lèvres avec une moue de dégoût, avait toussé à plusieurs reprises en agitant sa main pour chasser la fumée, puis me l'avait immédiatement rendue.

« Tiens ! Quelle horreur ! Je ne comprends pas comment on peut apprécier à ce point cette cochonnerie. » Et tandis qu'elle me regardait fumer, elle avait pris sa décision. « Si ça tourne mal, je pars avec toi, Inés. Pour ce qu'il y a à faire ici... »

Elle avait attrapé les bras de la charrette et l'avait poussée pendant que je fumais ma cigarette. Nous avions progressé ainsi jusqu'à ce que Romesco, nous apercevant depuis l'entrée du quartier général, vienne nous aider. Tandis qu'il nous reprochait de ne pas l'avoir prévenu, j'avais aperçu devant la porte le même jeune homme manchot que la veille, à propos duquel Montse s'était demandé depuis quand il était du côté des Rouges...

« Salut, camarade, lui avais-je dit aimablement. Comment vas-tu ?

— Ça va, je suis très content que vous ayez passé la frontière pour venir jusqu'ici, vraiment, car je ne te raconte pas... Il faut voir tout ce que j'ai enduré, alors que nous sommes si près de la France. Si ça n'avait pas été à cause de ma mère et de... »

Il avait agité son moignon et pendant que Montse repartait rendre la charrette à Ramona, je lui avais demandé s'il avait été blessé à la guerre. Il m'avait répondu que oui, à la bataille de l'Èbre, qu'il était malheureusement très handicapé, mais qu'il aimerait nous aider, mais il ne savait pas comment.

« Essaie de trouver deux sacs de pommes de terre, ou quelques douzaines d'œufs, ou des tomates, des poulets, à un bon prix », lui avais-je dit, et Romesco avait éclaté de rire. « Je ne sais pas comment tu pourrais les aider, eux, avais-je ajouté en lui indiquant les soldats, mais moi en tout cas, c'est ce qui me rendrait le plus service. » Arturo – il s'appelait ainsi – m'avait répondu que je pouvais compter sur lui : « Demain, je t'apporterai quelque chose, je ne sais pas encore quoi, mais c'est sûr que je vais apporter des... »

Lorsque j'étais entrée dans la cuisine, je m'étais tout de suite mise au travail. Si mes démarches avec Arturo avaient du succès et que Ramona se conduisait convenablement, je pourrais faire cuire les tomates qui resteraient et mettre la sauce dans des bocaux hermétiques, pour les conserver plus longtemps, il n'y aurait jamais trop de pommes de terre et d'oignons, car ce sont des produits qui se conservent, la morue n'en parlons pas, quant aux œufs...

« Tiens ! » Montse avait posé deux paniers sur la table qui contenaient vingt-quatre œufs chacun. « Ma cousine. Ils viennent juste d'être ramassés, elle les a achetés pour rien à ceux qui lui ont vendu le cochon. Elle a prévenu qu'il restait de l'argent et que cet après-midi nous ferions les comptes. » Considérant les œufs qu'on avait soutirés à

Ramona, Montse avait mis les mains sur ses hanches en me regardant. « Alors, tu me diras ce que tu veux en faire…

— De la crème, lui avais-je répondu après réflexion. Oui, de la crème au caramel.

— Tu sais faire ça ?

— Bien sûr. J'ai appris à cuisiner au couvent. Et demain nous ferons des meringues, pour utiliser les blancs. Et puis une crème liquide pour la servir par-dessus, parce que j'ai l'impression qu'il va aussi rester du lait… »

Sans me laisser finir ma phrase, Montse s'était remonté les manches, attendant que je lui dise ce qu'il fallait faire.

Nous étions restées tout le reste de la journée ensemble, dans la cuisine, et n'avions pas vu le temps passer. Montse était aussi efficace que Bocas, mais beaucoup plus silencieuse. Comme elle ne me posait pas de question, à propos de tout ce qu'elle me voyait faire, nous avions été beaucoup plus rapides. À quatre heures de l'après-midi, nous avions déjà préparé la soupe à l'ail, deux énormes *empanadas* de thon à l'escabèche – qui était la seule chose que Ramona avait avoué posséder en abondance –, un énorme plat de salade de morue aux oignons et à l'huile d'olive que Montse appelait *esqueixada*, une grande assiette de croquettes, une autre avec le jambon que j'avais pris chez mon frère. Puis, après avoir cherché en vain des moules à gâteaux, j'étais sortie pour aller en acheter chez Mari.

Lorsqu'elle m'avait vue entrer, Mari avait posé une énorme marmite sur le comptoir.

« Le cochon est déjà mort, découpé et en train de finir de se saigner, avait-elle annoncé avec un grand sourire de satisfaction. Tu en veux la preuve ?

— La preuve ! avais-je répété en soulevant le couvercle de la marmite pour constater qu'effectivement une partie de l'animal se trouvait à l'intérieur.

Lorsque je lui avais annoncé que nous avions déjà de la viande pour le dîner et une bonne raison de faire cuire une grande quantité de pommes de terre, Montse s'était pris la tête à deux mains. Il va y avoir des restes, avait-elle pronostiqué, et je lui avais répondu que ce n'était pas grave, que ça faisait partie de la joie de vivre. En fin de compte, il n'était rien resté, car il y avait eu plus de convives que prévu. El Lobo avait invité à dîner les trois hommes qui étaient arrivés avec Galán, qui, en revanche, avait refusé de s'asseoir à table.

« Tu devrais manger quelque chose, avais-je insisté. Avec les marches que tu te tapes tous les jours, tu ne peux pas te coucher le ventre vide.

— Je n'ai pas faim », m'avait répondu Galán en me prenant par la main pour que je reste avec lui.

Cet après-midi, ils avaient été les premiers à revenir, avant même que Montse ne rapporte les *empanadas* et les crèmes au caramel que nous avions fait cuire dans le four du boulanger. En entendant la voix de Comprentu dans le vestibule, j'étais sortie à toute vitesse de la cuisine. Mais en l'apercevant, mes pieds s'étaient soudain immobilisés sur une dalle, comme si ce morceau de céramique carré était devenu un abîme infranchissable. Je connaissais bien ce genre d'expression, pourtant je ne l'avais jamais vu sur son visage à lui. Je connaissais parfaitement cette lueur moribonde dans le regard, ce teint blafard, ces joues brusquement creusées, ce faux air serein qui ne pouvait me tromper. Il s'agissait du visage de la défaite, et je ne l'avais que trop vu par le passé.

« C'est pour cette raison que Galán n'a pas voulu entrer. Il est assis, là-bas dehors, m'avait dit El Lobo après m'avoir raconté ce qui s'était passé. Tu devrais aller le voir, tu sais ? Et être gentille avec lui.

— Pourquoi dis-tu ça ? avais-je protesté. Je suis toujours gentille avec lui.

— J'imagine. Mais il ne va pas très bien, il est très démoralisé. Et je ne peux pas me passer de lui, Inés. Je ne peux pas le laisser couler, et je ne sais pas comment m'y prendre. » Je l'avais fixé dans les yeux et m'étais aperçue qu'il parlait très sérieusement. « Toi, tu dois sûrement savoir comment faire. »

Ces confidences m'avaient effrayée, mais pas autant que l'allure de l'homme que j'avais trouvé assis sur le banc de pierre, le dos droit, appuyé contre la façade de la maison, les yeux rivés sur le mur d'en face. Galán n'était pas un homme désorienté, mais plutôt un homme effondré.

Mais être gentille n'avait servi à rien. Il m'avait justement fallu être odieuse pour qu'il commence à réagir, si odieuse que je l'avais même regretté par la suite. Puis je l'avais supplié de me pardonner pour ce que je venais de lui dire. Au lieu de ça, il m'avait prise dans ses bras et embrassée. Un baiser qui avait mis un terme à tout. À son désespoir, au mien, à ce qui s'était passé ce jour-là et à ce qui allait se passer le lendemain. Car ni les jours, ni les heures ne comptaient plus. Seul comptait l'instant, la succession d'instants très brefs, isolés, absolus, à laquelle se réduisait le temps qui passait. Aucune autre vie ne ressemble à la clandestinité, aucune n'est meilleure ni pire. Jamais je n'avais connu de vie telle que celle-là, et une seule nuit de huit, dix heures de moments de sommeil puis de veille n'avait eu autant de valeur pour moi.

« Maintenant, j'ai vraiment faim, vois-tu ? »

À deux heures du matin, j'étais descendue et étais allée prévenir l'homme de garde que c'était moi qui allais faire du bruit dans la cuisine. J'avais préparé deux œufs au plat, quelques pommes de terre et un morceau de viande que j'avais mis de côté pour lui. J'avais souri comme une folle en le regardant dévorer tout cela. Et quelques heures plus tard, nous nous étions levés comme s'il ne s'était rien passé la veille.

Mais la journée qui s'annonçait allait être bien pire, surtout pour moi. Pourtant, lorsque je m'étais réveillée, je m'étais sentie forte, presque euphorique, comme si mon moral ne dépendait plus que du moral de l'homme qui avait dormi près de moi. Les autres aussi s'étaient levés d'excellente humeur, avec autant d'appétit que la veille. Tandis que je voyais disparaître tout ce que je posais sur la table, j'avais à nouveau éprouvé la même satisfaction que la veille, cette exaltation des petites choses, ces petits éloges et ces grands sourires, que peuvent susciter une omelette aux pommes de terre, des tranches de pain grillées, frottées de tomate, arrosées d'huile d'olive et saupoudrées de sel, tout cela bien camouflé par des tranches de jambon, ou une salade de fruits frais. Avec le pain qui restait, j'en avais fait frire des morceaux avec du chorizo et des lardons : les fameuses *migas*. C'est ce qu'ils avaient préféré. Ils les avaient engloutis si vite que je leur avais promis d'en préparer davantage le lendemain. J'ignorais que cette scène ne se répéterait jamais plus, que ni eux ni moi ne connaîtrions à nouveau ce genre de bonheur, si simple et si absolu, dans cette maison. J'ignorais encore cela, et en les regardant, comme une poule observe ses poussins, je m'étais aperçue qu'il manquait quelqu'un.

« Et El Zurdo ?

— Il n'a pas dormi ici, avait répondu El Cabrero. Je ne sais...

— Ça ne m'étonne pas, comprends-tu ? Ce n'est pas très facile de dormir dans cette maison.

— Je ne pense pas qu'il soit parti pour mieux dormir, avait ironisé El Cabrero. Je crois même qu'il n'a pas dormi très longtemps.

— C'est possible. Mais ça ne me regarde pas, comprends-tu ? »

J'avais souri et regardé Galán, et Galán m'avait souri. El Lobo aussi souriait. Et ce matin-là il ne s'était pas plaint des malheurs que les femmes apportent. Galán était entier, il était redevenu lui-même, il mangeait, fumait en plaisantant avec les autres. El Lobo m'avait demandé de le lui rendre et je le lui avais rendu. Voilà pourquoi je n'avais rien dit non plus lorsque El Zurdo était entré, radieux, et s'était assis à sa place sous un tonnerre d'applaudissements et de sifflets.

« Tu as déjeuné ?

— Oui. » Une nouvelle bordée d'éclats de rire avait retenti, à laquelle ni lui ni moi avions prêté d'importance. « Mais je boirais bien un autre café, tu sais ? »

Plus tard, Montse et moi allions nous souvenir longtemps de cette matinée, qui avait été le début du reste de sa vie et la fin de sa joie de vivre. Cette sacrée, glorieuse et incomparable joie de vivre au val d'Aran qui nous avait appris à être heureuses, car ni elle ni moi n'avions jamais jusque-là été aussi heureuses. Cette parenthèse dorée de plaisir croustillant, fugace, qui ne nous semblait pas si importante lorsque nous la vivions, et qui nous avait pour toujours liées à tous les habitants de cette maison, n'allait jamais disparaître, elle continuerait toujours, tant que le dernier d'entre nous n'aurait pas disparu. Ce qui nous attendait allait être extrêmement dur, amer, mais nous ne nous rappellerions jamais cette matinée, prélude à une journée où tout allait être détruit. Tout cela, je ne pouvais même pas l'envisager. Après avoir préparé du café pour El Zurdo, j'avais constaté qu'il manquait quelqu'un, puis j'avais aperçu Jose sur le seuil de la porte en train de discuter avec Comprentu.

C'est bizarre, m'étais-je dit dans un premier temps. Et j'avais très vite chassé cette pensée. Car s'il était vrai que les hommes de la garnison ne venaient pas jusqu'à la maison d'habitude – et encore moins à cette heure-là –, l'amitié de Jose, de Comprentu et de Galán datait de l'époque de la guerre. Malgré cela, je n'étais pas tranquille. Leur attitude avait continué de m'étonner, et j'avais froncé les sourcils en les voyant là, tous les deux, très sérieux. Jose murmurant quelque chose tout en surveillant la porte du coin de l'œil, l'autre acquiesçant d'un léger mouvement de tête, les yeux rivés au sol. Ils formaient un couple mystérieux dont la gravité de l'allure contrastait avec la mine satisfaite de ceux qui avalaient les restes du petit déjeuner.

Soudain, Montse m'avait tirée de mes réflexions en surgissant dans la pièce pour foncer, à la manière d'un taureau sauvage, en direction de la cuisine.

« Mais qu'est-ce qui t'arrive ? »

Elle avait tiré une chaise près du garde-manger, le plus loin possible de la porte qui donnait sur le reste de la maison. Elle était assise là, le corps penché en avant, les coudes posés sur ses genoux, le visage enfoui dans ses mains, telle une tortue recroquevillée dans sa carapace. En m'entendant entrer, elle avait redressé la tête et regardé à travers ses doigts, pour s'assurer que j'étais seule, avant de me laisser voir sa mine radieuse et le rouge qui lui montait aux joues.

« Montse !

— Quoi ?

— Je ne sais pas. Fais quelque chose, lève-toi, regarde-moi… » Et j'avais éclaté de rire. « Raconte…

— Il n'en est pas question.

— Ah bon ? Eh bien je te préviens que tout le monde est au courant à côté.

— J'imagine. » Elle avait fini par se lever. « Donne-moi une cigarette.

— Encore ? Mais tu n'aimes pas ça.

— Oui, mais celle-là, je vais la fumer jusqu'au bout. Au point où j'en suis… »

Elle m'avait regardée, en éclatant de rire. Puis nous avions entendu des cris, le bruit régulier des bottes qui résonnaient dans la rue.

« Tu sais ce que c'est ? lui avais-je demandé. N'est-ce pas ?

— Oui, ils s'en vont.

— Et tu ne veux pas aller lui dire au revoir ?

— Moi ? Tu es folle. » Elle était devenue toute rouge et avait fini par tirer une bouffée. « Tu veux que je meure de honte ? Quoique... » Elle s'était tue, et continuait de fumer sans tousser. « Dis-lui de venir. Tu veux bien ? Je ne crois pas que cela l'ennuie, parce que... bon... il ne manquerait plus que ça... »

Zurdo était debout, en train de préparer ses affaires et, lorsque je lui avais demandé s'il voulait bien venir un moment à la cuisine, il avait souri. El Cabrero, se disant sans doute que cela risquait d'être long, avait soupiré avant de s'appuyer contre le mur. Galán et El Pasiego étaient toujours là où je les avais laissés, comme si tout ce remue-ménage ne les concernait pas.

« Et vous ? Vous ne partez pas ? »

Galán avait secoué la tête avant de répondre.

« Nous partons avec El Lobo repérer ce qui se passe à Viella.

— Ah bon ? » Et j'avais mis un petit moment avant de m'exclamer : « Putain ! »

Galán avait éclaté de rire et m'avait saisi la main pour me faire asseoir sur ses genoux. À ce moment-là, j'avais remarqué que Lobo avait pris part à la conversation de Jose et de Comprentu. À présent c'était lui qui acquiesçait gravement aux murmures du premier, tandis que le second les observait en silence. Ils doivent parler de Viella, m'étais-je dit, sans m'y intéresser plus que ça.

Je n'étais pas vraiment au courant du plan militaire, mais je l'imaginais. Depuis que j'avais écouté la fameuse conversation dans la salle à manger, durant ma dernière nuit chez Ricardo, je savais que Viella était la clé de tout. Je m'étais souvenue de l'ensemble des détails, des chiffres, et il ne m'en fallait pas davantage pour être persuadée que mon destin et celui de tous ceux qui se trouvaient ici, dans le val et même à l'extérieur du val, dépendaient de la décision qui allait être prise ce matin-là – attaquer la ville ou pas, prendre Viella ou pas. Jusqu'alors, ce qu'il fallait faire avait été très clair pour moi, mais à présent, assise sur les genoux de Galán, mes lèvres frôlant les siennes, les deux éventualités me semblaient aussi risquées. Dangereuses et mauvaises. Car si le commandement décidait de renoncer à son objectif principal, l'invasion allait échouer. Et dans le cas contraire, la bataille serait inévitable – une bataille plus importante que les coups de feu sporadiques, ou les arrestations de gardes civils des derniers jours. Mille neuf cents hommes ne font même pas la moitié de quatre mille, mais c'est toujours mille neuf cents paires de bras, mille neuf cents fusils, mille neuf cents balles à la seconde, pendant toutes les secondes que contiennent de nombreuses heures. Prendre Viella ne serait pas facile et exigerait des combats acharnés, au prix d'une longue liste de morts, de blessés, de vies détruites. Et dans ces guérillas, les chefs sont toujours devant la troupe, ils s'exposent toujours davantage que leurs hommes.

« Dis donc, toi… » Galán m'avait prise par le menton, m'obligeant à le regarder. « Que t'arrive-t-il ?

— Rien du tout. » Ma voix avait résonné si faux, que je ne m'étais pas cru moi-même. « Je t'assure, il ne m'arrive absolument rien. »

Jusqu'alors je n'avais pas pensé à tout cela. Jusqu'alors, je n'avais même pas pensé que la réussite de cette opération – que j'avais tant désirée et invoquée – pouvait me prendre bien plus qu'elle m'avait donné. Le cadavre de Galán dans un cercueil serait une tragédie plus grave que de ne l'avoir jamais connu. Pour chasser cette idée, je m'étais tournée vers El Pasiego qui souriait tout en lorgnant vers la cuisine, où El Zurdo et Montse s'embrassaient sans fin. Puis El Cabrero s'était mis à râler : « Merde, Zurdo, ça suffit maintenant ! » Dehors El Lobo avait pris congé de Jose. Et Galán attendait toujours ma réponse mais je ne pouvais pas lui raconter ce que je pensais vraiment, à savoir qu'entre l'Espagne et lui, entre l'Histoire et lui, mon choix était déjà fait, je restais avec lui. Je ne pourrais jamais lui avouer une chose pareille, et lui non plus n'accepterait jamais de reconnaître le plaisir que cela lui procurerait. Je ne pouvais pas m'ôter cette idée de la tête, même si j'avais parfaitement conscience que j'étais en train de vivre un drame, et non une fête ou un bal d'été – pourtant je devais reconnaître que c'est un peu comme cela que je l'avais vécu. Et soudain, tous les soldats qui étaient restés immobiles autour de moi ces dernières minutes s'étaient brusquement mis en marche en même temps.

« Salut. »

Romesco était entré à ce moment-là. Il était propre, bien coiffé et semblait extrêmement nerveux. Puis il avait fixé le reste d'omelette qui se trouvait sur la table.

« Salut, lui avais-je répondu en me levant pour aller chercher une tranche de pain et la garnir avec de l'omelette. Tu n'es pas de garde, aujourd'hui ?

— Non. » Il avait mordu dans la tartine avant de me répondre. « Je pars pour Viella, avec le colonel. Moi, je suis de là-bas, tu sais ? »

El Zurdo était enfin sorti de la cuisine et avait croisé El Lobo sur le pas de la porte.

« On nous attend, il faut partir tout de suite. » Comprentu était resté dehors tandis que Flores descendait d'un camion qui venait d'arriver. « Nous reviendrons sûrement pour manger, Inés.

— Génial ! » J'avais regardé Galán et lui avait souri car, quoi qu'il se passe à Viella, la journée allait être longue. « Je vais en profiter pour faire des fèves.

— Des fèves ? » Il avait arqué les sourcils. « Avec les haricots secs d'ici ?

— Mets-y du boudin, avait suggéré Romesco. Oui…

— Du boudin ? » Galán s'était tourné vers lui. « Il ne nous manquait plus que cela ! Écoute, garde tes idées pour toi… Ça vaudra mieux, je crois.

— Pas du tout !… » Le gars du val d'Aran avait insisté. « Suis mon conseil, Inés, c'est excellent.

— On pourrait peut-être y aller, non ? » Flores avait interrompu ce bavardage sur un ton plus autoritaire qu'impatient. « Vous avez décidé d'écrire un livre de cuisine, tous les deux ? »

Quel imbécile ! avais-je pensé. Je m'étais contentée d'embrasser Galán une dernière fois avant de le regarder s'en aller. Ensuite, j'avais cherché en vain du boudin ressemblant à ceux des Asturies, quand je m'étais souvenue que nous avions acheté un porc. S'il fallait manger la viande dans les deux jours, les oreilles n'avaient nul besoin de tant de précautions. Aussi les avais-je utilisées pour préparer des haricots aussi exquis que l'avait espéré Romesco et bien meilleurs que je ne m'y attendais moi-même.

« Montse... » J'étais en train d'expliquer comment faire blanchir les haricots à Montse qui se révélait particulièrement distraite.

« Quoi ?

— Il te faut les égoutter et les faire tremper dans l'eau froide.

— Oui. Et maintenant ?

— Maintenant, il faut à nouveau faire bouillir de l'eau.

— À nouveau ?

— Bien sûr, je viens juste de te le dire, il faut les faire blanchir trois fois de suite.

— Ah, excuse-moi, je n'ai pas fait attention ! » Elle avait éclaté de rire de si bon cœur qu'elle m'avait entraînée dans sa bonne humeur. « Dis-moi, Inés, tu... Est-ce que tu as déjà été mariée ou quelque chose de ce genre, auparavant ?

— Plutôt quelque chose de ce genre. » Je lui avais pris la casserole des mains pour la remplir d'eau. « Je n'ai jamais été mariée, mais pendant la guerre, j'ai vécu avec un homme comme si nous l'avions été.

— D'accord, c'est que moi... J'ai l'impression que je suis tourneboulée, tu sais ? Vraiment. » J'avais à mon tour éclaté de rire. « Ce n'est pas que je craigne que tu aies une mauvaise opinion de moi, Inés, ce n'est pas ça, c'est que... Je ne suis pas comme ça. Absolument pas. Je n'ai jamais été comme ça, même lorsque je suis allée habiter à Barcelone, chez ma sœur, où j'ai eu des prétendants... » Et elle avait levé la main en l'air, le bout des doigts serrés et réunis ensemble. « Des tas. Je te jure. Et moi, je n'y prêtais pas attention, absolument pas, et maintenant, je ne comprends pas ce qui m'arrive.... Tout ça a dû me tournebouler, je n'en sais rien, tous ces hommes, tous ces uniformes, tous ces fusils dans tous les coins, les gardes civils prisonniers et la trouille de Ramona, enfin... Je ne me plains pas, mais tout ça me met hors de moi.

— Et El Zurdo, qui est pourtant si doux.

— C'est vrai. » Et nous avions ri de plus belle. « Extrêmement doux ! Il s'est plaint de la façon dont El Cabrero ronflait avec sa voix si particulière d'enfant de chœur. Et lorsque je m'en suis aperçue, il s'était déjà glissé dans mon lit, et ce n'était vraiment pas un enfant de chœur, c'est évident, tu ne peux pas imaginer... »

Cette matinée-là avait été aussi rose et lumineuse que les plus belles matinées, et ce malgré l'agression qui avait mis nos vies sens dessus dessous. Car lorsque Arturo s'était jeté sur moi pour essayer de m'embrasser, je n'avais même pas songé que l'on puisse interpréter autrement son geste.

« Laisse-moi ! avais-je hurlé, un peu avant qu'un garde, que je n'avais pas vu auparavant, se précipite en courant. Laisse-moi tranquille, je te dis !

— Que se passe-t-il ? »

C'est à moi que s'adressait la sentinelle et je n'avais su quoi lui répondre. Arturo, en revanche, s'était empressé de le faire.

« Il ne se passe rien. » Il avait baissé la tête, comme s'il avait honte de ce qu'il avait fait. « Pardonne-moi, je n'aurais pas dû... Je suis désolé. » Puis il s'était excusé auprès du soldat, comme s'il s'agissait de mon père, mon frère ou d'un membre de ma famille. « C'est que, par ici, il n'y a pas de femmes comme ça. »

Ensuite, il était parti à toute vitesse, et je m'étais contentée de m'étonner du succès que j'avais avec les hommes ces derniers temps. Et puis lorsque le soldat m'avait laissée seule avec Montse, je lui avais déclaré :

« Tu as vu ? Encore un qui est tourneboulé. » Et nous avions à nouveau éclaté de rire avant de ramasser des serviettes qui traînaient par terre pour les ranger dans le tiroir du buffet.

Voilà ce qui s'était passé ce jour-là, ou du moins, c'était ce que j'avais cru. Arturo était arrivé à midi, avec un ami qui poussait une petite charrette contenant plusieurs sacs de pommes de terre, des oignons, des choux et des légumes de toutes sortes. Ils apportaient également un panier avec des œufs et tous deux paraissaient pressés. « Son père ignore que nous sommes venus ici, m'avait-il expliqué. Mon ami doit retourner chez lui avec les sacs avant qu'il ne s'en aperçoive, je reste dehors pour surveiller la charrette... » Et je l'avais cru, je n'avais aucune raison de ne pas le croire. Je n'avais donc pas regardé ce qu'il fabriquait pendant que

Montse et moi-même rangions dans le garde-manger tout ce que son ami nous apportait. « C'est toi qui paies, n'est-ce pas ? » m'avait demandé l'ami d'Arturo. Je lui avais répondu que oui et dès cet instant il ne s'était plus montré pressé et avait mis un long moment à faire les comptes. Mais le prix étant bon marché, je l'avais payé sans problème. Puis, lorsque je l'avais accompagné jusqu'à la porte, le soldat de garde m'avait demandé où se trouvait le manchot. Je lui avais répondu que je ne le savais pas, qu'il devait être resté dehors pour surveiller la charrette. « Moi, je l'ai vu entrer derrière vous et il n'est toujours pas ressorti », m'avait-il affirmé en fronçant les sourcils. En retournant à l'intérieur, je l'avais aperçu, appuyé contre le mur du fond, près de l'escalier. Je n'avais pas compris ce qui se passait jusqu'à ce qu'il se jette sur moi.

« C'est bien dommage qu'il ait fait ça, non ? s'était lamentée Montse, dans la cuisine, lorsque le calme était revenu. Car ce qu'il nous a apporté est de bonne qualité. Et je ne crois pas qu'on le reverra de sitôt.

— Il va falloir trouver quelqu'un d'autre.

— Oui, et il faudra que tu te montres plus antipathique avec lui. » Et nous avions à nouveau éclaté de rire, comme si nous n'avions pas su faire autre chose, ce matin-là. « Parce que je ne sais pas où va nous mener tout ça… »

Même Montse, qui s'était pourtant méfiée d'Arturo la première fois, n'avait pas soupçonné qu'il avait pu se cacher pour autre chose que le désir de se retrouver seul avec moi. « Attends un petit instant, Galán. » Voilà pourquoi lorsque El Lobo l'avait appelé, je n'avais même pas imaginé que sa demande pouvait avoir un quelconque rapport avec l'agression d'Arturo. « Il faut que je te parle… »

Je les avais vus arriver, les uns après les autres, plus irrités que sérieux, chacun d'une façon différente : Flores était rouge d'indignation, El Lobo avait les lèvres et les mâchoires serrées, et ses yeux noirs avaient l'éclat de ceux d'un fauve, El Pasiego fixait ses chaussures en serrant les poings, El Sacristán était collé à lui comme son ombre, Galán plantait ses dents dans sa langue repliée, comme chaque fois qu'il se fâchait, et Comprentu observait tour à tour les membres du groupe, d'un air sombre. Quatre officiers que je n'avais jamais vus les avaient rejoints. Ils s'étaient montrés aimables, ils avaient été les seuls à nous saluer et à nous complimenter pour notre cuisine. « Il faut voir la chance que vous avez dans le coin, nous allons venir manger tous les jours ici… » Galán avait cependant pris ma main et l'avait serrée. Lorsque je lui avais demandé s'il en voulait davantage, il avait secoué la tête.

La tension était si palpable que, lorsqu'il avait retenu Galán après avoir pris congé de ses invités, j'avais pensé que Lobo cherchait une occasion de détendre l'atmosphère, de tranquilliser ses hommes. Il était alors presque cinq heures de l'après-midi, Montse et moi avions fini de ranger la cuisine.

« Monte et attends-moi là-haut, m'avait murmuré Galán avant de ressortir. Je reviens tout de suite. »

Quand El Lobo avait posé sa main sur son épaule, une immense tristesse s'était emparée de moi. Tandis que je grimpais l'escalier, lentement, la défaite pesait plusieurs tonnes sur mes épaules. Ensuite, je m'étais assise sur le lit, j'avais tenté de ne plus penser, de ne pas envisager la tournure que risquait de prendre cette histoire. En vain. Deux heures plus tard, mes pires présages, l'invasion, l'Espagne, l'Histoire ne valaient guère plus que la collection de billes d'un petit enfant pauvre. J'avais été capable de tout imaginer, sauf que le monde était sur le point de disparaître, de se désagréger comme une poignée de terre sèche entre mes doigts.

Il était plus de sept heures lorsqu'on avait toqué à ma porte. J'avais reconnu la cuisinière portant le deuil, qui avait profité de mon arrivée pour partir en courant. Galán se tenait derrière elle. Il n'avait même pas pris la peine de s'approcher pour me dire la dernière chose à laquelle je m'attendais.

« Ramasse tes affaires, Inés. Tu vas déménager chez cette dame.

— Mais enfin… » Je m'étais efforcée de chercher la raison d'une telle décision. « Pourquoi ? Que s'est-il passé ?

— Raisons de sécurité. » Il évitait de me regarder. « Aucun civil ne doit plus loger dans cette maison. Ce sont les ordres d'en haut et je n'ai pas le temps d'en discuter avec toi. »

Avant même d'avoir fini sa phrase, il avait tourné les talons et s'éloignait déjà dans le couloir.

« Attends, s'il te plaît ! » Il ne s'était pas arrêté. « Galán ! » J'étais sortie en courant à sa poursuite.

« Tu vas venir me rendre visite, n'est-ce pas ? avais-je crié dans la cage d'escalier. Tu ne comptes pas venir ? »

Mais l'escalier était resté silencieux.

Jusqu'alors, j'avais cru qu'il me restait Inés.

Jusqu'alors, j'avais cru que ce voyage m'avait apporté ce dont j'avais besoin. Sinon un pays, au moins une femme avec laquelle vivre. Voilà ce que je croyais, et je m'étais accroché à cela en observant Viella la dernière fois, depuis un point de vue sur la route, avant de remonter dans le camion qui allait me ramener vers un territoire, un calendrier et une campagne qui ne seraient plus pour moi que le corps d'une femme. Il valait mieux cela que de penser à l'endroit où allait ce camion, où nous allions tous avec lui. Il valait mieux cela et, une fois de plus, maudit sois-tu, Jesús Monzón !

J'avais pensé que Lobo était lui aussi au courant. Lorsqu'il m'avait fait sortir de la maison, qu'il avait posé sa main sur mon épaule et l'avait serrée pour me guider vers le haut de la côte, pour atteindre un endroit où nul ne pouvait nous entendre, j'avais pensé qu'il voulait me pardonner, m'assurer qu'il avait conscience de la mauvaise passe que je traversais. Auparavant, quand nous étions, là-haut, au point de vue, je ne m'étais pas bien conduit avec lui, mais ce guet-apens avait été plus dur pour moi que pour les autres. Et cependant, malgré tout ce que j'avais pu dire là-haut, jamais je n'avais eu l'intention de m'allier à Flores contre mon chef. Pourtant, Pasiego et moi lui avions donné raison bien avant de connaître les arguments de Lobo. C'est lui qui aurait dû anticiper la chose. Sans doute parce que tout ce que nous savions l'un de l'autre, tout ce que nous avions appris dans des mauvais moments, et que nous avions tous les deux naïvement pensés être les pires, ne nous avait pas suffi pour surmonter ce 23 octobre 1944.

« Galán, je... » Cette déception, cet échec, cette importance. « Je suis désolé de te dire cela. J'en suis mortifié, vraiment, mais je ne peux pas faire autrement. »

C'est alors que j'avais compris que je me trompais. El Lobo s'était avancé d'un pas, avait enfoncé les mains dans ses poches, et pris une profonde inspiration.

« Ce matin, un type a fouillé notre quartier général. » Il avait froncé les sourcils, comme s'il avait du mal à me regarder. « Il s'est promené à l'étage et a tenté de forcer la serrure du bureau. Quelqu'un l'a vu depuis le camp, à travers la fenêtre du couloir.

— Il a pris quelque chose ? »

En réalité, je n'avais aucune envie de le savoir, je voulais juste accélérer le rythme lent et pénible de cette déclaration, qui semblait lui déchirer la langue à chaque syllabe. Malgré ce qui allait nous tomber dessus, maintenant que nous avions renoncé à prendre Viella.

« Rien. Il n'a rien emporté car il n'a pas pu ouvrir la porte. Il n'y a qu'une seule clé et Zafarraya la garde toujours sur lui, tu le sais bien... » Il avait détourné la tête, puis m'avait regardé à nouveau. « Ce n'est pas la question. L'important est de savoir qui l'a laissé entrer.

— Je ne comprends pas, Lobo. » Pourtant, j'avais commencé à saisir où il voulait en venir. « Je ne sais pas pourquoi tu me racontes...

— Cet homme est venu voir Inés. » À peine avait-il prononcé ce prénom qu'il avait retrouvé une respiration naturelle, comme s'il était soulagé. « Elle l'attendait. Il est arrivé avec un autre type qui conduisait une charrette pleine de ravitaillement. Des pommes de terre, je crois, et des légumes, et un panier avec des œufs, c'est ce que m'a raconté El Ferroviario qui était de garde. C'est lui qui les a vus entrer. Au bout d'un moment il a aperçu Inés qui ressortait avec l'un d'eux et le remerciait. Celui-là, qui avait ses deux bras, est reparti avec la charrette. Mais lorsque Ferroviario a demandé à Inés où se trouvait l'autre gars, celui qui était manchot, elle lui a répondu qu'elle n'en savait rien, qu'elle pensait qu'il était resté dehors. Elle est allée le chercher, mais comme personne ne ressortait, El Ferroviario s'est précipité dans la maison et a aperçu le manchot qui se jetait sur Inés pour essayer de l'embrasser. Elle lui résistait, ou alors... » Il avait tordu sa tête pour me regarder de côté. « Ou alors elle faisait semblant de lui résister. »

Ce n'est pas possible ! m'étais-je dit. Je ne pouvais pas accepter ça, je ne pouvais pas le croire. Non, m'étais-je répété. Non, non et non. Et j'avais tourné le dos à Lobo, tandis que Comprentu montait la côte. J'avais vu l'expression de mon visage se refléter dans le sien. J'avais eu conscience que ma tête ne cessait pas de pivoter de gauche à droite depuis un bon moment, pour tout nier en bloc, en songeant que j'avais été la dernière personne à être au courant. Comme les maris cocus des vaudevilles.

« Ça ne signifie rien, Lobo. » Je m'étais retourné, l'avais regardé à nouveau, tâchant de gagner du temps, tandis que je rassemblais les éléments en ma faveur. « Ça ne veut rien dire. Inés est très attentive à trouver à manger, je le sais et tu le sais, elle n'arrête pas de parler de ça, et... Est-ce que tu sais qu'elle a acheté un cochon vivant et qu'elle l'a tué ?

— Oui, on me l'a raconté. » Il s'était approché de moi, m'avait saisi par les bras, avait hoché la tête et continué à me parler d'une voix calme, qui m'avait davantage irrité que son ton mielleux du début. « Je sais tout, et tu as peut-être raison. Il est possible qu'il l'ait trompée, qu'il l'ait bernée. Ou peut-être qu'il ait juste cherché une occasion de la coincer, mais... Il n'y a pas que ça, Galán.

— Ah bon ? » Je m'étais dégagé de son étreinte avec une telle violence que lui aussi s'était éloigné, comme s'il avait senti les efforts que je faisais pour ne pas lui tordre le cou. « Et qu'y a-t-il d'autre alors...

— Hé ! » Comprentu m'avait emprisonné les coudes par-derrière. « Un peu de calme...

— Lâche-moi, putain ! » Lui, en revanche, je n'avais pas hésité à le frapper au bras, avant de reculer, les deux mains ouvertes en l'air. « Tu ne me touches pas, c'est clair ? Personne ne me touche ! »

Et à cet instant, j'avais senti Inés, j'avais perçu son parfum avec la même netteté que si elle avait eu son ventre devant moi. Je m'étais assis devant une porte fermée, j'avais mis ma tête dans mes mains et le parfum s'était accentué. Mes mains, sèches et propres, étaient devenues humides, collantes. La pulpe de mes doigts frôlait une peau qui n'était pas la mienne, sur une surface lisse, encore plus soyeuse grâce à ses petites aspérités. J'avais parcouru de mémoire les rugosités qui subsistaient au niveau des coudes, de la plante des pieds et d'une cicatrice plutôt disgracieuse, vaguement arrondie, qui marquait sa cuisse gauche comme le fer d'un élevage. Ne me touche pas là ! Mais pourquoi ? Parce que je ne veux pas, parce que c'est horrible, je me suis fait ça à quatorze ans, tu sais ? Un jour, mon cheval m'a fait tomber et m'a traînée un bon moment. Je me suis planté un bout de fer rouillé qui se trouvait par terre…

« Je n'ai rien contre elle, Galán. Je n'ai aucune certitude, mais ça fait beaucoup de coïncidences. Toute l'histoire qu'elle nous a racontée n'est qu'une longue série de coïncidences… »

Et ne me touche pas le nombril non plus. Ah ! Non ? Et pourquoi ? Je ne sais pas, ça me donne des frissons, c'est comme si toute la chaleur de mon corps s'en allait par là… J'écoutais El Lobo, mais j'entendais la voix d'Inés. Et ensuite, le rythme de sa respiration qui accélérait doucement pour devenir plus rapide, plus bruyant, jusqu'au moment où elle avait ouvert la bouche. J'avais mis ma tête dans mes mains, mais je la voyais ouvrir la bouche et je l'entendais respirer différemment, les lèvres à peine entrouvertes au début, ensuite le creux de la bouche devenait de plus en plus grand, les cordillères jumelles de ses dents, la langue, un vide sombre, rougeâtre, qui semblait être infini, comme si rien ne pouvait jamais le combler, et une voyelle inconnue, qui n'était pas le *a*, ni le *e*, qui se frayait un passage depuis le fond. Puis, à la fin, elle riait comme une imbécile. Comme si elle avait honte de s'être déshabillée à ce point. C'est ce que je préférais chez elle, la façon dont elle se mettait à rire, à la fin.

« Elle était des nôtres, bien entendu, et après la guerre, elle a été emprisonnée, mais son phalangiste de frère l'a fait sortir, quelle coïncidence, et il l'a emmenée habiter à une cinquantaine de kilomètres d'ici, quelle coïncidence, et elle écoutait la Pirenaica le soir où l'on a annoncé l'opération, quelle coïncidence, et elle a tout de suite trouvé un cheval, un pistolet, quelqu'un qui connaissait le chemin, quelle coïncidence, et il n'y a pas que ça… »

J'enfonçais mon doigt dans son nombril, je l'agitais doucement et elle me laissait faire. Elle me regardait les yeux mi-clos, un sourire abandonné, bras relâchés, jambes écartées, et soudain elle me donnait une petite tape de la main. Je t'ai déjà dit de ne pas me caresser le nombril. Puis elle se collait à moi, emprisonnait mes bras avec les siens pour m'empêcher de recommencer, et à ce moment-là son parfum pénétrait tous mes tissus, humidifiait les os de ma tête. Il n'y avait plus rien à l'intérieur de moi, mon corps ne pouvait rien contenir d'autre que cette marée, ce battement : une lumière tamisée, un feu tiède, cette peau dont la fragrance me pénétrait, comme une ombre cousue, point après point, sur ma propre chair, tandis que je demeurais assis, immobile, la tête dans mes mains sèches, humides, propres, collantes, et que Lobo parlait, parlait, et parlait encore.

« El Piñón est venu nous voir ce matin. Il a expliqué à Comprentu que, pendant la guerre, Inés était la fiancée d'un traître, d'un fils de pute qui a dénoncé de nombreuses personnes…

— Ainsi qu'Inés. » J'étais intervenu sans être bien conscient de ce que j'étais en train de faire. Les mots avaient rempli ma bouche, mes jambes avaient repris des forces et j'avais retiré mes mains de mon visage. Je m'étais levé, m'étais approché de Lobo. « Il a d'abord dénoncé Inés et une de ses amies qu'ils ont fusillée par la suite, et sept de leurs camarades qu'elles avaient cachés à la maison. Je le sais parce qu'elle me l'a raconté elle-même.

— Moi aussi, je le sais. Tu l'as raconté à Comprentu, qui me l'a raconté à son tour. Tu as appris ça de sa bouche, le soir même où vous avez croisé El Piñón, n'est-ce pas ? Lorsqu'elle a découvert qu'il y avait ici quelqu'un qui connaissait son passé, elle te l'a avoué entre deux séances de baise.

— Mais… » À cet instant, le doute s'était infiltré au tréfonds de moi comme une épaisse goutte d'acide, si vicieuse que je ne m'étais même pas souvenu que c'était précisément moi qui avais interrogé Inés, moi qui avais provoqué sa confidence. « Qu'elle ait été la fiancée d'un traître ne signifie pas…

— Qu'elle soit une traîtresse elle-même, avait complété El Lobo. Oui, je suis d'accord. Ce peut être, une fois de plus, une coïncidence. Mais ça en fait beaucoup, n'est-ce pas ?

Six ou sept en tout ! Une jeune femme séduisante se présente ici à cheval, comme si elle tombait du ciel, avec trois mille pesetas en poche et cinq kilos de *rosquillas*, un passé plutôt trouble qu'elle tait, une histoire familiale assez douteuse, et à la première occasion elle couche avec toi, elle se débrouille pour te rendre complètement fou d'elle, devient notre cuisinière, s'évertue à nous chauffer tous autant que nous sommes du petit déjeuner au dîner... Et soudain, la porte du bureau est forcée, un connard est en train de fouiller le quartier général, et, lorsqu'il se sent confondu, qui utilise-t-il pour se couvrir ? Qui est dans ses bras tandis qu'il tente de faire croire à une relation qui n'existe pas ? »

Jusqu'alors je n'avais pas souffert. Jusqu'alors, je n'avais éprouvé que du désir, une vague nostalgie du désir, le picotement du danger planant au-dessus de mon désir pour me mettre en garde, mais cela ne me faisait pas vraiment mal. Pas encore. Tandis que Lobo continuait d'énumérer les coïncidences, c'est moi-même que je voyais, et non Inés. Je me voyais du dehors, et ce que je voyais – cette espèce d'imbécile bavant, yeux fermés et bouche bée – m'avait tellement irrité que je n'avais même pas tenté de répondre à la question de mon chef.

« Je ne suis sûr de rien, Galán, c'est vrai. » El Lobo avait abandonné le ton ironique dont il avait usé pour faire son énumération, mais la sincérité que j'avais décelée dans sa voix ne m'avait pas soulagé pour autant. « Et si les choses s'étaient présentées autrement, j'aurais moi-même parlé avec elle pour dissiper mes doutes avant de discuter avec toi. Mais je n'ai pas le temps de faire ça et tu le sais. La situation est trop critique pour perdre son temps en subtilités. Nous sommes isolés, paumés, exposés à n'importe quoi. On ne peut pas se permettre d'avoir des soupçons sur quelqu'un d'ici, tu comprends ça ? Et j'ai beau tourner et retourner l'affaire dans tous les sens... Le fait qu'elle t'ait demandé quelles étaient les limites du territoire que nous contrôlons, qu'elle se soit aussi théâtralement précipitée pour cracher à la figure de cet officier de Moscardó qui la connaissait... Je ne sais pas, ça me semble faire beaucoup, Galán. »

Si cela faisait beaucoup, en effet, c'était infime comparé à mon humiliation. C'était ce dernier sentiment qui avait finalement supplanté tous les autres, et avait pu libérer ma tête du parfum de cette femme. Car, moi, je n'avais même pas pris la peine de me méfier d'Inés, cela n'avait pas été nécessaire. Je n'avais pas eu besoin de mettre en balance mes doutes et mes certitudes, pour élaborer la décision qui s'imposait. Jamais je ne m'étais senti aussi humilié de toute ma vie. Je me faisais tellement pitié que j'avais perdu toute force pour me rappeler à quel point cette femme s'était moquée de moi. La conscience de ma crédulité, de mon innocence, cette joie sans limites ni précautions avec laquelle j'avais grand ouvert mes mains, comme un gamin qui voit pleuvoir des friandises d'une bonbonnière, avait fonctionné comme un levier prêt à inverser le processus de ma pensée.

Ainsi, j'avais fini par voir Inés comme je ne l'avais jamais vue, à me souvenir d'attitudes que je n'avais jamais remarquées, à entendre des mots qu'elle n'avait jamais dits. Une femme retorse, avais-je pensé, avec amertume. J'aurais aimé pouvoir me flageller moi-même, m'en prendre à mon propre visage, au corps naïf qui m'avait livré sans conditions à cette amante si généreuse, si courageuse sur son cheval, si voluptueuse lorsqu'elle se tortillait dans mon lit, si tendre au réveil, que seul un imbécile aurait pu croire que c'était vrai. J'aurais préféré me donner une belle raclée, m'ouvrir les lèvres, me pocher les yeux, mais ce que j'avais fait n'était finalement pas si mal. J'avais réussi à me torturer moi-même en transformant chacune de ses qualités en défauts, jusqu'à parvenir à détester ce que j'avais le plus aimé en elle. C'était plus facile, cela me faisait moins mal que de continuer à me souvenir de ce que je savais déjà.

« Eh bien, on va l'arrêter. » Jamais je ne m'étais senti aussi humilié de toute ma vie. « C'est moi qui vais l'arrêter, si vous préférez. » Aussi petit, aussi bête et aussi méprisable. « J'y vais tout de suite et je l'enferme là où vous me l'ordonnerez. »

Dire cela n'avait pas été très difficile, même si Comprentu avait pris peur en l'entendant.

« Nous allons faire les choses convenablement, comprends-tu ? » Il s'était approché de moi, avait posé ses mains sur mes épaules, m'avait regardé en fronçant les sourcils. « Nous n'avons aucune raison de l'arrêter. La première chose à faire est d'aller discuter avec Montse, qui est restée à la maison avec elle, toute la matinée. »

Avant d'acquiescer, j'avais replié ma langue à l'intérieur de la bouche, et j'y avais planté mes dents. Je m'étais souvenu des paroles de mon ami, lorsque nous l'avions trouvé assis sur le banc de pierre, à côté de Piñón, et j'avais eu envie de me l'arracher une bonne fois pour toutes.

« Il faut le faire... Tu es allé choisir le bon moment pour coucher avec une femme, comprends-tu ? »

L'opération s'était en réalité mal passée dès le début, depuis que nous avions eu l'impression que tout se déroulait bien. Le premier jour, nous étions tous trop émus pour nous en apercevoir, et les aspects pratiques du déploiement – occuper Bosost, installer le quartier général, établir les campements, assurer l'intendance, étudier la mission assignée à notre groupe – nous avaient maintenus dans un état de tension idéal pour un soldat. De plus, le soir, lorsque nous étions allés nous coucher, les liaisons avec Toulouse fonctionnaient très bien. On nous avaient non seulement félicités mais également garanti que, dans les autres secteurs, tout avait été mené à bien selon le plan prévu. Angelita avait raison, nous étions à nouveau en guerre, mais cela ne nous inquiétait pas. C'était ce que nous savions faire de mieux.

Les troupes qui se trouvaient sous le commandement de Lobo devaient se charger de prendre les villages qui se trouvaient au nord de Viella – ce que nous avions fait dès le lendemain matin. Avant midi, Comprentu et moi-même étions entrés à la tête de nos hommes – à peu près deux cents – dans le village qu'on nous avait assigné. Et à partir de là, tout s'était compliqué, même si l'atmosphère avait été un jeu d'enfant.

« Je n'aime pas ça, avais-je murmuré à l'adresse de Comprentu, alors que nous étions en train de prendre possession de la petite caserne sans même tirer un coup de fusil. Pas du tout...

— Ah bon ? » Il s'était tourné vers moi d'un air surpris. « Et pourquoi ?

— Eh bien… » J'avais attendu que mes hommes emmènent les quatre gardes civils qui, mains sur la tête, venaient de sortir dans la rue. « Je ne sais pas, mais ça ne me plaît pas. »

Car il n'y avait rien dans l'air, ni odeur ni consistance. Personne, aucun enfant, aucune femme, n'était sorti pour regarder ce qui se passait. Toutes les portes, toutes les fenêtres étaient restées fermées. Seule la terreur filtrait à travers le trou des serrures. Personne ne m'avait donné l'accolade, personne ne m'avait souri, personne n'avait levé le poing ni applaudi depuis que nous étions arrivés là-bas. Je sentais bien que les choses ne se passaient pas comme auparavant, qu'elles étaient différentes, mais je ne parvenais pas à saisir en quoi, ni pourquoi.

« Moi, j'ai l'impression que tout a parfaitement marché, comprends-tu ?

— Oui, bien sûr… Tu as raison. Allons chercher le maire. »

Tout ce que nous connaissions, avant d'entrer dans ce village, était le nombre de gardes qui s'y trouvaient – plutôt nombreux pour un village aussi petit, plutôt peu si l'on considérait que l'endroit était tout près de la frontière française, plutôt suffisamment pour nous convaincre qu'on ne s'attendait pas à notre attaque – et la double casquette de l'homme qui était à la fois le maire et le chef de la Phalange – bien que la somme de ces deux responsabilités n'ait pas été suffisante pour le faire sortir de chez lui et assumer son rôle.

« Bonjour, madame. » Après un bon quart d'heure à frapper à la porte et à hurler dans la rue, je n'avais pu apercevoir qu'un visage féminin, décomposé, derrière une lucarne. « Votre mari est ici ?

— Eh bien, non… » Sa voix rauque était aussi faible qu'un cheveu prêt à se rompre. « Il n'est pas là.

— Vous ne savez pas quand il doit rentrer ? » J'étais tellement persuadé qu'elle me mentait que j'avais forcé ma courtoisie. Car il était certain que le maire devait m'entendre. « Il me faudrait lui parler. Lui parler pour l'informer de la situation. Il ne va rien lui arriver de mal, je vous l'assure. Il est la plus haute autorité du village et j'aimerais lui expliquer ce que nous sommes en train de faire ici, pourquoi nous sommes venus…

— Oui, mais je ne sais pas où il est. » Et elle avait refermé la lucarne à toute vitesse. On pouvait la deviner derrière. « Vraiment...

— C'est à vous de voir, madame. La situation a changé en Espagne. » Je n'avais pas renoncé à être courtois, mais ma voix était devenue plus ferme, plus sûre, car je disais simplement la vérité, ce que je pensais être la vérité. « Franco n'en a plus que pour quelques jours. Ses alliés ont perdu la guerre et ils ne vont pas pouvoir continuer à l'aider. Nous le savons mieux que personne, car nous avons dû nous exiler en France, en 1939, et que là-bas nous avons vaincu les Allemands. Nous faisons désormais partie de l'Armée alliée. » Soudain, j'avais entendu au loin le bruit de quelqu'un qui courait et une voix connue qui m'appelait. « Nous sommes l'Armée alliée et je vous prie de me croire, nous ne sommes pas revenus pour faire de mal à qui que ce soit...

— Mon capitaine ! » El Bocas m'avait interrompu au beau milieu de ma démonstration. « Mon capitaine ! » J'avais attendu qu'il reprenne son souffle. « Nous avons un problème, mon capitaine !

— Qu'y a-t-il ? avais-je demandé tout en restant près de la porte. Dis-moi...

— Le curé ! Le curé vient de se jeter du balcon, du deuxième étage. Le type a entendu quelqu'un crier : Les Rouges arrivent ! Les Rouges arrivent ! Il est devenu nerveux et au lieu de sortir par la porte, c'est ce qu'il aurait dû faire, je pense, eh bien il a enjambé la rambarde, il doit y avoir cinq ou six mètres au moins et, bien entendu, il s'est à tous les coups cassé quelque chose, le tibia, le genou, je n'en sais rien, il se contente de dire qu'il a très mal à la jambe, mais il n'a laissé personne l'examiner, et il est toujours là, couché au milieu de la rue, la soutane retroussée, en train de gémir, et on ne sait que...

— Comment vous ne savez pas ? » Il ne me manquait plus que ça, un curé sauteur, avais-je pensé, tout en sentant l'épaisseur de ma langue repliée entre mes dents. « Eh bien je vais te le dire ce qu'il faut faire. La première chose, c'est d'arrêter de m'emmerder à tout bout de champ, c'est clair ? Et ensuite, eh bien, que veux-tu faire, Bocas ? Va donc prévenir les gars de l'infirmerie, non ? Tu aurais tout de même pu y penser tout seul.

— Et qu'on le plâtre, n'est-ce pas ? » Il m'avait regardé et je m'étais contenté d'acquiescer de la tête pour le laisser continuer à parler car, du coin de l'œil, je m'étais aperçu que la porte de la maison du maire s'était entrebâillée et que sa femme s'était placée à l'embrasure pour mieux entendre ce qui se disait. « Qu'on le plâtre ou qu'on lui pose une attelle ? Qu'on l'examine correctement, pour voir ce qu'il a, parce qu'il se plaint beaucoup, mais peut-être que ce n'est pas...

— Comme tu voudras, Bocas, je m'en fous ! Qu'on le soigne, puis qu'on le conduise à l'école comme les autres. Et s'il ne peut pas marcher portez-le à deux sur une chaise.

— Vous allez soigner l'abbé ? »

J'étais tellement occupé à surveiller l'ombre de la femme du maire de l'œil droit, que je n'avais pas vu que quelques personnes s'étaient approchées. Parmi elles, une jeune femme, celle qui avait posé cette question, qui tenait un enfant par la main et en portait un autre dans ses bras.

« Bien entendu. Ou peut-être qu'il y a un médecin ici ?

— Pas aujourd'hui, m'avait répondu la femme. Il ne vient que les lundis et les jeudis. »

La femme du maire avait un peu plus entrouvert la porte et Comprentu était venu à mon secours.

« Dites à votre mari de sortir, s'il vous plaît ! Nous avons suffisamment de problèmes comme cela, comprenez-vous ?

— Je vous promets qu'il ne va rien lui arriver, avais-je renchéri. Je vous le jure sur la tête de ma mère. Réfléchissez, madame. Si nous avions eu l'intention de lui faire du mal... » J'avais brandi le canon de mon fusil. « Dans ce cas, nous n'aurions pas perdu notre temps à discuter avec vous, vous saisissez ? »

Elle m'avait regardé, avait hoché la tête, très lentement, et avait disparu à l'intérieur de la maison, sans fermer tout à fait la porte, pour réapparaître aussitôt, accompagnée d'un homme aux cheveux blancs, clairsemés. Il était vêtu d'une chemise boutonnée de travers. Il ressemblait à un animal traqué. Je lui avais tendu la main pour le saluer et, une nouvelle fois, l'idée que tout cela ne me plaisait pas du tout m'avait traversé l'esprit. Et j'avais ressenti la même chose un quart d'heure plus tard en pénétrant dans la plus grande salle de classe de l'école du village, car je m'étais soudain rappelé une autre école, une autre salle de classe, dans un autre village où j'avais prononcé les mêmes mots. Ici, l'auditoire était bien plus important que le petit groupe d'officiers allemands. Et ces civils-là, qui comprenaient parfaitement ma langue, m'avaient accueilli avec la même froideur que si nous étions ennemis. Pas eux. Surtout pas eux.

J'avais promené mon regard sur leur visage avant de commencer à parler, et je n'avais pu apercevoir que quelques yeux, car la plupart des habitants fixaient leur giron, comme si ce que je pouvais raconter ne les intéressait pas, ou comme s'ils avaient déjà la réponse. Les gardes civils se trouvaient au premier rang, ainsi que le maire, sa femme, et deux messieurs assis en costume et cravate, une tenue qui contrastait avec les vêtements paysans et ouvriers des autres. Tandis que je reprenais mon souffle, j'avais une nouvelle fois regretté l'air libre, la température douce, sa consistance effilochée, et j'avais cherché en vain, parmi les visages qui tentaient de se cacher, un indice, une trace de leur ancienne énergie, de ce courage qui réchauffait encore ma mémoire.

Mes hommes attendaient que je commence. Ils étaient au garde-à-vous tout autour de la salle de classe, comme la fois précédente avec les officiers allemands, tous les yeux convergeaient vers moi. Mais à présent, je suis en Espagne, avais-je pensé. Dans mon pays, un pays qui ne s'est pas rendu, qui ne s'est pas résigné, qui a été saigné avant de tout perdre… Pendant les années où j'avais été prisonnier en France, j'avais souvent pensé à cela, tandis que je voyais comment les Français se décomposaient, comment ils s'écroulaient à la moindre pression, comme si chaque maison de chaque ville et de chaque village était une ligne Maginot. Pendant que les Européens se rendaient volontairement aux Allemands, tel un troupeau de moutons désorienté, nous, les Espagnols, nous souvenions, comparions tous les jours nos souvenirs, nous raccrochions à la fierté d'être tombés les armes à la main, luttant jusqu'à la fin, jusqu'à ce qu'il n'y ait plus d'espoir. Cette fierté, la seule chose qui nous restait, nous avait soutenus, nourris, galvanisés, armés et nous avait poussés vers une grande victoire dont nous n'avions rien à foutre. Car nous avions lutté en France, mais pas pour la France, ni pour rester en France : tout simplement, pour retourner chez nous.

Les camps d'internement, les prisons, la faim, les nuits à la belle étoile, les travaux forcés, la guérilla et la guerre, tout ce que nous avions fait et souffert n'avait qu'un sens. Nous aurions donné bien plus en échange d'une occasion comme celle qui se présentait à nous ce matin-là, un village espagnol, une école espagnole, une victoire espagnole, petite bien entendu, mais aussi tendre qu'un bourgeon né une matinée d'avril, le premier grain de sable de la montagne de notre avenir. J'avais pensé à tout cela avant de me mettre à parler. Et aussi qu'il me fallait être extrêmement heureux, car j'avais payé pour être là où je me trouvais. Nous avions tous payé le prix fort et, à présent, les noms, l'histoire de ceux qui n'avaient pu nous accompagner pesaient sur nos épaules.

C'était à eux que j'avais pensé avant de commencer à lire le manifeste de l'Union nationale espagnole : *Aucun Espagnol honnête ne peut se soustraire à l'appel de la patrie.* Et j'avais continué de les regarder. *Nous voulons que tous ensemble les Espagnols, fraternellement unis, puissent se glorifier de leur participation à la cause qui exige aujourd'hui l'effort unanime de la nation.* Je m'attendais à un cri, à un geste, à un sourire. *Le développement de la lutte tenace de notre peuple et la déroute fatale de Hitler rendent imminent le naufrage de Franco et de la Phalange.* Mais je ne voyais que des têtes baissées, je n'entendais que leur silence : *Et en même temps celui de toutes les personnes qui ont contribué à prolonger le martyre de l'Espagne.* Comprentu était nerveux, El Bocas était nerveux, El Pollito était nerveux. *L'heure de la lutte finale approche.* Personne ne bougeait, ne parlait, ne se regardait. *Nous devons être prêts, et prêts signifie unis.* Ils secouaient la tête, desserraient le col de leur chemise, se tortillaient dans leurs vêtements, comme si le tissu les irritait. *Unis, non pas dans une attente passive qui nous atrophie.* J'approchais de la fin du discours et me sentais plus mal pour eux que pour moi-même. *Mais dans l'action combative qui nous renforce.* Car je pressentais que ce que j'avais obtenu avec un commandant de la Wehrmacht allait rencontrer l'indifférence de mes propres compatriotes.

« Au combat ! » Lorsque le moment était venu de crier, j'avais hurlé : « À bas Franco et la Phalange ! » Et enfin quelques voix m'avaient répondu : « Vive l'Union nationale de tous les Espagnols ! » Deux hommes, trois garçons et une dizaine de femmes s'étaient levés pour clamer avec moi. « Vive la République ! »

Mes hommes avaient tonné en même temps pour faire corps et je leur en avais su gré, mais je ne m'étais pas senti mieux. Cependant, tandis que la plupart des habitants se dirigeaient vers la porte en silence, j'avais remarqué un petit groupe de personnes dans le fond et en avais déduit qu'ils attendaient que la salle se vide pour me parler. Lorsqu'ils s'étaient approchés, je n'en avais pas cru mes oreilles.

« Salut ! » Un homme de mon âge, habillé comme un journalier, avait levé le poing avant de me tendre la main. « Je m'appelle Eusebio.

— Moi, je m'appelle Martín. » Le gars qui l'accompagnait était un peu plus jeune et avait la même allure. « Et je suis vraiment très heureux de vous voir… »

Avant de leur répondre, j'avais compris, à leur accent, qu'aucun des deux n'était du coin. Eusebio était originaire de la région d'Alicante et Martín, d'un village proche de Ségovie. Ils s'étaient connus au val d'Aran. Tous les deux avaient fait de la prison, le premier à Valence, le second à Madrid et on les avait obligés à faire leur service militaire après leur libération. Ils avaient eu tous deux la même idée : déménager dans une province frontalière avec la France, chercher du travail dans le secteur, mettre un peu d'argent de côté, et attendre la première occasion pour passer les Pyrénées.

« Qu'allez-vous faire ? m'avaient-ils demandé après avoir raconté leur histoire. Vous allez abandonner le village ou vous allez laisser un peloton de soldats ?

— On ne va pas l'abandonner, mais je ne sais pas encore exactement ce que nous allons faire… Nous n'avons pas de troupes suffisantes pour défendre tous les villages sans compromettre notre progression. Le mieux serait d'armer les hommes de gauche.

— Il n'y en a pas, m'avait interrompu Eusebio. Des femmes, il y en a pas mal, et des garçons aussi, mais des hommes… Je n'en connais pas un.

— Bon, il y a nous, avait souri Martín. C'est tout.

— Et nous aussi... »

Celui qui venait de proposer son aide était presque aussi grand que moi mais ne devait pas avoir plus de quinze ans. Il semblait parler au nom de deux autres garçons, aussi jeunes que lui et bien plus petits.

« Vous pouvez compter sur nous, capitaine, avait-il insisté avec un fort accent du val d'Aran. Nous sommes trois. Ils nous connaissent. N'est-ce pas ? avait-il ajouté sur un ton de défi.

— Oui. » Eusebio avait souri. « Bien entendu qu'on les connaît. Ce sont de braves gars, mais... » Il s'était penché vers moi en baissant la voix. « Tu vois à quoi ils ressemblent. »

Le porte-parole avait les jambes aussi longues que Bocas au moment où je l'avais rencontré, et la peau de son visage faisait penser à une paella à moitié cuite : quelques gros boutons isolés avec une pointe jaunâtre, d'autres réunis petits et sombres comme de minuscules grains de beauté. Je n'aimais pas cette idée. Je n'avais jamais été partisan d'armer les adolescents, même s'ils avaient le physique d'un adulte. Non pas parce que cela me semblait plus immoral que de les condamner à la misère, en leur mettant une pioche dans les mains, plutôt qu'un fusil, mais parce qu'on ne pouvait pas avoir confiance en eux. Les gamins, y compris ceux qui avaient l'habitude de travailler comme des adultes, ne contrôlaient pas leurs nerfs, commettaient des erreurs et supportaient difficilement la pression. Ils avaient beau être aussi courageux que les adultes, ils étaient souvent plus cruels, plus impatients et irresponsables. En cas d'extrême nécessité, je préférais de loin armer les femmes. Cependant, dans les yeux de ces gamins il y avait bien plus de chaleur, de douleur et de foi que dans ceux de leurs voisins – ces adultes qui les avaient vus naître, grandir, souffrir –, ils avaient été les seuls à applaudir mon discours, ce matin-là, dans ce village où il ne restait aucun homme de gauche.

« Vous êtes orphelins ? » leur avais-je demandé. Et deux d'entre eux, le plus grand et celui qui se tenait à sa gauche, avaient acquiescé d'un signe de tête. « De père ?

— Moi de père et de mère. Ils les ont fusillés, avait répondu celui qui n'avait pas encore parlé. J'habite chez ma grand-mère, avec mes petits frères.

— Moi, je ne suis pas orphelin, avait précisé le troisième. Mais je ne sais pas où se trouve mon père. Ma mère pense qu'il s'est enfui au moment de la débâcle, mais… Voilà cinq ans qu'on n'a pas de nouvelles.

— Quel âge as-tu ?

— J'ai dix-sept ans. » Tout en me répondant, il avait étiré son cou, relevé le menton, s'efforçant de paraître plus grand et plus mûr. « Dix-sept…

— Ce n'est pas vrai. » Je lui avais souri. « Tu n'as pas dix-sept ans, n'est-ce pas ? »

Il avait quatorze ans et ses amis quinze. Il manquait deux mois au plus grand pour faire ses seize ans, mais sa détermination était le seul signe encourageant que j'allais emporter de ce village.

« Bon, nous allons faire une chose. Je vais vous donner des armes à tous les cinq. » Les enfants m'avaient écouté avec un sourire qui débordait de leurs lèvres. « Je vais laisser dix hommes ici. Mais vous… » J'avais pointé du doigt Eusebio et Martín. « Vous êtes responsables des garçons, d'accord ? Ils ne doivent pas faire de bêtises. Des gardes et des surveillances, oui, mais rien d'autre. Et dès que je pourrai vous envoyer des renforts, vous les désarmez et qu'ils rentrent chez eux.

— Tu as bien fait, comprends-tu ? »

Je n'en étais pas très sûr, mais lorsque nous avions quitté le village à pied pour rejoindre Bosost, mon lieutenant avait approuvé cette décision à haute voix avant que les dernières maisons disparaissent derrière nous.

« Ils ont beau être jeunes, si tu ne les avais pas acceptés ils se seraient démoralisés et ils auraient démoralisé leur famille, leur mère, leurs frères et sœurs, comprends-tu ? Ils ne vont prendre aucun risque, mais il n'est pas impossible qu'ils fassent honte à quelques voisins. Ils vont donner l'exemple, comprends-tu ? Car il est difficile de croire qu'il n'y ait aucun homme de gauche dans ce village. Il est probable que ces gars-là se cachent, qu'ils ne veuillent pas parler, ni se faire remarquer, mais il est impossible qu'il n'y en ait plus un seul… » Il avait fait une pause, m'avait regardé, avait levé les sourcils pour souligner sa stupéfaction. « En Espagne ! Moi, en tout cas, je n'y crois pas, comprends-tu ? »

D'où tires-tu tant d'optimisme ? avais-je pensé, mais j'avais acquiescé d'un signe de tête, tout en gardant mes questions pour moi. En arrivant à Bosost, je m'étais contenté de dire à Lobo que nous avions atteint notre objectif.

L'ambiance qui régnait au quartier général était très bonne. Le surprenant manque de résistance des gardes civils, qui étaient sortis des casernes les mains en l'air sans combattre, nous avait donné un avantage que nous n'avions pas prévu. Cependant cette réaction était ambiguë et difficile à interpréter. Les gardes civils avaient abandonné leur poste de leur propre chef, sans que personne ne leur en ait intimé l'ordre, mais sans montrer leur intention de rejoindre nos rangs. Ils avaient tous déclaré la même chose : ils s'étaient rendus car ils ne nous attendaient pas. Car personne ne leur avait dit qu'une armée ennemie avait passé la frontière. Et personne ne leur avait demandé de résister.

D'un point de vue militaire, cette passivité de l'ennemi était un cadeau qui compensait largement l'indifférence de la population. Ça, c'était indiscutable. Mais il me semblait étrange que la désinformation générale suffise à expliquer à la fois la froideur de l'accueil de la population et la déconcertante résignation des casernes. Cependant, je n'avais pas trouvé le bon moment pour partager mes doutes avec mes camarades. Tandis que nous étions tous à bavarder autour de la table, deux soldats avaient fait leur apparition. Le premier avait annoncé que nous avions une prisonnière et l'autre une invitée. Comme personne n'avait pu les mettre d'accord, j'étais sorti et, devant la porte, je m'étais retrouvé face à ma propre version de la patrie perdue.

Cette Espagne qui se tenait devant moi mesurait un mètre soixante-dix. Elle n'avait jamais été aussi grande, mais il n'y avait pas que sa taille qui était remarquable. Ses cheveux lisses, presque bruns, qui encadraient son visage, étaient ramassés en un chignon à moitié défait, dont quelques mèches étaient stratégiquement en désordre, comme si elle les avait elle-même organisées avec ses propres doigts. Cette Espagne était belle et ne l'était pas. Son visage ne correspondait pas du tout aux canons de la beauté. Cependant il était loin d'être laid. Elle avait les yeux sombres, la peau bronzée, des tons typiques sur un visage atypique – anguleux aux os très fins et un air décidé, une figure délicate sans être fragile, allongée sans être sérieuse. Espagne pouvait être fière de son nez, satisfaite de son menton et s'enorgueillir encore plus de l'élégance de ses mâchoires. En revanche, elle avait une bouche si large qu'elle ne pouvait pas se contenter de passer du rouge à lèvres juste en son centre, en forme de cœur, selon la mode de l'époque. Pour compenser la chose, sa tête, trop petite pour une femme possédant autant de caractère, cadrait mal avec ses pommettes slaves. Son corps, en revanche, ne souffrait aucune réserve.

Espagne possédait une charpente intéressante, puissante, même habillée de cette façon étrange –, un mélange insolite de jeune amazone et de milicienne convaincue : des bottes et des pantalons d'équitation, un chemisier blanc avec des volants à hauteur de la poitrine, une veste de velours, un ciré très usé, une couverture sur les épaules et un pistolet bien visible, coincé dans la ceinture du pantalon. Malgré les vêtements, j'avais deviné de larges épaules, quoique pas autant qu'il semblait, des seins suffisamment ronds pour former une ouverture entre le troisième et le quatrième bouton d'un chemisier trop petit pour elle, des hanches prometteuses, malgré la façon ridicule dont bouffaient les pantalons, et des jambes très longues. Voilà la première chose que j'avais pu observer d'elle, car lorsque j'étais sorti, elle avait enfoui son visage dans la pointe du drapeau, à la manière d'un soldat de deuxième classe obligé de l'embrasser dans la cour de la caserne. Moi, je n'avais jamais embrassé ce drapeau pour lequel j'étais en train de risquer ma vie depuis dix ans, et cette attitude m'avait semblé excessive, théâtrale, à vrai dire un peu hystérique. Mais lorsque je lui avais dit bonjour, Espagne m'avait salué comme un soldat aguerri, en levant son poing au niveau de la tempe, et j'avais compris, à ses yeux, qu'elle n'avait pas embrassé le drapeau, mais s'était essuyé le visage. Car lorsque j'étais allé à sa rencontre, Espagne était en train de pleurer.

Voilà ce qu'avait été Inés pour moi. Un pays dont les limites coïncidaient exactement avec celui dont j'avais gardé la nostalgie, l'Espagne que j'avais possédée, à laquelle j'avais appartenu jadis et que je ne parvenais plus à retrouver en dehors de ma mémoire. Voilà ce qu'avait été Inés lorsqu'elle avait commencé à me donner largement, chaque soir, tout ce que je cherchais en vain pendant la journée, loin de son corps. Une source d'énergie si grande que, si je n'en avais pas été le bénéficiaire, n'importe qui d'autre aurait pu l'être, parmi les hommes qui étaient restés à la maison sans se douter de ce qu'ils étaient en train de perdre.

Ensuite, alors que je l'avais accompagnée à l'intérieur, tandis que je l'écoutais parler, s'expliquer, raconter qu'elle était venue à cheval, qu'elle nous avait apporté trois mille pesetas et cinq kilos de *rosquillas*, qu'elle était prête à faire n'importe quoi à condition qu'on ne la renvoie pas, je l'avais regardée, j'avais regardé les autres et j'avais compris qu'ils pensaient la même chose que moi. Cette femme correspondait exactement à nos espoirs et son apparition donnait un sens, de la consistance, à l'invasion. Car nous avions franchi la frontière afin de lutter pour des gens comme elle, aux côtés et au nom de gens comme elle. Vingt-quatre heures après notre arrivée, lorsque tout pouvait se produire, que tout bonheur était encore possible, Inés avait été notre première engagée volontaire, la première qui était venue vers nous, librement et spontanément, sans avoir eu à la recruter ou à la convaincre. Ce serait également la dernière, mais avant qu'on ne commence à s'en douter, j'étais déjà subjugué comme un petit garçon pas très intelligent.

« Alors ? » Le lendemain lorsque nous étions revenus à Bosost et avions retrouvé El Lobo en train de nous attendre devant la porte du quartier général, il ne pensait qu'à cela. « Comment ça va ?

— Très bien. » Je ne m'étais même pas aperçu que je n'avais pas bonne mine. « Mieux qu'hier. »

C'était vrai, car ce jour-là nous n'avions pas croisé de curés sauteurs, ni de maires cachés sous leur lit. Au val d'Aran, ils avaient eu vent de notre présence, et savaient qui nous étions et ce que nous étions venus faire. Ils avaient enfin appris comment nous allions procéder, et même si notre enthousiasme était toujours aussi exceptionnel, la peur s'était peu à peu muée en simple tension et en hostilité inavouée de la part de certains et en sympathie affichée de la part des autres. À l'intersection des deux, nos partisans commençaient à se dévoiler, comme si l'extrémité d'un compte-gouttes s'était dilatée pour laisser passer une double dose plutôt qu'une simple.

Si, en apparence, les choses ne s'étaient pas vraiment améliorées pour moi, à l'intérieur, en revanche, elles étaient si différentes qu'un sourire m'échappait à chaque instant, lorsque j'y pensais. Tandis que je menaçais les gardes civils avec mon fusil, que je lisais le manifeste de l'UNE, que j'observais du coin de l'œil la réaction des villageois, de mes soldats, tandis que j'organisais les hommes que j'allais laisser sur place et que j'armais les civils qui allaient rester avec eux, j'étais à chaque seconde conscient du volume de mon sexe, qui augmentait et diminuait, et grossissait à l'envi, sans me consulter ni jamais me laisser tout à fait tranquille.

Il me fallait prendre de nombreuses décisions en fort peu de temps et même si je ne pensais pas consciemment à Inés, n'importe quelle idée, n'importe quel mot que j'utilisais provenait forcément d'une caverne charnue et rosée, aux parois élastiques et brillantes, qui avait capitonné mon crâne pour supplanter l'emplacement de mon cerveau. Je n'avais rien d'autre dans la tête. Je tâchais de ne pas m'en soucier pour ne pas risquer de provoquer une réaction en chaîne. Mes yeux voyaient Inés là où elle n'était pas, mes oreilles entendaient sa voix, mes doigts la touchaient lorsqu'ils touchaient l'air, et Comprentu devait me donner un coup de coude dans les côtes pour que je finisse mes phrases. En réalité, j'étais très occupé par moi-même. Voilà pourquoi j'avais dit à Lobo que ça allait mieux qu'hier et je ne lui avais pas menti.

Par la suite, je m'étais aperçu que l'atmosphère du quartier général était imprégnée d'un parfum ancien et domestique, un parfum qui m'avait rappelé les Asturies, la cuisine de ma mère. J'avais fermé les yeux pour mieux l'apprécier et j'en avais identifié sans la moindre hésitation la cause : des courgettes, des tomates, des oignons. De la ratatouille. Et ce n'était pas ma mère qui cuisinait. Inés, m'étais-je imaginé, et je n'avais pas eu besoin d'ouvrir les yeux pour apercevoir ses mains en train de couper, de s'affairer, de broyer, l'expression attentive de son visage, son regard concentré sur la poêle, une cuillère en bois à la main, la bouche entrouverte… Tout bien réfléchi, elle devait plutôt cuisiner la bouche fermée, mais à ce moment-là j'étais tellement fatigué de me contrôler, que je m'étais laissé aller.

« Où vas-tu, Galán ? » Lorsque la voix de Lobo m'avait arrêté, j'avais une érection douloureuse. « Où vas-tu donc ?

— À l'intérieur, dire bonjour. » Son index avait fait non en l'air. « Mais tout s'est très bien passé, sérieusement, Lobo, demande à Comprentu. Sinon je te le raconte moi-même, mais dans un petit moment.

— Ce n'est pas de ça que je veux parler. Aujourd'hui, nous avons arrêté un officier appartenant à l'état major de Moscardo. Moi, je l'ai déjà interrogé ce matin et je n'ai pas pu en tirer grand-chose, mais lorsque Flores l'a su, il est devenu furieux. Il m'a obligé à reprendre l'interrogatoire et a demandé que tu sois présent, alors… Le reste devra attendre un peu. »

Le reste – attaquer Inés par-derrière, lui soulever la robe, glisser mes mains sous sa lingerie, m'écraser contre elle tandis qu'elle n'aurait d'autre solution que de continuer à retourner la ratatouille avec la cuillère en bois, et m'amuser de son trouble, de sa nervosité qui l'empêcherait de s'occuper de moi et de son plat en même temps – avait cessé d'être urgent avant même que Lobo n'ait terminé sa phrase. Le commissaire avait réussi à faire ce que rien d'autre, ni les deux longues marches de la journée, ni la garde civile, ni la réunion à l'intérieur de l'école, ni la réaction de mes hommes, ni celle des quelques-uns que j'avais réussi à recruter, n'était parvenu auparavant à accomplir. Je n'aimais pas Flores, je n'avais pas confiance en lui, et j'avais encore moins confiance dans la soudaine sympathie qu'il me manifestait. Car j'étais l'ami de Jesús, pas le sien. Je devais à Jesús la loyauté que mérite un ami, et à lui je ne devais rien du tout. Et Lobo savait parfaitement tout ça, cependant, tandis que mon sexe s'auto-exilait dans les limbes des plaisirs différés, je cherchais tout de même une façon de le lui prouver à nouveau.

« Je n'ai aucune envie d'assister à cet interrogatoire, Ramón. » Il avait acquiescé pour me prouver qu'il me croyait. « Ça m'emmerde plutôt de devoir venir maintenant. Alors c'est toi qui dois décider. Si tu penses qu'il faut que je vienne, je suis ton homme. Mais si c'est pour obéir à Flores, qu'il aille se faire foutre. En ce qui me concerne, le seul chef que je connaisse ici, c'est toi, et tu le sais parfaitement.

— Je le sais, Fernando, je le sais… » Il s'était approché de moi, m'avait donné une tape sur l'épaule et m'avait entraîné. « Mais moi aussi je préfère que tu assistes à cet interrogatoire. D'abord pour ne pas créer de conflits inutiles. Ensuite parce que ce type, le Gordillo en question, fait partie de la liste d'Inés. Flores s'est plaint hier soir, et une nouvelle fois ce matin, de notre hospitalité envers une aventurière, une jeune fille de bonne famille de Madrid, la sœur d'un phalangiste. D'ailleurs, lorsqu'il l'a entendu dire ça, Juanito s'est moqué de lui, tu sais comment il est. Et oui, mon vieux, il lui a dit : « On n'a tout de même pas à payer les conséquences de ton gros cul de boulanger… Il ne manquerait plus maintenant qu'on nous confisque notre cuisinière. » J'avais souri car je pouvais parfaitement imaginer la mimique de Zafarraya, cette perniciosité congénitale à laquelle il devait de toujours parvenir à appuyer là où ça fait mal, sans appeler les choses par leur nom, ni élever la voix. « Et tu peux imaginer qu'il n'a pas du tout apprécié qu'on lui parle de son cul. Mais il n'a pas non plus aimé qu'il défende Inés.

— Bien entendu, car même sans penser à mal, il ne peut pas comprendre cela. » Lobo m'avait donné raison d'un mouvement de tête. « Car ce n'est pas un militaire, il ne connaît rien à la guerre. Il n'est pas venu ici pour se battre, mais pour nous surveiller. Et pour se sentir en sécurité, il a besoin que tout soit planifié, quadrillé, il lui faut intervenir dans chaque affaire, sur chaque détail, et il ne supporte pas qu'un autre que lui prenne des décisions sur la marche à suivre. Mais les choses ne se passent pas de cette façon, ici. Nous ne sommes pas au siège du Parti…

— C'est bien pour ça que je préfère que tu viennes. Car je pense qu'il vaut mieux que ce soit toi, un ami de Monzón, qui expliques à Flores qu'on connaissait déjà Gordillo et ce qu'Inés nous a dit de lui. Mais en plus… »

Il avait accéléré l'allure sans cesser de me guider puis avait tourné la tête pour vérifier que personne ne pouvait nous entendre.

« Aujourd'hui, je n'ai pas pu entrer en contact avec Toulouse.

— Qu'est-ce que tu dis ? » Je m'étais arrêté et l'avais pris par les épaules pour l'obliger à me regarder. « Qu'est-ce que tu dis ?

— Tu as bien entendu. » Il était calme, sérieux. Il ne mentait pas. « Moi, je n'ai pas réussi. Flores prétend que lui, y est arrivé, qu'il les a informés de la situation normalement, mais moi j'ai toujours des problèmes avec la ligne. Les gars des transmissions sont sûrs que l'avarie vient de la France. En tout cas, il n'y a pas eu moyen d'établir la communication. Et on est le 21, tu es au courant, n'est-ce pas ?

— Pinocchio. »

Cela revenait à évoquer la prise du tunnel de Viella et l'intervention de notre arrière-garde – garantie sur laquelle nous comptions pour avancer sur la ville.

« Tu l'as dit. Et je ne sais rien. Je n'ai pas la moindre idée de la situation à l'heure qu'il est, si le tunnel a été pris ou s'il est toujours aux mains de l'ennemi. Mais je suis prêt à parier n'importe quoi que Flores, lui, le sait. Et je préférerais que tu viennes avec moi, parce qu'il a confiance en toi, et que quatre yeux voient mieux que deux. »

Cependant, mes yeux et ceux de Lobo avaient déjà vu la même chose. Le commissaire nous avait reçus avec un air fâché, à mi-chemin entre le reproche et l'indignation, qui m'avait semblé aussi faux que s'il l'avait répété devant un miroir. Il avait entrepris de se défendre et, voyant ma tête, il avait renoncé à me prendre à témoin. Et il avait eu raison, car l'amertume contenue dans ses questions – Est-ce que je compte pour du beurre ? Est-ce que je ne fais pas partie du commandement ? Est-ce que je ne mérite même pas qu'on me dise ce qui se passe ? – m'avait semblé aussi rhétorique que sa syntaxe, une ruse, et pas des plus habiles, pour éluder nos questions. De toute façon, il ne nous avait pas donné l'occasion de lui en poser. C'est lui qui avait choisi le moment de parler ou de se taire, et, un instant plus tard, il avait tourné les talons avec un air de maréchal napoléonien, pour entrer avant nous dans la salle où nous attendait l'officier de Moscardó. C'est vrai qu'il a un gros cul, avais-je pensé, lorsqu'il m'avait donné l'occasion de bien l'observer. J'avais également estimé que l'histoire du tunnel était fichue, mais je n'avais pas osé en parler à Lobo.

Du début à la fin, le principe de l'interrogatoire avait été d'une bêtise crasse. Le prisonnier était furieux, le colonel était furieux, moi, j'étais furieux. Flores, en revanche, avait continué à jouer le maréchal de camp. Tandis qu'il posait une question après l'autre, il parcourait lentement la pièce, les mains dans le dos et un rictus de fureur contenue qui lui plissait les lèvres en une grimace, inspirant plus de dégoût que la peur, mais avant tout le ridicule. Plusieurs minutes s'étaient écoulées ainsi. Quinze, trente, quarante-cinq, jusqu'à ce que Lobo n'en puisse plus.

« Commissaire, est-ce que nous pouvons nous entretenir un instant, je vous prie ? »

Et il l'avait délicatement saisi par la manche avec bien plus de courtoisie que je ne l'aurais fait moi-même.

Ils étaient sortis de la pièce et je n'avais pas pu entendre ce qu'ils s'étaient dit, même si je pouvais l'imaginer. Le prisonnier refusait de parler et il s'obstinerait même si Flores continuait de lui répéter les mêmes questions – car nous avions décidé de ne pas utiliser la violence.

Le dimanche qui avait précédé l'invasion, El Lobo avait organisé une réunion chez lui, et cette fois il n'y avait ni paella ni femmes, mais en revanche El Tijeras, El Afilador, El Perdigón et El Botafumeiro étaient présents – autrement dit, l'état-major de Bosost au complet et en uniforme. « Jusqu'à nouvel ordre, je ne veux plus vous voir en civil », nous avait-il précisé au téléphone. Et même si je lui avais obéi, mon allure ne lui avait pas du tout plu.

« Il faut en finir avec le romantisme !

— Il n'y a aucun problème, Lobo, en réalité je ne comprends pas…

— Mon colonel ! m'avait-il interrompu avant que je puisse me justifier. À partir de maintenant, mon colonel, si tu veux bien.

— Très bien, mon colonel, donc. » Je m'étais mis au garde-à-vous et l'avais salué. El Cabrero avait ricané, mais El Lobo l'avait foudroyé du regard. « Les galons que je porte sont très importants pour moi, mon colonel. Ce sont les miens. Je suis peut-être un romantique, un sentimental et même un imbécile, si tu veux, mais j'aimerais retourner en Espagne avec eux, parce que j'en suis parti avec eux.

— Eh bien ce n'est pas possible. » Il avait donné un grand coup de poing sur la table, et il était tellement furieux que Cabrero s'était remis à rire, mais il avait placé sa main devant sa bouche à temps. « Car ces galons qui te sont si précieux désorganisent la hérarchie du commandement.

— Ce n'est pas tout à fait exact, Lobo..., était intervenu El Pasiego qui, lui, portait ses galons français de commandant.

— Mon colonel !

— Très bien, mon colonel. Ce n'est pas tout à fait exact, mon colonel, car d'une part tu ne commandes pas vraiment un régiment, et d'autre part Zurdo, Galán, Tijeras, Perdigón et moi ne commandons pas vraiment cinq bataillons. Et Zafarraya ne va pas commander non plus une section tout bon lieutenant-colonel qu'il ait été nommé grâce à toi...

— Ça m'est égal. Je ne veux pas d'un tel chaos au sein de l'état-major, avec un tas de capitaines, un autre tas de lieutenants, un seul commandant et même un adjudant. » Et il avait alors regardé El Botafumeiro qui ne perdait rien pour attendre. « Merde alors, Bota, ce n'est pas croyable !

— C'est bon, c'est bon... » Et il avait levé les mains en signe de reddition. « Ce soir même je m'auto-promeus capitaine, ne t'en fais pas.

— Tu ne t'auto-promeus rien du tout, merde ! » Il avait à nouveau tapé du poing sur la table et s'était fait mal. « Tu es déjà capitaine !

— Mais oui, mais oui, Lobo... je veux dire, mon colonel !

— Nous allons faire un marché, mon colonel, avais-je suggéré. Pour Bota, d'accord, car un adjudant ça n'est pas grand-chose dans un état-major. Mais moi, j'aimerais entrer en Espagne en étant capitaine. Et dès que j'aurais le temps, après la prise de Viella, je vous promets de me mettre les galons de commandant. Je me les coudrai moi-même, s'il le faut. Et deux jours plus tard, lorsque nous serons tous promus, je me coudrai ceux de lieutenant-colonel. Je te le jure sur tout ce que tu voudras.

— Et voilà qu'il remet ça avec son romantisme ! » Il avait planté ses deux coudes sur la table, s'était pris la tête à deux mains, l'avait secouée plusieurs fois, et nous avait proposé une de ses habituelles associations d'idées, aussi brusques que fulminantes. « Et, bien évidemment... » Avant de poursuivre, il s'était retourné pour fixer El Sacristán. « Je suppose qu'il est inutile que je vous rappelle le nombre de catastrophes que nous ont attiré les femmes en 36, n'est-ce pas ? Alors, je vous le répète. Je ne veux pas en voir, même en peinture, c'est clair ? Je ne veux pas en voir une seule !

— Et pourquoi tu me dis ça à moi ? avait protesté El Sacristán. Pourquoi à moi ?...

— Parce que, Pepe... parce que ça fait très longtemps qu'on se connaît. »

Comprentu, qui était assis à ma droite, m'avait donné un grand coup de coude pour m'indiquer qu'El Zurdo – aussi invisible pour El Lobo que d'habitude, même s'il était aussi fêtard que Sacristán – portait les galons de capitaine alors qu'il était commandant comme moi.

« Et cette espèce de con... Je ne sais pas comment il s'y prend. » El Zurdo s'en était aperçu et nous avait souri depuis l'autre bout de la table. « En tout cas, il passe toujours entre les mailles, comprends-tu ? »

Le murmure avait alerté El Lobo, qui s'était retourné pour me désigner du doigt.

« Et pour toi, c'est la même chose !

— Et El Zurdo ? Pourquoi ne lui dis-tu jamais rien, à lui, comprends-tu ?

— Parce qu'il est bien plus responsable que vous », avait déclaré El Lobo, autrement dit, notre colonel, tandis qu'El Zurdo souriait avec son visage de gamin blond aux yeux bleus qui lui permettait de tromper tout le monde. « Et à présent, passons aux choses sérieuses. »

Elles l'étaient à ce point que nous ne l'avions plus interrompu. Les règles fixées pour notre intervention sur le territoire national étaient aussi indiscutables que le plan militaire. Nous ne retournions pas en Espagne pour vaincre, mais plutôt pour convaincre, et cela signifiait que nous devions bien nous comporter avec la population civile, de façon fraternelle et courtoise en même temps. Nous étions une armée d'occupation, et en même temps nous ne l'étions pas, car c'était notre propre pays que nous allions envahir, et cela impliquait un comportement exemplaire.

« Il faut que ce soit bien clair pour tout le monde », avait prévenu El Lobo. Et personne n'avait souri, ni osé plaisanter pendant qu'il parlait. « Je ne tolérerai aucun pillage, ni la moindre tentative d'abuser une femme et encore moins le plus petit acte de violence. Nous ne retournons pas en Espagne pour exercer des représailles, compris ? J'espère que vos hommes vont retenir tout cela par cœur. Et je me moque de ce que leur raconteront les civils, des scènes de haine ou de vengeance qu'ils pourront observer, de ce qu'ont pu endurer les nôtres dans les villages que nous traverserons, et même des exactions commises par les fascistes que nous ferons prisonniers. Car, au bout du compte... » Et il avait levé l'index de la main droite en l'air. « Il est évident que nous allons faire des prisonniers. Les seules exécutions que je suis prêt à signer sont celles des soldats qui oseront faire justice eux-mêmes, et même de ceux qui permettront qu'une telle chose puisse se dérouler en leur présence, sans intervenir. Il est hors de question que je tolère la moindre exécution sommaire, la moindre torture envers les civils, quels qu'ils soient, quoi qu'ils aient fait... » Il avait fait une pause, nous avait regardés, l'un après l'autre, et avait à nouveau fixé El Sacristán. « Qu'elle soit très belle, encore plus séduisante, ou qu'elle fasse très bien les choses qu'elle est censée savoir faire. C'est clair ?

— Très clair. »

Et El Sacristán n'avait pas bronché lorsque Lobo s'était à nouveau adressé à lui.

« Et ne croyez pas que je n'ai pas envie de rendre les coups, mais il s'agit surtout de démontrer par tous les moyens possibles que nous représentons la légalité, avait insisté El Lobo. Souvenez-vous-en, car il serait temps que cela se sache une bonne fois pour toutes à travers le monde. Personne ne nous a rien offert, jamais. Personne ne nous a facilité les choses, jamais. Nous ne pouvons nous permettre la moindre erreur, car nous ne pouvons compter sur personne. La solidarité, l'internationalisme et l'amour de l'Espagne ne vont jamais au-delà des meetings, des banderoles et de la façade de la Société des Nations, ils n'atteignent jamais les bureaux. Personne ici n'a, je pense, besoin que je le lui rappelle. »

Il s'agissait là de la vérité la plus indiscutable de toutes celles évoquées durant cette réunion. Personne ne nous avait fait de cadeau, jamais, nous le savions bien, et Flores ne faisait pas exception à la règle. Voilà pourquoi lorsque je m'étais retrouvé tout seul avec ce lieutenant-colonel fasciste qui gardait la tête baissée, les yeux fixés sur ses chaussures pour éviter mon regard, j'étais persuadé que Pinocchio n'avait pas rempli la mission prévue. Le commissaire avait insisté pour prolonger un interrogatoire infructueux afin de faire passer la pilule, mais j'étais demeuré confiant, je m'étais efforcé de demeurer confiant. La guerre est imprévisible, elle échappe à la logique des dates, des cartes, des corrélations des forces et des offensives tracées au tire-ligne. La guerre est capricieuse, chaotique, rebelle. Sans cela, nous n'aurions jamais réussi à tenir presque trois ans face à une armée professionnelle, plus puissante, bénéficiant d'un commandement impeccable, très hiérarchisé et complet, que Lobo regrettait de ne pas posséder, depuis l'été 1936. Dans une guerre, tout peut arriver. Ça aussi nous le savions tous, y compris le lieutenant-colonel Gordillo qui, ne comprenant pas pourquoi on l'avait laissé seul avec moi, avait passé un très mauvais moment jusqu'à ce que Lobo ouvre la porte pour m'appeler.

« Capitaine ? »

Je m'étais mis au garde-à-vous avant de lui répondre.

« À vos ordres, mon colonel. »

Il m'avait fait un signe de la tête. Quand j'avais quitté la pièce, Flores n'était plus au quartier général.

« Allons dîner. » Et il m'avait souri. « Toi, en tout cas, tu l'as bien gagné. »

J'avais gagné autre chose, car lorsque j'étais entré au quartier général et avais découvert Inés en train de descendre l'escalier, le tumulte de mon sexe s'était emparé de mon cœur sans céder un millimètre de terrain conquis. Elle portait une robe qui semblait neuve, des sandales d'été et elle s'était passé du rouge sur ses lèvres qui palpitaient en une généreuse promesse. Elle avait l'air plus femme et plus jeune à la fois, car le tissu bleu épousait de près la forme de ses bras, de ses épaules et de ses seins, et dans le même temps, elle avait attaché ses cheveux, comme le font les petites filles, avec des barrettes de chaque côté de sa tête. Cependant, aucun de tous ces détails pris séparément ne m'avait autant ému que leur ensemble. J'avais parié avec moi-même qu'elle s'était acheté la robe le jour même, et j'avais été attendri de l'imaginer dans ce village si petit, sans trottoirs, sans boutiques, sans vitrines, en train de chercher des vêtements impossibles à trouver, et se débrouiller pour se les procurer. La première fois que je l'avais vue, je n'avais pas imaginé que je la préférerais toujours nue qu'habillée. Et après l'avoir découvert, jamais je n'aurais pensé qu'une robe sur sa nudité parviendrait à m'émouvoir à ce point.

« Comme tu es belle ! »

Je lui avais tendu la main pour l'aider à descendre la dernière marche et, malgré moi, mes oreilles avaient continué de saisir des bribes de la conversation : les révélations de Lobo à propos de ses difficultés à contacter Toulouse donnaient un ton familier aux réponses de Pasiego, de Zurdo et de Comprentu. Je reconnaissais cet accent, la fatigue de la confusion, du désespoir. Je l'entendais mais je ne l'avais pas reconnu, car je ne les avais pas vraiment écoutés. La nuit venait de tomber et allait se prolonger au-delà des desserts d'un splendide dîner, comme aucun d'entre nous n'avait été habitué à savourer dans une caserne.

« Tu as intérêt à la rendre heureuse, camarade. » Après avoir félicité Inés, qui s'était levée et avait salué, El Pasiego avait déclaré que, pour être vraiment justes, il fallait également m'applaudir. Et Zafarraya avait profité de l'occasion pour me murmurer un avertissement : « Si jamais nous devions revenir à la même nourriture que le reste du camp, tu pourrais te retrouver directement devant un conseil de guerre. Prévenir n'est pas trahir. »

Nous avions tous ri autant que nous avions profité du dîner. Mais la nuit s'annonçait longue encore. Pour le reste, Inés allait être, à partir de cet instant, une bénédiction du ciel transformée en cuisinière. Moi, j'avais continué à aller de surprises en surprises qui m'avaient peu à peu uni à cette femme imprévisible – si imprévisible que, au lieu de m'entraîner au lit, elle avait préféré me proposer d'aller visiter le front.

« Mais tu es bête ou quoi ? »

Au retour, alors qu'Inés lui promettait de faire cinq kilos de *rosquillas* pour lui tout seul, le lendemain de notre entrée dans Madrid, Comprentu m'avait regardé, interdit.

« Mais quelle idée tu as eue de lui dire que nous allions jusqu'à Madrid ? » Il s'était levé et m'avait entraîné à quelques mètres, afin que Piñón ne l'entende pas. « C'est la chose la plus irresponsable que j'aie jamais entendue de ma vie, comprends-tu ?

— Oui, mais toi... »

Oui mais toi tu n'es pas allé là-bas avec elle, m'étais-je dit. Toi, tu n'es pas allé avec elle à cheval jusqu'au mirador d'en haut, les mains enfouies sous ses vêtements, et tu n'as pas vu comment son enthousiasme rallumait plusieurs lumières mourantes. Toi, tu ne l'as pas vue sourire, tu ne l'as pas embrassée, tu ne connais pas l'histoire de la laitière et de son pot au lait : prendre Barcelone, embarquer, rejoindre Valence, traverser La Mancha, arriver jusqu'à Madrid en moins de temps qu'il ne faut pour le dire. Toi, tu ne sais pas tout cela, Comprentu, car tu ne l'as pas regardée, tu n'as pas succombé à cette inexplicable ivresse de sentiments, presque contradictoires, qui me subjugue comme un âne tout attendri. J'aurais dû lui répondre tout cela, et certainement qu'il n'aurait rien compris. Car moi non plus je ne comprenais pas très bien ce qui m'avait pris.

« Moi, je ne lui ai rien raconté. » C'est ainsi que j'avais décidé de résumer la chose. « C'est elle qui se raconte des histoires, toute seule, et qui se réjouit. Elle me plaît beaucoup. Et j'aime sentir qu'elle est heureuse.

— Eh ben, dis donc, mon vieux... Tu as vraiment choisi le meilleur moment pour t'enticher d'une femme, comprends-tu ? »

J'aurais pu protester. J'aurais pu lui rappeler que lui non plus n'avait pas choisi le bon moment. J'aurais pu lui dire, hier c'était toi, aujourd'hui c'est moi, hier c'était en France, aujourd'hui c'est en Espagne, mais je n'avais pas de temps à perdre. J'allais en profiter au maximum avant que le jour se lève. Et le lendemain, lorsque je pensais que j'avais tout perdu, Inés était à nouveau là pour le pire, avec la même ferveur, et pour le meilleur, avec la même intensité.

Le 22 octobre 1944, j'avais déjà connu beaucoup de mauvais jours. Je m'étais bien souvent effondré de tristesse et de rage, dans les passages frontaliers et dans le sable d'Argelès-sur-Mer. Je connaissais bien mieux la défaite que la victoire, et cependant je n'avais rien trouvé dans ma mémoire de comparable à l'anéantissement que j'étais en train de vivre. Je ne me souvenais plus de la morale révolutionnaire, de la force irrésistible de l'Histoire et de l'inertie libératrice des masses. Lénine avait dit que la patience devait être la principale vertu d'un communiste. Mais il avait aussi dit que son premier devoir était de regarder autour de soi et de tenter de comprendre la réalité.

« Prends bien soin de toi, m'avait demandé Inés en me disant au revoir. S'il te plaît.

— Hier, tu ne m'as pas dit ça.

— Pas hier, non. » Et elle avait soutenu mon regard en me tenant par les revers du col de ma vareuse. « Mais aujourd'hui, je te le dis. »

Ces mots m'avaient mis de bonne humeur, bien avant que le soleil ne fasse une apparition spectaculaire, comme s'il avait décidé de ne se lever que pour moi.

Lorsque nous étions sortis du village et que la route avait commencé à monter, la cime des arbres nous avait dérobé la lumière. L'humidité, que la nuit avait déposée sur les fougères poussant à flanc de montagne, donnait l'impression d'un tunnel découvert, d'une pénombre mouvante, qui sentait la terre mouillée et mordait comme le froid de l'hiver. Tandis que j'avançais, je n'entendais que le bruit de mes pas, multiplié par l'écho des bottes de mes hommes, par le murmure épars des conversations, et par, de temps en temps, le clapotis de l'eau de ma gourde accrochée à mon sac à dos. Comprentu marchait à mon côté et tournait régulièrement la tête vers moi, mais j'évitais de croiser son regard. Je n'avais pas envie de parler. Je me sentais très bien ainsi. J'aimais être là, à marcher dans cette pénombre humide et froide, à savourer cette harmonie solitaire, éphémère, qui ne durerait pas mais s'accrochait à sa nature comme si elle ignorait que le soleil voyageait dans le ciel, se déplaçait rapidement en convoitant le centre pour l'anéantir ensuite en un instant. Je me sentais bien ainsi et je n'avais besoin de rien d'extérieur pour continuer à me sentir bien. Pas encore, en tout cas.

« Raconte-moi quelque chose. » Alors que nous marchions depuis une bonne heure, Comprentu m'avait donné un coup de coude. « Parce que je m'ennuie, comprends-tu ?

— Tu n'as qu'à demander ça à Bocas, tu peux être sûr qu'il va te faire passer le temps, lui.

— Non, je préfère parler avec toi…

— Je sais, mais aujourd'hui je n'ai pas envie de parler. » Je l'avais vu soupirer. « Je suis désolé, Comprentu ! »

Une demi-heure plus tard, le soleil s'était mis à briller entre la cime des arbres, et ce n'est qu'à ce moment-là que la journée avait commencé à être belle. Le ciel était bleu, sans un nuage, extrêmement pur, et la visibilité était si bonne que les montagnes se découpaient sur l'horizon avec la précision d'une photographie. Les virages étaient devenus de plus en plus larges tandis que la route se débarrassait de sa monotone escorte végétale. Et en atteignant un point de vue naturel, j'avais décidé de faire une halte de vingt minutes pour me reposer et boire de l'eau. Le village vers lequel nous nous dirigions se trouvait de l'autre côté de la montagne. J'avais grimpé sur un rocher tout proche du sommet pour tâcher de l'apercevoir. Mais lorsque j'avais réglé les jumelles à ma vue, j'avais découvert un paysage tout à fait différent.

La base du versant opposé avait été aplanie par la construction d'une piste forestière. Un serpentin de terre rougeâtre, tassée, d'une largeur suffisante pour permettre la circulation d'un camion, débouchait sur un espace où une centaine d'hommes était en train de travailler. Le tiers d'entre eux était occupé à nettoyer et à aplanir la section de piste déjà terminée. Un autre tiers piochait et dégageait la section suivante. Et devant eux – encore des Asturiens, avais-je pensé en souriant au fond de moi –, le dernier tiers était en train de miner la montagne. Quinze soldats d'infanterie étaient dispersés parmi tous ces hommes, chacun avec un fusil mitrailleur entre les mains. Ils les surveillaient en se promenant, sans porter un grand intérêt à leur tâche.

Lorsque j'avais vu tout cela j'avais lâché les jumelles, fermé les yeux et m'étais obligé à compter jusqu'à dix. C'est impossible, c'est une illusion, m'étais-je dit en vain car mon cœur avait continué à cogner, comme s'il avait entrepris de me défoncer la poitrine. Puis j'avais repris les jumelles, et l'air m'avait brûlé l'intérieur du nez, le silence de la montagne était devenu palpable, bruyant, chaque muscle de mon corps s'était tendu dans la même fraction de seconde. Je m'étais concentré sur la scène. J'avais cherché une ruse, une erreur, un indice quelconque qui vînt démentir ce que je voyais. Et je ne l'avais pas trouvé.

J'avais pris le temps d'observer chacun des militaires, si inoffensifs de l'autre côté des lentilles grossissantes, semblables à une collection de petits soldats de plomb, et j'avais remarqué qu'ils n'étaient pas sous les ordres d'un officier, mais d'un simple sergent. Ce détail avait confirmé mon sentiment que personne ne nous attendait au val d'Aran. La situation était très différente de celle qu'on peut se faire d'une simple petite caserne de village. Car même nous, et même à l'été 1936, alors que nous n'étions alors que des mineurs, des maçons ou des boulangers, ne nous serions permis un tel amateurisme. Voilà cinq ans que j'avais fui l'Espagne, mais j'étais espagnol, et je savais comment les choses se passaient dans mon pays. Ce que j'étais en train de voir ne pouvait s'interpréter que d'une seule façon, et même dans mes rêves les plus fous je n'aurais pu envisager un semblable coup de chance.

J'avais à nouveau regardé en contrebas, mais cette fois-ci vers l'endroit où se trouvaient mes hommes, et même si l'on ne pouvait pas m'entendre de l'autre côté, j'avais renoncé à appeler Comprentu. Je ne voulais pas courir le moindre risque, et lorsque je les avais rejoints, j'avais posé ma main sur un gros rocher.

« Viens ici, Bocas. » Il était peu probable qu'à l'autre bout du terrain un soldat, avec des jumelles plus puissantes que les miennes, puisse apercevoir une silhouette dans ce virage, mais je n'étais pas prêt à risquer cela. « Tu vas rester ici, près de ce rocher et tu ne laisses personne aller au-delà, même d'un pas, jusqu'à nouvel ordre, compris ?

— Oui, mon capitaine, ne vous en faites pas. Comme qui dirait, nous devons tous rester à l'abri derrière le virage, personne ne doit passer à ma gauche, n'est-ce pas ?

— Exact. Et tais-toi, car je n'ai pas de temps à perdre. Comprentu, suis-moi !

— Que se passe-t-il ?

— Tu vas le savoir tout de suite. »

Lorsque nous étions arrivés là-haut, je lui avais passé mes jumelles sans rien dire, car j'avais encore du mal à y croire. Et c'est exactement ce que Comprentu avait dit, en regardant en bas.

« Difficile à croire, comprends-tu ? »

Puis il m'avait rendu les jumelles et retiré ses lunettes. Pour la première fois de ma vie, je l'avais vu nettoyer les verres avec un coin de sa chemise.

« C'est impossible, répétait-il en secouant la tête comme si on en avait remonté le mécanisme. Impossible que ce soit vrai. Impossible. Nous n'avons jamais eu de chance, comprends-tu ? Non, nous n'en avons jamais eu, ce serait bien la première fois... Il ne suffirait pas seulement pour cela que Dieu existe, encore faudrait-il qu'il ait décidé de changer de camp, comprends-tu. Donne, voyons. »

Il avait à nouveau ajusté les jumelles pour inspecter la scène, de gauche à droite, et j'avais facilement reconstruit la séquence de son regard, les différents secteurs sur lesquels s'étaient partagés les travailleurs, le nombre et la position de leurs gardiens, ce miracle insolite d'un Dieu inconnu, camarade.

« C'est un détachement de prisonniers..., avait-il murmuré, avant de relever la tête. Un détachement de prisonniers ! Tu te rends compte ?

— Bien sûr... » Et j'avais éclaté de rire. « ... que je m'en rends compte !

— Mais c'est... » Il avait de nouveau appliqué les jumelles à ses yeux. « Incroyable ! »

C'était incroyable, inconcevable, un carambolage à plusieurs bandes, le plus sophistiqué des calembours du destin. Ce sur quoi nous venions de tomber par hasard, sur le chemin d'un village où nous n'arriverions jamais, était ni plus ni moins qu'un détachement de prisonniers, une brigade pénitentiaire de travailleurs, une compagnie de détenus prêts à se racheter en travaillant gratis pour l'Espagne et pour Franco. Et ces prisonniers ne pouvaient être que d'un seul bord, des combattants de l'Armée populaire, autrement dit, de notre camp, des nôtres.

« Tu penses qu'ils sont combien ? m'avait-il demandé sans lâcher les jumelles. Dis-moi...

— Je dirais une centaine, non ? Je les ai comptés grosso modo, tout à l'heure.

— Une centaine et même plus, comprends-tu ? » Il avait fini par retirer les jumelles de ses yeux pour me les rendre. Puis il s'était levé. « Putain ! Tu peux être fier de toi.

— Oui. » Et j'avais souri à nouveau. « Bien que je ne sache pas comment nous allons nous y prendre pour leur fournir des armes.

— Bon, je nous souhaite de n'avoir que ce genre de problèmes, comprends-tu ? »

Tout en songeant à la question de l'armement, nous avions redescendu la pente, et je m'étais imaginé notre retour à Bosost, à la tête d'une colonne de plus de trois cents hommes, apportant ainsi une bouffée d'optimisme dont tous avaient besoin. Je pouvais me laisser aller à penser ça car notre supériorité numérique était tellement notable qu'elle garantissait le succès dans n'importe quelle circonstance. Toutes les chances étaient de notre côté.

« Changement de tactique, avais-je annoncé à mes hommes, tandis que je dessinais un croquis par terre avec un bâton. Nous allons redescendre par où nous sommes venus, en ordre et en silence, pour encercler le bas de la montagne. L'objectif est de libérer un détachement de prisonniers qui est en train de construire une route de l'autre côté.

— Quoi ? »

Ils s'étaient tous étonnés mais je m'étais contenté de leur exposer la situation en gros et personne ne m'avait interrompu. Ils avaient compris que nous n'avions pas de temps à perdre en détails. J'avais décidé de diviser mes forces en huit groupes, d'attaquer les trois secteurs du chantier par le nord et par le sud en même temps, et de placer un groupe à chaque extrémité de l'élargissement pour le fermer. Je ne pensais pas que l'ennemi opposerait une quelconque résistance. Les chantiers étaient bordés par des tas de terre et de cailloux qui constituaient d'utiles parapets pour se mettre à couvert et attendre que les groupes affectés aux positions les plus éloignées y parviennent. En commençant l'ascension, j'avais fixé le moment de l'attaque une heure après le départ.

« Et je ne pense pas que nous aurons beaucoup d'autres occasions comme celle-là, avais-je expliqué aux chefs de chaque groupe avant de nous séparer. Alors nous devons en profiter au maximum. »

Soixante minutes plus tard, j'étais sorti de derrière un tas de sable et j'avais aperçu Comprentu en train d'avancer vers moi, au même rythme, depuis l'autre côté de l'élargissement.

« Halte ! avais-je crié en pointant le canon de mon pistolet sur la nuque d'un soldat. Jette ton fusil, les mains en l'air ! Et ne fais pas de bêtises ou je te fais sauter la cervelle. »

Il m'avait obéi avant que je n'aie eu le temps de finir ma phrase, puis j'avais vérifié que tous avaient mené à bien leur mission. Lorsque Machuca avait immobilisé le sergent, j'avais fait un geste de la tête à Castañas, pour qu'il récupérât les armes de l'ennemi. Puis j'avais laissé mon prisonnier sous la garde de Bocas. Je m'étais avancé jusqu'au centre de l'élargissement pour m'adresser aux détenus. Avant de commencer à parler, je les avais regardés et avais constaté qu'ils m'observaient tous avec les yeux écarquillés, bouche bée, leurs outils de travail encore entre les mains. J'avais ri intérieurement puis avais adressé un sourire à ceux qui se trouvaient le plus près de moi. Mais aucun ne me l'avait rendu.

« Camarades ! » Pendant une fraction de seconde, je m'étais souvenu que j'avais prévu d'aller leur tendre la main pour les saluer ; mais j'avais oublié de le faire. « Nous sommes les représentants de la Junte suprême de l'Union nationale espagnole, une plateforme qui comprend toutes les forces démocratiques engagées dans la lutte contre la tyrannie de Franco. Unissez-vous à nous ! »

J'avais fait une pause, attendant une réaction. J'avais regardé autour de moi. Rien n'avait bougé.

« Le moment des combats décisifs approche. » J'avais continué à parler, à crier, à insuffler toute mon énergie dans chacune de mes syllabes. « Mussolini est déjà tombé, la défaite de Hitler est imminente, la dictature de Franco touche à sa fin. Le monde entier se tourne à nouveau vers l'Espagne. L'armée alliée, dont nous avons fait partie en France, ne va pas tolérer longtemps cette situation. Avec son aide, et celle de tout le peuple espagnol, l'Union nationale pourra bientôt prendre le pouvoir et rétablir la république et les libertés… »

À cet instant, tous s'étaient mis à courir. Je n'avais pas prononcé la moitié de mon discours que ceux qui se trouvaient le plus loin de moi s'étaient déjà débarrassés de leur pioche, de leur pelle, pour fuir vers le haut de la montage.

Tandis que je parlais, que je répétais des paroles auxquelles j'avais cru les yeux fermés et qui résonnaient à présent dans mes oreilles telle une coquille vide, telle une pure propagande creuse, je les voyais détaler comme des lapins, se cacher dans les fourrés, lever rapidement la tête et disparaître à nouveau, de plus en plus loin de moi. Mes hommes les regardaient, me regardaient, puis les regardaient à nouveau, ne sachant que faire. Moi non plus, je ne savais comment réagir. Je ne pouvais donner l'ordre d'ouvrir le feu sur ces fugitifs qui étaient de notre camp, qui étaient des nôtres. En fin de compte, je m'étais arrêté de parler, en plein milieu d'une phrase, pour assister en silence à la débandade, à cette triste image, à cette douloureuse réalité, si honteuse que j'avais fini par me sentir responsable d'erreurs que je ne croyais pourtant pas avoir commises.

« Je ne comprends pas », avais-je murmuré en me tournant vers El Bocas qui m'avait rendu un regard désemparé. Son pistolet était toujours braqué sur la tête de l'homme que j'avais désarmé. « On aurait pourtant dit un détachement de prisonniers.

— C'est bien un détachement de prisonniers », m'avait répondu le soldat. Il était si jeune que ce devait être un appelé, avec un accent galicien très prononcé et une sérénité que je n'avais pas bien comprise non plus, à ce moment-là. « Ce sont des prisonniers politiques, des républicains.

— Mais ce n'est pas possible. » Et j'aurais aimé être un simple soldat et rester seul, pour pouvoir m'asseoir sur une pierre, me prendre la tête entre les mains et pleurer. « Ce n'est pas possible. »

Ne supportant pas de lire mon propre désespoir dans les yeux de Bocas, j'avais levé les miens en direction de la montagne. Le versant était constellé de silhouettes grises qui s'enfuyaient de toute part. La pente était si raide, qu'ils trébuchaient à tout instant. Mais ils se relevaient sans perdre de temps et continuaient à grimper en se cachant derrière les arbres, derrière les rochers, escaladant sans faiblir, s'arrêtant à peine pour regarder derrière eux, tels des animaux maladroits, effrayés.

Voilà qui étaient ces hommes de notre camp, voilà qui étaient les nôtres. Voilà qui étaient les hommes qui ne nous avaient pas acclamés, ceux qui n'avaient pas poussé le moindre soupir, aucun cri de joie, pas un seul mot de soulagement, ceux qui n'avaient pas fêté leur liberté mais s'étaient empressés de se sauver. Voilà ce qu'étaient devenus les nôtres, des hommes qui fuyaient les leurs, c'est-à-dire nous, ceux qui les libérions, nous qui avions traversé la frontière pour abattre le tyran qui les avait condamnés aux travaux forcés pour avoir un jour lutté à nos côtés. Ils préféraient leur captivité à la liberté que nous leur proposions, la liberté de reprendre la lutte, les armes à la main, pour leur propre avenir, pour l'avenir de leurs enfants. Et je ne pouvais l'accepter. Pour moi, à ce moment-là, ils n'étaient pas seulement cent, ils représentaient tous les hommes, ils représentaient tout. Ils étaient devenus l'échec de toute ma vie, la fin de mon dernier espoir, le naufrage ultime. Voilà comment je m'étais senti, englué dans un marécage, la bouche pleine de boue et avec le désir de mourir, de tomber foudroyé par un éclair et de mourir, de dormir et de mourir et de ne jamais plus me réveiller.

Lénine avait dit que le premier devoir d'un communiste consistait à comprendre la réalité. Et devant cette réalité, la patience n'était pas une vertu, même pas un défaut, juste une blague qui n'était pas marrante du tout. Voilà pourquoi je n'avais pas bougé, je n'avais pas réagi, je n'avais rien dit. El Bocas l'avait fait à ma place.

« Revenez bande de cons, vous êtes une vraie bande de cons ! » Il avait lâché le soldat, puis s'était avancé au milieu de la trouée, avait grand ouvert les bras en hurlant : « Nous sommes des républicains, comme vous, nous sommes venus de France pour vous libérer, bande d'imbéciles, vous m'entendez ? Nous avons franchi la frontière pour vous, merde ! Ce n'est pas croyable... Mais où allez-vous ? Nom de Dieu ! Revenez immédiatement ici ! Mais pour qui nous prenez-vous ? Qui croyez-vous qu'on soit ? Et que voulez-vous qu'on fasse ici, si nous ne sommes pas des Rouges ? Putain ! Mais qu'est-ce que vous voulez ? Continuer à être prisonniers ? C'est ça que vous voulez, pourrir ici, en train d'aplanir cette montagne à coups de pioche ? Nous vous avons donné l'occasion de redevenir libres, vous ne comprenez donc pas ? Nous vous avons libérés, merde ! Pourquoi partez-vous en courant ? Où allez-vous ? Vous faire tirer comme des lapins par les fascistes ? Revenez ici, nom de Dieu ! » Et sa voix s'était soudain cassée et il avait commencé à faire non avec la tête, poings serrés, impuissants, à l'extrémité de ses bras raides. « Revenez ici, bon sang ! »

Son désespoir me paralysait de plus en plus, jusqu'au moment où j'ai fini par réagir. Comprentu l'avait rejoint avant moi et lui avait mis sa main sur l'épaule tandis que la voix la plus inébranlable de l'armée de l'Union nationale s'enrouait, devenant plus gutturale, semblable à une imminente contremarque des pleurs.

« Je suis désolé, mon lieutenant. » Et lorsqu'il s'était tourné pour le regarder, il avait les yeux brillants. « Je sais bien que je parle trop.

— Pas aujourd'hui, Bocas. » Comprentu lui avait passé le bras autour du cou et l'avait serré un instant. « Aujourd'hui, tu as dit exactement ce qu'il fallait dire. Ni plus ni moins, comprends-tu ? »

À ce moment-là, le soldat galicien à qui j'avais parlé s'était approché de moi, faisant un geste de ses mains que je n'avais pas bien su interpréter.

« Moi, je change de camp, je viens avec vous. » Et ce n'est qu'en entendant ces mots que j'avais compris qu'il était en train d'arracher tous les insignes de sa vareuse. « Moi, on m'a obligé à faire le service militaire, mais je suis des vôtres. Oui, moi et toute ma famille. Mon père était socialiste, et jusqu'à ce qu'on le fusille, secrétaire général de l'UGT de mon village, Covelo, à Pontavedra, je ne sais pas si… »

Je l'avais regardé comme si je n'avais jamais vu un garçon comme lui. Vingt ans, pas très grand ni trop petit, les cheveux châtains, les yeux marron, les dents blanches, très ordinaire et étrange à la fois. Il s'en était aperçu et s'était aussitôt tu. Il m'avait regardé et j'avais continué à l'observer. Je m'étais efforcé de lui parler, de lui dire qu'il était le bienvenu, de l'interroger, de m'accrocher à ses yeux, si ordinaires, si propres, si étranges, de capturer ce regard pour pouvoir contempler le monde à travers lui. Mais j'avais été incapable de bouger, de dire quoi que ce soit. Et il avait froncé les sourcils et tourné la tête.

« Je peux rester avec vous, n'est-ce pas ?

— Bien entendu. » Et en entendant ma propre voix, j'avais senti qu'il y avait un bon moment que je me taisais, des jours, des semaines, des mois entiers. « Excuse-moi. Bien sûr que tu peux rester. Bienvenue, mon vieux, c'est que… »

Je l'avais regardé à nouveau. « C'est que je ne comprends rien.

— Ça ne m'étonne pas, avait-il admis en hochant la tête. Moi non plus, je ne comprends rien. Mais j'ai deux camarades qui vont à coup sûr passer dans votre camp en même temps que moi. Si vous voulez, je vais les chercher.

— Très bien. » J'aurais aimé sourire, mais je n'avais même pas essayé. « Et ensuite vous allez discuter avec ce lieutenant-là. »

Je m'étais retourné pour leur indiquer Comprentu et je m'étais aperçu qu'il observait la montagne dans la direction que signalait El Bocas avec son doigt, un endroit par lequel semblaient redescendre quelques hommes qui s'étaient enfuis tout à l'heure.

« Comment t'appelles-tu ? lui avais-je demandé ensuite. Hein... ?

— Domingo Porriño Fernández.

Il avait pris le même ton qu'un élève en train de se présenter à son instituteur le premier jour de classe.

« Merci, Domingo. » Je lui avais tendu la main et serré fermement la sienne. « Merci. »

El Churrero – car avant la fin de la journée, El Pollito lui avait déjà trouvé ce sobriquet (son nom, Porriño, avait été associé à *porras*, les fameux beignets madrilènes, puis *porras* était devenu *churros*, et *churros* avait donné le marchand de *churros*, autrement dit El Churrero) – s'était dirigé vers deux soldats qui étaient ensemble en train de l'attendre, leur col de vareuse également débarrassé de tout insigne franquiste. Tandis qu'il leur parlait, je pensais à l'enthousiasme qu'aurait pu me procurer cette scène si les choses s'étaient passées autrement, si elles avaient eu lieu dans mon pays, et non dans celui qui avait supplanté son nom sur toutes les cartes. Ce n'est qu'à ce moment-là que j'avais pu mesurer la violence de cette amertume qui m'avait laissé un arrière-goût de pourriture dans la bouche.

Je ne pouvais pas fuir ce qui se passait en moi, mais je m'étais mis à marcher sans but. Je m'étais mis à marcher presque sans m'en apercevoir, trois pas à droite, trois pas à gauche, et à droite et à gauche à nouveau, comme un fauve en cage. Pendant ce temps, les quatre repentis que Bocas avait repérés avant tout le monde étaient redescendus de la montagne l'un après l'autre. Ils avançaient lentement et avec beaucoup de prudence, comme si personne n'avait remarqué leur empressement à grimper tout à l'heure. En arrivant à l'élargissement, ils s'étaient arrêtés devant un tas de décombres et m'avaient observé, mais ils n'avaient pas dû aimer ce qu'ils venaient de lire dans mes yeux, car ils avaient décidé de s'adresser à Comprentu.

« C'est vrai, ce qu'a dit le gars tout à l'heure ? »

Celui qui faisait office de porte-parole, à l'accent traînant, sûrement madrilène, était très maigre, sa peau avait la couleur du cuir et presque plus de cheveux sur la tête, il ne devait pas être bien plus âgé que moi, trente-deux ans, trente-trois au maximum. Les deux hommes qui l'encadraient avaient le même âge et une allure identique. Cependant, derrière eux, comme s'il voulait se protéger avec le corps de ses camarades, on pouvait apercevoir un homme plus rachitique qui devait avoir près de quarante ans.

« Si c'est vrai ? » Comprentu avait mis ses mains sur ses hanches pour l'examiner de haut en bas, comme un insecte. « Mais qu'est-ce que vous croyez ?... Je ne vous saisis pas bien, comprends-tu ?

— C'est que... » Il avait baissé les yeux, comme s'il s'était soudain senti honteux. « C'est que nous, nous ne savions pas qui vous étiez, nous avons eu peur, ce pouvait être un piège...

— Un piège ? » Ce mot l'avait littéralement fait exploser. « Parce que vous croyez que les gars de Franco allaient venir vous libérer en prétendant être des Rouges ? Arrête de dire des conneries, putain ! Comprends-tu ? »

À cet instant, le plus âgé des quatre avait enfin osé s'avancer, il avait fait quelques pas, levé la tête pour fixer Comprentu et s'était adressé à lui d'une petite voix timide, aussi apeurée que le chant d'un chardonneret.

« Excusez-moi, je voulais vous demander... Est-il vrai que nous sommes libres ? » Mon lieutenant était resté de marbre. « Je demande ça, parce que dans ce cas... Je pourrais peut-être retourner chez moi, n'est-ce pas ?

— Oui, va-t'en chez toi ! Mais à toute vitesse, comprends-tu ? Mets-toi à courir tout de suite si tu ne veux pas que je te foute une paire de baffes ! »

Ce n'est pas vrai, m'étais-je dit. Ce n'était pas vrai mais je le voyais grimper aussi vite que tout à l'heure, trébucher, s'emmêler les pieds, tomber, se relever et se remettre à courir.

J'espère qu'ils vont te reprendre et te fusiller, connard, avais-je pensé. Mais ce n'était pas possible, je ne pouvais pas penser cela, mais je pouvais cependant espérer autre chose. Alors mes pieds s'étaient remis à fonctionner, trois pas à droite, trois pas à gauche, et à droite et à gauche à nouveau. Et j'avais obligé mes yeux à les surveiller, sans parvenir à éviter qu'ils se lèvent tous seuls, de temps à autre, vers la montagne d'où personne n'était plus redescendu. J'aurais pu donner l'ordre à mes hommes de les retrouver, j'aurais pu envoyer les trois prisonniers qui avaient eu la décence de redescendre tenter de convaincre leurs compagnons, mais j'étais vraiment trop indigné, trop déprimé pour le faire. Je m'étais contenté de continuer à tourner comme un fauve en cage, comme une machine en panne, un automate, sans autre objet que sa propre déception. C'est ainsi que le temps avait commencé à s'écouler hors de moi, comme une mesure déconnectée de cet instant qui m'avait glacé de l'intérieur.

« Sept hommes, comprends-tu ? Quatre soldats et les trois qui sont redescendus, et des armes pour neuf autres. Voilà ce que nous venons de prendre. »

Je l'avais regardé comme si je ne comprenais pas et j'avais été surpris par sa résistance, par le moral qu'il avait conservé, alors que je n'étais même plus capable de savoir comment le mien s'était enfui. Ce n'était pas la première fois que cela se produisait et ce ne serait pas la dernière non plus. Nous avions tous les deux le même talent pour garder notre calme chacun à notre tour, un don qui nous avait sauvé la vie plusieurs fois. Mais, ce jour-là, celui-ci ne suffirait pas pour me tirer d'un danger qui commençait et se terminait à l'intérieur de moi-même.

« Tu vas t'arracher la langue, comprends-tu ? » Je ne m'étais même pas aperçu que j'étais en train de me la mordre et j'avais haussé des épaules. « Écoute, Galán, tout compte fait, ce n'est pas si mal. Sept volontaires, comprends-tu ? On n'a jamais réussi à en recruter autant en un seul jour.

— Qu'est-ce qui s'est passé ici ? » Je n'étais pas du tout prêt à me laisser consoler par d'aussi dérisoires calculs. « Quelle espèce de pays de merde est devenue l'Espagne ? Ces gars qui sont partis en courant étaient des nôtres, tu entends ? C'étaient les mêmes qui, cinq ans auparavant, se seraient fait tuer sur un ordre venant de toi, sur un ordre venant de moi… À présent, ils préfèrent se retrouver dans les geôles de Franco que lutter à nos côtés. Je ne peux pas m'y résoudre, Comprentu. » Car jusqu'à ce jour-là, je m'étais cramponné à la fierté d'être né en Espagne et d'avoir lutté pour mon pays, mais dorénavant je ne le pourrais jamais plus. « Le problème, mon vieux, c'est que je n'arrive pas à y croire. »

C'est Inés qui avait pu me l'expliquer de nombreuses heures plus tard.

« Mais tu te trompes, Galán… »

Ce soir-là, lorsque nous étions retournés à Bosost, j'avais refusé d'entrer au quartier général. Je n'avais pas eu le courage de regarder mes camarades en face, d'assister aux explications de Comprentu, de me montrer fort et souriant, enjoué et patient comme un bon communiste. El Lobo avait tenté de me rappeler mes obligations, et je l'avais envoyé paître. Il m'avait regardé, et j'avais compris qu'il n'allait pas insister, sans pour autant jeter l'éponge. Ça jamais. Lorsqu'il était entré dans la maison, j'étais resté à l'extérieur, assis sur le banc. Il m'avait à nouveau observé depuis le seuil, et j'avais parié avec moi-même qu'Inés n'allait pas mettre plus de cinq minutes à sortir. J'avais gagné mon pari mais cela ne m'avait fait ni chaud ni froid.

Je l'avais regardée et avais remarqué la façon dont elle aussi me dévisageait. Elle fronçait les sourcils et n'avait eu besoin de rien d'autre pour comprendre mon état. Elle non plus, surtout pas, n'accepterait jamais de se rendre un jour. J'aurais pu gagner ce pari-là aussi. Souriante et forte, patiente et enjouée comme une bonne communiste, elle avait exécuté dans l'ordre, étape après étape, chacune des instructions d'un manuel que je connaissais par cœur avant qu'elle ne commence même à le déchiffrer. D'abord, elle m'avait pris dans ses bras, puis m'avait embrassé, encouragé, réchauffé, rassuré, et déclaré ensuite qu'elle serait toujours de mon côté.

« Je te dérange ? Tu veux que je te laisse seul ? » Après être parvenue à me faire dire qu'elle ne me dérangeait pas, elle s'était mis en tête de me faire manger. « Tu veux que je te réchauffe de la soupe à l'ail ? Je l'ai vraiment réussie, je t'assure...

— J'en suis certain. » J'avais déjà entendu Perdigón dire que la soupe valait bien une chanson, puis se mettre à chanter. « Mais je n'ai pas faim.

— Eh bien je vais te préparer autre chose, ce que tu voudras... Qu'est-ce qui te ferait plaisir ? Tu devrais manger quelque chose. » J'avais perçu son inquiétude dans sa voix, que je savais authentique, mais cela m'avait toujours fait ni chaud ni froid. « Avec les marches que tu te tapes tous les jours, tu ne peux pas te coucher le ventre vide.

— Non, je t'assure, il ne s'agit pas de ça. J'aime beaucoup la soupe à l'ail, mais je n'ai pas faim maintenant.

— Bon, eh bien, en attendant, suis-moi...

— Je te dis que non. » J'avais doucement secoué le bras qu'elle tentait de tirer. « Je préfère rester ici. »

Elle était entrée pour servir le deuxième plat, puis elle était ressortie, et elle était rentrée à nouveau, puis elle était encore ressortie, pour en finir avec ce qui me restait de la vertu principale d'un communiste.

J'avais échoué et j'avais le droit de me sentir abattu. Je n'avais pas eu de chance, et le moins qu'on pouvait faire pour moi était de le reconnaître, de me ficher la paix. J'aimais beaucoup Inés. J'aimais qu'elle m'embrasse, qu'elle me prenne dans ses bras, qu'elle me caresse tandis qu'elle se pressait contre moi avec ses yeux de biche qui me disaient, ce que tu voudras, comme tu voudras, toutes les fois que tu voudras... Mais pas à ce moment-là, pas de cette façon, car c'était El Lobo qui le lui avait demandé.

J'avais échoué et j'avais besoin de me sentir abattu, de foutre la morale révolutionnaire au trou du cul, même si ce n'était que pour quelques heures, seulement pour cette nuit. Le lendemain matin, je serais prêt à me lever de nouveau, à sourire, à être patient, fort, enjoué, et à lire ce putain de manifeste toutes les fois que ce serait nécessaire, mais pour l'instant j'avais besoin qu'on me fiche la paix. Abattu, seul et en paix. Je ne demandais pas grand-chose, et pourtant personne n'avait l'air prêt à me l'accorder. Lorsque Inés était revenue avec une assiette dans les mains, j'avais pensé ne plus avoir de force pour cela, mais j'avais replié ma langue à l'intérieur de ma bouche et me l'étais mordue. J'étais en train de reprendre mon souffle pour l'envoyer se faire foutre, mais j'avais décelé dans sa voix que son attitude avait changé, et je l'avais regardée avec curiosité pour la première fois de la soirée.

« Ça suffit, Galán. »

J'avais eu l'impression qu'elle était fâchée contre moi. Ensuite, comme si elle avait voulu me prouver qu'elle avait réussi, elle s'était assise à mon côté, à bonne distance pour ne pas me frôler, puis elle avait empoigné une cuillère comme s'il s'agissait d'un poignard.

« Tiens. » Elle avait pris un peu de dessert. « Ouvre la bouche, tu vas manger ça au moins. C'est une crème caramel, et c'est moi qui l'ai faite. »

Le ton qu'elle avait adopté, son attitude, la détermination qui crispait ses lèvres m'avaient intéressé plus que ce que j'avais vu ou entendu depuis notre retour à Bosost.

« Je t'ai déjà dit que je n'avais pas faim », avais-je néanmoins répondu.

En sortant de ma bouche, les mots avaient pris un ton râpeux, plus sévère que je n'aurais aimé, mais Inés n'avait pas bronché.

« Ça m'est égal. » Elle avait approché la cuillère de ma bouche, comme pour nourrir un enfant, et frôlé mes lèvres jusqu'à ce que je les entrouvre dans un involontaire mouvement réflexe. « Tu sais ce que disait ma grand-mère ? Qu'au ciel on n'a pas besoin d'avoir faim. »

Ensuite elle avait cogné sur mes dents avec le métal jusqu'à ce que je les desserre, puis glissé la cuillère dans ma bouche.

« C'est très bon », avais-je reconnu. Car c'était vrai, c'était délicieux. « Mets-la-moi de côté et je la finirai demain au petit déjeuner.

— Non, tu vas la manger tout de suite. » Elle avait pris ma main gauche, avait posé l'assiette dessus et m'avait coincé la petite cuillère dans l'autre. « Allez, mange ! »

La dernière chose que j'aurais pu imaginer était une scène telle que celle-là : Inés furieuse en train de me donner des ordres. Sa façon d'agir ne faisait partie d'aucun manuel écrit par d'autres et c'est pour cela que je l'avais appréciée. Tandis que je me demandais jusqu'où elle était capable d'aller, j'avais rempli la petite cuillère que j'avais portée à mes lèvres et apprécié malgré moi la lente explosion du sucre sur mon palais, la texture concentrée et douce du jaune d'œufs imprégnant ma langue, mes dents, mes gencives, d'une saveur qui restait longtemps en bouche après avoir été avalée. En me voyant, Inés avait réussi à sourire, mais son expression triste, qui soulignait et effaçait en même temps la courbure de ses lèvres, ne correspondait pas non plus à la réaction que j'aurais pu attendre d'elle.

« Tu te trompes, Galán… Ce qui t'est arrivé n'est pas si exceptionnel, car ici personne n'arrive à vivre en paix. Nous ne sommes pas dans un pays pacifique, mais dans un pays occupé. Tant que tu n'auras pas compris cela, tu ne comprendras rien d'autre…

— Tu n'étais pas là-bas, Inés », l'avais-je interrompue. Et j'avais enfin retrouvé ma voix, de la même façon que je venais de reconnaître la sienne. « Tu ne les a pas vus s'enfuir comme des lapins terrorisés dans la montagne.

— Et toi tu n'étais pas dans ce pays. Tu n'as pas vu de quelle façon ils nous broyaient les os, encore et toujours. Cinq années à se faire frapper sans arrêt, cinq années de suite, pendant lesquelles nous nous sommes de plus en plus refermés sur nous-mêmes, pour devenir de plus en plus petits, de plus en plus peureux. » Elle s'était arrêtée pour me regarder. Et, pour lui montrer que je respectais ce qu'elle disait, j'avais pris dans ma cuillère ce qui restait de crème caramel et l'avais avalé d'une bouchée. « Voilà ce qui s'est passé ici, et tu as eu la chance de ne pas y assister. On ne pouvait pas voir ça depuis la France.

— C'est vrai. » Et j'avais posé l'assiette sur le banc, m'étais levé, l'avais regardée, puis j'avais contre-attaqué : « Mais si c'est ainsi… Tu peux me dire pourquoi je suis venu ? Pourquoi nous avons passé la frontière, hein ? Dis-le-moi, toi qui sembles tout savoir. »

Elle aussi s'était levée, s'était approchée de moi, m'avait saisi les bras, avait soutenu mon regard et déclaré sans hésiter :

« Tu es venu parce que c'était cela que tu avais à faire. »

Non, avais-je pensé. Non, Inés, je ne suis pas d'accord, et j'avais secoué la tête aussi, récusant du fond du cœur cette formule toute faite, ce cliché à propos de la fameuse responsabilité historique qui désormais me cassait vraiment les couilles. Quel dommage ! Tu étais si bien, aurais-je aimé ajouter. Mais la fermeté avec laquelle elle avait prononcé la consigne suprême m'avait déjà mis hors de moi.

« C'est ça ! Le même refrain que Lobo ! » Et je m'étais montré plus cassant que je n'aurais voulu. « Je te préviens qu'il m'a déjà servi le même couplet, tu sais ? Alors tu peux t'en passer, ce sera préférable pour tout le monde ! »

Je m'étais libéré de son étreinte et éloigné, mais elle ne l'avait pas accepté. Elle avait encore des choses à dire.

« Non ! » J'avais été surpris de découvrir qu'elle était plus en colère que moi. « Ne te méprends pas, Galán. El Lobo est comme toi. Lui aussi vient de France, lui aussi se plaint beaucoup, lui non plus ne comprend pas de quoi je parle. El Lobo n'a jamais séjourné dans une prison de Franco, on ne l'a jamais arrêté, on ne l'a jamais humilié, son frère ne l'a pas dénoncé, ni sa fiancée, ni son meilleur ami, il n'a jamais su ce qui s'est passé ici. Tu vois ce que je veux dire ? Ni ce qui continue à s'y passer d'ailleurs… »

Elle parlait très rapidement, avec la véhémence de quelqu'un qui n'a pas tant besoin de communiquer que de cracher, de vomir un venin qui le fait souffrir. Elle me regardait comme si elle voulait me transpercer, en soulignant chaque syllabe avec ses yeux. Moi, je l'écoutais en silence, surpris, conscient cependant qu'elle avait déjà foré un trou dans ma carapace pour y glisser, les unes après les autres, ses phrases explosives, prêtes à éclater dans ma poitrine comme une série de charges de dynamite. Mais le plus étrange n'était pas là. Avant qu'elle ne soit arrivée à la fin, j'avais commencé à penser qu'elle ne parlait pas que pour moi, qu'elle le faisait également pour elle-même. Ç'avait été là son arme secrète et décisive.

« Personne n'a jamais braqué le canon de son pistolet sur la tempe de Lobo, tu sais ? Ni lui ni toi n'avez jamais entendu de quelle façon on retirait le cran de sûreté d'un pistolet pointé sur votre tête, pour vous contraindre à faire des choses que vous refuseriez de faire, et vous n'avez pas eu à les accomplir, et vous ne vous êtes jamais sentis comme des merdes ensuite. Alors ne viens pas me débiter tes conneries. Vous n'avez pas la moindre idée de ce dont vous parlez ! Aucun d'entre vous n'en a la moindre idée ! Moi, en revanche, je le sais, car je suis passée par toutes ces épreuves, tu m'entends ? Par ces épreuves et par d'autres bien pires. »

Elle s'était éloignée de quelques pas, avait balayé ses cheveux sur son visage et repris son souffle. Elle semblait avoir fini, mais elle avait changé d'avis. Elle s'était à nouveau approchée de moi, elle avait attrapé le col de ma chemise à deux mains et m'avait attiré à elle comme si elle voulait m'embrasser. Au lieu de ça, elle m'avait lâché brusquement avant d'ajouter :

« J'ai enduré des choses que tu ne peux même pas imaginer. »

De ce point de vue, elle se trompait. Je ne les connaissais pas, mais je les voyais se dessiner sur son visage, je les entendais à travers le rythme saccadé de sa respiration. Son halètement d'animal traqué était bien plus éloquent que ses paroles. Ses yeux se voilaient comme une mare trouble, sale et peu profonde. Pour fuir ses avertissements et ma propre honte, j'avais regardé en direction de la maison et m'étais aperçu que nous discutions en hurlant depuis un bon moment. Notre vacarme avait attiré El Lobo, Flores, Comprentu et El Zurdo près de la porte, et ils étaient tous là, calmes et attentifs. Lorsque le colonel avait fermé les yeux, j'avais compris qu'Inés avait suivi le trajet de mes yeux avec les siens, mais le nombre de spectateurs ne l'avait pas intimidée. Au contraire.

« Ils n'ont qu'à m'écouter, s'ils veulent. » Elle s'était à nouveau tournée vers moi et avait hoché la tête. « Cela ne me gêne pas. Je dis la vérité. J'ai traversé un enfer avant d'arriver ici. Et je peux te dire que tu n'as pas le droit de parler ainsi, de penser ainsi, pas toi, tu comprends ? Et pour commencer : aucun d'entre vous n'a le droit de se rendre.

— Moi aussi je pourrais… » te raconter une histoire très semblable, Inés, allais-je dire, mais je m'étais tu.

J'avais fait deux pas en avant et m'étais arrêté à sa hauteur. Je lui avais délicatement remis derrière l'oreille une mèche de cheveux qui était retombée sur son front. Avec le même doigt, je lui avais caressé le visage, le cou, j'avais tenté de deviner quelle serait sa réaction, ce qu'elle répondrait si je lui parlais de mes propres humiliations, de mes prisons, de mes cicatrices. Mais nous lancer dans une compétition à propos des pires horreurs que nous avions subies n'avait aucun sens. Et, en plus, nous savions parfaitement tous les deux qu'elle avait raison. Tout le mal que nous aurions pu endurer à l'extérieur ne pouvait être que pire à l'intérieur. L'hostilité et la cruauté des camps français n'auraient jamais pu atteindre la même intensité, le même raffinement, que la vengeance de nos compatriotes. Inés avait semblé le lire dans mes yeux, car elle m'avait saisi le doigt avec lequel je la caressais, puis toute la main qu'elle avait prise dans les siennes tandis qu'elle finissait de parler.

« L'Espagne est bourrée de gens comme moi, Galán. Des gens qui auraient donné n'importe quoi, la moitié de leur vie, pour fuir d'ici en 1939, et qui sont restés en prison, pour entendre leur sentence de mort, pour dormir pendant vingt ans sur une dalle et demie de sol sale, le corps couvert de blessures gangrenées, dévoré par la gale. Et comment veux-tu qu'ils soient à présent ? Eh bien, ces gens-là sont morts de trouille, bien entendu. Comment veux-tu qu'ils n'aient pas peur ? Ils ont reçu tellement de raclées qu'ils ne savent même plus qui ils sont. Mais d'autres sont debout, continuent d'être debout et sont en train de vous attendre. » Elle avait serré ma main et j'avais senti qu'elle n'était pas très sûre que j'allais aimer ce qu'elle allait dire. « Je vous ai attendus pendant cinq ans, alors ne viens pas me demander pourquoi tu es venu. Si tu ne le sais pas, le mieux est de repartir tout de suite. »

Je l'avais regardée sans rien dire, mais elle avait parfaitement su lire dans mes yeux. Nous étions si près l'un de l'autre qu'elle n'avait même pas eu besoin de bouger les pieds pour se laisser tomber sur moi, mais elle ne m'avait pas enlacé tant qu'elle n'avait pas senti mes bras s'enrouler autour de son corps.

« Je suis désolée, avait-elle alors murmuré. Je suis vraiment désolée. » Il m'avait semblé qu'elle était sur le point de se mettre à pleurer. « J'ignore pourquoi je t'ai dit tout ça, je ne comprends pas, je n'aurais pas dû te parler de la sorte, tu ne le mérites pas, je voulais juste te faire comprendre... Je suis désolée, pardonne-moi.

— Il n'y a aucun problème. » J'avais pressé ma tête contre la sienne et l'avais bercée comme si c'était un bébé. « Tu n'as pas à me demander pardon. Tu ne m'as pas offensé, Inés. »

Nous nous étions calmés ainsi, dans les bras l'un de l'autre, jusqu'à ce que le dernier des hommes soit rentré dans la maison. Ce n'est qu'ensuite que je l'avais embrassée. À cet instant, je m'étais senti très fier d'Inés. Elle s'était à nouveau montrée à la hauteur de ma fierté.

« Ce que j'ai dit tout à l'heure n'était pas une phrase toute faite. » Et elle avait décollé sa tête de la mienne pour me regarder. « Je sais mieux que quiconque que tu as fait ce que tu avais à faire. Car moi qui étais morte, à présent, je suis à nouveau vivante, Galán. »

À deux heures et demie du matin, j'étais enfin convaincu que l'exercice de morale révolutionnaire auquel j'avais accepté de me prêter ces dernières heures était bien meilleur pour moi que de continuer à rester abattu, seul, sur mon banc. Lorsque j'avais annoncé que je mourais de faim, Inés avait été extrêmement heureuse. « J'ai tout préparé, ne bouge pas », m'avait-elle dit, et c'était vrai. Dix minutes plus tard, elle était montée avec un plateau, une bouteille de vin, une demi-miche de pain et une assiette avec des œufs au plat et des frites, accompagnés d'une viande rosée et tendre bien épicée que je n'avais pas réussi à identifier.

Son goût m'avait rappelé mon enfance, certaines matinées d'hiver et de fête où nous n'allions pas à l'école. En savourant la dernière bouchée, j'avais fermé les yeux et senti les mains de ma mère, humides et glacées par l'eau de la rivière, qui me caressaient le visage. Lorsque je les avais rouverts, Inés était à genoux sur le lit, ma vareuse ouverte, ses mamelons durcis par le froid, jambes nues, les pieds engoncés dans de grosses chaussettes de laine. Elle m'observait comme si elle attendait une réponse très importante, et je n'avais pas su résister à l'incestueuse perfection de cet instant.

« Ne me dis pas que tu es allée à la chasse… », avais-je murmuré.

Elle avait éclaté de rire.

« Pas tout à fait. » Elle avait fait une pause et secoué la tête, comme si elle-même ne parvenait pas à croire à ce qu'elle allait dire. « Mais j'ai acheté un cochon.

— Un cochon ! » J'avais posé le plateau par terre pour m'enrouler autour de son corps et mis ma tête sur sa poitrine. « C'est vrai ? Un cochon entier ?

— Et un vrai. » Elle s'était penchée en avant, avait écarté ma tête, avait glissé ses doigts dans mes cheveux, s'était contorsionnée pour atteindre mes lèvres avec les siennes. « C'est la fiancée de Bocas qui me l'a trouvé, la cousine de Montse, tu vois qui c'est, non ?

— Un cochon, avais-je répété, sans parvenir à y croire. Tu as acheté un cochon.

— Oui, je ne sais pas... J'ai trouvé que c'était une bonne idée.

— Ça l'est. » Je m'étais redressé en souriant et l'avais entraînée avec moi sous les draps. « C'est une excellente idée. »

Je n'avais pas eu le courage de lui avouer que le plus extraordinaire de tout était sa confiance en nous, sa certitude que nous allions demeurer en Espagne, dans la région d'Aran, dans cette maison, le temps suffisant pour consommer un cochon entier. Mais la plus extraordinaire encore avait été la capacité d'Inés – malgré le souvenir des prisonniers fuyant vers la montagne, qui resterait à jamais imprimé dans ma mémoire – de me rendre ma bonne humeur.

Le lendemain matin, je m'étais senti à nouveau bien, et j'avais pu me réjouir avec mes camarades de l'absence de Zurdo.

« Et merde avec ma responsabilité ! avait protesté El Sacristán. Non, je vous dis qu'à la fin le seul qui va jeûner, ici, c'est moi...

— Et pourtant on ne peut pas dire que tu ne sois pas beau, avait plaisanté Tijeras.

— Ça c'est bien vrai, comprends-tu ? »

Et ç'avait été à ce moment-là qu'El Lobo avait choisi de dévier la conversation sur un sujet imprévu.

« Je vais lui demander de rester ici, de prendre le commandement du quartier général, car aujourd'hui on ne va pas vraiment pouvoir compter sur lui... » Il avait hoché la tête, comme pour se donner raison à lui-même, puis il s'était tourné vers El Pasiego et enfin vers moi. « Vous allez m'accompagner. On va aller à Viella, pour zieuter la situation. »

L'expression délibérément familière que notre chef avait utilisée nous avait tous plongés dans un silence lourd et grave, jusqu'à ce que Zurdo franchisse soudain le seuil de la porte. Ensuite, tandis que nous avions plaisanté à son sujet et ri tous ensemble, chacun avait continué à réfléchir pour lui-même sans oser partager ses pensées avec le groupe. Pour ma part, j'avais tenté de neutraliser le souvenir des hommes en train de fuir par l'image d'un cochon écartelé en train de se vider lentement de son sang. L'heure de vérité était arrivée, et tout le reste dépendrait de ce qui allait être décidé ce matin-là.

Il ne serait pas facile d'occuper Viella. Cela demanderait de mener une authentique bataille, mais l'important n'était pas là. Une déroute serait insupportable. Une victoire, que nous désirions de toutes nos forces, allait ouvrir une parenthèse d'incertitude, une tension interminable, dangereuse, qu'il nous faudrait apprendre à surmonter. Franco n'allait pas se laisser voler l'Espagne, son armée ne demeurerait pas très longtemps indifférente à notre présence. Tandis que les Alliés fêteraient leur victoire, nous allions nous remettre à résister, et même si nous étions des experts en la matière, notre expérience n'allait pas pour autant nous faciliter les choses. Cependant, si nous parvenions à entrer dans la ville, à installer un gouvernement provisoire, la fuite des prisonniers ne me tourmenterait plus, et le cochon d'Inés cesserait d'être aussi extravagant.

Tandis que je songeais à tout cela, j'avais vu Comprentu se lever et sortir rejoindre Piñón dans la rue, mais n'y avais guère prêté attention. J'étais plus occupé à observer Inés, plongée dans ses propres réflexions, à remarquer sa soudaine inquiétude lorsqu'elle s'était assise sur mes genoux pour me regarder comme si elle n'avait jamais réalisé auparavant que j'étais un soldat et pouvais mourir à tout moment. Lorsque je lui avais demandé ce qui lui arrivait, elle avait refusé de me répondre, mais elle avait continué à se laisser bercer, accrochée à mon cou telle une enfant effarouchée. Ses câlins étaient à présent aussi sincères qu'avaient été calculés ceux de la nuit précédente.

Puis, Comprentu avait appelé El Lobo et celui-ci était sorti. Je l'avais vu parler à Piñón depuis la fenêtre, mais j'avais continué à profiter d'Inés, et de son habileté à être de nombreuses femmes différentes à la fois.

Ce soir-là, après avoir mangé des haricots blancs, qui sans être une *fabada* avec de vraies fèves, étaient tout aussi bons, j'avais fini par me dire que ce prodige recelait une explication très simple. Inés était une espionne et moi un petit oiseau, un imbécile très facile à subjuguer. Inés savait toujours me donner ce dont j'avais besoin car elle était entraînée à feindre, et moi, il me suffisait de l'observer pour être aux anges. El Lobo n'avait rien contre elle, il n'avait pas besoin de cela. Il était communiste, comme moi, comme Comprentu, comme El Piñón. Le soupçon faisait partie de notre nature, autant que la patience, et bien plus que le souci de saisir une réalité qui échappait souvent à nos yeux mal réglés, brouillés par le reflet de jumelles méthodiques, universelles, qui déformaient toute chose.

J'aimais Inés, je l'aimais à tel point que je ne savais même pas l'expliquer. Et c'est précisément pour cela que mes arguments pour sa défense s'étaient si rapidement taris. Pour parvenir à être un homme parfaitement suspicieux, il faut apprendre à soupçonner tout ce qui semble bon, tout ce qui semble le mieux plutôt que tout ce qui semble le pire, et j'avais précisément été incapable de prendre la peine de penser, de raisonner à haute voix. Je n'avais même pas eu l'idée de me demander où se trouvaient les gens qu'elle avait introduits chez nous, à quoi elle leur avait servi – car elle ne leur avait même pas ouvert la porte du bureau. La nuit précédente, je n'avais pas eu assez de force ni d'énergie, pour interpréter le rôle bienveillant et patient qu'on attendait de moi. Mais ce soir-là, après le dîner, en revanche, je n'avais pas manqué de fermeté pour la condamner sans preuve, je n'en avais pas eu besoin. Par la suite, lorsque j'avais dû répondre de cette faute, j'avais tenté de me défendre, sans remporter de franc succès, même vis-à-vis de moi-même. A posteriori il paraît probable qu'à travers Inés je m'étais vengé de la déception de cette matinée-là. Nous nous étions tous vengés à travers elle du piège dans lequel nous étions tombés.

Viella était à portée de main. Lorsque nous étions descendus du camion dans un des lacets de la route, et que nous avions atteint le point de vue signalé par un vieux panneau de tôle rouillée, la ville semblait si proche qu'on avait presque le vertige de la regarder. J'avais pu contempler les maisons, les voitures, les silhouettes qui parcouraient les rues, traversaient les places. Et, pour la première fois depuis que nous avions franchi la frontière, je m'étais mis à songer au glorieux avenir qui attendait Monzón. Voilà, Jesús, m'étais-je dit, nous y sommes. Et j'avais souri, car à ce moment-là tout semblait encore extrêmement facile.

El Lobo avait grimpé, en compagnie de Flores, jusqu'à une plateforme taillée dans la roche, à laquelle on accédait par des marches glissantes et très étroites. Lorsque les officiers du secteur sud étaient arrivés, l'un d'eux nous avait demandé de nous approcher et avait tendu ses jumelles à Romesco – qui, ce matin-là, s'était lavé et peigné avec de l'eau de Cologne, pour faire honneur à sa ville, ne serait-ce que de loin. Ses mains tremblaient lorsqu'il avait placé les lentilles devant ses yeux et il avait mis un bon moment avant de pouvoir parler.

« Tout est très calme, mon colonel », avait-il dit en se raclant la gorge pour retrouver un ton naturel. Puis il s'était appliqué à s'orienter au sein d'un paysage qu'il connaissait parfaitement. « Je vois la caserne, le poste de commandement de la garde civile... Il n'y a pas la moindre troupe dans la rue. Et je n'aperçois pas non plus de nouvelles fortifications, ni de parapets...

— Est-ce qu'il y a des tireurs embusqués sur les hauteurs ?

— D'ici, je n'en vois aucun, mon colonel. Ce que j'aperçois en revanche... » Sa voix avait défailli, mais il s'était repris aussitôt. « Non, rien. »

Il avait continué à regarder en silence en direction de la ville. Fronçant les sourcils, El Lobo s'était approché de lui et l'avait saisi par le bras.

« Qu'est-ce que tu as vu, Romesco ?

— Eh bien j'ai l'impression... » Il avait lâché les jumelles et sa voix avait tremblé aussi fort que ses mains. « Je crois que j'ai aperçu ma grand-mère, mon colonel, en train d'étendre la lessive sur le balcon de chez elle, mais, bon, ce n'est pas très important, et donc... »

El Lobo avait hoché la tête et nous avions tous souri de conserve, comme si la grand-mère de Romesco avait été une soupape pour alléger notre impatience.

« Autre chose ?

— Bon, c'est jour de marché. Sur la place, je vois les étals, les femmes avec leur panier en train de faire leurs achats…

— Vraiment ? » Romesco avait acquiescé et le colonel avait tendu sa main droite. « Voyons voir ça ! »

Pendant plusieurs secondes, tous ceux qui se tenaient sur le promontoire semblaient avoir été contaminés par la roche inerte du sol. El Pasiego qui venait tout juste de se rouler une cigarette, la tenait entre deux doigts de sa main gauche, le briquet dans la droite, s'était pétrifié comme une statue. Il avait fixé son regard sur El Lobo en retenant son souffle et attendait son verdict, comme moi, comme tout le monde. Les signes extérieurs de la vie, l'action, le mouvement, s'étaient soudain arrêtés chez chacun de nous en même temps, car Romesco avait prononcé un mot qui résonnait comme un cri. À l'attaque !

Cet après-midi même, Lobo, lui avais-je suggéré sans ouvrir la bouche. Aujourd'hui, ce sera mieux que demain, car il n'y a pas de troupes dans la rue et nous les prendrons par surprise. Ils n'ont même pas pris la peine d'annuler le marché hebdomadaire. Cet après-midi même ! Mais El Lobo continuait d'observer Viella avec les jumelles, bien plus serein qu'il n'aurait dû l'être, comme s'il ignorait que nous n'étions pas des Troyens, que les fascistes ne nous attendaient pas cachés à l'intérieur d'un cheval. Le marché est installé, me disais-je. Et je le hurlais silencieusement à Lobo, paralysé par la nervosité et la perplexité. Le marché est installé, merde, tu sais ce que ça veut dire ? Ils n'ont même pas pris la peine de contrôler les rues, d'en chasser tous les civils, d'empêcher les fourgonnettes d'entrer et de sortir. Cet après-midi même, Lobo ! Et je m'étais amusé à évaluer les temps, à distribuer nos forces, à faire le boulot qui me revenait. Aujourd'hui, ce sera mieux que demain…

« Oui, le marché est installé. » Le colonel l'avait enfin admis à haute voix avant de laisser retomber les jumelles sur sa poitrine. « Je suis sûr qu'ils sont tous sur le pied de guerre, et pourtant ils se comportent comme s'ils ignoraient que nous sommes là. »

Il s'était levé, nous avait regardés, avait secoué la poussière de son pantalon et j'avais été on ne peut plus déçu. Je le connaissais si bien que, avant qu'il ne dise un mot, avant même qu'il ne bouge, j'avais su que nous n'allions pas attaquer Viella cet après-midi.

« Bon, eh bien... Allons-nous-en. » Il avait fait demi-tour et descendu la première marche. « Nous avons vu ce qu'il y avait à voir.

— Quoi ? » La voix de Flores avait claqué comme une détonation, tandis que Pasiego, toujours immobile, n'avait pas encore allumé sa cigarette. « Qu'est-ce que ça signifie, allons-nous-en ? »

El Lobo avait pivoté sur ses talons, l'avait regardé et levé le menton. Il savait déjà qu'il lui faudrait faire face à ses hommes et il avait tout prévu.

« Je suis venu recueillir des informations, et j'ai récolté ce dont j'avais besoin. Si tu veux rester là, c'est ton problème. Moi, je retourne au quartier général.

— Non. » Flores s'était approché de lui. Son attitude était aussi menaçante que le ton de sa voix. « Tu ne peux pas t'en aller comme ça ! Je ne vais pas te laisser faire. Là, en bas, c'est Viella. Ton objectif. Et la ville n'est pas protégée, le marché est installé, tu as bien vu. Il faut que tu attaques, Lobo ! C'est très clair.

— C'est moi qui déciderai quand ce sera le moment d'attaquer, si ça ne te gêne pas. » Et sa voix était devenue plus ferme. « Je ne sais pas si tu te souviens, mais c'est moi qui commande ici.

— Excuse-moi, je ne voulais pas t'offenser, mais je ne comprends pas... » Le commissaire avait reculé de quelques pas en tentant de gagner du temps. « Je crois qu'un aussi bon moment que celui-ci ne se représentera pas. Retarder l'attaque, c'est ce donner la possibilité aux franquistes d'envoyer à tout moment des renforts. Il faut profiter de l'occasion, nous ne savons pas quand...

— Effectivement. » El Lobo avait avancé du même nombre de pas que Flores avait reculé. « Nous ne savons rien. C'est bien ça le problème.

— Non, Lobo, ce n'est pas vrai. Nous savons que Viella se trouve là. Regarde ! Nous savons qu'il est possible de prendre la ville, qu'on pourrait y arriver maintenant, aujourd'hui. Demain je ne sais pas, mais aujourd'hui, oui, j'en suis sûr. C'est ce que nous voyons. Tu veux dire que tu ne le vois pas ? » Il s'était retourné pour nous regarder, sachant que nous étions tous en train de faire oui de la tête. « C'est tout ce que tu as à savoir, que Viella se trouve là, que tu peux prendre la ville et que tu dois la prendre... » Et avec une ruse qui m'avait pris par surprise, il avait pointé son doigt sur moi. « Dis-le-lui, toi, Galán.

— Prends la ville, Lobo. » Je m'étais adressé à lui avec une véhémence qui aurait pu sembler agressive si ma voix avait eu un ton moins suppliant. « Prends-la maintenant, cet après-midi. On y va, on a les couilles d'y aller, et en plus ils ne nous attendent pas, ce sont eux qui pensent qu'on n'aura pas les couilles de le faire... »

Lobo m'avait adressé un regard intense, sans hostilité. Il paraissait à la fois préoccupé et étrangement amer et ne s'était pas décidé à me répondre. Dans le silence qui avait suivi mon intervention, j'avais entendu le bruit du briquet de Pasiego, celui de ses lèvres aspirant la fumée et, tout de suite après, sa voix.

« Galán a raison. » Il avait posé sa main gauche sur mon épaule avant de poursuivre. « Prends la ville maintenant, le plus tôt possible. C'est la capitale de cette vallée. Tout ce que nous avons déjà accompli ne servira à rien si tu ne la prends pas.

— Écoute donc tes hommes, colonel ! » Flores avait insisté doucement. « Ils pensent tous la même chose.

— Prends-la, Ramón, avais-je insisté. Puisque nous sommes déjà là, nous allons faire quelque chose de grand. »

À la suite de quoi, El Lobo avait fini par réagir. En hochant la tête et en secouant ses épaules, il avait réussi à chasser le voile grisâtre et mélancolique à travers lequel il nous avait observés jusqu'à présent. Il avait même souri.

« Lorsque le moment sera venu... » Il avait marqué une pause en redescendant la même marche que tout à l'heure lorsqu'il avait donné la conversation pour terminée. « Nous prendrons Viella lorsque le moment sera venu.

— Et peut-on savoir quand le moment sera venu ? » À cette question de Flores, il s'était immobilisé. « Je ne te comprends pas, Lobo. Que t'arrive-t-il ? Pourquoi doutes-tu ? On ne retrouvera jamais une occasion pareille. »

El Pasiego avait alors retiré sa main de mon épaule, Comprentu s'était approché de moi par l'autre côté, et nous avions tous les trois en même temps éprouvé la même méfiance envers Flores. Les questions de ce dernier, la douceur avec laquelle il avait prononcé le verbe douter, l'ironie qu'il avait distillée dans sa dernière intervention les avaient entraînés, El Lobo et lui, dans une joute verbale à propos de la guerre, de la politique et plus précisément de la politique du PCE. Le Parti était notre maison, elle nous appartenait à tous, voilà pourquoi nous étions capables d'en reconnaître les yeux fermés tous les recoins, les caves, les greniers, les chemins et les raccourcis. Absolument tous. Et Ramón Ametller Rovira, alias El Lobo, savait les reconnaître mieux que tout le monde – aussi le commissaire ne l'avait pas traité d'inepte, ni de lâche, il avait préféré suggérer qu'il était en train de douter, ce qui était une sorte d'invite publique à nous méfier de lui.

« Mais pour qui tu te prends, toi ? » El Lobo savait aussi bien utiliser ce langage que lui et il ne s'en était pas privé. « Et toi, comment se fait-il que tu sois aussi sûr de toi ? D'où tiens-tu cette assurance, qu'est-ce qui te fait penser que nous ne pouvons pas attendre demain ? Tu sais peut-être des choses…

— Je sais la même chose que tout le monde, la même chose que sont en train de te demander tes officiers. Nous voulons tous la même chose, sauf toi. » Et il s'était jeté la tête la première dans des sous-entendus plutôt troubles. « On dirait que tu as une stratégie très personnelle. Ou peut-être que tu possèdes tes propres sources d'information ? »

Au même moment, El Sacristán était descendu du rocher où il s'était assis pour venir nous rejoindre. Et moi je m'étais à nouveau souvenu de Jesús Monzón, sous un angle que je n'avais jusque-là jamais envisagé. La violence de mes premières conclusions m'avait effrayé et pourtant, avant même que Lobo ne vienne les confirmer, j'avais compris qu'elles étaient exactes. Elles n'auraient pas dû m'étonner à ce point, mais je n'avais pu faire autrement. Et même si je n'avais pas perçu le moindre indice d'un vrai conflit de loyauté, la déception m'avait fait plus de mal que les mots que j'entendais. J'appréciais Jesús, je l'admirais. J'avais toujours été de son côté, du côté de l'ambition – qui était compatible avec la mienne et celle de chacun d'entre nous. On ne peut pas brusquement balancer la loyauté, l'admiration, l'affection dans le fossé, au bord du chemin, comme s'il s'agissait d'un poids mort, d'une vieille valise inutile. En tout cas, moi, je n'avais pas pu m'y résoudre. Mais je n'avais pas réussi pour autant à garder cette loyauté, cette admiration, cette affection intactes tandis que Lobo en venait aux mains avec Flores, et que Viella était tout près et sans défense, tentante et intacte à nos pieds.

« Ce que je possède, c'est le devoir de veiller au sort de mes hommes, avait déclaré le colonel, encore calme. Et je ne vais pas risquer leur vie sans être certain que je pourrai ensuite tenir la position que je vais conquérir. Pour attaquer, il faudrait d'abord que je sache ce qui est en train de se passer là-bas, et je l'ignore, parce que voilà deux jours que je ne parviens pas à contacter Toulouse, ni le jour ni la nuit. Personne ne décroche le téléphone, quelle que soit l'heure. Ainsi donc, je n'ai aucune information, ni bonne ni mauvaise.

— Ça n'a rien à voir. Tu es un militaire, pas un politique. » Flores avait fait une pause avant d'abattre sa dernière carte. « Ton devoir est d'obéir aux ordres. Et tes ordres sont de prendre Viella. »

Il avait aussitôt tourné la tête dans notre direction, comme s'il attendait qu'on l'applaudisse. Voilà pourquoi il n'avait pas vu venir El Lobo qui, l'ayant rejoint en deux enjambées, l'avait saisi par le col de la veste puis attiré à lui, pour lui parler aussi près que possible.

« Si tu veux devenir vieux… » De ma vie, je ne l'avais vu aussi furieux. « Ne viens plus jamais me rappeler quel est mon devoir. Tu entends ?

— Lâche-moi ! »

Le visage de Flores témoignait de sa surprise devant tant de violence. Mais El Lobo n'avait pas desserré ses poings.

« Je t'ai demandé si tu avais entendu. »

Et il l'avait secoué comme un prunier.

« Oui, j'ai entendu.

— J'en suis ravi. » Il l'avait lâché, en lui donnant une bourrade qui l'avait fait vaciller. « Car je sais parfaitement quel est mon devoir. C'est clair ? Je le sais mieux que toi. Mieux que personne. »

Après quoi, il avait laissé retomber ses bras et respiré profondément. Puis il nous avait regardés tandis que Flores réajustait sa chemise, sa vareuse, se recomposait un visage et retrouvait son regard torve, fuyant et terrorisé à la fois.

« Je connais mon devoir, mais je sais aussi ce qu'on m'avait promis à Toulouse avant de venir ici. » C'est à nous que Lobo s'adressait à présent. « On m'avait promis qu'on ne me lâcherait jamais, et là, je suis lâché. Que des milliers de volontaires allaient arriver et il n'en est venu aucun. Que je serais contacté par des agents de liaison, et je n'ai vu personne. Je n'ai pas entendu un seul mot de cette grève générale qui était supposée nous accueillir. Et ma femme, qui est la seule avec qui j'ai réussi à parler à Toulouse, n'a pas entendu ni lu le moindre article sur d'éventuels débrayages ou manifestations en notre faveur, ni à Toulouse ni ailleurs. On m'avait assuré que je serais en contact permanent avec l'organisation de l'intérieur, et personne ne nous a contactés, ni moi ni aucun autre chef de secteur. Je suis peut-être un militaire, mais je ne suis pas un imbécile et, vu le contexte, il est hors de question pour moi d'attaquer Viella. Je ne le ferai pas tant que je ne saurai pas si l'on a pris le tunnel, ni ce qu'est devenu Pinocchio, ni ce qui se passe avec l'arrière-garde. S'il est exact qu'à Lérida, à Saragosse, à Barcelone et à Madrid rien ne bouge, que personne ne compte sur nous et ne sait que nous sommes ici, à quoi bon attaquer ? Quel sens cela aurait-il de prendre une ville avec quatre mille hommes pour que l'ennemi l'encercle le lendemain avec dix mille, vingt mille, trente mille hommes ? Nous sommes ici pour renverser Franco, pas pour jouer aux petits soldats. J'ai autant envie que vous d'entrer dans Viella, mais tant que la situation n'aura pas changé, ne comptez pas sur moi pour donner un ordre qui a des chances de finir en massacre. »

À ce moment-là, je m'étais permis de penser qu'il me restait encore Inés, que ce voyage m'avait au moins apporté une des choses que j'attendais auparavant. Si ce n'est un pays où habiter, au moins une femme avec laquelle vivre. Car après avoir entendu El Lobo, les quelques espoirs qui me restaient s'étaient écroulés d'un coup. Voilà trop d'années que je faisais la guerre. J'avais entendu trop de discours. J'avais perdu trop de batailles. Je connaissais parfaitement le processus de la défaite, le mécanisme de ce trou minuscule qui pouvait s'agrandir à l'infini pour dévorer le moindre rêve, aussi immense fût-il, en une fraction de seconde.

Je savais tout cela, mais je l'avais gardé pour moi, et mes camarades avaient fait exactement de même. Bon, il peut encore se passer quelque chose, comprends-tu ? Oui, il est trop tôt, qui sait si demain... bien entendu, oui, et il faudra bien que Pinocchio se manifeste, à un moment ou à un autre... il n'est pas possible que la terre l'ait avalé, mon vieux, si nous ne contrôlions pas le tunnel, nous le saurions, comprends-tu ? C'est clair... Ces derniers mots, c'était moi qui les avais prononcés et ils n'étaient pas plus clairs que le reste, cependant mes camarades avaient acquiescé, avec la même véhémence que moi auparavant, lorsque j'avais approuvé leurs fantaisies. Ensuite, comme si nous mentir à nous-mêmes, intimement et publiquement, nous avait réellement tranquillisés, nous étions montés dans les camions pour retourner en silence à Bosost.

Sur le chemin, j'avais décidé que j'étais à la fois le plus malheureux et les plus chanceux de tous les officiers de l'armée de l'Union nationale espagnole. Car j'étais un ami de Jesús, mais j'avais également rencontré Inés. Si elle n'avait pas été là, la certitude que Monzón nous avait menti, qu'il nous avait trompés pour que nous nous précipitions de notre propre chef dans un piège qui pouvait se révéler mortel – et qu'il l'avait fait seulement pour avoir une petite chance de prendre le pouvoir –, eh bien cette certitude aurait pu me tuer. Que l'homme le plus intelligent, le plus sympathique, le plus courageux et le plus talentueux de tous ceux que j'avais jamais admirés, eût été capable de planifier un mauvais tour aussi brillant et aussi dégueulasse en même temps, m'aurait détruit si je n'avais eu la possibilité de me raccrocher à Inés, si elle n'avait su me maintenir à flot.

Lorsque j'étais descendu de ce camion, la seule chose que je désirais était de m'allonger auprès d'elle, de la prendre dans mes bras, de fermer les yeux et d'oublier tout ce qui pouvait exister hors de ces draps. Et j'avais apprécié que les haricots blancs, qui n'étaient pas une *fabada*, soient aussi délicieux, car je savais déjà qu'il allait se passer longtemps avant que je puisse manger des fèves aux Asturies. Pour le reste, l'ambiance du dîner avait été si pesante, si incroyablement sombre, que je m'étais levé avant que le café ne soit passé. Mais El Lobo m'avait retenu.

« Attends un instant, Galán. » Et je m'étais rassis. « Je voudrais te dire quelque chose… »

Une demi-heure plus tard, j'avais proposé d'arrêter moi-même Inés et de l'enfermer là où on me le dirait. Puis, la seule chose que j'avais réussi à penser, c'était que Dieu existe.

Il existe, oui, mais il ne changera jamais de camp, ce grand fils de pute.

À cinq heures et demie du matin, le jour ne s'était pas encore levé. Il faisait froid.

Pendant les dernières heures, je n'avais plus rien senti d'autre que du froid. Un froid implacable qui venait de moi pour imprégner tout ce qui m'entourait avant de me revenir plus fort, plus intense et plus violent, aussi puissant qu'une brusque glaciation. Une glace noire et humide, glacée mais vive, dont les dents acérées étaient avides de mordre et de déchirer ma peau avec un mouvement de va-et-vient de couteau oxydé sciant les muscles, les os, les cartilages, dévastant le reste, suspendant tout, paralysant le rythme de la vie. Mon cœur était devenu un morceau de glace, mon corps un vestige glacé de mon amour, mon amour une triste flaque de sang congelée. J'étais affalée sur une chaise froide, dans une maison froide, dans cette salle à manger affreuse et obscure, devant une soupe froide : la soupe de mon exil.

« Vous n'en voulez plus ? » avait demandé une gamine aussi grande que la maîtresse de maison, et plus corpulente. Une gamine, avec un visage rond, des joues roses et lisses, au front et au nez couverts de boutons. Ses mains étaient puissantes, ses doigts gonflés, sa peau rêche et rougie. Mais ce n'était même pas une adolescente, juste une grande fille de douze ans, portant le deuil, le col élimé de sa robe dépassant d'un tablier à carreaux terriblement usé, des sandales noires sur des jambes nues, qui parlait avec un accent bizarre, à la fois lointain et familier. L'accent d'Eugenia, la concierge de mon immeuble de la rue Montesquinza.

« J'emporte l'assiette alors ? »

Avant de hocher la tête, je l'avais observée un instant et j'avais découvert une tristesse trop vieille pour un visage si jeune, une souffrance jaunâtre qui s'accordait fort bien avec les murs ternes de cette pièce aux meubles noircis par la fumée, aux chaises dépareillées et au lustre dont seulement deux petites ampoules fonctionnaient, telles deux petites flammes malades. Il ne manquait plus à ce décor qu'une gamine d'Estrémadure aux mains brûlées par l'eau de Javel, avais-je pensé tandis que je fixais les plaques de métal repoussé, représentant la Cène et les Noces de Cana, accrochées aux murs de la salle à manger où mes hôtes avaient liquidé en silence un bouillon tiède aux vermicelles. Un instant plus tard, la gamine avait apporté trois assiettes contenant chacune une omelette d'un œuf.

« Nous mangeons très peu car, à notre âge, vous comprenez..., s'était senti obligé de dire l'homme de la maison.

— Ne vous inquiétez pas, avais-je répondu, tandis que sa femme m'observait du coin de l'œil. Je n'ai pas très faim. »

J'avais déjà commencé à manger l'omelette, trop fade et pas assez salée, lorsque la porte s'était ouverte sur deux gamins. Le plus âgé était déjà un adolescent et le plus petit était plus jeune que la servante. Il suffisait de les regarder pour comprendre qu'ils étaient frères. Nul besoin non plus de les examiner de près, avec leurs pantalons boueux, leurs ongles noirs, leur chemise, leurs cheveux, et leurs sandales souillées de terre, pour comprendre quel était leur travail.

« Excusez-nous, monsieur, bon appétit. » L'aîné avait baissé la tête, le petit s'était caché derrière lui. « Nous avons donné à manger aux mules. »

Lui non plus n'était pas de Bosost, ni de la région, il n'était pas catalan, ni même aragonais, cependant son accent était différent de celui de la fillette. Chacun de ses mots avait augmenté la pression de l'air au-dessus de ma tête, le poids de cette atmosphère diffuse et trouble, aussi misérable que l'omelette dont je n'avais mangé que la moitié, tout en me doutant que je ne la finirais pas.

« Très bien. » Mon hôte avait hoché la tête avec satisfaction. « Alors à table, puis tout de suite au lit, hein ? À cinq heures, il faut se lever. »

Avec un bouillon de vermicelles et une omelette d'un œuf dans le ventre, avais-je songé. Et cela avait dû se voir sur mon visage, car l'homme s'était à nouveau excusé.

« Ce sont de braves gars, vous savez ? Mais il faut tout le temps être derrière eux, car ils n'aiment pas travailler... »

Et lorsqu'il avait paru vouloir justifier son affirmation, sa femme avait fini de plier sa serviette et s'était levée.

« Nous allons nous coucher tout de suite. Ici, nous nous levons avec les poules. Et nous ne prenons jamais de dessert, mais si vous désirez une poire... »

Ils m'avaient souhaité une bonne nuit et je leur avais rendu la politesse. J'étais restée seule avec les meubles noirs et la lampe estropiée, avec la violence des objets, des gestes et des mots qui se répandait sur ma tristesse pour y ajouter l'incommensurable température d'un froid définitif.

Je ne méritais pas ce qui m'était arrivé. Je ne comprenais pas. Je ne parvenais même pas à imaginer ma faute. Qu'avais-je bien pu faire ou dire pour que le regard de Galán fût devenu d'acier et sa gorge de pierre, pour que cette voix fût devenue métallique, dure, aussi infranchissable que les barreaux d'une cellule, aussi affûtée que l'épée de feu qui m'avait expulsée du paradis. J'étais innocente, c'était tout ce que je savais. J'étais innocente, je n'avais rien dit, je n'avais rien fait à part m'occuper de tout le monde et en particulier de Galán. Voilà quelle était ma faute, d'avoir cuisiné une soupe à l'ail qui valait bien une chanson, puis de hurler de plaisir ensuite, c'était tout. Ce n'était pas la première fois que l'injustice me frappait, ce n'était pas la première fois que j'étais maltraitée sans l'avoir mérité. Ce n'était pas la première fois que j'avais été écartée par la force d'un camp auquel j'appartenais, mais jamais cela ne m'avait fait aussi mal. La trahison de Pedro Palacios, aussi moche et sale qu'elle eût été avait eu un sens. Pas celle de Galán. Personne n'avait le droit de me traiter de la sorte, de me faire ce que ces hommes m'avaient fait. Personne, et surtout pas lui.

Jamais on ne m'avait fait aussi mal. On peut supporter les blessures de l'ennemi la tête haute, sans douter, sans renoncer à ce à quoi l'on croit, à ce que l'on sent. Mais les blessures infligées par un amant ne se referment jamais. Et moi, j'aimais Galán. Et je le ressentais bien plus au sein de ce froid infini qu'au cœur de la tiédeur narcotique de sa peau douce, qu'auprès de ce soleil caramel qui nimbait sa tête. Désormais, je l'aimais solitaire, par une nuit noire et glaciale, et plus que jamais. La nostalgie de son corps était plus puissante que son corps lui-même. Le désir était si intense au fond de son absence que j'aurais aimé ne l'avoir jamais éprouvé, pour n'avoir à me souvenir de rien. Et je tentais de me réconforter en songeant que je le connaissais à peine, qu'une semaine plus tôt il ne faisait pas partie de ma vie, et que ce n'était pas lui – sentant le bois et le tabac, le clou de girofle et le savon, le citron vert avec une pointe de poivre – qui palpitait derrière cet amour. Je m'étais efforcée de penser qu'il ne s'agissait même pas d'amour, juste un mirage de mon cœur malmené, des illusions perdues qu'il avait lui-même suscitées, comme s'il avait pu tenir l'univers entier dans une main, tandis qu'il me caressait de l'autre, au moment où nos chemins s'étaient croisés par hasard, seulement par hasard. Voilà de quoi je voulais me persuader, mais tout m'était égal, car l'origine de la douleur n'affectait pas la douleur elle-même et sa nature ne la soulageait pas le moins du monde.

Je sentais que ma tête allait exploser. Je me répétais sans fin tous mes actes, mes phrases, mes gestes ce jour-là, celui de mon malheur. Je savais parfaitement qu'il y avait une explication évidente, mais que ce n'était cependant pas la bonne. Je savais comment se passaient les choses dans mon camp, et que l'incompréhensible conspiration d'un garde décidé à raconter qu'Arturo et moi nous étions embrassés avec passion aurait dû conduire à autre chose qu'à une suspicion de trahison. S'il ne s'était agi que de jalousie, nous aurions pu arranger ça tous les deux, avec des cris, des insultes, des larmes, des promesses, derrière une porte fermée. Je me serais jetée à ses pieds de bon gré, avant qu'il ne le fasse ensuite lui-même. Voilà ce que j'avais pensé ce soir-là, et pour arrêter de réfléchir, j'avais décidé de débarrasser la table et d'apporter la vaisselle à la cuisine.

« Non, madame, laissez ça. C'est moi qui vais le faire ! »

Tandis que la gamine m'arrachait les assiettes des mains, je m'étais aperçue que les deux frères jouaient avec un bouton, en le poussant chacun à son tour d'une pichenette, comme s'il s'agissait d'une bille, pour tenter de le faire passer entre deux boulettes de pain, sur la toile cirée de la table où ils avaient fini de dîner.

« But ! »

L'aîné avait simulé un cri tout en levant le bras en l'air.

« Non, non il n'y a pas but, il y a poteau, s'était plaint le petit, en pointant son doigt sur un motif de la toile cirée. Les buts arrivaient ici, tu vois ? Jusqu'à cette petite fleur. Le ballon a tapé sur le poteau et l'a déplacé.

— Eh bien, oui, il y a d'abord eu poteau, puis but.

— Non, le ballon est sorti, il est sorti. Tu es un tricheur, Matías ! »

J'étais retournée dans la salle à manger pour retirer les verres et la nappe, que j'avais secouée avec précaution au-dessus de la poubelle.

« Laissez ça, mademoiselle, s'il vous plaît..., avait insisté la gamine. C'est mon travail.

— Je ne m'appelle pas mademoiselle, avais-je précisé tout en me résignant à ne pas l'aider. Je m'appelle Inés. Et toi ?

— Moi, je m'appelle Mercedes García Rodríguez, m'avait-elle répondu tandis qu'elle finissait de secouer la nappe. Elle avait brusquement frissonné, puis avait fermé les yeux en se mordant la lèvre inférieure, comme si elle regrettait quelque chose. « Ah ! Je me suis à nouveau trompée ! » Et elle m'avait regardée droit dans les yeux. « À présent je ne m'appelle plus comme ça. Je m'appelle Mercedes Rodríguez Calvo, voilà.

— Et que s'est-il passé avec García ? » lui avais-je demandé un instant plus tard, alors que je saisissais un torchon pour essuyer la vaisselle qu'elle était en train de faire.

— C'est que... Mais restez donc tranquille, mademoiselle, sérieusement, je vais me faire gronder !

— Par qui ? Ils sont tous les deux en train de dormir... » Et j'avais indiqué l'égouttoir à vaisselle avec le bout du menton. « Je les mets là ?

— Bon, si vous voulez... » Et je l'avais vue sourire pour la première fois. « Merci.

— De rien. Et le García ?

— Eh bien le García... Eh bien, comme ce n'est pas un curé qui a marié mes parents, il paraît que maintenant ils ne sont plus mariés... » Elle s'était arrêtée de faire la vaisselle pour mieux s'expliquer. « C'est-à-dire qu'ils ont été mariés, car j'ai vu la photo du mariage. Ma mère était enceinte et elle me disait toujours, regarde, toi aussi tu y étais, et elle montrait son ventre sur la photo. On ne remarquait rien encore, mais elle le savait, bien entendu. Le problème... » Et elle avait à nouveau plongé ses mains dans l'eau, avait pris une assiette, puis l'avait rincée. « C'est que maintenant ce mariage n'est plus valable, ils ne sont plus mariés, voilà ce qui s'est passé. Ou quelque chose de ce genre, je ne sais plus... Finalement, à présent, je ne porte que les noms de ma mère.

— Mais c'est un mensonge, Mercedes. » À ces mots, elle avait lâché une assiette qui était allée cogner le fond de l'évier. « L'annulation des mariages civils a été une décision politique, mais ça ne change les choses que de l'extérieur, pas de l'intérieur. Ils ont eu beau te retirer le García sur tes papiers, tes parents étaient mariés et tu ne dois pas l'oublier, pour toi, et surtout pour eux.

— Pour ce qui est de mon père, ils l'ont fusillé, mademoiselle... Je veux dire... Inés. Et, quant à ma mère, la pauvre... Elle est trop malheureuse pour s'occuper des noms. »

Elle avait continué à laver et à rincer en silence, une assiette, deux, trois. Moi, je les séchais et je l'observais. J'avais été étonnée de sa surprenante solidité, de voir cette femme de douze ans en train de ranger la cuisine, tandis que deux hommes, qui ne devaient guère avoir plus de vingt ans à eux deux, nous regardaient en silence, avec des yeux écarquillés.

« Et où se trouve ta mère, Mercedes ? Pourquoi est-ce que vous ne vivez pas ensemble ?

— Elle est restée à Zafra, avec mes petits frères. À la maison, il n'y avait pas assez à manger pour tout le monde et... Les gens de l'Aide sociale m'ont placée ici comme domestique. » Elle avait tourné la tête pour montrer les gamins. « Eux aussi, mais ils sont d'un village de la région de Tolède.

— Urda. » Matías avait prononcé le nom de son patelin sans que je le lui demande. « Vous connaissez ? » J'avais fait non de la tête. « Eh bien, il y a un christ très fameux là-bas, vous savez ? Moi et Andrés, on est de là-bas. »

Andrés venait juste d'avoir neuf ans, mais Matías l'avait vieilli de deux ans pour éviter qu'on les sépare, car ils étaient seuls au monde. « Bon, presque seuls », avait-il ajouté. Leur père était mort à la guerre et, un beau matin, on avait retrouvé le cadavre de sa mère abandonné sur une aire où l'on bat le blé, c'était le lendemain de la chute du village. Ils avaient une grande sœur quelque part et un oncle en France. Le reste de la famille vivait toujours à Urda.

« Mais ils sont très pauvres et c'est pour ça que, lorsqu'on nous a dit de venir ici, Andrés ne voulait pas. C'est un merdeux, il a peur de tout, je lui ai dit qu'il fallait absolument partir. Je fais le travail tout seul car il est trop petit, mais comme le patron ne nous voit pas, voilà… On ne peut pas dire qu'on soit bien, mais on n'est pas si mal non plus. »

Matías n'avait pas encore quatorze ans, mais il parlait déjà comme un adulte. La gravité de ses jugements, cette responsabilité précoce et affirmée qui lui faisait hausser les épaules et lui donnait un regard sombre m'avait semblé plus cruelle que son histoire. C'est alors que je me suis souvenue de cette devise, « Pas un foyer sans électricité, ni un Espagnol sans pain », et combien j'avais été impressionnée par sa justesse la première fois que je l'avais lue. C'est excellent, avais-je pensé. J'en avais parlé en prison avec mes camarades du Secours rouge. Nous aurions dû y penser les premiers et l'utiliser nous-mêmes, comment avons-nous fait pour ne pas y penser ? Pas un foyer sans électricité, ni un Espagnol sans pain. Cette phrase toute simple, élémentaire, était cependant capable de susciter une certaine foi, de la chaleur, une modeste mais vraisemblable espérance en un avenir sans faim et sans froid. C'était la devise de l'Aide sociale : pas un foyer sans électricité, ni un Espagnol sans pain. Le reste, autrement dit ce que j'étais en train de découvrir ce soir-là, ne pouvait se lire nulle part.

« Allez !… Au lit ! » Et j'avais fait claquer mes doigts pour qu'ils sachent que je parlais sérieusement. « Allez !… Tous les trois au lit. Je vais ranger tout ça moi-même. Vous n'êtes donc pas fatigués ? » Andrés s'était levé en s'étirant, il avait bâillé et secoué la tête. « Moi, je n'ai pas sommeil. »

Lorsqu'ils étaient enfin partis se coucher, j'avais plongé les deux mains dans l'eau glacée et concentré toute mon attention sur la lavette, le savon et l'éphémère résistance de la graisse. J'étais plus triste que tout à l'heure et pourtant j'allais mieux, je me sentais moins vide, comme si ma tristesse et mon chagrin s'étaient évanouis. Tandis que je nettoyais l'évier, j'avais finalement compris que je reprenais des forces grâce à mes convictions, que – quoi qu'il puisse encore m'arriver – mon destin ne serait jamais aussi noir que celui de ces gamins. J'avais eu beaucoup de choses à faire, mais après les avoir toutes accomplies, je n'avais eu d'autre choix que de me glisser dans mon lit glacé en grelottant. Car il n'y avait pas de chauffage dans cette chambre, même pas un pauvre poêle. Alors je m'étais relevée, avais passé un pull, des chaussettes et m'étais recouchée sans réussir à me réchauffer. Je redoutais de me mettre à pleurer, car pleurer fatigue et ne sert pas à grand-chose. Mais mes yeux semblaient avoir pris leur décision, ils avaient laissé couler des larmes pendant un long moment. Ils m'avaient obligée à pleurer à cause de Galán, à cause des enfants dont je venais tout juste de faire la connaissance et à cause de ceux que je ne connaîtrais jamais. Voilà pourquoi j'avais fondu en larmes, parce que mes yeux en avaient décidé ainsi. Puis, épuisée par mes sanglots, j'avais fini par m'assoupir avant d'être à nouveau réveillée par le froid. Alors j'avais encore pleuré et m'étais encore rendormie. Et vers le petit matin mes yeux n'avaient plus de larmes, ils étaient redevenus disciplinés et dociles, secs. J'étais toujours morte de froid, mais je ne le sentais plus.

À cinq heures et demie, le jour n'était pas encore levé et Bosost avait l'air d'un village abandonné aux rues désertes et aux portes barricadées. Sur le chemin, je n'avais croisé personne mais j'avais aperçu la sentinelle de loin, avant même de voir la façade du quartier général. À une telle distance et à la lueur d'une seule ampoule, le soldat de garde ne pouvait me reconnaître, mais j'avais cependant préféré prendre la rue parallèle pour surveiller la maison. Depuis cet angle, on pouvait voir le balcon de notre chambre. Galán devait se trouver derrière les persiennes, tout seul dans son lit. Je le voyais comme si j'étais à son côté, je voyais les draps, la couverture, les barreaux en cuivre du lit, une Madone de Raphaël encadrée d'une baguette dorée au chevet, la table de toilette dans le fond et, au premier plan, son corps, sa cicatrice affreuse sur son bras droit, semblable à un tronc avec deux branches tordues, et son pied gauche à l'air, comme toujours.

Cachée telle une espionne sous la grande porte de cette étable, j'étais en train de me demander ce que j'allais faire quand la lumière s'était allumée au rez-de-chaussée. Presque au même moment, j'avais entendu un bruit de pas, puis un autre et encore un autre, de plus en plus près. J'avais alors quitté ma cachette et pris la rue qui débouchait juste devant le quartier général. Je m'étais sentie aussi vulnérable que si j'étais exposée au tir d'un pistolet nerveux. Puis j'avais reconnu à temps l'origine de ces pas qui venaient non du village, mais du chemin que nous avions suivi à cheval, lors d'une fameuse soirée. Avant même de le voir, j'avais été certaine qu'il s'agissait de lui. J'avais progressé lentement, jusqu'à ce coin de la rue, et l'avais vu arriver, marchant lentement. Lui aussi m'avait vue, mais il ne m'avait pas regardée. Il s'était collé au côté droit de la rue pour s'écarter de moi et avait pressé le pas.

« Galán, attends-moi ! »

Il ne s'était pas arrêté. Il était allé droit vers la maison. Je savais que si je le laissais y pénétrer, nous ne nous reparlerions plus jamais. C'est pourquoi j'avais couru vers lui, l'avais attrapé par la chemise puis entouré de mes bras, pour le retenir. Mais il s'était empressé de me repousser.

« Que me veux-tu ? » avait-il dit quand, enfin, il s'était retourné.

Et c'était comme si je n'avais jamais connu, jamais vu cet homme.

« Écoute, je ne sais pas ce qu'on t'a raconté… » Il sentait le bois et le tabac, le clou de girofle et la fatigue, et l'explication n'était pas la bonne, mais je n'en possédais pas d'autre. « Je ne connaissais pas du tout ce gars, je te le jure ! Demande-le à Romesco, il était là lorsque je l'ai rencontré, il était venu me dire qu'il voulait nous aider et je lui ai demandé de nous trouver de la nourriture. C'est tout ce que j'ai fait, lui demander de nous apporter de la nourriture. Romesco est au courant, il sait que je ne le connaissais pas. Et hier, lorsqu'il s'est jeté sur moi, je l'ai repoussé aussi fermement que j'ai pu. Voilà la vérité et il faut me croire, je te le demande, s'il te plaît, je te le jure sur ce que j'ai de plus cher, je…

— Tu as couché avec moi sans me connaître, n'est-ce pas ? » En le regardant, j'avais compris que la nuit dernière je n'avais rien appris à propos du froid. « Alors, tu n'as pas besoin de me donner d'explication. Tu peux de la même façon coucher avec n'importe qui...

— Ne me parle pas sur ce ton, avais-je murmuré si bas que j'avais à peine entendu ce que je disais. Pourquoi...

— Pourquoi ? Parce que c'est la vérité. » Ses lèvres s'étaient plissées en un rictus maladroit qui, s'il avait voulu être un sourire, n'y était jamais parvenu. « Tu n'as pas besoin de connaître un homme pour te glisser dans un lit avec lui, il me semble évident que...

— Ne me parle pas sur ce ton ! avais-je hurlé en me jetant sur lui, les poings fermés, pour tambouriner sur sa poitrine. Ne me parle pas ainsi car tu ne penses pas ce que tu dis, tu ne le penses pas, alors tu ne peux pas me dire ça. Tu sais très bien que... »

Je pensais qu'en Espagne il ne restait plus de femme comme toi, m'avait-il dit une fois. À ce souvenir, je n'avais pu poursuivre.

« La seule chose que je sais... » Il avait saisi mon bras, me privant ainsi du réconfort de le frapper. « C'est que j'ai mordu à l'hameçon comme un novice. Ça je le sais parfaitement.

— À quel hameçon as-tu mordu ? Je ne comprends pas.

— Ah bon ? » Il m'avait lâchée et avait reculé d'un pas. « Eh bien, ce que je ne comprends pas, c'est ce que fabriquait ce type hier à fouiller la maison tandis que tu faisais diversion dans la cuisine, sous prétexte de remplir la réserve de pommes de terre.

— Moi, je faisais diversion ?... » J'étais restée interdite, bouche bée, les bras ballants. J'avais senti le sol se dérober sous moi. « Tu crois vraiment que je me suis comportée de la sorte ? » Je m'étais écartée de lui, incapable de contrôler mes pas, ni mes yeux qui ne parvenaient à trouver un point où se fixer. « Tu crois vraiment que je le couvrais pendant qu'il ?... Ce n'est pas possible. » Je l'avais regardé, il m'avait regardée, et je m'étais aperçue qu'il commençait à avoir des doutes. « Ce n'est pas possible. Dis-moi que ce n'est pas vrai ! » Et, c'est probablement pour cette raison, parce qu'il avait eu quelques doutes, qu'il avait fini par me tourner le dos. « Ce n'est pas possible, je refuse de le croire... » Il était entré dans la maison. « Je refuse d'y croire, tu m'entends ? » Et j'avais haussé la voix. « Je refuse d'y croire ! »

J'avais encore titubé un moment en marchant sans but, mes pieds dessinant un chaos de lignes dépourvues de sens, des pas de danseuse épouvantablement ivre. Si, au début, je n'avais pas pu m'approprier les paroles que je venais d'entendre, les comprendre avait été pire, bien pire. Souffrir autant, se donner à ce point, et avoir été si heureuse pendant si peu de temps avait eu comme résultat qu'on me considère comme une infiltrée, l'ennemi dans la maison, une sale pute prête à les tromper, à leur faire du mal, à ouvrir la porte à leurs bourreaux au moment où ils s'y attendraient le moins. Voilà ce qu'ils pensaient de moi et ils ne m'avaient même pas donné la possibilité de me défendre. À aucun moment. Car dans notre camp les choses ne fonctionnaient pas de cette façon, on préférait l'inquiétude qui rend faible, l'incertitude qui détruit les nerfs, l'exclusion foudroyante, avec, par la suite, le risque de ne jamais savoir, de ne jamais comprendre ce qui s'était réellement passé.

« Inés... »

Montse revenait de chez elle accompagnée de Zurdo et, en entendant sa voix, je m'étais lentement redressée, j'avais cessé de penser en rond, de tourner sur place comme une toupie. J'avais écarté les mèches de mon visage, puis observé mon amie. Elle s'approchait de moi quand son amant l'avait retenue par la taille pour l'embrasser sur le front, et surtout pour l'éloigner de moi. Elle m'avait alors adressé un étrange signe de la main, à mi-chemin entre un salut et une caresse. Mais Zurdo, lui, ne m'avait pas regardée, ni l'homme de garde qui avait tourné la tête lorsque je m'étais retrouvée seule avec lui dans la rue. Tandis que je me tenais, immobile, droite comme un *i*, j'avais enfin compris ce que j'étais devenue pour eux : une femme transparente, sans corps, sourde et muette, inexistante. C'est à cet instant que j'avais recouvré mes esprits. Aussi, lorsque Montse m'avait raconté ce qui s'était passé, je savais déjà tout, ou presque tout. Tapie sous la porte cochère de cette étable, à les regarder sortir, se rassembler et prendre congé jusqu'au soir, j'avais tout compris par moi-même.

El Zurdo avait été le dernier à s'en aller. Lorsqu'il avait franchi le seuil de la maison, Galán était encore là, à scruter les alentours. Il était évident qu'il me cherchait des yeux, et encore plus évident qu'il ne m'apercevrait pas. Je m'étais collée contre la porte jusqu'à ce que Comprentu l'appelle, en lui rappelant le nom du village qu'ils devaient atteindre avant l'heure du déjeuner.

Le bruit – des pas, des voix, de moteur – s'était évanoui progressivement. Je n'avais pas bougé tant que je n'avais pas parfaitement reconnu la silhouette de Montse, se tenant un pas en deçà du champ visuel de l'homme de garde. J'étais alors sortie de ma cachette et lui avais fait signe de m'attendre là où elle se trouvait. J'étais ensuite sortie du village, avais traversé la Garonne par un pont éloigné des maisons et contourné le campement par-derrière. J'avais mis une bonne heure pour atteindre la fenêtre de la cuisine. Lorsque j'avais doucement toqué au carreau, Montse y était apparue tout de suite.

« Inés ! » Sa nervosité l'avait empêchée d'ouvrir la fenêtre du premier coup. « Inés, que s'est-il passé ? Attends un moment, j'arrive…

— Non, ne sors pas. Il vaut mieux qu'on ne te voie pas parler avec moi. Écoute-moi, Montse, j'ai besoin de savoir ce qui s'est passé hier, lorsqu'on m'a chassée d'ici.

— On t'a chassée ? » Elle avait écarquillé les yeux. « Je croyais que…

— Oui, on m'a chassée, et je crois savoir pour quelle raison. Je te le dirai tout à l'heure, mais d'abord je voudrais connaître ta version des… »

Elle avait fermé les yeux et hoché la tête avec tant de gravité que je n'avais pas fini ma phrase.

« Je me trouvais chez moi. On avait déjà débarrassé la table, tu te souviens ? El Zurdo n'était pas encore rentré. Puis El Lobo, Galán et Comprentu sont arrivés… » La seule chose que je n'avais pas pu deviner, c'est que la porte du bureau avait été forcée et qu'on avait aperçu Arturo en train de trafiquer à l'étage. « Et ils m'ont demandé si je pensais que tu étais de mèche avec lui. Je leur ai répondu que non, car… Tu ne le connaissais ni d'Ève ni d'Adam, n'est-ce pas, Inés ?

— Non, Montse, je ne le connaissais absolument pas, bien entendu. » Je ne comprends pas comment j'ai pu être aussi bête, m'étais-je dit, pauvre naïve que je suis, un pauvre étourneau ébloui par ces journées et ces nuits merveilleuses... « Je te jure que je l'avais jamais vu auparavant.

— J'en étais sûre. » Elle m'avait souri et son sourire m'avait permis d'espérer que la chaleur existait encore quelque part. « J'en étais sûre. »

Elle avait secoué la tête pour me signifier qu'elle aurait préféré ne pas avoir à me raconter ça, mais que j'étais une innocente et qu'elle était mon amie, et c'est ainsi qu'étaient venus sur la sellette Pedro Palacios et une longue liste de coïncidences dont je n'avais jamais été consciente. J'avais cru l'histoire terminée, mais ce n'était pas le cas.

« Et puis Galán, ensuite... » Elle avait serré ses lèvres. « Rien.

— Non, pas rien, non ! Et ensuite, quoi, Montse ?

— Ensuite... Galán a envoyé un grand coup de pied dans une carriole. Ce qui a dû lui faire très mal, crois-moi. Et il a dit : eh bien, on va l'arrêter, c'est moi qui vais l'arrêter si vous préférez, je vais la chercher tout de suite et je l'enferme là où vous me le direz... Ne pleure pas, Inés.

— Je ne pleure pas. » Deux larmes coulaient de mes yeux. « Continue, s'il te plaît.

— Voilà, c'est tout. Ils m'ont remerciée, puis ils sont partis. Et le soir même, lorsque je suis arrivée, j'ai cru que tu étais toujours au quartier général, à l'étage avec Galán parce que lui non plus n'était pas là. Je me suis dit, ils ont dû se disputer, et... » Elle s'était interrompue pour regarder derrière elle. « Attends-moi ici, un instant. Quelqu'un vient. »

Elle avait fermé la fenêtre et je m'étais assise par terre pour rassembler tous les fragments de cette histoire afin de tenter d'obtenir un récit complet. Cependant le fait que Galán ait proposé de m'arrêter lui-même et de m'enfermer où on le lui dirait n'avait pas été le pire. Le pire étant que je les comprenais, que je comprenais leur méfiance envers moi, leurs doutes. Cela me faisait mal, mais je pouvais le comprendre. Et, arrivée à ce point, j'avais découvert deux vérités supplémentaires. La première était que je ne parviendrais jamais à résoudre ce problème à ma façon. La seconde était que je ne pourrais le résoudre qu'à sa façon à lui. Et c'est ce que je comptais faire, résoudre cette affaire, comme ils l'auraient fait eux.

« Inés, tu es toujours là ? C'était le boucher... Qu'est-ce que je vais faire, moi, maintenant, avec ce cochon ? »

Le cochon... J'avais réagi comme si je devais m'en débrouiller toute seule...

« Des tranches. » Je ne pouvais pas laisser Montse dans l'embarras. « Demande-lui de te débiter le collier en tranches, c'est trop gras pour les faire frire, mais si tu les mitonnes avec des olives par exemple, c'est excellent... »

Jamais je ne saurais comment j'avais trouvé la sérénité pour lui donner la recette en détail. Tandis qu'elle la notait sur une feuille de papier, j'étais allée jusqu'à lui préciser de bien égoutter les olives et de veiller à ne pas mettre trop de farine, car si la sauce s'épaississait trop, le plat risquait d'être raté.

« Dis-lui qu'il te prépare les filets, avais-je encore ajouté. Qu'il te coupe les côtelettes et qu'il t'apporte le tout ici pour le ranger dans le garde-manger, à l'endroit le plus frais, dans un plat creux recouvert d'un linge propre. Et ce soir, ou demain, lorsque je repasserai, nous cuisinerons ça toutes les deux.

— Parce que tu vas revenir, n'est-ce pas ?

— Bien entendu. Bon, si tu m'aides un peu... » Elle avait acquiescé d'un mouvement de tête enthousiaste, comme pour m'assurer que je pouvais lui demander n'importe quoi. « Eh bien, monte à l'étage, tu veux bien ? Entre deux couvertures, dans l'armoire, il doit y avoir un pistolet. Apporte-le-moi. C'est le mien.

— Non, il n'en est pas question. » Elle m'avait jeté un regard épouvanté. « Pas un pistolet. Que vas-tu faire avec ?

— Apporte-le-moi, Montse, s'il te plaît. Je ne vais pas me suicider, si c'est ce que tu crois.

— Te suicider ? » Ma dernière affirmation n'avait fait que l'affoler davantage. « Mais pourquoi veux-tu que je pense ça ? Tu es devenue folle.

— Non. » Et je m'étais soudain sentie si forte que je lui avais à nouveau souri. « Je vais aller chercher Arturo. J'irais le chercher de toute façon. C'est décidé. C'est ce que je vais faire, avec mon pistolet, si tu me l'apportes bien sûr. Ou sans lui, et alors ce sera pire, même si, moi, j'ai toujours mes deux bras. C'est à toi de décider. »

Je l'avais fixée intensément, en attendant qu'elle me regarde à son tour, afin que mon expression finisse de la convaincre définitivement.

« Ah, mon Dieu ! » Elle avait à nouveau secoué la tête, plus lentement. « Mon Dieu, mon Dieu... Mon Dieu. »

Sans cesser d'invoquer Dieu, elle avait quitté la cuisine et était revenue en tenant le pistolet.

« Je ne devrais pas faire ça, Inés. » Elle avait posé l'arme dans la main avec une inquiétude presque maternelle. « S'il t'arrivait quelque chose...

— Il m'est déjà arrivé quelque chose, Montse », avais-je répondu, tandis que je vérifiais le chargeur. « Il m'est arrivé la pire chose qu'il pouvait m'arriver. Je n'ai plus rien à perdre. Il suffit que tu me dises à présent où habite le manchot.

— Attends un moment. Cette fois-ci, je vais sortir.

— Tu ne dois pas... vraiment parce que... » Mais elle avait déjà refermé la fenêtre.

Elle était arrivée en courant et nous étions tombées dans les bras l'une de l'autre. Nous étions restées longtemps ainsi, à nous bercer comme les deux gamines effrayées que nous étions, car nous avions très peur toutes les deux, même si, contrairement à moi, elle ne craignait pas de le montrer. Puis elle m'avait expliqué comment arriver au mas du manchot et nous nous étions quittées sans dire un mot. Lorsque j'étais sortie de l'écurie en guidant *Lauro* par la bride, elle m'avait fait au revoir de la main.

J'avais cheminé très lentement pour sortir du village en empruntant une ruelle déserte, et j'avais coupé à travers le champ qui bordait la colline avant d'oser enfourcher ma monture. Je m'étais dit que dans cette direction – qui menait à Les, à Caneján et enfin en France – il n'y aurait pas de points de contrôle. J'en avais tout de même aperçu un sur la route et les hommes, qui avaient dû me voir également, n'avaient pu m'arrêter puisque je chevauchais loin des chemins, à flanc de montagne. C'est la raison pour laquelle j'avais mis du temps à repérer le coteau dont m'avait parlé Montse. Tout le reste, en revanche, avait été étonnamment facile. Lorsque j'avais repéré le mas, dans une clairière au milieu d'une forêt très dense, la bâtisse était silencieuse et je n'avais décelé aucun mouvement, même s'il était presque dix heures du matin. Les arbres arrivaient presque jusqu'au mur d'enceinte et j'avais attaché *Lauro* à l'un d'eux. Tandis que je m'approchais avec précaution, j'avais vite constaté que ma prudence était superflue. Tous les volets étaient clos, la porte de derrière barricadée, malgré la fumée qui sortait de la cheminée. Après m'être cachée derrière le petit portail de bois qui donnait sur la pinède, j'avais remarqué une série de baraquements tout en longueur, – des étables ou des volières –, également fermés comme si le soleil ne s'était pas encore levé. Et un peu plus loin, un potager où, logiquement, quelqu'un aurait dû travailler à cette heure-là.

El Lobo avait raison. Les métayers appartenaient à cette milice traditionnelle catalane qu'on appelait le Somatén, car non seulement le mas était désert mais il était également fermé aux regards, au beau milieu de la matinée. Quelque chose devait bien justifier toutes ces dispositions : des armes, des hommes armés. En y réfléchissant, j'avais été tentée d'abandonner mes recherches. Ce que j'aurais sans doute fait si la porte ne s'était ouverte sur les deux hommes qui, la veille, étaient venus me voir à Bosost. Le premier – celui qui était arrivé en tirant la charrette – s'était directement dirigé vers une souche avec une hache plantée en plein milieu. Pendant ce temps, Arturo, toujours avec le même panier dans lequel il m'avait apporté les œufs, avait gagné le baraquement le plus éloigné du mas. Je m'étais déplacée lentement, collée au mur d'enceinte, jusqu'à me retrouver à un endroit d'où je pouvais avoir une vue d'ensemble – la porte ouverte par laquelle était entré Arturo, la porte fermée de la maison et la souche où l'employé du mas (ce qu'il devait être) débitait ses bûches. Ce dernier avait une dernière fois planté la hache dans la souche, était retourné dans la maison et avait refermé la porte derrière lui.

J'avais alors empoigné mon revolver, respiré profondément et compté jusqu'à trois. À tous les coups, je vais buter sur une pierre et me fendre le crâne ! m'étais-je dit. J'avais cherché une bonne prise pour me hisser sur le mur d'enceinte, puis je m'y étais assise pour ne pas prendre de risques, et j'avais tâtonné du bout du pied à la recherche d'un point d'appui. À tous les coups, on va me découvrir, on va me tirer dessus ! J'avais couru me mettre à l'abri des baraquements, puis avais avancé plaquée aux murs, pour éviter qu'on me voie de la maison. Mon cœur battant la chamade, j'avais fini par atteindre un poulailler dans lequel j'étais allée me cacher.

Ça ne va jamais réussir, m'étais-je dit, tandis que je calculais les distances. Arturo portait des vêtements de travail, un pull bleu trop petit pour lui, largement déchiré au col et troué un peu partout, comme par des coups de bec, un pantalon usé jusqu'à la corde, aux poches déformées, manifestement vides. Impossible d'y avoir dissimulé une arme, et il n'en portait pas à la ceinture non plus. Moi, en revanche, j'avais une arme à feu avec cinq balles dans le chargeur, m'étais-je dit. Et je m'étais sentie plus forte, même si je doutais toujours de mes aptitudes. Étranger à mes réflexions, Arturo ramassait ses œufs de la main droite pour les placer dans le panier. Et à présent que va-t-il se passer ? m'étais-je demandé lorsqu'il avait fini sa collecte et rebroussait chemin en avançant dans ma direction. Que va-t-il se passer ? Il était manchot, mais certainement pas aveugle. Il avait sans doute remarqué une ombre près de la porte, car il s'était arrêté en fronçant les sourcils et avait entrouvert les lèvres. Il allait crier. Il ne fallait pas.

« Haut les mains », avais-je dit à voix basse, en sortant de ma cachette avec le revolver pointé sur lui. Il avait levé la seule main qu'il possédait et déplié l'autre bras. Le panier était tombé par terre, formant une gigantesque omelette. « Ne bouge pas, ne parle pas, fais ce que je te dis, un point c'est tout. Ça vaudra mieux pour toi. Je n'hésiterai pas à te tirer dessus. »

Tandis que je m'avançais lentement, j'avais remarqué la transformation de son visage. La surprise avait instantanément laissé place à la panique. Il avait peur de moi. Lorsque je l'avais compris, c'est la mienne qui s'était peu à peu émoussée. Et même si je tremblais intérieurement, j'avais au moins réussi à faire semblant d'être sûre de moi.

« Ouvre la bouche ! »

Il s'était aussitôt exécuté et j'y avais enfoncé un chiffon pas très net que j'avais trouvé dans un coin. J'étais encore très nerveuse, mais d'une nervosité différente cette fois. Car, de toute ma vie, je n'avais jamais fait, ni de près ni de loin, quelque chose de semblable. Et cette excitation proche de l'euphorie, cet optimisme insensé, que je ne parvenais pas à contrôler, tout à fait, étaient nouveaux pour moi. Il me faut réfléchir, m'étais-je dit, il me faut réfléchir et ne pas me tromper, car je ne pourrais me sortir de cette situation qu'en faisant les choses correctement, et surtout dans le bon ordre.

« Donne-moi la clé du poulailler ! » Il avait obéi sans protester et je l'avais mise dans ma poche. « Très bien. À présent, défais la manche de ton bras gauche. »

Après quoi, j'avais saisi sa main droite pour la lui placer dans le dos et lui attacher le poignet avec l'extrémité de sa manche vide. Je m'étais un peu emmêlé les doigts avec le bout de tissu et le revolver avant de parvenir à faire un nœud tout juste ordinaire. Les portes des cages étant fermées chacune avec un bout de ficelle, j'en avais récupéré deux que j'avais attachés entre eux. Ensuite, alors que les poules caquetaient sans se décider à s'échapper, je m'étais placée derrière mon prisonnier et avais passé le canon du revolver sous la partie intérieure de son avant-bras droit, en maintenant l'arme avec mon pouce, tandis que je travaillais avec tous mes autres doigts.

« Tu n'as plus qu'une main, tu t'en souviens, n'est-ce pas ? » Il avait hoché la tête. « Alors ne fais pas de bêtises. Il ne faudrait pas que tu la perdes, elle aussi. »

Voilà ce qui avait été le plus difficile : l'attacher. La seule fois où j'avais ligoté quelqu'un ç'avait été Adela et sa domestique, qui étaient déjà assises. La tâche avait été facile, il avait suffi de faire des tours autour du dossier de leur chaise. Et puis, en réfléchissant, je m'étais dit qu'attacher la main d'Arturo était à peu près la même chose que préparer un poulet avant de le mettre au four. C'était exactement ce que j'avais fait, en laissant pendre un bout de ficelle, comme si j'avais besoin de défaire le nœud sans abîmer les pattes – un *churro* plutôt ridicule, en vérité.

« Et maintenant, espèce de connard, tu vas m'accompagner ! » Lorsque son lien m'avait semblé solide, j'avais appliqué le canon du revolver sur son cou. « Nous allons sortir tous les deux très lentement, sans faire de bruit, et je vais te conduire à Bosost pour que tu expliques ce qui s'est passé hier, compris ? » Il avait à peine tourné la tête pour me regarder et j'avais appuyé mon arme un peu plus fermement. « Je te demande si tu as compris. » Il avait acquiescé en faisant très attention. « Eh bien voilà. Tu vas expliquer au colonel qu'on ne se connaissait pas auparavant, que tu m'as tendu un piège, puis tu diras pour quelle raison tu as fait tout ça. Si tu tentes le moindre geste bizarre, le moindre mouvement qui ne me plaise pas, je t'abats sur place… » Je m'étais un peu déplacée pour le regarder dans les yeux, et avais planté le canon du revolver dans sa poitrine. « Je te le jure sur la tête de ma mère. Tu me crois, n'est-ce pas ? » Il avait à nouveau hoché la tête. « Allons-y ! »

Avant de quitter le poulailler, j'avais passé la tête au-dehors pour vérifier que rien n'avait changé. La maison était toujours fermée, le terrain alentour désert, même pas un chien en vue. J'étais sortie, lui avais fait signe du bout du pistolet de sortir à son tour, avais refermé la porte à clé et – lui devant, me protégeant de son corps – nous avions commencé à progresser de baraquement en baraquement, tout en nous abritant derrière les murs. Nous n'avions pas encore atteint celui qui était le plus près du petit portail, lorsque le vrombissement d'un moteur avait retenti. Nous avions redressé en même temps la tête.

Je l'avais forcé à parcourir les quelques mètres qui nous séparaient du dernier parapet et, avant d'avoir réussi à faire deux pas, nous avions entendu, plus distinctement encore, le vacarme de l'automobile, le grincement des portes qui s'ouvraient, les voix d'hommes qui s'interpellaient. Depuis l'autre extrémité du mur, j'avais aperçu une fourgonnette noire qui s'arrêtait alors que six individus étaient en train de l'attendre. Deux d'entre eux avaient ouvert une trappe qui, sur la façade latérale de la bâtisse, devait probablement mener à un passage souterrain ou à une cave. Pendant ce temps, un gars d'une soixantaine d'années, qui ressemblait à Arturo et paraissait être le propriétaire, avait fait son apparition à l'entrée. Le chauffeur de la fourgonnette était descendu de son véhicule pour ouvrir les portes arrière et les hommes du mas avaient jeté par terre quelques balles de paille qu'ils avaient recouvertes d'une grosse toile. Ils venaient de recevoir une livraison : des boîtes en bois et des sacs ouverts, des munitions et des fusils, avais-je pensé avant même d'apercevoir des mitraillettes qu'ils avaient montées à même le sol pour les ranger avec le reste des armes. Puis j'avais vu la personne qui accompagnait le chauffeur descendre à son tour du véhicule. Un type très grand, vêtu d'un manteau noir et d'un béret qu'il avait retiré avant de s'écarter du groupe pour s'entretenir avec le métayer.

À cet instant, ce n'était plus à Arturo que je pensais, ni à mon revolver, ni au lieu où je me trouvais, ni à ce que j'étais en train de vivre. Je n'étais plus en train d'engager mon amour, mon honneur, le succès qui semblait sur le point de couronner mon audace, ni le retour dans ce paradis d'où j'avais été injustement expulsée. Je n'étais même plus en train de risquer ma vie, car ce qui pouvait m'arriver était bien pire que la mort. Devant mes yeux, Alfonso Garrido, vêtu de son uniforme, était en train d'offrir une cigarette à son hôte, allumait la sienne, donnait un coup d'œil circulaire qui m'avait obligé à me coller au mur telle une bernique. Ensuite, sans trop penser à ce que je faisais, j'avais retiré le cran de sûreté de mon revolver que j'avais pressé sur la nuque d'Arturo, puis du bout du canon, très lentement, je lui avais caressé toute la tête jusqu'au sommet du crâne pour redescendre enfin avec la même lenteur vers son cou.

« Ne fais pas l'imbécile et tout se passera bien. Je viens de retirer le cran de sûreté du revolver. Tu as entendu, n'est-ce pas ? Alors ne bouge pas, ne respire plus… »

Ils sont déjà là. C'était la première chose que j'avais pensée malgré la panique que Garrido était parvenu à m'inspirer à distance et le dégoût qui avait soudain envahi ma bouche en libérant une terreur incontrôlable qui avait tout gommé, mon euphorie et ma nervosité, pour me ramener aux origines d'une fébrilité bien plus ancienne. Je ne pouvais pas prendre le risque que mon prisonnier s'aperçût de ce qui m'arrivait et c'est pourquoi j'avais continué à caresser sans arrêt son crâne avec mon revolver. Lorsque j'avais à nouveau passé une tête pour observer, Garrido avait disparu. Il avait dû suivre le propriétaire jusqu'à la maison, car je ne voyais plus que les hommes qui avaient déchargé les armes, en train de descendre par la trappe pour la refermer ensuite. Une seconde plus tard, tout était redevenu aussi désert, aussi silencieux qu'au début, excepté la présence de la fourgonnette noire et la paille au sol. Arturo était toujours près de moi, aussi calme que s'il était mort, aussi docile qu'un petit enfant.

« Tu as la clé du portillon ? » Il avait fait non de la tête. « Eh bien, je suis désolé pour toi, mais si tu ne veux pas que je te tue, tu vas devoir sauter le mur d'enceinte... »

Il avait à nouveau secoué la tête, mais cette fois avec bien plus de véhémence. Il n'arrêtait pas d'agiter son bras droit, comme s'il tentait d'indiquer quelque chose avec son index tendu. Après une série de questions auxquelles il avait répondu de la tête, j'avais compris qu'une clé était cachée entre deux pierres. Je l'avais trouvée sans difficulté, avais ouvert le portillon puis refermé. J'avais ensuite glissé la clé dans ma poche avec celle du poulailler, puis j'avais conduit le manchot vers l'endroit où se trouvait *Lauro*.

J'avais discrètement remis le cran de sûreté du revolver avant de monter en selle et, sans cesser de menacer Arturo d'en haut de la main droite, je m'étais placée en arrière, lui avais demandé de mettre un pied à l'étrier, l'avais saisi sous les aisselles et l'avais tiré. Nous avions failli tomber l'un et l'autre, mais Arturo savait monter et j'avais réussi à retenir son poids pour lui permettre de se redresser et de s'asseoir devant moi. Nous étions partis au grand galop parmi les pins et n'avions pas mis bien longtemps à rejoindre la route que je m'étais appliquée à éviter à l'aller.

« Donne. » Je lui avais retiré son bâillon, l'avais regardé avec dégoût et l'avais jeté. « Je suis désolée d'avoir dû utiliser ce chiffon sale, mais il n'y avait rien d'autre. »

Arturo n'avait pas répondu et cela m'avait soulagée. Nous avions continué à chevaucher à bonne allure, mais pas trop, car je souhaitais attirer l'attention des sentinelles pour qu'elles aient largement le temps de nous arrêter.

« Inés ? » Le chef du poste de contrôle était Romesco. « Mais qu'est-ce que tu fais là ?

— Moi... » Je l'avais regardé, avais souri, me sentant enfin à l'abri. « C'est très long à raconter. Tiens, attrape celui-là et conduis-le jusqu'à El Lobo. Et n'oublie pas de lui dire que c'est moi qui l'ai capturé. Il comprendra. Et tu lui dis également que lorsque j'étais dans son mas – il n'a qu'à demander à Montse où ça se trouve, elle sait parfaitement où c'est –, une fourgonnette camouflée est arrivée remplie d'armes de toutes sortes. Dans le véhicule, il y avait un commandant de l'armée vêtu en civil. Les hommes du mas l'attendaient. Ils ont tout caché dans la cave : fusils, mitraillettes et munitions, mais je n'ai pas vu de troupes. Tu te souviendras de tout ? »

Romesco, qui avait demandé de l'aide pour descendre Arturo du cheval, était resté muet de stupéfaction devant le nœud qui immobilisait l'unique bras.

« Putain ! On dirait une dinde de Noël juste avant d'être enfournée !

— Oui, j'ai fait au mieux. Vous n'avez qu'à le menotter à présent. Autre chose encore… Par où va-t-on à Vilamós ? »

J'avais contourné le village pour éviter le premier poste de contrôle et quand j'étais arrivée à hauteur du deuxième barrage, en rase campagne, on m'avait saluée en me voyant venir de loin, comme si El Lobo avait déjà eu le temps de donner l'ordre de ne pas m'arrêter. J'avais chevauché jusqu'aux alentours d'Arrós et atteint la bifurcation sans croiser le moindre habitant. La route de Vilamós était l'une des plus belles que j'avais parcourues de toute ma vie et elle était en même temps la marque même de l'ingénieur qui l'avait conçue, à en juger par ses innombrables virages en épingle à cheveu. Cependant, son tracé devenait un peu plus régulier sur le dernier tronçon, permettant d'apercevoir la silhouette du village – des côtes et encore des côtes bordées de toits d'ardoise noire – à intervalles de plus en plus longs.

Avant d'atteindre les premières maisons, j'avais constaté que le panneau indicateur du village portait encore le joug et les flèches que les nôtres avaient l'habitude de supprimer en recouvrant ou en pliant le métal, juste après avoir arrêté les gardes civils. Sans doute n'en avaient-ils pas eu le temps. Il n'était pas encore deux heures de l'après-midi. L'endroit où j'avais mis pied à terre la dernière fois ne devait pas se trouver à plus de trois kilomètres et j'avais décidé d'y laisser *Lauro* là, en cachant le symbole avec les rênes, pour le retrouver facilement à mon retour. Et, pour la seconde fois de la matinée, j'avais été assaillie par le silence.

Je n'avais perçu aucun son : ni voix, ni pas, pas le moindre bruit d'êtres vivants, animal ou humain, dans ce village. Tous les volets étaient clos, les portes barricadées, les chiens tapis derrière les murs épais de maisons qu'on aurait pu croire inhabitées si un panache de fumée ne s'était échappé de la cheminée. J'avais commencé à gravir la côte très lentement quand les braiments d'un âne m'avaient fait sursauter – un son aigu répété par trois fois qui m'avait remplie d'inquiétude, aussi instantanément que l'aurait fait le hurlement d'une sirène d'alarme. Le clocher de la vieille église romane, harmonieux et élégant, svelte, magnifique, se dressait au-dessus de la silhouette des toits d'ardoise comme l'unique référence possible. À Bosost, la place de l'église était le seul endroit plat d'une zone aussi escarpée qu'une montagne russe. Et le village de Vilamós n'était pas bien différent. Il n'avait pas été facile d'arriver jusqu'à l'église.

« Où allez-vous ? » Un soldat posté à un coin de rue avait pointé son arme sur moi. « Rentrez chez vous, allez ! Aujourd'hui, c'est dangereux de se promener dans les parages.

— Je ne suis pas du village, lui avais-je répondu tandis que je remarquais d'autres hommes, d'autres fusils dispersés tout le long de la rue. Je viens de Bosost, du Quartier général, je dois voir le capitaine Galán.

— Pas maintenant. Je ne peux pas vous laisser passer. »

Je m'étais approchée de lui et avais constaté que, malgré sa corpulence, il était trop jeune pour avoir beaucoup fait la guerre. Il avait une tête énorme, des sourcils, des pommettes et des mâchoires très marqués, et surtout un accent du nord. Un imperceptible petit accent français, semblable à celui que j'avais déjà détecté chez d'autres jeunes soldats, comme El Bocas ou Romesco, qui n'étaient pas vraiment conscients de la nature hybride de leur *u*, de la finesse chantante qui assourdissait la fin de chaque mot. Il ne savait pas encore qu'on l'avait surnommé El Tarugo mais, mis à part l'ambiguïté de son accent, avec cette tête et ce corps, il n'allait certainement pas tarder à faire peur. Cependant, il devait encore être habitué à obéir à sa mère.

« Je dois le voir immédiatement ! » J'avais pris un ton solennel et légèrement maternel. « C'est très urgent. L'armée est déjà là. Elle est en train d'armer le Somatén dans les villages alentour. Le colonel est au courant et le capitaine doit être informé lui aussi. »

Lorsque j'avais demandé mon chemin pour me rendre à Vilamós, je m'étais imaginé un spectacle complètement différent – le village pris, sous contrôle, les habitants regroupés à l'intérieur de l'école, Galán en train de lire le manifeste ou de déjeuner avec ses hommes, peut-être même de boire un verre de vin à la taverne. En me voyant, il serait abasourdi, si désorienté qu'il ne saurait quoi dire. J'avais l'intention de lui raconter in extenso tout ce qui s'était passé ce matin, ce que j'avais découvert toute seule, ce qu'ils savaient à présent grâce à moi. Et je n'allais pas me gêner pour taper du pied par terre avant de lui tourner le dos, de récupérer *Lauro* et de rentrer à Bosost en me promenant, afin d'arriver juste à temps pour accepter les excuses du colonel. Ensuite, j'avais l'intention de m'enfermer dans la cuisine avec Montse, jusqu'à ce qu'il vienne lui-même me demander pardon à genou. Voilà ce que j'espérais obtenir à Vilamós, et c'est pour cela que je m'étais rendue là-bas. Mais la réalité que je venais de découvrir aurait dû me convaincre de changer d'idée, ce que je n'avais même pas envisagé.

« Le capitaine est là-haut, sur la place, m'avait expliqué le garçon. Lorsque nous sommes arrivés, la caserne était vide, la mairie aussi. Nous pensons qu'ils se sont retranchés dans le clocher pour tenter de résister. Des échanges de tirs peuvent se produire à tout moment.

— Ça m'est égal. » Je m'étais efforcée de faire résonner mes mots comme un ordre. « Je dois absolument m'entretenir avec le capitaine. Le colonel m'a chargée de le faire.

— À vos risques et périls. » J'avais fait oui de la tête. « S'il vous arrive quelque chose… »

Il m'avait lui-même escortée jusqu'à la place, en marchant devant moi, tandis que nous nous protégions en longeant les murs des maisons. Je progressais à nouveau, le revolver à la main, mais je n'avais plus peur. S'il ne m'était rien arrivé au mas d'Arturo, pensais-je, et si Garrido ne s'était pas aperçu de ma présence, de toute évidence il n'allait plus rien m'arriver. C'était une ânerie, une énormité, car je courais des risques bien pires.

La place, une esplanade étroite et allongée, aux contours irréguliers, était bordée de bâtiments qui avaient été construits individuellement, de façon anarchique, sans la moindre règle d'urbanisation. Elle était entourée de soldats qui ne bronchaient pas. Leurs pieds étaient cloués au sol, leurs bras raides portaient un fusil qui semblait être le prolongement naturel de leurs mains, leurs jambes fléchies étaient prêtes à bondir et leur tête crispée n'avait même pas bougé pour me regarder. C'était comme s'ils étaient les habitants d'une ville envoûtée, des soldats qu'une redoutable sorcière avait paralysés en leur jetant un sort. Puis l'air était devenu sale, épais, soudain trouble, et les secondes avaient commencé à alourdir mes jambes. Jusqu'alors, la guerre n'avait été pour moi qu'une sirène sonnant en pleine nuit, des trous éventrant l'asphalte des rues, des tirs à la Casa de Campo, des vitrines brisées et la première page de tous les journaux, mais je n'avais jamais eu l'occasion de respirer cette atmosphère métallique qui s'épaissit lentement, ce climat dense et plombé qui précède la bataille. Cependant, je n'avais pas eu peur, même lorsque l'air avait commencé à me picoter le nez.

« Le capitaine se trouve derrière la fontaine. » El Tarugo avait pointé son doigt en direction d'un muret blanc d'où plusieurs tuyaux déversaient l'eau qui allait remplir un bassin de pierre, semblable à un abreuvoir. « Vous pouvez passer par-derrière en suivant la ligne des maisons. Je vous accompagne si vous voulez. »

Je l'avais remercié. J'avais repoussé sa proposition et m'étais engagée dans une ruelle qui faisait le tour parallèle à la place. Il y avait encore d'autres soldats, que je voyais à présent de dos, postés aux angles opposés des bâtiments que j'avais laissés derrière moi. Puis j'avais atteint un mur qui me barrait le passage et avais bifurqué sur la gauche pour m'engager de quelques mètres dans une rue étroite, parallèle à la précédente. Lorsque j'étais arrivée au bout, la première personne que j'avais aperçue avait été El Bocas, le dos appuyé contre la façade d'une très belle maison aux volets de bois clair et verni qui contrastait avec les murs sombres. Sur un balcon latéral, derrière une balustrade en bois festonnée de géraniums rouges, Galán regardait avec ses jumelles en direction du clocher. La fontaine se trouvait juste devant, presque alignée au côté droit de l'église, et derrière, Comprentu observait également le sommet de l'église. Sans réfléchir, j'avais traversé la rue en courant.

« L'armée de Franco est déjà là, avais-je lâché à brûle-pourpoint pour ne pas lui laisser le temps de poser de questions. Je l'ai vue. »

Il m'avait regardée, la bouche ouverte, avait regardé Galán, qui ne m'avait pas encore remarquée, m'avait observée à nouveau, et avait repoussé ses lunettes sur son nez jusqu'à la glabelle, comme s'il s'était soudain mis à douter de tout, de ses yeux, de ses lunettes et même de sa myopie.

« Mais d'où sors-tu donc ? avait-il demandé. Vas-tu me le dire…

— Moi…, avais-je soufflé. Je n'ai pas le temps de te donner d'explications supplémentaires, mais je les ai vus. J'ai vu un commandant de l'armée dans une fourgonnette remplie d'armes, à quelques kilomètres au nord de Bosost. J'ignore comment il a pu à se rendre jusque là-bas, mais il y était. Il n'y avait pas de troupes, c'est vrai. Mais elles peuvent tout à fait suivre. Voilà pourquoi je suis venue. Pour vous prévenir. Je ne pensais pas trouver une telle situation et… »

Je n'avais pas pu finir ma phrase car à cet instant, sur cette place où la vie semblait s'être arrêtée, dans ce village qui n'était plus qu'un décor, qu'une photographie de lui-même, qu'un souvenir du dernier de ses habitants au moment de l'abandonner pour toujours, un bruit ordinaire, difficile à confondre, avait retenti dans le silence.

« C'était un claquement de porte, comprends-tu ?

— Oui. » Ç'avait été un claquement de porte et nous nous étions tous les deux penchés avec prudence pour observer la même scène de portes barricadées, de fenêtres closes.

Mais, aussitôt après, de l'autre côté de la place, une porte s'était à nouveau rouverte. Un panneau avec une croix rouge et le mot « médecin » la surplombait. Elle était restée ouverte grâce à la détermination d'un homme en costume et cravate d'une trentaine d'années qui tenait la poignée tandis qu'il tentait de retenir une femme de son âge enceinte de plusieurs mois. L'homme tentait de tirer la femme à l'intérieur. Deux minutes plus tard, lorsqu'on les avait à nouveau aperçus, celle-ci avait caché son visage dans ses mains, et lui, tâchant de se mettre à l'abri, nous avait regardés en pointant son doigt vers le clocher.

« Dans le clocher..., avais-je murmuré. Il veut nous indiquer qu'il y a des hommes... » Il avait levé quatre doigts en l'air et avait ensuite dessiné quelque chose qui ressemblait à la silhouette d'un tricorne au-dessus de sa tête. « Quatre gardes civils...

— Et trois soldats, comprends-tu ? » avait achevé Comprentu, après que le médecin avait indiqué le chiffre trois et porté sa main à sa tempe pour faire le salut militaire. « Et ça, qu'est-ce que c'est ? » m'avait-il demandé tandis que l'homme touchait à présent le col de sa veste, faisait semblant de brandir un fusil en l'air, levait quatre doigts, puis cinq, et faisait pivoter sa main droite au-dessus de sa tête avec les doigts écartés. « Qu'est-ce qu'il veut dire ?

— Des civils armés. Quatre ou cinq, il n'en est pas sûr. »

Tandis qu'il haussait les épaules, laissait retomber ses bras et ouvrait ses mains comme s'il voulait s'excuser de ne pas en savoir davantage, Comprentu s'était tourné vers la gauche pour faire signe à Galán d'approcher. En le voyant, j'avais compris que non seulement il m'avait vue, mais qu'il avait eu suffisamment de temps pour se faire une idée de mon apparition, car il m'observait avec sa langue repliée à l'intérieur de sa bouche en se la mordant comme je l'avais rarement vu. Il était resté un instant immobile en me montrant ses dents comme pour s'assurer que je les avais bien vues, avant de descendre du balcon avec une surprenante agilité.

« Ne bouge pas d'ici », avait-il dit à Bocas avant de courir jusqu'à la fontaine. En l'atteignant il m'avait donné un coup de coude en guise de salut. « Pousse-toi de là !

— Tu l'as vu ? lui avait demandé Comprentu. Hein...

— Pas très bien. Il m'a semblé que quelqu'un nous faisait des signes... »

Avant qu'il n'ait eu le temps d'apprécier ce que le médecin nous avait raconté, un garçon qui ne devait pas avoir vingt ans était sorti de derrière les maisons qui se trouvaient de l'autre côté de l'église, puis il nous avait regardés depuis le seul angle de la place que les hommes de Galán n'avaient pas couvert, car les tireurs du clocher pouvaient le contrôler à leur avantage. Il avait un fusil de chasse à l'épaule, avec une crosse en bois, si vieux qu'on aurait dit un tromblon. Il était vêtu d'une chemise blanche et chaussé de sandales.

Une lueur transparente traversait ses yeux. Ses lèvres étaient tendues et son corps tout raidi. Il nous avait regardés, avait regardé le clocher, nous avait regardés à nouveau. Et j'avais compris qu'il savait et ne savait pas ce qu'il devait faire, qu'il y avait pensé sans y penser vraiment, qu'il était sans l'être un garçon avec un fusil. À cette minute, il était devenu son projet, il était devenu l'idée qu'il avait caressée pendant des nuits et des nuits sur des frontières imprécises, entre rêve et veille, il était devenu le formidable véhicule de sa propre rancœur et de sa rage, une haine qui le faisait agir et lui inspirait une angoisse féroce, si absolue qu'elle l'empêchait d'estimer l'hostilité objective et implacable d'un espace et d'un temps qui allaient finir par l'avaler. Je n'avais jamais respiré cet air chaud, piquant, qui dessèche le nez et irrite les gencives pour brûler dans la gorge comme du jus de piments. Je ne m'étais jamais immergée dans les eaux stagnantes de secondes aussi longues que des vies entières, au temps élastique, paresseux, pouvant se dilater à l'infini du présent, du passé, et se contracter ensuite pour devenir la seconde où le doigt appuie sur la détente. Cette plage d'inquiétude, chaude et trouble, était nouvelle pour moi et pourtant, en observant le garçon, je n'avais pu penser qu'à une seule chose, n'y va pas, n'y va pas s'il te plaît, n'y va pas, tandis que Galán et Comprentu secouaient la tête en même temps, comme s'ils étaient devenus les deux balanciers d'une même horloge qui ne savait dire que non, non, non, à chaque seconde.

Puis on avait entendu une voix de femme en train de hurler à deux reprises le même prénom, Joanet, puis autre chose, deux phrases qui auraient dû être incompréhensibles pour moi et que j'avais cependant parfaitement traduites, car ce devait être la voix de sa mère et que l'angoisse résonne de la même façon dans toutes les langues. Moi qui ne comprenais pas la langue du val d'Aran, je venais soudain de la comprendre comme s'il s'agissait de ma propre langue, tandis que cette mère hurlait à son fils de rester tranquille, de faire demi-tour, de ne pas faire de bêtises. Ni la peur ni la souffrance n'ont besoin d'être traduites, mais les enfants désobéissent à leur mère dans toutes les langues et ce jeune homme ne faisait pas exception. Il avait regardé derrière lui une fois, deux fois, et lorsque la silhouette petite et grassouillette d'une femme portant le deuil était apparue au bout de la rue, il l'avait regardée une dernière fois et s'était mis à courir.

« Non ! » Galán s'était complètement redressé, avait pointé sa tête par-dessus la fontaine et agité son bras droit en l'air. « Non ! Retourne en arrière ! En arrière, je te dis !... »

Le garçon courait si vite que j'avais pensé un moment qu'il allait réussir son coup. Quelqu'un avait tiré depuis le clocher et ne l'avait pas atteint, un type de là-haut avait crié, qui a fait ça ? Puis quelqu'un de chez nous, avec une voix tremblante de colère, les avait traités de fils de pute tandis que Galán et Comprentu ouvraient le feu pour tenter de couvrir les derniers mètres de sa course. Et soudain le monde avait explosé, mais son explosion n'avait pas empêché qu'une balle se logeât dans le dos du coureur, qui était tombé à plat ventre par terre, à quelques pas de la fontaine.

« Nom de Dieu ! » Galán ignorait que le tir ne l'avait pas tué, mais aussi qu'il ne tiendrait pas jusqu'au lendemain. « Comprentu, couvre-moi ! Je vais faire le tour de l'église avec plusieurs hommes, pour attaquer de l'intérieur... Bocas ! » Avant qu'il ne s'en aille, je l'avais attrapé par le bras et obligé à me faire face.

« Donne-moi un fusil.

— Un fusil ? » Et si sa langue ne s'était pas déchirée à cet instant précis, elle ne se déchirerait plus. « Deux baffes, voilà ce que je devrais te donner. Je me demande ce que tu fais ici, à part embarrasser le monde ! »

Voilà ce qu'il m'avait répondu, puis il était parti. Il était allé rejoindre El Bocas, en contournant la belle maison. Il avait appelé une poignée d'hommes dont il avait pris la tête tandis que Comprentu rejoignait un autre groupe qui avait placé une charrette au milieu de la place pour s'abriter et tirer sur le clocher, si gracieux, avec ses sept ouvertures, six de taille décroissante et une dernière aussi minuscule que la meurtrière d'un château fort, placée au-dessus de la porte, qui vomissait de la mitraille. J'étais restée derrière la fontaine, toute seule et désarmée, m'efforçant de comprendre ce qui se passait. Je voyais des hommes en train de courir pour changer de position ou de ramper sur le sol. J'entendais une explosion et encore une autre, des tirs, et toujours des tirs, des cris, des voix inconnues : Repliez-vous !

Par ici ! Non ! Regarde ! Et puis la porte de l'église s'était ouverte et quelqu'un avait crié « allez-y ! »

— On est déjà dedans ! avait répondu un autre.

Il y avait eu de nombreux coups de feu encore, avant qu'un drapeau blanc ne s'agite à l'une des fenêtres du clocher. Un instant plus tard, la tête de Galán avait surgi par l'ouverture qui se trouvait juste en dessous pour donner l'ordre de cesser le feu. Puis, peu à peu, des soldats étaient sortis de l'église –, beaucoup plus que j'en avais vu entrer –, et, parmi eux, El Bocas avec une blessure spectaculaire au bras.

« Merde alors, saloperie ! »

En arrivant à sa hauteur, Galán s'était arrêté pour l'examiner, tandis que les derniers soldats poussaient quatre prisonniers indemnes au-dehors : un soldat et trois civils avec les mains en l'air, puis quatre autres blessés.

« Ce n'est rien, mon capitaine, vraiment. Juste une égratignure. Ça saigne beaucoup, mais ce n'est pas grave. J'ai bien regardé et je sais ce que je dis. Souvenez-vous de la fois où j'ai été blessé à Chambord, je me suis débrouillé tout seul pour me soigner. Le problème, c'est que je saigne beaucoup, mais je cicatrise extrêmement vite ensuite. Je pense que c'est parce que mon grand-père...

— Mais tais-toi, merde ! Un de ces jours, on va t'exploser la tête et tu continueras à jacasser comme une pie après ta mort. »

Galán n'était pas content. Il ne pouvait vraiment pas l'être. Il avait remporté une minuscule bataille. La victoire était très cher payée : trois pertes, sans compter le gamin qui agonisait par terre, plusieurs blessés, trop pour s'emparer d'un si petit village. Si isolé dans la montagne qu'au début, lorsqu'ils progressaient en direction de Viella, ils n'avaient même pas jugé utile de le prendre. Cinq jours après avoir passé la frontière, les choses avaient énormément changé, y compris à Vilamós, et Galán s'en était aperçu.

Il n'avait même pas pris la peine de me regarder lorsqu'il avait traversé la place pour rejoindre Comprentu, qui était accroupi près du corps du gamin, pendant que le médecin l'examinait avec une moue qui ne faisait que renforcer les pleurs de sa mère.

« Comment va-t-il ? avait-il demandé en arrivant.

— Très mal. » Le médecin s'appelait Carlos Pardo et n'était pas originaire de la région, mais d'un village de Cuenca où on lui avait interdit de retourner. « Il faudrait le mettre au lit, mais il est très dangereux de le transporter. »

Galán avait acquiescé, la mère avait sangloté, et Comprentu, qui ne se mordait jamais la langue, et qui ne jurait jamais en hurlant non plus, qui ne se couchait jamais avant d'avoir dîné et ne se battait pas contre le vent, car rien ne le surprenait et qu'il se moquait de presque tout, avait choisi cet instant pour perdre son sang-froid.

« Allons-y. » Et il avait pris Galán par le bras pour le tirer en direction de l'église.

« Où ça ? » Galán avait refusé de le suivre et avait gardé son calme tandis que Comprentu s'éloignait de quelques pas, se retournait, revenait près de lui et le fixait dans les yeux.

« Tu as vu qui a tiré ? » Il avait pointé son doigt sur les hommes qui improvisaient une civière près du corps du gamin mortellement blessé.

— Oui. » Et à sa façon de dire cela, j'avais compris que ce n'était pas la première fois qu'ils avaient ce genre de conversation. « Je l'ai parfaitement vu.

— Et alors ? » Comprentu avait pris sa tête dans ses mains, fermé les yeux, les avait rouverts et élevé la voix. « C'est un gamin, Galán, un gamin ! Il n'a même pas de poils au menton et on s'est permis de lui tirer dans le dos. Ils auraient été capables de tuer d'abord son père, comprends-tu ? D'abord son père, ou son frère, et ensuite lui. Tu veux dire que tu ne vas pas user de représailles ?

— Des représailles ? » Galán aussi hurlait et, même si je ne savais pas encore pourquoi, j'avais compris qu'il était aussi furieux que Comprentu, même s'il parvenait à maîtriser ses nerfs. « Contre quoi ? Qui veux-tu que je punisse ? Nous sommes tout seuls au trou du cul du monde, tu entends ? En train de risquer notre vie sans savoir pourquoi. Qu'est-ce que nous faisons ici ? Est-ce que tu vois ce qu'on devait soi-disant trouver ? Des femmes avec des bouquets de fleurs, des usines vides, des banderoles à l'entrée des villages, une foule en train de donner l'assaut aux casernes avant de venir nous rejoindre et de s'unir à nous, et cette grève générale dont personne n'a jamais entendu parler... Et tu veux que j'exerce des représailles ? Et ça va servir à quoi ? Tu veux m'expliquer ?

— Je ne te comprends pas. » Comprentu s'était mis à reculer pour s'éloigner de lui en répétant : « Je ne te comprends pas.

— Ah bon ? Eh bien moi, c'est toi que je ne comprends pas. » Galán avait avancé d'autant et se retrouvait à nouveau face à lui. « Tu veux une petite tuerie pour que les journaux du monde entier écrivent à nouveau que nous sommes une bande d'assassins ? C'est ça que tu veux ? Tu trouves qu'on n'a pas assez dégusté ? »

Comprentu avait continué à reculer et cette fois Galán l'avait laissé faire. Il l'avait laissé atteindre le centre de la place, ouvrir les bras, lever la tête, hurler en direction du clocher comme si les pierres possédaient des yeux pour le voir et des oreilles pour l'entendre.

« Fascistes ! Fils de pute ! » Sa voix avait résonné comme un fouet sur le pavement muet de la place, également muette. « Voilà à quoi ressemble la justice de Franco : assassiner des gamins en leur tirant dans le dos !

— Et alors ? » Galán l'avait interpellé en lui posant une question pleine d'ironie. « Tu as réussi à changer l'Espagne, tu es content de toi, à présent ? »

Au point où nous en étions, il était évident que l'Espagne ne pouvait pas changer et cependant les hurlements de Comprentu avaient ressuscité un mort – ce dont aucun des deux ne s'était aperçu. Mais moi, je l'avais vu, tout à fait par hasard, par une pure et simple association d'idées.

« Galán... » J'avais essayé de le prévenir.

S'il n'avait pas mentionné les journaux du monde entier, je n'aurais jamais eu l'idée de m'y intéresser. Et s'il n'avait pas demandé à Comprentu s'il n'avait pas assez dégusté, je ne me serais jamais souvenue de Virtudes, de Madrid, du 19 juillet 1936, de la caserne de la Montaña. Si je n'avais pas pensé à la caserne de la Montaña, je n'aurais jamais regardé en direction du drapeau blanc qui flottait en haut du clocher. Et si je ne l'avais pas regardé, je n'aurais jamais vu qu'il avait cessé de flotter.

« Galán... » Mais il avait refusé de tourner la tête vers moi.

Le tissu avait presque disparu à l'intérieur de la fenêtre, comme si quelque chose tirait dessus. En observant plus attentivement, je n'avais rien remarqué d'autre. Et brusquement, j'avais vu une main ensanglantée, des doigts qui s'accrochaient au tissu blanc. Sans perdre de vue cette main, j'avais tendu le bras vers un fusil que quelqu'un avait laissé contre un mur. Voilà plus de sept ans que je n'en avais pas tenu un dans mes mains. Je n'avais jamais tiré sur des cibles en mouvement, seulement sur des boîtes de conserve, des bouteilles, des pierres, sur tout ce que pouvait trouver le capitaine d'artillerie qui m'avait enseigné le maniement des armes sur la terrasse d'une villa bombardée, près de ma maison. Très bien, Inés ! Très bien ! Lorsque tu m'accompagneras à Cordoue, je t'apprendrai à tirer au canon, m'étais-je souvenue.

Je ne l'avais jamais accompagné à Cordoue, et je n'avais jamais tiré au canon. Je n'avais jamais plus touché à un fusil, mais lorsque j'avais aperçu le canon d'une arme à la place du drapeau blanc du clocher, je m'étais saisie de celui que j'avais remarqué tout à l'heure. Je m'étais dit que c'était comme pour le vélo, une fois qu'on sait en faire on n'oublie plus jamais.

« Galán, regarde ! » Je n'avais eu d'autre choix que d'y penser. « Galán, s'il te plaît ! » Car même en hurlant je n'avais pas réussi à l'obliger à me regarder.

En calant l'arme sur mon épaule, j'avais trouvé étrange la pression de la crosse, mais je n'avais pas hésité en retirant le cran de sûreté, je cherchais un angle de tir – la tête, les mains, l'uniforme taché de sang. Où viser parmi les mouvements brusques, mal coordonnés, d'un homme qui parvient à peine à se tenir debout ? Dans un effort agonisant, il avait posé son bras sur le rebord de la fenêtre, s'était redressé sur son coude et serrait son fusil pour viser en direction de Galán et de Comprentu qui continuaient à se disputer en hurlant, sans autre arme que leur indignation respective, au centre de la place. Je n'avais jamais tiré sur une cible mouvante, mais lorsque je l'avais vu pencher sa tête vers la gauche pour approcher son œil du viseur, j'avais pointé son épaule droite et appuyé sur la détente.

Je m'étais souvenue de tout, sauf d'écarter les jambes et de me préparer au recul de l'arme. Et pendant que je vacillais, j'avais entendu le tintement métallique d'une cloche. Cela signifiait que j'avais magistralement raté mon coup. Le tir avait dévié d'un mètre vers le haut, mais avant que je n'aie le temps de viser à nouveau, il y avait eu une nouvelle détonation. Un tireur plus habile que moi avait touché le blessé qui était tombé en arrière. Sa chute avait déclenché le fusil, qui avait creusé un impact tout rond et bien visible de loin sur un des murs de pierre.

« Putain ! »

El Bocas, qui était appuyé contre le mur de l'église, et El Tarugo, qui lui bandait le bras, m'avaient observée, stupéfaits, avant de découvrir que je n'étais pas la seule personne, sur la place, avec un fusil entre les mains. Machuca n'avait pas encore lâché le sien lorsqu'il s'était approché de moi, tandis que je me résignais à accepter que viser un tireur embusqué n'était pas la même chose que de tirer sur une boîte de conserve à un demi-mètre de distance. J'avais compris que son habileté avait gommé mon échec.

« Heureusement que tu as fait sonner la cloche. » Il avait souri en arrivant près de moi. « Parce que, sans ça... Je ne l'avais même pas vu... Je te l'assure ! »

Galán et Comprentu avaient eu besoin de plus de temps pour réaliser ce qui venait de se passer, mais en nous rejoignant, ils me regardaient tous les deux avec des yeux effarés. Au moment d'affronter leur perplexité, je m'étais sentie si épuisée que je n'avais plus eu envie de leur parler, de leur expliquer ce qui s'était passé, ni ce que je fabriquais là. Je n'avais plus qu'un désir : partir, quitter le plus vite possible Vilamós, le val d'Aran, l'Espagne, et ne plus voir un uniforme de tout le reste de ma vie.

« Ce matin, je suis partie à la recherche du manchot. » J'avais résumé au maximum ce que j'avais à dire. « Je voulais te le ramener pour qu'il te dise la vérité. Mais lorsque je suis arrivée à son mas, j'ai aperçu un commandant de l'armée débarquer dans une fourgonnette remplie d'armes, et je me suis dit que cela t'intéresserait de le savoir. Voilà pourquoi je suis venue à toute vitesse jusqu'ici... » J'avais ôté la courroie du fusil de mon épaule et le lui avais tendu. « Je n'avais pas l'intention de t'embarrasser. »

Il m'avait regardée, avait fermé les yeux, les avait rouverts et avait dit :

« Inés...

— J'ai laissé mon cheval à l'entrée du village, avais-je ajouté en voyant qu'il était incapable de dire autre chose que mon prénom. Vous pouvez l'utiliser pour transporter les blessés. Moi, je retourne à pied. Je suppose que, même si je vise mal, je ne vais plus être une suspecte, n'est-ce pas ? »

Il avait pris son visage entre ses mains et je lui avais tourné le dos pour m'éloigner entre deux rangées d'hommes abasourdis, qui m'avaient regardée partir sans dire un mot. Ce silence m'avait escortée jusqu'à la sortie du village.

« Si tu marches aussi vite, tout ce que tu vas obtenir c'est de te fatiguer. »

Je marchais depuis près d'une heure lorsque Galán m'avait rattrapée. Il était debout sur le marchepied de la voiture dans laquelle le médecin de Vilamós avait quitté le village en transportant trois soldats blessés sur le siège arrière. À côté du docteur, sa femme avait installé sur ses genoux une petite fille qui m'avait souri tout en me faisant un signe de la main. Je lui avais rendu son sourire et son salut. Ce n'est qu'après que la petite tête brune et souriante eut disparu en direction de Bosost que j'avais observé Galán.

Il me regardait avec une expression que je n'avais pas réussi à déchiffrer tout à fait. Son regard exprimait tour à tour des sentiments très différents, peut-être même contradictoires : honte, admiration, inquiétude, fierté, contrariété. Une opacité très proche de la peur et une lueur très proche de l'amour. Immobile au bord de la route, à l'endroit où il était descendu de voiture avec deux fusils à l'épaule, il se balançait légèrement d'une jambe sur l'autre, en attendant que je m'approche. Mais je ne lui avais pas donné ce plaisir.

« Tiens ! » Il s'était résigné à prendre l'initiative en me tendant l'un des deux fusils. « Et excuse-moi. »

C'est tout ce qu'il avait dit, excuse-moi, avec un naturel surprenant, comme si tout était réglé, comme si tout avait été dit, comme s'il n'avait rien à ajouter à ce mot léger, naïf, pâlot. Excuse-moi, comme un gamin qui donne un coup de coude à son camarade parce qu'il a manqué le but, ou qui vient de casser une assiette. Excuse-moi, les mêmes mots que j'avais eu l'intention de lui dire moi-même en allant à sa rencontre sans très bien savoir ce que j'avais fait, ce que j'avais dit, ni pour quelle raison je devais être excusée. Excuse-moi, alors que je ne savais pas encore ce qu'il pensait de moi, alors que je n'avais pas encore entendu ses reproches, sans savoir que, quelques heures plus tôt, il avait proposé de m'arrêter pour m'emprisonner là où les autres auraient choisi de le faire.

« Bon, alors ? Tu m'excuses ou pas ? »

Et il avait même osé sourire, esquisser un timide sourire, un sourire auquel j'avais décidé de ne pas répondre. J'avais refusé le fusil et n'avais rien trouvé à lui dire. Je m'étais retournée et avais continué à marcher en énumérant à voix basse les blessures que je voulais éviter qu'il voie saigner. Il avait été obligé de courir pour revenir à ma hauteur, puis il avait accordé son pas au mien et m'avait recommandé de ne pas marcher aussi rapidement, mais je ne lui avais pas obéi.

« Si tu ne manges pas, tu ne vas pas aller bien loin, non plus… », avait-il ajouté. J'avais tourné la tête vers la gauche et aperçu à nouveau une main tendant vers moi un paquet enveloppé dans du papier gris que j'avais également refusé. « Tu m'as souvent donné à manger, avait-il insisté. Laisse-moi le faire pour toi, cette fois-ci. »

Qu'est-ce que tu peux être con, m'étais-je dit en le regardant. J'avais été incapable de le penser encore, j'avais détourné mon regard du sien comme si celui-ci me brûlait et saisi le paquet. Je l'avais ouvert et humé son contenu – une omelette nature avec une tranche de jambon et quelques tranches de tomates coincées dans un bout de miche de pain. J'étais morte de faim. Jusqu'alors cela ne m'avait pas gênée, mais il était plus de cinq heures de l'après-midi et j'étais debout depuis douze heures. J'avais capturé un homme, tiré sur un autre, parcouru plus de vingt kilomètres à cheval, sans avoir mangé. J'avais donc pris le paquet en le remerciant, puis étais allée m'asseoir au bord de la route, en regardant en direction des montagnes, les pieds enfoncés dans les hautes herbes. J'avais mangé si vite, que j'avais failli m'étouffer et dû faire une pause. Il en avait profité pour s'approcher de moi et me proposer de l'eau. Ensuite, comme s'il avait déjà fait le plus difficile, il s'était assis dans l'herbe, face à moi.

« Je suis désolé, Inés, avait-il dit, lorsque je lui avais rendu sa gourde. Je suis vraiment désolé, je... je ne sais pas comment te dire à quel point je me sens mal. Je suis désolé du fond du cœur. Vraiment. Et je comprends parfaitement que tu sois fâchée contre moi. Comment pourrais-je ne pas le comprendre ? En plus, tu viens de me sauver la vie.

— Moi ? Tu sais bien que j'ai raté ma cible...

— Ça ne fait rien. Excuse-moi, s'il te plaît, dis-moi que tu me pardonnes même si tu dois ne plus jamais me parler. » Il s'était aperçu avant moi de ce qui se passait. « Ne pleure pas, Inés, s'il te plaît, ne pleure pas... »

Il s'était approché, avait saisi mes jambes, posé sa tête sur mes genoux et continué à parler tandis que je mangeais sans cesser de pleurer, sans parvenir non plus à rassasier une faim qui semblait s'accroître à chaque bouchée. Pendant ce temps, ses hommes nous avaient rejoints puis dépassés et s'étaient éloignés le long de la route. Parmi eux, il y avait *Lauro* en train de tirer une charrette.

« Nous n'aurions jamais dû te soupçonner, et moi encore moins que les autres. C'est ma faute. Je n'aurais pas dû douter de toi. Mais nous sommes tellement isolés, si nerveux. Nous ne savons plus ce que nous faisons ici et ce qui se passe vraiment ailleurs... Ce que j'ai dit à Comprentu tout à l'heure est exact. Tout va de travers. Nous découvrons le contraire de ce que nous attendions. Il n'y a rien de ce qu'on nous avait promis. Il ne s'est pas passé ce qu'on nous avait juré qu'il devait se passer. Et chaque jour, nous nous sentons plus faibles, plus seuls, cernés par des dangers inconnus, dont nous sommes incapables de nous défendre... Il y a de quoi devenir fou, de toute façon nous sommes en train de devenir fous. Voilà ce qui se passe... »

Nous sommes restés ainsi très longtemps, tandis que la tristesse de l'après-midi tombait sur nous, moi assise sur le bord de la route, lui, serrant mes jambes de ses bras. Puis tout avait cessé : les pleurs, la faim, les mots, ses arguments et ma résistance. Je lui avais certainement pardonné au moment où je lui avais caressé la tête, lorsque j'avais mis mes doigts dans ses cheveux avant de lui dire qu'on ferait mieux de repartir avant la tombée de la nuit. Je lui avais pardonné, mais je ne savais pas comment le lui dire, comment lui expliquer que je pouvais comprendre ce qui s'était passé, que je pouvais accepter les raisons de sa solitude, de sa peur, de sa méfiance, si proche de la bêtise, une bêtise hermétique, semblable à ces cellules sales où fleurissent les mousses et la folie. Je ne savais pas comment lui dire que je ne voulais pas le toucher à nouveau, que je ne voulais pas qu'il me touche non plus, car j'avais encore la peau écorchée, mes blessures me brûlaient toujours et ses doigts démultipliaient la souffrance, allaient raviver la douleur plutôt que la soulager. À Vilamós, je ne m'étais même pas aperçue dans quel piteux état j'étais. À Vilamós, tandis que l'air me piquait le nez, tandis que l'ennemi tirait depuis le clocher, tandis que Galán se comportait comme l'homme qu'il était réellement, un mineur des Asturies en guerre forant un trou juste à la bonne dimension, introduisant juste ce qu'il faut de dynamite dans le mur de l'église, j'avais cessé d'avoir de l'importance pour lui. Puis, sur le chemin du retour les choses avaient radicalement changé. Il n'avait pas eu besoin que je lui dise tout ça. Il s'était relevé sans dire un mot et, toujours en silence, avait marché à mon côté pendant plus d'une heure, jusqu'à ce que Comprentu fût revenu nous chercher.

Sur la route, nous avions marché à la fois ensemble et séparés, à la fois proches et distants, nous surveillant l'un l'autre du coin de l'œil, lui se frottant à l'air et se mordant la langue à chaque instant. Puis nous avions aperçu des phares approcher. Comprentu avait d'abord récupéré le groupe le plus en retard – qui avait cependant deux bons kilomètres d'avance sur nous –, puis nous avait attendus à un endroit où le camion pouvait faire demi-tour. Galán avait ouvert la porte de la cabine et m'avait invitée à monter, mais j'avais refusé et lui avais signifié, d'un geste de la main, que je souhaitais qu'il grimpe le premier. Comprentu m'avait saluée en murmurant quelque chose, avec un air de circonstance et je ne lui avais pas répondu. J'avais décidé de fixer mon regard sur la vitre latérale jusqu'à Bosost. La plateforme arrière était remplie d'hommes et le camion avançait très lentement. Mais lorsque Galán avait tenté une nouvelle fois de m'amadouer, on distinguait déjà les lumières du village, au loin.

« Dis-moi, Inés. » Il avait d'abord frôlé l'auriculaire de ma main gauche avec celui de la main droite pour s'assurer que j'allais le regarder malgré la pénombre. « Bon, ce que je t'ai dit ce matin, au sujet de... Ça aussi, je le regrette énormément. Je regrette de m'être ainsi emporté, parce que... Je veux parler de cette chose à propos de... Tu vois ce que je veux dire, n'est-ce pas ?

— Non. » Je lui avais menti. Mes yeux s'étant habitués à l'obscurité, j'avais pu voir ses lèvres tremblantes et fébriles. « Non, je ne vois pas.

— Je veux parler de cette chose, à propos de... de cette chose, sur le fait que... » Je l'avais vu s'essuyer le visage avec une main, comme s'il s'était mis à transpirer. « Bon, il n'y a pas que toi, voilà, je veux dire que pour moi c'est la même chose, car... Je veux parler du fait que nous avons aussi bien l'un que l'autre couché ensemble sans nous connaître... Ou plutôt sans trop nous connaître, n'est-ce pas ? C'est-à-dire, sans nous connaître d'avant, et... Je sais que tu m'as demandé de me taire. Que tu as pensé que je n'avais pas le droit de penser une telle chose, que ce n'était pas possible, eh bien, voilà... Je voulais te dire que tu avais raison, tu sais ? Car en réalité, moi je n'aurais jamais...

— Galán... » J'avais prononcé son nom sans colère. « Galán...

— Quoi ?

— Va te faire foutre », avais-je dit sans être fâchée.

Il avait hoché la tête à plusieurs reprises, yeux fermés, lèvres pincées, l'air sérieux et désolé d'un gamin qui accepte une punition méritée. D'accord, je vais me faire foutre, d'accord. Et Comprentu avait tenté d'intercéder en sa faveur.

« Inés, il me semble qu'il ne faudrait pas non plus...

— Toi, ferme-la ! »

Ce coup-ci, j'avais élevé la voix, et m'étais à nouveau tournée vers le paysage qui défilait à travers la vitre. Mais son petit doigt était resté posé sur le mien, tandis que je percevais ce parfum de bois, de tabac, de clou de girofle et de savon, sur fond aigre-doux, comme un zeste de citron pas trop mûr et une pointe de quelque chose qui piquait au nez, comme une trace de poivre tout frais moulu. Je reconnaissais l'odeur de l'homme qui se trouvait à mon côté, je reconnaissais ses mains si grandes, leur caresse si rêche et si douce à la fois, la puissance de son bras qui frôlait mon bras, tandis que dans la cabine du camion l'atmosphère devenait plus dense et plus chaude, tandis que la présence de Galán la remplissait d'un nuage d'encens imaginaire, parfumé et épais. Voilà pourquoi j'avais cessé de le regarder. Mais, en fermant les yeux, c'était bien pire. J'avais alors descendu la vitre latérale et sorti la tête au-dehors. Et arrivant au village, j'avais aperçu avant tout le monde deux gamins qui faisaient des signes de la main au milieu de la chaussée, pour arrêter le camion.

« Mercedes, avais-je murmuré en les reconnaissant. Et Matías... Mais que faites-vous ici ?

— On vous attendait. Votre dîner est prêt. » Et Mercedes m'avait sans le vouloir fourni un prétexte pour m'échapper. « Ce doit être tout froid à présent, mais... »

Ce soir-là, la fillette avait cuisiné une purée de légumes qui était bien meilleure que la soupe de la veille, ou du moins l'avais-je attaquée avec bien plus d'appétit après les avoir serrés dans mes bras et envoyés au lit avec un baiser. Comme plat de résistance, il y avait eu des pommes de terre avec des côtes de porc, une vraie débauche de calories si surprenante que je m'étais dit que mes hôtes avaient dû lire dans mes pensées et redouter mes conclusions. J'avais avalé les pommes de terre très rapidement et lorsque je m'étais levée pour faire la vaisselle, Galán était déjà en train de lorgner par la fenêtre.

« Que me veux-tu ? » C'était la même question qu'il m'avait posée le matin même. « Que me veux-tu ? avais-je répété avec un léger sourire.

— Écoute, Inés, je ne sais plus quoi faire... » Souriant lui aussi, il avait tenté de le dissimuler en baissant la tête pour se gratter avec beaucoup d'application. « Je t'ai suppliée de me pardonner de toutes les manières possibles, et puis dans ce village on ne trouve rien, tu le sais bien. Je ne peux pas t'offrir de bonbons ni t'emmener danser, d'ailleurs je ne sais pas danser, mais... Bon, de toute façon, tu sais très bien ce que je sais faire. » J'avais à nouveau souri et je m'étais bien moquée qu'il s'en aperçoive cette fois-ci. « Alors je suis venu te demander ce que tu voulais que je fasse, car à part de me mettre à genoux, je ne vois pas...

— Non. » Je m'étais dirigée vers Galán. « Non, pas à genoux. »

À partir de là, tout avait été plus facile : le prendre dans mes bras, l'embrasser, reconnaître le désir de ses mains qui parcouraient tout mon corps. Il m'avait soulevée comme si j'étais en apesanteur et j'avais croisé mes jambes autour de sa taille. Puis il m'avait emportée en titubant vers le bas de la descente. Nous avions continué ainsi sans trop savoir comment, car je ne voyais rien, n'entendais rien. Je ne voyais pas en dehors de moi, ne sentais rien au-delà de ma bouche. Mon corps n'était plus qu'une bouche, des lèvres, une langue. Je ne sais comment nous avons réussi à revenir vers la maison, mais, en entrant dans la chambre, en nous couchant dans les draps de flanelle qui m'avaient appris que les résurrections sont toujours plus heureuses que les naissances, je m'étais laissé bercer par la perfection de ce monde minuscule qui me suffisait.

« Tu ne peux pas savoir combien tu m'as manqué, hier soir. » Galán me parlait en me serrant contre lui, comme s'il voulait me dissimuler son émotion. « J'étais enragé, je t'aurais tuée. J'étais furieux que tu aies pu me manquer à ce point...

— Eh bien, heureusement que tu ne m'as pas tuée, n'est-ce pas ? » Je m'étais redressée en prenant appui sur un coude pour le regarder et mes yeux, ces yeux un peu idiots, frivoles et insupportables que j'avais acquis au val d'Aran, avaient fabriqué deux nouvelles larmes qui roulaient sur mon sourire.

— Heureusement, oui. » Galán avait fermé les siens, s'était laissé embrasser, m'avait rendu mon baiser et souri à son tour. « Parce que sinon... Je me demande bien qui aurait pu me faire frire deux œufs au plat, en ce moment ! »

Le traditionnel assaut nocturne de la cuisine avait fini de remettre les choses en place, car en y pénétrant, j'avais remarqué un fait-tout en aluminium sur la table, près de l'évier, recouvert d'un torchon et j'avais été surprise que le porc ait réduit à ce point, mais à y regarder de plus près je m'étais aperçue que Montse m'avait donné la bienvenue à sa façon, en préparant déjà les miettes de pain à faire frire avec des lardons, le lendemain matin : les fameuses *migas*.

« Ne mange pas trop, lui avais-je recommandé en posant une assiette devant lui. Car demain il y a des *migas* au petit déjeuner.

— Ne t'en fais pas. » Il m'avait saisie par la taille, serrée tout contre lui, et avait appuyé sa tête sur mon ventre. « Demain j'aurais très faim. »

Et il avait eu vraiment faim. Pour la deuxième nuit consécutive, j'avais bien moins dormi que je n'aurais dû. Mon corps n'avait pas eu besoin d'une seconde supplémentaire de repos, car je m'étais levée aussi en forme que si chaque heure de sommeil avait été démultipliée plusieurs fois. J'étais en train de préparer le petit déjeuner, radieuse, quand Lobo m'avait surprise dans la cuisine.

« Inés... » Il m'observait avec un regard sombre et sérieux, qui s'accordait très bien à sa petite frange soignée – les sillons du peigne étant encore aussi perceptibles que l'odeur de l'eau de Cologne dont il s'était aspergé. « Je suis désolé. Je suis vraiment désolé. Tout cela est ma faute, je n'aurais jamais dû...

— Non, s'il te plaît. Je n'ai entendu que trop de fois ces explications, hier... » Et je lui avais souri. « Ne me dis plus rien. Ce n'est pas utile.

— Bien sûr que c'est utile, je... Nous te devons beaucoup, tu sais ! Lorsque nous avons attaqué le mas et constaté la quantité d'hommes qui s'étaient réunis dans le bâtiment, ainsi que l'arsenal qui se trouvait dans la cave... Enfin, j'espère que tu vas pouvoir m'excuser, même si... » Il avait soudain cessé de parler pour me fixer attentivement. « Il y a une chose que je ne comprends pas. Comment as-tu fait ? » Comme j'avais froncé les sourcils, il avait précisé sa question : « Comment tu t'y es prise pour le type que Romesco m'a remis, ficelé comme une dinde ?

— Ah, eh bien !... Je ne savais pas comment l'attacher d'une autre façon. Et pour le reste, j'avais un revolver.

— Ton revolver ? » Et il avait écarquillé les yeux. « Je pensais que Galán l'avait pris ! » J'avais fait non de la tête. « Merde alors ! Il mériterait que je l'arrête.

— Oui, bien sûr, il ne me manquerait plus que ça... »

À cet instant, El Cabrero avait débarqué dans la cuisine, comme s'il avait quelque chose d'urgent à faire. Puis il s'était planté devant moi, et m'avait embrassée sur le front, comme quand il avait goûté pour la première fois à mes croquettes.

« Je veux que tu saches que je l'avais prévenu, celui-là ! Je lui avais dit qu'il était en train de déconner, qu'il était impossible qu'une espionne puisse aussi bien cuisiner que toi. » Et il s'était retourné pour désigner son chef du doigt. « C'est ce que j'ai dit, non ?

— Oui ! Il me l'a dit, c'est exact. »

El Lobo était sorti de la pièce sans rien ajouter, comme s'il refusait d'approfondir les raisons de son erreur. Et moi, j'étais restée là à observer El Cabrero – il était né une semaine avant moi, mais paraissait plus âgé, car il avait un visage tanné, à la peau très mate avec, autour des yeux, quelques rides qui ressemblaient aux rayons des soleils que dessinent les enfants – pour compléter un élément propre à son surnom et absolument impropre à un cuisinier.

« Vraiment, tu penses qu'une espionne ne peut pas bien cuisiner ? » Il avait hoché la tête. « Et comment sais-tu ça ? Tu cuisines ?

— Moi ? » Il m'avait regardée avec les yeux écarquillés. « Absolument pas... »

El Cabrero m'avait alors raconté une histoire que je n'avais jamais plus oubliée par la suite. Il était l'avant-dernier enfant de huit frères et sa grand-mère était déjà bien vieille lorsqu'il se rendait tous les matins chez elle pour aller chercher les chèvres qu'il ramenait à la tombée de la nuit. Elle le récompensait toujours avec un cadeau particulier. C'était un secret entre eux. Un peu avant qu'il ne rentre, le soir, elle allait dans le jardin, choisir quelques feuilles de citronnier bien tendres, pas très grandes, et toutes de la même taille. Puis elle s'enfermait dans la cuisine pour confectionner ces beignets de feuilles de citronnier qu'on appelle les *paparajotes* en Murcie, une pâtisserie bon marché mais longue à préparer, difficile à réussir, car il n'est pas facile de paner les feuilles de citronnier et de les faire frire ensuite sans que la croûte dorée, croustillante – qu'on arrose de sucre avant qu'elle ne refroidisse –, se brise ou se craquelle. Mais la grand-mère de Cabrero était passée maître en la matière. Aussi, tous les après-midi, elle cuisinait de délicieux *paparajotes* à son petit-fils, car elle savait qu'il adorait ça. À aucun moment, El Cabrero n'avait songé qu'elle était bien trop vieille, trop voûtée, pour grimper à l'échelle et atteindre les plus hautes branches des arbres, puis pour s'affairer dans la cuisine. Si ç'avait été le cas, il ne l'aurait certainement pas laissée faire. Mais un jour, il avait tout de même demandé à sa grand-mère : « Ça ne te fatigue pas, tu n'en as pas assez ? » Et, au lieu de lui répondre, elle l'avait regardé en riant et lui avait posé une question : « Est-ce que tu n'en as pas assez, toi, de venir t'occuper de mes chèvres ? Eh bien moi non plus, et tu sais pourquoi ? Parce que je t'aime. Si je ne t'aimais pas, je raterais mes *paparajotes* et tu me demanderais une tranche de pain avec un peu de saindoux à la place. »

Par la suite, chaque fois que quelque chose ou quelqu'un me rappelait l'émotion de ces jours amers et pourtant si doux, je me souvenais de cet instant où El Cabrero et moi nous étions serrés dans les bras, au beau milieu de cette cuisine où tant de moments mémorables avaient eu lieu. Nous étions restés longtemps ainsi, dans les bras l'un de l'autre, sans parler, comme s'il n'y avait rien à ajouter. Puis, il était sorti rejoindre les autres et moi, bien consciente de la leçon de la grand-mère, j'avais retourné les *migas* une dernière fois.

Auparavant j'avais épluché des poires et des pommes, les avais coupées en petits morceaux, fait griller trois tomates, coupé plusieurs tranches de pain en les assaisonnant d'un filet d'huile et d'un peu de sel, et avais mis par-dessus tout ce que j'avais pu récupérer du jambon que j'avais rapporté de chez Ricardo. Au dernier moment, et dans deux poêles à la fois, j'avais fait frire une douzaine et demie d'œufs au plat et deux boudins. Lorsque j'avais apporté les plats à table, j'avais trouvé tout le monde assis et silencieux, semblables à des écoliers privés de récréation. Tous excepté El Cabrero qui avait tranquillement attaqué le repas et Galán qui m'avait caressé les fesses lorsque j'étais passée près de lui. Puis Montse était entrée. Lorsqu'elle m'avait vue, elle m'avait aussitôt souri, mais était restée immobile sur le seuil, sa silhouette se découpant sur la lueur laiteuse du jour naissant qui pénétrait dans la pièce, évoquant un autre souvenir difficile à oublier lui aussi.

« Comment ça s'est passé ? lui avais-je demandé. Tu as réussi les tranches du collier de porc ?

— Elles étaient excellentes et très tendres. Mais tu avais raison… la sauce était trop épaisse.

— Je t'avais prévenue. »

Sa réponse avait duré le temps de couvrir la distance qui nous séparait. Nous étions tombées dans les bras l'une de l'autre en nous serrant plus fort qu'avec El Cabrero précédemment. Et là, au milieu de la pièce, nous nous étions embrassées, heureuses de nous retrouver, sans savoir que la peur nous attendait au tournant, tapie dans les plis des toutes prochaines heures, et nous donnerait ses premiers coups de griffes avant que le soleil ne soit encore haut dans le ciel. Nous étions en train de vivre le seul instant heureux de cette journée, un moment qui ne se répéterait plus les jours suivants, qui serait le dernier du val d'Aran. Pourtant, lorsque nous nous étions écartées l'une de l'autre, j'avais ressenti exactement le contraire. J'avais eu l'impression que les bons moments allaient reprendre et je m'étais remise à mon travail habituel dans la cuisine, en compagnie de Montse, sans saisir ce qui se passait vraiment, et avais vu El Sacristán nous faire un signe de la main, avant de sortir. Comme tous les matins. Comme plus jamais par la suite.

Ce jour-là, qui s'était levé chargé de baisers, d'accolades, de sourires, il se produirait des événements terribles qui allaient consumer notre joie de vivre comme le dernier pétard d'un grand feu d'artifice. J'étais allée apporter à Mercedes les trois tranches de pain à la tomate que j'avais mises de côté pour elle et les enfants. Et le bonheur et la gaieté soudaine, qui avaient brillé dans ses yeux en mordant dans le jambon, avaient été le dernier reflet des miens. Lorsque nous avions pris congé d'elle, nous n'avions toujours rien entendu. Nous n'avions pas encore perçu ce bruit, semblable à un bourdonnement imprécis, encore lointain mais capable de croître très rapidement, qui s'était mêlé à l'écho de nos pas tandis que nous retournions à la maison.

« Qu'est-ce que c'est ? m'avait demandé Montse. Hein ?…

— Je n'en sais rien », avais-je répondu, même si je le savais parfaitement.

Ce n'est pas possible, m'étais-je dit, je me trompe… Et pour confirmer mes craintes, trois avions de chasse en formation avaient dessiné un triangle parfaitement régulier au-dessus de nos têtes. Aussitôt, Montse s'était couvert le visage avec son tablier, tandis que je les suivais du regard jusqu'à ce qu'ils disparaissent à l'horizon.

« C'étaient des avions de guerre, non ? Ceux-là même qui lâchent des bombes ? »

Nous nous étions regardées en silence, sans bouger, pâles et figées comme des statues, refusant de comprendre ou d'exprimer ce que nous étions en train de penser.

« Bon ! Ces engins sont plus rapides que les autres, avais-je menti. Ils ont dû les envoyer pour reconnaître le terrain, car trois avions tout seuls ne peuvent guère faire grand-chose... »

C'est ainsi que nous nous étions remises en route, feignant d'avoir oublié ce que nous venions d'apercevoir dans le ciel.

« Dis-moi, Montse, est-ce que nous avons des citrons à la maison ? »

Mais le souvenir de ces avions ne m'avait pas quittée.

« Des citrons ? » Elle non plus n'avait pas cessé d'y penser. « Non, je ne crois pas. Pourquoi me demandes-tu ça ?

— Parce que je suis en train de me dire... Je crois que, pour l'instant, nous allons laisser les filets de porc comme ils sont, sans les assaisonner, tu sais ? Au moins un sur les deux. Nous allons couper l'autre en tranches et les préparer.

— Pour les manger tout de suite, n'est-ce pas ? » Elle avait posé sa question très naturellement mais elle avait compris que je craignais de ne jamais avoir le temps de les manger. « Par exemple, ce soir ?

— Oui. Tu ne crois pas ? avais-je répondu tout aussi naturellement.

— Bien entendu. Pourquoi attendre ? Ce serait stupide ! Ce sera bien meilleur maintenant, n'est-ce pas ? Beaucoup plus frais.

— Tout à l'heure, nous les disposerons dans un récipient profond, avec du sel, de l'huile et quelques gousses d'ail coupées en lamelles... » Et tandis que j'énumérais les ingrédients en faisant de grands gestes des mains, je m'étais sentie mieux. « Nous allons les laisser macérer en les retournant de temps en temps et on les fera cuire à la plancha, tout simplement. Tu vas voir comme c'est bon.

— J'en suis certaine. Et ça ne ressemblera pas du tout au plat d'hier soir.

— Non, car on peut servir ça en entrée. Ils sont tout à fait capables d'en manger deux ou trois tranches chacun, puis de dîner, tu le sais bien. Mais il nous faudrait des citrons.

— Je peux poser la question à Celina. Elle rapporte toujours des fruits de Viella, du marché noir. » Elle avait parlé très rapidement. « Comme ça, on n'aura pas besoin d'aller chez Ramona, qu'en penses-tu ? C'est beaucoup mieux, non ?...

— Oui, avais-je répliqué tout aussi vite. Vraiment mieux.

— Eh bien rentre à la maison si tu veux, et moi...

— Non, je t'accompagne. » J'avais continué à discourir comme si on m'avait remonté un ressort. « On pourrait aussi faire cuire le filet en entier, mais comme je voudrais aussi cuisiner les pieds, peut-être demain, eh bien... Je ne voudrais surtout pas que le boulanger se dise que je suis une profiteuse, car cet après-midi nous allons déjà apporter les madeleines dans son four.

— Des madeleines ! C'est formidable, délicieux. »

En réalité, je ne voulais pas quitter Montse, je ne voulais pas rester seule, je ne voulais pas savoir, je ne voulais pas penser, je ne voulais rien voir, je voulais juste cuisiner, m'enfermer dans la cuisine et salir tous les couteaux, toutes les poêles, toutes les casseroles, pour les laver, les essuyer, et les salir à nouveau. C'était tout ce que je pouvais faire : mettre toute mon attention, mon habileté, ma capacité de travail, au service de mon amour, cuisiner avec amour, par amour, m'abandonner complètement devant les fourneaux pour combattre les silhouettes de ces avions de chasse. Cuisiner, avais-je pensé, cuisiner, avais-je décidé, l'important est de cuisiner, il faut que je cuisine un maximum de plats salés et doux, consistants et légers, à manger à la cuillère et à la fourchette, il faut vider le garde-manger pour le remplir à nouveau afin de conjurer le danger, de protéger les hommes qui doivent revenir à la maison pour tout manger, pour sauver mon amour, par amour, il me faut cuisiner à longueur de journée.

« Et tu as aussi des oranges ? avais-je demandé à Celina après qu'elle nous avait apporté des citrons. Tu en as ? Alors donne... Trois kilos au moins.

— Et qu'est-ce que tu vas en faire ? m'avait demandé Montse, en veillant à continuer de sourire. Hein ?...

— Je vais râper l'écorce pour parfumer la pâte des madeleines. Puis je vais couper les fruits en tranche, y ajouter du sucre, de l'huile et de la cannelle, une bonne quantité de tout, tu sais ? » Elle avait écarquillé les yeux. « Je sais que ça semble bizarre, mais c'est délicieux, parce qu'elles donnent beaucoup de jus et le résultat est très sucré... J'en faisais très souvent lorsque j'étais au couvent. »

Par la suite, j'en avais refait des milliers de fois, pour que cette journée restât toujours présente au fond de moi, pour garder entre les mains le fruit de ces heures frénétiques qui s'écoulaient, avec la même lenteur que si l'on avait suspendu un poids à chaque seconde, un poids inconciliable avec mes mouvements, mes pensées, et l'énergie avec laquelle je traînais Montse partout afin qu'elle me suive au même rythme, avec toujours la même réponse aux lèvres.

« Allons à la boucherie, tu veux bien ? Je vais essayer d'acheter quelques abats de poulet pour faire une soupe à l'ail comme l'autre jour.

— Ah, oui, d'accord !

— Nous avons encore des légumes et des pommes de terre, mais comme je vais faire une omelette...

— Ah, oui, d'accord !

— S'ils ne la mangent pas ce soir, ils déjeuneront avec demain matin. Et puis on va préparer une salade, une *esqueixada*, pour profiter la morue salée qui nous reste...

— Ah, oui, d'accord !

— Et si j'ai la forme, je vais aussi faire des poivrons farcis en deuxième plat... Tu te souviens qu'on en a acheté trois grandes boîtes chez Ramona ?

— Ah, oui, d'accord ! »

Montse avait été d'accord sur tout, et ne m'avait pas quittée d'une semelle. Je n'avais plus revu les avions, mais j'avais pu constater leur effet sur le visage des hommes que je croisais, dans l'épais silence, sans le moindre rire, la moindre blague, qui parvenait jusqu'à la cuisine. Pas un mot n'accompagnait le bruit des fourchettes qui battaient les œufs, le grésillement de l'huile chaude, les jets de l'eau et le frottement des torchons sur la vaisselle. Moi non plus je ne parlais pas, je me contentais de cuisiner, d'éplucher les oignons, les pommes de terre, les carottes, d'écumer le bouillon. Je pétrissais, je faisais mijoter, farcissais, faisais frire, mitonnais sans dire un mot, sans savoir très bien interpréter ce silence, bon ou mauvais qui faisait trembler les mains de Montse, tandis qu'elle râpait l'écorce des oranges, et qui faisait trembler les miennes, desquelles les ustensiles ne cessaient de s'échapper. Montse parlait toute seule en murmurant. Et moi, je m'appliquais à cuisiner plus et mieux que jamais. Ce jour-là, Montse avait pris la cuisine en haine pour le reste de sa vie. Et moi, j'avais été convaincue que le malheur serait moins cruel pour moi si je parvenais à cuisiner.

J'étais en train de penser cela lorsque des cris m'avaient fait sursauter. « Laissez-moi passer ! Laissez-moi passer ! » Montse était sortie à toute vitesse, pendant que je finissais de farcir un poivron. J'avais même pris le temps de me laver les mains avant de découvrir El Sacristán allongé de tout son long sur la table de la salle à manger, avec une masse informe de chairs sanguinolentes à la place des pieds. Du sang lui coulait également de la tête. Et El Pasiego, la mâchoire décrochée, la bouche ouverte, la chemise imbibée du sang de l'homme étendu. Avant d'avoir pu comprendre ce qui se passait, le médecin de Vilamós, qui s'était installé chez son collègue de Bosost – un de ceux qui s'étaient enfuis en n'emportant avec eux que leur panique –, était entré en courant et avait entendu le récit complètement décousu du soldat qui venait de grimper la côte avec son camarade sur le dos : tandis que le camion allait ramasser d'autres blessés, une grenade, tout d'un coup, pas de chance, sa tête s'est cognée contre une pierre lorsqu'il est tombé…

« Que quelqu'un aille chercher ma femme !

— J'y vais, avait annoncé Montse. Tout de suite.

— Très bien. Dis-lui ce qui s'est passé et qu'elle m'apporte la scie et… » Voyant que son interlocutrice blêmissait, il avait décidé de résumer. « Bon, elle sait ce qu'il faut faire, elle a été mon infirmière pendant la guerre. Qu'elle apporte également des anesthésiants, de la morphine ou, plutôt, les deux choses à la fois, tout ce qu'elle trouvera… »

« Je ne veux pas manger, je n'ai pas faim », m'avait dit El Pasiego lorsqu'il s'était assis près de moi à la cuisine après s'être lavé et avoir passé une chemise propre, le sort de Sacristán lui voilant encore les yeux. « Bien sûr que tu vas manger, avais-je répliqué, en fuyant son regard. Il est trois heures de l'après-midi. » Au même instant, El Lobo avait fait son apparition. « Que s'est-il passé ? »

Ni lui ni Zafarraya n'avaient faim. Pendant qu'ils parlaient, j'avais débité un faux-filet en tranches, j'avais épluché des pommes de terre, les avais coupées en morceaux, et j'étais sur le point de les faire bouillir. Tandis que Pasiego répétait son récit plus calmement et avec davantage de détails, j'avais triplé les quantités. « Ils nous ont pris par surprise. » J'avais fait cuire la viande à la plancha avec très peu d'huile pour qu'elle reste juteuse à l'intérieur et bien grillée à l'extérieur. « C'était un enfer, ils étaient supérieurs en nombre, ils tiraient depuis les hauteurs, avec des mitrailleuses. » Je hachais un oignon pour le faire mijoter dans l'huile de la viande avec un peu de farine, je pressais deux oranges en me disant que j'avais bien fait de les acheter, j'ajoutais leur jus à la sauce. « Je ne comprends pas comment ils ont pu arriver jusqu'ici, c'est une erreur un peu trop grossière, Lobo, la débâcle a dû commencer. » Je les retournais à plusieurs reprises, ajoutais une bonne rasade de cognac, les flambais. « Finalement nous avons plutôt bien conservé nos positions. Ne t'en fais pas, nous avons reculé sans trop de pertes jusqu'à une colline. Nous les avons bien contenus ensuite. » Je faisais épaissir la sauce à petit feu pendant que j'écrasais les pommes de terre, que je travaillais avec un filet d'huile et un peu de lait. « Lorsque je suis parti, le feu avait cessé et mes hommes étaient en lieu sûr, à couvert, la situation était stabilisée, mais à présent un front s'est formé, tu comprends ? » Et lorsque la purée avait été à point, je l'avais répartie dans trois assiettes différentes avec deux tranches de faux-filet pour chacun, la sauce par-dessus. « Alors il te faut décider ce que nous devons faire, maintenir la position ou se replier, nous ferons ce que tu auras décidé, car ce qui est arrivé à Sacristán... » J'avais coupé du pain, ouvert une bouteille de vin, et placé une assiette devant chacun d'eux. « Car ce qui est arrivé à Sacristán est irréversible...

« À table.

— Non, vraiment, je ne...

— Si, tu peux. » Les mêmes larmes que je voyais briller au bord de ses yeux étaient en train de naître dans les miens. « Tu dois manger, Pasiego. »

Tandis que nous nous regardions les uns les autres, l'épouse du médecin était entrée en courant dans la cuisine, sa blouse souillée de rouge.

« Vous avez de l'alcool ?

— Est-ce que ça peut faire l'affaire ? » J'avais brandi la bouteille de cognac que j'avais utilisée pour la sauce. Elle avait acquiescé et je la lui avais tendue. Lorsqu'elle était ressortie, aussi vite qu'elle était entrée, je m'étais tournée vers les deux hommes. « Mangez, s'il vous plaît. C'est la viande du cochon que j'ai acheté, elle est délicieuse...

— Et toi ? avait demandé El Lobo. Tu ne manges pas ?

— Moi, je dois préparer le dîner. »

Une demi-heure plus tard, l'infirmière avait à nouveau fait irruption, épuisée, suant, mais visiblement plus apaisée.

« Votre ami est gravement blessé. Il ne pourra plus marcher sans aide, mais il ne va pas mourir. Il a perdu beaucoup de sang, même si les garrots étaient parfaitement confectionnés. Mon mari voudrait parler avec... »

Mais Zafarraya avait déjà déboutonné la manche gauche de sa chemise, il l'avait remontée et s'était dirigé vers la porte.

« Je suis donneur universel.

— C'est sûr ? avait insisté le médecin.

— Certain. » Il avait éclaté de rire en désignant El Lobo. « Tout le sang qui circule dans le corps de celui-ci m'appartient.

— C'est vrai. » El Lobo avait souri. « Il est radin pour tout, sauf pour cela.

— Et c'est un Catalan qui dit ça... »

Le médecin n'avait pas le temps d'écouter de blagues. Moi non plus car je ne faisais que surveiller El Sacristán, endormi sur la table, deux bandages blanc immaculé autour de ses jambes, le premier au-dessous du genou droit, le second à hauteur de la cheville de sa jambe gauche et enfin le dernier lui couvrant presque toute la tête. La blancheur des pansements contrastait avec cet environnement tout ensanglanté : la couverture où était couché le blessé, la blouse du médecin, celle de l'infirmière, la table, les chaises, et même le sol de cette pièce dont on avait ouvert les fenêtres afin d'éliminer l'odeur de chair brûlée due à la cautérisation des blessures.

« Nous allons faire une transfusion directe. » Zafarraya s'était assis sur une chaise, le bras tendu, très calme. Mais lorsque le médecin avait été sur le point de le piquer, il lui avait demandé avec sérieux : « Et toi, comment ça va ? Tu as mangé ?

— Bien entendu ! » Il avait souri tout en me regardant. « Comment ne pas manger dans cette maison.

— Très bien. Allons-y donc…, avait-il dit avant d'ajouter à l'intention de Lobo : Un autre donneur ne serait pas inutile.

— Tout de suite ! » Et Lobo était aussitôt parti en quête d'un autre donneur.

En plus d'avoir ramené El Novillero, qui avait pénétré tranquillement dans la pièce les deux manches de sa chemise déjà retroussées, El Lobo avait cédé sa chambre au blessé – une pièce plutôt petite, mais disposant d'une fenêtre ; un grenier avant que Galán et moi l'ayons renvoyé de sa chambre du premier. Tandis que ses camarades l'y transportaient, Montse, qui était restée pour garder la fille du médecin jusqu'au retour de sa mère, était revenue.Vers la fin de l'après-midi, nous avions déjà eu le temps de tout nettoyer. Dans la marmite où macéraient les filets préparés dans la matinée, il en restait à peine la moitié. J'avais fait de petites tartines pour tout le monde – pour Montse, le médecin, Zafarraya, El Novillero, El Lobo, El Centinela – et, alors que Sacristán était hors de danger et que l'entrée avait été nettoyée, également pour El Pasiego qui était resté auprès de son camarade pour attendre son réveil.

« Tu ne va pas y croire, mais à présent, j'ai tout d'un coup très faim », avait-il déclaré.

En lui apportant son repas, je l'avais trouvé penché sur le blessé, en train de lui caresser le front avec une compresse de gaze. Lorsqu'il m'avait aperçue, il s'était aussitôt redressé et avait jeté la compresse par terre. Il avait pris le plateau et m'avait donné une accolade dont j'aurais aimé ne jamais me souvenir.

Mais cuisiner était important pour moi et j'avais continué à cuisiner, sans pouvoir m'en empêcher. D'abord avec Montse puis seule, jusqu'à ce que El Cabrero revienne avec une boîte remplie de madeleines fraîchement cuites. Pendant ce temps, Montse était partie à la rencontre d'El Zurdo, qui revenait sur ses deux jambes, les bras, les doigts et la tête intacts. C'est ainsi que les autres étaient rentrés, silencieux et anxieux, mais entiers.Tous sauf Flores, qui avait dépêché un soldat pour prévenir qu'il allait rester dormir au poste de commandement de López Tovar. Tous sauf Comprentu et Galán, qui n'arrivaient pas.

Il était environ neuf heures du soir lorsque j'avais demandé à Montse, qui revenait au bras de Zurdo : « Je vais apporter des madeleines aux enfants. Dresse le couvert, tu veux ? »

Cela aurait pu ne demander que cinq minutes, mais j'avais pris mon temps, je m'étais attardée à bavarder avec les enfants et les avais conviés au petit déjeuner du lendemain. Et j'avais encore plus traîné sur le chemin du retour. À neuf heures vingt, ils n'étaient toujours pas là.

« S'il leur était arrivé quelque chose, à l'heure qu'il est nous le saurions déjà. » El Lobo semblait sûr de lui, mais je ne l'avais pas cru, je ne parvenais pas à le croire.

Tous étaient assis autour de la table, affamés, mais c'était alors devenu le cadet de mes soucis. Pourtant, je m'étais remise en cuisine, à poêler les filets qui restaient, à passer les omelettes à Montse, un plat de croquettes, l'*esqueixada*, mettre les œufs dans la soupe, la goûter, la servir précautionneusement, tandis que les poivrons réchauffaient à feu doux. Voilà, ils ne vont pas tarder à arriver, je vais compter jusqu'à trois, un, deux, trois, allez maintenant, avant que je n'aie servi cette assiette, avant que je n'aie servi cette autre, avant que la sauce ne bouille, je vais compter jusqu'à dix, un, deux, trois, quatre, cinq, six, sept, huit, neuf, maintenant, ça y est, ils sont sur le point d'entrer, dix, je vais recompter, un, deux, trois… Mais ils n'étaient toujours pas revenus.

À dix heures et quart, j'avais laissé les oranges au milieu de la table, saisi une couverture, un paquet de cigarettes et étais sortie dans la rue sans dire où j'allais. « Ça été une erreur un peu trop grossière, Lobo, la débâcle a dû commencer. » Les paroles de Pasiego se mélangeant dans ma mémoire au vrombissement des avions, j'avais erré dans les rues de Bosost remplies d'hommes qui buvaient encore, qui parlaient toujours et qui riaient. Pour ne pas les entendre, j'avais pressé le pas, continué à marcher jusqu'à la sortie du village et, quelques mètres après le dernier panneau, j'avais allumé une cigarette, puis une autre, et encore une autre, tout en comptant mes pas. Puis, lorsque j'avais entendu des bottes approcher sur un rythme lent et découragé, j'avais déjà traversé la route quatre-vingt-trois fois.

« Galán ! » avais-je hurlé de toutes mes forces. « Galán...

— Il est derrière nous ! m'avait répondu une voix. Derrière...

— Galán ! » Et j'avais continué à crier tout en courant. « Galán ! » L'air me brûlait la gorge. « Galán ! » Jusqu'à ce qu'il me réponde. « Galán !

— Inés ? » Au ton de sa voix, étouffée comme une bougie sur le point de s'éteindre, j'aurais dû comprendre que quelque chose s'était passé, mais j'avais continué à crier. « Que fais-tu là ?

— Galán ! » Je m'étais jetée dans ses bras et avais fermé les yeux. « Galán, enfin... » Mais il s'était à peine arrêté pour m'embrasser, il avait poursuivi sa route en passant son bras gauche autour de ma taille et en regardant droit devant lui. « Qu'est-il arrivé ? »

Il avait refusé de parler, mais la lune m'avait aidée à comprendre. Comprentu avait le bras, en écharpe, et derrière lui El Bocas semblait dormir sur une civière improvisée. Il était mort. Il était tombé dans une embuscade au milieu de l'après-midi en retournant à Bosost. Il n'était pas la seule victime de l'invasion du val d'Aran, il n'était pas la seule perte à dénombrer ce jour-là, y compris dans cette brigade. Galán avait perdu d'autres hommes le 25 octobre 1944, mais la guerre, si impitoyable et si injuste, l'avait touché cruellement ce jour-là, et lui plus que tout autre.

Lorsque nous étions arrivés au quartier général, j'étais en larmes. Pas Galán. Je ne l'avais pas vu pleurer ce soir-là, tandis qu'il racontait à Lobo ce qui s'était passé, ni quand il s'était rendu chez le médecin pour donner près d'un demi-litre de sang – car ce dernier en avait tant besoin qu'il ne savait plus comment faire. Je ne l'avais pas vu pleurer lorsqu'il m'avait prise dans ses bras avant de s'endormir, ni, quand je l'avais découvert réveillé au petit matin. À ce moment-là, je ne pleurais plus, et pourtant j'éprouvais comme un deuil exceptionnellement intense et sincère –

avec cela d'ambigu que la mémoire de Bocas se mêlait à mon propre avenir, à la vie qui m'attendait après cette journée.

Tandis que je me revoyais dans la maison de mon frère, sous la fragile protection d'Adela, à la merci des caprices de Garrido, ou encore dans un couvent, aussi froid que celui que je connaissais déjà, peut-être dans une prison semblable à celles où j'avais vu mes camarades regarder leur bébé mourir dans leurs bras, je m'étais mise à désirer de toutes mes forces un enfant de Galán. Depuis que j'étais arrivée à Bosost, je n'avais encore jamais pensé à cette possibilité. Ce n'aurait été qu'une immense complication, mais ç'aurait été aussi un chemin, une raison, une graine d'avenir et surtout le témoignage d'un amour étrange et puissant, le plus bénéfique de toute ma vie, une passion brève et concentrée, si intense que jamais elle ne se fanerait. Voilà ce que j'avais pensé tandis que je désirais un enfant de Galán, un enfant qui lui ressemble, qui me le rappelle sans cesse, qui demeure en moi, à mes côtés, lorsque Galán partirait.

Le temps des amertumes avait commencé le lendemain, avec l'enterrement de Bocas, Miguel Silva Macías qui était né en 1923, à Fabero, dans la région du Bierzo appartenant à la province de León, pour venir mourir ici, dans un endroit sans nom du val d'Aran, vingt et un ans plus tard. Un bien mauvais début pour une journée qui allait être pire encore. À notre retour à la maison, Matías et Andrés étaient en train de m'attendre sur le banc à côté de la porte. Ils n'avaient pas su m'expliquer pour quelle raison ils n'étaient pas entrés, mais je l'avais compris tout de suite en découvrant la mine maussade des officiers qui nous avaient précédés. Peu à peu les soldats étaient rentrés du cimetière avec la même expression, un mélange de rage et de chagrin, de colère et de tristesse. Il s'agissait une nouvelle fois du visage de la défaite, avec la même impuissance, la même incrédulité, le même refus d'accepter une vérité que nous ne connaissions que trop.

« Asseyez-vous là. » J'avais installé les enfants sur deux chaises vides, entre Galán et Comprentu, et m'étais efforcée de sourire. « Que voulez-vous boire ? Du lait ?

— Oui. » Andrés avait répondu du tac au tac. « Et des madeleines, comme hier. Et du pain avec du saucisson... »

Il avait saisi une tranche de pain dans la corbeille et m'avait regardé avec une avidité qui avait fait sourire ces hommes tristes. « C'est possible, non ? »

Pendant ce temps, Matías m'observait sans ciller. Ses yeux sombres révélaient la même gravité, la même maturité qui m'avait surprise le soir où je l'avais rencontré pour la première fois. Matías était un adulte de quatorze ans qui connaissait la vérité, qui savait que ce qu'on offrait ici allait bientôt être terminé, les petits déjeuners, les dîners, l'espoir. J'avais été incapable d'affronter ce regard, j'avais refusé de le soutenir, de répondre aux questions que je lisais sur ce visage. Et je m'étais rapidement réfugiée dans la cuisine, sans pour autant trouver de solution.

« Qu'est-ce qui se passe, Inés ? » Montse m'avait attrapée par le bras afin que je ne puisse éviter son regard. « Que va-t-il se passer ? »

J'avais secoué la tête et m'étais doucement écartée d'elle, j'avais saisi une casserole, l'avais remplie de lait et mise sur le feu. En me retournant, et voyant que Montse était si perdue, si seule, si semblable à moi, je l'avais prise dans mes bras. Nous étions restées ainsi, serrées l'une contre l'autre comme deux gamines apeurées ne formant qu'un seul corps..

« Je ne sais pas, Montse. La seule chose que je peux te dire, c'est qu'aujourd'hui ils ne vont pas bouger d'ici. Ils ne vont pas sortir de Bosost, j'ai entendu Galán qui parlait de ça avec Comprentu, au cimetière. Mais il ne m'a rien dit à moi et je n'ai pas osé lui demander quoi que ce soit, voilà la vérité. Les choses ne se passent pas bien, tu le sais. Et, d'après ce que j'ai compris, ils attendent la venue de quelqu'un pour décider… ce qu'ils vont faire.

— Ils vont partir ?

— Je n'en sais rien, Montse. » Ses yeux s'étaient remplis de larmes et je m'étais regardée dans sa tristesse comme dans un miroir. « Je suis comme toi. Je te jure que je n'en sais rien.

— Donc, ils vont partir. » Elle avait affirmé ça et l'avait répété comme si elle avait absolument besoin de se convaincre. « Ils vont partir… Le lait ! » Elle avait sursauté. « Il déborde ! »

Je n'avais pas compris de quoi elle voulait parler, pourquoi elle criait, ni pourquoi elle me poussait du milieu, comme si je l'embarrassais, pour se précipiter sur les fourneaux. Je n'avais rien compris jusqu'à la voir retirer une casserole du feu, décorée d'une couronne de mousse blanche qui s'était aussitôt effondrée, sans parvenir à franchir le rebord. C'était ma faute, j'aurais dû surveiller la casserole, moi, qui étais encore la cuisinière de Bosost et qui le resterais tant que mes camarades continueraient à vivre dans cette maison. J'avais donc versé le lait dans les bols des enfants et étais allée en chercher davantage lorsque Mercedes était arrivée. Ensuite, j'étais montée dans la chambre de Sacristán pour lui proposer de déjeuner.

« Comment vas-tu ? » Redressé sur son lit, avec une chemise blanche et la tête bandée, je l'avais trouvé plus beau que jamais.

« Je suis foutu. » Mais il avait souri, comme si le fait de rester invalide à trente ans n'était finalement pas si grave.

« Et à part ça ?

— Eh bien à part ça, je suis vraiment foutu, mais… maintenant, je n'ai plus de fièvre.

— Tu veux un peu de lait ? » Il avait fait non de la tête. « Une omelette ? » Il avait refusé à nouveau. « J'ai fait des *migas*, mais je ne pense pas que ce soit très indiqué pour toi.

— Non, je n'ai pas faim. Tout à l'heure, lorsque le médecin passera, je lui demanderai si je peux en manger… » Et lorsque j'étais sur le point de me lever, il m'avait saisi le poignet. « Dis-moi, Inés, heureusement que tu n'as pas abandonné El Gaitero pour te marier avec moi, hein ? Tu aurais vraiment fait une mauvaise affaire. »

Je m'étais penchée sur lui et l'avais embrassé sur la joue. Lorsque j'avais relevé la tête pour le regarder, il l'avait saisie de la main gauche, avait collé sa bouche à la mienne et m'avait rendu mon baiser.

Cette journée pleine de larmes avait aussi été une journée remplie de baisers, comme si les accolades n'étaient plus suffisantes, comme si nous avions tous besoin de plus, de donner et de recevoir davantage, de nous embrasser pour nous protéger, pour nous reconnaître, pour nous sentir en sécurité. Tiens, El Afilador, qui était très malicieux, avait tendu deux madeleines à Andrés alors que les enfants étaient en train de s'en aller, prends ça pour la route, et le gamin lui avait demandé : et si le colonel se fâche... Il ne se passera rien du tout... Ah, bon, et pourquoi... Parce que je suis général, tu ne le vois pas ? Et ils avaient tous les deux éclaté de rire. Mais l'adulte avait mis une condition, il faut que tu me fasses deux bises, sinon... Moi aussi j'avais fait la bise à Andrés, puis à Mercedes et à Matías et à El Afilador, qui m'avait saisie par la taille tandis que les gamins s'en allaient, pour m'embrasser à son tour. Montse aussi m'avait embrassée, je vais faire un tour avec celui-là, et nous nous étions embrassées avec de gros baisers sonores. J'avais aussi embrassé El Zurdo sur la joue, sans réfléchir, et il avait souri, m'avait embrassée tandis que Galán nous observait, assis à table, d'un air triste et paisible à la fois. J'étais allée vers lui, m'étais assise auprès de lui et je l'avais embrassé à de nombreuses reprises. « Il faut que j'aille préparer les lentilles, lui avais-je finalement dit, en saupoudrant chacun de mes mots de baisers, je reviens tout de suite. » Et il m'avait embrassée sur la bouche, un long baiser avant de me laisser partir.

Lorsque j'étais ressortie de la cuisine, il ne restait plus que trois hommes à table, et l'un d'eux s'était immédiatement levé, pour me montrer l'escalier. De cet endroit, j'avais aperçu El Lobo, les épaules voûtées, les yeux fixés sur le plancher, et Zafarraya à ses côtés, attentif au moindre geste, comme s'il avait pressenti la solitude qu'allait connaître son ami, ce jour-là.

La voiture était arrivée vers une heure de l'après-midi. Nous avions eu le temps de tout faire, de nous embrasser, de nous déshabiller, de dormir, de nous réveiller, de nous habiller, de nous embrasser encore et, en ce qui me concerne, de redescendre l'escalier de temps en temps pour aller surveiller les lentilles et remonter à toute vitesse le retrouver. J'étais sur le point de le faire à nouveau lorsque j'avais entendu le bruit d'un moteur et des pas qui franchissaient le seuil. Trois hommes habillés en civil et une femme que je n'avais pas reconnue, car je ne l'avais même pas regardée. Je n'avais rien pu regarder, rien voir, rien entendre, après avoir reconnu l'homme qui était à la tête de la délégation, un garçon à peine plus âgé que moi, pas très grand, pas très mince, avec des lunettes rondes et les cheveux crantés, dont le nom m'avait accompagnée pendant trois ans, car sa signature se trouvait au bas de ma carte de la JSU. Et j'avais pu lire mon étonnement dans les yeux des officiers qui étaient entrés l'un après l'autre, lentement, dans la maison, aussi désorientés qu'une expédition de voyageurs sans carte ni boussole en pays étranger. Puis El Lobo m'avait cherchée des yeux et avait hoché la tête pour me faire un signe.

« Ils sont arrivés. » J'avais gravi les marches quatre à quatre, et m'étais assurée d'avoir bien fermé la porte avant d'approcher du lit. « Santiago Carrillo est en bas. »

Il avait fermé les yeux, pressé les paupières, les avait relâchées avant de les rouvrir. Puis il m'avait regardée.

« Carrillo ? » avait-il répété comme s'il n'avait pas bien entendu.

J'avais fait oui de la tête et il s'était redressé très lentement. Ensuite il avait remis sa chemise dans son pantalon, s'était approché de moi et m'avait embrassée avant de descendre l'escalier aussi vite que je l'avais gravi. Je l'avais suivi et avais réussi à apercevoir leur sobre échange de politesse, avant de me réfugier dans la cuisine, car s'ils étaient venus pour l'emmener avec eux, pour me l'arracher, je ne pouvais accepter de les saluer, de savoir qui ils étaient, comment ils s'appelaient, quelles étaient les raisons de leur venue aussi tard, avec un tel contretemps, alors que mon amour n'avait plus d'avenir. Cependant, il m'avait fallu leur préparer à manger. Et lorsque j'avais entendu le bruit d'une voiture qui s'éloignait, j'avais trouvé les deux inconnus et la femme qui les accompagnait assis en bout de table. Les deux hommes parlant tranquillement entre eux et la femme ramassée sur elle-même, bras croisés sous sa poitrine, tête baissée, visage dissimulé sous le rebord de son chapeau qu'elle n'avait pas pris la peine de retirer. El Lobo était parti avec Carrillo pour rencontrer López Tovar. La réunion devait se passer à son poste de commandement, pas au nôtre. Mais tous les autres étaient restés ici, ainsi que Zafarraya dont j'avais aperçu le crâne rasé parmi le tourbillon d'individus qui entraient et ressortaient de la pièce la plus petite de la maison, sous prétexte de rendre visite à Sacristán. Ils ne se cachaient pas et les visiteurs remarquaient tout. Peu à peu l'atmosphère se chargeait d'une densité rougeâtre et chaude : de la pure violence semblable à un tourbillon improvisé de poussière préludant un orage. Personne n'avait d'arme entre les mains, mais l'air me piquait le nez, tout autant, sinon plus qu'à Vilamós.

On a dû leur demander de rester ici pour cette raison, m'étais-je dit, pour prévenir une mutinerie ou, du moins, pour pouvoir le raconter par la suite. À cet instant, Montse, qui avait refusé d'accompagner El Zurdo, était arrivée et avait traversé l'entrée en frappant des talons avec une rage que je ne lui avais jamais connue, et sans doute elle non plus. Je l'avais prise par le bras pour l'attirer dans la cuisine et, lorsque nous nous étions retrouvées toutes seules, j'avais ouvert une bouteille de vin, rempli deux verres, et lui en avais tendu un.

« Nous allons trinquer. » Surprise, elle avait néanmoins levé son verre sans la moindre hésitation. « À notre santé, Montse. Car quoi qu'il se passe à partir de maintenant, je me féliciterai toujours de t'avoir rencontrée, et… » Ma voix s'était brisée et je m'étais contentée de cogner mon verre contre le sien. « À notre santé. »

Je l'avais vidé d'un trait et m'étais sentie bien mieux. Elle avait vidé le sien à la même vitesse que moi, l'avait reposé sur la table en me regardant.

« J'ai passé toute la matinée à réfléchir à ce que tu m'as dit lorsque nous sommes ressorties de l'épicerie de Ramona, tu te souviens ? » J'avais hoché la tête. « Bon, eh bien… Je ne regrette pas ce que j'ai fait, tu sais ? Je ne regrette pas d'être sortie avec El Zurdo, de l'avoir emmené dormir chez moi et même que tout le monde l'ait su… Je ne regrette rien du tout.

— Ah bon. » Je lui avais souri. « Moi, non plus.

— Je vais mettre le couvert.

— Oui, vas-y. »

Ils allaient partir. Personne ne nous l'avait dit, personne n'était sûr de rien, personne ne devait encore avoir endossé la responsabilité de la retraite, Montse le savait, elle aussi. Nous savions toutes les deux qu'ils allaient partir et un point c'est tout. Nous ignorions toutes les deux ce qui allait se passer pour nous, et moi je préférais ne pas y penser, elle non plus, comme si les heures qui nous restaient avant le départ représentaient une autre éternité. Je m'étais réfugiée dans cette pensée. Il reste encore pas mal de temps. Et je l'avais compté pour moi-même comme un avare qui recompterait pour la énième fois son trésor. Tout l'après-midi, une nuit entière au minimum. Il peut encore se passer tant de choses... De cette façon, j'avais pu me concentrer sur le repas, organiser les restes de la soirée précédente pour les servir avec les lentilles qui mijotaient, que je goûtais, dont je m'étonnais de les avoir si bien réussies sans m'en être pratiquement occupée, tandis que la cuisine commençait à se remplir d'hommes qui, pour une fois, ne venaient pas pour tremper leurs doigts dans les plats, mais pour se parler en douce : Maintenant, non ?... Maintenant, oui... Et pourquoi personne n'est venu avant ?... Pour que ce soit nous qui nous fassions tuer, vois-tu ?... Et si les choses devaient bien tourner, il ne faudrait pas que ce soient eux qui en tirent tout le bénéfice, qui deviennent les pères de la patrie... Ils parlaient et buvaient, ils parlaient et fumaient, et parlaient à nouveau, et buvaient encore et fumaient toujours, et moi je les entendais même si je ne les écoutais pas, je les entendais même si je ne voulais surtout rien comprendre, même si je ne voulais rien savoir, je continuais à les entendre, et je sentais que ma tête allait exploser, à cause de la pression de toute cette fumée, de tous ces verres qui s'entrechoquaient, de tous ces points de suspension, de tout cet amour. Lorsque j'avais décidé que je n'en pouvais plus, j'avais demandé à tout le monde d'aller s'asseoir autour de la table et tous m'avaient obéi comme une fratrie d'enfants bien élevés. J'avais alors arrangé mon tablier, rempli la soupière de lentilles et, en sortant de la cuisine, je les avais trouvés tous serrés les uns contre les autres, à l'extrémité opposée de celle qu'occupaient les émissaires du Parti. Ils avaient laissé un espace vide au milieu, équivalant à deux chaises de part et d'autre, et je m'en étais servie pour poser la soupière et les observer à nouveau.

« J'ai fait des lentilles à l'étouffée », avais-je annoncé, avec cet accent de mère universelle qui était sorti de ma gorge en les apercevant tous installés en train de m'attendre. « Mais hier soir, nous avons eu beaucoup de restes. Il y a aussi des poivrons farcis, de l'*esqueixada*, une omelette que personne n'a entamée, une autre à moitié et quelques croquettes. Alors, pour l'instant... qui veut des lentilles ? »

Ils avaient tous levé la main et j'avais commencé à les servir tandis que Montse apportait les plats de la cuisine. Puis elle s'était approchée de moi, une assiette à la main. « Pour El Sacristán. » Lorsque j'avais fini de servir, elle l'avait placée devant moi. « Je suis allée lui poser la question. Il veut bien des lentilles. » El Pasiego s'était aussitôt levé, mais elle lui avait fait signe de se rasseoir. « Je vais les lui apporter moi-même, Román, continue à manger. »

En l'entendant, j'avais ri au fond de moi, de la même façon que Pasiego avait dû s'esclaffer en entendant prononcer son vrai prénom, celui qu'il portait avant la guerre, celui qu'il utilisait – précédé du fameux « don » – lorsqu'il donnait ses cours de latin, « don Román », celui que ne connaissaient que les amis intimes. Son prénom et celui de Sacristán étaient les deux seuls vrais prénoms que nous connaissions, car lorsque Pepe s'était retrouvé tout près de la mort, il avait dit plusieurs fois : « Va-t'en, Román, partez tous, laissez-moi ici, je suis prêt. » Mais ses camarades n'avaient pas accepté de l'abandonner : « Mais non, Pepe, mais non, tu ne vas pas mourir, je vais rester auprès de toi… » Montse n'avait pas utilisé ce prénom à la légère. Non, elle ne s'était pas laissée aller. Elle avait sciemment fait ce choix, afin de souligner l'abîme qui divisait la tablée en deux secteurs bien distincts, et de bien montrer celui qu'elle avait choisi, celui dans lequel elle resterait toujours, quoi qu'il se passât ce soir-là ou le lendemain. Nous étions tous si mal et eux étaient si furieux, nous étions si effrayées que n'importe quelle attitude, n'importe quelle attention – la main de Montse frôlant la joue de Pasiego en passant près de lui, la tête de Pasiego reposant un instant sur cette main – prenait soudain une valeur considérable. Voilà pourquoi – et aussi parce qu'à ce moment-là le tour de garde venait de changer et que la sentinelle quittant le poste était venue prendre congé – j'avais fait quelque chose que je n'avais jamais fait auparavant, quelque chose que je n'aurais jamais senti le besoin de faire si je n'avais pas entendu sans le vouloir une conversation dans la cuisine.

« Tu veux rester manger, Hormiguita ? »

C'était un simple soldat, et il n'avait pas osé accepter ma proposition tant que Zurdo ne lui en avait donné l'autorisation d'un signe de tête. Tandis que je le servais avant tout le monde, je les avais surveillés du coin de l'œil, et lorsque j'avais été bien certaine que tous avaient bien remarqué ce qui s'était passé, j'avais changé de direction avec la soupière.

« Et vous, vous désirez manger ? »

« De tous ceux qui se trouvaient dans cette maison, Inés, m'avait raconté Manolo Azcárate par la suite, personne ne m'a fait aussi peur que toi, ce soir-là. » Et nous nous étions tous les deux mis à rire tandis qu'il continuait son récit : « Et pourtant j'avais vraiment des raisons d'avoir peur, et de tout le monde en plus. Eh bien voilà, bien que la plupart des officiers était en train de dîner avec le pistolet à la ceinture, que je ne savais pas ce qui allait m'arriver lorsque je retournerais en France avec Santiago, et que je ne savais pas non plus quelle allait être la réaction de Carmen, lorsque tu t'es à nouveau tournée vers moi pour me demander si je voulais manger, j'étais mort de trouille, je te le jure… »

C'étaient des camarades, mes camarades, et je n'aurais pas dû les maltraiter à ce point, mais j'étais plus effrayée qu'eux. Voilà pourquoi, lorsque je les avais regardés – le regard de la Méduse, disait Manolo –, personne n'avait répondu tout de suite. Ensuite, les hommes avaient tendu leur assiette vers moi, timidement, tandis que la femme était demeurée de marbre.

« Et toi ? avais-je demandé au rebord du chapeau. Tu ne manges pas ? »

Elle avait secoué la tête, mais une seconde plus tard elle avait changé d'avis et levé ses yeux vers moi tout en me tendant son assiette. À cet instant, la casserole m'avait glissé des mains et avait cogné le fond de la soupière, qui était vide. Je venais de mettre un visage sur Carmen de Pedro et je ne parvenais pas à y croire. Voilà pourquoi j'avais retiré la casserole vide de la soupière sans cesser de la fixer dans les yeux et que j'avais été sur le point de lui servir de l'air sans le faire exprès.

« Il n'y en a plus. » Mais je m'étais ressaisie à temps. « Je vais en chercher d'autre. »

Avant de pénétrer dans la cuisine, j'avais reconnu le bruit des pas de Galán, derrière moi. Lorsqu'il m'avait demandé ce qui se passait, je lui avais répondu en le questionnant à mon tour, car il m'était impossible d'admettre que cette vieille connaissance de Madrid, la jeune fille qui ouvrait la porte et nous proposait un verre d'eau lorsque je me rendais avec mes camarades du Secours rouge au siège du Comité central puisse être devenue l'épouse de Monzón, la déléguée du Bureau politique, celle qui donnait les ordres depuis Toulouse. C'était à ce point incroyable que j'avais douté de mes yeux, de ma mémoire, et que je l'avais saluée avec le vague espoir qu'elle me détromperait.

« Je suis désolée, je ne t'avais pas reconnue. Avec ce chapeau...

— Moi, oui. » Et elle avait hoché la tête comme pour dissiper mes doutes. « Tu es Inés je ne sais plus quoi, membre du Secours rouge de Montesquinza, n'est-ce pas ? » Et j'avais hoché la tête à mon tour. « Tu n'as pas changé.

— Bien sûr que j'ai changé, nous avons tous changé. »

Mes mots avaient flotté au-dessus de la table, et tout le monde s'était tu. J'avais emporté les assiettes sales, en avais sorti de propres pour le dessert et je n'avais plus entendu que le bruit des fourchettes, le choc des verres sur la nappe et le claquement des briquets qui s'allumaient. Lorsque la table avait été débarrassée, Montse avait sorti, sans me consulter, une bouteille de cognac, une autre d'anis et une carafe d'eau-de-vie que fabriquait son grand-père. Nous allons nous soûler, avais-je pensé. Et pourquoi pas !

Lorsque j'étais revenue dans la pièce, après avoir rangé la cuisine, j'avais constaté que les bouteilles étaient presque vides et que Perdigón était en train de chanter des fandangos. J'avais toujours été étonnée par la puissance de cette voix, qui fusait d'un corps si frêle. Je l'avais déjà entendue le jour de la fameuse soupe à l'ail. Mais les réactions, ce soir-là, n'avaient rien eu de commun avec le silence dans lequel mes camarades l'écoutaient à présent, comme s'ils avaient besoin de l'entendre chanter pour que la tristesse qui nous écrasait se dilue enfin dans l'émouvante amertume de sa voix.

« Et maintenant chante-nous des *soleares* andalouses, Perdigón », avait réclamé El Cabrero.

Et il avait entonné une *soleá* andalouse. Tous s'étaient tus, tous l'avaient écouté en silence, fumant, secouant la tête et vidant leurs verres. Moi aussi, je m'étais servi de l'eau-de-vie. J'en avais avalé la moitié d'un trait, la gorge en feu.

Galán était assis sur une chaise et m'avait fait signe de m'approcher. Je m'étais installée sur ses genoux, avais fini mon verre et posé ma tête sur son épaule. Puis je lui avais murmuré que j'étais en train de m'endormir. « Eh bien endors-toi », m'avait-il répondu, et il m'avait prise dans ses bras. J'étais épuisée, mais l'origine de ma fatigue n'était pas due à ce que j'avais fait, mais à tout ce que j'avais enduré en si peu de temps. J'avais vaguement entendu la voix de Galán réclamer une couverture à Montse, puis je m'étais profondément endormie pendant une heure qui m'avait paru une nuit entière. En me réveillant, Perdigón ne chantait plus et Galán dormait lui aussi. J'étais restée un moment à le regarder, puis je m'étais levée discrètement. J'avais arrangé la couverture et j'étais allée faire du café. Lorsque Lobo était revenu dans la même voiture avec laquelle il était parti, le soir était tombé et nous étions tous très réveillés.

La cérémonie des adieux avait été brève et silencieuse. Carrillo n'était même pas descendu du véhicule et ses compagnons avaient tout juste murmuré quelques mots sans conviction sur le seuil. El Lobo avait attendu de les voir disparaître avant de rentrer dans la pièce et de déclarer sans le moindre préambule.

« On s'en va. » Ses yeux, petits et ronds, étaient toujours aussi sombres, mais ils avaient perdu leur éclat de bouton verni. « Demain, au petit jour, on repasse la frontière. Nous refaisons l'opération dans le même ordre que lorsque nous sommes venus. »

Je n'ai jamais pu me souvenir de ce que j'avais ressenti à ce moment précis. Je me rappelle confusément que mes veines s'étaient vidées d'un coup, que mes jambes ne me soutenaient plus, que j'avais envie de mourir, que j'avais déjà commencé à mourir. En chancelant, j'avais cherché un mur auquel m'appuyer et j'avais regardé sans voir, j'avais vu sans regarder le calme absolu de cet instant, les silhouettes immobiles d'une douzaine d'hommes partagés entre ce qu'ils savaient et ce qu'ils désiraient, entre ce qui était bien pour eux et ce qu'ils désiraient, entre ce qui les attendait et ce qu'ils désiraient, jusqu'à ce que Galán, mordant sa langue repliée à l'intérieur de sa bouche, avançât d'un pas, puis un autre, et encore un autre. Il va le frapper, m'étais-je dit, effrayée, ils vont se battre… Montse était arrivée en courant, s'était appuyée contre le mur à côté de moi et s'était couvert la tête avec son tablier pour ne pas voir Galán si près de Lobo qu'on n'aurait su s'il était sur le point de l'avaler ou de l'embrasser sur la bouche.

« Non ! s'était-il contenté de hurler. Nous ne partons pas. Je n'en ai rien à foutre de ce que vous avez décidé à la réunion, tu m'entends ? Nous ne partons pas !

— Galán !… Réfléchis un peu à ce que tu viens de dire, s'il te plaît. »

El Lobo parlait d'un ton monocorde, semblable à celui que Galán avait lui-même employé sur la place de Vilamós, avec le même calme de quelqu'un qui sait avoir raison, sans pour autant nier qu'il y ait des raisons d'être en colère, d'être désespéré, avec le calme de quelqu'un qui s'efforce de soutenir le contraire et attend que la tempête s'apaise. La ressemblance de leur voix m'avait plus désespérée encore que les mots qu'ils prononçaient. Mais Galán ne s'était toujours pas résigné.

« Nous ne partons pas, avait-il insisté, visiblement plus calme. Nous ne pouvons pas partir. On ne peut pas abandonner, on ne peut pas leur offrir l'Espagne une deuxième fois.

— Parce que tu crois que ça me fait plaisir ? Que j'ai envie de retourner en France ? Allez, ne m'emmerde pas, arrête ça !

— Mais c'est que… Nous n'avons pas… » Galán s'était écarté et s'était mis à marcher en cercle autour de Lobo. « Nous n'avons pas encore réfléchi à une stratégie. Nous avons fait n'importe quoi. Il faut trouver un moyen, il doit bien y en avoir un… C'est l'endroit qui ne convient pas.

— Ce n'est pas le problème, Galán, et tu le sais très bien. Si les habitants nous avaient aidés, tout aurait été différent. Ici, à Toulouse, partout. Si les habitants nous avaient aidés, nous ne dépendrions que de nous-mêmes.

— Mais ici, il n'y a pas d'usines, il n'y a pas de journaliers, la population n'est pas politisée. Si nous avions débarqué aux Asturies ! Je vous avais prévenus…

— Écoute-moi une bonne fois pour toutes, Galán ! » El Lobo s'était approché de lui, l'avait saisi par les bras, en l'obligeant à le regarder. « L'Espagne n'est plus notre pays, que ça te plaise ou non, c'est la vérité. Les Espagnols que nous avons connus n'existent plus. Ils sont tous morts, ou en prison, ou ils ont tellement peur qu'ils ont même oublié leur nom.

— C'est faux ! » Il s'était dégagé si violemment que son interlocuteur avait failli perdre l'équilibre. « Dans la montagne, il y a une armée, des dizaines de milliers d'hommes qui, eux, n'ont pas oublié leur nom, qui nous attendent... »

Voilà ce qui m'avait complètement anéantie. Tandis que Galán se lançait dans sa propre version du discours dont j'avais moi-même usé pour le rassurer un certain soir, j'avais pu mesurer toute l'étendue de mon malheur – celui de mon amour et de mon amant, celui de l'Espagne, mon pauvre pays terrorisé, humilié, qui devenait chaque jour plus petit, plus rétréci, plus craintif, dont le peuple était fatigué de souffrir – et de notre malheur à tous, ce cercle vicieux d'énergie et de désespoir, de foi et de déception, au sein duquel nous échangions constamment les rôles, les mensonges, à mesure que nous perdions nos forces ou que nous les recouvrions, alors que nous étions tous accrochés au même poteau, au même mât branlant d'un navire qui prenait l'eau de toutes parts. Voilà ce que nous étions vraiment, attendant le moment où quelqu'un allait crier « Terre ! » sans réellement la voir. Et pourtant, s'il ne la voyait pas, nous autres, oui, nous la voyions, juste là où elle n'existait pas, et nous la désignions du doigt : « Terre ! » Mais il n'y avait rien, rien que de l'air : une zone inexistante du néant sur laquelle nous marchions. Puis l'air s'évanouissait soudain, et nous retombions, nous nous faisions mal, bien qu'il y ait toujours quelqu'un pour se relever, pour nous relever. Et lorsque l'un de nous abandonnait, il y en avait toujours un autre pour recommencer.

« Tu as raison, Lobo. » C'était pour tout cela que Pasiego y était allé de ses propres objections, tandis que Galán s'affalait sur la chaise où il m'avait bercée quelques minutes auparavant, là dans cette pièce, mais dans un monde désormais différent. « Nous ne pouvons pas partir comme ça. Nous ne pouvons tolérer qu'on nous commande n'importe comment, parce que c'est comme ça, parce que ce sont eux qui décident, qui donnent les ordres, et que nous, il faut qu'on la boucle et qu'on obéisse, ce n'est plus possible...

— Je le sais parfaitement, Pasiego, je le sais. Et tu aurais dû entendre ce que je leur ai dit…

— Non ! » Et ce professeur de latin qui ne disait jamais un mot plus haut que l'autre, s'était mis à crier comme un fou furieux. « Ne continue pas sur ce chemin-là, car moi aussi j'en ai plein les couilles de cette putain de réunion, tu comprends ? Je ne veux plus entendre de mots, j'en ai par-dessus la tête des mots !

— Ah bon ! Eh bien il va tout de même te falloir en entendre quelques-uns encore ! » El Lobo s'était précipité sur lui, mais Zafarraya était arrivé à temps pour intervenir. « Je n'ai rien planifié du tout, je n'ai rien décidé, je ne suis pas responsable de ce qui s'est passé ici, et je l'avais d'ailleurs dit on ne peut plus clairement avant de passer la frontière. Je vous avais dit que je ne sentais pas du tout cette opération ! Je l'avais dit ou je ne l'avais pas dit ? » Il les avait toisés l'un après l'autre et ils avaient tous fini par baisser la tête. « Mais vous, vous avez insisté. Vous avez tous voulu venir. Vous vous foutiez bien du reste. Le plan est extraordinaire, le plan est extraordinaire… Et que voulez-vous que je fasse à présent, hein ? Qu'est-ce que vous voulez ? »

Montse était en train de pleurer en silence, étouffant ses sanglots dans son tablier. Les hommes, tout à leur désarroi, ne l'entendaient pas. Moi, en revanche, je l'entendais, car mon échec était également le sien, mais je n'avais pas eu le courage d'aller la consoler.

« C'est terminé, avait déclaré le colonel d'une voix forte. On n'a pas le choix. Demain soir, les troupes régulières seront ici. Et en Europe, la guerre n'est pas encore finie. Lorsque Hitler capitulera, les Alliés…

— Les Alliés ne lèveront pas le petit doigt pour nous, Lobo, avait lancé Galán depuis sa chaise. Personne n'a jamais rien fait pour nous. Et tu le sais parfaitement.

— Il ne faut jamais dire jamais. Il se peut que dans un an, peut-être avant, nous revenions ici, avec le soutien des Alliés et les garanties nécessaires.

— Non, Lobo, ça ne se passera pas ainsi, avait insisté Galán. Ce sont des balivernes, et tu le sais parfaitement.

— Que vous reveniez ou pas, moi je reste ici. » Comprentu, qui était demeuré en silence, sans cesser de manger des *rosquillas*, avait saisi la dernière et avait retourné la boîte à chapeaux d'Adela pour semer du sucre partout par terre. « Je suis un combattant et je suis venu me battre. Pour l'instant la chance n'est pas avec nous, comprends-tu ? Mais elle va bien finir par tourner.

— Nous aussi nous restons. » El Tijeras s'était approché de Comprentu et lui avait donné une tape sur l'épaule. « Nous en avons déjà parlé.

— Oui, avait renchéri El Afilador. En ce qui nous concerne, nous n'avons rien laissé en France.

— Moi, je vais y réfléchir. » Je savais que Cabrero et Zafarraya étaient amoureux d'une Française. « Même si... »

C'est alors que je m'étais répété la phrase de Lobo : C'est terminé. Et tandis que l'atmosphère se détendait, tandis que les briquets se remettaient à tinter, les verres à se remplir d'alcool, les bottes à claquer sur les dalles, j'avais compris ce qu'en réalité tout cela signifiait. Ils s'en allaient. Oui, ils s'en allaient, ils repartaient comme ils étaient venus, en nous abandonnant à notre destin. Et à cet instant, j'avais cessé de penser que j'étais en train de mourir, pour désirer sincèrement ma propre mort.

« Mais si vous partez... » Je parlais comme si j'étais soûle et ne parvenais pas à reconnaître ma voix. « Si vous partez... » Je marchais, ivre, ignorant où me menaient mes pieds. « Que va devenir Mercedes García Rodriguez, si vous partez ? »

Tous s'étaient tournés vers moi en même temps. Ils ne comprenaient rien à ce que je disais. Et moi je ne comprenais pas pourquoi ils ne me comprenaient pas, pourquoi j'étais perdue, finie, furieuse. Je ne comprenais rien tandis que je me cognais aux meubles et que j'observais El Lobo, Galán, sans savoir qui je voyais vraiment car je n'entendais que les sanglots de Montse.

« Que vont devenir Matías et Andrés qui sont si loin de chez eux, qui n'ont personne d'autre au monde, si vous partez ? » Personne n'avait répondu. « Ils viennent d'un village des alentours de Tolède qui possède un christ très célèbre... » Mais Galán avait mis son visage dans ses mains tandis que ma voix se brisait au fond de ma gorge. « Je ne me souviens plus du nom. »

J'avais grimpé l'escalier en courant, étais entrée dans la pièce qui était encore ma chambre, avais fermé ce qui était encore ma porte, ouvert ce qui était encore mon armoire, et mes mains avaient tremblé lorsque j'avais saisi mon pistolet. Tout m'était égal désormais. Je m'étais assise sur le bord du lit. Il me restait encore cinq balles. Que possédais-je d'autre ? Je n'avais rien de plus dans mes mains vides, dans mon corps creux, dans ma mémoire déchiquetée.

Je n'avais aucune raison de continuer à vivre.

Lorsque je m'en étais aperçue, je m'étais revue le matin même et m'étais demandé si ce que j'avais éprouvé et pensé alors était bien réel. Je n'arrivais pas à admettre que c'était bien moi qui avais désiré de toutes mes forces un enfant de Galán, un garçon malheureux, une fille malheureuse, un enfant condamné à vivre honnêtement et sans espoir dans le pays que j'aimais tant, que je haïssais tant, qui était le seul pays que je possédais, mais dans lequel j'avais épuisé toutes mes forces, dans lequel j'avais perdu toute envie de continuer à vivre.

« Inés… » Galán était entré et s'était approché de moi.

— Non ! » Je l'avais interrompu et posé le pistolet sur mes genoux pour prendre ses mains dans les miennes. Je les avais ouvertes, je les avais observées puis refermées après avoir compté ses doigts que j'avais caressés tout en lui parlant. « Ne me dis rien, s'il te plaît, je ne veux rien entendre. C'est moi qui vais te parler, je voudrais te demander de me rendre un service, mais auparavant… J'aimerais savoir comment tu t'appelles. »

J'avais observé son visage, et ce que j'avais découvert m'avait tellement plu, m'avait semblé si beau, si désirable, si digne d'être aimé pendant toute une vie, qu'il avait été sur le point de me faire flancher.

« Je m'appelle Fernando. » Le voir une dernière fois n'a pas été une bonne idée, avais-je pensé, ce n'est pas une bonne idée. « Fernando González Muñiz.

— Fernando… Ça me plaît beaucoup… Rends-moi ce service, Fernando, le dernier. » Je l'avais à nouveau regardé à travers des larmes qui ne me pesaient désormais plus, qui ne me gênaient pas et ne me faisaient plus honte. « Tue-moi.

— Non. » Et il avait souri malgré cette lueur qui traversait ses yeux humides. « Non…

— Si, tue-moi. » Je n'avais pas réussi à soutenir son regard et m'étais à nouveau fixée sur ses mains, tellement grandes, sur ses caresses rêches et douces à la fois. Je n'ai pas de chance, avais-je pensé, je n'ai pas de chance. « Ne m'abandonne pas vivante, je ne veux pas demeurer dans ce monde, je ne veux pas voir ce qui va se passer, je ne veux pas les voir arriver… Pas ça, pas encore une fois, je ne veux pas revoir ça, je préfère mourir. » J'avais pris ses mains, y avais enfoui mon visage et avais senti le bois, le tabac, le clou de girofle et le savon. Pour la dernière fois, avais-je pensé, la dernière. « J'ai vingt-huit ans, mais j'ai déjà beaucoup vécu, tu sais. Et tu as été… » J'avais appuyé ses mains sur mes yeux, et le zeste acide et doux d'un citron pas très mûr, sur ma bouche, un nuage de poivre noir tout juste moulu m'avait piqué le nez. « Ma grand-mère disait que le ciel n'a pas besoin de la faim. Voilà pourquoi je préfère que ce soit toi qui me tues.

— Non ! » Mais j'avais pris le revolver, le lui avais mis dans les mains, les avais serrées autour de l'arme. « Non !

— Si, fais-le pour moi, s'il te plaît. » Je l'avais lâché et j'avais soudain eu très froid. Un vent glacial avait glacé mon sang, givré mes os les uns après les autres. « Je le ferais bien moi-même. J'ai déjà essayé une fois, ne crois pas que je sois lâche. Je le ferais bien, mais le problème… » J'avais tellement, tellement froid. « C'est que si tu es là, je vais être trop triste de mourir. »

Il avait réagi très vite. Vérifiant que le cran de sûreté du revolver était enclenché, il l'avait posé sur la table de nuit, m'avait redressée et m'avait enlacée fermement.

« Je ne vais pas te tuer, Inés. » Et il m'avait embrassée sur les lèvres, sur les joues, sur les tempes, sur le front, dans les cheveux, à nouveau sur la bouche. « Je vais te tirer de là. »

(Après)

Toulouse, un jour de printemps, probablement en mai 1945, peu après la capitulation de Berlin.

La guerre est finie. Elle est revenue.

Elle est là et la ville de Toulouse est en fête pour la recevoir. Les habitants de la ville, ceux qui sont nés ici et qui probablement y mourront, ceux qui n'espèrent pas tout abandonner, leur maison, leur travail, leur bien-être pour retourner les mains vides dans le misérable pays poussiéreux qu'ils ont fui, ne comprennent pas ce déploiement d'Espagnols endimanchés qui se bousculent sur les trottoirs.

Les hommes marchent avec raideur, ils sont mal à l'aise dans leur seul costume convenable, celui des mariages et des enterrements, toujours sombre, très élimé mais très propre, le col de la veste tristement lustré, même si la pattemouille les avait protégés du fer à repasser. En revanche, la raie du pantalon est parfaite et la chemise d'une blancheur immaculée en ce jour de grève de la cravate. Bien que la plupart d'entre eux, garçons de café, employés de banque, de magasin, de bureau, soient obligés d'en porter les jours de travail. Les cravates, c'est pour les bourgeois, et ils sont fiers de ne pas en porter aujourd'hui tandis qu'ils se promènent chemise ouverte, tête haute, mains dans les poches du pantalon, cigarette allumée aux lèvres.

Les femmes jeunes, celles qui ne défient pas leur propre infortune en s'habillant de noir tous les matins, ont également passé leur plus belle robe, même si elle est de couleur claire, le bustier pas très ajusté et la jupe plutôt moulante, mais pas trop. Dans cette sorte de prélude au deuil qui les rattrapera tôt ou tard, elles portent toutes des vêtements féminins comme il faut, des chaussures discrètes à talon bas, un petit gilet plus ou moins assorti sur les épaules et le porte-monnaie à la main ou un sac, encore plus vieux que le costume de leur époux, accroché à leur coude. Elles se sont surtout appliquées à soigner leur coiffure, même si elles ne sont jamais entrées dans un salon de coiffure depuis qu'elles sont en France. Pour quoi faire ? Elles sont espagnoles. Autant dire que chacune d'elles possède un petit panier avec des épingles, des bigoudis, tout le nécessaire, et toutes ont une voisine qui se débrouille très bien avec le sèche-cheveux ou une belle-sœur qui a été apprentie coiffeuse dans son village, avant 1936. La ville de Toulouse a connu aujourd'hui un vrai déploiement de femmes montant et descendant les marches, une serviette de toilette sur les épaules, une autre enveloppant leur tête, si elle n'est déjà couverte de bigoudis soutenus par un réseau hérissé d'épingles à cheveux. Et ensuite de la laque, beaucoup de laque, il ne s'agirait pas qu'il en manque, de la laque et toujours plus de laque jusqu'à ce que les cheveux ressemblent à une perruque, à une casquette aux crans rigides, semblables aux vagues d'une mer de carton-pâte, sur laquelle quelque audacieuse Andalouse aura même osé confectionner avec ses doigts une espèce d'accroche-cœur sur son front. Plus personne ne porte les coiffures des années 1930, sauf elles, qui ont décidé de continuer à vivre dans une parenthèse, un temps suspendu, sans toupets. Comme si ces rouleaux de cheveux, fourrés de coton, qu'on portait juste après la guerre en Espagne, n'étaient rien d'autre qu'une version nouvelle de l'ennemi.

Elles ont de qui tenir. En dépit de la mode moscovite, *Elle* est revenue tout comme lorsqu'elle est partie, avec des cheveux blancs, c'est sûr, mais surtout avec la même vaguelette écrasée sur le front, le chignon bas, petit, deux discrètes boucles d'oreilles en or avec une petite perle, et vêtue de deuil, un chemisier ample, une jupe informe, noir sur noir, qui tout en étant la grande création intemporelle d'Elle-Même, est également à présent la contremarque d'une douleur plus intime et profonde. Au printemps 1945, l'image de Dolores Ibárruri est également un hommage à la mémoire de Rubén, l'aîné de ses deux fils qu'elle a réussi à tirer de la misère du foyer d'un mineur de Biscaye, cette maison que Julián et elle ont construite de leurs propres mains. Elle a eu d'autres enfants, mais elle en a perdu un avant la naissance et les trois autres, toutes des filles, sont nées juste pour mourir quelque temps après.

La Pasionaria s'est donc jointe, dans leur malheur têtu et noir, à des centaines de milliers de femmes espagnoles, à ce chœur dramatique d'un pays dévasté par les cercueils blancs, les petits cadavres des enfants morts, victimes de leur faim et de la faim de leur mère, de leur maladie et des maladies de leur mère, de leur pauvreté et de la pauvreté de leur mère. Cette situation fait aussi partie de son histoire jusqu'au 3 septembre 1942, à peine six mois avant d'accéder à la charge de secrétaire générale du parti communiste espagnol. L'après-midi de cette journée, le seul de ses garçons qui a survécu, lieutenant au 13e régiment des gardes du 62e corps de l'Armée rouge de l'Union des républiques socialistes soviétiques, tombe à vingt et un ans touché par une balle allemande, tandis qu'il dirige la progression d'une unité de mitrailleuses sur les quais de la gare centrale de Stalingrad. Devenu donc héros de la bataille qui va changer le cours de la Seconde Guerre mondiale pour décider du destin du monde, sa mère devra se résigner à écouter des discours dans des langues qu'elle ne comprend pas, à entendre résonner le silence dans des cimetières parsemés de dalles blanches, toutes identiques, à supporter les drapeaux en berne, les décorations posthumes et les plaques de bronze sur les façades de certains bâtiments officiels.

En échange, aujourd'hui, en cette chaude journée du printemps 1945, les siens – tous ces communistes espagnols qui se pressent dans les rues de Toulouse – vont l'accompagner. Tandis qu'ils viennent à sa rencontre, ils se souviennent d'elle comme elle était avant la défaite, avant la tragédie collective, et de son cruel épilogue personnel. Et ils avancent sur les trottoirs sans perdre de vue leurs enfants vivants, petits, endimanchés eux aussi, les garçons coiffés et recoiffés, comme si leur mère leur avait labouré le crâne avec un peigne aux dents fines, pour ensuite leur plaquer les cheveux avec de l'eau de Cologne. Et même ainsi ils ne peuvent concurrencer leurs sœurs avec leur raie qui leur divise la tête en deux hémisphères identiques et tendus, les cheveux soumis à la discipline de deux tresses parfaites, raides, représentant une punition imméritée qui pourra quelquefois se transformer en récompense.

« Oh ! mais comme tu es belle ! Comment t'appelles-tu ? Voyons voir… » Car Dolores va remarquer celle-là ou celle-ci, puis lui sourire et lui caresser la joue avant de s'adresser à ses parents. « Cette merveille est à vous ? Eh bien vous devez être heureux, n'est-ce pas ? Quel âge a-t-elle ? »

Ses partisans sont soulagés de voir que la balle qui a tué Rubén Ruiz Ibárruri n'a finalement pas anéanti sa mère, Mère avec un *M* majuscule et par antonomase, mère universelle également avec la minuscule des mamours, des caresses qu'elle prodigue aujourd'hui, et prodiguera de nombreux autres jours, à ses petits-enfants symboliques, les fils de ses enfants. Mère Dolores, qui l'est tellement, et de tant d'enfants, qu'elle a pu revenir du froid, des pleurs et de cette absolue souffrance orpheline et encore plus cruelle que provoque la perte d'un fils jeune, en bonne santé, avec une tendresse intacte, tendue sur les lèvres.

À partir de cet instant, le sourire de Dolores et sa joie de vivre inspirent de nombreux mauvais poèmes. De nombreux mauvais poètes et d'autres meilleurs, certains même très bons, vont chanter avec ténacité son sourire, l'inépuisable source d'énergie qui nourrit le rêve d'une Espagne libre, juste et meilleure. Voilà une autre des grandes créations de La Pasionaria, une de ses réussites les plus admirables, les plus perdurables également. Aucun autre dirigeant communiste, dans aucun pays, à aucune époque, ne portera aussi loin l'éloge permanent de la joie de vivre dans un contexte aussi controversé. Voilà la recette de Dolores pour survivre au franquisme, vivre cette joie, la savourer lentement lorsqu'il n'y a rien d'autre à porter à sa bouche, s'en couvrir pour se sentir libre dans la plus terrible des cellules de la plus lugubre des prisons, s'armer de joie pour résister à l'irrésistible, pour supporter l'insupportable, pour afficher l'impossible, de la même façon qu'elle-même résiste, supporte et sait afficher son inaltérable sourire.

N'écris pas des poèmes aussi tristes. Avec une fermeté en apparence maternelle seulement, Dolores admoneste un bon poète espagnol, Eugenio de Nora, pendant les années les plus laides, les plus dures, les plus tristes qu'elle a traversées. Nous ne sommes pas, nous ne pouvons pas être tristes.

Et le pauvre Eugenio de Nora, piégé dans la tristesse infinie de vivre en Espagne, dans cette misérable prison qu'est devenue l'Espagne pendant la décennie de 1940, serre les dents, à l'intérieur de sa bouche, et à l'intérieur de sa conscience également, pour se consacrer à l'écriture de poèmes joyeux, à chanter une joie qu'il ne ressent pas, qu'il ne peut ressentir : le sourire universel de La Pasionaria.

C'est la consigne : De la joie de vivre. Pour ne pas ressentir la morsure du destin, de la mort, de la faim, de la farce intolérable des tribunaux, du froid des murs d'exécution au petit matin, de la cruauté tenace d'une défaite qui recommence quotidiennement, au point du jour. De la joie pour ne pas s'effondrer, pour ne pas se laisser aller, pour ne pas céder au découragement, pour supporter les arrestations, pour se comporter noblement après sa propre arrestation, pour supporter la torture en demeurant muet dans les caves des commissariats.

« Je m'appelle... » Simón, Juana, Lucio, Soledad, et l'on pourrait énumérer tant et tant d'autres noms encore. « J'appartiens au parti communiste espagnol et je ne vous dirai rien d'autre. »

De la joie. Des coups. De la joie. Des passages à tabac. De la joie. Des os fracturés. De la joie. Des brûlures. De la joie. Des décharges électriques sur les parties génitales, sur les mamelons, sur les lèvres, la plante des pieds. De la joie, de la joie, de la joie.

« Je m'appelle... » Et on ne comprend plus très bien le nom, car avec tous ces trous dans les gencives et ces lèvres tuméfiées, ouvertes, aussi rouges que des fraises, le prisonnier ou la prisonnière n'articule plus très bien. « Je suis membre du parti communiste espagnol, et je ne vous dirai rien d'autre. »

Ils auraient mérité un meilleur sort. Tous, *Elle* aussi, qui a été capable de les convaincre qu'on peut boire et manger la joie de vivre, qu'on peut se couvrir avec, dormir avec, car ils n'ont besoin de rien d'autre pour tenir, pour résister, pour refuser de sombrer dans la tristesse qu'ils respirent au quotidien. Mais vivre n'est pas une chose simple, et vivre dans la clandestinité est encore plus compliqué. La clandestinité est le domaine du gris, qui n'est même pas une couleur mais une échelle exhaustive de tons intermédiaires, un jardin ambigu où le meilleur et le pire de l'être humain parviennent à pousser à partir de la même racine. Dans la légalité, il est relativement facile d'être bon, admirable, généreux, digne d'être cité comme tel, même si peu de personnes y parviennent. Dans la clandestinité, les ombres s'allongent, les dangers s'aiguisent, les sons se distordent, les ennemis poussent comme des girolles dans un bois en automne après un bon orage. Ainsi même la joie de vivre devient une arme à double tranchant, un couteau pointu suspendu à une ficelle extrêmement fine.

L'irrévocable mandat de la joie de vivre rend fort et uni, vivant et solidaire, le seul parti politique qui s'oppose activement à la dictature de Franco depuis le mois d'avril 1939, alors qu'il est déclaré illégal sur tout le territoire national jusqu'en avril 1977, avant d'être à nouveau légalisé. Pendant trente-huit années de clandestinité, il n'est pas un jour où les communistes espagnols cessent de lutter, et loin de livrer des batailles symboliques, des congrès dans des pays tropicaux ou des conférences dans des universités étrangères, ils risquent leur vie à l'intérieur, dans la montagne et sur les places, dans les rues et dans les usines, au sein des institutions et des universités espagnoles. Le prix à payer pour cette lutte est astronomique et insignifiant à la fois, car pour chaque communiste qui tombe, deux autres se lèvent pour reprendre le flambeau. Et c'est ainsi tous les jours de la semaine, toutes les semaines de chaque mois, tous les mois de chaque année pendant trente-huit ans d'affilée.

Cependant, le devoir de la joie de vivre va si loin qu'il en vient même à désavouer Lénine : le premier devoir d'un communiste consiste à comprendre la réalité. À la fin de la Seconde Guerre mondiale, la réalité espagnole est plus triste que jamais, mais en retournant en France, depuis Moscou, Dolores s'accroche imperturbablement à la joie d'être une communiste. Car la joie militante, cette ferveur sans faille, sert également à écarter les critiques, à maquiller les contradictions, à affermir la base à travers une discipline de fer et à barrer la route aux divergences avant même qu'elles ne naissent. Tout cela, d'ailleurs, pour résister à l'irrésistible, mais aussi pour mentir et pour se mentir à soi-même, pour déceler des conditions révolutionnaires là où il y en a de moins en moins, pour considérer l'avenir avec un optimisme de plus en plus insensé. Et, par conséquent, pour juguler toute tentative de dissension doublement intérieure – car les camarades de la direction y sont toujours enclins et parce que ces mêmes camarades dirigent toujours le Parti de l'intérieur, et pas celui de l'exil – grâce à un appel renouvelé à la joie de vivre, face au pessimisme qui n'est rien d'autre que de la fatigue, de la fierté et du défaitisme.

« Les camarades qui travaillent en Espagne collent tellement à la réalité du pays, qu'ils n'ont pas suffisamment de distance pour déceler une situation prérévolutionnaire, que nous pouvons clairement observer d'ici. »

En plus de produire d'extraordinaires illusions d'optique, ce processus est responsable d'erreurs d'appréciation extrêmement graves. À tel point, que celles-ci accéléreront la décadence – probablement inévitable – du PCE au tout début de la transition démocratique.

Mais ça, c'est une autre histoire.

Celle que ce livre raconte se finit en apparence en ce jour lumineux du printemps 1945, choisi par Dolores Ibárruri pour retourner à Toulouse et parcourir les rues, à la manière d'une procession. Elle est en France depuis quelque temps déjà, son avion a atterri à Paris à la fin du mois d'avril, mais ce n'est qu'aujourd'hui, en se rendant dans cette ville, capitale historique de l'Espagne des exilés, de l'Espagne communiste de l'exil, qu'elle est réellement revenue. À partir de ce jour, pendant un peu plus de trois ans, Dolores va habiter à Paris, mais se rendre fréquemment à Toulouse pour des séjours où elle fera d'importantes apparitions publiques. Ainsi les hommes qui courent aujourd'hui à sa rencontre en costume sombre et la cigarette aux lèvres, les vieilles femmes en deuil, les jeunes femmes bien coiffées, tenant leurs enfants par la main, pourront la voir et l'admirer une nouvelle fois. Pour les militants de base, ceux qui paient leur cotisation et font ce qu'on leur dit de faire, elle représente bien plus que la secrétaire générale du Parti, c'est une icône, une idole, le symbole universel de la lutte de leur patrie et de l'avenir de l'Humanité. La Pasionaria est si grande qu'ils ne parviennent pas à déceler la moindre contradiction entre son retour et la gestion des affaires par Jesús Monzón. Au bout du compte, sans doute les plus perspicaces pourraient penser que Dolores a choisi Carmen, et que Carmen a choisi Jesús. Et voilà qu'elle revient, tout à fait satisfaite de la situation…

Ils ont raison. Même si cela est difficile à croire, Carmen de Pedro – cette jeune fille si banale, cette insignifiante dactylo du Comité central à qui Dolores Ibárruri a elle-même confié le Parti cinq ans auparavant, pour le remettre à Jesús Monzón au moment où il daignera, comme il l'a fait pendant l'été 1939, poser les yeux sur elle – fait aujourd'hui tacitement ou expressément partie du souriant cortège qui accompagne La Pasionaria dans des rues de Toulouse. C'est une des choses les plus invraisemblables, les plus stupéfiantes et les plus rocambolesques de l'histoire réelle, qui dépasse de loin la capacité de fabulation de n'importe quel auteur contemporain de thrillers politiques. Car ce qui est intéressant n'est pas tellement que Carmen soit de nouveau en grâce auprès du Bureau politique du PCE, six mois après avoir soutenu bec et ongles l'invasion du val d'Aran et avec celle-ci les intérêts de Jesús Monzón, depuis son siège de Toulouse. La chose vraiment incroyable, c'est : Pour quelle raison ? Ou pour être plus précise : Grâce à qui ?

Dans les contes pour enfants, comme ceux qu'ont compilés en France Charles Perrault à la fin du XVIIe siècle, ou les frères Grimm en Allemagne au début du XIXe siècle, les princesses, presque toujours médiévales, reçoivent à un moment de leur vie, souvent dès le berceau, la visite d'une marraine, généralement une fée, qui leur fait présent d'un don, un cadeau immatériel si précieux qu'il leur sauve par la suite la vie. Carmen de Pedro n'est pas une princesse. Elle n'est pas née dans un palais, n'a pas été baptisée par un archevêque, peut-être même pas un simple curé, et on n'a pas organisé de fastueux banquet en l'honneur de sa naissance. Mais pour comprendre ce qu'elle fabrique ici, aujourd'hui, en train de rendre son sourire à La Pasionaria, il faut imaginer une marraine qui est aussi une fée très spéciale, un esprit bienfaisant et hétérodoxe, plébéien, audacieux, omnipotent et, surtout communiste, qui aurait béni son berceau en lui octroyant le don de trouver un dirigeant prêt à lui tirer les marrons du feu une seconde fois avant que la cloche ne retentisse.

« Bonjour, Carmen, comment vas-tu ? »

Le 24 octobre 1944, lorsqu'elle va ouvrir la porte de chez elle et se retrouve nez à nez avec Santiago Carrillo, elle-même n'aurait pas parié un centime sur l'avenir politique de Carmen de Pedro. Carrillo, qu'elle n'a plus revu depuis le printemps 1939, arrive de Paris, où ses consultations lui ont fourni un résultat relativement clair. Au siège du parti communiste français, les militaires soutenaient si ouvertement l'action de leurs camarades espagnols, qu'ils avaient déjà commencé à recruter des volontaires. Le Bureau politique, qu'ont intégré des dirigeants civils rompus à la dialectique la plus populaire du stalinisme, le sacrifice de la tactique au nom de la stratégie, et inspirés par André Marty, un esprit aux multiples facettes, conservait malgré tout une attitude neutre, dans l'attente d'autres directives de Moscou. Et c'est cette attitude qui précipite la fin de l'opération du val d'Aran, juste après que la grande erreur de Jesús Monzón l'eut déjà acculée à l'échec.

Si le 25 octobre 1944, la ville de Viella était tombée aux mains des républicains, et que les représentants du gouvernement provisoire avaient passé la frontière, Carrillo n'aurait pu faire autrement que de fêter publiquement l'événement, et ce malgré la méfiance du PCF. Mais les chefs de l'armée de l'UNE ont très vite compris qu'ils avaient été abusés et qu'ils sont entrés de leur propre chef non en Espagne, mais dans une souricière dont ils ne distinguent pas le fond. Dès le 21, lorsque Emilio Álvarez Canosa, dit Pinocchio, un des chefs guérilleros les plus expérimentés, les plus décorés et les plus prestigieux des forces espagnoles d'intégration dans la Résistance française, hume l'air du tunnel de Viella, trouvant que ça sent le roussi, il fait immédiatement demi-tour.

Si on lui avait donné l'ordre de traverser les Pyrénées pour mener une opération audacieuse, dans des conditions précaires et en pleine connaissance des dangers que cela implique, il aurait certainement pris le risque d'attaquer le tunnel. Ces dernières années, en France, lui et plusieurs de ses camarades ont maintes fois affronté ce genre de danger. Mais personne ne leur a proposé une opération de ce genre ni à Pinocchio, ni aux autres. Personne ne leur a dit qu'il s'agissait d'une occasion unique, mais sans garantie, qu'il s'agissait d'une aventure qui avait peut-être une chance d'être héroïque – à peu près autant de chance que peut avoir un joueur de billard d'effectuer un carambolage exceptionnel. Tous jouent parfaitement au billard, et pourtant ils s'attendaient à autre chose, à une marée humaine joyeuse et pleine de gratitude qui les aurait accompagnés jusqu'à Madrid. Ça, c'est ce qu'on leur a promis, mais la seule chose qu'ils trouvent, c'est de la peur. De l'effarement, de la méfiance et de la panique. La fin de leurs espoirs. L'échec de leur vie. Un piège insupportable, impardonnable. Ou, dans le meilleur des cas, le même sentiment d'humiliation qu'aurait éprouvé quelqu'un qui aurait dépensé tout son argent pour se faire tailler un costume sur mesure et découvrirait ensuite que personne ne l'attend à la fête à laquelle il pensait avoir été invité.

Santiago Carrillo, nouvellement établi en France, ne peut pas savoir tout cela, mais ce qu'il connaît est suffisant pour s'armer d'un certain aplomb au moment de sonner à la porte du siège de son parti à Toulouse, afin d'affronter Carmen de Pedro les yeux dans les yeux.

« Bonjour, Carmen, comment vas-tu ? »

La pauvre Carmen a dû se sentir très mal, et surtout trembler comme une feuille. Il y a de quoi, car on vient de la prendre la main dans le sac. Mais une heure plus tard, elle s'est sentie bien pire. Car le jeune loup, qui se contente à cette occasion d'agir comme un représentant de La Pasionaria, jouit déjà de l'instinct politique qui lui permettra de se maintenir au sommet du Parti trente ans durant, en restant impassible face à des crises de toutes sortes. Il a abandonné ses occupations pour entreprendre un voyage urgent et imprévu, dans le but d'affirmer l'autorité du Bureau politique sur une direction désormais fidèle à Monzón. L'échec de l'invasion devient dès lors secondaire. Ce qui est primordial, c'est que les militants français en général, et l'armée de l'UNE en particulier sachent sans le moindre doute possible que ceux qui n'auraient jamais dû céder leur place ont repris les commandes du Parti. Voilà pourquoi il pense qu'il n'est pas bon pour lui de traverser les Pyrénées tout seul.

Le 26 octobre 1944, Santiago Carrillo entre en Espagne à la tête d'une délégation réunissant la fine fleur du monzonisme français, Manolo Azcárate, Manuel Gimeno et, bien entendu, Carmen de Pedro. Si quelqu'un n'avait déjà affirmé qu'une image vaut mieux que des milliers de mots, n'importe quel officier de l'UNE aurait pu le déclarer haut et fort en apercevant les visages soumis, humiliés, de celle qui est encore officiellement la compagne de Jesús Monzón et de ses deux collaborateurs les plus proches aux côtés de Carrillo lorsqu'ils passent la porte du quartier général.

La mise en scène est impeccable, l'effet accablant. Mais Carrillo, qui s'est assuré la docilité de ses camarades insoumis en déversant sur eux des reproches d'une extrême gravité, se comporte comme un flic sympathique envers les chefs militaires qui ont obéi avec enthousiasme aux ordres des premiers. Si à Toulouse il a parlé d'irresponsabilité et de responsabilité, d'inconscience, d'ambition, de manque de loyauté, des graves conséquences de ce bricolage trompeur et prématuré, au val d'Aran en revanche, il se contente de dresser un tableau réaliste de la situation. Les Alliés ne soutiennent pas l'opération, les Espagnols ignorent ce qui est en train de se passer ici, tandis que l'armée de Franco le sait si bien qu'elle est déjà en route. Vous avez été victimes de la mégalomaniaque conspiration d'un arriviste, d'un aventurier assoiffé de pouvoir et prêt à gravir les échelons à n'importe quel prix, y compris celui de votre extermination. vous devez savoir que je vous trouve admirables, que vous pouvez compter sur mon aide, sur l'aide de Dolores, et… Le dernier qui sort éteint la lumière.

C'est ce qui s'est passé. Au val d'Aran, la lumière s'est éteinte et le restera pendant plus de trente ans, afin qu'à Toulouse les eaux du parti hégémonique de l'exil républicain espagnol regagnent leur lit. La recanalisation se révèle cependant bien plus compliquée, plus risquée et complexe que l'interruption de l'opération du val d'Aran – à tel point qu'il n'y a aucune exclusion. Car, le parti que Monzón a créé en France est bien plus important que ne le pensait Moscou. Il est extrêmement solide, et l'échec du val d'Aran n'a pas suffi à détruire son prestige, y compris parmi les militaires, qui sont furieux, mais ne savent pas vers qui se tourner.

Dans la première partie de ses Mémoires, *Derrotas y esperanzas* – le plus important, et pratiquement le seul, témoignage direct sur ces événements, ayant survécu à la rigueur de l'hiver stalinien –, Manolo Azcárate, de retour à Toulouse après l'échec du val d'Aran, rappelle l'ambiguïté qui préside à ses relations avec la direction du Parti, quelques années avant que son amitié avec Jesús ne soit publiquement dénoncée et ne se termine par sa « semi-exclusion » du Parti. Ni à l'automne 1944, ni les années suivantes, on ne prendra de mesures disciplinaires graves contre l'équipe de Monzón. Ainsi, pendant cette période, ses collaborateurs continuent à faire en théorie partie de l'appareil du PCE, sans toutefois participer à la moindre réunion, sans recevoir de mission, sans jouer le moindre rôle. Personne n'a jamais aussi habilement su exploiter le silence, le gérer, le dilater, l'infiltrer – en adressant de pâles sourires et en donnant de paternelles tapes dans le dos – que la direction du parti communiste.

Jusqu'au bout, Azcárate demeure au côté de son ami Monzón. Et, lorsqu'il rédige ses Mémoires, dans la dernière décennie du XXe siècle, il l'admire toujours et continue de partager et défendre ses points de vue. Malheureusement – ou peut-être à cause de cette frayeur qui a fermenté au fond de lui plus de la moitié de son existence, et encore à cette époque-là –, il n'ose pas raconter entièrement une histoire que lui seul aurait pu raconter. Cependant, il s'arrange pour que sa loyauté envers Jesús ne fasse aucun doute. Azcárate est un ami de Monzón, et il doit payer le prix de cette amitié, même si ce dernier ne lui a jamais délégué de responsabilités et s'ils n'ont jamais couché ensemble pendant ces quatre ans…

Et pourtant, Carmen de Pedro se trouve aujourd'hui à Toulouse, pour assister au retour de Dolores, à cette procession triomphale où personne ne songe à demander des nouvelles d'Azcárate ni de Gimeno, alors que c'est elle qui a été la maîtresse de Jesús, sa compagne, son instrument, l'échelle qu'il a gravie jusqu'au sommet en grimpant quatre à quatre les échelons. Que s'est-il passé ? Ni Manolo Azcárate, ni Manuel Gimeno n'ont jamais eu de marraine, de fée un peu folle et marxiste prête à transformer la première citrouille venue en carrosse.

En novembre 1944, lorsque la situation à Toulouse est déjà relativement sous contrôle – les militants s'étant calmés devant l'absence de représailles –, Santiago Carrillo décide que le moment est venu de regarder comment les choses se passent en Espagne. Lui, à cause de ses occupations au Bureau politique, ne peut s'absenter de France, mais Agustín Zoroa se trouve encore à Madrid, où Jesús Monzón est toujours installé dans sa villa de Ciudad Lineal, à diriger le Parti de l'intérieur comme s'il ne s'était rien passé. Carrillo l'a lui-même chargé, voilà cinq mois de cela, d'établir le lien entre les deux directions – celle de Madrid et celle de l'exil, bien moins innocente qu'il n'y paraît. Zoroa passe donc la frontière avec la mission secrète de saper l'autorité de Monzón – même s'il ne fera pas grand-chose pour cela.

Jesús Monzón, qui a su être un homme exceptionnel pour Carmen de Pedro, est également un leader exceptionnel pour Agustín Zoroa, qui ne saura remplir la principale mission pour laquelle on l'envoie à Madrid. Il ne parvient même pas à rendre Monzón un peu nerveux. Car celui-ci est conscient de sa puissance, des fondations qui le soutiennent et il sait que, lorsque le moment sera venu de se jeter l'Histoire à la figure, il pourra faire davantage de reproches qu'il n'en recevra. L'invasion du val d'Aran a été un échec, certes, mais les hommes politiques ne mesurent pas en ces termes le succès de leurs opérations, et il pourra toujours alléguer qu'on lui a désobéi, diluer sa responsabilité dans celle de beaucoup d'autres, et argumenter que la fin justifiait largement les moyens. Le Bureau politique ne possède rien d'autre contre lui dans les deux pays, l'Espagne et la France – où être communiste espagnol signifie être monzoniste espagnol, ce qui, rappelons-le, n'a été possible que parce que les dirigeants du Parti ont brillé par leur aveuglante absence. En novembre 1944, Santiago Carrillo sait parfaitement tout cela, mais il préfère que ce soit son homme de confiance qui le lui confirme. Il nomme Zoroa afin qu'il l'informe de la situation de l'intérieur, et c'est Monzón lui-même qui, en toute sérénité, s'occupe des préparatifs de son voyage. C'est ainsi que débarque à Toulouse un homme qui ressemble étonnamment à son présumé rival. Et, à cet instant, une petite baguette magique commence à virevolter dans les airs.

Agustín Zoroa est plus jeune que Jesús Monzón, mais, lorsqu'il arrive à Toulouse il paraît lui aussi plus vieux qu'il ne l'est. Il a aussi un plus beau visage – même si, lorsqu'on regarde ses photos, aucune émotion n'est perceptible dans ses magnifiques grands yeux. Zoroa est bel homme avec un visage sympathique. Monzón, et c'est sans doute là une pièce maîtresse de son charme, ne l'est pas, mais donne l'impression du contraire. Hormis cela, ils sont aussi grands l'un que l'autre, aussi costauds, ont le même large cou, la même tête énorme au front dégagé sur laquelle il ne reste plus guère de cheveux châtains. De plus, ils doivent certainement avoir le même accent, car l'un est de Pampelune et l'autre de Bilbao. Leurs ressemblances seront encore plus prononcées dans les tout premiers jours de décembre 1944.

« Carmen, je... Je voudrais te parler. »

Lorsqu'il se présente à Toulouse, Agustín n'a jamais rencontré la dactylo du Comité central de Madrid. Il est non seulement plus jeune que Monzón, mais il a effectué toute sa carrière politique en exil, et personne ne lui connaît d'épouse, aucune femme qu'il ait perdue en chemin, en Espagne ou au Mexique. Rien de tout cela ne suffit à expliquer ce qui va se passer, car dans le sud de la France en général, et à Toulouse-la-rouge en particulier, on peut dénombrer des milliers de jeunes femmes espagnoles célibataires, parmi lesquelles il aurait pu trouver une compagne plus ou moins belle, séduisante, amusante, affectueuse, sans passé et tout à fait convenable pour son avenir au Parti, une jeune fille aussi jeune et innocente que lui en somme.

« Dis-moi, Carmen, je voudrais te demander quelque chose... »

Mais Agustín Zoroa tombe amoureux de Carmen de Pedro. Parmi toutes les communistes espagnoles qui habitent Toulouse, il va précisément tomber amoureux de celle qui est la plus problématique, la plus discréditée, la plus dangereuse. Une femme marquée par son passé, qui non seulement a commis l'erreur de parier tout ce qu'elle avait sur un cheval donné perdant, avec ce que cela implique lorsque le prix de la course n'est autre que le pouvoir à l'intérieur et à l'extérieur du Parti, mais qui a en outre généreusement fait la coquette pendant des années en public, en se donnant à un autre homme. Monzón est certes le grand traître de l'époque, mais avant de jouer ce rôle, il a aussi été un homme qui a eu beaucoup de liaisons, tandis que Carmen est une femme usée. Dans un entourage aussi machiste que l'est en réalité – pas en théorie – le parti communiste espagnol dans les années 1940, il est difficile d'imaginer un choix plus délicat.

« Mais ce gars, que tu t'es trouvé..., avaient sans doute demandé à Carrillo quelques vieux camarades. C'est un imbécile ou il est dans les nuages ? Car, il ne faut pas charrier... »

Et Santiago ne sait sûrement que répondre. Agustín n'est pas seulement son protégé, il est également devenu le candidat de Dolores pour remplacer Monzón à la direction du parti de l'intérieur. Dans de telles circonstances, et avec un soupçon d'imagination et un zeste de malveillance, il paraît facile de soupçonner le Bureau politique de se cacher derrière l'amour de Zoroa. C'est peut-être la direction elle-même qui incite ce dernier à feindre de tomber amoureux de cette femme. Et lui se contente d'obéir à un ordre auquel il ne peut se soustraire. Mais une analyse objective de la situation permet de penser que les supérieurs de Zoroa n'ont rien à gagner à provoquer un tel mariage. Au contraire. Il serait plus logique de penser que, si le moment avait été bien choisi – ce qui n'est pas le cas –, ses supérieurs auraient plutôt tenté de le dissuader de contracter une telle union que, vu l'ambiguïté du moment, ils sont obligés d'accepter. Dans le cas contraire, en 1994, Azcárate n'aurait eu aucune raison de ne pas le raconter, ni lui ni ses camarades, ni avant ni par la suite.

Carmen, elle, continue à perdre de son prestige. Elle n'a jamais rien représenté, et c'est bien pour cette raison qu'on l'a choisie au printemps 1939. Toute la lumière que cette femme parvient à émettre dans sa vie n'est que le reflet de projecteurs ponctuels, mais étrangers à elle, La Pasionaria d'abord, Monzón ensuite, et en décembre 1944, ni l'un ni l'autre. Carmen est physiquement séparée de Jesús depuis que, au mois de mars de l'année précédente, il l'envoie à Genève avant de partir pour Madrid. Bien que les militants de base l'ignorent, il la remplace quelques mois plus tard par une autre femme, Pilar Soler, une communiste originaire de Valence. Monzón lui écrit même une lettre pour l'en informer expressément, plutôt que d'attendre que la nouvelle ne se répande. La rupture n'est pas officielle, car Carmen ne le veut pas. Ensuite, l'attitude de cette femme successivement insignifiante, toute-puissante et insignifiante à nouveau, nous révèle qu'elle se sent unie pour la vie à Jesús Monzón : elle ment, elle trompe, elle conspire et soutient pour lui, et en son nom, la fantaisiste aventure où huit mille hommes ont risqué leur vie pour qu'un seul d'entre eux conserve une chance de se maintenir au pouvoir, pour qu'une seule femme conserve une chance de récupérer l'amour de cet homme.

L'ancienne – et la nouvelle – direction du PCE décide de ne pas exercer de représailles sur l'équipe de Monzón mais, comme on le verra cinq ans plus tard, ce n'est qu'une décision provisoire, dictée par les circonstances. Même après le fiasco du val d'Aran, et malgré son absence, Jesús reste trop fort, trop populaire et possède trop de prestige, pour être attaqué de front. La situation requiert de la prudence et la prudence consiste à attendre. Mais la quarantaine symbolique dans laquelle sont confinés les deux Manuel – Azcárate et Gimeno –, et à laquelle il est logique de penser que Carmen était également destinée, démontre que la clémence du Bureau politique envers le monzonisme français – car sa position envers le monzonisme espagnol sera, comme on ne va pas tarder à le voir, fort différente – possède, dès le début, une vertu toute relative. Tôt ou tard, les coupables devront payer, même si l'on n'a pas encore décidé quand et comment.

Au milieu de cet écheveau, les relations de Carmen avec Zoroa ne recèlent aucun avantage, et Jesús sera soulagé qu'on lui ravisse une femme qui, au point où il en est, est davantage un boulet. Par ailleurs, Carrillo n'a pas vraiment intérêt à donner de lui une image de faiblesse envers la principale complice de Monzón, la plus coupable de tous ceux qui l'ont soutenu en France. Et il est également possible d'imaginer que le sauvetage de Carmen comporte le risque que – demeurant dans une position proche de la direction – son amour pour Jesús ne ressuscite soudain lorsque celui-ci se présentera à Toulouse pour rendre des comptes. Le mieux pour la direction serait que Carmen de Pedro s'évanouisse dans la nature, qu'elle disparaisse sans faire de vagues et qu'elle se retire discrètement dans un endroit éloigné des feux de la rampe et des questions des curieux. Mais le retour de Zoroa empêche à ce moment-là que la maîtresse de Monzón connaisse le destin qui ne sera définitivement le sien qu'après 1950.

Car Agustín prend une décision qui la remet sur le devant de la scène de l'exil communiste espagnol dans le sud de la France. Il n'est ni imbécile ni dans les nuages, il est amoureux de Carmen et c'est un homme courageux, suffisamment en tout cas pour agir en conséquence. Voilà pourquoi au début du mois de décembre – peut-être encore au mois de novembre, plus ou moins un mois après l'invasion du val d'Aran –, il disparaît avec elle dans un endroit discret, où personne ne pourra les entendre et lui pose la question suivante :

« Veux-tu te marier avec moi ? »

Cette femme ordinaire qui, à vingt-huit ans, a déjà beaucoup vécu regarde à nouveau un homme grand, costaud, aussi accueillant qu'un foyer, et se remet à penser qu'il est un don du ciel, la fin de toutes ses préoccupations, la solution à tous ses problèmes. Sa marraine, sa fée vient de frôler sa tête et elle ne va certainement pas laisser passer l'occasion.

« Oui, je veux bien ! »

L'Histoire immortelle accomplit des choses étranges en croisant la trajectoire de l'amour des corps mortels. Alors en croisant l'amour charnel d'un homme sur la trajectoire d'une femme éconduite, il n'accomplit plus des choses étranges, mais des choses éminemment étranges. Avant la fin 1944, Agustín Zoroa et Carmen de Pedro se marient à Toulouse. Azcárate, qui ne précise pas s'il a assisté ou pas au mariage, décrit ces noces comme une cérémonie discrète, sans banquet et avec très peu d'invités. C'est le moins que l'on pouvait faire, mais il n'y avait pas non plus de quoi en faire davantage. Ainsi, deux Espagnols physiquement ressemblants, grands, costauds, avec une grosse tête chauve de bons garçons du nord se succèdent dans le petit corps d'une seule femme, espagnole également, avant de reproduire le même rituel, exactement dans le même ordre, menant à la charge de secrétaire général de l'organisation clandestine du PCE de l'intérieur, afin de refermer le cercle du pouvoir orthodoxe d'un parti espagnol illégal en Espagne, au sein d'un continent déchiré par une guerre mondiale.

L'Histoire immortelle accomplit des choses étranges en croisant la nature des corps mortels, mais le désir n'est pas le seul attribut de la chair qui puisse la troubler. Avant que le hasard ne complique à nouveau la relation entre les corps et l'Histoire, Agustín Zoroa jouit à Toulouse, pendant les trois premiers mois de l'année 1945, des premiers bienfaits d'une loi non écrite que tout le monde a respectée, et qui continuera à être scrupuleusement respectée tout le temps que durera l'exil antifranquiste. Dans la clandestinité, les lunes de miel sont sacrées. Agustín continue d'être l'élu pour remplacer Jesús, car son épouse, plus ou moins bien choisie, ne suffit pas à changer la décision du Bureau politique dans un pays rempli de monzonistes fervents plus ou moins bien embusqués. Ce qui signifie que, tôt ou tard, il devra se rendre à Madrid, et à partir de là personne ne sait ce qu'il va devenir, ni le destin qui l'attend, s'il parviendra ou pas à revenir à Toulouse, une fois, plusieurs fois, ou jamais. Les circonstances ont tellement changé qu'il n'est pas certain que cette fois Carmen insiste pour l'accompagner. La chose la plus probable est qu'elle doit trembler à l'idée que les deux couples se retrouvent dans la villa de Ciudad Lineal. Ainsi, elle aussi décide de profiter de l'instant présent en savourant un bonheur précaire, une paix qui comporte une date de péremption.

Voilà ce que découvre Dolores Ibárruri à son retour en France, au printemps 1945. Son ancienne collaboratrice, cette sainte nitouche qui a croisé un crapaud, la reçoit en tant qu'épouse de ce brave Agustín, comme si Jesús Monzón n'avait jamais existé dans sa vie, comme s'il n'avait pas mis sens dessus dessous, d'abord – au sens propre – Carmen de Pedro, et ensuite – dans un sens pas si figuré que cela – bien d'autres personnes. Zoroa n'est plus à son côté. Pendant les dernières semaines de l'hiver, il est de retour à Madrid, avec une lettre où Carrillo, agissant pour la première fois dans cette crise comme le bras droit de La Pasionaria, somme Jesús Monzón de se rendre à Toulouse pour discuter de la politique du Parti. En son absence, Carmen est toujours mariée avec – et donc protégée par – le nouveau secrétaire général du PCE de l'intérieur.

« Carmen ! Il y a si longtemps… » Dolores ne doit pas beaucoup apprécier ces retrouvailles, mais elle a des problèmes plus urgents à régler que de s'occuper de cette Messaline de pacotille. « Et félicitations, j'ai appris que tu étais mariée. »

Vicente López Tovar, le commandant en chef de l'armée de l'Union nationale espagnole qui a traversé les Pyrénées en octobre, pour envahir le val d'Aran en accord avec le plan militaire et les directives politiques de Jesús Monzón, est également venu saluer La Pasionaria, aujourd'hui. Il n'a demandé à personne de l'accompagner et cependant il n'est pas tout seul. Les chefs militaires qui ont agi sous ses ordres lors de cette opération sont venus de leur propre initiative, pour l'entourer de leur silence attentif. Le fort sentiment corporatiste professé dans les classes de l'Académie militaire fonctionne de la même façon dans la guérilla, sous la dénomination plus plébéienne de compagnonnage. La facture qu'ils vont présenter à Vicente sera plus facile à payer s'il la partage avec les amis.

C'est ce qu'espèrent ces hommes tendus et taciturnes, qui ne prêtent en ce moment aucune valeur aux paroles de compréhension, et surtout de circonstance, que Carrillo leur a débitées avant qu'ils ne quittent l'Espagne. Ils sont communistes, et ils connaissent d'expérience la température à laquelle l'eau se met à bouillir à la direction du Parti et aussi le temps nécessaire pour que les processus internes atteignent leur point d'ébullition. Voilà pourquoi ils sont aussi inquiets. Et tandis qu'ils observent en silence les sourires de La Pasionaria, ils sont peut-être jaloux du revirement du destin qui a épargné Carmen de Pedro, malgré sa responsabilité politique entre le 19 et le 27 octobre 1944, à Toulouse. Ils n'ont pas encore découvert qu'eux-mêmes seront épargnés.

À son retour de Moscou, où elle a pu observer de près la virtuosité d'un grand maître, Dolores Ibárruri a perfectionné une autre de ses créations, une heureuse trouvaille qui lui survivra autant, sinon plus, que son image de femme du peuple, avec son chignon, son perpétuel deuil et ses boucles d'oreilles auxquelles pendent deux petites perles. À ce moment-là, elle a déjà décidé de se placer au-dessus des politiques concrètes et quotidiennes de l'organisation qu'elle préside.

Au printemps 1945, parmi ses camarades de Toulouse, La Pasionaria ne fait déjà plus partie du parti communiste espagnol, elle ne le dirige pas, ne le représente pas, elle n'y appartient plus vraiment. La Pasionaria *est* le parti communiste espagnol. Le Parti est La Pasionaria, et donc son image appartient à tout le monde, son prestige est aussi celui de la cause, les réussites des autres sont ses réussites, et ses erreurs sont inexistantes. Mère universelle des communistes espagnols de tous les temps, elle ne peut pas commettre d'erreurs, elle ne peut pas les assumer, ni se salir les mains en débouchant la tuyauterie du sous-sol. Pour cela, elle envoie ses plombiers. Mais, en novembre 1944, six mois avant son retour triomphal en France, son émissaire est revenu de Madrid en expliquant que le dysfonctionnement est très grave et voilà qu'il a sauvé au passage cette imbécile de Carmen de Pedro. Tandis qu'un homme de son envergure lui tient toujours tête avec une détermination, une décontraction auxquelles elle n'est pas habituée, cette femme qui n'a pas suivi d'études, qui s'est faite toute seule en lisant la nuit, après avoir préparé le repas à son mari et couché ses enfants, comprend que le mieux est de faire l'imbécile.

« Vicente ! »

Le problème est que Monzón a créé une organisation digne d'éloges, un investissement très rentable, un bénéfice très évident, un héritage si valable qu'il serait stupide de vouloir renoncer à ses avantages sous prétexte d'une vengeance à laquelle on peut finalement surseoir. À la direction du parti communiste, l'eau peut chauffer très lentement avant de se mettre à bouillir. Voilà pourquoi cette femme toujours si intelligente, et encore plus dans l'adversité, a choisi une solution biaisée, même carrément tordue, et cependant élégante, pour reconnaître les mérites de son adversaire. Ainsi le travail de Jesús, le fruit fécond de son talent, se transformera en mari imaginaire qui, sans l'intervention de quelque marraine ou fée que ce soit, va tirer les marrons du feu des officiers de son armée.

« Aïe, Vicente ! » Car enfin elle s'approche de lui, le regarde dans les yeux, lui saisit l'avant-bras et le serre fort, pour le manœuvrer de la façon dont elle sait manœuvrer les hommes. « Mais vous avez fait un superbe Parti en France ! »

Comme si elle était bête. Pour sûr qu'elle ne l'est pas. Elle ne le sera jamais.

Dolores est arrivée à Toulouse en lévitant au-dessus du sol, son immaculée candeur de Vierge Marie du prolétariat international à l'abri des éclaboussures de toutes les flaques souillées de ce monde. Ce n'est qu'après avoir montré cela très clairement aux hommes au costume sombre, à toutes les femmes bien coiffées, qu'elle choisit un militaire, et pas un homme politique, pour absoudre en public le PCE de France de ses péchés, cet admirable capital qu'elle vient de se réapproprier à l'instant même. Elle sait parfaitement que les militaires se sont sentis utilisés par Monzón et que, si l'occasion se présente, il leur sera facile de s'abriter derrière l'obéissance qu'ils lui devaient. Mais, en même temps, et même si Jesús est aujourd'hui, plus que jamais, le grand absent, elle ne pourra éviter que ceux qui l'écoutent en concluent que le véritable destinataire de son admiration, de ce chaleureux éloge de fermes poignées de main et de tendres sourires, est le fondateur du nouveau parti qu'elle a trouvé en descendant de son avion : son ennemi, son rival Jesús Monzón Reparaz, qui est toujours bien plus près qu'elle de la Puerta del Sol. De fait, même si Dolores et aucun de ses collaborateurs ne le reconnaîtront jamais, le PCE de l'exil et celui de l'intérieur évoluent à partir de la superbe organisation de Monzón dont la structure, au-delà de la nomination de personnes de confiance à la totalité des postes, est d'une solidité à toute épreuve.

Tandis que la secrétaire générale s'éloigne pour aller saluer d'autres camarades, le commandant en chef de l'armée de l'UNE se tourne vers ses officiers pour partager avec eux une conclusion des plus urgentes.

« Ouf ! avoue-t-il dans un murmure qu'il reproduira par la suite, à de nombreuses occasions, avec le même sourire. Parce que vraiment, je les avais là... »

Le geste qui accompagne son expression – il se pince la peau du cou, à hauteur de la gorge, avec le pouce et l'index – est aussi éloquent que la pirouette verbale à laquelle La Pasionaria a eu recours pour éluder ses responsabilités.

C'est ainsi que se termine à Toulouse ce jour de printemps 1945 qui semble mettre un point final à une histoire dont les conséquences se feront encore sentir quelques années plus tard, avant de disparaître totalement de la mémoire collective. Mais cela, les communistes espagnols ne le savent pas encore lorsqu'ils se séparent pour retourner paisiblement dans leur foyer, tandis que Dolores s'éclipse pour aller se reposer toute seule, ou avec Francisco Antón, dont on ne sait pas s'il se trouvait ou pas avec elle ce jour-là. Carmen de Pedro, protégée par l'ombre puissante de son mari, rentre également chez elle, tandis que sa marraine, sa fée, épuisée la pauvre après tout ce trafic, se prépare à aller faire un somme bien mérité. López Tovar emprunte le même chemin, mais lui s'arrêtera sans doute dans quelque bar, pour payer la tournée à ses officiers et trinquer à sa stupéfiante absolution. Demain sera un autre jour, ont-ils tous dû penser avant d'aller se coucher. Effectivement, c'est un autre jour, car le lendemain c'est le premier jour, depuis le printemps 1939, où Dolores Ibárruri prend à nouveau officiellement des décisions, concernant les affaires du PCE, en France.

Cependant, elle a déjà pris la plus importante à Moscou, avant même que, le 7 mai 1945 à Reims, le général Jodl ne signe au nom de l'amiral Dönitz, nommé par Hitler dans son testament comme le chef posthume du gouvernement du Troisième Reich, l'Acte de reddition militaire de l'Allemagne. Au milieu du mois de mars, elle décide de sermonner Jesús Monzón, à qui elle donne l'ordre de rentrer à Toulouse et, au cas où il arriverait avant elle, de l'attendre là-bas. La secrétaire générale du parti communiste espagnol veut parler, en tête à tête, avec le chef de la Junte suprême de l'Union nationale espagnole pour être très claire, une bonne fois pour toutes, et expliquer que les directions provisoires sont terminées au sein du communisme espagnol, d'un côté comme de l'autre des Pyrénées. Mais cette entrevue n'aura jamais lieu.

Lorsque Agustín Zoroa lui remet la lettre dans laquelle la nouvelle direction – ou, pour être plus juste, la direction rétablie du Parti – requiert sa présence à Toulouse, Jesús Monzón répond avec une autre lettre qui peut se résumer en une seule phrase, suffisant à définir le caractère et la nature de l'homme l'ayant rédigée. « Je suis le seul responsable de tout, le bon comme le mauvais, ce qui s'est passé en France. » Avec cette déclaration – sans doute inspirée par le fait que sa femme, Pilar Soler, et son bras droit en Espagne, Gabriel León Trilla, sont également convoqués à Toulouse –, Monzón tente certainement de protéger Azcárate, Gimeno et le reste de son équipe, aussi bien politiques que militaires qui sont demeurés en Espagne, mais aussi de se défendre lui-même en alléguant la qualité du travail réalisé et un mérite dont il est sans doute tout à fait conscient. C'est pour cette raison – sachant que protéger ses hommes est plus important que tout le reste – qu'il fait allusion de façon expresse, en l'encadrant emphatiquement de deux virgules, au bon comme au mauvais, après avoir revendiqué pour lui seul toutes les responsabilités. C'est la dernière chose dont nous sommes certains. À partir de là, les spéculations, les hypothèses, les accusations et les suppositions, partent dans tous les sens.

S'il s'agissait d'un personnage de fiction, et non d'une personne réelle, seul un narrateur très maladroit pourrait écrire que, après avoir rédigé cette phrase, Jesús Monzón se sent paralysé par la crainte. Qu'il ait peur semble tout à fait raisonnable, mais pas que la panique s'empare de lui à ce point. Pilar Soler expliquera un peu plus tard que, s'il attend encore quelques jours avant de se mettre en route, c'est parce qu'il veut faire le voyage tout seul, après l'avoir conduite en lieu sûr, en Espagne. Mais elle, qui a vraiment peur pour lui, et cela semble plus vraisemblable, refuse. Et finalement, dans les premiers jours d'avril 1945, ils partent tous les deux en voyage. Enfin l'amour et l'Histoire immortelle... on ne le sait que trop.

Jesús Monzón a des raisons d'avoir peur, mais son caractère, sa nature rendent peu vraisemblable qu'il le montre. Qu'il tente de gagner du temps pour réfléchir, pour recueillir des informations, pour organiser sa défense contre les charges qui vont peser contre lui, est tout à fait différent. Jesús Monzón a des raisons d'avoir peur car c'est un dirigeant communiste, car il sait comment se passent les choses dans les partis communistes, parce que lui-même a eu recours à leur sombre mais efficace pratique afin de se débarrasser des adversaires qui se mettent en travers du chemin, et parce que, comme en 1945, les choses ne peuvent en être autrement, il n'est ni plus ni moins stalinien que ses adversaires de la direction. Vouloir prétendre le contraire serait d'une naïveté qui ne lui servirait même pas, car cela l'écarterait de la réalité de son temps en le transformant en un pâle, fantasmagorique et surtout incompréhensible spectre. Cependant, il n'est pas le seul à avoir peur.

À Toulouse aussi, il y a des camarades qui ont des raisons de craindre Jesús Monzón.

La première, sur la liste, est une fois de plus l'épouse de Zoroa, qui opte pour la solution la plus simple, celle que choisissent fréquemment les faibles d'esprit, qui n'essaient même pas de défendre leur propre œuvre – ce magnifique parti qu'elle a forgé au côté de Monzón. Regagnant en vitesse l'aile radicale de l'orthodoxie, elle se dépêche de se convaincre elle-même qu'elle a juste été la victime innocente d'un pervers et d'un démoniaque séducteur, une insouciante jeune fille qui n'a même pas été heureuse tandis qu'il la guidait de façon experte le long des sordides tunnels du vice. La pauvre Carmen renie son amour comme s'il s'agissait d'une infamie, elle oublie le prix de l'invasion du val d'Aran avant tout le monde, et elle finit même par se persuader qu'elle a échappé, saine et sauve, au champ de mines qu'elle a elle-même piégé, ce chapelet de bombes qui explosera sous ses pieds au moment où elle s'y attendra le moins. Ce serait la première qui pourrait avoir des raisons d'avoir peur de Jesús, mais pas la seule.

Santiago Carrillo, lui non plus, ne doit pas avoir très envie d'affronter Jesús Monzón. Car La Pasionaria, en accord avec sa nouvelle et immaculée conception, n'a pas prévu de s'abaisser à donner elle-même une engueulade, car elle s'est réservé le rôle le plus prestigieux et le plus reposant, celui du juge. Par conséquent, elle charge son collaborateur le plus proche, non seulement d'accuser Monzón, mais aussi d'endosser des reproches qui ainsi ne pourront atteindre le trône olympien depuis lequel la légendaire personnification du Parti présidera les séances. Et même si les militants de bases en exil en France continuent à être extrêmement sensibles à l'argument de l'abandon dans lequel les a laissés la direction du Parti – en se payant des vacances plus ou moins loin d'une guerre qu'on voyait parfaitement venir –, le charisme de Monzón, qui a laissé de si chaleureux souvenirs dans le sud de la France, l'a transformé en adversaire pour le moins dur à cuire.

« Monzón a été dénoncé par Carrillo. » Voilà une des principales spéculations qu'on nourrit encore aujourd'hui. « Ç'a été un mouchardage, une dénonciation organisée par Santiago, qui s'est arrangé ensuite pour qu'on l'arrête. »

Car effectivement Jesús Monzón Reparaz est arrêté par la police en juin 1945 à Barcelone, pendant une opération où sont tombés avant et après lui plus de vingt jeunes communistes catalans, et parmi eux ceux qui l'avaient accueilli dans ce qui va n'être qu'une brève étape de son voyage, qui sera également la dernière de son existence de dirigeant clandestin. Son séjour à Barcelone a duré plus de deux mois car il a pris la peine de finir de les former, d'améliorer leur structure, de leur fournir des plans, des objectifs, et même de fonder avec eux un journal clandestin, comme s'il ne pouvait pas supporter la vision de quelques militants désorganisés, ou comme s'il avait le don de l'organisation inscrit dans les gènes.

Ils auront été ses derniers disciples, ceux qui sont tombés et l'ont entraîné dans une chute dont seule sa compagne réussira à échapper – car elle était cachée dans une autre maison. Dans sa déclaration à la police, Jesús ne l'appelle pas par son véritable nom, mais par le surnom avec lequel elle est connue dans la clandestinité, Elena Olmedilla. L'authentique Pilar Soler parvient à se sauver d'une façon particulière et littéraire, tel le personnage d'un roman de mœurs. Lorsqu'elle entend retentir la sonnette de la maison où elle loge, elle se cache derrière la porte de sa chambre et, en s'apercevant que les deux visiteurs sont des policiers, sort de la pièce avec un urinoir plein à la main, s'en sert pour se frayer un passage entre les deux agents, les yeux pudiquement rivés au sol, une moue embarrassée sur le visage, de se voir ainsi obligée de vider ses urines en présence d'étrangers. C'est ainsi qu'elle descend dans la cour, se débarrasse du pot de chambre et s'enfuit en courant. Lorsque la police commence à s'impatienter, elle est déjà partie à la rencontre des militants du PSUC qui l'aideront à franchir la frontière.

Quand Pilar Soler arrive en France, elle est logée par la direction de son parti dans une maison dont elle ne sort pas avant d'avoir établi par écrit qu'elle était la compagne et la collaboratrice de Monzón à Madrid. Elle le fait par loyauté envers Jesús, puis elle disparaît dans un anonymat que Carmen de Pedro finira par rejoindre. Santiago Carrillo raconte dans ses Mémoires que Pilar Soler a continué à militer au Parti, en France, pendant de nombreuses années et qu'elle a participé à de nombreux projets, mais il ne semble pas qu'elle ait joué un rôle essentiel dans aucun d'eux. Ce détail pourrait conforter la thèse d'une dénonciation de la direction, si le coup de filet policier, qui fait tomber son amant, n'avait pas démarré au mois de juin 1944 et si son évolution, arrestation après arrestation, n'était parfaitement enregistrée dans les archives policières de l'époque. Cette circonstance vient donc également démentir les deux autres grandes hypothèses sur ce qui s'est passé le 6 juin 1945, à Barcelone.

« Monzón s'est fait arrêter lui-même parce que c'était un lâche et un traître. » Voilà la première hypothèse. « Et parce qu'il n'a pas eu suffisamment de couilles pour aller s'expliquer les yeux dans les yeux avec Dolores, en France. »

Le policier qui l'arrête raconte qu'au début il a eu du mal à croire en sa chance, lorsqu'il s'est aperçu qu'il avait réussi à saisir un aussi gros poisson grâce à ce qui semblait n'être qu'un simple coup de filet destiné à prendre du menu fretin téméraire et désorienté. Négligeant cette déclaration, les partisans de l'hypothèse qu'on pourrait appeler de son autodélation insistent sur le fait qu'en vérifiant le véritable nom du secrétaire général du parti communiste espagnol de l'intérieur, ils s'aperçoivent qu'il porte un des noms les plus illustres de Pampelune. Par conséquent, ils ne le torturent pas, ils ne le battent pas non plus et ne l'insultent pas, ils le traitent comme ce qu'il est, à savoir un notable.

Ce surprenant traitement pourrait renforcer leur position car, y compris au tout début du printemps 1939 – lorsque Matilde Landa est arrêtée par exemple, puis soumise à des pressions si insupportables qui se concluent en 1941 par son suicide à la prison de Palma de Majorque, sans qu'entre temps personne n'ait touché à un seul de ses cheveux –, les communistes de bonne famille ont toujours reçu le même traitement respectueux, qui se continuera ensuite, pendant les décennies des années 1950 et 1960, lorsque commenceront à proliférer parmi les prisonniers les rejetons des grandes familles franquistes et les enfants de certains membres des forces armées de la dictature. De plus, Jesús Monzón ne dénonce personne. En marge des faiblesses de l'organisation qui l'accueille à Barcelone, et qui entraînent son arrestation, les conséquences de sa chute commencent et terminent en un même point, qui n'est autre que lui-même. Son nom n'empêchera cependant pas qu'il soit condamné à mort, un châtiment que sa famille parviendra à faire commuer – grâce à l'intercession d'un évêque ami intime – en trente années de prison.

« Car ce ne peut être que Monzón qui se soit mouchardé lui-même pour sauver sa peau. » Voilà la deuxième des hypothèses qui attribuent à Jesús Monzón la responsabilité de sa propre arrestation. « Il a été obligé de le faire, car il savait que s'il se rendait en France, on l'aurait liquidé comme cela s'est passé par la suite avec Trilla. »

Jesús Monzón avait effectivement des raisons d'avoir peur, mais c'était loin d'être un lâche, il ne l'a jamais été. Au moment de son arrestation, il a de nombreux partisans, d'innombrables arguments pour se défendre, tellement que, peut-être, si sa condamnation à mort par la suite commuée en trente ans de prison n'avait laissé les mains libres à de nombreuses personnes, le destin de Trilla aurait pu être tout à fait différent ou, du moins, sa vie aurait pu être plus longue. Mais par ailleurs, s'il avait opté pour se trahir lui-même, un notable comme Jesús Monzón ne se serait jamais fait arrêter le 6 juin 1945, un jour où son arrestation se combine avec un grave problème personnel.

L'Histoire immortelle accomplit des choses étranges en croisant la trajectoire de l'amour des corps mortels et tandis qu'il est caché à Barcelone, dans l'attente de l'agent qui doit l'aider à traverser les Pyrénées, la chair mortelle de Jesús Monzón décide de se manifester furieusement, avec une rage aussi inopportune que gênante. De fait, la police le trouve dans son lit avec quarante de fièvre dus à une infection pas très présentable, un contretemps qui colle mal avec un homme aussi élégant que lui. Depuis pas mal de temps Monzón souffre d'un énorme furoncle à l'anus, tenace et extrêmement douloureux, qui choisit le plus mauvais moment, celui de la fuite à pied à travers le massif des Pyrénées pour s'enflammer. Voilà pourquoi il ne peut se lever de son lit et ne peut être présent au rendez-vous de son agent de liaison.

Et même sans faire intervenir ce purulent accident dans le fléau de la balance, on trouve, à égale distance d'un nombre équivalent de versions intermédiaires, la présence du hasard, l'imperfection congénitale des êtres humains, la fourbe confiance en sa bonne étoile qui accompagne toujours ceux qui prennent plusieurs fois des risques sans jamais payer pour leur témérité, et même le destin moqueur des toreros qui ont tué des centaines de taureaux de cinq ans, de six cents kilos, avec deux cornes aussi affutées que des poignards, et qui finissent par se faire briser la colonne vertébrale dans des arènes pour novices, par une vachette écornée, fragile comme une jeune fille vêtue de blanc, réussissant à les balancer en l'air en plein milieu d'une série de passes festives, par un beau dimanche.

Le seule hypothèse vraisemblable, parmi toutes celles qu'on développe dans les si peu nombreux cercles spécialisés dont les membres savent encore qui a été Jesús Monzón Reparaz, est celle qui allie le manque de chance à un long et fécond coup de filet policier. C'est ce qu'explique son seul biographe connu aujourd'hui, Manuel Martorell, après avoir enquêté méticuleusement sur le déroulement des événements. Au-delà du hasard qui, malgré sa nature en théorie imprévisible, possède toujours une énervante tendance à favoriser les plus puissants – indépendamment de leur mérite –, la collaboration involontaire de la police franquiste dans la tranquillité du Bureau politique du PCE referme le chapitre des invraisemblables connexions qui traversent, tel un labyrinthe de tunnels qui se croisent, les dessous de l'invasion du val d'Aran.

La détention de Monzón non seulement soulage Santiago Carrillo d'un poids considérable, mais apporte également à l'esprit de Dolores Ibárruri une paix pas si différente de celle que ressent Francisco Franco dans son bureau du palais du Pardo sept mois auparavant, lorsqu'il revisse le capuchon sur le stylo avec lequel il vient de signer un tas de révocations. Au début du mois de novembre 1944, sir Samuel Hoare attend incessamment sa relève qui, à la mi-décembre, lui offrira un titre de noblesse, avec lequel Sa Majesté britannique récompensera son dévouement madrilène en faveur des intérêts de sa patrie. Et c'est aussi à peu près à la même date que Staline, l'esprit enfin libéré des désagréables perturbations espagnoles, se remet à observer sereinement l'avancée de ses troupes sur Berlin.

Ensuite, c'est le silence.

Pendant plus de soixante ans, il ne se passe rien de plus, que le silence, une tacite condamnation à l'inexistence d'une campagne militaire qui n'existe en rien et n'a jamais existé pour personne. Les stratégies de tous les centres de pouvoir, qui se sont vus impliqués dans une opération qui aurait pu changer pour toujours le destin de l'Espagne, convergent toutes en un même point : le silence.

Franco ne veut pas entendre à nouveau parler, de toute sa vie, de cette frayeur qui a révélé une des plus tenaces faiblesses de son régime. Car ni à ce moment, ni par la suite, il ne parviendra jamais à éviter que les Pyrénées ne soient une passoire, une frontière aussi symbolique que la grille d'un jardin que les communistes franchissent et refranchissent, dans un sens et dans l'autre, comme ils veulent et quand ils veulent.

La direction du parti communiste espagnol, pour des raisons aussi évidentes, s'évertue à passer sous silence l'épisode du val d'Aran, à taire les circonstances de l'ascension de Monzón, les causes qui l'ont rendue possible, ses démarches à la tête du Parti, en France et en Espagne, ainsi que l'action des membres du Bureau politique, avant, pendant et après l'invasion. Et personne n'a su gérer le silence avec autant de maestria.

Les Alliés eux aussi se gardent bien de faire figurer l'invasion dans leurs récits de la dernière étape de la Seconde Guerre mondiale, et encore plus dans les chroniques de leurs – en théorie – épineuses relations avec le régime de Madrid et son si désagréable dictateur fasciste que tous s'entendent à maintenir au pouvoir en ce mois d'octobre 1944.

Ainsi, c'est dans le silence que s'évanouit la mémoire de plusieurs milliers d'hommes qui ont risqué leur vie pour la liberté et la démocratie de leur pays. Ce sont eux qui portent la seule part intègre et positive de cet épisode. Pendant ce temps dans les hautes sphères du pouvoir, bien au-dessus de leurs têtes, les puissants décident de leur sort, tandis que les hommes de l'UNE ne font pas plus que ce qu'ils pensent devoir faire. Dans le contexte d'un conflit mondial qui continue d'offrir leur petit bout de gloire à des héros aussi douteux que Klaus von Stauffenberg ou que le faux général Della Rovere, personne ne se souvient d'eux aujourd'hui car personne ne sait qu'ils ont existé, ni le prix qu'ils ont payé pour adapter leurs actes à leur conscience.

Ce sont toujours les vainqueurs qui écrivent l'Histoire avec une majuscule, mais il n'y a aucune raison pour que leur version devienne éternelle. Certains pays européens, comme la Pologne ou la Hongrie, ont su intégrer l'échec de leurs combattants pour la liberté au patrimoine de leur fierté nationale, en assumant que certaines défaites, loin d'entraîner le déshonneur, peuvent être plus honorables que certaines victoires. Mais l'Espagne est un pays anormal, qui va où bon lui semble, en dépit du bon sens, en direction contraire à celle des nations du reste du continent. Voilà pourquoi, même si cela semble incroyable, personne n'a jamais pris la peine de faire le recensement des personnes qui ont envahi le val d'Aran, de dresser une liste avec le nom des hommes qui sont entrés en Espagne et une autre avec celui de ceux qui en sont ressortis, ni de les comparer.

Cette tentative a coûté la vie à un nombre encore – peut-être pour toujours – indéterminé de soldats de l'armée de l'Union nationale espagnole. On ne peut accepter aucun chiffre comme définitif, car le dénombrement des pertes varie de façon drastique selon les sources. Cent vingt-neuf morts semble être le chiffre qui revient le plus souvent quoique, à en juger par les témoignages des survivants, on peut se risquer à dire avec certitude qu'il n'y en pas eu autant. Les chiffres qu'on manipule pour évaluer les pertes dans l'autre camp sont étonnamment inférieurs, mais surtout beaucoup moins fiables. L'armée franquiste s'arrangeait pour ne pas déclarer de pertes, car elle préférait la propagande aux honneurs funèbres. Et, pour tout ce qui concernait les opérations de guérilla, leurs chefs avaient l'ordre de réduire, à la limite du vraisemblable, le nombre des hommes qu'ils avaient perdus, et cela seulement quand ils ne pouvaient pas carrément le passer sous silence.

Les soldats de l'UNE qui ne sont pas sortis vivants du val d'Aran étaient au nombre de cent vingt-neuf, un peu plus ou beaucoup moins, et ils sont morts sans que quiconque le sache. L'Histoire avec une majuscule des documents et des manuels les a balayés, les a cachés sous le tapis du chemin qui a conduit leur patrie vers l'avenir, et ils sont toujours là, couverts de poussière, enveloppés dans les herbes.

Au-dessus, sur une solide serpillière tissée avec de la laine de bonne qualité, aux couleurs chaudes et éclatantes, on peut lire les noms des héros utiles, publics, confortables, les hommes et les femmes qui ont consacré leur vie à consolider, en même temps que leur fruit personnel, la liberté et la démocratie de l'Espagne.

III

Le meilleur restaurant espagnol de France

« Inés ! » Amparo m'avait appelée depuis le comptoir. « Viens un moment, quelqu'un te demande ! »

En février 1945, je travaillais dans une cuisine bien plus petite et plus laide que celle du maire de Bosost, mais elle était à moi.

La Taberna Española de la rue Saint-Bernard était installée dans un local à la géographie extrêmement compliquée, deux pièces plus ou moins carrées, disposées presque en diagonale l'une par rapport à l'autre, et communiquant par un passage tellement étroit que les clients ne pouvaient accéder qu'en file indienne dans celle du fond. Le comptoir se trouvait sur la gauche et, juste derrière, il y avait un long couloir qui débouchait sur un espace en forme de trapèze, difficile à utiliser. C'était la cuisine, un prodige d'organisation où chaque ustensile, poêle, casserole, écumoire, couteau, se trouvait toujours là, à la place que je leur avais assignée – de toute façon il ne pouvait y en avoir d'autre. Il n'y avait pas non plus de place pour mettre une table, mais j'avais installé une chaise – dans le seul endroit resté libre, au-dessus de laquelle était accroché un petit miroir qui était à première vue le seul objet inutile dans une pièce à ce point remplie – qui servait non à s'asseoir, mais à atteindre les crochets fixés à ras du plafond. Cependant, et malgré les apparences, le miroir était indispensable, car je n'avais pas le droit de travailler les cheveux détachés, ni ramassés dans un chignon – ce qui aurait pu mettre mon visage en valeur. La toque blanche que les autorités sanitaires m'obligeaient à m'enfoncer sur la tête, jusqu'aux sourcils, juste après m'être lavé les mains, m'allait si mal que lorsque Amparo m'annonçait une visite par la petite fenêtre qui donnait sur le comptoir, je la retirais devant le miroir et ne ressortais qu'après avoir arrangé ma coiffure et enfin retrouvé mon visage. Voilà pourquoi Amparo devait toujours insister quelque peu.

« Inés ! Mais enfin, Inés !

— Oui !... Me voici... » Jusqu'à ce jour de février 1945, c'était le plus souvent Galán qui m'attendait derrière la porte.

Cette cuisine si bizarre et minuscule avait été ce qui m'avait permis de refermer la boucle de ma nouvelle vie, pas si belle que celle que j'avais cru pouvoir vivre en m'enfuyant de la maison de Ricardo, mais bien meilleure que ce qui m'attendait si je n'avais pas volé ce cheval à temps. C'était sans doute pour cette raison qu'elle m'avait plu dès le début, malgré sa laideur.

« Et cette cuisine... » Je m'étais retournée pour regarder les deux femmes que je voyais pour la première fois cet après-midi-là. « Pourquoi ne l'utilisez-vous pas ? »

Le 30 octobre 1944, depuis que nous étions arrivés ensemble à Toulouse, dans sa chambre de l'hôtel Les Arcades, Galán avait décidé de revenir à la vie, de reprendre une existence qui était demeurée suspendue comme les fameux trois points qui permettent de différer la fin d'une histoire ou comme un grain coincé dans le goulot d'étranglement d'un sablier. À cette époque, le soir du 27, je pensais que j'avais déjà passé le pire.

Jamais je n'aurais pu traverser les Pyrénées toute seule. Lorsque le camion à bord duquel nous avions quitté Bosost avait débouché sur la route où quelques vieux amis français, également experts dans l'internationale et inconditionnelle solidarité avec la République espagnole, étaient venus nous attendre, j'avais tenté de me rassurer en pensant à tout cela. En me disant qu'à l'époque lointaine où j'habitais à Pont de Suert, même si je m'étais efforcée de faire beaucoup d'exercice, je ne serais jamais parvenue à me préparer correctement pour passer la montagne. Debout, sur la plate-forme arrière du camion, j'avais regardé autour de moi, ne distinguant au loin qu'une monotone muraille de roches escarpées, de pierres et encore de pierres, de pentes et encore de pentes, et toujours des pierres, et à nouveau des pentes, toujours identiques, sur lesquelles j'aurais été bien incapable de m'orienter.

« Nous voilà enfin en France. » Le paysage était le même. Galán m'avait embrassée sur la bouche et je lui avais rendu son baiser. « Comment te sens-tu ?

— Bien. » Je lui avais souri pour qu'il me croie. En vain. Il avait vu que je n'allais pas bien mais, tout à ses propres sensations, il n'avait sans doute pas eu le temps ni le désir de s'occuper de mon mal-être. J'avais pourtant réussi à faire ce que je voulais. Mais, me dire que je fuyais, que je quittais l'Espagne par la petite porte, après un nouvel échec, me faisait mal. Ce départ, que j'avais désiré plus que tout depuis plus de cinq ans, ressemblait en fin de compte à un jouet cassé, un bonbon empoisonné, à un être mort par asphyxie avant même de naître. C'était ce que j'avais ressenti en entrant en France. Toutefois, même si je ne l'avais pas cru par la suite, la vérité est que je m'étais sentie extrêmement heureuse cette nuit-là.

« *Salut, les amis** ! » Un homme en uniforme militaire, portant un insigne avec l'étoile à trois pointes des Brigades internationales accroché à sa poitrine, avait donné l'accolade à Galán au bord de la route. « *Bienvenue encore, malheureusement**... »

Il avait les cheveux très gris, presque blancs, un nez plutôt long et possédait un charme indéfinissable. Après avoir passé la frontière, ç'avait été la première chose qui avait attiré mon attention. Par la suite, je n'ai jamais avoué à Galán que, à la lueur ténue et jaune de ce jour d'automne, j'avais trouvé Ben Laffon extrêmement beau. D'ailleurs il ne m'avait plus jamais semblé aussi séduisant qu'à ce moment-là. Mais ç'avait été important, car il m'avait révélé que, malgré le découragement, l'épuisement et ce sentiment de défaite que nous ne parviendrions jamais à accepter, j'étais bien vivante et que je continuerais à le rester longtemps dans ce pays qui n'était pas le mien. Ben nous avait emmenés à Toulouse dans sa voiture personnelle – un vieux modèle américain avec trois places à l'avant. El Zurdo, Montse et Lobo avaient pris place à l'arrière, Galán était assis au côté du conducteur et moi près de la vitre. Après avoir mangé un cassoulet avec les autres officiers de Bosost, dans un village bordant la frontière, je m'étais blottie contre lui en grelottant. Ben avait mis le chauffage jusqu'à ce que l'atmosphère du véhicule se réchauffe, et lorsque nous avions pris la route, une pluie fine s'était mise à tomber, aussi monotone d'un côté des vitres que de l'autre. Dehors, ce n'était qu'une succession de gouttes d'eau ; mais à l'intérieur, c'était un bourdonnement continu de jurons. C'est de la faute de ces pédés de Paris, de ces lâches de merde, avais-je cru entendre à ma gauche. Puis certains mots en français, d'autres en espagnol, tandis que mes paupières devenaient aussi lourdes qu'un rideau de velours, c'est de leur faute...

« Inés. » La voix de Galán m'avait réveillée ensuite, après un somme de presque deux heures. « Réveille-toi, Inés, nous sommes arrivés à Toulouse. »

La première chose que j'avais vue en ouvrant les yeux – et je m'étais répété que c'était ce que j'aimais le plus regarder – était son visage. Mais le paysage que j'avais fini par découvrir à travers la vitre m'avait émue bien plus que je ne m'y attendais. Nous étions arrivés à Toulouse, pris dans un embouteillage – un contretemps qui faisait partie intégrante de la ville. Toulouse était plus petite que Madrid, mais elle ressemblait à la ville où j'étais née, où j'avais grandi, où j'avais été heureuse et malheureuse pendant vingt-trois ans, jusqu'à ce que le malheur l'engloutisse d'une seule bouchée et moi avec.

Du 28 avril 1939 au 27 octobre 1944, excepté les quelques minutes de la mi-journée de juin 1941 où j'avais parcouru un bout de trottoir qui menait de la prison de Las Ventas à la voiture venue me récupérer, j'avais toujours vécu loin de la ville. J'avais passé cinq ans et demi derrière des murs qui m'interdisaient tout contact avec l'extérieur. Et Pont de Suert – ce joli village de montagne pas plus grand que Bosost ou Vilamós, et dont j'avais si fréquemment arpenté la rue principale, de la mercerie au bureau de tabac et de la teinturerie à la boulangerie – avait été ce qui ressemblait le plus à une ville. Il m'avait fallu arriver à Toulouse pour réaliser combien je languissais les grandes villes, combien j'avais besoin de leurs rues pavées, de leurs lumières, du bruit, du trafic, de la fumée des voitures et des vitrines. Jamais, jusqu'à ce que je les aie revues, je n'avais pensé que les vitrines pouvaient m'émouvoir à ce point. Tandis que je regardais les éclairages et les mannequins, les pyramides sophistiquées de croissants sur les napperons brodés qui couvraient les étagères en verre des pâtisseries, les rayonnages couverts de livres neufs et les fugaces éclats qui s'échappaient des vitrines des bijoutiers, je m'étais laissée aller à une émotion nouvelle. J'avais alors compris que je pourrais être heureuse à cet endroit, que j'allais être heureuse de vivre à Toulouse, d'habiter cette ville qui m'avait adoptée, avant que je ne songe à l'adopter à mon tour. Cependant je n'avais jamais cessé de regretter Madrid, je n'avais jamais cessé de regretter l'Espagne. Et quand la voiture s'était garée devant l'hôtel Les Arcades, si quelqu'un m'avait dit qu'un jour viendrait où je regretterais cette ville que je n'avais pas choisie, eh bien je l'aurais cru sans problème.

« Tu as vu ? » Montse, qui n'avait fait qu'un seul séjour dans la banlieue de Barcelone, était encore plus impressionnée que moi. « Et on va habiter ici ? Mais ça doit être un hôtel très cher... »

Sur la façade, une grande banderole de toile rouge – où figuraient les couleurs du drapeau français sur la limite supérieure et les couleurs du drapeau républicain sur la limite inférieure – expliquait dans les deux langues que ce bâtiment avait été repris par l'Union nationale espagnole. Avant la guerre, Les Arcades avait été un hôtel de luxe situé sur un emplacement privilégié, au centre de Toulouse. Malgré les soldats qui avaient monté la garde devant la porte, il l'était resté, tout le temps que l'état-major de l'Armée française avait payé les frais de logement des officiers de l'UNE ayant appartenu aux Forces françaises de l'intérieur, c'est-à-dire jusqu'à la capitulation de Berlin. Lorsque la retraite allemande avait été achevée, les trois quarts des chambres s'étaient vidées, leurs occupants s'étant résignés à s'installer à Toulouse pour affronter un long exil. Et cependant, bien que la première chose que j'avais faite, après avoir trouvé du travail, eût été de chercher un appartement, cet après-midi-là j'avais apprécié l'accueil des tapis épais et des lustres de cristal. Ensuite, pour compléter mon inavouable bonheur de petite-bourgeoise, j'avais constaté que le commandant Galán, qui avait récupéré son véritable grade dans la hiérarchie française, bénéficiait d'une suite au deuxième étage.

Tout à côté, nous avions installé les enfants dans deux chambres communicantes après un goûter dînatoire où ils avaient repris deux fois du gâteau au chocolat. Ils étaient si fatigués que Montse et moi étions allées les coucher tôt, avant de redescendre au bar, où nous avions rejoint quelques hommes, dont les nôtres, buvant dans un silence qui s'absorbait lui-même et parvenait à dissoudre l'épaisseur des moquettes et la lueur des lampes, le marbre des cheminées et le cuir vieilli des fauteuils.

J'avais à nouveau froid et le cognac n'avait pas réussi à me réchauffer. Dans une pénombre éclairée de quelques lumières jaunes, j'avais trouvé Galán soudain plus vieux et plus fatigué que jamais, bien plus qu'il ne l'avait été dans la modeste maison du village de Bosost où nous nous étions rencontrés. Tandis que je l'observais, en train de boire et de fumer, d'allumer cigarette sur cigarette et de continuer à boire, les yeux perdus dans le vide, j'avais commencé à accuser la vraie nature de ce luxe étranger et agressif, presque hostile : une fragile coquille dorée qui masquait notre misère comme une couche de pourpre mal appliquée, des crevasses qui craquaient avant l'heure pour révéler les galeries qu'une bande de termites avait ouvertes dans le vieux bois prêt à se transformer en poussière. Il avait continué à boire, à fumer sans me regarder, en paraissant calme. Sans le connaître, personne ne pouvait imaginer ce qui bouillonnait à l'intérieur de lui et c'est sans doute pour cette raison qu'il m'avait inspiré à la fois une grande tendresse et un énorme respect, une combinaison de sentiments contradictoires, dont les intensités s'étaient annulées les unes les autres. Tant que son corps serait loin du mien, chaque seconde de son silence me ferait souffrir. Mais je n'avais pas osé le toucher et lui avais murmuré à l'oreille que je montais voir où en étaient les enfants. Il s'était contenté de hocher la tête. La réalité – un matériau si têtu qu'il ne se laisse jamais acheter, ni attendrir sur des matelas confortables, ni adoucir par des bains moussants – m'attendait impassible dans une chambre du deuxième étage.

Un peu plus de vingt-quatre heures auparavant, à peine dix minutes après m'avoir sauvé la vie, Galán s'était tendrement débarrassé de mes bras, m'avait embrassée sur les lèvres et avait quitté de ce qui était encore notre lit, sans avoir jamais cessé d'être le lit du maire de Bosost.

« Je dois retourner en bas. Nous avons de nombreuses décisions à prendre... »

Il avait rentré sa chemise dans son pantalon, et défroissé sa vareuse en tirant de ses deux mains sur l'extrémité, puis il s'était dirigé vers la porte, avant de se retourner.

« Je vais te donner un conseil, Inés. » Sans y parvenir vraiment, ses lèvres avaient tenté d'esquisser un sourire. « Ne te repose pas, fatigue-toi. Essaie de te fatiguer le plus possible. C'est préférable, et puis... Nous allons devoir dîner, n'est-ce pas ? Et très bien dîner. Car demain la journée sera extrêmement longue. Penses-y, car plus tu seras fatiguée, plus tu dormiras, et tant que tu dormiras, tout ira bien. Écoute-moi, je sais de quoi je parle. »

Les aiguilles des horloges n'avaient pas dû parcourir plus d'un quart de la circonférence du cadran depuis que j'avais gravi en courant les marches d'un escalier que je ne pensais plus redescendre sur mes propres jambes. Le spectacle que j'avais trouvé au rez-de-chaussée était très différent de celui que j'avais vu précédemment – comme si nous étions soudain en train de vivre une autre journée. Tandis que je les observais – El Lobo assis en bout de table, Zafarraya debout à son côté, les autres groupés autour de lui en train d'examiner les lignes que leur chef traçait sur une carte –, moi aussi, j'avais regardé au fond de moi et je n'avais pas reconnu la femme qui ce soir-là avait désiré mourir. Je m'étais sentie extrêmement heureuse de me retrouver toujours vivante, car j'avais encore envie de gagner des batailles.

Ce soir-là, il nous fallait très bien dîner et c'est ce que nous avions fait : de la salade, du pain frotté avec une tomate, la moitié de la charcuterie qui restait, des croquettes aux œufs durs et un pantagruélique ragoût de viande avec des pommes de terre et des légumes, que j'avais servi avec des tranches de pain frit à part avec deux œufs pochés dessus. J'avais eu un succès qui ne s'est jamais renouvelé à ce jour. « Ce ragoût est excellent, mais je me souviens de celui... » Voilà ce que les personnes présentes à ce dîner n'avaient cessé de me répéter par la suite, et j'ai toujours trouvé qu'elles avaient raison.

Pendant des années, j'ai tenté de me souvenir, étagère par étagère, les dernières provisions qui restaient dans ce garde-manger, j'ai noté les ingrédients, les proportions et les condiments que contenait ce ragoût dans lequel j'avais mis tout ce que j'avais sous la main, mais aussi certainement un peu de ce que je possédais au fond de moi. C'était là le secret de mon plat. Plus tard, j'ai cuisiné d'innombrables ragoûts de porc aux tomates, poivrons, oignons, carottes, artichauts, petits pois, pommes de terre, avec de l'huile, du vin, du sel, du poivre, du laurier, du persil, du romarin, et du pain frit à part avec des œufs pochés dessus, et cependant aucun n'a jamais été aussi exquis que celui-là. Car je n'y ai plus jamais mis autant d'amour et de désespoir. Je n'ai plus jamais cuisiné avec autant de fureur non plus.

Lorsque la casserole avait commencé à bouillir, Montse était entrée sans rien dire. Elle était très pâle, ses yeux étaient gonflés, des boursouflures rouges sur ses paupières et ses joues étaient gonflées et rouges, mais en me regardant elle avait souri.

« El Zurdo m'a demandé de partir en France avec lui. » Sa voix avait mystérieusement pris la même douceur que celle de son fiancé. « Je vais accepter, Inés. Et toi ?

— Moi aussi, je pars en France, Montse. »

Son bras m'avait serrée un instant puis, à une telle vitesse que je n'avais pas eu le temps de lui rendre son étreinte, elle s'était écartée de moi, était allée passer son tablier et m'avait demandé si elle devait hacher les œufs durs. J'avais acquiescé et sa présence, la chanson qu'elle fredonnait tandis qu'elle coupait les œufs, le frémissement de la sauce sur le feu et le raclement régulier de la cuillère en bois dans une poêle avaient composé un nouveau mirage de normalité, comme s'il ne s'était rien passé. Pourtant, ce jour-là, il s'était bien produit quelque chose. Alors que le ragoût mijotait, que la béchamel était déjà en train de refroidir et que les tomates étaient tout juste grillées, je m'étais mise à compter les œufs et les pommes de terre pour les réserver au bout de la table. J'y avais ajouté l'échine de porc et la moitié d'une pièce de lard.

« Qu'est-ce que tu fais ? m'avait demandé Montse. Je ne comprends pas ?

— Je suis en train de mettre de côté ce dont j'aurai besoin pour le petit déjeuner de demain. » J'avais pointé le garde-manger du doigt. « Il y a encore des madeleines ?

— Oui, quelques-unes, pas beaucoup, mais... Et tout le reste ?

— On va l'offrir aux cuisiniers du campement. » Tandis qu'elle approuvait, je m'étais rappelé le fameux matin où elle m'avait demandé si j'étais une Rouge, avant de m'avouer qu'elle ne savait pas ce que c'était. « Je ne laisserai rien ici, même pas un bout de porc, ni un seul oignon, ni une pomme de terre, ni une miette de quoi que ce soit. »

Nous avions donc organisé une procession de soldats, chargés de sacs et de boîtes et de deux filets de morue salée, et, ce faisant, avions gêné la concentration des hommes qui fumaient et discutaient autour de la carte.

« Et je voulais vous demander autre chose... » Je m'étais permis d'interrompre El Lobo pour lui expliquer ce va-et-vient, et lui poser une question. Pendant ce temps, Montse, d'un ton autoritaire qui désormais ne me surprenait plus du tout, avait prié les autres officiers de débarrasser la table pour lui permettre de dresser le couvert. « À part nous, vous allez emmener d'autres civils ? Je dis cela à cause des enfants qui sont venus prendre leur petit déjeuner, ce matin. » Il avait mis son front entre ses mains et hoché la tête doucement. « Ils sont très jeunes et ils travaillent comme des bêtes, je crois que...

— Ne commençons pas, d'accord ? » Et il s'était levé. « Ne commençons pas. Ne me rends pas les choses plus difficiles qu'elles ne le sont déjà, s'il te plaît ! »

Mais nous savions, tous les deux, qu'il ne pouvait refuser. Et lorsque j'étais allée voir les enfants. Matías avait accepté pour tout le monde.

Le lendemain matin, ils étaient arrivés avec Montse et El Zurdo. Mais Andrés, le petit frère, avait rendu les choses difficiles.

La veille au soir, nous nous étions tous couchés assez tôt, juste après le dîner. Je m'étais endormie presque tout de suite et levée de très bonne heure. Comme il faisait très froid et qu'il n'y avait plus de raison d'économiser le charbon, j'avais tout de suite fait un feu dans la cuisine et ouvert la porte pour réchauffer rapidement la pièce. Ensuite, j'avais épluché des oignons, des pommes de terre. J'avais tout débité en petits morceaux, les avais mis à mijoter, puis fait frire le chorizo et le lard pour l'ajouter aux *migas*. J'étais restée attentive aux bruits de la maison qui ne tarderait pas à se réveiller, tout en surveillant les bordures des blancs d'œufs qui frisaient lentement avant de grimper sur le rebord de la poêle. Je ne voulais penser à rien, ce qui avait été le cas jusqu'à ce qu'Andrés se mette à pleurer.

« Qu'y a-t-il ?... » Montse avait pris l'enfant sur ses genoux et ses pleurs avaient redoublé. « Mais, on ne s'était pas déjà mis d'accord tous les deux ? Tu ne veux pas aller à l'école ? Tu ne veux pas apprendre à écrire et à parler français, ni à faire du calcul et des expériences ?

— Non !

— Non ? Et tu ne veux pas non plus de jolis cahiers, un cartable neuf, un plumier, plein de crayons de couleur ? Qu'est-ce que tu veux ? Rester ici et ne rien apprendre, t'occuper des ânes toute ta vie, jusqu'à ce que tu te mettes à braire, et deviennes une mule, toi aussi ? »

Je les observais depuis le seuil de la porte, gardant à l'œil El Lobo, qui était appuyé contre le mur, l'air sinistre.

« Pourquoi ne veut-il pas venir ? » Pour ne pas envenimer les choses, je m'étais adressée directement à Matías sans élever la voix. « Je ne comprends pas. Tu lui as expliqué, n'est-ce pas ?

— Je lui ai tout expliqué ! » Son visage était tout pâle, ses yeux humides, et il avait une mine désolée bien plus émouvante, plus digne de pitié que les larmes de son frère. « Je lui ai tout raconté. Je lui ai dit que notre père aurait aimé que nous partions avec vous, que notre mère aurait également aimé qu'on le fasse, que nous n'avons plus rien ici, mais comme c'est un merdeux et que tout lui fait peur... » Et tout précoce qu'il était, tout adulte qu'il paraissait, il avait fait une pause pour ne pas se mettre à bouder. « Avant de venir ici, ç'a été la même chose, il ne voulait pas, non, non, il n'était pas question qu'il quitte le village. À l'époque, oui, il voulait aller en France, rejoindre l'oncle Andrés, le frère de mon père, à l'époque, oui, alors qu'on ne pouvait pas, et maintenant qu'on en a l'occasion... »

À ces mots, Zafarraya s'était levé, lui avait tapoté l'épaule et s'était dirigé droit vers la cuisine.

« Voyons voir… » Tout étonné, il avait fixé le gamin qui pleurait. « Pourquoi est-ce que tu ne m'as pas dit que tu étais le petit neveu d'Andrés ? Ah ! Eh bien si j'avais su ça avant !… »

Et tandis que l'enfant retirait doucement les mains de son visage, ceux qui étaient assis à attendre qu'on serve enfin le petit déjeuner s'étaient mis à sourire les uns après les autres.

« Tu connais mon oncle ?

— Tu me demandes si je le connais ? » Zafarraya avait éclaté de rire de façon si naturelle qu'Andrés n'avait pas pu faire autrement que de cesser de froncer les sourcils. « On a fait la guerre ensemble ! Bon, ça fait un moment que je ne l'ai pas vu, comme il n'a pas pu venir avec nous, eh bien… Je vais te dire quelque chose… Ton oncle est espagnol, n'est-ce pas ? Et il parle avec exactement le même accent que le tien, car vous êtes du même village, ça aussi c'est vrai, n'est-ce pas ? Il doit avoir… Un peu plus de trente ans, comme moi, plus ou moins, n'est-ce pas ? » Son interlocuteur avait acquiescé sans pour autant se détendre. « Mais bien sûr, mon gars, et toi tu t'appelles Andrés grâce à lui, et si je me souviens bien, lui, il s'appelle comme ça grâce à ton grand-père, n'est-ce pas ?. » Et sans cesser de secouer la tête, le gamin avait souri. « Enfin, il était temps ! Je me demande vraiment comment je ne m'en suis pas aperçu plus tôt, car en plus, vous vous ressemblez, n'est-ce pas ? C'est vrai, sauf que lui est beaucoup plus grand que toi, qu'il a les cheveux châtains, ni très bruns ni très blonds, et les yeux, comme ça… Plutôt marron. Il est assez mince, la peau tannée à cause du travail des champs. N'est-ce pas que j'aie raison ? Alors, tu as intérêt à te dépêcher et à t'asseoir pour prendre ton petit déjeuner, car si ton oncle apprend que tu étais avec nous et que tu n'as pas voulu nous suivre en France, je ne te dis pas comme il va me gronder. »

Régler le problème d'Andrés avait été facile. Le reste, en revanche, avait été bien plus douloureux : El Sacristán, lui, avait pris congé de nous, installé sur les mains entrecroisées de deux soldats habillés en civil qui le portaient. El Pasiego, vêtu d'un costume de velours, nous avait donné l'accolade, réservant la dernière à un homme au teint mat, portant l'uniforme militaire de commissaire, qui était descendu du véhicule venu pour les conduire tous les deux jusqu'à un mas, situé tout près de Tremp, où on les cacherait jusqu'à ce que le Parti trouve le moyen de les évacuer hors d'Espagne. Je n'avais jamais vu l'homme qui venait d'arriver, mais il était évident qu'il impressionnait beaucoup tous les pensionnaires de la maison – en particulier le colonel, qui s'était dirigé droit sur lui, avec une expression tellement intense sur son visage que j'avais un moment cru qu'il allait le frapper.

« Gitano ! » El Lobo lui avait au contraire donné l'accolade. « Mon vieux…

— Lobo ! » Et l'homme l'avait serré dans ses bras avec autant de chaleur. « Ah, putain de merde !

— Qu'est-ce que tu fais là ? »

Zafarraya les avait à son tour enlacés tous les deux et lorsqu'ils s'étaient écartés, tous les trois étaient aussi émus l'un que l'autre.

« Comme on ne m'a pas laissé partir avec vous… » Et il avait commencé à embrasser tout le monde, chacun à son tour. « Je me suis dit qu'au moins on pourrait tous repartir ensemble, qu'en pensez-vous ? »

El Gitano, qui n'était pas gitan mais avait seulement la peau très mate, venait de Es Bordes, un village plus important que Bosost, au sud de Viella. Galán m'avait expliqué qu'il était le commissaire qu'on aurait dû leur assigner, car El Lobo, Zafarraya et lui avaient toujours combattu ensemble depuis 1936… Mais je n'avais pas pu savoir ce que faisait Flores au milieu de cette histoire, car Comprentu, descendant l'escalier en tenue de berger, avait arrêté Galán en plein milieu de sa phrase.

« Et voilà où nous en sommes, comprends-tu ? » Ils s'étaient étreints en silence, pendant un long moment, tout en se faisant leurs dernières recommandations. « Explique à Angelita que Lobo ne m'a pas permis de rester assez longtemps, qu'elle prenne soin d'elle, comprends-tu ? Dis-lui que je l'aime très fort, qu'elle me manque, qu'elle ne me juge pas mal, qu'elle est très courageuse, que le problème… Que je suis malade d'avoir à me rendre une nouvelle fois, comprends-tu ? » Il avait fait une pause pour le serrer plus fort. « Et que si je ne n'arrive pas à rentrer avant l'accouchement, et que c'est un garçon, qu'elle l'appelle Miguel, comprends-tu ?

— D'accord, mais fais attention à toi… »

Ensuite, nous avions pris congé de Tijeras et El Afilador, vêtus comme Comprentu, avec de vieux vêtements, tout aussi sales, et j'étais sortie devant la porte pour les regarder s'éloigner. Avant de donner l'ordre de partir, El Lobo voulait être certain que tous les hommes qui avaient préféré rester étaient sortis sans encombre du village. Pendant ce temps, moi, j'avais pris congé de mon cheval, qui avait été mon meilleur compagnon, un camarade loyal, presque une arme, bien plus qu'un garde du corps.

« Tu vas me manquer », lui avais-je murmuré à l'oreille, tandis que je lui caressais le cou, puis le dos, en sentant son sang gonfler ses veines au bout de mes doigts. « Ne t'en fais pas. Ricardo va te retrouver, il te ramènera à Pont de Suert et moi, je n'oublierai jamais que je n'aurai rien pu faire sans toi, mon bon *Lauro*… »

En sortant de l'écurie, je m'étais retournée et il avait levé la tête pour me regarder calmement, comme s'il voulait me dire au revoir. Ce regard avait inauguré une bourrasque qui ne ferait que croître, que s'affirmer à chaque instant, une pluie froide qui m'avait noyée de l'intérieur, jusqu'à ce que la température de l'hôtel Les Arcades restaure le climat de ce qui allait devenir ma vie.

Et les enfants m'avaient également permis de le comprendre. Car lorsque j'étais montée les rejoindre, pour ne pas voir Galán, si solitaire et si perdu à chaque cigarette allumée, chaque verre vidé, j'avais trouvé les deux frères morts de rire, sautant sur leur lit, en train de faire une bataille de polochons. Pendant ce temps, dans la chambre contiguë, Mercedes était assise sur le bord du lit, vêtue d'une chemise de nuit en flanelle extrêmement usée, les bras ballants, le regard égaré et absent d'une aveugle. Le matin même, elle était arrivée au quartier général avec un balluchon contenant tout ce qu'elle possédait – une vieille poupée, une photo de ses parents encadrée, un rechange de sous-vêtements, un tablier, un napperon brodé que lui avait offert sa grand-mère, une vieille boîte de biscuits en fer-blanc pleine de boutons, d'images pieuses, de vieux insignes et de bijoux de pacotille qu'elle avait accumulés au cours des années, au gré des étals, à la fête de son village. En pénétrant dans sa chambre, j'avais remarqué qu'il était encore par terre, ouvert, mais pas défait.

« Toi aussi, couche-toi... » En le regardant attentivement, j'étais restée perplexe. « Qu'y a-t-il, Mercedes ?

— Rien. » Moi aussi, je répondais ça, lorsque des larmes aussi grosses que celles que je voyais sur son visage roulaient sur le mien. « Rien, vraiment. C'est juste que... tout d'un coup, je suis devenue triste. »

Je m'étais assise à côté d'elle, avais passé mon bras autour de son cou mais elle n'avait pas réagi.

« Et pourquoi es-tu triste ?

— Je ne sais pas, c'est que... Mes sandales sont cassées et j'ai froid et... je me sens toute bizarre, si mal habillée... C'est comme si cet endroit n'était pas fait pour moi. Je suis malheureuse.

— Ne t'occupe donc pas de ça ! » J'avais eu la naïveté de sourire en la prenant dans mes bras. « Demain, nous irons acheter des vêtements, j'avais déjà prévu de le faire, j'en ai parlé à Montse tout à l'heure.

— Oui... Merci... » Mais la nouvelle ne l'avait pas réconfortée, car elle s'était remise à pleurer de plus belle. « Merci...

— Mercedes... » Je n'avais pas su deviner la raison de son chagrin. « Qu'y a-t-il ? »

Elle s'était laissée aller à ses larmes avant de parvenir à reprendre son souffle, puis s'était essuyé le visage d'un revers de main et s'était mise à parler les yeux rivés au sol, sans cesser de triturer ses doigts.

« C'est parce que je pense à ma mère, à mes frères, à Zafra. Et moi, je suis ici, toute seule, si loin, avec tout le chocolat que j'ai avalé, et ce lit si confortable, et je pense au froid qu'il doit faire dans mon village, et... je suis vraiment triste. »

Il m'était absolument impossible de trouver un remède à cela. Rien de ce que je pourrais faire, de ce que je pourrais dire ou penser ne pourrait l'apaiser. Et cependant, je m'étais mise à parler et à parler avec elle, pour elle, pendant très longtemps, de longues minutes, lui faisant des promesses que je ne pourrais jamais tenir, la trompant avec des mensonges qui ne l'étaient pas vraiment, car je ne trouvais rien d'autre à lui dire. « Nous écrirons à ta mère, Mercedes, nous lui demanderons de trouver un téléphone où l'on puisse l'appeler d'ici pour que tu parles avec elle, nous allons essayer de la réclamer, nous allons nous adresser à un camarade français du gouvernement, nous lui demanderons qu'il lui fasse établir un passeport, tu verras, avec un peu de chance, dans quelque temps, elle va venir te rejoindre... » C'étaient des mensonges et pourtant ce n'étaient pas des mensonges, car la seule chose importante n'était pas la vérité, mais plutôt qu'elle se calme, qu'elle réussisse à s'endormir pour se réveiller en forme le lendemain matin. Voilà ce que je pensais tandis que je lui racontais un conte de fées, pas si différent de tous les contes que je m'étais racontés à moi-même pendant des années. *Ici, Radio Espagne Indépendante, station pirenaica*. C'était notre existence, la mienne et celle de la fille d'un homme qui avait été fusillé et s'appelait García avant qu'elle ne devienne orpheline, y compris de nom. C'était notre existence et il n'y avait rien à faire, nous n'y pouvions rien sauf nous raconter des histoires et en raconter aux autres pour rendre vivable ce désert dévasté jusqu'au sous-sol, cette misère noire dans laquelle nous étions obligés de vivre et au sein de laquelle nous ne pouvions nous payer le luxe de penser qu'il aurait été préférable de mourir, tant que notre corps était capable de ressentir la faim, la soif, d'accuser le froid, la chaleur, de réclamer le sommeil.

Après être parvenue à mettre Mercedes au lit, à lui creuser l'oreiller, à la couvrir convenablement, j'étais déjà devenue une exilée communiste espagnole, une représentante de la fabuleuse lignée de ces créateurs, de ces illustrateurs et de ces consommateurs d'illusions qui allaient pouvoir s'alimenter et dormir, travailler et être heureux pendant trente bonnes années, à force de grimper sur leur nuage rosé, isolé de la dure réalité du sol où ni les vérités ni les mensonges n'en étaient jamais tout à fait. Ce n'est que comme cela, en ayant l'impression de naviguer sans boussole sur une mer factice aux vagues de carton-pâte, que nous parviendrions à devenir également une tenace lignée de survivants, et que notre vie se transformerait enfin en victoire décisive.

Ce soir-là, j'avais inauguré ma toute nouvelle existence, mais, lorsque Galán était venu me chercher, je m'étais surtout sentie coupable d'avoir entraîné jusque dans le sud de la France cette gamine d'Estrémadure qui n'avait pas demandé à fuir l'Espagne. Je ne savais pas très bien pourquoi je m'étais mêlée de sa vie, de celle de Matías et d'Andrés. De quel droit les avais-je poussés à nous suivre, comment avais-je pu leur raconter tant de mensonges en si peu de temps ? La logique de l'invasion, la caserne, les fusils, les uniformes, l'obligation de se replier en ordre et à temps, étaient déjà très loin de cet hôtel de Toulouse, une ville étrangère dans un pays étranger, où le sang n'atteignait pas le fleuve, et où cette pluie triste qui ne cessait de tomber entonnait une chanson étrangère sur les vitres, le rythme d'un déracinement semblable à l'abandon. Dans la lumière tiède du couloir d'un hôtel français, l'enthousiasme désespéré qui avait nourri mes calculs et mes agissement de la veille me semblait un étalage de choses insensées, un excès blâmable et incompréhensible.

« Non. » Et là encore, c'est Galán qui m'avait rassurée. « Je comprends ce que tu ressens, mais tu ne dois pas penser de cette façon, Inés. Tu as fait ce que tu devais faire. À présent, elle ne vivra plus jamais loin de sa mère et tu le sais parfaitement. Elle vivra à plus de kilomètres, c'est certain, mais pas plus loin, et lorsqu'elle voudra retourner là-bas, elle pourra le faire. En attendant elle aura un avenir, elle aura une vie meilleure que celle d'une domestique à Bosost. De ce côté-là, tu peux être tranquille, nous savons nous y prendre. » Il avait cessé de me regarder. « C'est finalement la seule chose que nous sachions bien faire. »

Voilà jusqu'où s'était manifestée l'énergie de Galán, une honnêteté qui lui avait même permis d'évoquer avec précision l'authentique saveur d'un bouillon aux vermicelles et d'une omelette d'un œuf. Jusqu'au moment où nous étions entrés dans la chambre qu'on nous avait prêtée, provisoire, il s'était montré plus fort et il s'était occupé encore un bon moment de moi avant de perdre lui-même le moral. Mais je ne m'en étais pas rendu compte tout de suite car j'étais trop absorbée par mon propre sort. Toute nue, dans un grand lit aux draps propres, et rêches, blottie contre un homme nu qui continuait à me donner du plaisir sans faire autre chose qu'être à mon côté, couché sur le dos, en train de me caresser avec une langueur qui l'empêchait de parler, de bouger, j'avais eu la faiblesse de ne penser qu'à moi et pas à l'Espagne.

Deux semaines auparavant, juste deux semaines, j'étais encore prisonnière à Pont de Suert, en train de rêver à une évasion improbable tout en guettant l'ombre d'Alfonso Garrido au détour des couloirs. Voilà ce qu'était ma vie quelques jours auparavant, et ce soir-là, à peine quelques jours plus tard, je me retrouvais en France, dans la suite d'un grand hôtel, étendue auprès de Galán. Voilà pourquoi, me sentant malgré tout chanceuse, je m'étais approchée du cou de Galán et lui avais tout raconté sans même m'en rendre compte.

« Je donnerais n'importe quoi pour voir la tête que doit faire mon frère, en ce moment. » À cette pensée, mes lèvres avaient souri toutes seules. « Je t'assure, n'importe quoi. Lorsqu'il va partir à ma recherche et qu'il ne va pas me trouver... Et sans compter tout ce qui va leur tomber dessus. » J'avais à nouveau souri. « Car ils doivent encore avoir très peur, j'en suis persuadée. Les Allemands ne se sont pas encore rendus. » En faisant glisser ma tête pour l'installer plus confortablement sur sa poitrine, j'avais remarqué que je pouvais voir mon visage et le sien se refléter dans le miroir de la commode. « Lorsque la guerre sera finie, on verra bien, qu'en penses-tu ? À ce moment-là... »

Mais je n'avais pas su prédire ce qui arriverait lorsque la guerre serait finie. Galán pleurait sans faire de bruit. Les larmes s'échappaient de ses yeux, roulaient sur ses tempes, mouillaient le drap sans qu'il tente de l'empêcher. Il n'avait pas voulu me dire pourquoi et moi je n'avais pas osé le lui demander. Voilà dans quel état il était au petit matin du 28 octobre 1944. Lorsque le soleil s'était couché, il n'avait pas trouvé de motif à quitter la chambre. Et il était toujours dans le même état le 29 au matin jusqu'à ce que, au milieu de l'après-midi, après avoir avalé un sandwich que j'étais allée lui chercher dans la salle à manger, il avait passé son uniforme et m'avait annoncé, sur un ton plus sec que neutre, qu'il avait une réunion à cinq heures.

« Et toi..., m'avait-il demandé. Que comptes-tu faire ?

— Eh bien, je ne sais pas encore. Je vais aller me promener avec Montse et les enfants ; nous les emmènerons peut-être au cinéma. Mais nous serons de retour pour le dîner. Tu ?...

— Je n'en sais rien. » Il s'était dirigé vers la porte, avait posé la main sur la poignée. « Mais je ne crois pas qu'on se reverra... » Et comme s'il venait tout juste de saisir le double sens de ses dernières paroles, il avait lâché la poignée, était revenu vers moi et m'avait embrassée sur les lèvres. Sans sourire. « Je voulais dire : ne m'attends pas pour dîner, car je vais probablement rentrer tard. »

Le soir, Montse et moi nous étions attardées le plus possible au restaurant jusqu'à ce qu'on nous prévienne que l'établissement allait fermer. Puis je m'étais efforcée de rester éveillée pour l'attendre, en vain. Je ne l'avais pas entendu rentrer non plus, mais le lendemain matin, j'avais compris à sa façon de me prendre dans ses bras que son état de la veille, quelle qu'en soit la raison, s'était dissipé. C'était la contrepartie des belles histoires que nous nous racontions, une autre approche de notre implacable façon de survivre. Les baisses de moral étaient foudroyantes, mais toujours provisoires, car déracinés comme nous l'étions, nous ne pouvions nous permettre de passer de longs moments ailleurs, pas même dans la mélancolie.

« Que se passe-t-il ? » Et il avait souri.

Jusqu'à présent je ne l'avais vu que nu ou en uniforme, deux tenues qui le favorisaient tellement qu'elle se faisaient concurrence, mais lorsque j'étais sortie de la salle de bains, je l'avais trouvé vêtu en civil, avec des vêtements plutôt laids et bon marché – des pantalons gris, une chemise claire, une veste chinée et parmi tout cela, dominant tout, un affreux chandail de laine marron avec de gros losanges rouges et bleus.

« Rien. C'est la première fois que je te vois habillé ainsi.

— Ainsi ? » Il avait froncé les sourcils, puis avait souri. « Ah ! En civil. Et je ne te plais pas ?

— Toi, oui. » Je m'étais approchée de lui et avais glissé mes bras autour de son cou, afin de ne pas le blesser avec mes remarques. « Toi, tu me plais de toutes les façons, Fernando. Mais ces losanges, franchement... Ils sont extrêmement laids, tu sais ?

— Ah bon ? » Il avait paru surpris. « Attends, j'en ai un autre. » Il avait ouvert la commode et en avait tiré un chandail du même genre que celui qu'il portait : fond vert billard et losanges plus petits, jaune, orange et grenat. « Tu préfères celui-là ?

— Non, laisse tomber. » Car il était encore plus laid que le précédent. « Pourquoi veux-tu te changer ?

— Il ne te plaît pas non plus ?

— Ce n'est pas ça. Tout ça n'est plus à la mode.

— Ah bon ! Pourtant je les ai achetés au mois d'août, quand je suis arrivé ici... Tu vois ! » Et au moment de sortir ensemble, il avait fermé la porte avant d'ajouter : « Je préfère que tu ne m'appelles pas Fernando, tu sais ? Je préfère que tu dises Galán, surtout lorsque nous sommes avec du monde. Lorsque nous sommes seuls, tu peux m'appeler comme tu veux.

— C'est justement lorsque nous sommes seuls... » Je l'avais pris par le bras en souriant. Je n'avais pas pris au sérieux ce que j'avais considéré n'être qu'une sorte de coquetterie. « Que j'aime t'appeler Galán... »

Après le petit déjeuner, nous étions d'abord allés faire des courses. Moi j'avais choisi et il avait payé, deux chandails unis, un rouge et fin, puis un autre plus épais, de couleur ocre avec une coupe vaguement militaire, des manches raglan et des crochets sur un côté du col, qui permettaient de le relever ou de le laisser ouvert. J'avais également essayé de lui faire acheter une veste, mais il avait refusé. Pour quoi faire ? Celle-ci est toute neuve. Il avait cependant accepté d'enfiler un de ses chandails neufs avant de sortir de la boutique – les losanges cachés au fond du sac – pour me faire visiter Toulouse à sa façon, en m'expliquant pour quelle raison il m'emmenait dans des endroits bien précis, des rues, des places, des cafés où il avait vécu des événements qu'il aimait me raconter. Puis nous avions pris un taxi pour aller déjeuner au restaurant d'un étrange petit hôtel, une ancienne villa entourée d'arbres touffus, comme une île élégante au milieu d'un faubourg. Alors que je n'étais pas tout à fait remise de mon léger malaise, conséquence de l'offense faite par un chandail – incarnation du mauvais goût – à mon esthétique de fille de bonne famille, ce choix raffiné m'avait soudain surprise.

« Il n'y a pas très longtemps, j'ai déjeuné ici avec une femme plus laide que toi, m'avait-il dit avec un petit sourire, avant de consulter le menu. Et ce matin, lorsque tu m'as obligé à changer de pull-over... Je ne sais pas, je me suis dit que l'endroit te plairait. » J'ai peut-être mauvais goût, mais je ne suis pas un imbécile : voilà comment j'avais interprété ce qu'il venait de me dire et soudain je n'avais plus su où me mettre. « Ne rougis pas, Inés. » Cependant, il s'amusait beaucoup. « Je ne suis pas très intéressé par les vêtements. Je me suis toujours habillé avec la première chose qui me tombait sous la main... Je t'ai conduite ici pour te parler de choses plus importantes. »

Il avait pris un air grave, avait serré ma main un moment dans la sienne avant de me demander ce que je pensais faire. Comme je ne comprenais pas ce qu'il me demandait, il s'était montré plus précis. Je lui avais avoué que j'étais venue en France pour vivre avec lui, si de son côté lui le voulait également. Il avait commencé par me dire qu'il le voulait, puis il m'avait demandé de me charger de trouver un appartement.

« Voilà bien longtemps que je n'ai pas d'appartement, tu sais ? Voilà plus de huit ans que je vagabonde d'un côté et de l'autre, sans trop savoir où je vais dormir le soir. L'hôtel c'est bien, c'est commode et j'ai une grande chambre... mais puisqu'on n'a pas pu s'installer en Espagne... J'aimerais habiter un joli appartement, plein de lumière avec des jardinières sur le balcon, un appartement où je pourrais marcher pieds nus et déjeuner en pyjama.

— Moi aussi. » J'avais été émue par cette image si simple, et néanmoins si illusoire, car notre vie allait être bien plus compliquée que je ne l'imaginais à ce moment-là. « Moi aussi, tu sais...

— Charge-toi de trouver l'appartement, tu veux ? Ces jours-ci, je vais être très occupé, je vais courir de réunion en réunion... »

Le serveur s'était approché de nous et nous lui avions passé commande. J'étais étonnée de ne pas me demander ce qu'allait désormais faire Galán en France, s'il allait chercher du travail après avoir consacré tant d'années à faire la guerre.

« Bon, en ce moment…, m'avait-il répondu. Je suis disponible. »

Bien entendu, avais-je pensé tandis que je hochais la tête, puisqu'il est militaire… Cet adjectif, disponible, était tellement lié à la seule profession que je lui avais vu exercer, que cela avait suffi pour assouvir ma curiosité. Mais il lui restait encore des choses importantes à me dire.

« Et puis j'ai aussi pensé que toi… » Il avait fait une pause pour choisir soigneusement ses mots. « Tu devrais te trouver un travail, Inés. Ce n'est pas pressé, non, car moi je touche encore ma solde de l'armée française. Je ne sais pas pendant combien de mois encore on va me la verser, mais on m'a réglé des rappels et actuellement j'ai pas mal d'argent. Cependant, si nous voulons nous mettre en ménage…

— Bien sûr, bien sûr, avais-je répété à haute voix. Bien entendu que je vais chercher du travail. J'y avais déjà réfléchi, ne t'en fais pas. Ces deux derniers jours, j'ai eu beaucoup de temps pour y penser, tu sais ?

— Je sais. » Il m'avait adressé un sourire. « Je suis désolé.

— Il n'y a vraiment pas de quoi. »

Après le dessert, il avait regardé sa montre, avalé son café d'une gorgée et décidé que si nous voulions aller faire la sieste, « et moi j'en ai envie », avait-il ajouté, il nous fallait partir tout de suite.

« La femme de Lobo a organisé une petite fête… Bon, il vaudrait mieux dire un enterrement de bienvenue, dans sa taverne, à partir de sept heures et demie. »

J'étais très curieuse de visiter ce local et surtout de faire connaissance des patronnes dont j'avais tellement entendu parler. Mais cependant, j'avais déjà découvert, dans une petite et coquette pâtisserie, non loin de la place du Capitole, qu'il y avait d'autres femmes dans cette ville.

« *Bonjour, Nicole**.

— *Hélas, mon capitaine ! Mais quel grand plaisir de vous revoir** *!* » Et elle lui avait adressé un sourire bien plus éloquent que ses mots. « *Vous m'avez laissée tomber. Votre dernière visite remonte à deux semaines, n'est-ce pas** ? »

Car Galán, qui pourtant m'avait raconté beaucoup de choses ce jour-là, ne m'avait rien dit de la jeune employée qui s'était mise à plaisanter avec lui dès l'instant où il avait poussé la porte.

« *Donc**... » Elle avait levé les pinces en l'air d'un petit air malicieux. « *Laissez-moi deviner, vous désirez un demi-kilo de petits gâteaux russes, n'est-ce pas** ?

— *Pas du tout, Nicole**. » En l'entendant parler français et appeler la jeune fille par son prénom, ce n'avait pas été d'elle que j'avais été jalouse, mais du fait qu'il refuse que je l'appelle Fernando. « *Aujourd'hui, j'aimerais mieux un kilo de gâteaux assortis**.

— *Bien sûr, mon capitaine** !

— Dis-moi..., lui avais-je demandé lorsqu'il s'était retourné. Que signifie ce petit jeu ?

— Fais attention, elle comprend l'espagnol, m'avait-il répondu en riant entre les dents. Je l'ai bien éduquée. »

Depuis que j'avais rencontré Galán à Bosost, nous avions vécu à une telle allure que je n'avais même pas réfléchi qu'il avait forcément eu une autre vie auparavant, dû connaître d'autres femmes en Espagne et en France. Et, cet après-midi-là, j'allais découvrir encore autre chose. Les détails de sa vie passée ayant soudain perdu de leur importance, lorsque j'avais pénétré dans un lieu qui allait se transformer en l'un des plus importants de ma vie.

« Regardez qui va là, nom d'un chien ! » En entrant dans *La Taberna Española*, nous avions failli nous heurter à un homme vêtu de pantalons bleu marine et d'une chemise jaspée, qui n'était autre que Lobo, même s'il n'était plus que la moitié du colonel que j'avais connu à Bosost. « Et qu'est-ce que c'est que cette coquetterie ? » Il pointait du doigt les petits crochets du chandail que Galán venait juste de défaire. « Qu'est-ce que ça signifie ?

— Tu le vois bien », avait-il répondu tandis qu'ils éclataient de rire en même temps.

J'avais été dans l'impossibilité de me défendre, car un groupe de femmes tourbillonnait déjà autour de moi, pour m'examiner de près, au prétexte de me dire bonjour. La seule exception avait été les deux femmes qui portaient un tablier. Elles avaient préféré patienter afin que les hommes aient eux aussi eu le temps de cancaner. Je ne les avais jamais vues, mais je savais parfaitement qui elles étaient – quoique j'aurais pu fort bien ne pas attribuer à chacune le bon compagnon.

La plus petite, qui était enceinte de plusieurs mois et de très mauvaise humeur, était l'épouse de Comprentu. Elle avait plus ou moins mon âge, autrement dit cinq ou six ans de moins qu'Amparo qui était presque aussi grande que moi et dépassait de quelques centimètres son mari. Angelita était menue et fragile, avec un très joli visage. Une délicate beauté, un peu rétro, comme l'Immaculée Conception peinte par Murillo, sauf ses cheveux, très bruns et épais, dont les boucles brillantes tombaient en cascade dans le dos. Amparo n'était pas laide, mais elle avait le visage trop rond, des joues charnues et un début de double menton. Cependant, cette rondeur seyait parfaitement au reste de son corps. Quoique bien en chair, elle avait la taille et les hanches on ne peut mieux dessinées et si fermes que Lobo prétendait qu'il n'arrivait pas à la pincer. C'est sans doute pour cette raison qu'il lui envoyait une tape sur les fesses, de temps en temps, lorsqu'elle passait à côté de lui : un geste auquel j'avais eu beaucoup de mal à m'habituer, car je ne parvenais pas à concilier l'image du colonel de Bosost et cette main qui déclenchait systématiquement un torrent de protestations en valencien. Pas ce soir-là. Ce soir-là Amparo n'avait pas protesté du tout, car elle était heureuse que Lobo soit revenu à Toulouse. Et elle ne m'avait pas saluée de façon conventionnelle non plus. Après m'avoir déposé une série de petits baisers sonores sur chaque joue, elle m'avait saisie par les épaules, m'avait à nouveau observée, avait approuvé de la tête et s'était mise à énumérer mes vertus à haute voix.

« Une jeune femme espagnole, célibataire, jeune, brune, cuisinière et communiste. » Et tandis que je me demandais à quoi ressemblaient les femmes qui ne répondaient pas à tous ces critères, elle s'était tournée vers Galán. « Eh bien, tu sais ce que je vais te dire, mon gars ? Il était temps, bonhomme ! »

Et cela avait suffi à conclure la cérémonie. Jamais je n'assisterais par la suite à un baptême aussi rapide, ni aussi efficace. Angelita m'avait prise par le bras pour confirmer la chose et, tandis qu'elle désignait Galán de son autre main, je ne m'étais pas doutée qu'elle était en train de m'expliquer quelque chose qui transformerait, et très rapidement, un aspect fondamental de mon existence.

« Tel que tu le vois, c'est un voyou… Oui, bon, il est pareil que son ami, car il faut le faire… » Et elle avait soufflé tel un taureau furieux, révélant ainsi un caractère que je n'aurais jamais pu deviner à première vue. « Qui d'autre que lui pourrait avoir l'idée de rester en Espagne sans raison, alors que je suis ici, dans cet état !

— Angelita, s'il te plaît ! » Galán avait tenté de la calmer sans beaucoup de conviction. « Sebas n'est pas resté en Espagne pour faire la fête, tu le sais parfaitement. Je te l'ai déjà expliqué…

— Oui, tu m'as expliqué, tu m'as expliqué… Et lorsque l'enfant sera là, qu'est-ce qui va se passer, hein ? Qu'est-ce que je vais faire ? Je l'emmène au travail, avec moi ?

— On trouvera bien un moyen de s'arranger. » Amparo, dont on aurait pu attendre une colère semblable, était en revanche douée d'un prodigieux pouvoir d'apaisement. « Ne t'en fais pas.

— Je pourrais la remplacer », avais-je dit. À ces mots, les deux femmes s'étaient tournées vers moi en même temps. « Lorsque l'enfant d'Angelita naîtra, ou même avant, si vous voulez, m'étais-je sentie obligée de préciser. Je suis en train de chercher du travail et je suis cuisinière, alors… » Et comme ni l'une ni l'autre ne répondait, j'avais insisté : « Il y a bien une cuisine, ici, n'est-ce pas ?

— Houla ! Si l'on veut… » Amparo avait secoué la tête pour appuyer ses doutes. « Je ne sais pas si l'on peut appeler ça une cuisine… »

Sans finir la phrase, elles m'avaient emmenée visiter le couloir long et étroit, parallèle au comptoir, qui jusqu'ici avait servi d'unique réserve, car c'était plus commode que de descendre à la cave. Lorsque je leur avais demandé pourquoi elles ne l'utilisaient pas, Angelita m'avait regardée bouche bée.

« Parce que tu crois que tu pourrais cuisiner ici, toi ?

— Bien sûr ! » Et j'avais souri. « J'ai cuisiné dans des endroits bien pires.

— Je ne te crois pas. » Amparo avait secoué la tête. « C'est impossible.

— Bon, il est vrai que… Pas aussi petits et si mal commodes », avais-je reconnu. Et elles avaient souri en même temps que moi. « Mais pire, ça c'est sûr. Et en plus si c'est une taverne espagnole… Vous devriez proposer des tapas, ne croyez-vous pas ?

— Mais on en propose déjà ! » Amparo avait éclaté de rire. « Des olives de Séville, des piques d'escabèche avec des piments *del piquillo*, des aubergines d'Almagro, des sardines à l'huile… On n'arrête pas d'ouvrir des boîtes de conserve.

— Tu exagères… » Son associée s'était esclaffée à son tour, avant de compléter la liste. « On propose aussi des œufs durs qu'on apporte de la maison, avec un bout d'anchois par-dessus.

— Bon, eh bien, si vous ne voulez pas…

— Non, non, non ! » Angelita allait me prouver qu'elle avait une bien meilleure bosse du commerce que nous. « Bien sûr qu'on est d'accord. Si tu veux bien t'en occuper, ça peut devenir vraiment mieux, car jusqu'à présent il n'y a que des hommes qui viennent ici tout seuls, pour boire, mais si on propose de bonnes tapas, ils pourraient aussi venir avec leur femme, leurs enfants, et la salle à manger du fond, dont on ne se sert presque jamais… » Les engrenages d'une calculatrice née, parfaitement bien huilés, s'étaient mis en marche à l'intérieur de sa tête.

Lorsque nous avions rejoint les autres à la soirée, Galán s'était levé comme s'il craignait le résultat de mes démarches. « Alors, tu es engagée ? » J'avais fait oui de la tête. Il m'avait embrassée et prise dans ses bras d'un air inquiet. « C'est vraiment bien, c'est le mieux qui pouvait nous arriver à tous les deux, surtout à moi. »

Puis il m'avait embrassée à nouveau, un long baiser, qui avait déclenché une série de sifflets. Je n'avais pas eu le temps de m'interroger sur le sens de ses derniers mots, car Zurdo venait d'arriver, avec Montse, qui avait dû à son tour subir un examen en règle. Quelques minutes plus tard, El Perdigón s'était présenté avec sa femme, Hélène, une Française d'origine antillaise qui paraissait plus andalouse qu'Angelita. Puis j'étais retournée à la cuisine, toute seule cette fois, et j'avais été ravie de découvrir un four caché sous une pile de caisses de bière. Me familiariser ainsi avec l'espace m'avait fait oublier de demander à Galán pourquoi il avait été soulagé que j'obtienne si vite un travail.

Le lendemain, en milieu de matinée, j'étais revenue à la taverne pour mettre au point les conditions d'un accord qui avait été aussi simple que tous ceux qui avaient mis mon existence sens dessus dessous ces derniers jours. Les deux femmes avaient trouvé parfait que je consacre équitablement les deux semaines suivantes à Galán en restant au lit avec lui tant qu'il était disponible, à chercher un joli appartement, lumineux avec des jardinières au balcon, ainsi qu'à nettoyer et à équiper ma nouvelle cuisine et à choisir les fournisseurs sur les marchés de la ville. J'avais proposé que le restaurant fonctionnât comme une coopérative où toutes les associées travailleraient le même nombre d'heures et se partageraient équitablement les bénéfices après avoir réglé toutes les factures. Amparo m'avait prévenue que lorsque Angelita accoucherait, il nous faudrait nous occuper d'elle, et, en échange, je lui avais suggéré d'engager Montse – si elle était libre à ce moment-là – pour la remplacer lorsqu'elle ne pourrait plus travailler.

Au total, la réunion avait duré à peine dix minutes. Ensuite, Angelita m'avait indiqué qu'un écriteau *À louer* figurait sur un immeuble de la place Saint-Sernin, qui lui paraissait bien. L'appartement, sombre, avec des pièces minuscules et un couloir très long et étroit, ne m'avait pas plu mais, depuis le balcon, j'avais aperçu un panneau identique, au coin d'une rue. Galán et moi étions allés le visiter deux jours plus tard. Bien qu'il fût plus grand et plus cher que prévu, il nous avait beaucoup plu : presque toutes les pièces étaient sur la rue, et le salon donnait sur trois petits balcons, si proches l'un de l'autre qu'ils faisaient penser à une véranda et recevaient toute la lumière de la place.

« Moi, je le louerais bien. » J'avais été étonnée qu'il soit capable de prendre une décision comme celle-là aussi rapidement. « Tout de suite.

— Ah, bon ! Mais..., avais-je dit, surprise par sa détermination. Tu ne penses pas qu'il vaudrait mieux attendre d'en voir d'autres ?

— Non, pour quoi faire ? Voilà de nombreuses années que je n'ai pas d'appartement, je te l'ai déjà dit. Et celui-là me plaît beaucoup. Je n'ai pas besoin d'en visiter d'autres... » Puis, il avait ajouté à voix basse : « On va le louer, mais ne dis rien. Laisse-moi faire. Je t'expliquerai ensuite. »

L'agence immobilière se trouvait à l'angle de la rue, trop près pour avoir le temps de le questionner. Ensuite, lorsque l'homme avait eu fini d'étaler les formulaires sur la table avec un large sourire, Galán, l'air non moins satisfait, avait commencé à sortir de sa poche un tas de papiers qui semblaient authentiques, avec des photos de lui et un faux nom, un passeport de réfugié, une carte de séjour, un chéquier et le certificat d'une entreprise de bois à Bagnères de Luchon, dont le propriétaire, M. Émile Perrier, attestait que M. Carlos de la Torre Sánchez, né à Cartagena (Murcie), en 1913, était directeur de son bureau commercial à Toulouse.

En sortant de l'agence, je m'étais collée à lui, lui avais pris le bras et posé ma tête sur son épaule. Je n'osais pas lui dire à haute voix ce que j'étais en train de penser tout bas.

« Tu ne me poses pas de questions ? s'était-il décidé à me demander.

— Bien sûr que oui. » Je m'étais arrêtée, l'avais regardé, songeant que tout cela était trop beau pour ne pas avoir un prix. « Quand pars-tu ?

— Je n'en sais rien. » Il m'avait souri. « Je suis disponible, je te l'ai déjà dit. Mais je suppose que je ne vais pouvoir rester que trois mois environ. Plus ou moins jusqu'à fin janvier.

— D'accord ! » J'avais hoché la tête et avec toute la sérénité qu'il me restait encore. « Alors nous avons encore pas mal de temps devant nous… Ensuite, on va t'envoyer en Espagne, n'est-ce pas ?

— Bien entendu. Il n'y a plus rien à faire, ici. » Il avait à nouveau souri. « Mais je reviendrai. Et je repartirai, et je reviendrai encore, tu sais bien comment cela se passe.

— Oui. Et c'est pour cette raison que tu ne veux pas que je t'appelle Fernando. Et c'est pour cela que tu voulais qu'on se dépêche, n'est-ce pas ? Trouver un travail pour moi, un appartement, le louer…

— Non, pas pour partir, non. Je l'ai loué pour y habiter, avec toi… Ne pleure pas, Inés.

— Mais je ne pleure pas. » J'avais souri avant de m'essuyer les yeux du revers de la main. « Regarde. Tu vois ? Je ne pleure pas. »

Il m'avait demandé si je voulais qu'on passe dire bonjour aux amis à la taverne et je lui avais répondu que non, que je préférais rentrer à l'hôtel et ne pas en ressortir avant trois mois. Il avait éclaté de rire, et je m'étais remise à pleurer, et à prétendre que je ne pleurais pas, jusqu'à ce que mon moral et son moral se neutralisent l'un l'autre.

Le lendemain matin nous nous étions réveillés de bonne humeur, mais morts de faim. J'aurais dû me rappeler que l'homme qui me souriait sur l'oreiller d'à côté n'allait pas tarder à devenir un clandestin, mais j'avais voulu l'oublier.

Dans la clandestinité, qui est la pire et surtout la meilleure des existences possibles, on ne peut vivre que d'une seule façon. Avant de me retrouver seule pour la première fois, j'avais appris à profiter de chaque minute, de chaque heure, de chaque jour qui passait, et à ne pas penser au lendemain. Jamais. Le lendemain était un mot, une échéance, un concept qui avait fini par cesser d'exister pour moi. Je ne connaissais que aujourd'hui, maintenant, l'instant présent. Maintenant était le seul temps véritable, et qui le resterait pendant de nombreuses années. Maintenant, un présent rageur qui parvenait à peine à se projeter dans un futur toujours lointain, qui commencerait plus loin, bien plus loin que le lendemain, ce mot creux et inutile, redoutable et odieux, que je ne parvenais pas à envisager ni même à prononcer. Car pour moi, le futur ne pouvait être qu'aujourd'hui, un autre aujourd'hui qui commencerait le jour où Galán serait de retour.

Cette fois-là, la première fois, le lendemain avait été février 1945, et c'est pour cette raison que février 1945 avait cessé d'exister. Et le 15 novembre 1944, lorsque j'avais commencé à travailler, j'avais compris pourquoi c'était le mieux qui pouvait nous arriver à tous les deux. Enfermée dans cette cuisine si exiguë, si mal commode, grimpant sans arrêt sur la chaise pour en redescendre immédiatement après, j'avais profité de l'agitation et de la fréquence toujours croissante avec laquelle Amparo me passait les commandes depuis le comptoir, pour sentir le mois de février s'éloigner de plus en plus, plutôt que de s'approcher tous les jours. Ce que j'avais appris à Bosost continuait à me servir à Toulouse. Hors de la cuisine, tout ne pouvait être que pire, et le pire devenait toujours plus supportable s'il me surprenait en train de cuisiner. Galán et moi n'évoquions jamais le mois de février. Même lorsque nous savions parfaitement, lui comme moi, que février nous guettait derrière chaque mot prononcé.

« Dis-moi, Inés, les papiers que t'a faits Amparo, le permis de travail et tout le reste… c'est toi qui les as ? » J'avais fait oui de la tête. « Donne-les-moi.

— Bon. » Et j'étais allée les chercher dans ma table de nuit. « Tiens, mais je ne sais pas… C'est elle qui s'en est occupée.

— Oui, mais j'en ai besoin pour autre chose. »

Au début du mois de décembre, les géraniums n'avaient pas encore fleuri sur les balcons, mais nous habitions ensemble dans un appartement inondé de lumière. Cependant, ce n'avait pas été la seule nouveauté. Je me sentais bien, très solide mais un peu bizarre, car je n'avais pas eu mes règles depuis la mi-octobre, avant de m'enfuir de Pont de Suert. J'avais préféré ne pas lui en parler avant d'être certaine, et c'est lui qui avait tiré le premier.

« Tiens. » Il m'avait tendu mes papiers et m'avait observée, attendant que je dise quelque chose. « Tu ne me demandes pas pourquoi j'en avais besoin ? »

Le 24 janvier 1945, j'avais cuisiné pour le banquet de mon propre mariage. Ce n'était pas la première fois que je préparais un repas pour de nombreux convives à la taverne. Je l'avais déjà fait un mois et demi auparavant pour fêter le retour de Pasiego et de Sacristán, et j'avais recommencé quelques jours plus tard lorsque le Parti nous avait commandé le dîner de la fraternité avec lequel nous fêtions Noël à notre façon, sans jamais mentionner le nom. Et nous avions également dîné tous ensemble le 31 au soir. Dès les premières minutes de l'année 1945, Angelita, qui avait accouché quinze jours plus tôt et avait décidé de venir nous rejoindre avec son bébé pour ne pas rester seule, avait pris place sur la chaise de la cuisine pour lui donner le sein et s'était lancée dans une déclaration qui était devenue par la suite un classique.

« Je vous préviens, les filles, et c'est très sérieux. Nous allons abolir la propriété privée, n'est-ce pas ? Très bien, j'espère que cela se fera, mais en attendant… Je vous assure que nous sommes en train de perdre de l'argent. » Elle avait changé Miguelito de sein – l'aîné de tous les Miguel qui s'appellait ainsi en mémoire de Bocas – et avait souri. « Dès que je vais pouvoir aller me promener avec le petit, je vais commencer à prospecter les restaurants proposés à la reprise. On va essayer de trouver un lieu avec une belle salle à manger et une cuisine digne de ce nom. Car, vu le succès que nous avons et qui va croissant, si nous nous organisons convenablement... nous pourrons gagner vraiment beaucoup d'argent. »

J'avais commencé par des tapas classiques : omelettes aux pommes de terre, *empanadas* à la viande, croquettes, anchois au vinaigre, morue frite et poivrons rouges qu'on appelle *soldaditos de Pavía*, macédoine de légumes. Elles avaient toutes eu beaucoup de succès et pas seulement parce que la clientèle, presque exclusivement espagnole, en avait assez de manger des bocaux au vinaigre et des conserves de poisson, mais parce que mes camarades de Bosost avaient décidé de me faire une publicité, que nous n'aurions jamais pu nous offrir, parmi ceux qui n'avaient jamais mis les pieds chez nous. Ainsi, quelques jours avant qu'Angelita ne nous quitte pour se préparer à accoucher, Montse avait commencé à venir tous les midis pour servir les tables de la salle à manger du fond, où nous avions déjà des habitués qui venaient tous les jours déguster nos tapas.

Et puis j'avais fini par démontrer que je savais cuisiner autre chose que des croquettes, lorsque l'un d'eux, Pascual el Ninot, avait débarqué dans la cuisine sans crier gare. Je le connaissais, c'était un des amis de Galán et je le trouvais très sympathique. Je savais qu'il était célibataire et qu'il avait héroïquement résisté à toutes les futures mariées qu'Amparo lui avait présentées. Je savais également qu'il avait combattu en France avec Pinocchio et qu'il était passé en Espagne, au mois d'octobre, avec la brigade qui ne s'était pas emparée du tunnel de Viella. Je savais qu'il travaillait dans une usine de pièces détachées pour automobiles et qu'il habitait dans une pension. Mais, jusqu'à ce soir-là, je ne savais pas qu'il mangeait si mal.

« Dis-moi, Inés, je... je voudrais te demander un service. » Et il s'était essuyé le front du revers de sa main, comme s'il ne savait par où commencer. « Je suis ravi de venir manger ici, car je n'aime pas du tout la cuisine de ma patronne.

Mais comme toute cette friture, aussi bonne soit-elle, finit par devenir monotone et qu'en plus je suis très frileux... Bon, je suppose que tu as beaucoup de travail, et je ne te demande pas non plus de faire un chevreau à la broche tous les jours, mais si tu le fais pour toi, ou si un jour tu avais un peu de temps... Tu ne voudrais pas me faire une soupe à l'ail comme celle dont parle tout le temps El Perdigón ? Il paraît qu'elle est si délicieuse ! Ou, je ne sais pas, moi... des lentilles ? Bon, tu verras toi-même... »

C'est ainsi que *La Taberna Española* avait commencé à servir tous les midis des menus qui avaient eu encore plus de succès que les tapas et la vertu de régler un problème domestique commun à toutes les associées, car nos maris étaient venus déjeuner tous les jours. À partir de ce moment-là, je m'étais affairée dans cette cuisine, m'y sentant comme un poisson dans l'eau. Voilà pourquoi, lorsque Galán m'avait proposé de nous marier avant son départ, je n'avais même pas envisagé de fêter la noce ailleurs.

« C'est impossible. » Amparo s'était pris la tête à deux mains. « C'est impossible. Tu ne peux pas faire ça ! Ce jour-là, il faut que tu sois...

— Ce jour-là, plus je serai occupée et mieux ce sera. »

Car tous les clandestins qui avaient une femme se mariaient juste avant de partir. Et nous savions qu'ils le faisaient pour ne pas avoir de problèmes avec le bail de l'appartement, le nom des enfants, la gestion des affaires. Pour que les femmes puissent toucher une pension s'il leur arrivait quelque chose. Pour qu'elles puissent retourner en Espagne, s'installer dans une ville bien précise, chercher un appartement près de la prison et obtenir un permis de visite. Car moi j'avais un appartement loué, j'étais enceinte de trois mois, j'avais une date précise pour me marier avec un homme qui n'allait pas tarder à passer clandestinement la frontière.

« J'ai pensé à tout, je t'assure, avais-je promis à Amparo, comme si elle était la fiancée et moi la cuisinière. « Avec Galán, nous avons décidé de nous marier l'après-midi. Comme ça, je pourrai venir le matin de bonne heure et tout préparer. J'ai déjà réfléchi au menu. Je vais cuisiner un consommé que nous ferons réchauffer tandis qu'on servira les hors-d'œuvre, une baudroie façon langouste avec deux sauces, qu'on peut préparer bien à l'avance, et une escalope de veau farcie avec des olives, des poivrons, du jambon et des œufs durs, à servir froide : c'est excellent. Et ainsi, pendant que vous mangerez la baudroie, il suffira de réchauffer la sauce et de faire la purée de pommes de terre qui prend juste un instant.

— D'accord, mais ce n'est pas toi qui vas faire tout ça, s'était-elle résignée. C'est bien compris…

— D'accord, mais ça ne sera pas toi non plus, parce que tu nous feras tout brûler… » Et elle avait été obligée de se résigner une deuxième fois.

Le 24 janvier 1945 n'a pas été le jour le plus heureux de ma vie. J'étais terrifiée de perdre Galán, et j'avais du mal à l'accepter. Cependant, tout, pas seulement le repas, avait été parfait, même si j'ai rarement travaillé avec tant de concentration de toute ma vie. Ma cuisine s'était successivement transformée en salon de coiffure – Angelita s'était donné beaucoup de mal en me plaçant les bigoudis –, en atelier de couturière – Hélène, qui était modiste, avait retouché une robe en satin noir achetée en solde, qui avait paru cousue sur mesure après qu'elle avait eu fini de me l'ajuster –, en une boutique de vêtements – j'avais essayé, pardessus mon tablier, cinq ou six vestes que les unes et les autres avaient apportées, jusqu'à ce qu'il fût décidé à l'unanimité qu'aucune ne m'allait aussi bien que celle en velours de María Luisa, la femme de Gitano –, en boutique de fleuriste – une cousine de Sole m'avait montré plusieurs compositions de gardénias, de roses, d'orchidées pour que je choisisse ce qui me plaisait le plus –, et à nouveau en salon de coiffure – après avoir haché la viande, habillée et maquillée par Montse, la voisine d'Angelita était venue me faire un élégant chignon haut, sur lequel elle avait fixé avec beaucoup de goût une minuscule toque ronde surmontée d'un voile qui avait agrémenté mes yeux d'un reflet sophistiqué et très flatteur.

« Comme elle est belle ! »

Un quart d'heure plus tard, alors que j'avais rejoint Galán devant la mairie, avec mon escorte de femmes parfaitement habillées, peignées et maquillées pour l'occasion, j'avais souri en imaginant la perplexité des hommes qui nous observaient s'ils avaient entrevu le chaos, d'où nous venions.

Vingt minutes plus tard, lorsque j'étais ressortie de ce bâtiment public au bras du capitaine Galán, alias Carlos de la Torre Sánchez, mais aussi Ramiro Quesada González, j'avais eu encore plus de raisons de sourire. Je venais tout juste de me marier avec Fernando González Muñiz, né à Gera, commune de Tineo, province d'Oviedo, en 1914, mais tant que je n'avais pas entendu ce nom, en vérité je n'étais sûre de rien.

Si le 24 janvier 1945 n'avait pas été le jour le plus heureux de ma vie, il avait été sans conteste l'un des plus émouvants. Une émotion qui était allée *crescendo* au fil des heures, comme si elle était en train de sourdre d'un puits sans fond, jusqu'au petit matin du 2 février, lorsque j'avais cessé de faire semblant de dormir et que je m'étais retournée dans le lit pour constater que Galán était aussi réveillé que moi et qu'il m'observait.

« Je ne sais si j'ai quelquefois su te dire combien je t'aime », lui avais-je soufflé et il avait d'abord fermé les yeux, puis souri avant de les rouvrir. « Mais je voudrais que tu saches qu'aucune femme, en ce bas monde, ne peut aimer un homme davantage que je t'aime. Aucune, jamais. C'est tout simple, mais j'ai besoin que tu le saches, que tu l'apprennes pas cœur, et s'il devait arriver quoi que ce… »

Il ne m'avait pas laissée finir ma phrase et je lui en avais été reconnaissante. Nous nous étions tus jusqu'à ce que le réveil sonne à la même heure que tous les matins. Puis on s'était dit au revoir comme il l'avait prévu.

« Je vais travailler. » Et il m'avait suivie jusqu'au salon, m'avait embrassée comme tous les matins. « Prends bien soin de toi.

— Oui. » Et il s'était contenté de sourire. « À bientôt. »

Et nous n'avions rien ajouté. Mais le pire restait à venir et ce serait toujours moins douloureux si cela arrivait tandis que je cuisinais. Voilà pourquoi, en arrivant à la taverne, j'avais retiré mon manteau, passé mon tablier, égoutté les pois chiches et mis le *cocido* sur le feu. Je ne savais pas à quelle heure il partait, ni par quel moyen, ni s'il voyageait seul, ni qui l'accompagnait. Il ne me l'avait pas dit et je ne le lui avais pas demandé. Je ne le saurais jamais, comme je ne saurais jamais quand, quel jour, à quelle heure et de quelle façon il reviendrait.

Ce jour-là, j'avais réservé le *cocido* et nous avions proposé un autre menu composé de deux plats : bouillon galicien et thon à la tomate. En dessert : des fruits, de la crème liquide et des crèmes caramel, un entremets qui me donnait toujours le cafard. Même si ce jour-là rien ne m'avait plus démoralisée que la tête de Montse, qui tournait autour de moi pour surveiller mes réactions sans dire un mot. Elle essayait de prévoir ce qu'elle-même allait ressentir dans trois jours, mais elle ne remarquait pas que chacun de ses regards, de ses soupirs me donnait un peu plus la certitude que Galán était déjà parti.

« Montse. » Amparo, qui avait très vite compris, avait proposé ce qu'il y avait de mieux pour toutes les deux. « Pourquoi ne restes-tu pas chez toi demain et après-demain, pour profiter ? J'en ai parlé à Lola et elle veut bien venir nous aider. Et comme ça... Bon, tu vois ce que je veux dire. »

El Zurdo, qui n'avait pas pu obtenir les papiers à temps pour se marier avec elle, partait également en Espagne. Nous étions une coopérative pour tout, et aussi pour cela. Et Lola, une jeune fille qui venait nous donner un coup de main en fin de semaine, lorsque la taverne était bourrée de monde, n'aurait jamais eu l'idée de nous refuser quoi que ce fût. Ce jour-là, Montse et moi étions sorties ensemble et nous étions dit au revoir au coin de la rue en nous serrant étroitement et silencieusement dans les bras. Elle ne reviendrait travailler que dans quatre jours. Moi, en revanche, j'étais retournée à la taverne à sept heures du soir, ne tenant plus en place dans mon joli appartement lumineux, avec ses jardinières de géraniums à tous les balcons.

« Que fais-tu ici ? s'était inquiétée Amparo, en me voyant arriver.

— Rien, c'est que... » J'avais eu honte de le lui avouer. « Je me suis dit... Je suis venue au cas où vous auriez besoin de moi pour le dîner. »

C'est ainsi que *La Taberna Española* avait commencé à servir également des dîners, une carte de tapas élaborées et de plats légers qui avaient aussitôt attiré nos clients les plus fidèles également le soir. Et parmi eux, Matías et Andrés qui avaient trouvé un foyer inespéré lorsque Sacristán avait rejoint Toulouse.

« Il faut dire que moi, dans l'état où je suis, je ne crois pas que je vais trouver à me marier… », avait-il décrété.

Une semaine après son retour, il était venu déjeuner et s'était assis avec nous à « la table familiale », disions-nous. C'était en réalité trois ou quatre tables que nous réunissions tous les jours sans bien savoir combien de combattants de Bosost se présenteraient. Ce jour-là, elle avait été presque complète, mais lorsque Lobo était parti pour remmener ses enfants à l'école, Pepe avait attendu que tout le groupe s'en fût allé, avant de demander à Montse d'aller me chercher. Il nous avait annoncé qu'il avait à nous parler de quelque chose de très important.

« Si vous n'y voyiez pas d'inconvénient, j'ai pensé emmener les gamins habiter chez moi. Ils ont besoin que quelqu'un les prenne en charge, n'est-ce pas ? Et moi aussi, j'ai besoin qu'on s'occupe de moi. En plus, de cette façon, on peut se tenir compagnie. Je connais une femme qui viendra faire le ménage deux fois par semaine. Ils déjeuneront à l'école et, pour le dîner, nous pourrons venir ici… Pour le reste on s'arrangera bien…

— Non, Pepe. » Montse avait été plus prompte que moi. « Le reste, c'est nous qui te l'arrangerons, ne t'en fais pas. »

Lorsque Matías et Andrés avaient quitté l'hôtel, Mercedes habitait déjà chez Germán el Tanquilo, qui était originaire d'Almendrajo et avait connu son père au comité de liaison de sa région. Au cours de la fête où j'avais trouvé mon travail, l'attention de María la Tranquila avait été attirée par l'accent de la gamine. Le lendemain, elle l'avait invitée à déjeuner et elles s'étaient si bien entendues que Mercedes n'était revenue à l'hôtel que pour récupérer ses affaires. J'avais été très heureuse pour elle, et je ne l'étais pas moins lorsque, tous les soirs, El Sacristán passait la porte avec ses béquilles, encadré par les deux enfants.

En février 1945, ce maudit mois, j'avais été plus souvent à la taverne que chez moi, mes associées et mes clients m'aidant à supporter l'absence de Galán telle une famille adoptive bienveillante. Cette solidarité, qui surgissait dans tous les sens comme un fleuve aux innombrables affluents, m'avait également apporté parfois des cadeaux inattendus.

« Inés ! Viens un moment, quelqu'un te demande ! »

Avant le début du mois de mars, et que ne commençât avec lui le décompte, jusqu'au retour de Galán, Amparo m'avait appelée deux fois depuis le comptoir.

« Nous étions ensemble avant-hier, comprends-tu ? » Voilà le premier cadeau, mais j'aurais de toute façon pleuré d'émotion de le revoir seulement, de pouvoir le serrer dans mes bras à nouveau, même s'il ne m'avait pas apporté de nouvelles de Galán. « Je trouve qu'il a un peu grossi, mais il va maigrir, c'est sûr, comprends-tu ? Mais pour le reste... Il se porte comme un charme. »

Lorsque nous nous étions lâchés, j'avais pris Angelita dans mes bras avec la même intensité, et elle m'avait serrée dans les siens pour me montrer qu'elle comprenait très bien ce que je ressentais. Ensuite, après la fermeture de la taverne, j'étais restée dans la cuisine pour préparer quelques kilos de *rosquillas* pour fêter le retour d'un Comprentu heureux et fatigué, mais surtout très amaigri, comme tous ceux qui avaient eu la chance de revenir.

Il ne s'était pas passé une semaine, qu'Amparo m'avait à nouveau appelée : « Inés ! Viens un moment, quelqu'un te demande ! » Elle m'avait dit cela juste après m'avoir réclamé, avec le même empressement et sur le même ton, une portion de calamars. Elle n'avait pas eu le temps de prendre l'assiette sur le passe-plat, qu'elle était devenue une autre femme. Elle s'était montrée aussi nerveuse que si elle était en train d'observer une scène hors du commun. Pour moi, quatre semaines après mon mariage, il n'y avait qu'une scène qui pût mériter un tel adjectif. C'était impossible, je le savais, mais je n'avais pu éviter qu'elle envahisse ma tête. Je m'étais donc préparée à sortir comme si j'avais entendu sa voix de l'autre côté du comptoir. Je m'étais lavé les mains, avais retiré ma toque pour arranger mes cheveux dans le miroir, puis je m'étais pincé la joue avant de sourire. Mais ce n'était pas Galán qui avait vu ce sourire, c'est Carmen de Pedro qui y avait eu droit. Elle se tenait là, bien habillée, avec une mine splendide, comme si elle venait de renaître après notre rencontre à Bosost, quatre mois auparavant. Elle m'avait rendu un sourire si large et si avenant que personne n'aurait pu penser qu'on se connaissait à peine.

« Oh, pardon », m'étais-je excusée, comme si mes lèvres avaient été une offense, peut-être parce qu'à ce moment-là, et certainement sans le vouloir vraiment, j'avais revu Bocas. « J'ai cru que c'était mon mari.

— Non, je... Bon, je voulais te dire bonjour, et... » Son aplomb s'était immédiatement évanoui. « Te présenter le mien. » Elle avait fait un pas en arrière pour me permettre de voir l'homme qui l'accompagnait. « Agustín... » Il m'avait tendu la main droite et je la lui avais serrée dans un réflexe purement mécanique, m'interrogeant encore sur la venue de Carmen, sans bien comprendre ce qu'elle attendait de moi. « Voici Inés, l'épouse du capitaine Galán.

— La cuisinière de Bosost », avait-il supposé.

C'était un bel homme, jeune malgré une calvitie précoce – nous étions tous jeunes à l'époque –, à l'allure sans équivoque, autoritaire et distante, genre soviétique, qui distinguait les dirigeants politiques des militaires, en tout cas de ceux qui vivaient en France et qui, paradoxalement, étaient bien moins rigides.

« Eh bien, oui. » Et je m'étais efforcée de sourire. « C'est ce que je suis : la cuisinière de Bosost.

— Inés et moi sommes de vieilles connaissances, nous nous sommes connues à Madrid. » Elle avait fait le même effort que moi et souri également tandis qu'elle pointait son doigt sur mon ventre à peine arrondi par quatre mois de grossesse. « Et j'ai appris que tu attendais un enfant, n'est-ce pas ? » J'avais hoché la tête. « Félicitations, car, en plus, ce doit être un Espagnol.

— Bon, ils seront fatalement tous espagnols. Mais, d'après le médecin, il paraît que nous avons ramené celui-ci du val d'Aran, et oui...

— Carmen ! »

L'apparition de Lola sortant de la cuisine, les bras grands ouverts, m'avait permis de m'écarter un peu et de réfléchir à ce à quoi j'étais en train d'assister. Car si on m'avait raconté la chose, je n'y aurais jamais cru.

En février 1945, à *La Taberna Española* de Toulouse, la cuisinière était la femme d'un officier de l'armée de l'Union nationale espagnole, autrement dit : moi-même. Il y avait deux serveuses fixes dans la même situation que la mienne et, derrière le comptoir, prenant les réservations, attribuant les tables, servant des verres et faisant couler les cafés, l'épouse d'un des chefs de ladite armée. Parmi tous les établissements de cette ville, où l'on servait à manger, aucun n'était moins opportun que celui-là pour que Carmen de Pedro vienne y déjeuner avec son nouveau mari. Mais lorsque Montse était entrée dans le restaurant et qu'elle avait aperçu Lola en train d'étreindre Carmen, toute souriante, toute heureuse, nouvellement mariée, il était soudain devenu évident qu'aucun établissement ne pourrait être plus dangereux pour Carmen.

« Il faut avoir bien peu d'amour-propre ! »

Personne ne nous appelait encore « le duo des grosses caisses » – Montse avait passé la frontière enceinte comme moi. Cependant, juste après le départ de Zurdo, elle avait commencé à se sentir mal pour deux. La solitude, qui n'avait pas affecté ma grossesse, avait beaucoup pesé sur la sienne. Ce jour-là, elle était venue travailler en faisant tellement grise mine que nous l'avions renvoyée chez elle pour aller se reposer un peu. Elle était donc revenue pour prendre le deuxième service, mais n'avait pas vu Carmen attablée avec son mari. Elle l'avait en revanche croisée en train d'enfiler son manteau pour s'en aller, et cela avait produit le même effet.

« Ou plutôt, il faut vraiment n'avoir absolument aucun amour-propre ! » Et ses nausées avaient cessé après avoir ainsi tancé Carmen à haute voix, en plein milieu de la salle à manger, les mains sur les hanches. « Après ce qui s'est passé, avoir le culot de venir déjeuner ici, comme si de rien n'était... »

Quelles que soient les années qu'il me serait donné de vivre, m'étais-je dit en l'écoutant, quelles que soient les choses graves, importantes, transcendantes, qui m'arriveraient par la suite, je ne parviendrais jamais à oublier ce moment. S'il était vrai que la mémoire se vidait juste un instant avant de mourir, s'il était vrai qu'elle projetait à toute vitesse les images les plus importantes de toute une vie avant de s'éteindre à jamais, je reverrais un jour la scène à laquelle j'avais assisté depuis la porte de la cuisine : Montse debout, au milieu de la salle à manger, son manteau sur le dos, ses yeux comme de longs poignards, comme de longs clous tenaces et rouillés en train de crucifier Carmen sur la croix de sa responsabilité, et Angelita immobile entre deux tables, un plateau à la main, avant de le poser pour s'approcher de Montse et l'enlacer par-derrière, pour lui mettre une main sur l'épaule afin qu'elle la serre dans la sienne sans rien dire, leurs deux têtes collées, leur deux paires d'yeux perforant l'air en même temps, aussi figées qu'elles semblaient n'être qu'une seule statue, une sculpture classique et terrible, l'effigie d'une hydre à deux têtes ayant le pouvoir de pétrifier toute chose où se poserait son regard. Voilà ce que j'avais vu. J'avais aussi revu le cimetière de Bosost, les enterrements rapides du dernier jour, Miguel Silva Macías, 1923-1944, les larmes de Zurdo, les larmes de Comprentu, les larmes d'un Sacristán qui n'avait plus de pieds ni de chevilles, la tête bandée et une voix qui ne semblait plus être la sienne, va-t'en, Román, va-t'en, allez-vous-en une bonne fois pour toutes, laissez-moi ici. À cet instant, j'avais revu toutes ces larmes et celles de Galán, si discrètes, que je les avais à peine distinguées dans le miroir de la commode.

Je ne pourrais jamais oublier ce moment. Jamais. Angelita qui avait tant de fois risqué sa vie sous l'Occupation française, avant de me rencontrer, et Montse, qui ne savait même pas ce qu'elle était exactement lorsque nous avions fait connaissance, plantées comme un seul arbre immense au centre de la taverne, tandis que trois hommes d'allure ordinaire, pantalons sombres, vestes chinées, trois chandails en tricot sur trois chemises, deux avec une cravate et un sans, hochaient la tête pour approuver, les muscles bandés, les jambes prêtes à bondir, chacun à une table différente. Carmen ne devait même pas savoir de qui il s'agissait, mais moi oui. Je les connaissais et je savais ce que signifiait pour eux la violence de cette scène qui se déroulait au ralenti, en silence, comme l'air qui succède au tonnerre et aux éclairs accompagnant la tempête : El Ninot, qui s'était rendu au val d'Aran avec Pinocchio, El Tranquilo, qui était passé par le pic d'Aneto pour déployer ses hommes dans la montagne d'Alcubierre, et au fond, autour de la table familiale, El Gitano, qui avait décidé de retourner en Espagne avec ses camarades après que, au nom de cette femme, on lui avait interdit de le faire.

Carmen ne les connaissait presque pas, elle ne les aurait peut-être pas reconnus même si elle les avait observés, mais elle ne les regardait pas, elle ne me regardait pas non plus, elle ne regardait pas Lola, ni même son mari, qui lui nous dévisageait tous, avec son air halluciné, ses pupilles dilatées de perplexité, son allure hautaine et fière, pour laquelle la langue espagnole a créé une phrase si juste, bien plus brillante que n'importe quel adjectif : « Vous ne savez pas qui je suis. » Voilà ce que devait se dire Agustín Zoroa : que Montse et Angelita ne savaient pas qui il était et qui elles avaient décidé de maltraiter. Il ne comprenait pas ce que deux simples serveuses faisaient à sa femme, à la femme qui était mariée avec lui, autrement dit avec le dirigeant désigné pour occuper le poste de Monzón, pour devenir le secrétaire général du Parti de l'intérieur. Mais cette fois-là, Carmen de Pedro avait eu besoin de bien plus que de la protection d'un homme prêt à la tirer de ce mauvais pas.

« Montse… » Moi non plus je ne pouvais pas et ne voulais pas la sortir de là, mais l'expression que j'avais vue passer sur son visage m'avait poussée à intervenir. « Montse…

— Quoi, Montse ? Qu'est-ce qu'il y a, c'est la grossesse qui te travaille, ma chère ?

— Montse ! » Amparo avait parlé plus fort que moi, avec son accent autoritaire si particulier, à la fois doux et inflexible. « Arrête, maintenant… » Et la tension était retombée aussi vite qu'elle était montée.

Ensuite, lorsque Montse était venue s'excuser et que je lui avais demandé de m'excuser à mon tour, puis qu'elle avait demandé pardon à Amparo, et Amparo lui avait demandé la même chose, jusqu'à ce qu'Angelita déclare que ça suffisait, qu'il fallait arrêter de se pardonner et se remettre au travail, car à force de s'excuser les commandes étaient en train de s'accumuler, je n'avais pas encore très bien compris ce qui était arrivé. Carmen était partie en vitesse, la tête basse, les yeux rivés sur les dalles du sol et Agustín l'avait suivie lentement en nous menaçant tous du regard – là, en revanche, cela m'avait été égal. Je n'avais pas peur de lui, je n'éprouvais pas la moindre compassion pour lui, en tout cas pas autant que j'en avais éprouvé pour sa femme.

Je pensais la même chose que les autres, que Carmen avait été aussi coupable que Monzón, même si elle était bien plus idiote que lui, même si c'était lui qui avait tout organisé. Il n'avait pensé qu'à lui, pas à elle, car il ne l'avait jamais aimée avec la même intensité folle, définitive, et suicidaire qu'elle. Je pensais la même chose que tous les autres, et j'avais été aussi abasourdie qu'eux lorsque j'avais appris qu'elle s'était mariée avec Zoroa. J'avais pensé la même chose que les autres, mais j'avais compris à temps que, ce jour-là, Carmen n'avait pas eu l'intention de nous défier, mais simplement de nous montrer un chemin permettant de la considérer autrement, de nous indiquer un pont pour traverser la rivière des interjections dissonantes qui grossissait de fenêtre en fenêtre, de terrasse en terrasse, de porte à porte, chaque fois qu'elle sortait avec son mari dans la rue pour affirmer une vérité à laquelle personne ne réussissait à croire.

C'était pour cette raison qu'elle était venue, c'était pour cette raison qu'elle avait choisi la table la plus visible, c'était pour cette raison qu'elle avait embrassé Zoroa entre les plats, et qu'elle avait osé venir me saluer, moi, qui étais encore à l'époque la cuisinière de Bosost, la sœur d'un phalangiste qui était arrivée au galop au quartier général de Lobo, avec trois mille pesetas en poche et une boîte à chapeaux remplie de *rosquillas*, celle qui cuisinait des *migas* pour le petit déjeuner et le soir une soupe à l'ail qui valait largement une chanson, celle qui avait séduit Galán, d'abord en lui faisant l'amour comme ne faisaient plus l'amour les femmes espagnoles, et ensuite en ratant son tir qui avait frappé une cloche qui lui avait finalement sauvé la vie. Voilà qui j'étais, et j'étais connue de tout le monde, au point de pouvoir distribuer des certificats publics d'absolution. Voilà ce qu'elle pensait et elle était venue dans ce but, pour me dire, regarde-moi, tu vois ? Je ne suis plus la même qu'il y a trois mois, à présent je suis retombée en grâce, je suis à nouveau comme vous, semblable à vous, la bonne épouse d'un bon communiste.

Lorsque j'étais retournée à la cuisine, je savais qu'elle ne pourrait jamais oublier l'humiliation que j'avais entrevue dans ses yeux, la supplication qui se cachait derrière son nouvel et impossible aplomb, l'affliction coupable qui l'avait défaite une fraction de seconde, et sa honte, une honte qu'elle devait assumer toute seule, dont personne ne pourrait l'absoudre et qui avait cependant réussi à m'émouvoir. Je ne parviendrais jamais à comprendre cette femme. Je ne parviendrais pas à comprendre sa lâcheté, la manœuvre indigne qui lui avait permis de sortir de l'impasse à laquelle l'avait conduit son amour, ce mariage précipité qui avait résolu une désillusion par une nouvelle illusion, après avoir renoncé à Jesús sans se battre, sans même le lui avoir dit. J'ai toujours soupçonné que, lorsqu'elle s'était mariée avec Zoroa, Carmen était toujours amoureuse de Monzón, qu'elle aurait à nouveau sacrifié n'importe quoi, sa position, son salut, son avenir, s'il lui avait dit de venir le rejoindre. Voilà ce que pensaient certains d'entre nous. D'autres pensaient que le dépit ne l'avait même pas fait se rebiffer, qu'elle avait agi ainsi par pur opportunisme. Mais ce jour-là, tandis que Montse et Angelita, El Ninot, El Tranquilo et El Gitano la regardaient au milieu de cette salle, j'avais soupçonné un autre aspect de la vérité. J'étais si près d'elle que j'avais pu déceler sa peur comme s'il s'agissait d'un abcès, une excroissance, une tumeur ferme et maligne qui avait poussé sur son visage, l'ombre d'une panique brutale qui haletait comme un petit animal invalide, terrorisé, solitaire, au fond de ses yeux. Pauvre Carmen !

« Et Jesús Monzón ? » L'après-midi, lorsque nous avions enfin été toutes seules, Amparo avait formulé à haute voix la question qui nous avait toutes taraudées tandis que nous continuions à travailler, imperturbables. « Sait-il seulement ce qui s'est passé, que Carmen s'est mariée avec quelqu'un d'autre, et que c'est Zoroa ? J'aimerais bien savoir ce qu'il pense de tout ça.

— Comment ça, qu'est-ce qu'il en pense ? » Et Lola qui venait de nous démontrer qu'elle était la seule à bien connaître Carmen de Pedro avait répondu sans la moindre hésitation. « C'est moi qui vous le dis. Jesús, qui sait toujours ce qui se passe, est en ce moment à Madrid en train de pisser de rire. Et il ne fait pas semblant, c'est moi qui vous le dis, c'est comme si je le voyais... »

Cet épisode n'avait pas eu la moindre conséquence. Quelques jours plus tard, nous avions su que Zoroa avait protesté, qu'il avait exigé que Montse s'excuse, qu'elle répare ce qu'elle avait fait à Carmen au même endroit et dans les mêmes circonstances qu'elle avait choisies pour l'offenser, mais qu'on lui avait dit de laisser tomber, que le mieux était de faire comme si rien n'était, car le moment était vraiment mal choisi. En effet, en ce moment, la contrariété d'Agustín ne pouvait être qu'insignifiante en comparaison de la fureur qu'elle risquait de déchaîner chez les camarades de Zurdo, des hommes qui, en son absence, défendraient la femme de leur ami en entraînant derrière eux l'indignation de toute l'armée de l'Union nationale espagnole, de López Tovar jusqu'au bas de la hiérarchie. Sans compter que cela risquait de redonner du relief, un certain contraste et de la couleur, à la mémoire des victimes du val d'Aran, ces cadavres qui flottaient désormais dans les limbes des responsabilités que tout le monde refusait d'assumer.

On avait dû dire à Zoroa que c'étaient des histoires de femmes, un incident sans importance, rien de grave. En revanche, lorsqu'il s'était agi d'histoires d'hommes les choses ne s'étaient pas réglées de la même façon. Si El Sacristán était parvenu à rejoindre Toulouse sain et sauf, c'est parce que, moins d'une semaine après le repli en France, El Lobo avait accompagné son chef à une réunion où personne ne l'attendait et qu'il avait exigé un plan d'évacuation pour les officiers restés en Espagne. Après l'avoir poliment écouté, les politiques l'avaient regardé, lui avaient souri et déclaré : « Camarade, en ce moment, ce n'est pas une priorité. » El Lobo leur avait rendu leur sourire, avait sorti son pistolet, l'avait posé calmement et même amicalement sur la table, de façon pacifiquement calculée, et avait approché une chaise de celle-ci pour s'y asseoir. « Eh bien, je suis désolé de ne pas avoir le même avis que vous, camarades, avait-il fini par dire, mais personnellement il me semble qu'en ce moment il n'est rien de plus prioritaire que cela. » Et un mois et demi plus tard, El Pasiego avait repris El Sacristán dans ses bras pour l'installer dans la barque qui les avait récupérés au petit matin dans une crique déserte de Cadaqués, pour les conduire jusqu'au bateau de pêche français dont la mission était de les débarquer quelques heures plus tard dans un petit village de la côte, près de Perpignan.

Le lendemain, j'avais cuisiné un chevreau à la broche pour fêter l'événement et j'avais eu tellement de travail que j'avais pensé être la dernière à prendre dans mes bras les nouveaux arrivants, mais lorsque j'étais retournée à la cuisine, j'avais vu Lola sur le pas de la porte en train de tortiller un torchon dans ses mains, tout en me regardant d'un air bizarre, doux et anxieux à la fois, si charnel qu'il était impossible qu'il me soit destiné. C'est alors que j'avais tourné la tête pour découvrir El Pasiego sur mes talons.

« Lola... » Il s'était dirigé vers elle et l'avait embrassée sur les joues avec un naturel mal assorti à l'incendie qu'il avait allumé sur les joues de la jeune femme. « Comment vas-tu ?

— Bien. » Elle avait caché son visage dans le torchon avant de sourire. « Heureuse de te revoir. »

El Pasiego avait corrigé la position de ses lunettes sur son nez, avait souri à son tour, s'était retourné et était allé s'asseoir au côté de son épouse légitime, en évitant de s'approcher de Lola, sans toutefois cesser de la regarder. Depuis cette soirée, moi aussi j'avais observé plus attentivement cette jeune femme que j'avais toujours trouvée un peu spéciale. Ce n'était pas une beauté, mais c'était une femme intéressante. Un corps mince, longiligne, presque androgyne si ce n'avait été ses seins, gros et ronds d'autant plus attirants qu'elle était fluette, et un visage pointu, mais séduisant, qui dénonçait nettement ses origines métissées de gitane blonde. Elle avait hérité le côté gitan de son père, qui l'était jusqu'au bout des ongles, et le côté blond de sa mère, qui était née à Río Tinto, d'un contremaître anglais et d'une native dont le père était écossais. Ce mélange, qui explosait chaque fois que Perdigón lui demandait de l'accompagner en frappant dans ses mains, demeurait dans un état de combustion lente tandis qu'elle travaillait vite et bien, mais sans jamais dire un mot, comme si elle réfléchissait beaucoup. Ce silence assourdissant était son seul trait commun avec El Pasiego, qui était souvent aussi muet qu'elle, sans jamais donner le sentiment qu'il n'avait rien à dire. C'est sans doute pour cette raison que j'avais vite découvert qu'il y avait quelque chose entre eux, même si je m'étais trompée en me disant que ce serait sans conséquence. À l'été 1945, lorsque je les avais à nouveau surpris, j'avais débusqué bien plus qu'une histoire d'amour entre eux, qui finirait par détruire le mariage de La Pasiega.

El Zurdo et Montse, qui n'avaient pu obtenir les papiers à temps pour se marier à l'automne 1944, avaient décidé de se marier pour la fête de la Vierge, au mois d'août. Nous devions organiser le banquet dans notre nouveau restaurant, une semaine avant de l'ouvrir au public. Ce jour-là, j'avais recommencé à travailler pour m'occuper du banquet, après avoir donné naissance à une petite fille qui était née le 17 juillet, exactement neuf mois après avoir entendu la nouvelle de l'Opération reconquête à la *Pirenaica*, mais dix jours avant la date prévue par le médecin. Galán était toujours en Espagne. D'après ce que m'avaient dit les uns et les autres, il était en bonne forme. Ainsi, le moment venu, Angelita s'était assise à ma gauche pour me tenir la main et Amparo m'avait pris l'autre main en s'asseyant à ma droite, puis elle m'avait encouragée à proférer tous les jurons que je voulais : tu n'as qu'à dire tout ce qui te passe par la tête, ma chérie, je suis valencienne, tu sais, je ne me laisse pas impressionner facilement…

L'accouchement s'étant bien passé, le 22 juillet j'étais déjà sur pied en train de préparer le repas, lorsque j'avais entendu la porte d'entrée que j'avais juste poussée pour que la sonnette ne réveillât pas ma fille qui venait juste de s'endormir.

« Je suis dans la cuisine ! » avais-je annoncé.

Mais le bruit des pas sur le parquet du salon m'avait laissée sans voix.

« Mais, enfin… » Galán, heureux, épuisé et très amaigri, avait passé la tête par l'embrasure. « Tu ne devais pas accoucher la semaine prochaine ? »

Cette année-là, j'avais vécu le plus bel été de ma vie parce que Angelita avait trouvé, au coin de la rue, un local formidable et raisonnablement bon marché, avec une cuisine tellement grande qu'au début j'avais l'impression de m'y perdre. Elle avait décidé – j'ai pensé à tout, les filles, il faut profiter de la publicité gratuite ! – que le lieu s'appellerait *Casa Inés*, et que figureraient en dessous, en guise de devise, ces quelques mots qui ne cesseraient de m'émouvoir : « la cuisinière de Bosost ». Cette année-là, j'avais vécu le plus bel été de ma vie parce que Galán était de retour, parce qu'il avait fait la connaissance de sa fille Virtudes, parce que lorsque j'ouvrais les yeux, le matin, il était en train de dormir auprès de moi. Je ne revivrais plus un été aussi heureux. Pourtant j'avais également été extrêmement soulagée que Galán fût rentré avant moi, ce 16 août, une fois la fête terminée.

Comme lors de notre mariage, tout le monde était présent ce soir-là. La salle à manger était pleine à craquer et ma cuisine toute neuve était dans un état lamentable, mais cela m'était égal. Après avoir servi les hors-d'œuvre, j'avais retiré mon tablier et j'étais allée m'asseoir à côté de Galán pour dîner et faire la fête avec les autres. De temps en temps, j'allais vérifier si tout se passait bien à la cuisine où Lola faisait la vaisselle, nettoyait et rangeait.

« Mais que fais-tu ? lui avais-je demandé à plusieurs reprises. Nous ferons ça tout à l'heure, suis-moi.

— Non, vraiment, ne t'en fais pas. Je suis bien mieux ici.

— Comment ça, tu es bien mieux ici ? C'est le mariage de Montse, Lola, fais-moi le plaisir de sortir d'ici immédiatement !

— Je n'ai pas envie de faire la fête, aujourd'hui, sérieusement...

— Qu'est-ce que tu as ? »

Finalement je l'avais poussée dehors, l'avais fait asseoir à côté de moi, et empêchée de se relever. Elle s'était résignée, mais n'avait presque rien mangé. Elle avait beaucoup bu et fumé, sans jamais regarder El Pasiego, assis au côté de sa femme. Lui non plus ne mangeait rien, il buvait beaucoup et fumait sans cesser de la regarder. Voilà pourquoi quand La Pasiega s'était levée pour aller aux toilettes et que Lola m'avait annoncé qu'elle retournait à la cuisine, je ne lui avais rien dit. Il l'avait suivie et n'était pas revenu. Lorsque sa femme était sortie des toilettes, il n'était toujours pas de retour. Elle s'était assise, avait regardé autour d'elle et j'avais décidé de me diriger vers la cuisine. J'avais pu entendre la fin d'une conversation.

« Eh bien cet après-midi, comme tu m'as dit non... » Il parlait d'un ton calme.

« Va te faire foutre, connard ! »

Ç'aurait pu être tout si, en me croisant, El Pasiego n'avait eu un sourire transparent dessiné sur le visage, signifiant qu'aucune autre insulte ne lui avait fait autant de bien dans sa vie. Lola, en revanche, était si en colère qu'elle ne s'était même pas aperçue que je les avais entendus. Elle m'avait suivie sans rouspéter, s'était assise à mon côté, et n'avait plus bougé jusqu'à ce qu'on pousse les tables pour que Montse et El Zurdo ouvrent le bal. Puis tout le monde s'était mis à danser, Galán et moi, El Pasiego également avec son épouse. Avant que ces derniers n'aient esquissé leur premier pas de danse, Lola s'était à nouveau réfugiée dans la cuisine et je ne l'en avais pas empêchée.

À la fin, Galán était venu me prévenir qu'il allait conduire les nouveaux mariés chez eux. Il n'y avait plus que quelques verres sales, mais j'avais décidé de rester avec Lola jusqu'au bout. Après avoir fermé, j'étais sortie avec elle dans la rue pour faire quelques pas. Elle avait besoin de prendre l'air, m'avait-elle dit. Je l'avais suivie en silence dans la direction opposée de l'endroit où j'avais rendez-vous avec Galán un quart d'heure plus tard. Nous avions pris la ruelle où se trouvait la porte de service du restaurant – un passage étroit rempli de poubelles avec une ou deux portes cochères. Et j'avais compris que la pauvre Lola n'avait l'intention que de faire le tour du pâté de maisons.

L'endroit était mal éclairé et, avant d'arriver à la moitié de la ruelle, nous avions distingué une ombre confuse contre la porte du restaurant. S'ils avaient choisi un autre bâtiment, sans doute serions-nous peut-être passées sans nous apercevoir de rien. La silhouette imprécise ne bougeait presque pas, elle était étrange, son calme était étrange, son silence, sa taille. Voilà pourquoi nous avions continué d'avancer. Deux personnes avaient été à ce point absorbées par ce qu'elles faisaient que, lorsqu'elles nous avaient entendues, il était déjà trop tard. El Ninot, un des derniers à quitter le banquet, s'était retourné vers nous et nous avait reconnues. Il avait fermé les yeux, baissé la tête et s'était appuyé de tout son long contre la porte de métal. Nous avions eu le temps d'apercevoir sa main droite en train de tenir un sexe qui m'avait semblé énorme et qui, sans le moindre doute possible, était raide et dur comme un gourdin et en demandait davantage, tout comme les yeux troubles, les lèvres entrouvertes et humides de son propriétaire, un jeune Marocain d'à peine plus de vingt ans qui travaillait chez le marchand de fruits où nous nous fournissions tous les jours.

À ce moment-là, j'avais pris Lola par le bras, nous avions fait demi-tour et nous étions éloignées en vitesse, sans courir.

« Je ne vais rien raconter de ce que nous venons de voir », avais-je déclaré sans la regarder, presque sans y penser, même si ma mémoire avait convoqué le visage de Lobo, rouge de colère, tandis qu'une litanie parvenait à mes oreilles, le seul mot que répéteraient mille et une fois ses lèvres : exclusion, exclusion, exclusion. « Ni à mon mari, ni à personne, jamais. Et si tu racontes quelque chose et qu'on me demande si c'est vrai, je prétendrai que c'est faux, que je n'ai rien vu. » Et je l'avais enfin regardée. « Tu saisis, n'est-ce pas ? »

Elle m'avait fixée à son tour d'un air incrédule, avant que je ne comprenne qu'elle se moquait plus qu'autre chose.

« Je suis de Cadix », avait-elle répliqué. Et un tout petit instant, au cas où cela n'aurait pas été assez clair, elle avait ajouté : « La seule chose que j'espère, c'est que Pascual soit plus doué que moi pour utiliser ce que nous avons entre les jambes. » Elle avait à nouveau souri. « On dirait que oui car pour ce qui est d'en avoir, il avait ce qu'il fallait, le gars… »

Nous avions éclaté de rire en même temps.

« Je ne savais pas que tu étais de Cadix, Lola, je pensais que tu étais de Huelva…

— Non, c'est ma mère qui était de Huelva. Moi, je suis de Cadix, d'un endroit qui s'appelle Torrebreva, tu ne dois même pas le connaître de nom, car ce n'est pas un village, juste quatre maisons autour d'une auberge de campagne… C'est tout près de Rota, entre Chipiona et Sanlúcar de Barrameda.

— D'accord. Mais dis-moi, tu dois certainement savoir faire des boulettes de baudroie, n'est-ce pas ?

— Moi ? » Et elle m'avait fixée d'un air surpris. « Bien entendu que je sais. »

Bien entendu, elle savait faire des boulettes de baudroie et bien d'autres choses encore. Porter un toast par exemple.

El Ninot avait mis plus de deux mois à retourner à *Casa Inés*, en veillant à ce que Galán soit reparti en Espagne.

Lorsqu'il s'était décidé, au mois d'octobre, il était entré sans saluer personne, et pourtant il avait été à l'origine du succès de notre affaire. C'est pour cette raison que j'avais prié Amparo de me prévenir lorsqu'il réclamerait l'addition. Et, avant qu'on la lui apporte, j'avais retiré ma toque et étais allée m'asseoir à sa table après avoir demandé à Lola de me rejoindre.

« Je voulais te le dire, Inés, avait-il balbutié, d'un air honteux, en fixant les carreaux de la nappe, la voix tremblante. Car l'autre soir, ce n'était pas ce que vous croyez, je vous assure que non. Moi, avant, je n'avais jamais... C'est vrai que...

— Tais-toi, Pascual, tu parles vraiment trop. » Et je m'étais tournée vers Lola. « Apporte trois petits verres et la bouteille de cognac, la bonne, tu veux ? On va porter un toast.

— Porter un toast ? » Il s'était enfin tourné vers moi avec un regard effrayé. Lola, elle avait compris. « Et un toast à quoi ?

— On va porter un toast aux hommes, lui avait-elle murmuré à l'oreille, tandis qu'elle remplissait les verres. Un toast à leur méchanceté et au charme que peuvent avoir ces grands fils de pute... À la tienne, Ninot, et à la mienne, car j'en ai bien besoin. » Et il avait tendu son verre dans ma direction. « Pas un toast à celle-ci, car elle a tout ce qu'il lui faut. Il n'y a qu'à la regarder.

— Ah bon, tu crois ? avais-je protesté. Surtout à présent que je suis à nouveau seule.

— J'échange la mienne contre la tienne lorsque tu voudras, avait-elle répliqué. Je veux parler de la solitude...

— Moi aussi, je l'échange. » Et Pascual avait enfin souri tandis que nos verres s'entrechoquaient.

Alors, comme si les boulettes de baudroie étaient associées à cette crise, je m'étais souvenue que Lola et moi avions un rendez-vous en suspens et elle m'avait proposé de m'apprendre à les préparer le lundi suivant, jour de fermeture du restaurant.

Nous étions convenues de nous voir à six heures et j'avais emmené Virtudes avec moi, qui avait dormi dans sa poussette tout le temps. Et Lola m'avait expliqué sa recette, et m'avait même raconté un pan de ma propre vie que j'ignorais.

« Ce n'est pas sa faute, je te le dis sérieusement. »

Alors que nous étions enfermées toutes les deux dans la cuisine, Lola avait osé me demander comment j'avais connu Pasiego. Elle avait aussi voulu savoir si je l'avais entendu parler de sa situation personnelle et s'il avait exprimé devant moi ses intentions pour l'avenir. J'avais répondu non à tout, car c'était la vérité. Jusqu'au jour où il m'avait présenté sa femme, j'avais ignoré qu'il était marié. Lola avait été si heureuse de l'apprendre que la conversation s'était portée tout naturellement sur mon histoire avec Galán, puis sur celle de Carmen de Pedro et de Jesús Monzón, cet amour qui avait changé tant ma vie et avait été sur le point de changer celle de tout le monde.

« Vois-tu, je comprends que vous ne supportiez pas cette femme. » C'était elle qui s'était empressée de mettre le sujet sur la table, comme si elle n'avait jamais oublié la scène du mois de février, ni le rôle qu'elle y avait joué. « Je comprends très bien, après ce qui s'est passé au val d'Aran, vos maris qui se sont battus là-bas, et Montse, et toi, et tout le reste… Mais ce n'était pas elle qui donnait les ordres, c'était lui, Inés, il ne faudrait pas confondre. C'était lui la tête pensante, c'était lui qui savait, lui qui décidait. Carmen se laissait commander, c'est clair, oui bon… peut-être pas si clair que ça, car elle était folle de lui. Voilà la vérité, elle était complètement dingue de lui, amoureuse comme une gamine de quinze ans, tu ne peux même pas imaginer… Je le sais parce que je la connaissais assez bien, tu sais ?… Et depuis le début. Une sœur de ma mère, qui avait émigré avant la guerre et s'était mariée à un Français, m'avait aidée à trouver un appartement, et comme il était trop grand, que j'avais une chambre de trop, Carmen s'y est installée. Nous payions le loyer moitié-moitié et, jusqu'au jour où elle est partie vivre avec Jesús, nous avons très bien vécu ensemble, je te le jure.

— Et Jesús ?

— Jesús… » Elle était demeurée à nouveau immobile, avait fixé ses yeux au plafond, et je m'étais demandé si elle n'avait pas également été amoureuse de lui. « À cette époque, Jesús n'était rien du tout, la preuve c'est qu'on ne l'avait envoyé nulle part, lui, alors que tous les camarades étaient partis, vraiment tous, les uns après les autres, tu le sais parfaitement. La seule qui était restée ici était Carmen, et… Il s'est passé ce qui devait se passer. Mais je vais te dire une bonne chose, je ne sais pas comment tu vas le prendre… » Le ton de sa voix avait progressivement diminué pour s'éteindre à la dernière syllabe. Et elle m'avait alors observée comme si elle regrettait, avait secoué la tête et s'était concentrée sur une autre boulette de poisson. « Non, rien du tout.

— Non, pas rien du tout. » Je l'avais saisie par le poignet pour l'obliger à arrêter. « Comment je vais prendre quoi ?

— Rien du tout, c'était une bêtise…

— Non, ce n'était pas une bêtise. »

Car moi aussi j'étais communiste et, même sans savoir ce qu'elle avait voulu me dire, je savais parfaitement ce qui s'était passé. La peur de parler lui avait soudain cloué le bec. Je connaissais la règle qui l'avait paralysée au beau milieu d'une conversation entre amies, dans la cuisine d'un restaurant vide, toutes portes fermées. Mieux vaut se taire que le regretter ensuite. Voilà ce qui s'était passé, et cela m'avait irritée. Cela m'irritait systématiquement. Même si j'appliquais moi aussi cette règle, comme tout le monde. Même si moi aussi j'avais appris à vivre avec, et selon les principes d'une organisation qui représentait bien plus qu'un parti politique. Pauvres, vaincus, déracinés comme nous l'étions, le Parti était la seule chose à laquelle nous pouvions nous raccrocher, la seule chose qui nous restait après avoir tout perdu. Le Parti était notre seule maison, notre seule patrie, notre famille, un monde absolu pour lequel il fallait sourire, pousser les autres à sourire, faire bonne figure malgré l'adversité sans jamais perdre la maîtrise des choses. Moi aussi j'avais appris à garder mes opinions pour moi, à ne jamais perdre de vue ma peur, je connaissais cette leçon par cœur, mais cela me rendait furieuse, parce que c'était ma liberté et rien d'autre qui avait fait de moi une communiste. C'est pour cette raison – bien que l'idée de me faire exclure me terrorisât tout autant que les autres – que, dans l'intimité, ou dans certaines situations d'urgence, comme le secret de Ninot par exemple, je désobéissais aux règles. Et lorsque la trouille était passée, je me sentais bien mieux.

« Je vais te dire quelque chose, Lola, ici nous ne sommes que toutes les deux, alors tu peux tout à fait raconter ce que tu voudras, tu sais ? Car, dans cette cuisine, c'est moi qui commande. Et moi, j'ai vingt-neuf ans, mais j'ai déjà beaucoup vécu. Il m'est arrivé de nombreuses choses étranges dans cette vie, c'est pour cette raison que je ne raconte jamais rien aux uns ou aux autres. Et tu le sais mieux que personne. »

Elle avait réfléchi encore un instant. Puis elle avait levé la tête, regardé le mur, le plan de travail en marbre, et la pâte qu'elle travaillait depuis un moment.

« Ce n'est pas la même chose, et tu le sais bien.

— Qu'est-ce qui n'est pas la même chose ?

— Ce n'est pas la même chose : Pascual dans une ruelle, avec le gros membre de cet Arabe à la main, que c'était un bonheur de voir ça… » Elle m'avait regardée avant de rouler une boulette dans la farine. « Et Jesús Monzón. Ça n'a rien à voir, reconnais-le.

— Je le reconnais. Mais toi et moi, oui, nous sommes pareilles, n'est-ce pas ?

— Je suppose.

— Ne suppose pas, avais-je répondu, sans prendre la peine de cacher que ce verbe m'avait offensée. Si tu ne fais que le supposer, je préfère que tu ne me racontes rien du tout. » J'avais saisi un bout de pâte, je l'avais pétrie comme elle l'avait fait elle-même et le lui avais montré. « Comme ça ?

— Oui, c'est parfait. Maintenant, tu dois la rouler dans la farine. Ce que je voulais dire, c'est que… » Elle m'avait regardée, avait inspiré profondément et s'était enfin mise à parler. « Bon, eh bien, moi, j'ai trouvé très injuste la façon dont le Parti a traité Jesús, car ils ne se sont pas comportés de cette façon avec de nombreux autres militants de bonne famille. Et en plus, je pense que ç'a été une très grave erreur. » Alors que j'acquiesçais, elle avait pris plus d'assurance. « Car… que quelqu'un comme moi, qui suis née dans une chaumière en terre battue, à Torrebreva, sois devenue communiste, bon, il n'y a rien de bien extraordinaire à ça… Où est le mérite ? Mais, lui, il avait bien plus à perdre que moi, et il a tout perdu d'ailleurs, et ça, ils n'ont jamais voulu l'admettre. Il aurait été bien plus facile pour Jesús de rester tranquillement à Pampelune à mener grand train ou de venir ici en 1936, avec l'argent de la famille, mais il a préféré rester, il a fait la guerre du côté de la République jusqu'à la fin, il a passé la frontière comme tout le monde et… Je ne sais pas si tu comprends ce que je veux dire.

— Bien entendu que je le comprends. Je viens d'une famille très riche de phalangistes de Madrid.

— Tu vois, alors ? » Elle m'avait souri. « Tu as vécu ça, et…

— Oui. » Je l'avais interrompue sans lui rendre son sourire, car, moi, j'avais été au val d'Aran, et je savais que les choses n'étaient pas aussi simples. « En revanche, je n'ai pas conspiré pour prendre le pouvoir à l'intérieur du Parti, je n'ai pas couché avec une femme pour gravir les échelons, je n'ai trompé personne, je ne me suis pas installée à Madrid pour mentir à ceux qui étaient restés ici, je n'ai pas organisé une invasion qui devait coïncider avec une grève générale révolutionnaire que j'aurais moi-même inventée de toutes pièces, on n'a tué aucun de mes camarades à cause de moi, je n'ai pas abandonné El Sacristán sur une chaise roulante, et je ne suis pas non plus responsable qu'un tas de guérilleros soient aujourd'hui enfermés dans les prisons de Franco, et tout ça sans compter ceux qui n'ont jamais été emprisonnés parce que les fascistes les ont assassinés en chemin, alors…

— Bien sûr, bien sûr… Bien sûr. » Et elle avait levé les mains en l'air, les doigts couverts de farine et d'œuf, comme si je la menaçais avec un revolver. « Tu as raison, bien sûr. Je n'étais pas en train de te comparer à lui, je voulais juste dire… Vois-tu, Inés, ce n'est pas facile de parler de Jesús. Ce n'est pas facile non plus de le comprendre, car il était de nombreuses choses à la fois. En vérité, je n'ai jamais connu personne comme lui, ni en bien, ni en mal. Personne.

— Je suis désolée », avais-je dit à contretemps, car c'était moi qui avais tenté de lui tirer les vers du nez et je regrettais de lui avoir parlé de cette façon. « Je suis désolée…

— Ce n'est pas grave. »

Elle avait fait non de la tête, comme si elle voulait m'assurer qu'elle était consciente des risques que pouvait comporter cette conversation. Nous avions continué à travailler, à naviguer sur des mots moins dangereux que le silence, parlant seulement de ce que nous étions en train de faire, partageant des tours de main, des recettes, comparant la baudroie avec le colin, le poisson blanc avec le poisson bleu, jusqu'à ce que le plat soit enfin prêt.

« Veux-tu que je te dise la vérité ? » m'avait alors lancé Lola.

Elle avait secoué la casserole où les boulettes que nous avions faites ensemble étaient en train de bouillir, puis elle avait goûté la sauce, éteint le feu et s'était tournée vers moi.

« Oui, avais-je répondu après avoir réfléchi plus longtemps que je ne l'aurais voulu. J'aimerais connaître la vérité.

— Jesús Monzón était un sacré type, voilà la vérité. Un vrai de vrai sacré type... C'est comme ça. Carmen était tombée amoureuse de lui, oui, et moi aussi, et Manolo et Gimeno et Domingo et Ramiro et Comprentu et El Sacristán et ton mari. Ton mari plus que les autres, tu le sais, n'est-ce pas ? » Elle avait fait une pause pour me regarder. J'avais hoché la tête et elle avait continué à parler plus calmement. « Nous sommes tous tombés amoureux de Jesús. Pas comme Carmen, bien entendu, mais nous avions confiance en lui, nous l'admirions, nous l'aimions, nous en avions besoin, pourquoi le nier ? Lorsqu'il a commencé à s'occuper de tout, nous étions tout seuls et dans la merde comme jamais. Abandonnés, perdus... De la chair à canon, tu comprends ça ? C'est ce que nous avions l'impression d'être, de misérables Espagnols de merde, complètement désemparés, lâchés par tout le monde, attendant que les nazis nous chassent pour nous abattre un par un comme des lapins ou pour nous offrir à Franco, pour qu'il s'amuse à nous tuer lui-même. Voilà ce que nous étions, de la chair à canon, et puis Jesús est arrivé et il a tapé du poing sur la table. »

Lola, qui jusqu'à présent avait parlé dans un murmure, avait soudain haussé le ton, avant que l'émotion ne la submerge. Elle avait poursuivi d'une voix claire et fière, les yeux humides.

« Lorsque nous étions déjà à moitié morts, de peur, de dégoût, de désespoir, Jesús est arrivé et a tapé du poing sur la table. Ce n'était plus possible, nous étions bien vivants, il nous restait de nombreuses choses à faire et nous allions les accomplir sans nous retourner sur notre passé et sans penser à l'avenir, en pensant juste au lendemain. Et ça pour nous, ç'a été... » Elle avait fermé les yeux tout en hochant la tête, cherchant les mots exacts pour continuer. « Comme de ressusciter, comme de recommencer à vivre, comme de recouvrer la foi, la confiance, tout... au pire moment de notre existence. Est-ce que Jesús travaillait pour son propre compte ? Bien entendu ! Mais n'est-ce pas ce qu'ils font tous, toujours ? Même s'il pensait surtout à lui, Jesús travaillait aussi pour le Parti. Il l'a remis sur pied, il nous a remis sur pied alors que nous étions complètement enlisés, et il l'a mené à bien tout seul. Avec ses couilles, car à part de savoir ce qu'il savait, il fallait avoir des couilles pour réorganiser les communistes espagnols, ici, en France, alors que ça fourmillait de nazis. Tous les jours il nous prouvait qu'il possédait ce qui avait manqué aux autres lorsqu'ils s'étaient enfuis à toutes jambes à Moscou. Et je pourrais aussi te dire autre chose... »

Elle s'était tue un instant, avait essuyé ses yeux, haussé les épaules, fait oui de la tête avant de continuer à parler.

« Eh bien, je vais te le dire... Tout ce que représente le parti communiste en ce moment, en France et en Espagne, est l'œuvre de Jesús Monzón. Et tout ce qu'il va devenir également. Ce qui nous différencie des socialistes, des anarchistes, des républicains, c'est que, lorsque nous étions tous perdus, aussi déroutés les uns que les autres, abandonnés à notre sort dans un pays étranger, nous, nous avons eu Monzón et pas eux. Voilà ce qui s'est passé, et maintenant, ils peuvent dire tout ce qu'ils voudront... Car c'est vrai qu'il a pris le pouvoir. Oui, ça personne ne peut le nier. C'est vrai qu'il a rendu Carmen de Pedro amoureuse de lui pour le lui ravir. Et, d'une certaine façon, il s'est moqué d'elle, mais elle aimait ça, il ne faut jamais l'oublier, elle aurait donné n'importe quoi pour le garder près d'elle. Car, dès le début, Jesús n'arrêtait pas de la tromper et Carmen trouvait ça bien, elle faisait semblant de ne rien remarquer, de ne rien voir, de ne rien entendre, elle se contentait de voir ce qu'il voulait bien qu'elle voie, qu'elle entende, qu'elle sache. Je comprends que ce n'est pas une façon d'arriver au pouvoir, mais ce qu'il a ensuite fait de ce pouvoir, c'est exactement ce qu'il fallait, et c'est la meilleure chose qui pouvait nous arriver. Chacun voit midi à sa porte, n'est-ce pas ? Eh bien c'est la vérité. »

Elle s'était arrêtée de parler, avait croisé les bras et m'avait fixée comme si ses yeux avaient été des poignards. Un instant plus tard, elle avait fini par se détendre.

« Ne raconte à personne ce que je viens de te dire, Inés, m'avait-elle demandé. Même pas à ton mari, car si quelqu'un que je connais venait à apprendre ça… Pourquoi envenimer les choses. Il ne me manquerait plus que ça…

— Ne t'en fais pas, ma belle. » Je m'étais approchée d'elle et l'avais prise dans mes bras. C'était sans doute pour cette raison que moins d'un an plus tard j'avais été son témoin de mariage. « Tu ne dois pas t'en faire. »

Lola et moi étions plusieurs fois restées seules, toutes les deux, et avions discuté de nombreuses choses, mais ni elle ni moi n'avions plus jamais évoqué Jesús Monzón. Ce soir-là, nous avions dressé le couvert dans la salle à manger et avions dégusté les boulettes que nous avions préparées ensemble comme s'il ne s'était rien passé. Elles étaient parfaitement réussies, tout comme elles le seraient chaque fois que j'en cuisinerais pour les clients de *Casa Inés*. À la maison, je n'en faisais jamais car Galán n'aimait pas ça.

« Eh bien, dis donc… » Après en avoir goûté une, il avait repoussé son assiette en fronçant les sourcils d'un air dégoûté. « Quelle façon d'abîmer la lotte.

— Quoi la lotte, quelle lotte ? Ce n'est pas de la lotte, c'est une baudroie française.

— Ça m'est égal. » Mais je n'avais jamais réussi à le convaincre. « Moi, j'aime la lotte entière, pas triturée de cette façon, c'est une vraie sauvagerie, pauvre animal, si ma mère voyait ça… »

Car la seule chose que j'avais osé lui rapporter de cet après-midi-là, c'est que j'avais appris à faire des boulettes de baudroie.

Ce matin-là, au petit déjeuner, Inés m'avait raconté que Ninot ne s'était pas présenté la veille au restaurant. Ni pour le déjeuner, ni pour le dîner.

« Il n'a jamais été absent sans prévenir. » Elle était inquiète. « Tu crois qu'il lui est arrivé quelque chose ?

J'avais fait non de la tête et n'avais rien voulu ajouter. Au mois d'octobre 1965, moi, j'avais cinquante et un ans, et Pascual presque dix de plus. Il était assez vieux pour se permettre quelque incartade sans avoir à donner d'explications à quiconque. Et en plus, même si cela faisait vingt ans que ma femme lui faisait à manger, elle n'était tout de même pas sa mère.

« Il doit être dans le coin... », avais-je conclu, après avoir refusé de téléphoner à sa pension pour demander de ses nouvelles, car je savais qu'il n'aurait pas apprécié que je le fasse. « Il a soixante ans, Inés. Il sait s'occuper de lui tout seul, ne t'en fais pas. »

Lorsque j'étais arrivé à mon bureau, j'avais déjà oublié tout ça. Ensuite, ma secrétaire m'avait passé un appel de Vigo. Notre agent avait des problèmes pour récupérer dans un bateau une cargaison de tourteaux congelés que nous avions déjà placée à Paris. Nous nous étions engagés à la livrer dans les cinq jours et louer un camion frigorifique pour si peu de choses allait en augmenter considérablement le prix. « Alors, si ton ami de Madrid ne nous donne pas un coup de main... » Il venait à peine de me le suggérer que j'étais déjà en train de chercher le numéro de téléphone de Guillermo García Medina dans mon agenda.

« Bonjour, m'avait répondu Juana, sa secrétaire depuis toujours qui, comme d'habitude, n'avait pas eu l'air de me reconnaître.

— Je voudrais parler à Rafael Cuesta, s'il vous plaît. De la part de Gregorio Ramírez. »

Dans les tout premiers jours de décembre 1948, j'étais entré en Espagne par la grande porte, avec un passeport aussi bien falsifié que d'habitude au nom de Gregorio Ramírez de la Iglesia. Mon voyage avait été repoussé à deux reprises pour des raisons de sécurité, et même si j'avais été très heureux de passer sept mois d'affilée avec Inés et mes enfants, l'inactivité avait fini par me peser au point que j'avais fêté mon départ comme si j'étais sur le point d'entreprendre un voyage d'agrément. C'était sans doute pour cette raison que le destin m'avait puni comme jamais auparavant.

Depuis l'échec du val d'Aran, je travaillais pour le Parti comme agent de liaison entre la direction en exil et l'organisation de l'intérieur. Ç'avait été ma façon de rester dans le coup, le chemin que j'avais choisi pour ne pas tomber malade à l'idée de me rendre à nouveau, comme avait dit Comprentu lorsque nous avions pris congé de lui à Bosost. J'aimais le travail clandestin, cela m'occupait, m'excitait et me maintenait toujours en tension, bref, l'idéal pour un soldat. C'était une existence dangereuse, mais elle me convenait parfaitement. Pour Inés, qui devait s'occuper de tout, de son travail, de la maison, des enfants, la vie était plus banale et surtout bien pire, même si elle ne m'avait pas demandé de renoncer à la mienne. Elle n'aurait jamais pu le faire sans avoir le sentiment de se trahir elle-même. Pourtant je l'aurais compris, et je ne l'aurais pas moins aimée pour cela. Cependant au travail, j'étais toujours ému et excité en pensant à elle comme à une femme intègre, solide comme un roc, chaude et souple comme son corps qui m'attendait sur le matelas de plume de l'autre côté de la frontière. Je partais bien entendu, mais en réalité je l'emmenais avec moi. Je n'avais jamais été plus amoureux de ma femme que lorsque je la laissais à Toulouse pour devenir un autre homme, avec chaque fois un nouveau nom, une nouvelle adresse, un âge différent, mais qui l'aimait toujours plus que tout. Jamais je ne l'ai aimée autant. Même lorsque je rentrais chez moi pour retrouver une vie bien plus confortable que celle dont je me souvenais, dans les lits glacials des maisons des autres.

Jusqu'à ce que ce voyage se passe mal, ma vie avait été parfaitement équilibrée. Entre le mois de février 1945 et le mois de mai 1948, j'avais franchi la frontière à cinq reprises, en utilisant trois identités différentes, toutes plus parfaites les unes que les autres. Mes séjours en Espagne duraient environ six mois, mes vacances à Toulouse, plus ou moins la moitié. Cette régularité était imposée par la nature de mes missions qui consistait à inspecter les guérillas toujours actives, à les mettre en relation et à revenir faire un rapport de la situation sur le terrain. Ce n'était pas un travail si simple, car il m'obligeait à bouger sans arrêt et à pénétrer à pied dans des forêts où les contre-feux de la garde civile n'étaient pas plus dangereux que la méfiance de mes camarades, de plus en plus isolés, acculés, découragés par le prix que leur famille devait tous les jours payer, dans la plaine. Mais même si j'avais plusieurs fois échappé à diverses embuscades, on n'avait jamais réussi à m'arrêter. Car il n'y avait pas plus méfiant que moi. Jamais, tout le temps de ma clandestinité, je n'ai cessé de me fier à mon septième sens. Je n'avais jamais oublié non plus cet enseignement de Machuca – il vaut toujours mieux avoir l'air ridicule que de commettre une bourde – que j'avais si souvent entendu dans le Luchonnais.

J'avais toujours en tête cet enseignement lorsque j'étais entré dans la confiserie de la place de Canalejas à Madrid, que j'avais déjà plusieurs fois utilisée comme boîte à lettres. Ce matin de mai 1949, j'étais en train de flâner devant la vitrine, tâchant de repérer quelque signe anormal ou imprévu à l'intérieur, mais je n'avais rien remarqué. Peut-être n'y en avait-il pas à ce moment-là. Peut-être étais-je fatigué ou avais-je hâte de partir. J'étais en Espagne depuis six mois, plus de deux mois dans la capitale, la ville de mon épouse, un décor théoriquement plus sûr que n'importe quel autre, mais dont je me méfiais à chaque pas. Ce n'était qu'un mirage et j'en étais parfaitement conscient. Je savais qu'aucun flanc de montagne escarpé, couvert d'arbres touffus et de rochers, ne pouvait m'offrir de couverture semblable à celle d'un quai souterrain bourré de monde. Mais j'étais un homme de la montagne, et la possibilité de m'enfuir en courant vers le sommet me rassurait, m'inspirait une sécurité qui semblait s'évanouir dans les escaliers d'une station de métro.

Avant de pousser la porte, j'avais pensé à Inés, qui ignorait où je me trouvais et me bombarderait de questions lorsqu'elle le saurait. C'était sans doute pour cette raison que je n'avais pas vu ce que j'aurais dû voir. Ce voyage s'était mal passé dès le début, depuis que j'avais appris que je n'allais pas partir au mois d'août et qu'on m'avait dit par la suite que je ne le ferais pas non plus au mois d'octobre.

Les semaines s'étaient accumulées, les mois s'étaient remplis de jours désagréables, vides, une perte de temps, une oisiveté qui soulignait, comme jamais auparavant, que toute ma vie dépendait de ma femme – sur des aspects qui n'avaient rien à voir avec l'amour. Le Parti me versait un maigre salaire mensuel qui ne nous permettait même pas de payer le loyer. C'est Inés qui gagnait réellement de l'argent, c'est elle qui subvenait à tous nos besoins. Et chaque jour que je passais à Toulouse sans rien faire, j'avais l'impression de moi-même faire partie de ces besoins.

Durant les trois dernières années que j'avais vécues à naviguer entre la France et l'Espagne, sans participer à l'économie familiale, le restaurant avait commencé à se remplir même les mardis soir. Plus qu'un problème, cela avait toujours été une bonne nouvelle dont il fallait se réjouir. Et cela l'avait été jusqu'à ce que mes dernières vacances se prolongent à tel point qu'elles n'étaient plus des vacances. La succession de reports de mon départ m'avait soudain montré ma vie sous une lumière pas vraiment flatteuse. Voilà pourquoi j'avais été si heureux au mois de décembre de l'année précédente, lorsque j'avais pris l'identité de Gregorio Ramírez de la Iglesia, avec un faux passeport encore tout chaud en main. Cependant aucun autre voyage n'avait jamais été aussi pénible que celui-là.

J'avais déjà programmé mon retour et j'avais décidé de rester un bon moment en France pour monter n'importe quelle affaire en association avec un des camarades qui se trouvaient à Toulouse, avant de reprendre mes voyages – si toutefois j'avais la possibilité d'en faire encore, avant que le Parti ne décide d'abandonner la stratégie de la lutte armée. Voilà le détail qui avait fini par tout mettre sens dessus dessous. Je savais mieux que personne combien la situation était devenue insupportable pour mes chefs, mais la perspective d'accomplir des missions politiques dans des environnements que je connaissais mal ne me plaisait pas trop, même si je devais reconnaître que je ne pourrais résister longtemps à la tentation de la clandestinité. Je suppose que c'était un peu tout cela à la fois, sans compter la fatigue du dernier rendez-vous, que j'avais en tête lorsque j'étais entré dans cette confiserie. En tout cas, si le destin était en train de me faire de l'œil, moi, j'étais en train de regarder ailleurs à ce moment-là.

« Bonjour. »

J'ignorais si cet employé à lunettes était l'unique agent que nous possédions dans ce commerce, mais, en entrant, j'avais remarqué qu'il n'était pas seul. Dans le fond, devant le rideau de velours rouge qui séparait la boutique du laboratoire, deux hommes examinaient les gâteaux qui se trouvaient dans la vitrine. L'un d'eux se tenait trop près de l'autre employée, blonde, trente ans, mignonne, pour être un simple client. Comme elle ne parlait ni ne souriait à cet homme qui frottait effrontément sa cuisse gauche sur ses fesses, j'en avais conclu que cette irrévérencieuse proximité était due au fait qu'il était en train de la menacer avec son revolver caché sous son manteau posé sur son avant-bras.

« Bonjour, monsieur. » Le garçon m'avait répondu en ajoutant un « monsieur » que je ne me souvenais pas avoir entendu les fois précédentes.

Avant de fixer mes yeux sur le comptoir, je m'étais aperçu qu'il était extrêmement nerveux. Alors, l'homme qui n'était pas en train de se frotter à la jeune femme s'était avancé lentement, vers le comptoir opposé à celui qui se trouvait devant moi, puis s'était placé exactement dans mon dos. Et je n'avais pas eu à réfléchir à deux fois, pour décider que je n'allais surtout pas prononcer le mot de passe.

« Avez-vous des violettes ? » aurais-je dû demander. « Bien entendu, comment les préférez-vous, au caramel ou givrées ? » aurait-on dû me répondre. « Plutôt givrées », aurais-je dû conclure. Le garçon m'aurait alors fait un paquet avec du papier cadeau et, après m'avoir encaissé les confiseries, il me les aurait mises dans un sac contenant une enveloppe dans le fond. À l'intérieur, j'aurais dû y trouver les textes qu'il me faudrait remettre à un imprimeur clandestin après les avoir examinés et approuvés ou corrigés en accord avec les consignes qu'on m'avait envoyées depuis Toulouse, par un moyen inconnu de moi, plusieurs jours plus tôt. Ensuite, je serais retourné à ma pension sans autre mission que celle de me rendre à un rendez-vous – pour prendre congé de la personne qui devait venir me relever et dont je ne connaîtrais l'identité que lorsqu'elle se trouverait devant moi –, de faire mes valises et de retourner à la maison.

« Puis-je vous aider ? »

Lorsque l'employé, dont le visage était aussi blanc que les meringues se trouvant à sa gauche sur un plateau, s'était à nouveau intéressé à moi, j'avais déjà compris qu'il ne me restait plus qu'une solution, et que si j'arrivais à la mener à bien, Inés pourrait se targuer de m'avoir sauvé la vie une deuxième fois.

« Habille-moi comme si j'étais un homme distingué.

— Quoi ? »

Trois jours avant mon premier voyage, tandis que j'étais en train de réfléchir à mes bagages, j'avais regretté de ne pas trouver le fameux chandail marron, aux losanges rouges et bleus. Il avait disparu de tous les tiroirs. Nulle trace non plus de son compagnon vert bouteille. Inés les avait fait disparaître pour les remplacer par d'autres, plus discrets, avant de s'en prendre également à ma veste. Je m'habillais avec tout ce qu'elle m'achetait pour qu'elle soit satisfaite, sans penser que je pourrais un jour tirer parti de ses goûts.

« Oui. » Je m'étais expliqué plus clairement. « Imagine qu'un jour, au cours d'une mission, j'ai besoin d'avoir l'air d'être un ami de ton frère... Comment faudrait-il que je m'habille ? »

À ces mots, elle avait souri. C'était la première fois qu'elle souriait de bon cœur depuis quelques jours. Puis elle était allée vider tout le contenu de mon armoire sur le lit, en saisissant chaque pièce vestimentaire, l'une après l'autre, pour l'examiner minutieusement avant de la jeter sur l'oreiller ou la ranger avec soin à l'autre bout du lit. Puis après un long silence, une moue de dégoût était apparue sur ses lèvres.

« Ça ne convient pas. » Et elle avait secoué la tête avant de préciser : « Tu as besoin au moins de trois choses qui ne se trouvent pas dans cette armoire : un bon manteau, un bon chapeau et deux cravates en soie naturelle. Est-ce qu'il nous reste de l'argent ? »

Pendant l'hiver 1945, l'argent était encore mon affaire. C'est pour cette raison que j'avais refusé. Je lui avais dit non, pas question, que je ne voulais pas dépenser le moindre centime pour ces futilités. Mais elle s'était montrée inflexible.

« Très bien, alors n'en parlons plus. » Et elle avait commencé à replier tous les vêtements. « Car si tu es bien habillé, mais que tu n'as ni manteau ni chapeau, tout ce que tu vas réussir à faire, c'est attirer l'attention sur toi. »

Le manteau, long et épais, au tissu étrange, qui semblait avoir des poils sans être en peau, s'était révélé étonnamment léger par rapport à son volume. De couleur caramel, « camel » avait précisé Inés au cours de sa conversation avec l'employé, il était extrêmement cher mais m'avait plu. Cependant, j'aurais préféré éviter d'acheter le chapeau, pas seulement à cause de son prix onéreux, mais surtout à cause de sa parfaite inutilité. Je n'en avais jamais porté, je n'aimais pas ça. Voilà certainement pourquoi j'avais eu autant de mal à apprendre à le porter correctement.

« Non, allons, mais pas comme ça… » Elle était morte de rire devant ma maladresse. « Ce n'est pas une casquette ! Tu dois l'enfoncer par là, et baisser un peu le rebord, comme ça, et le relever un peu par là… Oui, très bien. Maintenant essaie tout seul… »

J'avais passé toute une soirée à apprendre à mettre le chapeau, et je ne m'étais pas trouvé spécialement beau, ni élégant, ni distingué, même si Inés avait pensé le contraire. Mais cela avait eu lieu en janvier 1945. Au mois de mai 1949, je ne renonçais jamais à le porter sauf si cela pouvait remettre en cause ma couverture. À présent, j'en avais plusieurs : chapeau d'hiver, de demi-saison et d'été.

Ce jour-là, j'étais entré à la confiserie avec la plus indiquée des tenues. Je portais une gabardine anglaise sur les épaules, que je m'étais achetée tout seul dans une boutique de la Gran Vía. Je savais parfaitement qu'habillé de cette façon je pouvais facilement jeter un doute sur les soupçons des policiers qui m'attendaient. Le frottement du feutre sur mon front, et la raideur de la toile sur mes épaules m'avaient aidé à jouer le rôle qui était le meilleur pour moi.

« Si vous voulez quelque chose en particulier… »

Et c'est ce rôle que j'avais endossé juste après que l'employé m'eut proposé son aide.

« Non, je vous en prie, servez ce monsieur. » Et je m'étais retourné vers l'homme qui se trouvait dans mon dos. « Il était là avant moi.

— Ne vous en faites pas. » J'avais perçu la surprise dans sa voix. « Je ne fais que regarder.

— Ah ! Bon… Alors voilà : je dois faire un cadeau à ma belle-mère, et j'ai remarqué ces bonbonnières qui sont là. » Le garçon s'était retourné et avait saisi une boîte en cristal ciselé, mais je ne l'avais pas laissé faire jusqu'au bout. « Non, pas celle-là. Je voulais parler de celles qui se trouvent tout en haut, celles qui sont en métal. Celles-ci, oui, vous voulez bien me les montrer ? »

Il s'agissait de deux sphères en métal émaillé, peut-être du bronze, avec une technique qui porte un nom français. J'avais entendu Inés en parler quelquefois, mais à ce moment-là il m'avait échappé. J'avais écarté la plus grande, décorée d'un motif vaguement chinois, car le couvercle se retirait complètement. La plus petite, qui représentait un globe terrestre, possédait un fermoir métallique sur le devant qui permettait de soulever l'hémisphère Nord soutenu par une charnière qui paraissait plutôt solide. J'avais pris la bonbonnière dans mes mains, pour estimer son poids, puis je m'étais approché de la vitrine, comme si je voulais l'examiner à la lumière du jour.

« Je crois que je vais prendre celle-ci », avais-je proclamé à haute voix, tout en étudiant du coin de l'œil la vitrine qui protégeait de la rue les tartes et les gâteaux disposés à diverses hauteurs sur des consoles en verre. « L'autre est plus féminine, n'est-ce pas ? Mais les couleurs sont moins vives… » En face de la confiserie, de l'autre côté d'un trottoir où passait un flux continu de gens, il y avait un feu tricolore qui pour l'instant était vert. « C'est de l'émail, n'est-ce pas ?

— Oui. » J'avais à nouveau observé l'employé et, voyant qu'il avait repris des couleurs, j'avais compris que ce n'était pas lui qui avait trahi. « Du *cloisonné**.

— Bien entendu, du *cloisonné**. » J'avais prononcé le mot avec un accent impeccable, tandis que le feu passait à l'orange, avant d'utiliser une phrase typique d'Inés qui m'avait toujours semblé un peu stupide. « Merci, j'avais oublié le mot. Très bien, je vais choisir celle-ci, mais je ne voudrais pas l'offrir vide… Avec quoi pensez-vous que nous pourrions la garnir ? »

Un instant plus tard, le feu était passé au rouge, il m'avait semblé apercevoir la lumière verte d'un taxi libre à travers la silhouette des passants qui pullulaient sur le trottoir. Maintenant, avais-je décidé.

« Eh bien, nous avons… » Maintenant. L'employé s'approchait des bocaux de verre remplis de friandises de toutes les couleurs. Maintenant. « Des caramels, des bonbons, des *marrons** … »

Avant qu'il n'ait eu le temps de dire « *glacés** », j'avais levé mon bras et lancé la bonbonnière de toutes mes forces sur la vitrine. Et, tout en écrasant les tartes, les gâteaux, les boîtes de bonbons et les plateaux de friands, je m'étais jeté sur la paroi de verre brisée pour agrandir le trou avec mon corps. En traversant la vitre, je m'étais protégé la tête en croisant les bras devant mon visage. J'avais d'abord cru être indemne – pas comme le pauvre homme que la bonbonnière avait jeté à terre, provoquant une bousculade de passants charitables que j'avais contournés à toute vitesse tandis que je levais la main pour faire un signe au chauffeur de taxi qui attendait au feu. En montant dans la voiture, j'avais vu une tache de pâte rosâtre, sur ma chaussure – un petit tas de chantilly avec deux fraises écrasées. Lorsque j'avais pris place sur la banquette, une douleur aiguë m'avait transpercé le côté droit, et je n'avais pas reconnu ma voix quand j'avais indiqué l'adresse à laquelle je n'avais jamais eu recours jusqu'ici.

« Bonjour. » J'avais très lentement corrigé ma posture, mais la douleur n'avait pas cessé. « Au marché de la rue Santa Isabel, s'il vous plaît.

— Qu'est-ce qui s'est passé, m'avait-il demandé tout en démarrant. On dirait qu'on a cassé la vitrine de la pâtisserie ?

— Je n'en sais rien… » Je m'étais appuyé sur la banquette, en étirant mon corps le plus possible, et la douleur s'était quelque peu atténuée. « Je n'ai rien vu. »

Au total, ma fuite n'avait pas excédé deux minutes, mais en arrivant rue Antón Martín, je savais déjà que les choses ne s'étaient pas bien passées du tout. Lorsque j'avais senti un liquide chaud et épais sur ma main droite, j'avais pris ma gabardine pour la placer sur le devant de mon corps.

Je voulais comprimer la blessure, mais je m'étais coupé avec un bout de verre avant d'y parvenir. J'avais donc décidé d'attendre. Par chance, le chauffeur de taxi n'était pas bavard, le quartier de Lavapiés n'était plus très loin, et le paseo du Prado était aussi dégagé que la rue d'Atocha. Après avoir payé la course maladroitement, de la main gauche, j'étais descendu du véhicule en serrant les dents. J'avais attendu que son chauffeur se perde vers le bas de la rue et j'avais traversé très lentement, en surveillant mes pas, et le sang qui dégoulinait de ma gabardine vers mes chaussures, doucement au début, plus abondamment lorsque je m'étais enfin engouffré dans la rue Buenavista. En pénétrant dans l'entrée du numéro 16, je ne parvenais plus à me tenir droit. Plié en deux, j'avais pu voir dans la pénombre mes traces, de la crème, de la confiture et du sang, tout le long des marches de l'escalier. En arrivant en haut, lorsque j'avais appuyé sur le bouton de la sonnette de la porte D, j'étais sur le point de m'évanouir.

« Les oranges, en hiver… »

L'homme qui m'avait ouvert la porte m'avait attrapé sous les aisselles avant que je ne parvienne à finir de prononcer le mot de passe. Je n'avais pas perdu tout à fait connaissance, mais je n'avais pas eu vraiment conscience de ce qui s'était passé pendant les minutes suivantes. Par la suite, ces gens m'avaient raconté qu'ils étaient en train de manger lorsque j'étais arrivé, et qu'ils avaient tout débarrassé pour m'allonger sur la table. Je conservais un vague souvenir de cette scène, mais je ne me rappelais plus leur avoir dit de nettoyer l'escalier – ce que, semble-t-il, j'avais fait. Ce que je ne pourrais jamais plus oublier, en revanche, c'est la forme triangulaire du poignard de verre qui s'était enfoncé dans mon ventre, ni ce que j'avais dit lorsque la maîtresse de maison s'était préparée à le retirer.

« Non… Non, il vaut mieux…

— Ah ! Mon Dieu ! s'était-elle exclamée lorsqu'un jet de sang avait giclé, éclaboussant même la lampe. « Mon Dieu, mon Dieu ! »

À partir de cet instant, je ne m'étais plus souvenu de rien, jusqu'à ce que je me réveille dans le noir et dans un lit inconnu. J'avais senti quelque chose à mon bras droit et, à tâtons, avais compris que j'étais branché à un tuyau. J'avais également senti une douleur diffuse et amortie qui, sans cesser d'exister dans l'instant, était en même temps un souvenir et un pressentiment de la même douleur. Cette dernière avait suffi pour me faire comprendre que je ne pouvais pas élever la voix, ni frapper contre le mur pour attirer l'attention. Je ne pouvais rien faire d'autre que dormir, et c'est ce que j'avais fini par faire, à plusieurs reprises. Puis en me réveillant pour la énième fois, j'avais eu chaud. Je m'étais découvert. Je m'étais aperçu que j'avais faim. Mais il ne s'était rien passé, il s'était juste écoulé un minuscule laps de temps, aussi lent que les gouttes de sérum qui pénétraient dans mes veines sans s'annoncer, et puis j'avais ressenti le besoin de me couvrir à nouveau. Et au même moment, la porte s'était ouverte. Mes yeux, tuméfiés par l'obscurité, m'avaient fait mal lorsqu'ils avaient rencontré la lueur jaune d'une petite lampe éclairant un couloir.

« Eh bien, dis donc ! Il est réveillé... » Une voix de femme venait de me ramener au monde. « Heureusement, quelle trouille. Comment te sens-tu ? Tu as faim ?

— Énormément.

— Ça ne m'étonne pas. Ça fait plusieurs jours que tu n'as rien mangé. » Elle m'avait souri avant de se lever. « Attends un instant, je reviens tout de suite... »

Elle était revenue un peu plus tard avec un plateau et, dans ses jupes, un gamin d'une douzaine d'années qui était resté sur le pas de la porte, à me regarder.

« C'est mon fils, Rubén. » Sa mère, la quarantaine passée, petite, boulotte, était très agréable et sentait les produits de ménage. « Ne t'inquiète pas, il a l'habitude... »

À sa façon de m'aider à me redresser et de m'accrocher une serviette au col d'un pyjama que je ne connaissais pas, avant de placer le plateau sur mes jambes, je m'étais aperçu qu'elle n'était pas moins habituée que son fils à s'occuper d'hôtes comme moi.

« Tu vas pouvoir manger tout seul ? » J'avais hoché la tête en attaquant le bouillon du *cocido*. « Aujourd'hui, je n'ose pas te donner autre chose. Nous verrons ce que va dire le médecin... »

Le 18 juillet 1936, Guillermo García Medina avait déjà fini ses études de médecine, mais il lui manquait une année pour compléter sa spécialité. La guerre avait triplé ce délai et lui avait offert une bonne dizaine de spécialités à choisir, mais dans son cas, les vainqueurs n'étaient disposés à reconnaître ni une chose ni l'autre. Il l'avait appris à temps – juste avant de réclamer un diplôme qui l'aurait conduit tout droit en prison pour avoir adhéré à la rébellion – et s'était résigné à ne pas exercer son métier. Mais il l'avait cependant exercé, car lorsque je l'avais connu, voilà plus de huit ans qu'il le faisait de façon clandestine.

« Je n'ai encore jamais changé le visage de personne, m'avait-il dit avec un grand sourire, la première fois que je l'avais vu. Mais ça peut venir... »

Il était arrivé vers minuit, habillé en employé de bureau, avec une mallette plus en accord avec son allure qu'avec les instruments qu'il transportait à l'intérieur. Il avait un an de plus que moi et était un peu plus grand. Il avait toujours été très mince, même avant la guerre, et portait des lunettes rondes passées de mode. Il avait un teint olivâtre, un long visage, une vague allure d'homme de l'ancien temps peint par le Greco. De prime abord, il m'avait paru sévère, voire austère, mais il avait démenti cette impression en moins de temps qu'il ne m'avait fallu pour le penser. Il aimait parler, possédait un sens de l'humour indéniable, et le don d'inspirer immédiatement confiance.

« Tu sais ce qui s'est passé ? lui avais-je demandé, craignant de questionner mon hôtesse. Comment ça c'est fini ?

— Comment ça c'est fini... » Il avait cessé de m'examiner pour me regarder, les yeux écarquillés. « De quoi parles-tu ?

— Du coup de filet.

— Le coup de filet ? » Il avait hoché la tête et avait à nouveau étudié ma blessure. « Je n'en sais rien du tout. Demande à Carmen, ou à Cipri. Moi, je ne suis pas communiste.

— Ah bon ? »

Il avait souri à ma perplexité.

« Et non. Je vais t'expliquer... » Il avait fait une pause et rajusté ses lunettes en me regardant. « Même si ça peut sembler étrange, il y a plusieurs millions de personnes, de par le monde, qui ne sont pas communistes, tu sais ? » J'avais ri et j'avais eu mal. « Je t'ai dit de ne pas rire. Tu ne dois pas faire de mouvements brusques.

— Mais alors, si tu n'es pas communiste... Qu'est-ce que tu fais ici ?

— Eh bien… » Il avait haussé les épaules avant de poursuivre. « Tu avais le foie complètement déchiré, le ventre rempli de bouts de verre et une putain d'énorme hémorragie interne. Je pense que tu avais besoin d'un médecin, n'est-ce pas ? Et moi, je ne suis pas communiste, mais en revanche je suis médecin.

— Merde alors ! » En entendant ce diagnostic, j'avais cessé de m'inquiéter de son idéologie. « Tu vas m'opérer ?

— Non. C'est déjà fait. » Et il avait souri à nouveau. « À deux reprises. Tu vas mettre du temps à récupérer, mais pour cette fois tu vas t'en sortir. »

Guillermo García Medina, antifasciste affilié à aucun parti, n'était pas communiste, mais c'était un des meilleurs camarades que j'aurais désormais dans ma vie. Généreux et constant, courageux, loyal comme personne, il avait été mon principal contact avec le monde pendant six mois, avant que je puisse retourner à Toulouse. Sans lui, je n'y serais jamais parvenu, car Cipriano et Carmen, les occupants de cet appartement réservé pour les cas d'extrême urgence, non seulement n'avaient aucun contact direct avec l'organisation du Parti, mais ils avaient interdiction de la joindre.

« Nous ne sommes au courant de rien, m'avait répondu Cipriano lorsque je lui avais demandé de l'aide. Notre rôle est d'être là et de ne rien savoir. »

Leur fonction se limitait à cacher les clandestins en difficulté, à attendre que se présentent des hommes comme moi, à les loger, les nourrir, les soigner et les aider à récupérer pour quitter les lieux le plus vite possible. Seul cet isolement total pouvait garantir la sécurité de cet appartement qui comptait avec une protection supplémentaire, car la petite sœur de Carmen était mariée avec un garde civil, héros de la Croisade – c'est ainsi que les franquistes avaient baptisé leur coup d'État. C'est tout ce qu'ils avaient pu me raconter, en ajoutant le fait qu'ils avaient reçu le numéro de téléphone du docteur sur une carte postale qui ne comportait pas de nom d'expéditeur. J'avais donc compris que, à partir de là, je devais me débrouiller tout seul sans compter sur l'aide de quiconque. Et ce n'était pas facile.

En plus de regretter la perte de mon manteau, qui était resté dans une pension de la rue Hortaleza avec le reste de mes bagages, je ne pouvais prendre contact avec aucune des personnes avec lesquelles j'avais travaillé ces derniers mois. J'ignorais si, après l'épisode de la vitrine de la confiserie, il y avait eu d'autres arrestations ou pas, ainsi que l'ampleur de ce coup de filet. Je craignais de paraître ridicule une fois de plus. Si les hommes auxquels j'avais échappé étaient vraiment des policiers, ils avaient eu tout le temps de voir mon visage et, en ce moment, mon portrait devait circuler dans tous les commissariats. Malgré cela, il y avait une possibilité qu'ils ne soient pas remontés jusqu'à la pension où j'avais été enregistré sous le nom de Gregorio Ramírez de la Iglesia, une identité inconnue pour l'employé de la confiserie, mais même si ma respectable patronne avait préféré garder mes affaires qu'aller déclarer ma disparition, je ne pouvais pas changer la photo du passeport ni repartir avec. Voilà pourquoi, après y avoir longuement réfléchi, j'avais fini par me dire que le chemin le plus long finirait par devenir le plus court, et lorsque le médecin était revenu me faire une visite, je lui avais demandé un service.

« Est-ce que tu accepterais que j'écrive une lettre à ma femme, avec un code qui ne pourrait pas te compromettre, et que je mette ton nom et ton adresse en expéditeur ? » Il avait froncé les sourcils, comme s'il ne comprenait pas le sens de la question. « En ce moment, je n'ose utiliser aucune de mes identités. Il est possible qu'à la poste on connaisse mon adresse à Toulouse et qu'on contrôle celle de l'expéditeur.

— Oui, pas de problème, mais… Je comprends, c'est pour qu'on sache que tu es ici, n'est-ce pas ? Je peux l'écrire moi-même, si tu veux. »

Il avait ouvert sa mallette et en avait tiré un bloc de papier à lettres dont l'en-tête avait attiré mon attention – le dessin d'un camion en train de circuler sur une route. J'avais l'impression d'avoir déjà vu ça quelque part. En tournant la tête vers la table de nuit, j'avais vu que le feuillet sur lequel Carmen consultait mon traitement était identique.

« Mais d'où sort donc ce papier ? » Il m'avait à nouveau regardé comme s'il ne comprenait pas. « On dirait…

— Une entreprise de transports, avait-il confirmé. Je travaille là-bas. Je t'ai déjà dit que je ne suis pas officiellement médecin, n'est-ce pas ?

— Oui, mais cela va aussi nous rendre la tâche plus facile. » Je m'étais tellement enthousiasmé que je m'étais redressé trop brusquement et ma cicatrice avait protesté. « Ma femme travaille dans un restaurant. Tu peux lui écrire là-bas comme si elle attendait une livraison… Il faut que ce soit un produit qui vienne des Asturies, des bouteilles de cidre *El Gaitero*, par exemple, c'était mon surnom lorsque j'étais dans la montagne.

— Très bien, je peux lui dire de ne pas s'inquiéter, que j'en ai trouvé, mais que comme elles sont très fragiles, je les ai mises de côté pour ne les lui envoyer que lorsque je serai sûr qu'elles arriveront en bon état.

— Parfait. »

Avec toutes mes années de clandestinité, je n'aurais pas fait mieux.

« Comment s'appelle ta femme ?

— Inés Ruiz Maldonado, mais marque plutôt Inés de la Torre Sánchez.

— Je me demande comment vous faites pour ne pas vous mélanger les pédales. » Il avait souri. « Avec tous ces faux noms… Et le restaurant ?

— *Casa Inés*. » Et pour une raison que je ne comprenais pas, son sourire s'était transformé en éclat de rire. « Boulevard d'Arcole…

— Cinquante-deux, n'est-ce pas ?

— Non, avais-je murmuré. Cinquante-quatre, mais… Comment le sais-tu ?

— Parce que c'est une de mes clientes. Il n'y a même pas un mois, je lui ai envoyé quatre-vingt-dix litres d'huile d'olive. »

À ces mots j'aurais dû me mettre en colère. Et de fait, j'avais plié ma langue dans ma bouche afin de me la mordre violemment pour la première fois depuis bien longtemps. Il y avait vraiment de quoi. Depuis qu'elle avait commencé à cuisiner à la taverne jusqu'à ce qu'on se dise au revoir la dernière fois, Inés n'avait cessé de m'emmerder avec cette histoire. « Mais enfin, me répétait-elle constamment, en me pilonnant toujours au même rythme comme si mes oreilles étaient deux gousses d'ail au fond d'un mortier, est-ce que nous n'envoyons pas régulièrement des gens en Espagne ? Et en Espagne, il n'y a vraiment personne qui puisse nous expédier quelques petits bidons de rien du tout ? Je ne sais pas moi, quatre-vingts litres, cent... Ce n'est absolument rien pour un camion ! »

Au début, je ne savais même pas si je devais me fâcher ou sourire devant une chose aussi extravagante, mais l'idée de la satisfaire ne m'avait même pas traversé l'esprit. Je ne pouvais tout de même pas utiliser l'organisation du Parti pour satisfaire ma femme. Cependant elle, qui aurait dû le savoir aussi bien que moi, ne s'était jamais avouée vaincue. Une dictature ne serait jamais pour elle une raison suffisante pour abandonner. Voilà pourquoi, en apprenant qu'elle avait profité de mon absence pour organiser un réseau qui, par l'intermédiaire d'un inconnu de Jaén, aboutissait à l'homme qui était en train de sourire à mon chevet, j'avais pensé que j'étais sauvé. Il ne s'était d'ailleurs pas passé longtemps avant que celui-ci ne me le confirmât.

« Je crois qu'en fin de compte, je vais me décider à adhérer à ton parti, ne serait-ce que parce que c'est la seule chose qui fonctionne bien en Espagne... »

Nous avions calculé que la lettre mettrait cinq ou six jours à parvenir à sa destinataire. Au huitième jour, alors qu'il sortait de son travail, une inconnue lui avait demandé l'heure et, tandis qu'il regardait sa montre, elle avait précisé qu'elle était intéressée par quelques bouteilles de cidre. Ensuite, elle l'avait pris par le bras pour faire un bout de chemin avec lui dans la rue. Elle n'était pas mal du tout, avait-il ajouté, je t'assure. Puis ils étaient entrés dans un café. La femme avait choisi une table isolée et là, sans cesser de lui sourire, ni de faire semblant de vouloir le séduire, elle lui avait raconté tout ce que je devais savoir.

Le coup de filet avait capoté presque avant de commencer. Le pauvre employé ignorait que sa maîtresse, la blonde mignonne qui était mariée avec le patron, le relayait avec un livreur qui lui plaisait davantage, peut-être parce que c'était un voyou et qu'il avait sans cesse besoin d'argent. C'était ce dernier qui avait mouchardé. La blonde lui avait raconté que l'employé était communiste sans imaginer ce qui risquait de se passer. Elle n'aimait pas la police, mais lorsque cette dernière était venue frapper à sa porte, elle avait pris peur et avait proposé de collaborer. Notre camarade, à qui sa maîtresse avait extorqué le jour et l'heure du rendez-vous, avait résisté à tout, et n'avait pas parlé. Il n'y avait pas eu d'autres arrestations ensuite, même si le réseau auquel il appartenait avait été désactivé pour des raisons de sécurité. Malgré tout, il me faudrait demeurer, pendant un temps indéterminé, dans le secret absolu où j'avais vécu ce dernier mois.

« J'ai rendez-vous avec elle après-demain, m'avait annoncé le docteur García avec un sourire, qui soulignait que son travail lui donnait ce genre de bonheur quelquefois. Elle va me donner la clé d'un local à charbon, dans un immeuble de bureaux qui possède quatre entrées, deux sur la Gran Vía et deux sur la rue Desengaño. Il va être en travaux tout l'été, et le contremaître est des vôtres. Ensuite nous trouverons bien autre chose... »

À la fin du mois de novembre 1949, alors qu'il manquait moins de trois jours pour que mon absence ait atteint une année, je m'étais arrêté devant une porte en verre portant une enseigne sérigraphiée que j'avais craint de ne plus revoir de ma vie, « *Casa Inés, La cuisinière de Bosost* ». En cet instant, la même peur que j'avais éprouvée au mois de mai dans le taxi, lorsque j'avais senti la consistance épaisse et chaude de mon propre sang, m'avait soudain à nouveau saisi. Peut-être même plus intense. J'étais revenu, mais je n'y croyais pas, et je ne savais pas si les gens qui se trouvaient derrière cette porte accepteraient de le croire. Je me sentais un autre homme, plus absent, plus vieux, différent de celui qui avait ses habitudes dans ce lieu, qui s'y sentait comme chez lui. En me dressant sur la pointe des pieds pour scruter l'intérieur, par-dessus les rideaux en dentelle qui le protégeaient de la curiosité des passants, j'avais aperçu une femme en train d'installer de petits vases de fleurs sur les tables. Je la connaissais depuis tant d'années, je n'aurais pas pu ne pas la reconnaître et cependant j'avais douté de mes yeux. Elle était à la fois là et en même temps très lointaine, comme dans un film, une gravure ancienne aux couleurs passées, éteintes, fanées.

Un an seulement avait passé, mais le voyage s'était mal déroulé dès le début et l'inquiétude que je ressentais toujours au retour était bien plus grande. Il ne s'était écoulé qu'une année, mais pendant plus de la moitié du temps, j'étais demeuré en marge du monde, mort, ou comme si je l'étais. Un an c'était long. Je m'en étais rendu compte à la taille des lauriers qui se trouvaient devant cette porte.

Inés avait absolument voulu les planter là, flanquant l'entrée dans deux énormes jardinières de terre cuite. « Ils sont beaux, disait-elle, et même élégants. Et en plus, lorsqu'ils vont grandir, ils vont être encore plus magnifiques… » Lorsque j'étais parti, ils n'étaient que deux petits buissons fragiles, rachitiques, avec des branches presque nues, quelques petites feuilles tendres et chétives, à peine plus consistantes que des pétales de fleur. Lorsque j'étais revenu, c'étaient deux haies moyennes, mais très touffues, au feuillage épais, parfumé, d'un vert sombre et persistant. Je ne leur avais pas manqué à eux. Je ne savais pas non plus tout ce qui avait grandi et changé, tout ce qui était né ou mort, pendant mon absence. La peur de le découvrir m'avait paralysé, bloquant ma main sur la poignée de la porte. Mais il était en train de pleuvoir, j'avais réussi à rentrer à la maison, et ma maison n'était certainement pas ce trottoir de Toulouse. Voilà pourquoi, et aussi parce qu'un vent glacial giflait les branches de ces lauriers comme s'il avait quelque raison de les punir, l'homme que j'étais et celui que je n'étais pas certain d'être encore, étions entrés en même temps chez *Casa Inés*.

« *Plus tard, s'il vous plaît*[*]. » Angelita, qui finissait de placer les derniers vases sur les tables, s'était contentée de me renvoyer avec le discours qu'elles utilisaient pour faire fuir les mendiants. « *Maintenant, nous n'avons rien pour vous. La cuisine est encore fermée*[*]… »

J'avais essayé de prononcer son nom, mais ma voix n'avait pas pu émettre le moindre son, et je m'étais lentement dirigé vers elle, pour écouter la même excuse dans notre propre langue :

« Venez tout à l'heure après la fermeture, pour l'instant nous n'avons rien à vous donner. » Elle avait enfin levé la tête et m'avait regardé plus attentivement. « Vous ne voyez pas que la cuisine ?… Aïe, mon Dieu ! » Et, à l'expression de son visage, j'avais compris que mon allure devait être bien pire que je ne l'avais supposé. « Inés ! Inés ! Viens ! Vite ! »

J'étais arrivé jusque-là dans un camion de l'entreprise où travaillait Rafael Cuesta, le pseudonyme sous lequel le docteur García cachait sa véritable identité pour des raisons qu'il m'avait laissé le soin d'imaginer. Cet été, tandis que je passais mes journées dans un local à charbon propre et frais, bien aéré, mais sans autre compagnie que les livres et les journaux qu'il me prêtait, j'avais fini par regretter la présence de Rubén, qui était très turbulent mais jouait fort bien aux échecs. Je n'avais pas eu la moindre visite, ni dans la journée ni le soir. Pendant qu'il faisait jour, je n'avais jamais osé utiliser la sortie de secours qui donnait sur une ruelle. En revanche, à la nuit tombée, lorsque le bâtiment se vidait, je sortais pour m'étirer les jambes et je marchais le plus longtemps possible. Je choisissais toujours des rues larges et très fréquentées, parfois la rue d'Alcalá jusqu'aux jardins du Retiro, parfois le Paseo du Prado, jusqu'à la gare d'Atocha, d'autres fois je prenais l'avenue Castellana jusqu'à l'hippodrome, ou je descendais la Gran Vía jusqu'au Campo del Moro.

Ces promenades me faisaient du bien, mais elles m'obligeaient à négocier avec ma faim. Le contremaître m'apportait tous les lundis et tous les jeudis un paquet avec de la nourriture, suffisamment pour ne pas trop en souffrir. L'après-midi, il venait régulièrement toquer à la porte, me demandait si tout se passait bien, si j'avais besoin de quelque chose et il repartait aussitôt après avoir tiré les provisions de son sac à outils. Mon régime, en plus d'être léger, était monotone, des sardines à l'huile, des harengs fumés, quelques fruits, du fromage, des biscuits, et, systématiquement un paquet de pâte de coing. Je n'avais jamais osé lui demander pourquoi il m'apportait toujours de la pâte de coing, qui était bon marché bien sûr, mais ni plus ni moins que d'autres choses qu'il aurait pu mettre dans son sac. Il devait adorer ça. Moi, j'avais toujours cru détester ce genre de douceurs, mais cet été-là je l'avais dévorée avec un plaisir authentique. Plus tard, lorsque j'en remangerais, je détesterais à nouveau ça.

La pâte de coing ne me procurait pas vraiment de plaisir, mais le docteur García, qui m'avait prescrit de marcher, s'était également occupé de cela. On se retrouvait tous les deux ou trois soirs, chaque fois dans un lieu différent convenu pendant notre rencontre précédente, et l'on se promenait ensemble. Ensuite, arguant du fait que je ne pouvais pas consommer de calories sans les reconstituer, il m'invitait dans quelque taverne du centre, sombre et minuscule, discrète et populaire, où je demandais ce qu'il y avait de moins cher. Affamé comme je l'étais, j'étais incapable de résister à la tentation, mais une fois l'estomac plein, je me sentais coupable d'abuser de la gentillesse du docteur García qui se prolongeait semaine après semaine, sans que ni lui ni moi ne sachions quand cela cesserait.

« Quoi ? » Et il éclatait de rire lorsque je lui avouais que je me sentais fautif. « Un morceau d'omelette ? Un chorizo à la poêle ? Tu crois que c'est ça qui va me ruiner ? »

Pendant ce temps, nous ne cessions de parler. Je lui racontais ma vie et lui me racontait la sienne, qui quelquefois me semblait carrément invraisemblable, plus aventureuse encore que la mienne, même s'il n'avait jamais été au front ni bougé de Madrid. Pendant ce temps, les choses s'étaient mises à changer sans que rien ne change pour moi. Ainsi, en septembre, lorsque les employés de bureau étaient revenus travailler, il m'avait trouvé une occupation pour gagner quatre sous. Il me fallait libérer le local à charbon et une des secrétaires de son entreprise, Juana, une femme silencieuse et discrète, veuve d'un républicain, louait des chambres. Elle habitait avec ses parents dans une petite maison près du Manzanares, dans une colonie isolée où aucun des voisins ne risquait de remarquer un nouvel habitant.

« Là-bas, tu seras bien, mais je ne peux pas te payer le loyer, je ne gagne pas assez d'argent. J'en ai parlé à Rita et...

— Rita ?

— Oui. » Il avait souri. « La fille aux bouteilles de cidre. Elle s'appelle Rita.

— Tu ne perds pas de temps, toi... » Mais il avait refusé de m'en dire davantage. « N'est-ce pas ?...

— En tout cas, nous savons déjà comment nous allons te tirer de là. L'entreprise pour laquelle je travaille ne fait pas que des transports à l'intérieur de la péninsule. Le patron a de très bonnes relations avec le régime et certains de ses clients encore plus que lui. Alors en graissant la patte parci par-là nos camions entrent parfois en Espagne chargés de produits libres de droits de douane. À l'aller, ils sont pleins, pour ne pas attirer l'attention, mais ils déchargent la marchandise près de la frontière et ils ne sont pas contrôlés par la douane. Rita a fait des recherches et a trouvé un chauffeur à qui l'on pouvait faire confiance. Lors de la prochaine expédition irrégulière, je m'arrangerai pour que ce soit lui le chauffeur, mais je n'ai pas la moindre idée de la date à laquelle ça se passera. En attendant, je peux te placer au magasin et discuter avec Juana pour qu'elle te loue une chambre à la semaine. Tu gagneras juste de quoi manger et te loger, mais... »

Il n'est de meilleure vie que la clandestinité. Qui ne soit meilleure, et surtout pire. En 1949, lorsque j'en étais définitivement sorti, j'avais eu l'occasion de l'appréhender sous tous les angles. Guillermo García Medina allait m'accompagner pour le restant de ma vie. Et presque vingt ans plus tard, lorsque j'avais eu l'occasion de lui rendre le service qu'il m'avait rendu, j'avais continué à me sentir en dette envers lui.

« Et toi, tu n'as jamais pensé à partir dans un camion ? » Le dernier soir, je l'avais invité à dîner dans son restaurant favori. « Ce serait vraiment facile pour toi.

— J'y ai souvent pensé, ne crois pas, mais j'ai toujours un patient en train de m'attendre dans un sous-sol où dans une mansarde. » Il avait souri. « Il y a toujours quelqu'un avec les tripes à l'air quelque part, ou une femme sur le point d'accoucher, un blessé par balle, un prisonnier qu'ils ont relâché, la tête ouverte... J'aime le métier de médecin. C'est ce que je sais faire de mieux.

— Alors, je ne sais comment je vais pouvoir te payer tout ça.

— Tu m'as déjà payé, et par anticipation. Si tu n'avais pas traversé une vitrine avec ton foie, cet été, je serais mort d'ennui. » Et il avait ajouté quelques mots, qu'à de légères variantes près j'avais déjà entendus, et même prononcés des centaines de fois. « Ça me fait du bien, tu sais ! C'est la seule chose qui me permet de bien me sentir.

— Je comprends... J'ai un ami qui prétend qu'il n'est de meilleure vie que la clandestinité. Ni meilleure, ni surtout pire.

— Et il a raison. » Il avait levé son verre pour trinquer. « Je t'assure.

— Tu crois ? » J'avais trinqué à mon tour sans grande conviction. « Je n'en suis pas si sûr... »

Puis il m'avait accompagné au magasin et m'avait présenté Herminio, le chauffeur de camion, qui avait déjà ouvert un passage, comme un couloir, entre deux murs de caisses de pommes de terre pour que je puisse atteindre le fond, afin d'aller m'asseoir le dos contre la cabine. Lorsqu'il m'avait souhaité bonne chance, je ne pouvais déjà plus voir son visage. Avant de démarrer, ils avaient remis les caisses qui manquaient à leur place. Et c'est ainsi, emmuré entre des caisses de pommes de terre au cas où la garde civile nous aurait arrêtés, que j'étais arrivé à La Junquera. Le voyage avait duré toute la nuit et une bonne partie du lendemain, mais il n'avait pas été aussi effroyable que je l'avais craint au début, car Herminio avait soulevé la trappe qui faisait communiquer la cabine avec la plateforme de derrière et il avait fait tout le trajet fenêtres ouvertes pour me permettre de bien respirer et me prévenir à l'avance des arrêts. Avant de décharger les pommes de terre, il avait emprunté un chemin forestier et s'était garé sous les arbres pour rouvrir le même couloir.

« Reste ici. Je reviens te chercher. »

Je l'avais aidé à compléter à nouveau la cargaison du camion et attendu un peu moins d'une heure. C'est alors qu'avait commencé le pire. Lorsqu'il était revenu, il n'y avait plus que quelques sacs vides. Il les avait mis sur le côté pour soulever une trappe et me montrer un habitacle de métal, sombre et étouffant, destiné à transporter des outils et une seconde roue de secours.

« N'ouvre surtout pas les yeux, m'avait-il recommandé lorsque je m'étais incrusté dans cet espace réduit, en me doutant que ç'allait être pire que de traverser à pied. Ferme les yeux, pense à quelque chose d'agréable. J'espère qu'on ne va pas avoir trop d'attente à la douane… »

Il s'était détourné de sa route pour me rapprocher de Toulouse, mais il m'avait laissé très loin du centre et j'avais oublié de lui demander de me prêter une pièce de monnaie pour téléphoner. Je n'avais que des pesetas dans mes poches et comme je n'avais pas trouvé d'endroit où les changer, j'étais arrivé au restaurant à pied, sous la pluie. Tous mes os me faisaient mal. Voilà des mois que je ne m'étais pas coupé les cheveux, je m'étais laissé pousser la barbe pour être plus difficile à identifier et je portais des vêtements qui ne m'appartenaient pas, un pantalon de travail et une veste de coton sans col bleu foncé – l'uniforme de l'ouvrier madrilène qu'on m'avait remis lorsque j'avais commencé à travailler au magasin. Lorsque Inés m'avait aperçu en sortant de sa cuisine, elle n'avait même pas pris la peine, cette fois-là, de retirer sa toque avant de courir vers moi.

« Galán ! » Elle avait grossi, ses seins étaient ronds, bien pleins, bien plus gros que la dernière fois que je l'avais vue. « Galán ! »

J'avais senti l'odeur douceâtre, si particulière du lait, et ce coup-ci mes yeux s'étaient remplis de larmes avant les siens.

« Mais que t'est-il arrivé ? » Car avant de venir jusqu'à moi, elle avait freiné, comme si en me voyant de près, elle avait découvert que je n'étais plus l'homme qu'elle attendait. « Tu as diminué de moitié. Tu n'as plus que la peau sur les os... »

Elle avait tendu les mains vers moi tout en me regardant d'un air bizarre et presque douloureux. Ensuite, au début tout doucement, comme si elle avait eu peur de me faire mal, de me faire tomber du bout de ses doigts, elle m'avait caressé les cheveux, le visage, les bras. J'étais demeuré immobile, la regardant faire, sans même oser la toucher tandis que j'observais ses mains si blanches, son tablier immaculé, et son visage rond, mystérieusement rosé et enfantin, qui était le sien lorsqu'elle donnait le sein, devenir de plus en plus sales, se noircir de la crasse de mon voyage.

« Ne me touche pas. » C'était la première chose que je lui avais dite après un an d'absence, et en même temps, je l'avais pressée contre moi. « Je suis en train de te salir.

— Mais comment pourrais-je ne pas te toucher ? » Ses yeux, ses lèvres tremblaient à quelques millimètres des miennes, jusqu'à ce que ma bouche désespérée rencontre la sienne, la reconnaisse, se laisse reconnaître. « Comment pourrais-je ne pas te toucher alors que tu es là ? » Et elle m'avait embrassé à nouveau en répétant : « Tu es là. » Et elle avait continué à m'embrasser. « Tu es là, tu es là !... Amparo !

— Quoi ? »

La femme de Lobo se tenait tout près, mais Inés avait crié à nouveau :

« Je rentre chez moi !

— D'accord... »

Juana avait quarante ans et la chair triste. Elle était très maigre, presque efflanquée, mais il n'y avait pas que cela. Elle avait une tête d'oiseau, des cheveux brûlés, stratifiés, avec plusieurs tons de jaune, les pointes aussi grillées que si elle venait de descendre d'un pylône de haute tension, la raie sombre. Mais ce n'était même pas ça, ni le fait qu'elle se vernissait les ongles et se mettait un rouge à lèvres de la même couleur nacrée et enfantine. La troisième nuit que j'avais dormi dans sa maison, elle s'était parfumée de haut en bas avec une de ces eaux de Cologne bon marché qu'on vend en vrac dans les bazars genre « tout à quatre-vingt-dix centimes », avant de se glisser dans mon lit sans dire un mot. Moi, j'étais réveillé et elle s'en était aperçue, car elle m'avait vu tourner la tête vers la porte. Je lui avais même demandé ce qui arrivait, avant de comprendre ce qui était en train de se passer vraiment. Elle portait une chemise de nuit défraîchie et ridicule, tombant jusqu'aux pieds, boutonnée sur toute la longueur et garnie de petits volants, très froufroutants et très serrés, à l'endroit où d'autres femmes ont des seins. Les siens, ne parvenant pas à gonfler la chemise de nuit au-delà des mamelons, la faisaient ressembler à une gamine vieille. Ensuite, lorsqu'elle avait fini par prendre une confiance que je ne lui avais jamais donnée, elle avait remplacé cette chemise de nuit par d'autres plus courtes, avec des bretelles, des broderies rongées par l'usure, aussi ternes mais plus cruelles, car elles révélaient ce que pouvait être une femme à la peau triste, d'autant plus triste qu'elle était plus dénudée : triste son parfum, triste le ruban avec lequel elle s'attachait les cheveux, et son désir, puissant et humble à la fois, triste. Vraiment triste. Lorsqu'elle jouissait, elle laissait échapper de petites plaintes étouffées, aiguës, une espèce de *i* intermittent, à mi-chemin entre un sifflement et un cri de singe, qui étaient le comble de la tristesse.

« Nous avons eu un autre enfant, tu sais ? » Inés m'avait annoncé la nouvelle sur le pas de la porte, avant d'ouvrir le parapluie, en me regardant bien en face. « Un garçon.

— Je m'en suis aperçu.

— À mes seins, n'est-ce pas ? » J'avais hoché la tête et elle avait éclaté de rire tout en se pressant contre moi. « Je l'ai appelé Fernando, au cas où tu ne serais pas revenu... »

Nous avions à peine commencé à marcher qu'elle s'était soudain arrêtée, m'avait observé à nouveau. Son regard s'était troublé.

« Quelle joie de te voir ici. » Elle n'avait pas essuyé ses larmes, mais avait passé ses bras autour de mon cou pour m'embrasser. « J'étais morte de peur, tu sais ? J'avais tellement, tellement peur que tu ne reviennes jamais... »

En arrivant à la maison, j'avais fait la connaissance de Fernando qui se trouvait dans les bras de Mercedes, la gamine de Bosost qui, en abordant l'année 1950, était sur le point d'avoir vingt ans. Elle faisait des études pour devenir institutrice et gagnait quelques sous en gardant des enfants l'après-midi. Je n'avais pas pu voir nos aînés. Amparo avait envoyé sa fille les chercher pour les faire dormir chez elle, afin qu'ils ne nous dérangent pas. Après lui avoir pris le bébé des bras pour me le tendre – « Regarde, Fernando, c'est ton père, tu le vois ? » –, Inés avait annoncé à Mercedes qu'elle pouvait s'en aller elle aussi. Ensuite, tandis que je tentais d'apprendre par cœur les traits minuscules de cet enfant qui avait à peine trois mois, mais qui s'appellerait toujours Fernando González, comme moi, sa mère nous avait laissés seuls.

Elle était réapparue dix minutes plus tard, enveloppée du peignoir de satin rose clair qui lui était toujours allé à merveille. Elle avait retiré les chaussures pour enfiler des chaussons assortis. Elle avait ramassé ses cheveux en un de ces chignons qu'elle savait terminer en faisant sortir quelques petites mèches stratégiques qui semblaient être là par hasard et l'embellissaient plus que tout. Elle avait passé du rouge à lèvres et elle avait encore eu le temps de faire un tas de choses, ouvrir les robinets de la baignoire, saupoudrer le fond de sels tout verts qui sentaient la pomme, et placer la poussette dans le couloir tout près de la porte de la salle de bains.

« Donne-le-moi. » Elle l'avait embrassé sur la tête, avait déposé un baiser sur mes lèvres, l'avait embrassé à nouveau. « Il est très gentil, tu verras... »

Juana avait besoin d'un homme et moi, j'étais toujours vivant. Elle me désirait ou plus exactement elle désirait quelque chose qu'elle pouvait obtenir de moi comme cela lui convenait le mieux, c'est-à-dire sans avoir besoin de sortir pour le chercher le long des rues, sans faire remarquer son désir à personne, sans compromettre sa réputation précaire de veuve d'un Rouge. Ce que je ressentais était bien plus simple : juste de la peur. Elle le savait, mais cela lui était égal. Elle se couchait dans mon lit sans dire un mot et, toujours sans parler, elle se mettait en quête de mon sexe mais ne le trouvait pas. Cela dit, elle n'était pas pressée. J'étais en son pouvoir et nous le savions tous les deux. Elle faisait ce qu'il fallait pour me le rappeler. J'avais eu des maîtresses bien moins appliquées, bien moins dévotes, mais mon corps n'avait jamais été aussi ingrat avec aucune d'elles. Sa chair était froide comme celle d'un poisson, plus triste que la pâte de coing, mais elle insistait. Et finalement, je m'arrangeais pour finir par faire ce que je devais faire, toujours dans le noir, les yeux fermés, respirant par la bouche pour ne pas sentir le triste parfum qui masquait l'odeur encore plus triste de son corps. Elle n'en demandait pas davantage. La première fois, lorsque ç'avait été fini, elle avait tenté de m'enlacer, mais j'avais secoué mes épaules sans rien dire. Je lui avais tourné le dos et elle était partie sans rien dire. Le lendemain matin, dans la cuisine, lorsque je m'étais assis entre ses parents pour déjeuner, elle m'avait adressé un sourire triste, qui avait fait rougir ses joues de tristesse. Tous mes os avaient été parcourus d'un brusque frisson glacé et j'avais trouvé encore plus amer le goût de la chicorée dans ma gorge.

Après avoir couché le petit, Inés m'avait déshabillé. Je m'étais plongé dans la baignoire et alors, avec la même énergie, avec le même soin que je l'avais vue prodiguer à nos enfants, elle m'avait savonné le corps en me frottant méticuleusement à l'aide d'une éponge. Puis elle m'avait lavé la tête, en répétant plusieurs fois l'opération. Pendant ce temps, elle ne cessait de parler. Le décolleté de son peignoir bâillait, se refermait, me laissait apercevoir le sillon de ses seins comprimés par la pression de ses bras, et elle parlait, et elle parlait, en agitant sa langue au même rythme que ses mains qui pétrissaient ma tête et qui éclaboussaient la sienne de bulles de savon et de mousse blanche. Elle les essuyait avec ses doigts humides en continuant de parler. Elle n'avait pas cessé de le faire, alternant sans arrêt les nouvelles les plus graves avec des anecdotes domestiques sans importance. Vivi est en train d'apprendre à lire. L'ulcère à l'estomac de Lobo lui rend la vie vraiment difficile. L'employé de la confiserie, dont il s'en était fallu d'un cheveu que je ne revinsse jamais, avait été condamné à mort. Son avocat n'avait pas grand espoir qu'on commue la peine en trente ans de prison. On avait fait cadeau d'un tricycle à Miguelito et il parcourait le couloir à toute vitesse. La rumeur prétendait que le Parti allait faire le procès des monzonistes. La seule chose qu'on savait avec certitude était que les militaires ne seraient pas inquiétés. La naissance de Fernando s'était on ne peut mieux passée, elle n'avait pas eu un seul point de suture. Après la lettre de Guillermo, elle n'avait plus eu de nouvelles de moi. Elle ne savait pas si j'étais vivant ou mort, ou si j'avais rencontré une autre femme en Espagne. Je ne pouvais pas imaginer à quel point je lui avais manqué.

Lorsqu'elle avait dit cette dernière phrase, l'eau, qu'elle n'avait pas arrêté de vider, puis de faire couler sans cesse, était enfin devenue transparente. Pour fêter ça, elle avait retiré son peignoir et était entrée dans la baignoire avec moi.

« Tu es beau avec la barbe, tu sais ? »

C'est elle qui avait choisi le moment. Elle avait décollé son ventre du mien, avait un peu basculé ses hanches en arrière, et sans cesser de me regarder dans les yeux, les mains posées sur mes épaules, leur avait imprimé l'angle exact pour me monter dessus comme si elle avait voulu me démontrer que l'un et l'autre n'étions faits que pour cela.

« Mais je crois que je vais te raser ensuite, car tu ressembles à quelqu'un d'autre, on dirait un de ces brigadistes anglais, si étranges… »

Ma chambre n'avait pas de verrou. Quelquefois, j'avais pensé à mettre la commode contre la porte, mais je n'avais jamais osé le faire. Juana ne parlait pas beaucoup. À première vue elle semblait douce, aimable, car elle obéissait à la moindre demande de ses parents comme si c'était une injonction, accédant à leurs caprices sans protester, avec une docilité inconcevable chez une femme de son âge. Cependant, au fond de ses petits yeux de souris, une ombre palpitait, dure et minérale. Son impassibilité, cette triste façon de s'accommoder du peu de chose que je lui donnais, m'avait convaincu qu'elle pouvait être impitoyable. Elle était également maligne et évitait de trop abuser. Elle n'était jamais venue me voir deux nuits de suite. Au début, lorsqu'elle faisait alterner ma condamnation et mes remises de peine, je faisais parfois semblant de dormir. Alors elle s'en allait au bout d'un moment, mais ma paresse n'avait pas tardé à avoir des conséquences. Le lendemain matin de la troisième nuit que je l'avais laissée sur sa faim, j'avais été obligé d'aller travailler sans prendre mon petit déjeuner. Il n'y avait plus de pain, plus de lait, plus de charbon pour allumer le fourneau. Et lorsque j'étais rentré le soir, tandis qu'elle servait le dîner, elle avait expliqué qu'il avait dû se passer quelque chose car elle avait vu beaucoup de policiers dans la rue. J'avais fini par imaginer que je pourrais la tuer, mais ne pouvais pas me permettre une chose pareille. Je ne pouvais pas non plus chercher un autre logement sans prendre le risque qu'elle me dénonçât, ou même qu'elle dénonçât Guillermo si jamais je disparaissais sans crier gare. Ainsi, j'avais décidé de cultiver avec acharnement un autre genre de fantaisies. S'il faut baiser, on va baiser et je m'étais discipliné moi-même. Depuis quand ce genre de chose est un problème pour moi ? J'avais passé de longs moments dans la montagne et des années entières dans un camp d'internement, j'étais devenu un expert, mais je n'avais jamais imaginé dans ma tête autant de bouches, de langues de femmes nues avec les mamelons érigés et les jambes écartées, avec si peu de résultat et pendant aussi longtemps. Cet automne-là, j'avais négocié bien plus durement avec mon membre que je n'avais dû négocier avec ma faim l'été précédent.

Lorsque nous étions sortis de la baignoire, Inés m'avait essuyé très tendrement. Elle m'avait conduit devant le miroir et m'avait rasé.

« Tu veux que je te coupe les cheveux ?

— Non. » J'avais éclaté de rire et j'avais été surpris de voir un sourire réapparaître sur mon propre visage. « Tu vas me massacrer, me faire des trous partout.

— Mais pas du tout ! J'ai très bien appris à le faire, tu vas voir… » Elle m'avait tourné le dos pour se diriger vers l'armoire et elle était revenue avec un peigne dans la main gauche, des ciseaux dans la droite, et un sourire triomphal sur les lèvres. « C'est la voisine d'Angelita qui m'a appris, celle qui est si dégourdie, et maintenant c'est moi qui coupe les cheveux des enfants, tu comprends… Voyons, assieds-toi là. »

Elle m'avait approché un tabouret avant de décrocher le miroir du mur pour le poser sur le lavabo et voir toute ma tête.

« Je vais juste te couper ces mèches pleines de nœuds que tu as par là, derrière, d'accord ? Après, tu iras chez le coiffeur pour qu'il finisse de bien t'arranger tout ça.

— C'est moi qui vais bien t'arranger, tu vas voir…

— Eh bien oui, pourquoi pas ? C'est une bonne idée. » C'est elle qui avait éclaté de rire. « Car tu n'imagines pas combien tu m'as manqué. »

Mais avant d'accepter d'aller au lit, elle m'avait d'abord coupé les ongles des orteils.

« Qu'est-ce que tu fais ? avait-elle demandé lorsque je m'étais allongé près d'elle. Hein ?…

— Je te regarde. » Et j'avais tendu la main pour caresser tout son corps tourné vers moi. « Tout à l'heure, je n'ai pas pu te regarder comme il faut ».

Elle avait fermé les yeux et m'avait laissé faire. Je les avais gardés ouverts tout le temps, jusqu'à ce que chaque pli de cette peau si douce, les petites aspérités des coudes et la cicatrice si affreuse sur une petite partie de sa cuisse, de forme circulaire, qui ressemblait à la marque d'un éleveur, se superposent enfin agréablement à mes souvenirs. Et puis son parfum, ses mains, sa bouche avaient peu à peu effacé la vieille image du souvenir mesquin et triste de son corps. Et cette Inés à laquelle je m'étais accroché pour parvenir à survivre avait volé en mille morceaux, telle une vieille housse, inutilisable, désormais incapable d'emprisonner plus longtemps une femme qui était enfin redevenue mienne, plus mienne et plus puissante que ma mémoire, tout au long de cette intarissable nuit violente et douce à la fois.

« Tu vois ? Tu as fini par le réveiller. » À minuit, le bébé s'était mis à pleurer. « Tu n'arrêtes pas de crier, tu n'arrêtes pas de crier, et…

— Ce n'est pas pour ça, imbécile. » Je plaisantais, mais elle m'avait tout de même précisé : « C'est l'heure de la tétée. »

Elle l'avait attrapé dans son berceau sans avoir besoin de se lever et m'avait tourné le dos pour le nourrir. Pendant quelques minutes, je n'avais entendu que sa voix, un murmure presque inaudible, rythmé par les efforts du nourrisson, un bruit de succion qui cessait de temps à autre pour laisser place à un soupir inattendu, comme s'il avait besoin de se reposer quelques secondes et reprendre son souffle. Ensuite, Inès s'était retournée sur les draps avec lui, ses mains le pressant doucement contre son corps et elle l'avait délicatement placé entre nous deux, tout en le berçant dans ses bras. Je l'avais vu se remettre à téter l'autre sein, sa tête si petite et sa main droite, minuscule et parfaite, posées dessus pour s'assurer qu'il n'allait pas lui échapper. J'avais été extrêmement ému. Inés s'en était aperçue. Une larme avait jailli, mais elle n'avait pas pris la peine de me dire qu'elle ne pleurait pas.

Et puis au bout d'un moment cela ne m'avait même plus rendu nerveux. Il m'avait été plus facile d'apprendre à me brancher, sans avoir la moindre envie de le faire, qu'à m'attacher à Juana. Ainsi, au moins on en finissait vite, toujours en me retirant au dernier moment. Un soir, pendant le dîner, elle avait regretté, avec sa petite bouche de vieille demoiselle, de ne pas pouvoir avoir d'enfant. Mais moi, je ne m'étais pas laissé prendre à ses petites ruses, et en tout cas, si par hasard elle avait un enfant, il ne serait certainement pas de moi. Ma semence était la seule chose que je pouvais encore soustraire à ma peur, l'ultime élément de souveraineté dont je pouvais encore user, avec lequel je pouvais résister. Pour le reste, comme il fallait baiser, alors on baisait. Ce n'était pas un problème. Mes nuits n'avaient finalement jamais été, et ne seraient jamais, aussi sordides, aussi moches que celles que j'avais passées sans la voir, sans la sentir, accroché à la tête du lit pour ne pas avoir à la toucher, dissociant le corps dans lequel je pénétrais du visage que je n'embrassais jamais, du nom que je ne prononçais pas, tandis que je bougeais à l'intérieur d'elle comme un homme désarmé, traqué, qui luttait juste pour continuer à vivre.

En 1949, je m'étais habitué à manger de la pâte de coing, mais je n'étais jamais parvenu à m'habituer à Juana. Et même si je ne l'avais pas rendue heureuse, j'avais réussi à fonctionner de façon satisfaisante, à trouver quelque part en moi un interrupteur capable de me transformer en machine puissante, insensible et bien huilée. J'avais fini par apprendre à la baiser sans plaisir, sans douleur, sans même avoir à la haïr. Je n'aurais jamais cru parvenir à la haïr, mais cela s'était passé juste quand Fernando avait fini de téter et que sa mère s'était levée toute nue pour se promener dans la chambre en le tenant dans ses bras.

« Et alors, qu'est-ce que tu attends ? » Lorsque le bébé avait fait son rot, Inés l'avait recouché dans son berceau et m'avait adressé un sourire qui avait soudain tout effacé. « Tu n'as pas faim ? »

Mais tout n'avait pas été aussi facile que de manger à nouveau des œufs au plat dans la cuisine, à une heure du matin.

Mon métier de clandestin était fini. En mai 1949, j'avais rompu un cercle pour la dernière fois et aussi toute possibilité que ma vie continue à être ce qu'elle était, en meilleur ou en pire. En sortant comme une bombe de cette confiserie de la place de Canalejas, où je n'avais fait aucune erreur et n'étais pas passé pour un ridicule, j'étais simultanément devenu un héros et un tas de cendres. La première condition m'avait maintenu occupé pendant moins d'un mois. La deuxième avait fait de moi un individu mis à pied. À trente-cinq ans, j'étais déjà brûlé, et j'avais trois enfants à élever, une femme qui nous nourrissait tous les quatre, pas de métier et encore moins d'argent. Voilà plus de quinze ans que je n'étais pas descendu dans une mine, et la seule chose que je savais faire, c'était la guerre.

Le camarade qui avait fabriqué les papiers de Gregorio Ramírez de la Iglesia m'avait demandé de les lui rendre. Dans son atelier, les persiennes baissées, il avait examiné le passeport à la lumière d'une lampe aussi puissante que la loupe qu'il avait ajustée à son œil droit. Il avait caressé les feuilles l'une après l'autre, puis les avait examinées à contre-jour, sur les deux faces, avant de les arracher presque tendrement. Puis, il avait tenu un moment le document entre ses doigts, comme s'il était en train d'étudier la possibilité de ne pas le détruire, mais il avait secoué la tête avant de le déchirer en deux, et encore en deux, puis de jeter les morceaux dans la corbeille à papier. Il ne valait plus rien. Moi non plus. Le Parti avait fêté mon retour. Il m'avait organisé quelques hommages, avait publié un reportage sur ma fuite dans le journal *Nuestra Bandera*, et m'avait fait ses adieux avec sourires paternels et petites tapes dans le dos. Je n'en attendais pas moins. « Lorsque tu te seras reposé et que tu auras récupéré, passe nous voir, on réfléchira à ce qu'on peut faire pour toi… » Je m'étais reposé, j'avais récupéré, j'étais fatigué de me reposer, de récupérer, mais je n'étais pas passé les voir.

Chez moi, les choses avaient changé dans des proportions naturellement compréhensibles : il y avait un autre bébé et ses frère et sœur faisaient de plus en plus de bruit. Ils étaient plus sales et plus désordonnés, mais aussi plus intéressants. C'étaient des enfants, et ils étaient pénibles, et moi j'étais leur père et il fallait que je les supporte, que je joue avec eux, que je ris de leurs bons mots, que je les emmène faire du vélo le dimanche et que je les punisse de temps en temps. J'avais fini par en avoir assez de tout cela, ni plus ni moins que les autres pères que je connaissais. Pas de leur mère. Je n'en ai jamais eu assez de leur mère. Plusieurs mois après mon retour, quand elle n'était pas là, je me sentais complètement perdu.

Dans d'autres circonstances, j'aurais continué à travailler pour le PCE. Pas très longtemps, car après avoir été clandestin pendant cinq ans, les tâches bureaucratiques m'intéressaient encore moins que précédemment, mais j'aurais certainement fini par me réfugier dans un bureau en attendant mieux. Mais, à ce moment-là, je n'y avais même pas songé. Eux non plus n'étaient pas venus me chercher. Au Parti, les choses n'avaient pas changé comme chez moi. Quelques aspects de son évolution, comme l'abandon de la lutte armée, un changement de stratégie indispensable depuis que les vainqueurs de la Seconde Guerre mondiale nous avaient abandonnés une nouvelle fois, étaient aussi compréhensibles que la croissance de mes enfants. Mais d'autres étaient plus difficiles à accepter.

« Je voudrais te proposer quelque chose, vois-tu… Mais il faut que tu me laisses parler sans m'interrompre, d'accord ? » Dès cet instant, nous avions déjà compris tous les deux que les choses n'allaient pas aller de soi. « Nous avons eu une réunion et Amparo a recommencé à se plaindre qu'elle n'y arrivait pas. Elle est débordée. Nous aurions besoin d'un administrateur et j'ai pensé que…

— Inés, s'il te plaît ! » Et elle avait baissé la tête pour ne pas voir de quelle façon j'étais en train de me mordre la langue. « Il ne me manquait plus que ça. Après avoir supporté le mari pendant des années, que ce soit Amparo qui me donne des ordres, maintenant. »

En janvier 1950, alors que Jesús Monzón était en prison depuis quatre ans, la direction du Parti avait fini par décider de s'occuper de lui. Pendant que je me reposais et que je récupérais, voilà donc le travail sur lequel le Parti concentrait toute son énergie : au montage d'un de ces fantasmagoriques procès dont ils étaient devenus si friands. L'accusée principale était Carmen de Pedro, elle n'avait pas d'avocat, et tous les autres jouaient un rôle de procureur. Et cela n'avait pas été du tout de mon goût.

« Eh bien le travail n'est pas si mal que ça, comprends-tu ? Voilà trois ans que je fais ça et je suis plutôt content. On ne peut pas dire que mon salaire soit très important, mais avec les primes…

— Mais toi, tu es plus sympathique que moi, Sebas, plus patient. Toi, tu aimes parler, être entouré de gens. Moi, je ne suis pas capable de vendre des voitures, sérieusement. »

Ce procès avait aggravé l'ulcère dont souffrait El Lobo depuis l'automne 1945, lorsque avait commencé à circuler à Toulouse la rumeur que l'assassin de Gabriel León Trilla, le bras droit de Monzón à l'intérieur, avait été Cristino García Granda. Ce nom avait tellement agrandi le trou de son estomac que, cinq mois plus tard, lorsque j'étais rentré d'Espagne, il était complètement brisé. Ce n'était pas seulement parce que Cristino était un ami intime de Gitano, ni parce qu'il le connaissait depuis notre guerre. C'était quelque chose de bien pire. « Et si ç'avait été à moi qu'on avait donné un ordre pareil ? » J'avais refusé de répondre à cette question, et il m'en avait posé une autre. « Et si c'était toi qu'on avait chargé de le faire ? » « Moi, je n'aurais jamais assassiné Gabriel », avais-je répondu. Je disais la vérité, mais à *Casa Inés*, entouré de tous côtés par des camarades aux oreilles bien affinées, je n'avais pas eu le cran d'élever la voix. Je m'étais senti mal à l'aise, tellement lâche, que j'avais ajouté quelque chose : « J'ai été aussi monzoniste que lui, je ne l'ai jamais caché. » Mais El Lobo ne s'était pas laissé convaincre par mes murmures. « C'est très facile de dire ça, tu sais ? » Et il avait raison, c'était très facile de dire ça maintenant, autour de cette table, un verre à la main. Et la seule chose que nous avions obtenue, c'était que El Gitano ne puisse réprimer ses larmes. Nom de Dieu ! Mais lui non plus n'avait pas élevé la voix pour se poser la question qui ne parvenait pas à franchir nos lèvres closes comme une huître. Mais pourquoi le lui a-t-on demandé à lui, précisément à lui ? Et, dans un même murmure, il en avait tiré cette conclusion que nous n'avions jamais osé dire haut et fort nous non plus : « Ce sont des fils de pute ! » Ensuite, nous avions su que Cristino avait refusé d'assassiner Trilla de ses propres mains. « Je suis un révolutionnaire, avait-il prétendu, pas un assassin. » Et finalement, après toutes sortes de pressions, il avait donné l'ordre de l'exécution à deux de ses hommes. Mais cet épilogue ne nous avait vraiment pas soulagés. Par la suite, au début de l'année 1946, Cristino avait été arrêté et fusillé presque immédiatement après. Et la France avait fermé la frontière en représailles contre l'exécution d'un héros de la résistance.

« J'ai parlé à Émile Perrier... » El Zurdo avait levé la main pour m'empêcher de protester. « Je sais que tu ne voulais pas, mais l'autre jour nous avons mangé ensemble, nous avons discuté et il m'a demandé que tu l'appelles, qu'il trouverait bien quelque chose pour toi...

— Mais je viens juste de rentrer à la maison, Antonio. J'ai été absent pendant une année entière, et l'idée de passer toute ma vie à voyager comme toi, d'un côté et de l'autre... Je ne suis pas un bon représentant. Et je ne connais rien au bois. »

Lorsque la macabre machination qui avait transformé notre meilleur ami en assassin avait été consommée, il y avait presque un an qu'avait eu lieu l'invasion du val d'Aran, mais seulement quatre mois que l'Allemagne s'était rendue. Tous les sabres étaient encore dégainés. Nous avions toujours l'espoir que les Alliés renversent Franco, ou du moins qu'ils nous laissent la possibilité de le tenter nous-mêmes une nouvelle fois. Voilà pourquoi personne n'avait rien dit après l'assassinat de Trillas. Pour le reste, le fait que ce dernier ait été un traître, que ç'ait été pour cette raison, et pas par peur, qu'il ait refusé de rentrer en France pour faire son rapport, qu'il ait été trop dangereux pour l'organisation de l'intérieur de le laisser vivant et se contenter de l'exclure, nous ne l'avions jamais cru. Pas nous. Nous possédions trop d'éléments pour comprendre cette logique sanglante et, au-delà de la théorie, il y avait aussi les corps des camarades que nous avions enterrés de nos propres mains avant de quitter le val d'Aran. Bien sûr que nos morts étaient des victimes de Trillas et des victimes de Monzón. Mais ceux qui s'étaient permis de les déterrer des limbes des héros gênants pour les agiter comme un drapeau devant notre nez, les auraient sacrifiés avec la même désinvolture si cela avait pu leur servir à gagner la partie perdue par Monzón. Voilà pourquoi je n'avais pas apprécié qu'ils s'arrogent le droit de les utiliser pour soi-disant nous calmer. Nous étions des militaires, la guerre était notre métier. Dans une guerre, on tue et on meurt. La guerre est cruelle et sème de la cruauté, elle fait peur et sème de la peur, elle est arbitraire et sème de l'arbitraire. La guerre, c'est parfois aussi le prix de la liberté, de la justice, de l'avenir. Voilà pourquoi, dans la guerre, il faut quelquefois avaler des choses qui vous donnent la nausée en temps de paix. Et en septembre 1945, nous étions en guerre. Mais pas en janvier 1950.

« Je retourne en Espagne dans deux mois. » El Cabrero était le seul à ne pas lâcher prise. « J'en ai ras le cul de mon beau-père, car en plus, c'est difficile d'être plus radin que lui, mais si tu veux prendre ma fourgonnette pour t'occuper quelque temps...

— Non, Manolo, laisse tomber.

— D'accord. » Et il avait éclaté de rire. « Après ce que je viens de te dire, c'est un peu difficile d'accepter... Mais tu sais bien que j'exagère toujours. Réfléchis-y, et si jamais...

— Non, vraiment. Merci, mais je n'ai pas envie de devenir poissonnier. »

En janvier 1950, il ne fallait pas s'en prendre à Carmen de Pedro. Pas après qu'elle se fut mariée avec Zoroa, pas après qu'elle eut été réintégrée à la direction du Parti en tant qu'épouse d'un dirigeant, pas après avoir expérimenté l'enthousiasme avec lequel elle s'empressait de traîner Jesús dans la boue à la moindre insinuation. Peut-être, précisément à cause de son manque de loyauté, le méritait-il, mais on n'avait pas besoin de cela. Monzón avait joué et il avait perdu. Il avait perdu et il en avait assumé les conséquences. Lorsqu'il avait été arrêté, il aurait pu parler. Il ne l'avait pas fait. Lorsqu'il avait été condamné à mort, il aurait pu négocier en échange d'une remise de peine. Il ne l'avait pas fait. Lorsque sa famille avait fait jouer ses vieilles relations pour parvenir à faire commuer la peine capitale en trente ans de prison, il aurait pu payer une réduction de peine avec quelques dénonciations. Il ne l'avait pas fait. Il ne l'avait jamais fait, même pas lorsqu'il avait appris que, trois mois après sa chute, deux hommes de Cristino avaient assassiné Grabriel de plusieurs coups de couteau dans le dos, comme de vulgaires voyous, sur un terrain vague des alentours de Madrid. Jesús n'avait pas parlé, même pas pour demander pardon, et malgré tout, malgré les morts du val d'Aran, je n'étais pas le seul à ne pas le condamner. Même si je n'avais toujours pas le courage de le dire haut et fort, je faisais partie de ceux qui pensaient que beaucoup d'autres avaient des péchés bien plus importants à se faire pardonner. Et même s'il n'avait pas regretté ce qu'il avait fait, même s'il avait refusé de se soumettre à ses ennemis et de se laisser humilier par eux, Jesús Monzón ne représentait aucun danger pour l'organisation, ni en France, ni en Espagne. Il n'existait aucune raison objective pour s'en prendre à Carmen de Pedro, pour l'humilier en public, pour s'amuser un peu en bousculant une femme qui n'avait plus de mari pour la défendre. Ce procès n'était que du théâtre, un *auto sacramental* autour d'un bûcher en train de flamber, la mise en scène publique d'un pouvoir que personne ne discutait. Personne n'avait besoin de ça, et encore moins, quand ce pouvoir n'avait jamais eu le courage de s'en prendre à nous.

« Gregorio ?

— Pardon ? » Car, en juillet 1950, il y avait bien longtemps que personne ne m'avait appelé ainsi. « Qu'est-ce que…

— Gregorio, c'est moi, Herminio. » Je venais soudain de comprendre. « Tu te souviens de moi ? »

Il venait d'arriver à Toulouse et il voulait me voir. Il ne pouvait pas trouver pire moment pour le faire. J'avais le moral dans les chaussettes. Quelques jours auparavant, au moment de me lever, je m'étais solennellement juré que j'allais accepter le prochain travail qu'on me proposerait, poissonnier, représentant, vendeur, n'importe quoi, sans discuter le salaire ni les conditions. J'avais même eu honte que Herminio me trouve chez moi à une heure de l'après-midi, en train de me rouler les pouces, alors que Fernando marchait à quatre pattes le long du couloir, pour permettre à Inés d'économiser le prix de la garderie. Mais en entrant, il m'avait donné l'accolade sans faire le moindre commentaire, puis il m'avait demandé un service qui allait arranger ma vie.

Il s'était acheté un camion et venait s'enquérir si je connaissais une entreprise d'importation sérieuse et qui paye bien, dans le sud de la France. Il n'était pas à l'ordre du jour pour les Français de refermer la frontière, mais il n'était pas très facile non plus pour lui de s'installer à son compte. Si je pouvais lui fournir un contact, il pourrait se consacrer à transporter des produits espagnols en prenant moins cher qu'une grande entreprise, tout en gagnant bien plus que son salaire actuel. Il m'avait dit qu'il allait en Hollande. Je lui avais proposé de repasser à son retour. Après son départ, j'avais habillé Fernando, l'avais assis dans sa poussette et étais sorti dans la rue. Pendant quatre jours, je m'étais renseigné auprès des personnes, espagnoles et françaises, en qui j'avais confiance, à Toulouse et ailleurs. Lorsque Émile m'avait dit oui, j'avais décroché mon téléphone et appelé un numéro à Madrid.

« Allô. » C'était la voix de Juana, mais cette fois-là nous n'avions échangé que les mots indispensables.

« Je voudrais te demander quelque chose, Rafa. » Guillermo, en revanche, avait été très heureux d'entendre à nouveau ma voix. « Mais il faut que tu sois sincère avec moi… »

Avant que je n'aie le temps de finir ma phrase, il m'avait juré sur ce que je voulais que, loin de l'ennuyer, je lui rendais tout simplement service. « Et un putain de service même », avait-il ajouté. Les commandes d'Inés n'étaient jamais suffisamment importantes, même pour remplir une fourgonnette, et c'était de plus en plus difficile pour lui de les faire passer.

« Un de ces jours, on va me demander pourquoi je me donne tant de mal pour si peu de choses. Et il n'y a pas que ça. À part Francisco, je peux te céder quelques clients de plus.

— Francisco ? lui avais-je demandé, étonné, car je mélangeais les prénoms. Qui est Francisco ?

— Mais si, tu le connais, mon vieux, le gars de Jaén. Le grossiste en huile d'olive…

— Mais il ne s'appelait pas Pepe ?

— Avant oui. » Et il avait éclaté de rire. « Avant il s'appelait Pepe, maintenant il s'appelle Francisco.

— Ah ! » J'avais noté son nom et son téléphone sur un bout de papier. « Et les autres clients dont tu m'as parlé ?

— Eh bien… Rita. Tu peux bien t'en douter.

— Ah bon ? » Ce dont je ne me doutais pas c'est que les choses avaient évolué à ce point. « Et comment va-t-elle ?

— Bien, mais on se dispute beaucoup. » Il avait à nouveau éclaté de rire. « Elle s'est mis en tête de me convertir, et elle devient assez pénible parfois. Je lui ai déjà dit que j'avais perdu la foi depuis longtemps, mais il n'y a pas moyen de… Dernièrement, chaque fois que je la vois, il me faut réciter le chapelet avant le goûter.

— Je suis bien désolé pour toi, lui avais-je répondu en retrouvant mon sérieux. Mais elle a peut-être plus de chance de te convertir que moi.

— Ça je ne crois pas, mais ce qui est vrai… Comme prédicatrice, elle est bien plus douée que toi, mon cher Gregorio. Elle est plus convaincante. »

J'avais donc commencé dans le salon de ma maison, avec le camion d'Herminio, qui ne s'appelait pas Herminio non plus, mais Pablo, et sept cents litres d'huile d'olive que ma femme m'avait aidé à placer parmi ses collègues espagnols, italiens et arméniens, avant que le chargement ne traverse la frontière. Officiellement, ce n'est pas moi qui avais réalisé cette importation, mais Émile Perrier. Cependant avant que le camion n'arrive je m'étais empressé de retirer une licence rédigée à mon propre nom au consulat espagnol de Toulouse. Au moment où je m'y attendais le moins, la clandestinité m'avait à nouveau montré son meilleur visage et rendu une partie de ce qu'elle m'avait pris. Pour les autorités franquistes, Fernando González Muñiz était un simple officier de l'Armée populaire, un parmi tant d'autres qui s'étaient repliés en février 1939 et n'avaient pas redonné signe de vie depuis. Elles n'avaient rien contre lui, et encore moins contre les devises avec lesquelles les transactions seraient effectuées.

« Tu as trouvé un bon boulot, comprends-tu ? Tu ne voulais pas être vendeur, ni représentant, ni livreur de poisson... Et que fais-tu à présent ? Tu achètes, tu vends, tu représentes et tu distribues. Entre autre du poisson, comprends-tu ?

— C'est vrai, tu as raison. Mais ça m'amuse. »

C'est sans doute pour cela que tout s'était si bien passé. Au milieu des années 1950, j'étais devenu le premier importateur d'huile d'olive espagnole de France. Mais j'importais bien d'autres choses, des produits de première qualité et très bon marché, du coton, des meubles, du charbon et des chaussures, des boîtes de conserve de toutes sortes, des jus, des asperges, des confitures, des bocaux au vinaigre, des olives, des tomates, du thon, des sardines, des moules, des coques... Les douaniers espagnols, dans leur ignorance bénie, ne m'avaient jamais bloqué un chargement. Cette affaire était la chose la plus semblable à la clandestinité que j'avais trouvée sans avoir besoin de passer la frontière et, comme le répétait souvent Angelita, tant que nous n'aurons pas aboli la propriété privée, plus nous gagnerons d'argent, mieux ce sera pour tout le monde. Moi, j'avais toujours fait partie de ce *tout le monde*, mais j'étais resté en marge de ceux qui prenaient les décisions, jusqu'au jour où El Lobo m'avait téléphoné dans la matinée.

« Je sais que tu as beaucoup de travail, tu dois me consacrer un peu de temps pour prendre un verre. » Il avait pris le même ton que lorsqu'il était encore mon colonel, cependant l'année 1954 était sur le point de se finir. « Il faut absolument que je te parle. »

Au printemps 1951, j'avais recommencé à sortir avec mon fils Fernando tous les matins. Je ne pouvais continuer à tout mener de front. J'avais besoin d'un bureau, d'une secrétaire et d'une ligne téléphonique. Il fallait cesser d'être un agent pour devenir une vraie agence.

Lorsque Ramón m'avait à nouveau donné un ordre, j'avais déjà des agents associés dans la plupart des capitales de province espagnoles, deux secrétaires, trois employées, une participation dans ce qui était déjà devenu l'entreprise de transport de Herminio et, enfin, je gagnais bien plus d'argent que mon épouse.

« Miranda m'a appelé l'autre jour. » Ce que voulait me dire El Lobo, c'était que le Parti venait de se souvenir de moi. « Il m'a demandé ce que tu devenais, il s'est plaint de ne plus te voir, il a dit que tu ne passais jamais les saluer, que tu étais bizarre, un peu perdu…

— Mais c'est faux. Je l'ai croisé dimanche dernier au restaurant, à l'heure du déjeuner. » Il avait acquiescé de la tête, comme s'il n'avait pas eu besoin que je le lui rappelle, mais j'avais tout de même insisté : « Tu le sais très bien, car tu te trouvais à la même table que moi.

— Oui, mais bon… » Il avait souri en haussant les épaules. « Ce n'est pas la peine de me le préciser. Je lui ai répliqué que tu avais énormément de travail et il a répondu que c'était justement pour cette raison qu'il voulait avoir de tes nouvelles. Il m'a expliqué que depuis que nous sommes un parti illégal en France, tout est devenu plus difficile. Le Parti n'a plus le droit de posséder quoi que ce soit, de louer des locaux, d'avoir des entreprises, des comptes courants… Officiellement le PCE ne peut plus utiliser son sigle. Voilà pourquoi ils ont besoin de prête-noms, de personnes de confiance, de patrons d'entreprise ou de fondations qui leur permettent de continuer à fonctionner en France et surtout en Espagne. En deux mots, ils veulent investir dans ton affaire.

— Je comprends. » Et c'était le cas. « Mais moi, je ne suis pas intéressé par ce genre d'investissement. »

J'avais respiré profondément et le lui avais expliqué du mieux que je pouvais. J'étais communiste, j'avais toujours été communiste. J'avais risqué ma vie pour le Parti pendant de nombreuses années, et en cas d'extrême nécessité il est probable que je recommencerais. Cependant pour l'instant ce n'était pas le cas, et par ailleurs je n'appréciais pas du tout ce qui était en train de se passer. L'organisation de combat à laquelle j'avais adhéré alors que j'étais presque un enfant n'avait rien à voir avec ce ministère d'employés de bureau en costume gris, qui ne se souciaient que de leur protection en chuchotant dans les couloirs. « Tu ne connais même pas la moitié de ce qui se passe... Ce n'est pas ce qu'on m'a raconté à moi... mais un jour tu finiras par apprendre toute la vérité, tu ne connais qu'une petite partie de l'histoire... La doctrine de la direction n'est pas ce que tu crois... Méfie-toi de ce que tu dis ici ou là, c'est un conseil d'ami, ne t'aventure pas sur ce terrain... Galán, tu ne peux pas te fier à Untel, ne t'aventure pas sur ce terrain... Ce n'est pas bien qu'on te voie fréquenter Menganito, et à ta place je ne mettrais pas ma main au feu pour Zutanito... » J'en avais ras le bol de leurs chuchotis et encore plus de leur science-fiction. « Le prochain congrès va être extrêmement important... nous allons fixer une ligne exceptionnelle... Il faut que tu lises l'exposé politique, c'est un document clé... Nous allons enfin aborder le problème du marché des céréales, les camarades ont préparé un dossier remarquable... » Moi, je lisais des histoires bien plus élaborées le soir à mes enfants et bien mieux écrites. Comme je ne voulais pas travailler à l'intérieur, car c'était un choix qui me conduirait au suicide, je préférais continuer à payer une cotisation en rapport avec mon salaire et demeurer dans le discret anonymat de la base.

« Demain, dès que j'arriverai au bureau, j'appellerai personnellement Miranda. Je suis prêt à collaborer tant qu'il faudra, à mettre mon agence à l'entière disposition du Parti, avais-je résumé. Mais je ne veux rien leur devoir. Je préfère qu'ils me soient redevables. »

El Lobo avait acquiescé d'un signe de tête et j'avais osé lui dire quelque chose que je n'avais même pas raconté à ma femme.

« Je ne sais pas si tu comprends, mais parfois j'ai l'impression que, si je vivais en Espagne, je quitterais le Parti sur-le-champ.

— Bien entendu que je te comprends. » Et tandis qu'il diluait un médicament antiulcéreux dans un demi-verre d'eau, il avait souri. « Si j'habitais en Espagne, moi, je l'aurais quitté hier. »

Ni lui ni moi ne l'avons jamais quitté, et les choses ne s'étaient jamais aussi mal passées que pendant la première moitié des années 1950. Pas seulement à cause de la mort de Staline. Il y avait surtout eu les grèves des tramways, celles des étudiants, des protestations qui commençaient à prendre de l'ampleur, un relief suffisant pour se retrouver soudain dans la presse française. Il y avait aussi les visites, de plus en plus fréquentes, de communistes espagnols d'une vingtaine d'années qui nous observaient et nous saluaient comme si nous étions des images pieuses. Ce sont eux – plus que le changement de la ligne politique d'une direction qui avait été capable de basculer du stalinisme à la réconciliation nationale comme s'il ne s'était rien passé – qui nous avaient redonné cet espoir que nous avions perdu au milieu des divagations et des chuchoteries, cependant aucun de mes camarades n'avait tiré autant de bénéfice de sa persévérance.

Malgré tout, j'avais fini par devoir au Parti presque autant de services que je ne lui en avais rendu moi-même. Dans une admirable symbiose, qui avait dépassé tous mes calculs, nos bénéfices respectifs m'avaient permis de développer l'offre et, dans la même proportion, le nombre de mes agents en Espagne, tous communistes, comme mes fournisseurs, mes clients, les chauffeurs, les propriétaires des camions qui passaient la frontière bourrés de propagande, et même les fonctionnaires qui, en vérifiant la cargaison, savaient très bien où il ne fallait pas regarder. À une exception près, Guillermo García Medina.

« Il y a un problème avec les bananes ? »

Au printemps 1965, El Zurdo était retourné en Espagne après plus de quinze ans d'absence. Sa mission avait été aussi clandestine que la dernière – lorsqu'il était passé à pied pour aller récupérer un groupe de guérilleros dans la province de Huesca. Mais cette fois-ci, en revanche, les conditions avaient été très différentes. Le Parti possédait une organisation très puissante aux Canaries, et une direction très fragile – de jeunes inexpérimentés qui se faisaient arrêter en cascade. C'était la conséquence d'une augmentation des adhésions qui avait fini par ébranler les compétences des cadres concentrés dans les grandes villes. C'était aussi parce qu'il était difficile de s'échapper facilement d'une île. Ainsi, lorsqu'on avait proposé à Zurdo d'aller s'installer à Las Palmas pour diriger le Parti sur l'archipel, il n'avait pas réfléchi à deux fois, et je l'avais bien compris.

« Ça c'est incroyable, après tant de lamentations… » Tandis que je le conduisais à l'aéroport, je lui avais rappelé ses jérémiades durant notre première nuit à Bosost. « C'est toi qui rentres à la maison avant moi, Antoñito.

— Oui. » Il avait souri. « À ce qu'il paraît… »

Ensuite, il m'avait raconté qu'il allait d'abord séjourner à Madrid et je lui avais donné le numéro de téléphone de Guillermo. Mais tant que ce dernier ne m'avait pas demandé si les bananes étaient bien arrivées, je n'avais pas su qu'ils s'étaient déjà rencontrés.

« Non. Les bananes sont arrivées à temps, mais on vient tout juste de m'appeler de Vigo… » Ma secrétaire avait ouvert la porte et fait un signe pour m'expliquer que j'avais un autre appel important. Je lui avais répondu que je ne pouvais pas le prendre en utilisant le même code qu'elle. « Nous avons un problème avec cent kilos de tourteaux congelés qu'il faut livrer à Paris dans les cinq jours, et je m'étais dit… Tu n'aurais pas une petite place dans un camion frigorifique, par hasard ?

— Merde, mon vieux, tu me rends les choses de plus en plus difficiles ! Laisse-moi vérifier, voyons si je trouve une solution… »

Je n'avais pas raccroché le téléphone, mais j'avais mis la main sur le micro et m'étais retourné vers ma secrétaire, qui attendait toujours.

« C'est Sebastián, il dit que c'est très urgent.

— Là, je ne peux pas. Dis-lui que je le rappelle dès que j'aurai fini.

— Mais il n'est pas dans son bureau.

— Bon, eh bien qu'il me rappelle dans dix minutes. »

Lorsque Guillermo m'avait résolu le problème, je lui avais dit d'embrasser Rita de ma part. J'avais appelé Vigo pour prévenir que, si les tourteaux pouvaient se trouver à Santander le lendemain à six heures du matin, le camion qui les chargerait les livrerait à Paris avec quarante-huit heures d'avance sur la date limite. Et j'avais à peine eu le temps de raccrocher que le téléphone sonnait à nouveau. C'était Comprentu.

« Mauvaise nouvelle. » Le ton de sa voix ne m'avait pas plu. « C'est El Ninot, comprends-tu ?

— Que s'est-il passé ?

— Un infarctus.

— Ne déconne pas.

— Fulgurant, comprends-tu ? Il est mort sans crier gare. »

La veille également, il n'était pas venu travailler et n'avait pas prévenu. Il n'avait jamais agi comme cela auparavant. Voilà pourquoi, ce matin-là, un de ses camarades avait fait ce que je n'avais pas voulu faire. Et lorsqu'il avait téléphoné à la pension, la patronne s'était inquiétée. Voilà plus de vingt-quatre heures qu'elle l'avait aperçu, mais en effet elle n'y avait pas prêté attention. Il faut dire qu'il se levait tellement de bonne heure que parfois elle ne le voyait même pas le matin, nous avait-elle expliqué par la suite. Et comme il ne dînait jamais à la pension, eh bien... Après avoir allumé la lumière de sa chambre, elle avait eu l'impression qu'il était endormi, mais il était mort. Il avait cessé de vivre brusquement, sans en avoir conscience et sans souffrir. Son visage, qui n'était plus rosé, mais toujours bien rond, comme celui d'un poupon de soixante ans, ne trahissait aucune inquiétude.

Nous avions tous pleuré sa mort. Nous l'avions même tellement pleurée et si sincèrement, que seule l'intensité de notre douleur pouvait expliquer que nous nous soyons mis à rire à ce point après son enterrement.

« Pauvre Ninot ! s'était exclamé Comprentu, ses lunettes encore pleines de buée. C'était un pédé, et il en souffrait beaucoup, comprends-tu ?

— Oui, sauf lorsqu'il n'en souffrait pas, avais-je corrigé. Non ?

— Ça c'est sûr, avait renchéri Zafarraya. Car lorsqu'il n'en souffrait pas, il s'amusait comme un garnement, le bougre... »

Toulouse lui avait fait ses adieux par une matinée tiède et ensoleillée, ce qui n'était pas courant à la mi-octobre, et à la sortie du cimetière personne n'avait voulu se séparer. Nous nous étions tous dirigés vers la place du Capitole et étions entrés en file indienne dans un café. La salle était vaste et presque vide, mais nous nous étions tous entassés dans un coin, comme s'il n'y avait pas suffisamment d'espace et chacun avait commencé à évoquer ceux qui n'étaient pas là. Dans des jours comme celui-ci, il y avait toujours des camarades absents. Certains pour le pire, comme El Cabrero, enfermé au pénitencier de Dueso, ou El Tranquilo, emprisonné à Carabanchel. D'autres pour le meilleur, comme Romesco, qui se cachait toujours mais était miraculeusement libre aux Asturies, ou El Zurdo, qui se trouvait déjà à Las Palmas, avec Montse et ses enfants. Et d'autres encore, comme El Bocas, Tijeras, El Afilador, El Tarugo, Hormiguita, et à présent El Ninot, absents pour toujours. Zafarraya, en revanche, nous avait fait une immense joie en venant de Lyon pour l'occasion.

Mais El Lobo n'avait pas apprécié sa dernière remarque. « Ne m'y faites pas penser. » Sa réaction m'avait cependant moins surpris que celle de ma femme. « S'il vous plaît, je vous demande de ne pas m'y faire penser. »

Il n'avait pas fini sa phrase qu'Inés s'était déjà tournée vers moi pour cacher son visage dans mon cou et planter ses doigts dans mon bras droit, si fort que j'avais senti ses ongles à travers la double protection de la chemise et de la veste. Je n'avais pas compris pourquoi elle se comportait de la sorte. J'avais écarté sa tête, lui avais pris le menton, puis l'avais observée. Et en voyant ses yeux fermés, ses lèvres serrées, une rougeur incompréhensible sur ses joues, j'avais encore moins compris ce qui lui prenait.

« Mais enfin... » Tandis que je me demandais ce qui pouvait l'avoir mise dans cet état, j'avais entendu El Pasiego prononcer, un par un, les mots que je m'apprêtais à dire. « Mais que t'arrive-t-il ? »

Sa femme regardait la mienne d'un air effaré, les mains croisées devant la bouche comprimant aussi fort ses lèvres que si un diable allait surgir entre ses dents.

« Il faut le voir pour le croire..., s'était-elle contentée de murmurer innocemment. Vraiment...

— C'est le cas de le dire. » Inés avait secoué la tête de haut en bas, et j'avais commencé à comprendre. « On n'est pas si bêtes, hein ?

— Ah ! Mais vous étiez au courant ?

— Bien entendu, avait reconnu Inés, comme si elle s'excusait. Nous, nous l'étions, mais nous ne pensions pas que vous, vous saviez.

— Ah bon ! Vous nous prenez pour des imbéciles, alors ?

— Un instant, je vous prie. » Amparo avait levé les mains tandis que son mari cachait son visage dans les siennes. « Que signifie ce “nous, nous l'étions” ?

— Inés et moi », avait précisé Lola et, à ces mots, Angelita s'était tournée vers Sebas. « Bien entendu...

— Ah ! Mais vous voulez dire que Ninot était pédé pour de vrai ?

— Non, pour de faux, comprends-tu ? Seulement les années bissextiles.

— Ah ! Et qu'est-ce que j'en sais, moi. Je croyais que c'était juste une façon de parler, que vous étiez en train de plaisanter. Étant donné que vous n'avez jamais parlé de ça... »

Si cela n'avait dépendu que de Lobo qui s'agitait sur sa chaise et donnait de petits coups sur la table pour nous rappeler à l'ordre chaque fois que le garçon approchait, nous aurions enterré deux fois Pascual dans la même matinée.

« Bon, taisez-vous une bonne fois pour toutes. » Voilà ce qu'aurait aimé El Lobo. « Parlons d'autre chose.

— Non. » Mais après ce qu'Inés avait dit, il m'était impossible de me taire. « Parlons de Ninot. Ce n'est pas un problème, n'est-ce pas ? » J'avais fait un geste circulaire pour montrer que tout le monde était au courant. « Pas un problème du tout. Tu le vois bien.

— Ce n'est pas un problème, dis-tu ? » Il m'avait toisé du regard et il n'avait pas joué très proprement. « Non... pas un problème... Nous étions tous prisonniers dans ce putain de camp de merde, sans toit, sans eau, sans nourriture, et El Ninot en train de baiser comme une pute avec tous ces salauds de Sénégalais...

— Tu n'as pas le droit de raconter les choses ainsi, Lobo. » Et je m'étais mordu la langue avant de poursuivre. « Tu n'as pas le droit de le raconter ainsi, parce que ça ne s'est pas passé de cette façon.

— Ah ! Bon ! Alors, tu vas m'expliquer...

— Si tu veux, je vais t'expliquer, car on dirait que tu as un peu oublié... Primo, ce n'était pas avec tous les Sénégalais, mais avec un Sénégalais, un seul. » Je m'étais tu pour lever un doigt en l'air. « Secundo, il ne s'est pas jeté sur le premier qui passait par là, car ça faisait déjà un an qu'on était à Argelès-sur-Mer, si ce n'est plus. Nous étions tous très jeunes, nous en avions assez de nous la secouer sans arrêt et plus d'un, plus de deux, et tu en sais quelque chose, et si tu veux, je peux te rappeler les noms à haute voix...

— Ce ne sera pas nécessaire, merci.

— Bon, alors tu dois te souvenir qu'ils se le faisaient aussi entre eux par simple désœuvrement. Et tertio... quoi qu'il ait fait, El Ninot ne baisait pas comme une pute, car il ne s'exhibait pas et personne ne l'a jamais vu faire.

— Ça c'est vrai, ils ne baisaient pas en public, mais tout le reste, les petits sourires, les petits regards, les petites promenades... » Et il avait cherché des alliés du regard avant de conclure. « Il n'aurait plus manqué que leurs petites mains. »

El Gitano, Perdigón, Botafumeiro et El Sacristán avaient abondé dans son sens d'un signe de tête plus ou moins réjoui et moqueur. En revanche, ni El Pasiego ni Zafarraya ne les avaient suivis sur ce terrain. Cela avait surpris El Lobo, mais pas autant que le ton qu'avait pris Comprentu pour le remettre sèchement à sa place.

« Je vais te dire une chose. Moi, je savais toujours quand El Ninot allait voir le Noir, comprends-tu ? Je le voyais sur son visage, mais il en avait tellement honte... » Et il avait continué son épitaphe sincère et triste à la fois, avec quelques mots simples, faciles à comprendre. « Il en avait tellement honte qu'il se couchait par terre, cachait son visage dans ses bras, ne bougeait pas pendant des heures, et je me disais... C'est tout de même malheureux, en voilà un qui devrait être en train de se réjouir, et c'est lui qui est le plus malheureux de nous tous. Si c'est pour cela que nous avons cessé de croire en Dieu ?... Allons, ne viens pas me faire chier, il a vécu une saloperie de vie, comprends-tu ? » Il avait raison, tellement raison qu'il avait fallu attendre la mort de Pascual pour que nous osions parler de ça à haute voix. « Il était mort de trouille à l'idée que quelqu'un s'en aperçoive, qu'on te le raconte, et lorsqu'il me surprenait en train de l'observer, il me jurait que ce serait la dernière fois, la dernière, que jamais plus... Merde alors ! »

El Lobo l'avait regardé un moment en silence. Puis il avait fini par abandonner son rôle pour redevenir enfin lui-même. Et nous nous étions tous rendu compte, même s'il aurait préféré se faire tuer que de le reconnaître, que lui aussi était ému par les paroles qu'il venait d'entendre.

« Et tu crois que moi je n'étais pas mort de trouille ? » Voilà pourquoi il s'était défendu en disant la vérité. « J'avais autant la trouille que Ninot, et même plus que lui, vois-tu, car je savais tout depuis le début, tout, tu m'entends ? Et mon devoir aurait été de l'exclure. Voilà ce que j'aurais dû faire, l'exclure du Parti, et vous exclure ensuite vous deux, toi et Galán, pour avoir pris sa défense.

— Ça recommence, Ramón, merde... » Zafarraya avait secoué sa tête en signe de découragement. « Un de ces jours, je vais t'offrir un costume d'arbitre et un sifflet, pour que tu t'amuses tout seul.

— Toujours aussi spirituel, Juanito... » Mais lui aussi avait ri. « Tu ne changes pas...

— Oui, je suis comme ça... Mais c'est la vérité, Lobo, il n'y a pas de quoi en faire tout un plat. Tu ne te souviens peut-être pas de ces deux-là... » Et Zafarraya avait à nouveau pointé son doigt sur Comprentu et sur moi, pour rappeler cette blague, si ancienne que nous l'avions déjà oubliée. « Qui étaient sans cesse en train de faire les pitres et n'arrêtaient pas de dire que depuis qu'il était arrivé à Argelès-sur-Mer, El Ninot voyait tout en noir... Tu ne te souviens pas de toi non plus qui ne faisais que dire que tu allais tous nous exclure du Parti. Et heureusement que ce n'étaient que des mots en l'air, parce que... Il faut voir le nombre de camarades qui ont réussi à s'évader d'Argelès pendant que le fameux Noir et Ninot étaient en train de baiser dans un coin !

— Et tout le chocolat qu'on a mangé, comprends-tu ?

— Il faut le reconnaître, Lobo. » Même El Gitano – qui, à cette époque, n'hésitait pas à savourer sa part en jurant aussitôt qu'il n'en remangerait plus, car il était commissaire et qu'il avait des responsabilités – se souvenait du goût de ce chocolat. « Il partageait toujours avec nous les délicieuses tablettes de chocolat suisse que lui offrait le Noir. Lui, il, n'y goûtait même pas, y compris quand elles étaient aux amandes. C'était vraiment délicieux !

— Oui ! Quel héros ! Tout ça parce qu'il fourrait le cul d'un Sénégalais...

— Ça ne se passait pas exactement comme ça. » Et nous étions presque tous au courant, mais une fois de plus Zafarraya avait été le seul à oser le dire. « Ça n'était pas dans cet ordre, je veux parler... de savoir qui fourrait l'autre. Je le sais parce que... une fois, je les ai surpris. Ils s'étaient cachés derrière une palissade... Holà, mais n'allez pas croire que... En plus, je me suis retourné tout de suite. Mais, bien entendu, avec la couleur de la peau... Ce n'était pas difficile à comprendre.

— Eh bien c'est encore pire !

— Ni pire ni meilleur, Lobo, fais pas chier ! De toute façon, au point où nous en sommes, je ne vois pas ce que ça peut changer, maintenant...

— Merde alors, Zafarraya, tu dépasses les bornes ! » Et Lobo l'avait foudroyé du regard. « Je pensais que tu étais de mon côté, toi.

— Et je le suis. » Son ami ne s'était pas formalisé. « J'aurais préféré que Ninot ne soit pas pédé, qu'est-ce que tu crois ? Au début ça me faisait quelque chose rien que d'y penser, il ne faut pas croire, ça ne me plaisait pas du tout, c'est la vérité. J'évitais de m'approcher de lui, comme si c'était contagieux. Et ce jour-là, lorsque je les ai vus ensemble, je n'ai pas pu dormir de la nuit, mais après... nous sommes adultes, Lobo. Pourquoi crois-tu que nous sommes tous ici ? Eh bien parce que c'était un type formidable. Ce n'est pas vrai ? Il était courageux, loyal, généreux. C'était un brave homme, un bon ami, un bon camarade. Il avait ce petit défaut, oui, mais...

— Petit défaut, petit défaut ! Je vais t'en foutre, moi, des petits défauts...

— Ça suffit, Lobo ! »

C'était moi qui avais parlé. Le plus sérieusement du monde, sans être fâché. Et tous s'étaient tournés vers moi en même temps.

« Si Sebas le veut bien, je vais vous raconter comment nous avons fait la connaissance de Ninot.

Vers la fin de l'année 1937, un peu avant la bataille de Teruel, Del Barrio aurait dû accompagner Modesto au quartier général de Gustavo Durán. Au dernier moment, il avait décidé d'annuler son voyage et de nous y envoyer à sa place. Modesto, qui s'était déjà rendu plusieurs fois là-bas, connaissait bien la musique et il était entré par la grande porte comme dans un moulin. Mais nous, qui venions tout juste d'avoir vingt-trois ans et n'avions pas la moindre idée de ce que nous étions en train de faire, avons eu la peur de notre vie. Cet état-major était une vraie Sodome, et en prime une vraie Gomorrhe aussi, avais-je résumé. Comprentu avait souri et il n'avait pas cessé de le faire tout le temps que j'avais évoqué ces hommes, les uns blonds, les autres bruns, les uns plus efféminés, les autres plus revêches, certains très poilus, mais tous de grande taille, beaux garçons, athlétiques, bronzés, El Ninot étant le plus beau de tous.

« Alors, il faisait partie de l'état-major de Durán..., avait lancé El Lobo avec une certaine perplexité. Lui ?...

— Bien entendu. C'est pour cette raison que nous ne te l'avons jamais raconté, comprends-tu ? Et puis nous ne voulions surtout pas avouer que nous serrions les fesses tant que nous pouvions. Nous nous étions mis à réciter toutes les prières que nous connaissions en restant le plus près possible de la porte. » Il m'avait regardé et cette fois-ci, c'est moi qui avais acquiescé d'un signe de tête. « Comme deux cons, comprends-tu ? »

Il était exact que nous nous étions conduits comme deux imbéciles, mais si cette réunion n'avait pas duré aussi longtemps, nous ne nous serions aperçus de rien. Nous aurions quitté l'endroit soulagés, mais sans jamais savoir où nous avions mis les pieds en réalité. Les officiers de Durán s'étant aperçus de tout, ils s'étaient employés à nous effrayer, à s'amuser avec nous, à nous faire peur pour rigoler ensuite, comme le font parfois les adultes avec les gamins, jusqu'à ce que leur chef les regarde enfin dans les yeux. Cela avait suffi pour qu'ils se comportent à nouveau comme des officiers d'état-major. Mais, au bout d'un moment, il y en avait eu de nouveau un qui était passé près de nous en nous frôlant, en faisant semblant de nous bousculer. Et tout le monde, parfois même Durán, souriait de conserve. Modesto le regardait alors dans les yeux pour qu'il se tienne à nouveau correctement. Pendant ce temps, la réunion s'éternisait, s'éternisait. Le soir était déjà tombé qu'elle n'était toujours pas terminée. Il faisait nuit noire lorsque Modesto avait examiné sa montre et décidé que nous dormirions sur place. Bon, il fallait voir s'il y avait de la place... « Bien sûr qu'il y a de la place, avait répondu Durán, ici nous dormons tous ensemble, on pousse la table et on met des matelas par terre... » « Eh bien, moi, cette nuit je ne me couche pas », m'avait murmuré Comprentu à l'oreille. Je lui avais répondu la même chose, sur le même ton. Cependant, à l'heure du dîner, nous n'avions pu faire autrement que de nous asseoir là où on nous l'avait dit. Le cuisinier était aussi un homme. Il n'y avait pas une femme dans cette maison, mais la nourriture était bonne, la conversation semblable à celles que nous avions d'habitude d'avoir. Nous avions parlé de la guerre, de ce qui était bien, de ce qui l'était moins, des erreurs qu'il fallait corriger, des problèmes qui empêchaient de les corriger...

« Et au bout d'un moment, m'étais-je souvenu, pour El Lobo et pour les autres, j'avais dû reconnaître qu'aucun autre chef ne m'avait autant impressionné que Durán, pas même Modesto. Personne ne m'avait jamais semblé aussi intelligent, aussi audacieux, aussi capable de gagner la guerre. Il était pédé, et alors ? Si nous avions eu un peu plus de pédés tels que lui, et moins de mâles comme El Campesino, les choses se seraient passées autrement pour nous, je te le garantis.

— C'est possible. » El Lobo avait fermé les yeux, serré les lèvres et grommelé sa réponse entre ses dents. « Je n'en sais rien.

— Bien entendu que tu le sais, comprends-tu ? Tu le sais aussi bien que les autres. Et sinon... Pourquoi est-ce qu'il n'est rien arrivé à Durán ? Pourquoi ne l'a-t-on pas exclu du Parti, pourquoi ne lui a-t-on pas ôté le commandement, pourquoi ne lui a-t-on pas imposé un autre état-major ? Il était communiste, tu le sais, et la plupart de ses officiers étaient communistes comme lui, comprends-tu ? Mais il était trop compétent pour qu'on se passe de leurs services. Et ça tu le sais parfaitement, moi aussi je le sais, et même les Russes le savaient, Lobo. »

Ce soir-là, c'est moi qui m'étais montré le plus pessimiste de tous. Après m'être libéré de mon malaise et de mes craintes, j'étais carrément devenu le trouble-fête du dîner.

De nombreuses années plus tard, dans la tranquillité ensoleillée de ce café toulousain, je m'étais mis à détailler ouvertement ce qui me déconcertait encore aujourd'hui après cet épisode. Il vaut mieux se la boucler – et cette conclusion m'avait gâché le dessert –, parce que tous ces pédés étaient là, bouillonnants d'ardeur guerrière, pressés d'en découdre avec les fascistes à coups de dents, pressés de les poursuivre à cheval jusqu'à la mer, et moi, je ne cessais de les contredire. Eux se voyaient déjà à Saragosse, et leur foi était tellement irrésistible qu'elle avait fini par me sortir du trou, et m'entraînerait jusqu'à la vallée de l'Èbre. Cela m'avait fait du bien de les voir ainsi, sûrs d'eux, décidés. J'avais adoré les entendre parler avec tant d'énergie, avec une assurance qui avait foudroyé mon scepticisme et réussi à me restituer ma bonne humeur tandis que je buvais et riais avec eux. Ce soir-là, ma façon de voir avait changé grâce, entre autres, à Ninot. Et lorsque je l'ai retrouvé à Argelès, j'ai compris qu'il avait eu plus de raison que moi de vouloir gagner cette guerre.

« Et qu'est-ce que tu voulais ? avais-je demandé à Lobo. Que je le montre du doigt ? Que je te le serve sur un plateau, pour que tu l'écrases ? Non. Je ne pouvais pas faire ça, Ramón. Et si je n'ai jamais raconté cela auparavant, c'est parce que lui-même n'aimait en parler à personne, pas parce que j'avais honte. Je n'ai pas honte de m'être battu dans la même armée que Gustavo Durán, bien au contraire. Ce sont d'autres choses qui me font honte. Pas celle-là.

— Putain, Galán ! avait protesté El Lobo, mortifié par la honte que je venais de lui infliger. Tu racontes ça d'une façon…

— Je raconte ce qui s'est passé, ni plus ni moins.

— Je ne suis pas d'accord. Tu sautes la moitié de l'histoire, car tu ne te souviens pas des problèmes qu'il a provoqués à Argelès, la démoralisation… » Il n'avait pas trouvé de fin digne de clore le chapitre, mais il avait croisé le regard du seul homme qui n'était pas encore intervenu. « Merde, Pasiego, toi aussi tu pourrais dire quelque chose, c'est toi qui insistais le plus pour que tout ça rentre dans l'ordre.

— Je ne suis pas très bavard, Lobo, tu le sais parfaitement. »

Ensuite, certainement pour détendre l'atmosphère, ou pour recourir à une formule qui lui permît de retarder le moment de donner son opinion, il s'était tourné vers Lola et l'avait invitée à révéler la scène qu'Inés et elle avaient gardée secrète depuis tant d'années.

« Oui. » Et lorsqu'elles avaient eu fini de nous raconter la fin de la fête de la noce de Zurdo, El Pasiego avait souri. « Et comment dis-tu que le fameux Arabe avait la queue ?

— Comme ça. » Lola s'était levée, avait mis sa main gauche sur le ventre, pour marquer le point de départ, et avait allongé la droite devant elle le plus loin possible.

— Pas tant que ça.

— Eh bien non, et je vais te dire pourquoi… » Sa femme s'était tournée vers lui comme une furie, et nous avions tous deviné la suite de l'histoire. « Je me souviens très bien, car ce soir-là j'avais eu de quoi comparer, tu sais ? Ce jour-là, à l'heure du déjeuner, un salopard s'était pointé chez moi en prétendant qu'il avait pris sa demi-journée pour qu'on la passe ensemble avant de nous rendre au mariage. Et à sept heures moins dix, après être resté tout l'après-midi au lit en ma compagnie, il m'avait lâchée à une cinquantaine de mètres de la mairie comme s'il venait de s'électrocuter. Il m'avait laissé en plan sans rien dire pour prendre le bras de sa femme qui l'attendait devant la porte, et ni vu ni connu je t'embrouille. » À ce point de l'histoire, que nous avions tous entendue plusieurs fois, et lui encore plus, c'est Román qui riait le plus fort. « Bien sûr, vas-y, fais comme si tu ne te souvenais de rien... Arrête tes simagrées, mon vieux ! Bien sûr que tu te souviens très bien de ta goujaterie. Tu t'en souviens aussi bien que moi, parce que le salopard dans l'histoire, c'était toi.

— Merde, alors, Mariloli ! Ça suffit maintenant, non ? Voilà vingt ans que tu me reproches la même chose. Vas-tu t'arrêter un jour ?

— Je m'arrêterai quand j'aurai oublié. C'est-à-dire... » Elle avait fait une pause pour le regarder. « Jamais ! Jamais de toute ma putain de vie, tu vois !... »

Et après cette conclusion, elle avait croisé les bras, extrêmement furieuse, extrêmement digne et raide sur sa chaise. El Pasiego lui avait souri, s'était approché d'elle, lui avait passé le bras autour du cou. Lola l'avait repoussé, il l'avait enlacée avec ses deux bras, l'avait serrée fort, parvenant ainsi à la faire sourire. Et ce n'est qu'ensuite qu'il avait répondu à la question laissée en suspens.

« C'est que je suis très lent, Lobo, tu le vois bien. Je ne réussis les choses qu'au deuxième coup... C'est vrai qu'à Argelès j'étais d'accord avec toi, je ne le nie pas, mais je crois que nous nous sommes trompés. En tout cas, moi je me trompais. » Il avait fait une pause pour m'adresser un signe de tête. « Ce sont eux qui ont raison. »

À la fin de l'année 1937, dans la province de Teruel, il faisait un froid de canard. Cependant, après le dîner, j'étais sorti dehors pour me dégourdir les jambes et fumer une cigarette. Ma peur avait disparu. D'un côté, l'idée de dormir à l'intérieur, au milieu de ces hommes, continuait à m'inquiéter, mais d'un autre côté, j'étais persuadé qu'aucun d'eux n'allait me faire de propositions. Je me trompais. L'un d'entre eux était sorti derrière moi avec une couverture et s'était assis à mon côté, sur le banc de pierre qui se trouvait près de la porte.

« Souris un peu, mon vieux. » Il avait jeté la couverture sur mes épaules et avait lui-même souri. « Tu es trop beau pour avoir l'air si triste. »

Je n'avais su que répondre, mais il ne s'était pas laissé démonter par mon silence. Il s'était roulé une cigarette, l'avait allumée, en avait aspiré une bouffée, et m'avait regardé.

« Tu veux qu'on couche ensemble ? » Il m'avait dit cela tout à fait simplement. « Hein ?...

— Non. » J'étais devenu tellement nerveux que j'avais failli m'étouffer. « Non, non, pas moi... Non.

— Eh bien c'est dommage. » Il avait continué à me sourire, comme s'il ne me prenait pas au sérieux. « Car ça t'aurait vidé la tête de toutes ces bêtises.

— Peut-être. » J'avais enfin réussi à répondre. « Mais mes bêtises m'appartiennent et j'y tiens beaucoup, alors si ça ne te fait rien...

— Si ça ne me fait rien... Bien sûr que ça me fait quelque chose. » Et il avait éclaté de rire. « Mais on n'y peut rien. »

Et il ne s'était rien passé d'autre. Lorsque nous étions rentrés, la pièce entière avait été transformée en un seul lit. Il ne restait plus qu'un seul espace libre et nous nous y étions couchés l'un à côté de l'autre. Nous nous étions souhaité bonne nuit et je m'étais immédiatement endormi. Le lendemain matin, au petit déjeuner, nous nous étions donné l'accolade pour nous dire au revoir. Et puis je ne l'avais plus revu jusqu'à la fin de la guerre.

« Cet homme n'était autre que Ninot. » Inés m'avait regardé comme si elle le savait déjà. « Mais je n'avais rien dit à Comprentu le lendemain matin, ni par la suite. Je n'ai jamais raconté ça, ni à lui, ni à quiconque. Pascual n'a jamais plus reparlé de ce soir-là. Et, par conséquent, moi non plus.

— Et pourquoi tu me le racontes à moi, maintenant ? »

En sortant du café, nous étions tous allés déjeuner au restaurant, et Inés était passée par la cuisine, avant de revenir s'asseoir à table à mon côté.

Au début des années 1960, *Casa Inés* avait déjà annexé le local contigu, une ancienne boutique de tapis qui avait permis de doubler la superficie des lieux et de remplacer l'ancienne table familiale par une salle à manger privée. La cuisine s'était agrandie dans les mêmes proportions et mon épouse ne travaillait plus autant qu'auparavant. Mais elle aimait tellement cuisiner que souvent elle s'enfermait toute seule devant les fourneaux. Elle détestait qu'on lui fasse la remarque, mais la manie qu'elle avait de ne jamais lâcher tout à fait le manche des poêles provoquait constamment des frictions avec son personnel ainsi qu'avec sa propre fille. Vivi, qui n'avait pas souhaité aller à l'université, avait suivi une formation dans les meilleures écoles de cuisine françaises. Entre deux cours, elle tentait de travailler avec sa mère et les deux femmes passaient leur temps à se disputer, car Inés ne désarmait jamais. Même avec sa fille.

« Je suis désolée, mais cette cuisine m'appartient et, ici, c'est moi qui commande ! Si quelqu'un n'est pas content… Le monde entier est plein de restaurants. »

Avant qu'elle ne finisse sa phrase, Vivi claquait la porte. Regrettant aussitôt ce qu'elle avait dit, Inés courait derrière elle. Elles discutaient, se demandaient pardon et se réconciliaient. Puis de retour à la maison, lorsque sa mère s'enfermait dans la salle de bains, Vivi venait me voir, très en pétard, et me traînait à l'autre bout de l'appartement.

« On ne peut pas être plus soupe au lait que ça, papa. » Mais elle n'osait pas élever la voix. « Vraiment, je me demande pourquoi je fais des études, si c'est pour ne rien me laisser faire, ni à moi ni à personne. Il faut tout faire comme elle l'a décidé, sans changer la moindre virgule à sa recette… Ne ris pas. Pourquoi ris-tu ? Bien entendu, si tu lui cèdes toujours, je ne m'en sortirai pas…

— Moi, je cède à ta mère ?

— Tout le temps. » Et elle levait les yeux au ciel. « Plus qu'à personne d'autre, et ne prends pas cet air ahuri, tu le sais très bien, papa. »

Le jour de l'enterrement de Ninot, Vivi avait déjà trouvé un homme qui lui cédait et sa mère avait appris à lui déléguer de temps en temps un peu de son pouvoir. Voilà pourquoi elle s'était levée de table en même temps que les autres et était juste entrée un petit moment dans la cuisine pour féliciter notre fille du repas qu'elle avait cuisiné.

« Qu'est-ce qu'il y a ? » m'avait-elle demandé tandis que nous rentrions à pied chez nous.

Je venais de m'arrêter, sous le soleil d'automne, tout près de cette dalle où elle-même s'était arrêtée sous la pluie, en novembre 1949. Et je l'avais regardée, j'avais pris sa tête entre mes mains et, seize ans plus tard, je l'avais embrassée délicatement sur la bouche. Puis elle ne m'avait plus posé de questions, jusqu'au moment où elle m'avait demandé pourquoi je lui avais raconté ce qui s'était passé entre El Ninot et moi, ce soir-là, à Teruel.

« Parce que je suis très fier de toi. »

Toute ma vie s'était déroulée ainsi : savoir et faire comme si je ne savais pas, savoir et ne pas parler, savoir et me taire, savoir et ne pas oublier, savoir et, au cas où, choisir. La vie m'avait transformé en une boutique à secrets. Des secrets que je ne pouvais partager qu'avec Comprentu, des secrets que je ne pouvais pas révéler à Comprentu mais que je pouvais dire à Lobo, des secrets que Lobo ne pourrait jamais apprendre, des secrets à partager avec El Pasiego, des secrets que je n'osais pas livrer à Zurdo, d'autres que Cabrero me confiait à moi et à personne d'autre, et Zafarraya me disant que Sacristán ne devait pas apprendre ce qu'il allait me raconter, car il portait déjà suffisamment sa croix, le pauvre… Voilà ce qu'avait été ma vie et celle de tout le groupe. Mais je n'avais jamais pensé que j'aurais pu partager tout cela avec Inés, la femme que j'avais préservée de tous mes secrets pendant plus de vingt ans, et j'avais été très ému en le découvrant.

« Eh bien tout le monde a ses secrets, tu sais ? Car Lola, par exemple, ne m'a appris à faire les boulettes de baudroie qu'en 1945. Oui, il a fallu attendre 1945… »

Nous étions seuls à la maison, au lit, comme si le temps n'avait pas passé, comme si nous n'avions pas eu d'enfants, comme si nous étions encore surpris de nous retrouver ensemble, nus sous un drap. Voilà ce qu'avait été également ma vie, notre vie, et j'étais extrêmement heureux cet après-midi-là. Lorsque Inés avait eu fini de me raconter ce qui s'était en réalité passé dans sa cuisine, j'avais éclaté de rire. Elle m'avait regardé un sourire ambigu aux lèvres, peut-être un peu inquiet, mais elle n'avait pas osé me demander des précisions et je l'avais prise dans mes bras pour l'attirer contre moi jusqu'à ce que nos nez se frôlent.

« Tu sais qui est le dernier de tout le groupe à avoir vu Jesús Monzón en liberté dans sa maison de Madrid ? »

Lorsque Ramiro Quesada González était entré pour déjeuner au bar La Parada, il faisait extrêmement froid, surtout parce que ce n'était pas un monsieur distingué et qu'il ne pouvait donc pas utiliser le fabuleux manteau de Fernando González Muñiz qui se trouvait dans sa valise. Il était huit heures du matin ce 14 mars 1945, mais sur les Pics d'Europe, l'hiver se moquait bien du calendrier qui promettait le printemps dans une semaine.

« Vous, les gars de Madrid, vous êtes bien fragiles !... » Virgilio, le patron du bar, s'était moqué de moi lorsque j'étais entré avec le col de ma veste remonté. « Mon pauvre Ramiro ! »

En mars 1945, je m'appelais Ramiro Quesada González et j'étais né à Navalcarnero, dans la province de Madrid, presque deux ans après que Fernando González Muñiz fut né à Gera, commune de Tineo, province d'Oviedo. Ramiro Quesada travaillait pour une entreprise de produits laitiers et il avait établi sa base à Vega de Liébana presque trois semaines auparavant, pour négocier avec les éleveurs de la région. Il avait déjà fini son travail et moi le mien. Dans le portefeuille que Ramiro portait toujours sur lui, il y avait un carnet rempli de notes aussi innocentes que soigneusement calligraphiées, des noms, des adresses, des numéros de vaches, des litres de lait, des dates, des délais, des tarifs. En réalité c'était un code que j'étais le seul à pouvoir déchiffrer, une mesure de sûreté supplémentaire à laquelle je ne faisais jamais appel : ma mémoire me suffisait amplement.

Ce voyage, le premier que j'avais fait après le val d'Aran, devait se dérouler en deux étapes. Le but de la première était d'inspecter les groupes de guérillas du nord et de recueillir les impressions des hommes sur la situation. J'avais déjà fini mon travail en Cantabrie. On m'avait interdit de mettre un pied aux Asturies, où vivaient trop de gens qui me connaissaient et je pensais repartir deux jours plus tard en passant par le sud de la Galice et le nord de León, toujours avec la même couverture – acheter du lait pour une entreprise de Madrid. Plus tard, au mois de mai, je devais me déplacer vers l'ouest et, après être passé par les montagnes de Cuenca et de Teruel, je devais traverser la frontière par les Pyrénées de Huesca, afin d'arriver à temps à Toulouse pour la naissance de mon fils aîné. Mais ça avait raté.

Ce jour-là, avant de finir mon petit déjeuner, un compatriote de Virgilio que je connaissais à peine de vue s'était arrêté à côté de ma table, il avait posé sa main droite dessus et avait arrangé sa chaussure qui le gênait. Lorsqu'il était parti, j'avais aperçu un bout de papier plié sous ma tartine. Je l'avais glissé dans ma poche et avais attendu d'être seul dans la chambre de ma pension pour l'ouvrir. *Jesús veut te voir.* C'était tout ce qu'il y avait sur le billet. Jesús voulait me voir et, en dessous, était inscrite une adresse à Madrid. Je l'avais apprise par cœur, avais brûlé le bout de papier dans le cendrier et j'étais sorti faire un tour. À mon retour, j'avais annoncé à ma patronne qu'il me faudrait sûrement rester quelques jours de plus, car je devais régler un problème. En mars 1945, je me méfiais bien plus de mes camarades que de la police de Franco.

Ramiro Quesada González pouvait voyager à Madrid en train et loger dans n'importe quel petit hôtel discret loin du centre. Cela ne pouvait pas être dangereux pour lui, car ses papiers étaient parfaits. Mais Fernando González Muñiz ne pouvait risquer de désobéir aux ordres et s'en aller à Madrid de son propre chef, pour aller rendre visite à Monzón, sans avoir un alibi en béton. Je ne savais comment se passaient les choses là-bas et n'étais pas certain que ce rendez-vous ne fût pas un traquenard.

Agustín Zoroa avait travaillé avec Jesús avant l'invasion, et leur lune de miel avait coïncidé avec la mienne dans le temps et dans l'espace. Non seulement il me connaissait, mais il me reconnaîtrait sans hésiter s'il me voyait de loin, en train de marcher dans les rues d'une ville où je n'avais aucune raison de me trouver. Lorsque j'étais parti, il habitait toujours en France, mais sa mission devait être de prendre la place de Monzón, et je ne pouvais écarter l'idée que ce pût être lui qui ouvre la porte de la maison où l'on m'avait convoqué. Dans ce cas, je pourrais toujours croiser les doigts et prétendre que j'étais venu à ce rendez-vous parce que le Parti m'avait chargé d'inspecter le travail à l'intérieur et que je manquais d'information pour savoir si le rappel de Jesús mettait fin ou pas à ma mission. Ça pouvait prendre. En réalité, je n'aurais pas menti, même si mes informations, aussi succinctes fussent-elles, me suffisaient pour savoir que le mieux à faire était d'ignorer que j'avais eu un message d'un homme dont la chaussure le gênait. Mais j'avais décidé de passer outre. Jesús m'avait convoqué et je ne voulais pas le décevoir. Cependant je ne pouvais pas quitter le val de Liébana sans un plan établi à l'avance.

En fin d'après-midi, je m'étais rendu dans la montagne. J'étais resté là-bas pendant deux jours. Ensuite, j'étais redescendu dans la vallée, puis j'étais remonté. J'étais allé visiter les deux campements les plus importants et j'y avais raconté la même chose. Que quelqu'un de l'autre groupe avait entendu dire à un agent de liaison que les chefs de la guérilla du centre se plaignaient d'être relégués en marge, qu'après l'échec de l'invasion, personne n'était allé leur rendre visite, et que j'avais dans l'idée d'aller y faire un tour, mais que je ne savais pas comment contacter l'organisation de Madrid. Dans le premier campement, les hommes avaient juste pu me dire que l'idée leur semblait très bonne. Dans le second, un gars de Santander, qui avait rejoint la montagne après avoir purgé sa peine dans la prison la plus bondée de la capitale, m'avait donné une adresse.

« Je ne sais pas si elle marche toujours, mais il y a un an elle était encore bonne… »

Ce n'était pas grand-chose, mais c'était toujours ça. Le lendemain, j'avais étudié les horaires des trains pour Madrid, j'avais quitté Vega de Liébana et m'étais rendu à Santander. J'avais voyagé de nuit et étais arrivé à la gare du nord à une heure indue pour aller rendre visite à qui que ce soit. Ramiro Quesada González avait donc erré dans la ville et s'était décidé pour un petit hôtel discret, loin du centre et près du marché de Legazpi. J'avais dormi deux heures, puis j'étais parvenu vers onze heures devant un bâtiment ancien, avec une façade étayée, qui se trouvait au début de la rue San Francisco.

Je n'étais pas retourné à Madrid depuis le printemps 1937, en pleine guerre. Comme si le destin avait voulu que je ne l'oublie pas, avant d'entrer dans cette maison, j'avais remarqué que la façade était criblée d'impacts de balles. Le rez-de-chaussée était vide. Les vitres des balcons de gauche étaient brisées et sur les balcons de droite un vieil écriteau brûlé par le soleil annonçait qu'une fois, il y a bien longtemps, ce logement avait été à louer. L'allure de l'immeuble, dans une ville où les gens recherchaient des logements vides, m'avait conduit à supposer qu'il avait été déclaré en ruine. La porte était ouverte, et certains balcons étaient garnis de géraniums poussant dans de grandes boîtes de conserve.

On avait également combattu dans l'entrée. Les traces de balles allaient jusqu'à l'escalier. J'étais resté un instant à les observer, tâchant d'imaginer qui avait attaqué ou défendu cet endroit. Et j'avais eu un frisson en entendant la porte grincer à nouveau. J'avais commencé à gravir lentement les marches, sans regarder derrière moi, et je n'avais pas réussi à identifier l'origine des pas qui faisaient écho aux miens, un peu décalés et apparemment plus lourds. En atteignant le palier, j'avais regardé du coin de l'œil sur ma gauche et j'avais aperçu une femme enceinte. Elle portait son énorme ventre si bas qu'on aurait dit qu'il allait se décrocher. Elle était obligée de marcher en canard, les jambes très écartées. Elle venait de faire les courses, car elle portait un panier à chaque main. Une botte de bettes toute verte et raide comme un panache de plume dépassait de l'un d'eux.

« Je peux vous aider ? » Son allure m'était familière, comme si elle me rappelait quelqu'un que j'aurais connu auparavant. C'était sans doute pour cette raison que je m'étais précipité pour redescendre les marches que j'avais déjà montées. « S'il vous plaît…

— Merci beaucoup. » Elle avait abandonné son chargement entre mes mains avec un soupir de soulagement. « Je suis presque à terme, vous savez. » Et elle s'était caressé le ventre. « Je n'en peux plus, vraiment. »

Elle avait monté l'escalier très lentement en s'accrochant à la rampe et je m'étais tenu une marche derrière elle. Nous avions atteint le premier étage, puis le second, le troisième et en atteignant le quatrième, elle s'était arrêtée devant la porte où j'avais prévu de toquer.

« Merci beaucoup, avait-elle répété en souriant à nouveau. Où allez-vous ?

— Moi... » J'avais retenu mon souffle avant de demander avec précaution. « Vous ne vous appelleriez pas Manolita, par hasard ?

— Oui. » Elle avait éclaté de rire et son rire avait résonné comme la clochette de la pâtisserie de Nicole. « Comment le savez-vous ? »

J'avais souri, l'avais regardée un instant et j'avais enfin découvert à qui elle ressemblait. Elle me rappelait Montse, telle qu'elle était au retour du val d'Aran. Elles avaient plus ou moins le même âge, mais ce qui les rapprochait était surtout la même curiosité naïve qui brillait dans leurs yeux.

« Je... » J'avais donc décidé de lui faire confiance. « Je viens de la part d'un vieil ami qui s'appelle Anastasio et que tu as connu à la fin de la guerre... »

Elle aurait dû me dire qu'elle ne connaissait personne de ce nom, qu'elle ne savait pas qui avait bien pu me donner son adresse, que si je ne m'en allais pas tout de suite, elle appellerait la police. Je m'attendais à cela, et je l'aurais suppliée de m'écouter un petit instant. Car je n'avais pas de mot de passe. Je n'avais qu'un petit secret sentimental. L'histoire de l'œuf de Pâques. « Il n'y a que moi qui connaisse cette histoire », m'avait assuré Anastasio. Mais je n'avais pas eu besoin de la lui raconter.

« Bien sûr, Tasio ! » Elle avait été très heureuse d'entendre ce nom. « Comment va-t-il ? »

Elle avait ouvert la porte et m'avait laissé entrer dans son appartement plein de lumière et de gens. Elle m'avait présenté sa mère, trois de ses frères et offert un verre d'eau, parce que c'était tout ce qu'elle avait. Elle avait ri à nouveau en l'avouant comme si sa pauvreté l'amusait beaucoup, puis lorsque je lui avais dit que j'avais besoin de lui parler seule, elle m'avait conduit, le long du couloir, vers un abri à l'autre bout du toit en terrasse qui s'effritait complètement.

« Eh bien, tu as de la chance de me trouver ici, sais-tu ? » Les plaques de plâtre qui s'étaient détachées ici et là laissaient apparaître des boules d'alfa séchées et blanchâtres. « Car depuis qu'elle est sortie de prison ma mère ne veut plus rien savoir... »

Elle était très jeune. Très jeune et très charmante. Très affectueuse et très généreuse.

« Fais attention, m'avait-elle recommandé ensuite. Ne dis rien devant elle.

— C'est toi qui dois faire très attention, Manolita. Vois-tu, je... » J'avais soigneusement choisi mes mots, afin de ne pas l'offenser. « Je te remercie de m'avoir accueilli ainsi, mais tu n'aurais pas dû le faire, sais-tu ? Tu ne dois pas ouvrir ta porte aux gens n'importe comment. C'est très dangereux. Tu ne dois faire confiance à personne. Même pas à moi.

— Balivernes tout ça ! » Mais je ne l'avais ni offensée ni inquiétée. « Jamais personne ne vient ici.

— Moi, je suis venu.

— Bien sûr ! » Et elle avait ri à nouveau. « Mais, toi, tu es un ami de Tasio... »

C'est comme ça qu'ils tombaient comme des mouches, m'étais-je dit. Et cependant l'inconscience de Manolita semblait la protéger. Car personne, même le plus imaginatif des agents de la sûreté – fin soûl par-dessus le marché –, n'aurait pu suspecter les contacts de la jeune femme.

« Rends-toi demain, à huit heures du soir, dans un bar qui se trouve rue de la Victoria, à côté des guichets où l'on achète les billets pour la corrida, il s'appelle La Faena... » Elle m'avait observé attentivement un instant avant de poursuivre : « Habille-toi exactement comme aujourd'hui et attends que quelqu'un, qui va se plaindre ouvertement de la vie chère, s'approche de toi. Fais tout ce qu'il te dira. Et n'aie pas peur.

— De quoi ? » Elle avait haussé les épaules sans daigner me répondre.

Le lendemain à huit heures pile, le comptoir de La Faena était plein d'amateurs de corrida. Dix minutes s'étaient écoulées et il ne s'était toujours rien passé. Alors que j'étais sur le point de m'en aller, la porte s'était ouverte pour laisser entrer un groupe qui avait immédiatement attiré l'attention de tous les gens qui se trouvaient là. Tout le monde, indépendamment de son sexe, de son métier, de son âge, de sa condition et du nom qui figurait sur ses papiers d'identité, avait simultanément regardé dans la même direction.

Le groupe était composé de trois jolies filles exubérantes et bruyantes qui avaient produit un vacarme rythmé, presque musical, en entrant avec leurs chaussures de bal, munies de fers aux talons et de deux élastiques croisés sur le dessus. Elles étaient habillées avec des vêtements de ville, mais d'une ville étrangère, lointaine et plutôt libertine, car elles portaient des chandails très moulants, de larges ceinturons qui étranglaient leur taille et de jupes fendues de toutes parts qui s'ouvraient à chacun de leurs pas. Leur maquillage aurait pu laisser penser qu'elles exerçaient une profession qui n'était pas la leur, si elles n'en avaient pas mis plus que de mesure afin que les spectateurs comprennent qu'elles étaient artistes. Leur visage – couronné d'un énorme peigne, planté dans des cheveux enduits de toute la brillantine qui leur était restée après s'être dessiné une colonie d'accroche-cœurs sur le front – était orné de grandes boucles d'oreilles de couleur assorties aux perles des colliers qui se balançaient sur leur décolleté. Il y avait également un garçon qui semblait être la copie conforme du chanteur Miguel de Molina, depuis son chapeau cordouan jusqu'à la pointe de ses bottes, dont les semelles étaient aussi ferrées que celles de ses amies. Le reste – costume noir, veste courte, pantalon taille haute, moulant, et chemise rouge à pois blancs – n'était pas très masculin non plus. En outre, il portait une housse de teinturier d'où dépassaient un tas de volants de toutes les couleurs. Tandis que les filles prenaient place autour d'une table, il avait observé le comptoir, s'était ouvert un passage à coups de coude et était venu se placer à mon côté, en prenant bien soin de ne pas me regarder.

« Quelle horreur ! Tout devient de plus en plus cher ! » Impossible, m'étais-je dit. « Un de ces jours, le pressing va coûter plus cher que la robe elle-même. »

C'est impossible, m'étais-je répété, tandis qu'il commandait quatre petits cafés au lait avec un soudain accent andalou. Après avoir posé son chargement de volants sur le comptoir, il avait tourné son visage vers moi, aussi maquillé que celui des femmes et il avait fait semblant d'être scandalisé par ma présence.

« Mais regardez-moi qui est là ? Notre amoureux transi… » J'avais soutenu son regard sans très bien savoir que faire et il avait pris les choses en main. « Oui, je parle de toi, de toi !... De qui d'autre veux-tu que je parle ? Tu as bien réfléchi, hein ? Vous êtes tous les mêmes. Mais va la voir, mon vieux, elle est là, juste là, à la table... »

J'avais suivi son jeu et tout était devenu très facile. J'avais laissé une pièce sur le comptoir et, me retournant, j'avais vu une des danseuses de flamenco lever les bras en l'air pour m'appeler. Elle s'était levée pour me céder sa place, morte de rire, et celle qui se trouvait à sa droite m'avait regardé, avait secoué la tête d'un côté et de l'autre, mis les bras sur ses hanches et m'avait demandé de faire quelque chose de très facile.

« Tu peux me demander pardon... » Ce qui m'avait le plus surpris était la façon dont elle s'amusait de la situation. « Non ?...

— Excuse-moi ! » À ces mots, elle avait souri, saisi mon bras, et l'avait tiré vers le bas pour m'obliger à m'asseoir auprès d'elle. « Je...

— Ah ! mon Dieu ! Je me demande bien pourquoi je suis si bonne avec toi ! »

Dans la foulée, elle s'était penchée sur moi, m'avait pris dans ses bras, avait collé sa tête à la mienne et m'avait parlé à l'oreille.

« Demain, à une heure de l'après-midi, au kiosque à journaux de la place Santa Bárbara. Il faut que tu aies une boîte à gâteaux à la main. Il s'appelle Vicente. C'est lui qui viendra vers toi. » Puis elle avait haussé le ton : « Bon, eh bien vas-y, vas-y ! Il faut voir comme tu es toujours pressé. » Ses amies avaient l'air de s'amuser autant qu'elle. « Mais tu viens m'attendre après le spectacle, d'accord ? »

La prochaine fois que je verrai Manolita, je la tue. Voilà ce que j'avais pensé en sortant de La Faena. Cependant, j'avais dû reconnaître que je n'avais jamais pris contact avec une cellule aussi difficile à détecter de l'extérieur. Mon contact suivant avait été un homme ni jeune ni vieux, ni grand ni petit, ni beau ni laid, ni gros ni mince, un type tellement banal que personne ne le remarquait. En le voyant, je m'étais dit que justement cela le rendait sans doute plus vulnérable, mais, au moins, il n'avait pas eu besoin de m'embrasser pour me donner rendez-vous avec Paco, le Catalan, le lendemain dans un café de la tonnelle de San Bernardo.

Si le Catalan avait été étonné de ma visite, du moins l'avait-il gardé pour lui. Cela ne m'avait pas surpris, car sa position était bien plus délicate que la mienne. Toujours sous les ordres de Monzón, sans très bien savoir ce que signifiait exactement le retour de Zoroa, Paco avait le sentiment de travailler au sein d'une double, peut-être d'une triple, clandestinité. Il marchait sur des œufs, sur un sol aussi instable que des sables mouvants, sans que personne n'ait pris la peine de l'avertir. Son incertitude m'avait été utile, car il était prêt à attendre n'importe quoi, de n'importe qui, à n'importe quel moment, et il s'était contenté de me demander quand je pensais me rendre à Gredos pour rencontrer Fermín, le chef militaire de l'armée des guérilleros du centre. Je lui avais répondu que j'avais besoin de deux jours, car j'avais des choses à faire à Madrid, et lui non plus ne m'avait pas demandé de quoi il s'agissait.

Le 2 avril 1945, en fin d'après-midi, comme si la seule chose que j'avais à faire était de tuer le temps, j'étais allé me promener de la rue Legazpi à la rue Delicias. Là-bas, je m'étais enfoncé dans le métro et étais descendu à la station Sol, où j'avais pris un tramway qui m'avait laissé près des arènes. J'avais fait le tour complet du bâtiment pour m'assurer que personne ne m'avait suivi et j'avais arrêté un taxi dans la rue d'Alcalá. En entendant l'adresse, le chauffeur m'avait fait remarquer que cela se trouvait dans la direction opposée et je lui avais répondu que cela n'avait pas d'importance. Il m'avait prévenu qu'il allait devoir faire un grand détour, et je lui avais rétorqué que ce n'était pas grave. Il m'avait enfin laissé à l'angle que je lui avais indiqué et j'avais couvert à pied, en faisant des zigzags, la distance de deux pâtés de maisons, jusqu'à atteindre une grille cachée par une haie très épaisse. La porte était fermée, mais il y avait une sonnette. Je l'avais actionnée et avais entendu les aboiements d'un chien, le grincement d'une porte qui s'ouvre, le bruit de pas qui approchaient.

« Je suis Galán. » La femme qui était venue à ma rencontre avait hoché la tête.

Je l'avais suivie sur un chemin de terre battue et avais pu remarquer, dans cet ordre, qu'elle était plus belle que Carmen et que le jardin était une pure merveille. Je n'avais pas eu le temps de juger la maison car, lorsque j'avais levé la tête, la porte s'était ouverte et Jesús était apparu sur le seuil. Il avait une mine horrible, en comparaison de celle du leader auquel j'avais fait mes adieux dans la Haute-Garonne, deux ans auparavant. Personne n'aurait pu penser que cet homme très maigre et définitivement chauve, qui semblait sortir d'une grave maladie, venait juste d'avoir trente-cinq ans. Cependant, lorsqu'il m'avait souri, son visage avait peu à peu rajeuni.

« J'ai cru que tu ne viendrais plus…

— Pourtant, je suis là. »

Il m'avait ouvert les bras avant que je franchisse la dernière marche et nous nous étions donné une très longue et chaleureuse accolade, qui nous avait l'un et l'autre émus.

« Comment vas-tu ? m'avait-il demandé ensuite, tandis qu'il me guidait à travers une maison agréable, confortable, richement meublée et décorée avec de magnifiques objets. Je suis vraiment content de te voir.

— Ça va. Moi aussi je suis heureux de te revoir, Jesús.

— Pilar, tu veux bien nous apporter quelque chose à grignoter ? »

La femme, qui était venue à ma rencontre, et était entrée derrière nous dans la maison, s'était précipitée comme si elle venait de recevoir un ordre. Puis elle avait disparu à la même vitesse sans faire de bruit, comme si elle marchait sur la pointe des pieds.

« Je m'occupe du vin. » Jesús avait traversé la pièce pour aller ouvrir les portes d'un cellier d'où il était revenu avec une bouteille dans chaque main. « Du Rioja, naturellement. Je les avais gardées pour toi, mais j'ai failli les boire tout seul…

— Ça n'a pas été facile de venir. » Aucun de nous n'était à l'aise, mais je ne m'en étais pas rendu compte avant de lui donner cette explication si compliquée : « On m'a prévenu alors que j'étais aux Pics d'Europe et je ne possédais aucun contact ici. En réalité, je ne devrais pas être à Madrid. Je suis venu uniquement pour te voir.

— J'imagine. » Il avait débouché la bouteille, avait approché le goulot de son nez et versé du vin dans mon verre. « Mais je ne le disais pas seulement à cause de ça. Pilar et moi partons en voyage après-demain. » Il s'était servi également. « En France. »

Le retour de la femme, qui apportait un plateau avec une assiette de charcuterie, une autre de fromages, une omelette aux pommes de terre et une corbeille à pain, m'avait permis de réfléchir à ce que je venais d'entendre, tout en faisant mine d'étudier l'étiquette de la réserve Marqués de Riscal que nous étions en train de boire.

« Ce vin est excellent, vraiment, avais-je reconnu. Meilleur que celui qu'on buvait dans le Luchonnais... » Et lorsque nous étions restés à nouveau tout seuls, j'avais reposé la bouteille sur la table et ajouté : « Alors, on va se voir, en France.

— Oui. » Il m'avait regardé et souri à nouveau. « Mais je ne t'ai pas appelé pour ça, Galán, ne t'en fais pas.

— Je ne m'en fais pas », lui avais-je répondu. Et c'était vrai. Même si j'avais apprécié sa précision. « Pas du tout...

— Oui, mais ce que je veux dire... » Il s'était interrompu, comme s'il avait eu besoin de réfléchir à la façon dont il allait poursuivre. « Je ne t'ai pas appelé pour te compromettre. Je veux juste discuter avec toi. Je veux savoir comment vont ceux qui sont allés au val d'Aran... Il n'y a que vous qui m'intéressiez. Je veux savoir comment vous vous sentez après tout ça, et comprendre... Comprendre ce qui s'est passé.

— Ah oui ? Eh bien ce n'est pas facile à expliquer. »

J'étais reconnaissant à Jesús Monzón Reparaz de beaucoup de choses. Mais ce dont je lui serais le plus reconnaissant toute ma vie est son attitude pendant ce rendez-vous. Il m'avait laissé parler, tout le temps dont j'avais eu besoin pour lui dire ses quatre vérités, sans intervenir. Il m'avait laissé le temps de lui dire que nous étions furieux, déçus, car il nous avait menti et trompés, car nous ne méritions pas d'avoir été traités de cette façon.

« Ton petit jeu a coûté la vie à beaucoup d'hommes », lui avais-je rappelé. Et l'excellent Rioja était soudain devenu un peu râpeux sur mon palais et acide en passant ma gorge. « J'ai perdu un soldat que j'aimais comme mon petit frère. »

« À Couvert, Bocas ! À terre tout de suite, c'est un ordre... » Je lui avais raconté cela et aussi que, ce jour-là, il ne m'avait pas obéi. Que tout était déjà perdu et qu'alors que nous rentrions à Bosost plusieurs tireurs embusqués derrière un abri de cantonniers avaient ouvert le feu sur nous pendant que nous traversions une clairière, sur un versant abrupt de la montagne, sans le moindre arbre, juste quelques rochers éparpillés dans l'herbe. Ils avaient mis toutes les chances de leur côté. Nous ne savions pas combien ils étaient, mais à l'évidence ils avaient largement pénétré nos lignes et nous avions donc été obligés de les déloger. Puis Bocas n'avait rien trouvé de mieux que de se conduire comme un héros. Je l'avais vu ramper en direction d'un rocher, et je lui avais crié plusieurs fois de ne pas le faire, de ne pas avancer davantage, de se plaquer immédiatement au sol. Il ne m'avait pas obéi. Je lui avais répété que c'était un ordre, je l'avais menacé, mais il ne m'avait pas obéi. « Non ça va aller ! » Il ne voulait pas écouter. « À terre immédiatement ! »

Cet après-midi-là, j'avais tout raconté à Jesús Monzón. Tout, sauf peut-être que Bocas serait mort de toute façon, car depuis que nous avions franchi la frontière, il n'avait cessé de tomber, de se blesser. J'avais fait deux guerres d'affilée, c'est pour cela que j'avais eu tellement peur en le voyant avancer. J'avais passé trop de temps à la guerre pour croire encore à la chance, à la bonne ou la mauvaise étoile, sombre ou lumineuse, qui décide qui vit ou qui meurt, qui tombe ou qui se relève. La mort l'attendait, elle le désirait, voilà plusieurs jours qu'elle s'amusait avec lui, qu'elle jouait à le séduire. Et il s'était laissé aimer. Il ne m'avait pas écouté.

« À Couvert, Bocas ! À terre tout de suite, c'est un ordre... » « Mais non, j'y suis presque ! » Et il avait fini par réussir, à trouver une position avantageuse pour lui, il s'était mis à l'abri derrière le rocher, avait tiré sur une fenêtre, avait cassé la vitre, puis il avait tiré sur l'autre, il avait blessé un des défenseurs de l'abri et avait continué à tirer. « Allez-y, je vous couvre ! » C'est ainsi que Comprentu avait pu s'approcher d'un autre rocher, tandis que moi j'étais descendu en me baissant, sous la protection de son fusil. En face, c'étaient de simples miliciens qui ne savaient pas résister à la pression, ils avaient commencé à faire des bêtises, à s'exposer sans raison, à sortir de l'abri. Deux d'entre eux étaient tombés en tentant de fuir. El Bocas en avait touché un autre tandis qu'il progressait collé au mur de l'abri. Et c'était le dernier qui l'avait tué.

« Il avait vingt et un ans et il s'est obstiné à mourir en héros, tu sais ? Ce n'est pas le seul. Beaucoup d'autres hommes sont morts au val d'Aran, mais lui, je l'aimais comme mon petit frère. Il avait vingt et un ans et il est mort pour rien. Pour rien du tout. » Je l'avais regardé dans les yeux et j'avais commencé à me sentir mieux. « À cause de toi. Par ta faute, Jesús.

— Ça y est, tu as fini ? » Je ne m'étais pas mieux senti parce que j'avais pu lui dire ses quatre vérités, mais parce qu'il avait su les encaisser. « Oui ?...

— Je ne sais pas.

— Bon, de toute façon, je vais prendre le risque de t'expliquer ce qui s'est passé... Mes ordres n'ont pas été exécutés, Galán. » Durant mon récit, j'avais parfois élevé la voix, mais Monzón avait toujours parlé doucement. « Pinocchio n'a pas pris le tunnel. Il a fait demi-tour de son propre chef et est rentré en France le 21. El Lobo n'a pas attaqué Viella. López Tovar se vante d'avoir ordonné le repli avant que Carrillo ne le lui demande... » Il avait fait une pause pour esquisser une grimace qui ressemblait à un sourire. « Excuse-moi de te le dire mais vous avez agi comme une armée d'amateurs, un bataillon de demoiselles hystériques.

— Tout simplement parce que nous n'avions pas le moindre renseignement. » Et cette réponse nous avait fait comprendre à tous les deux que j'étais loin d'avoir fini mon exposé, tout à l'heure. « Tout simplement parce que nous n'étions pas au courant de ce qui se passait vingt kilomètres plus loin. Parce que nous nous sentions abandonnés, trahis, tout seuls, dans le trou du cul du monde. Et par ta faute, Jesús. Ne viens surtout pas me raconter que le mensonge de Carmen, ce bobard de la grève générale révolutionnaire qui était sur le point d'éclater, était indispensable pour le succès de l'opération. » Il avait failli intervenir, mais s'était abstenu à temps. « Si tu nous avais dit la vérité, que les choses ne se présentaient pas bien, qu'il y avait une chance sur cent, qu'il fallait tout de même la tenter même s'il était probable que cela ne servirait à rien, et que c'était une idée qui venait de toi, et seulement de toi, j'y serais allé tout de même, tu sais ? Je suis certain que la plupart d'entre nous y seraient allés. Et peut-être même que Pinocchio aurait pris le tunnel. Peut-être que Lobo aurait pris Viella. Mais ils l'auraient fait en connaissance de cause, en sachant ce qu'ils pouvaient gagner et ce qu'ils risquaient de perdre, et pas en se sentant comme un troupeau de moutons qui s'en va droit à l'abattoir sans même savoir pourquoi. » J'avais fait une longue pause pour lui permettre d'intervenir, mais il était resté silencieux. « C'est ça que tu aurais dû faire : nous dire la vérité. » Je m'étais tu à nouveau et il avait gardé le silence. « Tu n'as pas eu assez de couilles pour ça ? » Et c'était moi qui avais répondu à la question. « Eh bien maintenant, va te faire foutre ! »

Je n'avais plus rien à dire, mais il n'était pas pressé de reprendre la parole. Il s'était levé, était allé chercher sa pipe, l'avait bourrée, allumée, puis avait tiré dessus.

« Il se peut que tu aies raison. » Et il m'avait regardé droit dans les yeux, comme je venais de le faire. « Même s'il s'est passé des siècles depuis la dernière fois que quelqu'un a mis vingt jours pour venir de Santander à Madrid.

— C'est vrai. Mais il y a six mois ce voyage était bien plus court, tu le sais parfaitement.

— Il se peut que tu aies raison, avait-il répété en tendant la main vers la table, pour prendre la deuxième bouteille et la brandir. Tu crois que ça vaut la peine de l'ouvrir ?

— Bien entendu. Celle-là et toutes celles qu'il faudra. »

À cet instant, tandis que je savourais l'élégance de la formule que je venais d'utiliser pour sceller notre franchise mutuelle, j'avais regretté plus que jamais que l'invasion du val d'Aran ait échoué. Tandis que nous vidions la deuxième bouteille, Jesús avait parlé plus que moi. Et à nouveau j'avais regretté la défaite lorsqu'il avait énuméré pour moi, dans l'ordre et avec une extrême patience, toutes les raisons qui l'avaient conduit à commettre les erreurs que je venais de lui reprocher. Je l'avais écouté attentivement, mais je m'étais aperçu en même temps que je n'avais nul besoin de tant d'explications pour admettre que j'avais entièrement confiance en cet homme, que je l'appréciais, l'admirais, croyais en lui. Monzón me plaisait, il continuait à me plaire davantage que n'importe quel autre dirigeant pour lequel j'avais travaillé dans ma vie – même si nous savions l'un comme l'autre que le sort en était jeté. Mais il était un homme si courageux, un joueur si audacieux qu'il ne se donnait jamais pour vaincu.

« De toute façon... » C'est pour cela qu'il avait laissé cette affaire pour la fin. « En ce qui te concerne, tu ne devrais pas trop te plaindre, mon cher Galán car, d'après ce qu'on m'a raconté... C'est toi qui t'es le plus amusé au val d'Aran.

— Tu es vraiment con ! avais-je répliqué en riant. Vraiment...

— C'est nouveau ça ! » Et il avait ri avec moi. « Il faut que tu me la présentes. Je rêve de faire sa connaissance... »

Vingt ans plus tard, Inés avait quarante-neuf ans, mais, cet après-midi où j'avais décidé de tout lui raconter, elle avait rougi comme une collégienne.

« Et que s'est-il passé après ?

— Rien. Nous nous sommes donné l'accolade, je lui ai promis de l'appeler dès que j'arriverais à Toulouse. Lui est parti pour Barcelone, moi pour Gredos, et puis... tu connais la suite. Lorsque j'ai pu revenir, il avait déjà été arrêté et Vivi avait cinq jours.

— Et tu ne m'as jamais rien raconté !...

— Non. » Je m'étais tourné sur le dos et elle s'était lovée contre moi, épousant mon corps comme un porte-bonheur bien entraîné. « Que voulais-tu que je fasse, Inés ? Je t'avais emmenée en France, tu étais venue à Toulouse avec moi. Tu n'avais pas de famille, tu n'avais pas d'amis, pas de travail, le soutien de personne, rien en dehors du Parti. Ta vie entière dépendait du Parti, et je me suis dit... » Elle avait soulevé sa tête de mon épaule pour me regarder. « Moins elle en saura, mieux ça vaudra. Voilà ce que je me suis dit. Si j'étais tombé, si on m'avait emprisonné en Espagne, si on m'avait fusillé et que quelqu'un avait dit des choses... Comment voulais-tu que je te raconte tout ça avec les horreurs qui étaient en train de se passer ? » Elle s'était à nouveau pelotonnée contre moi, sans rien dire. « J'étais l'ami de Monzón, tu le sais très bien, tout le monde le savait. Je n'étais que ça, son ami. Et toi tu étais là, toute seule, avec les enfants. Et à l'époque... Je me suis dit, que moins tu en saurais mieux ça vaudrait pour toi. »

Elle s'était redressée, s'était étendue sur moi, avait croisé les bras sur ma poitrine, posé le menton sur ses mains et m'avait regardé.

« Je t'aime, Galán.

— Et moi, je t'aime aussi. »

Nous avions soudain entendu la porte d'entrée et la voix d'une gamine de treize ans qui demandait en espagnol s'il y avait quelqu'un à la maison.

« Fini les confidences sur l'oreiller. » Inés m'avait embrassé sur la bouche, s'était levée et avait juste eu le temps de passer un peignoir avant qu'Adela n'ouvre la porte. « Ce sera pour plus tard… »

« Il y a quelqu'un à la ?… » Elle nous avait surpris, avait souri en se cachant derrière la porte entrouverte. « Oh ! Je suis désolée ! »

Inés était sortie à sa suite et j'avais eu le temps d'entendre ma fille : « Dis-moi, maman, tu ne crois pas que vous êtes un peu trop vieux pour faire ce genre de choses ? »

J'étais resté au lit tout l'après-midi. Je m'étais endormi un moment, puis réveillé, puis assoupi à nouveau. En rouvrant les yeux, j'avais vu Inés, habillée et maquillée pour sortir, assise sur le bord du lit. Elle souriait et j'avais adoré la voir sourire. Elle m'avait suggéré de me dépêcher, que Lobo venait d'appeler et qu'il était en train d'appeler tous les autres pour que nous dînions ensemble. Et j'avais adoré ça aussi. C'était égal que Ninot soit mort d'un infarctus, que ce ne soit pas la salve d'un peloton d'exécution qui l'ait abattu. Le protocole des exécutions s'était tout de même activé, seulement parce que l'un d'entre nous était mort. El Ninot avait tout simplement été un des nôtres, pour le meilleur et pour le pire, pour le meilleur et pour toujours. Mais sa mort n'avait pas été une mort de plus.

Même si nous n'avions cessé de le tenter chaque seconde de toutes les heures que contiennent trente-six années, nous n'avons jamais pu renverser Franco. En revanche, à partir de ce jour, nous avons réussi à rester vivants, après avoir tué une partie de nous-mêmes.

Cela n'a pas été une grande victoire, mais elle n'a pas été sans importance.

« Le meilleur restaurant espagnol de France… » Nous avions atteint l'âge mûr presque sans nous en apercevoir.

À l'été 1966, alors qu'il manquait moins d'une semaine pour l'anniversaire de mes cinquante ans, *La Dépêche du Midi* m'avait fait un cadeau à l'avance en publiant un superbe article où l'on disait qu'un des guides gastronomiques les plus prestigieux d'Europe avait élu *Casa Inés* meilleur restaurant français dans sa spécialité.

« On t'a décorée, maman. »

Ma fille Virtudes, que son père avait baptisée Vivi depuis le début car il n'aimait pas le prénom que je lui avais choisi, avait été la première à me féliciter. D'ailleurs Vivi avait toujours été la première en tout, sauf peut-être au niveau de la taille. À vingt et un ans, la plus précoce de la fratrie, peut-être pour compenser le fait que c'était aussi la seule à être plus petite que moi, nous avait déjà valu deux grosses contrariétés. La première, lorsqu'elle avait choisi de ne pas aller à l'université, et la seconde, lorsqu'elle avait décidé de se marier avec un homme divorcé qui avait presque dix ans de plus qu'elle – même si la différence d'âge et son manque d'expérience n'avaient pas été la chose la plus importante.

Le 17 juillet 1965, ni son père ni moi n'avions compris pourquoi Vivi avait invité Andrés à son anniversaire, le gamin de Tolède que nous avions rencontré au val d'Aran avec son frère. Le temps passant, ce garçon si sympathique, qui avait toujours faim et peur de tout, avait poussé ses études bien plus loin que son frère aîné. Il était ingénieur dans les télécommunications et travaillait pour Siemens. Il était marié, ou plutôt c'est ce que nous pensions, à une

Française avec laquelle il n'avait pas eu d'enfant. Dommage, avais-je pensé, jusqu'à ce que l'après-midi même je me dise que c'était tout le contraire : heureusement.

« Je vais t'annoncer quelque chose, papa... » Elle avait lâché sa bombe juste avant de couper le gâteau, et lorsque Galán avait bondi sur sa chaise comme mû par un ressort, elle aussi s'était levée pour se mettre à sa hauteur. « Nous allons nous marier, que ça te plaise ou non. Nous sommes venus te l'annoncer, pas te demander la permission.

— Pas comme ça, Vivi, s'il te plaît ! » Andrés avait fermé les yeux, les avait couverts de ses mains en secouant la tête. « Pas comme ça... Tu t'y prends vraiment très mal... Très mal...

— Pas du tout, laisse-moi parler. À toi de choisir, papa... Si tu viens au mariage, c'est extraordinaire pour nous. Nous organiserons une grande fête, maman nous préparera un gâteau à sept étages, et après l'avoir coupé, nous chanterons *L'Internationale*. Si tu ne viens pas, eh bien nous nous marierons tout seuls, et nous t'enverrons une carte postale en souvenir, où que nous nous trouvions...

— Ne dis pas de bêtises, Virtudes ! » Galán s'était mis à marcher autour de la table, les dents plantées dans sa langue et les poings serrés. « Comment vas-tu te marier ? Andrés est déjà marié.

— Eh bien, il va divorcer.

— Mais il est bien plus âgé que toi...

— Dix ans de plus. » Vivi avait ouvert les deux mains en l'air et avait commencé elle aussi à faire le tour de la table dans le sens opposé. « En hiver, dix de plus, aujourd'hui seulement neuf.

— Mais il est de la famille ! Tu ne le comprends pas ?

— De la famille ? Non, papa, moi je m'appelle González Ruiz, et lui, Ríos Malpica. Nous n'avons pas une seule goutte de sang en commun.

— Je peux dire quelque chose ? » Lorsque Andrés avait tenté une nouvelle fois d'intervenir, tous les deux l'avaient regardé en même temps. « Je peux...

— Non ! »

« Tu te rends compte, m'avait dit Galán ce soir-là, je me demande d'où cette gamine peut bien sortir un caractère pareil ? » D'où veux-tu que ce soit ? avais-je pensé. De toi, bien sûr, elle te ressemble comme deux gouttes d'eau. Mais je n'avais pas répondu, car j'étais aussi préoccupée que lui. Cependant, au matin de mon couronnement, lorsque je l'avais vue entrer dans la cuisine en agitant le journal dans sa main comme si c'était un drapeau, je n'étais plus si sûre qu'elle se soit trompée dans ses choix. D'une part, elle était très amoureuse de son mari. Et d'autre part, elle était devenue une cuisinière incomparablement plus douée que moi à son âge. J'étais persuadée qu'elle deviendrait excellente lorsqu'elle aurait réussi à maîtriser un orgueil qui la poussait à se conduire comme si elle savait déjà tout, alors qu'il lui restait encore beaucoup de choses à apprendre. Ce défaut, que nous possédions en commun à un degré exacerbé, nous liait plus étroitement que n'importe laquelle de nos qualités, communes également, et cela était au détriment de la paix, dans ma cuisine. Peut-être est-ce pour cette raison que j'avais été si émue en l'entendant arriver, ce matin-là.

« Félicitations. Je suis très fière de toi, tu sais ? » Parce que c'est ce qu'elle m'avait dit avant de me prendre dans ses bras et de me faire deux bises en me serrant si fort qu'elle m'avait fait mal. « Très fière d'être ta fille.

— Montre-moi ça... » J'avais dû aller chercher mes lunettes pour lire l'article plusieurs fois. « Oui, c'est vrai, il nous manquait cette image. »

Des images. C'était comme cela qu'Amparo appelait les prix, les distinctions et les bannières, qu'on collait sur la porte vitrée du restaurant. Et ce jour de juillet 1966, lorsque nous avions décidé de les changer toutes de place pour ménager un espace privilégié à l'autocollant du Guide Michelin, on n'arrivait même plus à déchiffrer la vieille enseigne *Casa Inés, la cuisinière de Bosost* que nous avions fait guillocher sur la vitre, en 1945. L'image qu'on venait de nous offrir était la plus importante de toutes celles que l'on pouvait espérer, même si elle ne m'avait pas davantage ravie que celles que nous avions reçues d'Espagne, surtout l'une d'entre elles, « Établissement recommandé par le journal *Abc* », qui, deux ans auparavant avait été sur le point de provoquer une sécession, lorsque Montse, Lola et Amparo avaient voulu la coller sur la devanture où nous présentions la carte afin qu'elle passe le plus inaperçu possible.

« Vous êtes vraiment obtuses. Vous ne comprenez vraiment rien. » Heureusement qu'Angelita avait été plus énergique que moi. « Combien de fois faudra-t-il vous répéter qu'on ne doit pas mépriser la publicité gratuite ? Vous n'avez encore pas compris que plus elle viendra de l'ennemi, plus grande sera la publicité, et même plus gratuite ? »

C'est ainsi qu'elle était parvenue à imposer une règle qui allait se retourner contre moi au moment de réorganiser les distinctions sur la porte de *Casa Inés*. Mais le Guide Michelin et ses étoiles, les plus étincelantes du ciel des restaurants, méritaient d'illuminer une nuit tout à fait particulière. Voilà pourquoi, avant de prendre toute autre décision, nous étions convenues de ne pas regarder à la dépense et de fermer le vendredi soir pour organiser une fête comme celles que nous n'organisions plus depuis de nombreuses années, alors que nous étions jeunes et que nous nous mariions, follement amoureuses et très enceintes, avec des activistes sur le point de passer clandestinement la frontière.

« Avec les enfants ou sans les enfants ? »

Amparo avait posé cette question à brûle-pourpoint lorsque nous nous étions assises pour étudier le croquis que nous utiliserions pour organiser matériellement les banquets. Nous n'avions même pas eu à discuter entre nous pour tomber toutes d'accord que ce devait être avec les enfants et les petits-enfants, qu'il ne fallait surtout exclure personne. Au moment de faire la liste des invités, même Angelita n'avait pas calculé, ne serait-ce que *grosso modo*, à combien tout cela allait nous revenir. Cependant, nous nous étions vite aperçues que nous aurions beau louer des tables et des chaises supplémentaires, nous n'aurions jamais suffisamment d'espace pour faire asseoir tout le monde.

« Bon, ce n'est pas grave… » J'avais pris la relève d'Amparo et commencé à tracer avec le doigt sur le papier. « Les plus jeunes déjeuneront debout. Nous allons installer quatre buffets, deux ici, et deux là, nous mettrons les grandes tables dans les coins. » Lola avait regardé en l'air, mais j'étais restée concentrée sur la solution de mon problème. « Et nous placerons les chaises par ici et…

— Mais qu'est-ce que tu peux être bronzée, nom d'un chien ! » Jusqu'à ce que j'entende sa voix.

Montse était plantée sur le seuil de la porte, vêtue d'une robe blanche, les bras en l'air comme si elle était une vedette prête à descendre un escalier. Avant de me précipiter vers elle, j'avais déjà eu le temps d'admirer sa peau hâlée, si dorée qu'elle semblait sur le point de croustiller, de se craqueler de pure satisfaction, son bronzage qui était absolument uniforme et l'embellissait du front jusqu'à l'extrémité des orteils, dont les ongles vernis de rouge ressemblaient à des bijoux rares et exotiques. Elle était devenue plus mince et plus jeune, si belle que même la noblesse du soleil ne parvenait pas à en souligner tous les aspects. Elle était également bronzée du dedans, et nous nous en étions immédiatement aperçues, après l'avoir prise dans nos bras et l'avoir embrassée, lorsqu'elle avait regardé autour d'elle avec la gaieté, tiède et souriante, d'une femme qui retourne sur les lieux d'un passé dont elle n'a aucune nostalgie, quelle que soit son affection pour les choses dont elle se souvient. En comprenant cela, nous avions commencé à jalouser autre chose que son bronzage.

« Vous me manquez beaucoup, les filles. Vraiment beaucoup... » Et elle nous avait regardées lentement comme si elle avait voulu ancrer son affirmation dans nos yeux. « Vous, vous me manquez, tous les jours, mais le reste... Nous sommes vraiment très bien installés avec Antonio et les enfants, c'est la vérité. » Et elle avait croisé les doigts pour éloigner l'ombre de la Brigade politico-sociale. « Pour l'instant, c'est merveilleux... »

Elle avait été une des premières à retourner en Espagne. Avant elle, en 1961, Sole était déjà rentrée au pays pour être plus près de Manolo, enfermé au pénitencier de Dueso, et María La Tranquila l'avait suivie peu après, lorsqu'on avait envoyé Germán à la prison de Carabanchel. D'autres femmes les avaient précédées, mais les conditions du voyage de Montse avaient été bien différentes. La joie avec laquelle elle nous avait annoncé qu'elle était simplement en visite en France, son apparence, sa façon de rire, de parler, de se comporter d'une façon déjà un peu étrangère, un peu différente de la nôtre, beaucoup plus espagnole, et ses mots, ses expressions que nous n'avions jamais entendues, de la même façon que nous n'avions jamais vu les cigarettes qu'elle fumait, ni l'enseigne des grands magasins où elle avait acheté ses vêtements, avaient été pour nous plus qu'un symbole, une promesse concrète que, au-delà des consignes, des bénéfiques illusions qui nous avaient bercées pendant tant d'années, il existait une vie qui nous attendait au-delà des prisons et des queues devant les prisons, et que c'était une vraie vie, une bonne vie.

« Comme je t'envie ! »

Tandis que nous répétions cette phrase chacune à notre tour, je m'étais souvenue des mauvais moments qu'elle avait vécus avant de partir. Car elle avait presque cinquante ans et cela signifiait pour elle abandonner tout ce qu'elle avait conquis à Toulouse, sa maison, son travail, son bien-être et celui de sa famille. Mais El Zurdo avait accepté avant même que les dirigeants du Parti n'aient eu le temps de lui expliquer pourquoi ils l'avaient choisi, lui, pour diriger l'organisation aux îles Canaries. Lorsque Montse nous l'avait annoncé, nous avions souri et l'avions félicitée. Elle aussi avait souri, nous avait remerciées et puis nous étions restées silencieuses, toutes les cinq car nous pensions toutes à la même chose : à Sole, María, Begoña veuve de Tijeras, à Felisa veuve d'Afilador, à Merche qui était mariée depuis dix-sept jours avec Paco, à Rubio, lorsque celui-ci était rentré en Espagne pour finir allongé dans un fossé, à Marisol qui n'avait même pas eu le temps de se marier avec El Tarugo lorsqu'on l'avait fusillé, et à tellement d'autres, que nous ne nous souvenions plus de tous leurs noms.

À l'intérieur, les femmes tombaient de la même façon que les hommes, et les femmes mariées qui étaient parvenues à jouir de la paix de l'exil ne voyageaient jamais avec leur mari, les premiers temps. C'étaient eux qui partaient, et nous nous restions pour élever les enfants. Mais avec le temps cela aussi avait été différent. Montse, qui n'avait pas osé demander à son mari de changer d'avis, se mettait à pleurer dès que nous parlions de cela. Et nous, qui nous levions tous les matins en songeant à la chance que nous avions, pleurions également. Finalement Antonio lui avait dit de ne pas s'en faire, qu'elle n'avait qu'à rester en France avec les enfants, qu'il voulait bien partir tout seul, comme dans les années 1940. On lui avait trouvé une couverture particulière, sûre et très appropriée, et il pourrait toujours cohabiter avec une autre femme, une militante choisie par le Parti, et faire semblant d'être un couple marié. Il ne serait pas difficile d'en trouver une, car on avait souvent eu recours à ce genre de solution… Dès l'instant où El Zurdo avait évoqué cette possibilité, Montse s'était décidée à partir avec lui. Car elle savait aussi bien que les autres jusqu'à quel point, dans ces cas-là, la théorie finissait par se confondre avec la pratique.

« Et moi je lui ai dit, mais oui mon vieux ! » Elle pleurait plus que jamais. « Il ne manquerait plus que ça, qu'on te fusille en me faisant cocue… »

Depuis la salle à manger de *Casa Inés*, ce soir-là tout semblait très difficile. El Zurdo rentrait dans son île natale, pas Montse. Tout le temps qu'elle avait vécu en Espagne, elle n'était jamais allée plus loin que Barcelone et elle disait que des Canaries, à part Antonio et les bananes, elle ne connaissait rien d'autre. En préparant ce voyage, elle avait eu l'impression de se précipiter dans un abîme, un gouffre inexploré, hérissé de choses inconnues, de dangers, et tout était devenu source de complication – entraîner par exemple ses enfants à ce que pas un mot en espagnol ne leur échappe en présence d'inconnus, après leur avoir interdit depuis toujours de parler le français dans leur maison de Toulouse, se résigner à mettre les affaires de toute une vie dans un garde-meuble –, un travail dur, difficile, une autre partie d'un gigantesque problème. Quinze mois plus tard, cependant, on aurait dit que le seul verbe qu'elle savait conjuguer était le verbe « enchanter », et seulement au présent de l'indicatif.

Tout l'enchantait, et avant tout, Las Palmas, qui était une ville beaucoup plus grande qu'elle avait cru, bien plus belle qu'on ne pouvait imaginer. Elle n'habitait pas au centre, mais dans un ancien faubourg de pêcheurs où s'étaient installés des étrangers oisifs, quelques retraités et des jeunes suffisamment riches pour vivre sans travailler – même s'ils avaient l'air de mendiants –, qui avaient acheté leur maison pour une bouchée de pain et l'avaient transformée à leur goût, jusqu'à transformer le quartier en une île à l'intérieur de l'île, un lieu isolé et cosmopolite où personne ne remarquait un couple de Français avec quatre enfants. Ce qui l'enchantait aussi était que sa maison se trouvât à deux pas de la plage où elle allait se dorer au soleil tous les après-midi et se baigner aussi bien en hiver qu'en été.

« C'est vrai, pour l'instant, tout m'enchante. Je suis très heureuse d'avoir suivi Antonio, et les enfants aussi. Bon, Candela est la plus heureuse de nous tous, car elle fréquente un prétorien de son père.

— Un prétorien ? avait demandé Angelita. Qu'est-ce que c'est que ça ?

— Bon il faut bien leur donner un nom, et prétorien ça fait bien, non ? C'est Miguelito qui a eu l'idée de les appeler ainsi, car il est fasciné par l'Empire romain. Mais ce ne sont pas des gens bien exceptionnels, il ne faut pas croire, ce ne sont ni des gardes du corps, ni des libérateurs, rien de tout ça. Ce sont des militants qui ont un autre travail et qui accompagnent Antonio à tour de rôle pendant leur temps libre et lui donnent un coup de main. » Elle avait fait une pause et avait cherché la façon de mieux nous l'expliquer. « Diriger un parti clandestin sur sept îles à la fois est quelque chose de très difficile, vous comprenez ? Antonio ne bouge presque pas de Las Palmas. Les prétoriens, ce sont les garçons qui vont et viennent, car beaucoup d'entre eux travaillent sur les autres îles, ou ont de la famille à Tenerife, à La Gomera, à Las Palmas, n'importe où… Parfois, nous prenons un ferry pour aller passer la fin de la semaine quelque part, tout seuls, en amoureux, ou avec les enfants, qui en ont ras le bol de grimper au Teide, les pauvres, car au bout du compte nous sommes français, n'est-ce pas ? À moitié touristes, alors cela n'étonne personne. Mais nous ne prenons aucun risque.

— Parce que vous avez les moyens. » J'avais acquiescé doucement, tandis que je tentais de concilier ma stupéfaction et mon envie. « Je ne pensais pas que les choses étaient organisées à ce point…

— Eh bien oui, ma fille, oui. La clandestinité n'est plus ce qu'elle était. » Mais, brusquement, elle avait pris conscience de ce qu'elle disait et elle avait à nouveau croisé les doigts. « Bon, en tout cas pour le moment. »

Pour El Zurdo, fini les pensions, les voyages en troisième classe, les auberges mal famées et les nuits à la belle étoile sur les bancs des gares. S'il tombait, il était fort possible que son destin devînt comme celui qu'il aurait risqué d'affronter vingt ans auparavant, mais pendant la deuxième moitié des années 1960, les plus hauts dirigeants régionaux du Parti se trouvaient à la tête d'une organisation illégale en plein essor. Antonio était arrivé à Las Palmas avec un travail fixe, agréable et bien payé, au bureau général d'une chaîne d'hôtels. Le propriétaire, héritier d'une des familles qui avaient inventé le tourisme canarien, était membre du Parti depuis que le gouverneur civil lui avait demandé de loger un professeur de l'université de Madrid, que le gouvernement avait envoyé en exil à Arrecife quelques années auparavant, sans imaginer les conséquences qu'aurait l'amitié qui avait tout de suite uni les deux hommes.

« Tout ça pour dire que..., avait poursuivi Montse. Il s'est passé ce qui s'est passé. Un soir, nous sommes rentrés à la maison plus tôt que prévu et nous avons surpris Candela en train d'embrasser son prétorien sur le canapé, et Antonio... Houla ! Pas content du tout, lui ! Vous pouvez imaginer la chose, vous savez comment il est avec ses filles. On aurait dit ton mari, Amparo : je vais l'exclure du Parti, je vais l'exclure, je te dis que je vais l'exclure du Parti, je vais l'exclure pas plus tard que demain matin... Et moi, bien entendu, j'avais été obligée de jouer le rôle de Zafarraya. Mais pourquoi tu veux l'exclure, allons ? lui ai-je dit. Ça se voyait venir depuis longtemps. À quoi t'attendais-tu ? Ta fille va bientôt avoir vingt ans et lui il en a vingt-trois, et il est toute la sainte journée à la maison, il déjeune, il dîne, il fait la sieste en maillot de bain... Et estime-toi heureux qu'Aída ait eu le temps de prendre un fiancé français et que Montse n'ait encore qu'onze ans, parce que... Et en plus vous devriez voir l'état dans lequel est le camarade Bernardo. On dirait un fromage, en train de la suivre partout.

— Houla ! » Amparo avait souri tout en écarquillant les yeux, car c'était la première fois que quelqu'un faisait référence à un fromage pour décrire aussi efficacement un camarade de vingt-trois ans. « Quelle insolente ! »

Lorsque nous avions eu fini de rire, Montse nous avait raconté qu'elle n'était venue qu'avec l'aînée et la benjamine. Miguel et Candela étant restés à Las Palmas, respectivement avec son père et son prétorien, et qu'elle ne voulait pas les laisser seuls trop longtemps. Mais, auparavant, elle devait absolument discuter avec nous.

« J'aimerais vous vendre ma part du restaurant. » Voilà un an qu'elle ne travaillait pas et être maîtresse de maison la fatiguait déjà bien assez. « Si ça vous intéresse, bien entendu… »

« Cette entreprise fonctionne comme une coopérative, nous travaillons toutes les mêmes heures et nous partageons les bénéfices à parts égales, après avoir réglé toutes les charges. » À l'époque, Montse avait hoché la tête à ces mots. Amparo ne les avait répétés qu'une fois, pour Lola, juste avant d'inaugurer *Casa Inés*, et celle-ci avait immédiatement dit oui. Depuis ce jour, nous étions associées toutes les cinq. Et vu que nous ne parvenions pas à abolir la propriété privée, pendant vingt ans, nous avions demandé des crédits, acheté des locaux, liquidé des hypothèques, payé des transformations, subventionné nos maris et embauché de nombreuses personnes : des cuisiniers, des apprentis, des gérants, des conseillers fiscaux, des serveurs, des employés pour faire la plonge, des livreurs et des femmes de ménage, mais nous n'avions jamais accepté de prendre un autre associé. Même si l'on se disputait autant qu'un couple, nous nous entendions trop bien toutes les cinq pour mettre en péril des disputes aussi harmonieuses, et nous continuions à être une coopérative en tout, à tel point que lorsque Montse était partie en Espagne, nous avions décidé que sa situation n'était pas très différente d'une grossesse. N'importe laquelle d'entre nous pouvait à tout moment se retrouver dans le même cas et c'est pour cette raison que, tous les mois, nous lui versions sa part, à la banque, selon la façon dont avait fonctionné le commerce.

« Je voudrais monter une boutique pour *gourmets**, comme on en trouve ici. J'ai déjà repéré un local et Antonio, qui est maintenant mon secrétaire général, bien entendu… » Nous avions éclaté de rire toutes les quatre en même temps. « … trouve ça bien, car une affaire de ce genre ne peut pas attirer l'attention. Tous nos voisins pensent que nous sommes français et, avec tous ces étrangers autour, un commerce de ce genre aurait beaucoup de succès. En plus, si jamais… » Elle avait à nouveau croisé les doigts. « Il faudra bien vivre de quelque chose.

— Bien sûr. » Amparo avait pris la parole avant tout le monde. « Tu peux y compter. Mais… » Et elle l'avait observée avec une tristesse aussi contagieuse qu'un virus soudain, aérien et venimeux. « Comme c'est dommage, Montse ! »

Nous étions devenues vieilles presque sans nous en apercevoir. Le temps, cette fièvre frénétique qui nous avait obligées à vivre toute une vie en l'espace d'une matinée, qui étirait les nuits souvent jusqu'à voir le jour se lever et qui forgeait des alliances éternelles en un instant, avait vieilli avec nous. Il était devenu maladroit, lent, amnésique et paresseux, têtu comme une vieille mule qui ne peut plus trotter et n'a jamais su galoper. Montse, la plus jeune, n'allait pas tarder à avoir quarante-cinq ans. Amparo, l'aînée, en avait dix de plus, mais j'avais du mal à le croire, j'avais du mal à me regarder dans le miroir et à reconnaître une femme différente de celle qui s'était présentée à cheval dans une maison de village avec trois mille pesetas et cinq kilos de *rosquillas*. J'avais aussi du mal à les regarder, elles, et à voir leurs rides, leur fatigue, les bas si épais que s'achetait Amparo à cause de ses varices, les cheveux courts qui avaient remplacé les belles boucles d'Angelita, les chaussures plates que Lola retirait seulement lorsque Diego El Perdigón lui demandait de l'accompagner. Je les voyais et je ne les voyais pas, je les voyais mais je n'y croyais pas, mes yeux ne pouvaient pas, ne voulaient pas les distinguer de ces jeunes femmes que j'avais connues il y avait longtemps. Depuis cette cuisine longue et étroite, jusqu'à une porte couverte d'images, nous avions fait un long voyage, de grandes choses qui, à ce moment-là, m'avaient semblé toutes petites, aussi petites que si nous n'avions jamais cessé d'être jeunes, comme si nous étions encore en train de commencer, comme si nous avions le droit d'être d'éternelles débutantes, d'éternelles insoumise face à la loi qu'imposent les montres et les calendriers.

« Ne pleure pas, Inés. »

Ou peut-être était-ce juste que nous étions restées au même endroit, que nous avions eu le temps de mûrir, d'avoir les cheveux blancs, de nous rider, sans nous approcher d'un seul centimètre de notre objectif.

« Mais je ne pleure pas, Montse. » Seule la distance qui nous séparait d'un avenir qui, sans bouger lui non plus, semblait s'éloigner chaque jour davantage pouvait expliquer que je sois en train de regretter soudain l'implacable dureté de cette époque. « Regarde ! Tu vois ? Je ne pleure pas. »

Le temps avait continué à passer, clément et impitoyable comme une bouillie quotidienne de narcotiques, et puis il s'était accéléré à nouveau, nous éblouissant d'un mirage rosé de cette jeunesse qui nous avait échappé tandis que nous l'attendions. Ainsi, tandis qu'il se pressait à nouveau, qu'il recommençait à marquer chaque jour du sceau d'une promesse définitive, nous avions appris qu'aucune boucle ne se laisse éternellement boucler. En février 1974, alors que nous n'étions plus inquiètes pour lui, la police avait arrêté Antonio Sosa Rodríguez, alias Louis-Alphonse Dutronc, alias El Zurdo, dans le ferry qui faisait la traversée entre Gran Canaria et Lanzarote. À cette époque, à *Casa Inés*, il ne restait plus que trois associées. Amparo avait suivi Ramón en Espagne et nous lui avions également racheté sa part avant de lui faire nos adieux. Par bonheur, celle-ci n'avait jamais eu besoin d'utiliser la bouée de sauvetage qui avait permis à Montse de rester à flot, de s'occuper de sa maison et d'inscrire ses enfants à l'université, de continuer à aider Candela, qui l'avait déjà rendue grand-mère par deux fois, la seconde alors qu'elle était prisonnière à Ocaña, et à payer les vols vers la péninsule pour elle et pour son gendre Bernardo jusqu'à ce que sa fille et son mari aient enfin été libérés de leur prison respective, Antonio du pénitencier Del Puerto, grâce à la loi d'amnistie partielle de 1976. Cela nous avait enfin permis de nous réjouir pour autre chose que le simple fait de lui avoir racheté sa part du restaurant.

« Bon, qu'allons-nous faire avec ça ? » Lorsqu'il avait été enfin clair que fêter notre entrée dans le Guide Michelin allait être plus compliqué que financer la boutique de Montse, Amparo avait brandi le plan en l'air.

Nous avions toujours été une coopérative et nous ne cesserions jamais de l'être, contre vents et marées. Voilà pourquoi notre nouvelle désertrice s'était impliquée plus que personne dans les préparatifs de la fête. Puis nous étions toutes allées à tour de rôle lui faire visiter des caves à vin, des fromageries et des boutiques de foie gras, mais c'était mon mari qui l'avait le mieux aidée.

« Alors ? » Et le soir où nous avions posé l'autocollant du Guide Michelin sur la porte de *Casa Inés*, Galán était revenu avec elle en la tenant par le bras. « Vous avez trouvé ?

— Houla ! Je suis sur le point de m'ouvrir les veines, je ne te dis que ça. » Il avait feint une scandaleuse grimace de dégoût tandis qu'elle s'était mise à rire. « Comme si je n'avais pas assez de toi pour m'emmerder, à présent il ne me manquait plus que ta chère amie. »

Ce soir-là, Angelita nous avait convoquées dans la cuisine, elle nous avait regardées avec cet air avide que les grandes idées lui donnaient toujours et elle avait levé son index en l'air, comme chaque fois qu'elle voulait nous remettre sur le droit chemin.

« Les filles, je vais vous dire quelque chose et je parle très sérieusement… » Elle m'avait regardée et j'avais tremblé. « Nous allons abolir la propriété privée, n'est-ce pas ? J'espère bien, mais en attendant nous sommes en train de perdre de l'argent. »

Elle avait toujours été la seule à avoir la tête sur les épaules pour nos affaires. Lorsque nous avions commencé à proposer des menus à la taverne, elle avait décidé que nous devions servir des croquettes à l'apéritif et des *rosquillas* avec le café. Ensuite, pendant les premières minutes de 1945, elle nous avait convaincues que le local était trop exigu et non seulement elle avait choisi le meilleur restaurant qu'on pouvait se permettre de reprendre à l'époque, mais c'est elle qui avait imposé son nom, car elle trouvait insensé de gâcher une publicité gratuite, vu qu'à l'époque l'invasion du val d'Aran jouait en notre faveur, nous donnait un prestige qui ne nous coûtait pas le moindre sou. Vingt et un ans plus tard, toujours pour la même raison, elle avait décidé de supprimer la devise, « la cuisinière de Bosost », que plus personne ne comprenait.

« Nous ne pouvons pas perdre une occasion pareille. Nous possédons le meilleur restaurant espagnol de France, et bien c'est parfait. Il faut que tout le monde le sache. »

Au début de 1945, El Cabrero m'avait retrouvé la recette des beignets de feuilles de citronnier de sa grand-mère, les fameux *paparajotes*. Ils étaient devenus le dessert recommandé par *Casa Inés* tant que la saison le permettait : quatre *paparajotes* et trois tranches d'orange avec de l'huile d'olive vierge, du sucre, de la cannelle, auxquels j'avais ajouté un peu plus tard une boule de glace qui semblait être à la vanille, et qui était au fromage Idiazábal avec du vin doux

Pedro Ximénez, qui m'aurait conduite à la tombe si je n'avais eu une fille cuisinière. Tandis qu'Angelita réfléchissait à haute voix – « il nous faudrait commander un auvent, de la vaisselle, des cartes de visite, des menus et une nouvelle enseigne "*Casa Inés*, le meilleur restaurant espagnol de France" » –, j'avais eu chaud et froid en même temps, j'avais ressenti l'émotion d'un matin d'octobre 1944, et j'avais à nouveau entendu l'accent de Murcie de cet homme qui affirmait qu'une traîtresse ne pouvait pas cuisiner aussi bien. Et je m'étais sentie ainsi, une traîtresse, mais je ne l'avais avoué à personne, car personne ne l'aurait compris.

Même Montse, qui était née à Bosost, n'avait pas résisté autant que moi à perdre le nom de son village, ce titre qui n'avait jamais été une réclame pour moi, mais un nom, synonyme d'émotion, d'intensité, une image précise et complète de la meilleure version de moi-même dont je me souvenais. Angelita avait raison – en affaires, elle a toujours eu raison –, mais moi j'aurais préféré continuer à être la cuisinière de Bosost, même si les journalistes espagnols qui venaient de temps en temps nous interviewer réagissaient tous de la même façon, fronçant les sourcils, levant les yeux au ciel, demeurant bouche bée : « L'invasion de quoi ?... Excusez-moi, mais je ne connaissais pas. Vous dites que ça c'est passé en quelle année ? » Et j'avais malgré tout continué à faire des *paparajotes* avec les feuilles de citronnier que je choisissais moi-même dans les vergers des alentours, le seul ingrédient de ma cuisine qui n'est jamais venu d'Espagne.

Les deux pires années de ma vie finissaient par le chiffre neuf, car elles avaient eu lieu à une décennie d'écart, mais la deuxième avait été la pire, et sans doute la seule que je n'aurais pas aimé revivre. Cependant, pendant quelques mois j'avais été persuadée que je m'en souviendrais comme l'année de l'huile. Lorsqu'elle avait commencé, j'étais toute seule. Galán était parti en Espagne la première semaine de décembre 1948 et j'étais enceinte à nouveau, mais je n'avais pas pu le lui dire, car je ne le savais pas encore. Je n'avais rien pressenti de particulier non plus, car j'avais déjà l'habitude de cet état.

Il partait, revenait, repartait, et en nous quittant je ne savais jamais si ce ne serait pas la dernière fois que je le voyais, si le dernier de mes baisers ne serait pas vraiment le dernier. Ensuite je restais seule, entourée d'autres femmes seules, et nous faisions toutes semblant de ne pas nous apercevoir de ce qui nous arrivait, de ce que nous risquions tandis que nous emmenions les enfants au jardin, et que nous nous asseyions pour leur donner à goûter. Parfois, si nous passions une journée morose, une de ces journées où nous étions plus effrayées ou plus tristes que d'habitude, nous nous échangions les unes les autres notre trésor le plus précieux, le plus interdit, une photographie que nous avions tirée d'une enveloppe avant de sortir, qui elle-même se trouvait dans un sac à fermeture Éclair, enfoui au fond d'une boîte cachée dans un des coins de l'armoire où nous rangions les valises : « Regarde celle-ci, tu te souviens ? Nous sommes vraiment bien, n'est-ce pas ?... » De temps en temps, le mari d'une d'entre nous était de retour, et le téléphone sonnait à n'importe quelle heure : « Allô, il va très bien, tu sais, tout le monde va très bien. » Ou le contraire : celui-là s'est fait arrêter, ou cet autre... Alors, quelle que soit l'heure, nous tirions au sort pour savoir qui allait garder les enfants de tout le monde et nous nous rendions chez la femme de celui qui ne reviendrait pas : Begoña, Felisa, Merche, Marisol. Nous l'embrassions et nous restions avec elle, nous lui faisions du café ou lui tenions la main, tout simplement. De temps en temps, c'était Galán qui revenait, mais je ne le savais jamais à l'avance, seulement lorsqu'il sonnait à la porte la nuit, ou qu'il se présentait au restaurant dans la journée.

« Inés ! » Parfois c'était Amparo depuis le comptoir, parfois Angelita ou Montse, qui servaient à table. « Viens, quelqu'un te demande !... »

Et je retirais ma toque blanche, si raisonnable, si hygiénique, si moche, et je secouais ma tête devant le miroir pour sortir en sandales, les mains mouillées, le tablier maculé de taches, sentant la nourriture de la tête aux pieds, et il était là, maigre, souriant, le visage fatigué. Pendant un instant, je ne savais jamais ce que je devais faire : retirer mon tablier ? M'essuyer les mains avant de le toucher ? Ou aller vers lui ? Mais au fond cela n'avait pas grande importance, car à chacun de ses retours tout se mettait à exister à nouveau, le monde entier renaissait, sans règles, sans conditions, sans autre limite ni prolongement que son corps sain d'homme vivant.

J'avais appris de nombreuses choses de l'amour par temps difficiles. J'avais réussi à connaître la peur de façon très intime, les mauvais pressentiments qui sèchent la bouche, les trahisons de l'imagination, les tachycardies soudaines qui transforment le petit jour en enfer et projettent une ombre noire sur toute chose, déposant sur chacune d'elles le parfum fictif d'une mort lointaine et d'une autre plus proche, cette petite mort qui m'avait tuée si souvent. J'avais réussi à tout savoir de l'amour par temps difficiles, de ces éternités qui durent cinq minutes, de ces soleils qui se lèvent en plein milieu d'une nuit pluvieuse, de cette joie dépouillée de toute condition, de ce plaisir si intense qu'il devient douloureux, et du bonheur étincelant dans les gestes les plus ordinaires. Tandis que je comptais les mois que nous avions vécus ensemble – qui étaient toujours moins que ceux où nous avions vécu séparés –, j'ai connu la lumière et l'obscurité, une passion qui se dévorait elle-même et n'était jamais rassasiée.

À l'époque, le temps était toujours pressé. En 1946, Galán n'était pas revenu pour Noël, mais il était arrivé à la mi-janvier 1947 sans savoir que j'étais à nouveau enceinte. Virtudes avait un an et demi, Miguel devait naître quatre mois plus tard et personne ne lui avait rien raconté. « Alors on remet ça ? » m'avait-il dit en me voyant. Eh bien oui, on remet ça, et nous avions tous les deux éclaté de rire. « J'espère que je serai là pour l'accouchement, cette fois… » Il n'avait pas osé me le promettre et il avait bien fait, parce que ça n'avait pas été possible. Deux jours avant la date prévue, il avait dû repartir, et le moment venu, c'est Amparo qui, une fois de plus, était venue s'asseoir à mon chevet pour offrir les paumes de ses mains à mes ongles. Nous étions également devenues des expertes en matière d'accouchement, car je n'étais pas la seule – nos maris arrivaient, nous mettaient enceintes, repartaient, arrivaient à temps pour voir naître leurs enfant ou faisaient leur connaissance plus tard, certains jamais. Mais nous accouchions sans nous sentir le moins du monde isolées, accompagnées par d'autres femmes que nous avions accompagnées pendant qu'elles accouchaient, et par quelque chose que nous n'aurions pas dû avoir sur la table de nuit.

Tout le monde peut se sentir déprimé et Ana María, la femme de Ben Laffon, était photographe. La règle était que les clandestins ne devaient jamais se laisser photographier, alors ça aussi nous avions dû apprendre à le faire toutes seules, en devenant les artisans de notre propre et minuscule clandestinité, dans la rue ou dans un jardin public, pas à la maison, ni au restaurant, presque toujours en groupe, ou en couple, presque jamais avec les enfants, mais seulement presque jamais. Il s'agissait de la deuxième règle de la liste. Mais chacune d'entre nous la transgressait. Moi je l'avais transgressée plusieurs fois, en me faisant prendre en photo avec mes enfants chaque fois que Galán était en voyage, lorsque je calculais que nous étions à la moitié de son absence, et c'était une stupidité, de la pure superstition, mais en le faisant j'avais l'impression de l'invoquer, de l'obliger à revenir pour voir la photo. Lorsque je la faisais tirer, je pensais à lui, à ce qu'il dirait s'il était là, regarde, tu vois ? Mais ensuite, lorsqu'il était de retour, je n'osais jamais la lui montrer. De son côté, les photos ne lui manquaient pas, il ne pouvait pas en avoir sur lui et moi je ne lui en parlais pas, y compris pour lui dire que le remède pouvait être pire que la maladie. Car si d'aventure les policiers de Franco étaient parvenus à infiltrer l'un d'entre nous, il leur aurait été très facile de découvrir l'adresse des hommes qu'ils voulaient identifier. Il leur aurait suffi de jeter un coup d'œil à la surface des meubles. Nos maisons devaient être les seules dans toute la France où il n'y avait pas une seule photo, même pas de carte d'identité, nulle part.

Si les policiers avaient tenté de le faire, ils n'y étaient jamais parvenus, car nous étions extrêmement méfiantes pour tout, à une exception près. Les clients de *Casa Inés* avaient ri pendant des années de cette soirée de 1947 où Angelita nous avait demandé l'une après l'autre si nous savions comment s'appelait cet homme qui venait boire un verre de vin de temps en temps et qu'on surnommait Comprentu. Un garçon de Vicálvaro le cherchait partout, un certain Eulogio qui s'était présenté comme son cousin, mais on n'avait pas pu l'aider, car chacune d'entre nous ne le connaissait que de vue. « Je suis désolée », avait dit Angelita en le laissant repartir avec un sourire. Mais voilà... à l'instant où son mari avait passé la porte, il s'était écrié : « Merde, Eulogio ! Que fais-tu dans le coin ? » Et après lui avoir donné l'accolade, il s'était approché d'Angelita et lui avait dit : « Tu connais déjà ma femme, non ? »

Il vaut toujours mieux avoir l'air ridicule que de commettre une bourde. Nous obéissions rigoureusement à cette maxime. Cependant, nous possédions presque toutes quelques photos de nos maris. La mienne était une photographie qu'il avait refusé qu'on prenne le jour de notre mariage, mais il n'avait pas pu éviter qu'on se heurte, en sortant de la mairie, à un photographe professionnel qui nous attendait avec la même intention innocente qu'il avait attendu les autres couples de nouveaux mariés. Étant donné que Galán n'avait pas prévu cette situation et que ne pas s'y prêter en souriant aurait pu paraître louche, il n'avait pas eu d'autre choix que de poser avec moi. Mais ensuite, avant que le photographe n'ait fait trois pas pour s'éloigner, il s'était penché sur moi et m'avait embrassée dans l'oreille. « Tu iras chercher cette photo tout de suite, qu'il n'ait surtout pas le temps de l'exposer dans sa vitrine. » Et il m'avait embrassée une nouvelle fois. « Et déchire-la ! D'accord ?

— Bien entendu. » Et j'étais allée la retirer tout de suite, avant qu'elle ne soit exposée en vitrine, mais je ne l'avais pas détruite.

C'était la photo que je sortais de sa cachette les jours difficiles, celle que j'observais la nuit lorsque la peur m'empêchait de dormir. Je n'ai jamais regretté de l'avoir conservée, car il partait et revenait et disparaissait à nouveau, et moi je ne savais jamais si c'était une fois de plus, ou pour toujours, si le lien qui nous unissait allait tenir ou pas, ni à quel moment il allait casser. Si jamais il cassait, je voulais que ses enfants sachent à quoi ressemblait cet homme qu'ils avaient à peine connu, je voulais qu'ils n'oublient pas qu'il avait existé, qu'ils se souviennent que c'était leur père. En 1949, j'ai bien failli croire que ce moment était arrivé.

Il était parti la première semaine de décembre 1948. Et l'année finie, la suivante avait commencé, et l'hiver était passé, et le printemps était arrivé et mon troisième enfant était né, et l'été s'était achevé, et il avait plu en automne et il n'était pas revenu. J'avais demandé de ses nouvelles et personne n'en avait. C'était comme si la terre l'avait avalé après une embuscade, après un piège auquel il avait réussi à échapper au mois de mai, en théorie vivant, mais seulement en théorie. Ensuite il n'avait repris contact avec personne, une semaine, quinze jours, vingt jours, un mois, un mois et une semaine, un mois et demi, un mois et vingt jours, presque deux mois... C'est alors que j'avais reçu une lettre de Rafael Cuesta, dont je n'avais su que penser.

En 1949, nous avions perdu tout espoir, encore un, de renverser Franco par la lutte armée. Pendant les six premiers mois de cette année des guérilleros venant de partout – de Galice, de León, des Asturies, d'Aragon, d'Estrémadure, de La Mancha, de Valence, d'Andalousie – étaient arrivés à Toulouse. Certains avaient déjà vécu en France et connaissaient le chemin, d'autres n'avaient jamais passé la frontière, et les hommes qui étaient descendus les chercher étaient arrivés en même temps qu'eux. Comprentu était arrivé le dernier, en juin, sans la moindre nouvelle de Galán. Il accompagnait un groupe très important en nombre venant de la province de Jaén. Pendant ce temps, je travaillais, et je travaillais. Je travaillais pour ne pas savoir, pour ne pas penser, car hors de la cuisine tout ne pouvait être pire qu'à l'intérieur, et le pire serait toujours moins mauvais si je devais l'apprendre pendant que je cuisinais.

« Regarde ce qui reste dans le bidon de gauche, Fernanda, s'il te plaît... » Et jusqu'à la mi-mai, tout avait bien marché.

En avril, Lola avait eu son premier enfant, une fille, et pour la remplacer nous avions engagé une femme qui venait d'arriver, Fernanda, une fille superbe, sérieuse, responsable et travailleuse, qui avait été bouchère et préférait aider en cuisine que d'aider à servir en salle. Lorsqu'elle avait échangé son poste avec mon assistante, nous avions été très satisfaites toutes les trois, et moi j'allais bientôt l'être encore plus, peu après la trouille que la pauvre m'avait flanquée sans le vouloir, ce matin-là.

« Il n'y a plus rien dans celui de gauche, Inés, et dans l'autre il en reste à peine la moitié.

— Ne me dis pas ça... » Je m'étais précipitée sur les bidons, les avais agités, soulevés pour vérifier à contrejour ce qui restait. Puis je m'étais précipitée à nouveau et avais secoué la poêle tellement vivement que je m'étais renversé toute la sauce tomate du riz dessus. « Nous n'avons plus une goutte d'huile à nouveau. Merde ! »

Fernanda s'était approchée, m'avait regardée fixement comme si elle n'en croyait pas ses yeux, et lorsque j'avais eu fini d'énumérer les raisons de mon désespoir, elle avait éclaté de rire.

« Mais pourquoi te mets-tu dans un état pareil ?… Juste pour de l'huile ? »

Pour moi, ç'avait été un drame, un exil parallèle, une épreuve aussi dure, aussi interminable que le franquisme. Pendant les cinq années que j'avais passées en France, j'avais tout tenté, et avant tout de cuisiner avec d'autres huiles végétales : tournesol, soja, maïs. J'avais fait une omelette différente avec chacune d'entre elles : paysanne, aux asperges, à la courgette. Et lorsque je les avais goûtées, elles m'avaient toutes donné envie de pleurer. Voilà pourquoi j'avais commencé à acheter de l'huile d'olive en cachette, sans qu'Angelita vérifie le prix, car elle était extrêmement chère. Angelita ne cuisinant pas, elle ne pouvait comprendre ce que je ressentais en demeurant immobile, les bras croisés, à observer une poêle avec la même concentration qu'un alchimiste devant ses alambics, ou qu'une voyante devant sa boule de cristal. De toute façon, je n'aurais jamais su lui expliquer l'assurance qui s'emparait de moi et me réconfortait lorsque je me retrouvais seule devant mes poêles, attendant le moment précis où la chaleur du feu triompherait une nouvelle fois de la viscosité verdâtre de ce liquide unique, pour assister encore un coup à la révélation de son essence authentique, de sa prodigieuse métamorphose qui accomplissait le miracle de la légèreté et transformait cette épaisse substance ressemblant à de la graisse en un baume délicat, sublime et apte à transmuter en or tout ce qu'il nappait.

Angelita ne pourrait jamais comprendre ça et Amparo me donnait de l'argent au compte-gouttes, alors je n'avais pas eu d'autre choix que de commencer à trafiquer, à conspirer pour trouver de l'huile d'olive. Cependant mes manœuvres n'avaient jamais remporté un franc succès. Galán avait refusé de m'aider. Il m'avait dit que le Parti n'était pas à ma disposition, m'avait demandé si je croyais qu'il n'avait rien de plus important à faire que de m'envoyer de l'huile d'Espagne. Mais alors qu'il n'y avait pas trois mois qu'il était parti, un matin, j'avais croisé Mme Moussah, la patronne du restaurant égyptien qui se trouvait sur le trottoir d'en face. Elle m'attendait devant la porte de *Casa Inés*, avec un bout de papier à la main et un air très perplexe. Elle m'avait expliqué qu'elle venait de recevoir six bidons d'huile d'une ville espagnole appelée Saragosse et que, sur le bordereau de l'entreprise de transport, mon nom figurait sous le sien... *C'est de l'huile pour moi*, lui avais-je dit, *c'est pour moi**, et je l'avais couverte de baisers. J'avais éprouvé un soudain élan d'amour pour l'Égypte, pour elle, pour Galán, pour l'Espagne, pour mes poêles, qui l'avait complètement effarée. Mais ne t'y habitue pas, camarade, m'avait dit Galán à son retour. Parfois c'est possible, et parfois ça ne l'est pas... Ç'avait pu être possible une fois encore... Et cela était resté le plus important de mes soucis, jusqu'à ce jour de printemps 1949, où Fernanda avait fini par me prendre au sérieux.

« Mais qu'est-ce que tu veux à la fin... de l'huile ? Eh bien tu vas en avoir plus qu'il n'en faut, ma chère, car, vois-tu... À Fuensanta de Martos, on n'a peut-être rien d'autre, tu sais ? Mais pour ce qui est des olives... Il y en a à t'en faire tourner la tête. Je ne te dis que ça. »

Le soir même, elle avait écrit une lettre et une semaine plus tard, elle avait reçu la réponse. Le lendemain matin, elle était venue me dire que tout était réglé. Elle n'avait eu aucun mal à convaincre un ami de son village, très débrouillard, de se rendre dans un moulin à huile pour acheter le précieux liquide au tarif local, puis de trouver une façon de l'envoyer à Madrid, où un autre de ses amis, aussi débrouillard que lui et employé dans une entreprise de transports, nous l'enverrait dès qu'il trouverait la place dans un camion. J'avais souri, l'avais remerciée, et n'en avais pas cru un mot. Mais une dizaine de jours plus tard, il y avait quatre-vingt-dix litres d'huile dans la réserve de *Casa Inés*. De l'huile d'olive extraordinaire venant tout droit de la Sierra Sud de Jaén.

De nombreuses années avant que je ne connaisse le vrai nom de mon premier bienfaiteur. Celui du deuxième était inscrit sur les bordereaux d'envoi et c'était le même homme qui avait signé une étrange lettre que j'avais reçue dans la première semaine du mois de juillet. Rafael Cuesta m'informait qu'il avait trouvé une caisse de bouteilles de cidre El Gaitero, et qu'il me les avait mises de côté en attendant une occasion de me les faire livrer dans de bonnes conditions, car elles étaient très fragiles. Quelle coïncidence, avais-je pensé, quelle coïncidence, et un frisson avait parcouru tout mon corps avant d'avoir eu le temps de réfléchir au sens véritable de ce message.

« Dis-moi, Fernanda… Ton ami, celui qui nous fournit l'huile… Tu as confiance en lui ?

— Comme s'il s'agissait de ma mère.

— Autrement dit, tu penses qu'il est impossible qu'il travaille pour la police… » Et j'étais passée outre les grimaces d'horreur qui avaient déformé son visage. « Ou que son ami…

— Inés ! » Comprenant que j'étais en train de l'offenser, je n'avais pas osé poursuivre. « S'il te plaît, mais comment peux-tu me dire des choses pareilles ? »

Je lui avais demandé de m'excuser et j'avais continué à cuisiner le ragoût le plus désastreux de toute ma vie, aux antipodes du dernier et légendaire ragoût que j'avais mitonné à Bosost. Il avait tellement accroché au fond de la marmite que je n'avais même pas osé le servir et cet incident m'avait décidée. J'avais retiré ma toque, passé mon manteau par-dessus le tablier et j'étais allée trouver Comprentu.

« Je t'invite à boire un café, Sebas, avais-je murmuré à son oreille. Mais pas ici. »

Il m'avait regardée d'un air étonné et suivie en silence jusqu'au premier bar où je pensais que la clientèle ne devait pas comprendre l'espagnol. En entrant, je lui avais indiqué une table et, sans tenir compte de la lueur trouble qui semblait embuer ses yeux, j'avais commandé un café pour lui, et un petit verre de cognac pour moi, que j'avais déjà avalé à moitié au moment de lui tendre la lettre.

« Il s'est mis en contact avec toi, comprends-tu ? avait-il conclu après s'être levé pour s'approcher du comptoir et se commander lui aussi un petit verre. Et le fait que ce soit cet homme… Eh bien, oui… C'est un hasard… Nous sommes tous sur le même bateau, comprends-tu ? Si Fernanda a confiance en lui, et que lui a confiance en ce fameux Cuesta... Cela signifie que c'est lui qui est en train de le cacher, comprends-tu ? Et ce n'est pas si étrange que ce soit aussi lui qui t'ait envoyé l'huile.

— Ah bon ?

— Je n'en sais rien... » Il avait secoué plusieurs fois la tête en me regardant.

Si Rafael Cuesta n'était pas sincère, s'il était en train de me tendre un piège, si je tombais dedans en activant un mécanisme qui lui donnerait l'occasion de prendre contact avec l'organisation de l'intérieur pour permettre à la police d'organiser un coup de filet de grande envergure, je risquais non seulement de nuire à mon mari, mais de provoquer la chute de nombreux autres camarades. Comprentu le savait mieux que moi et c'est ainsi que lorsque nous avions chacun avalé plusieurs verres de cognac, il avait pris une décision. « Je vais emporter la lettre, comprends-tu ? » Et il l'avait fourrée dans la poche de sa veste. « La seule chose qu'il ne faut pas faire, c'est l'inquiéter. Je vais immédiatement en parler à Lobo, pour voir ce qu'il en pense. Il est possible que quelqu'un de l'intérieur le connaisse, comprends-tu ? Et sinon, ils doivent savoir ce qu'il convient de faire. »

Ce soir-là, je n'avais pas pu dormir, et le lendemain, je n'avais eu aucune nouvelle. Quarante-huit heures après notre conversation, Comprentu était venu me rejoindre à la cuisine, mais ce qu'il m'avait dit ne m'avait pas rassurée du tout.

« À Madrid, ils le connaissent bien, comprends-tu ? » Car j'avais souri avant de savoir que ce qu'il allait m'apprendre n'allait pas tarder à me faire rire jaune. « Fernando est avec lui, gravement blessé, mais vivant, comprends-tu ? Il est en train de le soigner. C'est un médecin.

— Non, il n'est pas médecin. » Et j'avais secoué la tête, comme si cette information inattendue, confuse, représentait en elle-même une menace. « Il travaille dans une entreprise de transports, c'est lui qui...

— Non. » Il avait saisi mes deux bras, me les avait serrés, m'avait parlé d'un ton ferme, autoritaire, en collant sa tête à la mienne, comme pour calmer une gamine effrayée. « Écoute-moi, Inés, ne t'énerve pas. Il est médecin, comprends-tu ? Il travaille dans une entreprise de transports, car on lui a interdit d'exercer à l'hôpital, mais il est médecin. Fernando est avec lui, il est encore très faible, mais il va bien. Voilà ce qu'on m'a dit, et que tu ne dois pas avoir peur, ni l'attendre, car il ne va pas revenir tout de suite, comprends-tu ? Tu ne dois pas t'inquiéter, mais tu ne dois pas demander de ses nouvelles non plus. »

Ne t'inquiète pas. Ne demande pas de ses nouvelles non plus. Le mois de juillet avait touché à sa fin et le mois d'août avait commencé. Les vacances. Il avait fait très chaud, j'avais eu un autre enfant, je l'avais appelé Fernando au cas où son père ne serait pas revenu. Et la chaleur avait continué, le mois de septembre était arrivé et la température avait chuté. En octobre il avait beaucoup plu. En novembre il avait fait froid. Et Galán n'était toujours pas revenu.

Ne t'inquiète pas. Ne demande pas de ses nouvelles non plus. Fernanda nous avait quittées après l'été. « Je suis désolée, Inés, je sais que je vais te donner beaucoup de travail, mais Nicolás avait pris le maquis en 1946. Voilà plus de trois ans qu'on ne vivait pas ensemble, et être obligée de venir travailler le soir me gêne vraiment beaucoup, je suis désolée... » Son mari faisait partie des guérilleros qui étaient arrivés au mois de juin, alors je lui avais dit de ne pas s'inquiéter, que je comprenais parfaitement. Et c'était vrai que je la comprenais. Et j'étais morte de jalousie, ça aussi c'était vrai, mais je ne le lui avais pas dit.

Ne t'inquiète pas. Ne demande pas de ses nouvelles non plus. Au mois d'octobre, Angelita, qui avait déjà deux garçons, avait enfin accouché d'une petite fille, et j'avais fait connaissance du bébé alors qu'il se trouvait dans les bras de son père, car Comprentu avait été présent avec la mère à l'hôpital. Ce soir-là, lorsque j'avais donné le sein à Fernando, qui venait d'avoir juste deux mois sans que son père ne l'ait jamais pris dans ses bras, je m'étais dit que Galán n'avait jamais été présent à l'hôpital. J'avais fondu en larmes. Je savais que je ne devais pas le faire, que le petit le sentait et qu'il risquait de ne pas digérer son lait, mais j'avais continué à pleurer jusqu'à ce que mes sanglots m'épuisent tellement que je m'étais couchée tout habillée. Ce soir-là, j'avais rêvé que Galán revenait. Je ne l'avais pas entendu ouvrir la porte, entrer dans la chambre, se déshabiller, mais lorsqu'il s'était glissé dans le lit, je m'étais réveillée.

Et il était là, le corps glacé, sans une égratignure, en train de me déshabiller, et moi je le prenais dans mes bras, je l'embrassais. Et tout cela paraissait si vrai que ça ne pouvait être que la vérité, tout cela était si vrai que l'émotion m'avait réveillée. Mais j'étais seule dans le lit, il n'était pas revenu. Ne t'inquiète pas. Ne demande pas de ses nouvelles non plus. S'il était mort, je l'aurais su. S'il était mort, on ne me l'aurait pas caché. Mais il n'est de meilleure vie que la clandestinité. Ni pire, ni surtout meilleure

Pendant les premiers six mois de 1949, la jalousie m'avait moins tourmentée que la peur, mais pendant les derniers six mois elle m'avait tourmentée plus que la solitude. La jalousie était en effet un autre ingrédient de la clandestinité. Elle y occupait un espace aussi important que les photos interdites ou les accouchements solitaires, mais quelque peu différent, car nous n'osions jamais aborder naturellement ce sujet plus clandestin par nature que tous les autres. Il n'était pas élégant, il n'était pas digne et surtout il n'était pas juste. Mais lorsque mon ventre se nouait, il refusait de prendre tout cela en compte et lorsqu'il commençait à me faire trop mal, j'insinuais parfois des choses à demi-mot aux filles : « Je ne sais pas, parfois, lorsque Galán est en Espagne, je me dis, tu vois, quelle bêtise. » Elles ne me laissaient jamais finir : « Ne pense pas à ça, ma chérie, il est incapable de faire ça, pas lui, non pas lui, quelqu'un d'autre je ne dis pas, mais lui, il va revenir, j'en suis persuadée… » Car elles comprenaient cela aussi bien que la douleur des contractions.

Nous avions toutes honte d'éprouver ce que nous éprouvions, de craindre ce que nous craignions, de passer notre vie à calculer avec combien de femmes avaient couché nos maris, en profitant du fait qu'ils risquaient leur vie pour la cause. Et c'est précisément pour cette dernière raison, parce que je savais que lorsque le jour pointait, il ne pouvait jamais être certain de voir l'aurore du lendemain, que je me disais qu'il n'était pas logique qu'il laisse passer les occasions qui se présentaient à lui. Ainsi, je tentais de me convaincre que ce qu'il pouvait éventuellement faire en Espagne avec d'autres femmes ne se passait pas dans la réalité, mais dans un monde parallèle, une parenthèse d'espace et de temps qui n'avait rien de commun avec sa vraie vie, car sa vraie vie n'était autre que moi et ma propre vie. Alors, pendant un moment, tout rentrait dans l'ordre, tout était naturel, compréhensible, humain, jusqu'au moment où la phrase favorite de Pasiego me revenait en mémoire, « il n'est rien de mieux que la clandestinité », et en pensant à la possibilité qu'on l'arrête avec le parfum d'une autre femme sur ses vêtements, mon ventre succombait soudain à une insupportable vocation de contorsionniste et se nouait formidablement. Ensuite, lorsqu'il rentrait, il se marrait en me voyant enfoncer les poings au niveau du nombril pour lui expliquer le genre de douleur que je ressentais pendant ses absences, mais il ne laissait jamais échapper un mot de trop. « Te connaissant comme je te connais… » Et si j'osais commencer, il me coupait toujours avant que je n'aie eu le temps de finir ma phrase. « Me connaissant comme tu me connais, pourquoi me le demandes-tu ? » Puis il se remettait à rire et je ne savais jamais que penser. Je ne l'avais pas su jusqu'à ce que Comprentu me dise de ne pas m'inquiéter pour lui, de ne pas demander de ses nouvelles, un message tellement ambigu qui semblait ouvrir la porte à une conclusion plutôt évidente, et pas seulement pour moi. Car, comme si la peur et la solitude, la jalousie et l'incertitude n'étaient pas suffisantes, il fallait en plus supporter la punition des regards de compassion et de certains commentaires aimables : « Et ton mari ? Ma pauvre. Cette fois ça n'en finit plus ! » Il fallait supporter le poison de chaque mot enveloppé dans un simulacre de solidarité.

En 1949, j'avais tenté de me persuader que rien de ce qui était en train de se passer en Espagne n'avait d'importance, mais je n'y étais pas parvenue et je n'avais pas non plus réussi à tout simplement imaginer un nombre indéfini, important et réconfortant, de femmes sans nom, un troupeau de corps passagers, anonymes, aussi faciles à désirer qu'à oublier. Le 28 novembre lorsque Angelita avait confondu Galán avec un mendiant, j'avais été à nouveau convaincue qu'il n'y avait qu'une seule femme dans son cœur et qu'il avait décidé de continuer à vivre avec elle. Et lorsque je l'avais vu nu, avec sa peau recousue dans tous les sens, une multitude de cicatrices irrégulières, désordonnées, sales, redessinant le paysage tourmenté d'un ventre de torero sur l'étendue plate dont je me souvenais, je m'étais sentie doublement honteuse d'avoir soupçonné à la fois ce corps et l'homme qui lui avait sauvé la vie.

« Si c'est un garçon, nous l'appellerons Guillermo. »

En 1952, lorsque Galán avait insisté pour que nous ayons un autre enfant, moi je savais déjà que Rafael Cuesta ne s'appelait pas ainsi et que notre dette envers lui avait grossi au même rythme que l'affaire de mon mari. Mais ça, c'était une chose. Et c'en était une autre, bien différente, qu'à trente-six ans mon mari puisse croire que je n'en avais pas assez avec un restaurant et trois enfants – l'aînée de sept ans, le benjamin de trois ans et le cadet joueur de football dans une équipe scolaire dont l'entraîneur n'avait rien de mieux à faire que de convoquer les titulaires à huit heures et demie du matin tous les dimanches.

« Il n'en est pas question. » Voilà pourquoi la première fois, j'avais pris cela à la rigolade. « Je ne veux plus d'enfant, déjà que je n'y arrive pas avec trois ! Imagine si j'en avais quatre…

— Allez, ma chérie. » Il riait, mais ne baissait pas la garde. « Qu'est-ce que ça peut faire ?

— Qu'est-ce que ça peut faire ? » Moi aussi je riais, mais comme s'il s'agissait d'une blague. « Ça me fait tout. Parce que c'est moi qui vais m'en occuper, tu sais ?

— Oui, mais moi je n'ai jamais été là lorsque mes trois enfants sont nés. » Et je n'avais pas compris qu'il parlait sérieusement jusqu'à ce qu'il commence à le répéter plusieurs fois par jour, pendant plusieurs semaines d'affilée, comme s'il avait dans l'idée de m'avoir à l'usure. « Je ne t'ai même pas vue enceinte de Fernando. Tu ne t'en souviens pas ? Lorsque je suis arrivé, il avait déjà trois mois, le pauvre, et Vivi…

— Vivi venait de naître, ne commence pas à tout mélanger.

— Oui, elle venait de naître, et puis tout d'un coup, elle marchait déjà à quatre pattes, n'est-ce pas vrai ? C'est d'ailleurs à ce stade-là que j'ai fait la connaissance de Miguel, je te rappelle…

— Arrête, Galán, ne soit pas pénible ! Mais pourquoi veux-tu avoir un autre enfant ? Ensuite tu ne t'en occupes même pas.

— Moi, je ne m'en occupe pas ? » Et en disant cela, même si cela le démasquait, il se mettait à rire. « Lorsqu'ils sont bébés, je m'ennuie un peu avec eux, parce qu'on ne peut rien faire, mais ensuite… Qui est-ce qui leur apprend à faire du vélo, hein ?

— Comme tu dis. Un après-midi par semaine, lorsqu'ils ont enfin cinq ans…

— Bon, c'est déjà ça, non ? Et en plus, même si je ne m'en occupe pas, j'aime bien en avoir et je serais si heureux d'en voir un naître. » C'était le seul argument auquel j'étais sensible et il le savait parfaitement. « C'est juste pour ça. Je ne vais pas l'aimer plus que les autres, ne t'en fais pas. Est-ce que je préfère davantage Fernando que ses aînés ? Et pourtant il a passé de longs mois tout seul avec moi, c'est vrai ou pas ? Il a même dit papa avant de dire maman, alors tu vois que…

— Tous les enfants disent d'abord papa, parce que le *p* est plus facile à prononcer que le *m*.

— Ça c'est ce que tu dis, mais moi je n'en sais rien. Car je n'étais pas là lorsque Vivi a commencé à parler, et lorsque Miguel m'a appelé papa, il savait déjà dire maman, alors nous allons être obligés d'avoir un autre enfant pour que je fasse l'expérience. Et si c'est un garçon, on l'appellera Guillermo.

— Mais si c'est une fille. » Juste avant de me rendre, j'avais décidé de me réserver au moins cela. « C'est moi qui choisis le prénom. »

Notre dernier enfant était né au mois de mai 1953, et c'était une fille. Son père m'avait pour la première fois accompagnée à l'hôpital et l'avait prise dans ses bras avant tout le monde. En revanche, j'avais décidé qu'elle s'appellerait Adela.

« Adela. » Galán avait répété son prénom tout en la regardant et il avait acquiescé d'un signe de tête très lent. « Oui, ça me plaît. C'est parfait, Adela. » Et il m'avait regardée. « Parce que avec la pauvre Virtudes, tu as fait vraiment fort…

— Approche-moi le téléphone, allez ! »

En automne 1944, lorsque j'étais arrivée à Toulouse, je m'étais levée presque tous les jours avec l'intention d'écrire à ma belle-sœur et je m'étais couchée tous les soirs avec le remords de ne pas l'avoir fait. J'avais besoin de le faire, de lui raconter que j'allais bien, qu'elle me manquait et, surtout, que je ne pourrais jamais me pardonner de l'avoir maltraitée à ce point, alors que de son côté elle avait été exemplaire envers moi. C'est d'ailleurs la première chose que je lui avais écrite. Ma très chère Adela, pardonne-moi, pardonne-moi, pardonne-moi... Ensuite, je lui avais tout raconté dans une très longue lettre, la lettre la plus sincère que je n'avais jamais écrite. Car elle le méritait et parce que je m'étais dit que si elle continuait à lire au-delà de la première ligne, elle saurait parfaitement comprendre chacun de mes mots. Après l'avoir relue et corrigée à plusieurs reprises, je l'avais glissée dans une enveloppe fermée à son nom, à l'intérieur d'une enveloppe adressée à Cristina, la domestique à Pont de Suert, puis je l'avais remise à Galán afin qu'il la donnât à quelqu'un qui la timbrerait en Espagne et l'enverrait de là-bas. « Ne te fais pas d'illusions, m'avait-il dit, elle peut mettre des mois à parvenir à son destinataire. » Mais il ne s'était pas encore passé un mois lorsque Adela avait téléphoné à la taverne.

« Mais pourquoi veux-tu que je sois fâchée contre toi, Inés ? Tu es ma seule amie. »

Ce sont les deux seules phrases complètes que nous avions réussi à prononcer l'une et l'autre. Nous n'avions jamais fini toutes les autres, tu me manques, toi aussi, toi aussi beaucoup plus, je suis désolée, bien sûr, je ne pouvais pas me douter, je le sais, c'est ma faute, non, non, je t'assure que non, je suis heureuse pour toi, j'aimerais, moi aussi, te voir, oui, ne m'abandonne pas, non, je t'aime beaucoup, et moi aussi... Ensuite, c'est elle qui m'avait écrit une lettre plus courte que la mienne, mais tout aussi sincère, qui avait accru ma culpabilité. Ricardo l'avait rendue responsable de ma fuite et elle ne me l'avait pas caché, même si elle avait tenté de minimiser les faits et de l'excuser : c'est qu'il est très amer car on l'a destitué à cause de l'invasion, on lui a donné un petit poste de rien du tout dans un ministère, et moi d'un côté je suis contente, car à Noël nous retournons définitivement à Madrid, mais d'un autre côté, tu veux que je te dise la vérité, je ne sais pas si je suis bien certaine d'avoir envie de vivre tout le temps avec lui, parce que je l'aime toujours, mais on dirait que cela le gêne aussi...

« Allô, Inés… » Au mois de mars 1945, elle m'avait appelée à nouveau et, cette fois-là, ni elle ni moi n'avions pleuré. « La ville où tu habites est loin de Lourdes ? C'est parce que des dames que je connais ont organisé un pèlerinage avec des blessés de la División Azul, tu sais ? Et je me suis dit que si Ricardo me donnait la permission de les accompagner, eh bien, on pourrait peut-être se voir.

— Ce serait fantastique. » Je l'avais encouragée à le faire. « J'irai te chercher à Lourdes, Adela, le jour qui te conviendra. Je suis tellement heureuse de te revoir. »

Le lundi suivant, c'était la Sainte-Bernadette. Je m'étais plantée devant la porte du sanctuaire de Lourdes vêtue d'une robe à fleurs, à six mois de ma première grossesse, et je l'avais immédiatement aperçue parmi un groupe de femmes qui m'avaient semblé aussi étranges que si elles faisaient partie d'une autre espèce. Des femmes habillées de noir aux gestes très lents, qui marchaient avec difficulté à cause de leur tenue dramatique : chaussures noires à talon, robes noires avec des bas noirs, une mantille tout aussi noire sur la tête, et une grosse croix d'argent leur frappant la poitrine à chaque pas.

« Inés ! » Lorsque je l'avais vue courir vers moi, j'avais fait la même chose, car dans la confusion du moment, je m'étais dit que j'allais finir pleine de bleus. « Inés ! »

Je savais que j'allais être émue, mais je n'avais pas été capable de prévoir la force de l'émotion qui m'avait submergée, telle une vague si haute, si puissante, que j'avais été incapable de prononcer son nom. Je l'avais prise dans mes bras en silence, sans prêter attention à la curiosité avec laquelle ses compagnes de pèlerinage nous observaient. Lorsque nous nous étions lâchées, elles avaient toutes disparu. Et moi j'avais eu chaud, j'avais ressenti un bien-être profond et intérieur, presque aromatique, qui semblait détendre tous les tissus de mon corps en même temps, pour les imprégner d'un baume dense, agréable, qui n'était rien d'autre que de la paix, une sensation que j'avais presque oubliée. À Lourdes, tandis que je regardais Adela dans les yeux et que je la voyais sourire, je m'étais soudain sentie en paix avec moi-même, totalement, pour la première fois depuis de nombreuses années.

« Tu m'as pardonnée ? lui avais-je demandé de toutes les façons possibles. M'as-tu pardonnée ?...

— Ne sois pas bête... » Et elle avait secoué la tête de gauche à droite, avant de se remettre à rire. « C'est incroyable. Ça me fait tellement bizarre de te voir enceinte et en France, soudain. Il n'y a pas plus de six mois, nous étions encore ensemble chez moi et maintenant... Mais je suis heureuse pour toi. » Elle m'avait prise par le bras et nous avions marché ensemble comme si nous étions encore à Pont de Suert, en chemin pour le bureau de tabac ou la boucherie. « J'en suis désolée pour moi, parce que tu me manques beaucoup, mais je suis heureuse de te voir aussi en forme. Je ne sais pas... Tu sembles être une autre femme. Tu n'as plus le même visage ni tout le reste, c'est vrai. »

Nous avions continué à marcher en silence et puis nous avions trouvé une table libre à la terrasse d'un café. Et là, au soleil, nous avions commencé à parler toutes les deux à la fois, sur un rythme ancien, avec le même empressement et en nous coupant la parole, comme lorsqu'elle me rendait visite au couvent.

« Pourquoi ne viens-tu pas à Toulouse, ne serait-ce que deux jours ? lui avais-je proposé lorsque j'avais compris que cette rencontre n'allait jamais nous suffire. Je ne peux pas te présenter Fernando car il est en Espagne, mais...

— En Espagne ? » En entendant cela, elle avait été aussi effarée que l'aurait été n'importe laquelle de mes camarades qui ne l'aurait pas connue en m'entendant lui dire une chose pareille en toute tranquillité. « Mais il... Il peut aller en Espagne ?

— Eh bien. » J'avais souri. « Disons qu'il y est.

— Et la police ?

— La police l'ignore, bien entendu. » J'avais éclaté de rire. « Je ne sais pas s'il est passé par la montagne ou s'il possède de faux papiers, il ne me raconte pas ce genre de choses...

— Alors c'est un espion ?

— Pas exactement. Plutôt un clandestin.

— Aïe, Inés ! » Elle s'était pris la tête à deux mains et n'arrêtait pas de la bouger d'un côté et de l'autre comme si elle ne la supportait pas. « Inés ! Inés, comme tu es courageuse, ma fille ! »

Elle était venue à Toulouse avec moi, et pendant plusieurs jours, nous étions restées toutes les deux ensemble, seules, comme à Pont de Suert. Sauf qu'à présent c'était moi qui avais énormément de travail et elle qui me suivait partout où j'allais. Elle ne parlait pas bien le français et ne savait pas passer son temps autrement, mais cela ne la souciait pas, car elle avait tout de suite adopté la taverne.

« C'est un plaisir de vous voir toutes en train de travailler ensemble. Vous êtes très organisées, n'est-ce pas ? Et il n'y a pas un seul homme, ici... » Je l'avais regardée et avais aperçu une lueur chaude dans ses yeux, étincelante, qui pouvait être de la jalousie mais qui était propre, aimable. « Et vos clients qui ont l'air d'appartenir à la famille, je ne sais pas... Ce doit être agréable de travailler de cette façon. Je n'y avais jamais réfléchi, mais il me semble que ça me plairait, vraiment. »

Lorsque nous nous étions retrouvées une nouvelle fois, j'avais à nouveau pensé qu'Adela méritait d'être heureuse plus que toutes les personnes que je connaissais. Mais peut-être n'avait-elle jamais été aussi malheureuse que lorsqu'elle avait entrepris ce voyage à Lourdes. Sa solitude – une prison aux portes ouvertes qui ne menaient nulle part – avait payé le prix de mon bonheur et j'avais dû affronter cette responsabilité, apprendre à vivre en sachant que mon bien-être l'avait laissée esseulée dans un petit labyrinthe vicieux d'où il ne lui serait pas facile de sortir seule. Acculée dans l'impasse d'un amour qui ne lui convenait pas, elle passait de plus en plus de temps chez elle et Ricardo à l'extérieur, prétextant des voyages, des engagements, des réunions indispensables pour récupérer les faveurs du palais de Franco, El Pardo. Mais même les absences de mon frère ne la faisaient pas souffrir autant que sa conscience, progressivement acquise, de se sentir bien mieux sans lui, si ce n'est plus contente, du moins plus tranquille lorsque son mari était loin d'elle, en marge de son existence. En contrepartie, l'indifférence de Ricardo lui avait permis de voyager à Toulouse pour partager la mienne bien plus fréquemment que ne l'aurait toléré n'importe quel autre mari attentif et franquiste. Ainsi, lorsqu'en septembre 1945, elle s'était enfin décidée à lui annoncer qu'on l'avait élue membre permanent du patronage d'une confrérie de pèlerins, Ricardo n'avait pas émis la moindre réserve à ce qu'elle assurât cette charge qui, si l'on comptait les réunions et les exercices spirituels, devait la retenir une semaine complète à Lourdes.

« Tout lui est égal, on dirait qu'il attend que je m'en aille. » La voix d'Adela était chargée d'une tristesse qui était parvenue à se transformer en nuage glacé pour aller pleuvoir sur le fil du téléphone. « Mais à quelque chose malheur est bon, n'est-ce pas ? »

Elle avait insisté en me disant qu'elle avait très envie de voir le nouveau restaurant et surtout de faire la connaissance de sa nièce, mais nous savions très bien toutes les deux quel était l'authentique motif de cette curiosité. Galán avait lui aussi envie de faire sa connaissance, car il m'avait souvent entendue parler d'elle, et j'avais eu la chance qu'ils s'entendent l'un et l'autre immédiatement très bien.

« Il est très amoureux de toi, cela se voit au premier coup d'œil. Et puis, pour un communiste, il a l'air tout à fait normal, n'ai-je pas raison ? » Je n'avais pas su que répondre, et elle avait continué à parler toute seule. « Bon, il faut dire qu'ici vous êtes tous des communistes absolument normaux.

— Mais de quoi veux-tu parler ? Je ne comprends pas, Adela.

— Eh bien, tout simplement du fait que vous soyez normaux. » Et tant qu'elle ne m'avait pas précisé davantage sa pensée, je n'avais pas compris qu'elle avait mélangé ce qu'elle avait appris avant et après notre rencontre, les sornettes qu'elle était habituée à croire et ce qu'elle constatait chez moi ou au restaurant, chaque fois qu'elle venait. « Donc, vous êtes mariés, vous avez des enfants, vous les grondez lorsqu'ils ne sont pas sages, vous travaillez… les choses normales quoi…

— Bien entendu, mais à quoi t'attendais-tu. » J'avais souri. « À trouver des communautés… l'amour libre… tout ça…

— Eh bien… Plus ou moins. » Elle m'avait regardée et avait éclaté de rire avant moi. « C'est ce que font les communistes, non ? Leur nom lui-même l'indique. Tu veux dire que le mot communiste ne vient pas de communauté ?

— Aïe, Adela ! »

Galán l'avait appréciée pour une raison tout à fait autre, parce qu'il s'était tout de suite aperçu que ce n'était pas une femme ordinaire. Le soir où il avait fait sa connaissance, il m'avait déclaré qu'elle était très marrante, même si d'entrée il l'avait trouvée un peu idiote, et pour moi il était si important qu'il ne se trompe pas sur elle, que je m'étais immédiatement efforcée de lui fournir une clé qu'il avait confirmée de lui-même. Ce qu'il avait préféré chez elle, c'était sa dissemblance avec le modèle conventionnel des épouses de dirigeants phalangistes, elle représentait une petite fissure dans le système qui était en train de s'élargir considérablement.

Lors de ce voyage, Adela avait découvert bien d'autres choses que *Casa Inés* et fait la connaissance d'autres personnes que ma fille et mon mari. Je n'avais pas eu le temps de la prévenir car je me trouvais dans la cuisine, et parce qu'à cette époque-là l'apparition de notre plus illustre cliente n'attirait plus les foules. Tout au long du printemps, de l'été de l'année de son retour, elle était devenue une figure habituelle de la première taverne, puis du restaurant ensuite. Et alors que trois mois auparavant, sa simple présence aurait provoqué un soudain et spectaculaire tumulte, que les cris, les applaudissements et le grincement des chaises sur les dalles auraient traversé le mur pour atteindre distinctement mes oreilles par-dessus le crépitement de l'huile, le bouillonnement des sauces et les robinets ouverts, cet après-midi de septembre, je n'étais pas parvenue à anticiper la scène à laquelle j'allais assister.

« Inés ! » Lorsqu'il s'agissait d'elle, Amparo passait la tête par la porte de la cuisine. « Viens un instant, Dolores voudrait te saluer.

— Inés ! » La Pasionaria avait tendu ses bras vers moi. « Comment vas-tu ?

— Très bien, merci. » Je m'étais avancée et l'avais embrassée. « Je suis ravie de te voir. Et toi ? » Soudain, j'avais entendu la porte s'ouvrir. « Tu as aimé le repas ? ».

— Bonjour…, avait lancé Adela en poursuivant son chemin sans rien remarquer. Bonjour !

— Tout était excellent, comme d'habitude et les petits poulpes… Hum ! » Et la secrétaire générale du parti communiste espagnol s'était retournée pour observer la nouvelle venue. « Il y a bien longtemps que je n'en avais pas mangé d'aussi bons.

— Iné… »

Lorsqu'Adela avait reconnu la femme qui était en train de parler avec moi, elle s'était figée. Son corps s'était pétrifié, comme s'il avait perdu toutes ses facultés. Le dernier signe de vitalité s'était concentré sur ses joues, qui avaient gravi en un instant toute la palette des rouges, passant de la teinte abricot au grenat. Mais Dolores Ibárruri, qui était habituée à provoquer de telles réactions chez les gens qui la croisaient pour la première fois, s'était contentée de sourire.

« Pardon. » C'était tout ce qu'Adela était parvenue à articuler. Elle était restée immobile, droite comme un *i*, à un pas de la secrétaire générale du parti communiste espagnol, qui avait hoché la tête d'un air maternel lorsqu'elle l'avait entendue. « Pardon de quoi ?... Je t'en prie...

— Dolores, étais-je intervenue pour donner à cette rencontre une apparence la plus normale possible. C'est ma belle-sœur, Adela. Comme tu le vois, avais-je ajouté, elle sait qui tu es.

— Enchantée ! »

Adela lui avait tendu la main et Dolores l'avait retenue un instant dans la sienne, avant de remonter le ressort de sa sympathie, un protocole bien rodé auquel j'avais déjà assisté plusieurs fois.

« Dis-moi, Adela, d'où es-tu ?

— Moi... De Vitoria.

— De Vitoria ! » Et Dolores avait souri différemment, plus naturellement, moins mécaniquement que d'habitude. « Lorsque j'habitais en Biscaye, j'y allais de temps en temps. C'est une belle ville, n'est-ce pas ? Bourrée de fachos, ça c'est sûr. » Et à mon grand étonnement Adela avait commencé à lui donner raison en hochant la tête. « C'est une des villes les plus fachos d'Espagne, mais très belle, et avec des confiseries... Je vais te dire, je crois que je n'ai jamais mangé de bonbons aussi délicieux de toute ma vie. On en fabriquait dans la rue Dato, les camarades m'en rapportaient parfois un petit cornet de quatre ou cinq car ils étaient très chers... Comment les appelait-on ?... Ah... cette tête ! » Elle avait fermé les yeux et s'était frappé le front par trois fois avec sa main droite. « Comment ai-je pu oublier ?... C'étaient ceux que je préférais le plus au monde !... Non... Attends... *Vasquitas* ?

— Non. » Ma belle sœur avait souri et cela lui avait permis de récupérer sa mobilité, la maîtrise de son corps, tandis que le grenat de ses joues commençait à s'estomper. « *Vasquitos... Vasquitos y Nesquitas*.

— C'est ça ! *Vasquitos y Nesquitas*. Comme ils étaient bons ! » Et La Pasionaria avait tapé dans ses mains avant de lever les yeux au ciel, un petit air de nostalgie enfantine lui arrondissant soudain le visage. « Ils en font encore ? » Adela avait acquiescé. « Je les adorais.

— Eh bien, je vais vous en commander une boîte, et une grande. » J'étais stupéfaite. « Je l'enverrai à Inés, ne vous inquiétez pas.

— Mais ne me vouvoie pas ! Tu me vieillis ! »

Dolores s'était approchée d'elle, lui avait fait la bise et, la bouche pleine du souvenir de cette saveur inoubliable, était partie sans s'apercevoir de rien. Montse, Angelita et moi avions attendu que la porte se refermât derrière elle pour éclater de rire en même temps. Et Adela s'était jointe à nous avec un rire un peu différent, moins fort et plus aigu, presque hystérique, avant de me faire une confidence à l'oreille.

« J'ai eu un accident, je rentre un instant à la maison, je reviens tout de suite.

— Un accident ? » Le mot m'avait inquiétée. « Un accident...

— Oui, c'est-à-dire que... » Elle s'était à nouveau penchée à mon oreille. « Je me suis fait pipi dessus. Les nerfs, je suppose. »

Quelques mois auparavant, lorsque Angelita était entrée à *La Taberna Española* avec un air triomphal pour nous annoncer qu'elle venait de visiter un superbe local pour monter un restaurant, j'avais compris du premier coup d'œil que nous allions devoir faire des transformations. Pour convaincre mes associées, j'avais dû recourir à ma vieille éducation de jeune fille de bonne famille, à tout cet héritage et tous ces principes qui m'avaient influencée inconsciemment, façonnant mon goût pour toujours. J'avais fini par obtenir ce que je voulais, car ce qui allait devenir *Casa Inés* était encore le siège d'une société gastronomique, une salle rectangulaire, diaphane, que les anciens propriétaires n'avaient pas encore vidée de trois tables à rallonge, très longues, avec des chaises pliantes de part et d'autre, qui lui donnaient l'apparence lugubre d'un réfectoire de couvent. Les filles avaient été extrêmement séduites par cet espace qui était trois fois plus grand que les salles à manger dont nous avions disposé jusqu'à présent, mais j'avais bien insisté sur le fait que si nous voulions avoir un bon restaurant, et pas un établissement de nourriture bon marché, nous allions devoir distribuer autrement l'espace et le cloisonner de quelque façon.

Voilà quelle avait été notre première grande discussion. Au début, j'avais été la seule à penser cela, mais je n'avais pas cédé. Pendant une semaine, j'étais entrée dans tous les bons restaurants de Toulouse avec l'une ou l'autre d'entre elles, et tandis que je m'approchais du maître d'hôtel pour m'enquérir d'une réservation inexistante, je les avais laissées observer et se convaincre que j'avais raison. C'est Amparo qui avait résisté le plus, avant de reconnaître que si l'on répartissait les tables dans trois salles à manger plus petites, nous simplifierions le service, nous éviterions le mauvais effet que produisent toujours les tables libres et créerions ainsi une ambiance plus accueillante. Lorsque nous avions fini par être toutes d'accord, nous avions dû débattre à nouveau à propos des séparations – elles devaient être amovibles afin de pouvoir agrandir ou rapetisser les salles à manger à notre convenance. Chacune avait une opinion différente. Montse préférait des paravents, Angelita des panneaux de tissu comme dans les cabinets de consultation des médecins parce que c'était moins cher, et Amparo de vraies cloisons et on n'en parle plus. Cependant Lola s'était tout de suite ralliée à ma proposition. Elle avait trouvé un menuisier rapide, efficace, espagnol et communiste. Il nous avait fabriqué des panneaux de bois verni d'un peu moins de deux mètres de hauteur, qu'on devait fixer au sol avec des pivots. Ils étaient tellement solides qu'on pouvait même y accrocher des tableaux légers. De plus, ils étaient réunis par des charnières si discrètes qu'on ne les voyait pas, mais permettaient de les plier complètement sur eux-mêmes, pour éventuellement les ranger dans la réserve.

En décembre 1945, nous les avions tous retirés pour la première fois, afin de fêter l'anniversaire de Dolores Ibárruri – le premier grand contrat public de *Casa Inés*. Angelita avait commencé à râler au moment même où le Parti nous avait suggéré de fermer le restaurant. « Et pourquoi ? disait-elle, ils vont juste venir à trente personnes. Je ne vois pas pourquoi on ne pourrait pas ouvrir la salle du fond, enfin !… » Et sa colère n'avait fait qu'augmenter à chaque étape des préparatifs. « Des fleurs ? Parce qu'il faut aussi mettre des fleurs ? Et des petites cartes souvenir ? Ils n'ont qu'à les payer eux-mêmes leurs petites cartes souvenir ! » Mais tout ça était dérisoire en comparaison du savon qu'elle nous avait passé lorsque tout le monde était parti après le banquet.

« Ce n'est pas possible ! Et je parle sérieusement ! »

Nous avions toutes souri en la voyant tellement en colère, tournant en rond avec une note à la main comme un animal en cage qui ne se serait pas encore résigné à ne pas trouver la sortie.

« Ne riez pas ! nous avait-elle menacées, le doigt tendu. Si ça continue comme ça, on va être obligées de mettre la clé sous la porte ! Vous pouvez commencer à vous faire à cette idée.

— Tu exagères ! » Amparo, qui la connaissait mieux que nous, avait continué à sourire derrière le comptoir et cela n'avait fait qu'accroître sa rage. « Comme d'habitude…

— J'exagère comme d'habitude ? Eh bien, voilà… » Et elle nous avait regardées avec des yeux injectés de sang. « Ils réservent pour trente, ils payent pour quarante et ils viennent à cinquante-deux. Ils rendent le vin que je leur sers en prétendant qu'il n'est pas bon…

— Il faut dire que celui d'aujourd'hui…, avait osé dire Montse. Pour une occasion comme celle-là, il était plutôt mauvais…

— Bien entendu qu'il était mauvais ! Et qu'est-ce que tu voulais ? Que je leur mette du bon pour qu'ils le paient au prix de la piquette ? » Et elle avait affronté à nouveau Amparo. « Je ne t'avais pas dit qu'il fallait augmenter le prix ?

— Oui, et j'ai essayé de le faire, qu'est-ce que tu crois ? » La femme de Lobo avait haussé les épaules. « Mais ils n'ont rien voulu entendre. Ils m'ont répondu qu'ils ne pouvaient pas mettre davantage, qu'on avait négocié un forfait et que… Écoute, ce sont tout de même des camarades ! Et elle, c'était Dolores.

— Elle ! Et nous alors ? Nous sommes le Secours rouge, c'est ça ? Non, madame ! Vous, vous êtes d'accord, bien sûr. Vous, n'avez pas à payer les fournisseurs… Mais à ce rythme-là, le père de Sole va la chasser de la poissonnerie parce que, bien que ce soit un camarade, il est français et il ne tolère pas ce genre de choses. Et qui est-ce qui va me faire crédit à moi ensuite, hein ? Qui est-ce qui va me faire crédit ?… Parce que toi aussi, Inés, ma toute belle… Du colin en croûte, rien que ça ! Et pourquoi pas des langoustines tant que tu y étais ? Après tout.

— Dolores aime ça, m'étais-je défendue. Alors…

— Et moi, j'aime les langoustines… merde alors ! Mais ce que j'aime le plus c'est d'arriver à boucler les fins de mois, et ce n'est pas comme ça qu'on va y arriver, je vous le dis sérieusement. Vous avez vu ça ? » Et elle avait agité la facture comme s'il s'agissait d'un drapeau. « Ils ont payé le colin au prix des sardines. Comment voulez-vous qu'ils n'aiment pas venir ici, nous sommes tellement bonnes poires ? Nous allons abolir la propriété privée, eh bien parfait ! Mais en attendant qu'elle soit abolie, nous ne pouvons pas inviter à dîner des gens qui ont bien plus d'argent que nous, des toreros, des acteurs, Picasso… Picasso ! Et vous… allons-y ! Prenons des photos ensemble. C'est bien ! Quel bonheur ! Mais en voilà un qui n'a pas payé, vous croyez peut-être que je ne m'en suis pas aperçue.

— Bien sûr qu'il a payé, avait répliqué Amparo, en renonçant à lui dire qu'elle s'était fait prendre en photo comme tout le monde, tout en sortant un classeur de sous le comptoir. Il nous a dessiné un marin.

— Ah ! Bon ? Voyons un peu… » Et elle s'était approchée du comptoir pour observer une casquette bleue, une barbe rousse, quelques admirables traits de cire de couleur. « Et ça vaut combien ça ?

— Rien du tout. » Amparo l'avait collé à sa poitrine comme si c'était un scapulaire. « Car on ne le vendra jamais.

— Ah, bon, lorsque la facture du colin arrivera, nous en reparlerons. Mais la prochaine fois, Inés, ce sera des pommes de terre au lard, tu les réussis divinement bien. Et sinon un riz au poulet, c'est un grand classique. Ce sera comme ça ou je m'en vais ! Je n'ai rien à ajouter. »

Et alors qu'elle avait traversé la moitié de la salle à manger, complètement enragée, elle avait donné un coup de talon par terre et s'était retournée pour nous regarder, avec à nouveau le doigt tendu.

« Et tout ça pour qu'à la fin la seule chose qui lui ait fait vraiment plaisir, ce soit les bonbons d'Adela. » Elle avait levé les yeux au ciel et secoué la tête comme si elle ne pouvait y croire. « C'est bien fait pour vous ! »

C'était absolument vrai. Le marin de Picasso, que nous avions placé dans un joli cadre, avait toujours trôné à l'endroit le plus visible de *Casa Inés*, derrière le comptoir. Au-dessous, nous avions accroché une photographie agrandie de Dolores, avec le peintre à sa gauche, Paco Antón à sa droite. Les deux hommes avaient le même sourire que provoquait la secrétaire générale du PCE chez tous les spectateurs de cette photo. Dolores riait comme une enfant. Elle avait les yeux brillants, la tête quelque peu rejetée en arrière, comme si elle ne pouvait supporter tant de joie. Elle serrait sur sa poitrine une boîte en fer-blanc, ornée de danseurs basques, afin que personne ne la lui prenne.

« Camarades, si vous le permettez », avait-elle dit ce jour-là, tandis que je posais la boîte devant elle sur la table. « Je crois que je vais faire une chose très moche, la pire chose que peut faire un dirigeant communiste, mais… Je ne vais partager ces bonbons avec personne. » Et c'est alors qu'Ana María avait pris la photo.

En rentrant à la maison, j'avais appelé Adela au téléphone pour lui raconter le succès qu'avait eu son cadeau. Elle avait réagi avec la même surprise qui avait été la mienne en recevant le paquet accompagné d'une lettre où elle se justifiait, avec des arguments très élaborés, de me l'avoir envoyée, comme si elle voulait se disculper d'un crime : « C'est que j'ai dû aller à Vitoria pour rendre visite à ma tante Evangelina, et en passant devant la vitrine de la rue Goya, je me suis souvenue des bonbons, et je me suis dit, tiens donc, finalement, pourquoi pas ? Mais si tu préfères ne pas la lui remettre, moi ça m'est égal, et si vous préférez les manger vous-même, eh bien tant mieux, vois-tu, alors fais ce qui te plaira avec cette boîte… »

Depuis ce jour, chaque fois qu'elle se rendait à Vitoria, ma belle-sœur achetait une boîte de *Vasquitos y Nesquitas* qui voyageait jusqu'à Toulouse, passait par mes mains et finissait dans celles de Dolores – un circuit qui ne s'était jamais interrompu même lorsque les Français avaient fermé la frontière. En 1948, ouverte à nouveau, les deux femmes s'étaient rencontrées pour la deuxième fois à *Casa Inés*, et Adela avait compris pourquoi cette femme banale, l'épouse anonyme d'un mineur de Biscaye, une maîtresse de maison espagnole comme tant d'autres, avait réussi à devenir ce qu'elle était.

« Excusez-moi un instant. »

Ce jour-là, Dolores Ibárruri, qui avait invité le secrétaire général du parti communiste français, l'ambassadeur d'Union soviétique en France, son consul à Toulouse, son collègue roumain, une délégation du parti communiste bulgare, plusieurs membres de son propre bureau politique et d'autres dirigeants du PCF, les avait tous plantés là, lorsque ma belle-sœur était entrée dans le restaurant.

« Adela ! » Elle s'était avancée vers elle en souriant, les bras ouverts, attirant comme un aimant la femme de mon frère Ricardo. « Merci, merci, merci beaucoup… »

Pendant quelques secondes, tous les regards s'étaient tournés vers les deux femmes qui s'étreignaient, les deux têtes – cheveux teints en blond et cheveux blancs – très proches, dodelinant en rythme, le même rythme que leurs bras. Elles se taisaient et tous ceux qui assistaient à la scène s'étaient également tus.

« Tu ne peux pas savoir combien je t'en suis reconnaissante, avait dit la plus âgée, rompant le silence la première. Vraiment…

— Mais ce n'était rien. » Et Adela s'était excusée, comme d'habitude. « Ils ne sont pas si chers, non plus, et je suis ravie de le faire, cela ne mérite pas…

— Bien entendu que cela mérite. » Et sans la lâcher tout à fait, Dolores avait renversé sa tête en arrière pour bien la regarder. « Et pour moi c'est important. Pour moi, oui, c'est extrêmement important, tu ne peux pas imaginer… Toi, tu habites en Espagne, Adela. Pour toi, c'est simple de te promener dans les rues, d'aller au marché, d'acheter des bonbons, de les manger. Mais pour moi, qui suis si loin…

Pour moi ç'a été comme de me retrouver à nouveau dans ma ville, comme de revoir ma maison, ma mère, mes enfants lorsqu'ils étaient petits, mes premières camarades de la belle époque, comme me souvenir de tant de choses... » Dolores avait fermé les yeux, secoué la tête comme si elle s'en voulait, et lorsqu'elle les avait rouverts, moi aussi j'avais pu voir depuis la porte de la cuisine les larmes qui les voilaient. « Excuse-moi. Je suis tellement émue, je suis en train de devenir trop sentimentale, avec le temps qui passe...

— Non. » Adela l'avait prise dans ses bras, l'avait serrée contre sa poitrine, l'avait consolée et lui avait donné le courage de retrouver son calme. « Mais non, je comprends ça très bien, et je suis heureuse, tellement heureuse que tu les aies aimés... »

Ayant repris ses esprits, La Pasionaria avait caressé le visage d'Adela, qui à présent avait les yeux aussi brillants qu'elle, et l'avait embrassée sur le front. Puis elle avait regardé un instant alentour, comme si elle cherchait quelque chose, elle avait passé les doigts de sa main droite sur le col de sa veste et avait souri.

« Regarde cette broche, elle te plaît ? » Et elle était déjà en train de la dégrafer. « C'est une libellule, tu vois ? Ce sont des femmes espagnoles qui me l'ont offerte, les exilées républicaines de Oaxaca, au Mexique. Elles l'ont fabriquée elles-mêmes, ce sont des artistes, tu ne trouves pas qu'elle est belle ?

— Oui. » Adela avait acquiescé d'un signe de tête. « Elle est très belle.

— Tiens. » Et Dolores la lui avait accrochée sur sa robe, comme s'il s'agissait d'une médaille. « Je te l'offre.

— Mais, non, s'il te plaît, il ne faut pas...

— Si ! » Et alors que la libellule brillait déjà sur la poitrine de ma belle-sœur, Dolores l'avait saisie par les épaules. « Si, elle est pour toi, pour que tu te souviennes de moi. Et merci encore, mille fois merci, Adela... »

Ensuite, La Pasionaria était retournée à sa table. Le secrétaire général du PCF, l'ambassadeur soviétique en France, son consul à Toulouse, le consul roumain, la délégation bulgare, et ses propres camarades espagnols et français, encore émus par la scène à laquelle ils venaient d'assister, pourraient désormais raconter pendant le reste de leur existence qu'ils avaient vécu en direct l'époustouflante démonstration du charisme de Dolores Ibárruri, et l'encore plus époustouflant amour inconditionnel que les Espagnoles éprouvent pour cette femme exceptionnelle. Mais le plus époustouflant de tout cela avait été que personne ne s'était jamais rendu compte combien c'était vrai.

« Elle est vraiment sympathique ! » Lorsque Adela était venue me voir à la cuisine, elle tremblait comme une feuille. « Et comme elle est affectueuse, n'est-ce pas ? Regarde la broche qu'elle m'a offerte, elle doit avoir beaucoup de valeur à ses yeux, parce que ce sont ces femmes dont elle a parlé qui l'ont faite, n'est-ce pas ? »

J'avais hoché la tête et renoncé à lui expliquer que toutes les femmes républicaines du monde, même en travaillant douze heures par jour, ne seraient pas capables de produire l'incalculable quantité de broches, de colliers, de bagues, de châles et de porte-monnaie que Dolores offrait sans arrêt.

« Ce qui est évident. » Là, en échange je lui avais dit la vérité. « C'est que tu l'as rendue heureuse, Adela.

— Oui. » Elle m'avait souri avec ses lèvres et avec ses yeux en même temps. « Et j'en suis heureuse, tu sais ? Parce que... Je dois t'avouer que j'aie été très émue lorsqu'elle m'a dit qu'elle se souvenait de sa mère, de ses enfants, et tout ça, j'ai même eu les larmes aux yeux... Pauvre femme ! »

J'avais observé un instant ma belle-sœur, comme pour me convaincre qu'elle parlait sérieusement.

« Adela.

— Quoi ?

— Ce n'est pas tout à fait ça, hein... » Elle m'avait regardée comme si elle ne comprenait pas, et j'avais été plus explicite : « Quand tu dis, pauvre femme...

— Ah bon ?

— Non.

— Bon, en tout cas, je la trouve très bien. » Et elle avait acquiescé de la tête pour le confirmer, avant de se mettre à rire. « Si quelqu'un m'avait dit ça, je ne l'aurais pas cru, mais... c'est la vérité. »

En décembre 1948, un peu après avoir offert cette broche à ma belle-sœur, Dolores Ibárruri était retournée à Moscou. Elle avait besoin de soigner un problème hépatique qui faisait craindre pour sa santé et, au passage, d'éviter que la

France, désireuse de réactiver ses relations commerciales aves l'Espagne, ne l'expulse officiellement de son territoire. Un an et demi plus tard, lorsque le PCE était devenu un parti illégal dans le pays où nous habitions, son absence avait été le signe le plus évident d'une clandestinité plus symbolique qu'autre chose, car notre vie n'avait en rien changé, au-delà du transfert de la direction à Paris, où elle pouvait se cacher plus facilement, pour la tranquillité de ses membres et surtout pour celle d'Angelita qui dès lors avait pu rééquilibrer ses comptes.

À part ça, jamais nous ne nous étions senties en danger, et nous n'avions eu à renoncer à rien d'autre. Nous avions continué à faire la même chose, en ouvrant tous les jours un restaurant présidé par un drapeau tricolore sur lequel étaient brodés les insignes du 5e Régiment, en organisant des banquets tous les 14 avril, les 19 juillet et les 7 novembre et en recevant les habitués de toujours – entre autres Francisco Antón, qui s'était plusieurs fois présenté avec une femme très belle, beaucoup plus jeune que lui, qu'il dévorait des yeux et avec beaucoup plus d'appétit que lui inspirait notre menu. Et puis un jour, il avait cessé de venir, et nous ne l'avions plus revu, mais comme les dirigeants du Parti ne voyageaient pas beaucoup hors la capitale, et qu'il avait toujours été le plus mobile d'entre eux, nous n'avions pas été étonnée. Un soir, cependant, depuis mes fourneaux, j'avais entendu des murmures qui avaient attiré mon attention et m'étais approchée de la porte. J'avais reconnu El Gitano et El Pasiego discutant discrètement dans le seul endroit, le couloir de la cuisine, où ils pensaient n'être entendus de personne. Ce qu'ils disaient m'avait surprise à tel point que, en rentrant chez moi, je m'étais enfermée dans la chambre avec Galán pour que les enfants n'entendent pas notre conversation et lui avais posé la question à brûle-pourpoint.

« Et ce n'est que maintenant que tu l'apprends ? » Il avait écarquillé les yeux. « Tu ne le savais pas ?

— Ah ! » Et sa réaction m'avait surprise autant ou sinon plus que la nouvelle. « Parce que toi, tu le savais ?

— La relation entre Dolores et Antón. » J'avais fait oui et il avait arqué les sourcils. « Bien entendu que je le savais. Tout le monde le sait, non ?

— Non, pas tout le monde, avais-je répondu. Je dirais plutôt que personne ne le sait. Moi, je n'en avais pas la moindre idée.

— C'est parce que, à l'époque où tout le monde en parlait, toi tu étais encore en Espagne, et ensuite... Il n'y avait pas de quoi en parler sans arrêt, n'est-ce pas ? »

Au début des années 1950, tandis que j'évoquais certaines scènes observées, certaines paroles entendues, certains indices venant clore une histoire que je n'avais pas su interpréter auparavant, je m'étais dit que sans doute Adela avait eu raison. À l'époque dorée des ragots – lorsque cette vieille règle (mieux vaut se taire que le regretter ensuite) était devenue la règle numéro un de notre existence – et que, parfois, en rentrant du restaurant, je trouvais mon mari en train de boire un verre dans le salon avec de vieux camarades et qu'ils baissaient tous la voix en m'entendant rentrer, j'avais recomposé l'histoire d'amour de La Pasionaria de façon simple et cohérente, et j'avais alors compris que, certainement sans le faire exprès, elle avait été digne de la compassion d'une femme qui n'avait encore jamais goûté à la douceur de l'amour défendu.

Personne n'avait revu en France la secrétaire générale du PCE. Et c'était pour cela que je n'avais pas raconté à ma belle-sœur que peut-être elle avait raison, que Dolores, sans jamais cesser d'être elle-même, grande comme personne, immortelle comme très peu, aurait également pu être une femme digne de sa compassion, qu'elle l'avait sans doute été plus que jamais lorsque son histoire d'amour avec Francisco Antón s'était terminée. La Pasionaria était allée vivre à l'Est, d'abord à Moscou, puis à Bucarest, et Adela avait continué à vivre entre Madrid et Toulouse, avec une libellule en argent et en émail violet, six élytres allongés de longueur croissante et deux minuscules améthystes en guise d'yeux, accrochée au col de toutes ses vestes. Elle la portait également le 14 avril 1967.

Elle avait déjà commémoré, pas exactement avec nous mais à nos côtés, plusieurs anniversaires de la Deuxième République espagnole, car pendant la première moitié du mois d'avril, l'Église catholique célébrait sa propre fête en l'honneur de Bernadette Soubirous. Pendant vingt-deux ans, Bernadette nous avait permis de nous retrouver à Toulouse,

Adela et moi, tous les printemps. Mais en 1967, les visites d'Adela avaient cessé de représenter un miracle. La vie de ma belle-sœur avait tellement évolué qu'elle s'était même émancipée de la Vierge Marie.

Ricardo et elle étaient toujours mariés et officiellement ils vivaient ensemble, mais en 1957 il avait été nommé gouverneur civil de Cordoue, et tous les deux s'étaient empressés de convenir que les études de leurs enfants ne permettaient pas à Adela de quitter Madrid. La réhabilitation de mon frère les avait laissés des semaines entières sans se voir. Puis, en 1961, il avait été muté à Salamanque, la ville dorée de sa jeunesse, et les semaines étaient alors devenues des mois. Cependant, Adela n'était pas tout à fait seule, car peu après que sa fille Mati, la plus proche de son père, eut épousé un diplomate, Ricardo, son fils préféré, séparé de sa femme, était retourné vivre à la maison familiale pour lui tenir compagnie, la plongeant néanmoins dans un état de confusion permanent.

« Je ne le comprends pas, il s'est toujours tellement bien comporté, il ne se couperait pas les cheveux quand bien même on le tuerait, il a tout de même fini ses études sans jamais redoubler, il a décroché un tas de diplômes et trouvé du travail sans problème. Je ne comprends pas qu'il se soit séparé de Marta, alors qu'ils s'entendaient si bien… » Depuis deux mois, c'était son sujet de conversation favori. « Tout ça pour continuer à coucher ensemble, car j'ai déjà croisé à deux reprises ma belle-fille en petite culotte dans le couloir. Tu comprends quelque chose à ça, toi ? »

Moi je ne répondais pas, mais je comprenais qu'en Espagne les choses étaient en train de changer, que ce n'était pas seulement la clandestinité qui avait cessé d'être ce qu'elle était. Même si elle ne voulait pas l'admettre, l'évolution d'Adela incarnait plus ce changement que la vie sexuelle de son fils et même que le bronzage de Montse. Adela préférait se considérer elle-même comme une exception, mais lorsqu'elle se levait le matin et se regardait dans le miroir, elle devait certainement apercevoir le visage d'une femme que l'épouse du chef de la Phalange de la province de Lérida n'aurait pas reconnu en 1944. Parfois, même si elle s'appliquait à affirmer le contraire, cette femme pouvait se regarder déambuler dans les rues d'une ville française, comme dans un autre miroir.

En 1967, le 14 avril tombait un samedi, et comme chaque fois qu'une de nos fêtes avait lieu en fin de semaine, les rues et les places de Toulouse étaient submergées par une marée de jeunes Espagnols revendiquant à cor et à cri. Ce jour-là, il y avait eu plus de monde que jamais à la manifestation, trop de drapeaux et de banderoles, trop de filles et de garçons aux cheveux longs, trop de blue-jeans et de chemises dépassant des chandails, pour qu'une éventuelle rencontre fût possible. Cependant, le hasard avait justement choisi ce tumulte pour mettre Adela face à son véritable destin. Et alors que nous marchions à peine depuis une demi-heure, ma belle-sœur m'avait planté ses ongles dans le bras gauche.

« Ce n'est pas possible…, avait-elle murmuré, les yeux comme des soucoupes, la mâchoire décrochée, une expression de colère mêlée de stupéfaction. Ce n'est pas possible… Je vais le tuer, je vais le tuer, je vais le tuer pour de vrai…

— Mais que t'arrive-t-il ? » Elle semblait tellement choquée que je m'en étais inquiétée, mais elle ne m'avait pas répondu. J'avais eu beau regarder autour de nous, je n'avais rien trouvé qui aurait pu justifier cette terreur. « Que t'arrive-t-il, bon sang ?…

— Ricardo ! » Elle m'avait lâché le bras sans me regarder, s'était avancée de quelques pas et avait commencé à hurler plusieurs fois le prénom de son mari. « Ricardo ! » Et même si je savais que cela était impossible, mon sang n'avait fait qu'un tour. « Ri-car-do ! »

Alors, un de ces garçons débraillés aux cheveux longs, qui tenait par le cou une fille brune qui lui ressemblait, cheveux à la taille, mini-jupe et chaussures plates, s'était retourné, les yeux écarquillés et un sourire incrédule aux lèvres.

« Maman ? » À mon tour, je m'étais dit que ce n'était pas possible. « Mais…

— Ricardo, baisse-moi ce poing immédiatement !

— Mais, maman… » Et alors que je commençais à peine à entrevoir les traits d'un enfant de quatre ans sur le visage de cet homme de vingt-sept, Adela l'avait enfin rejoint. « Que fais-tu ici ?

— Reste tranquille, mer… » Elle s'était approchée de lui et tirait sur son bras droit jusqu'à parvenir à le lui mettre le long du corps. « …credi ! Si quelqu'un te voit ici, je préfère ne pas y penser…

— Tu l'as dit ! Si quelqu'un te voit ici, maman !… » Et tandis qu'il se tordait de rire, j'avais reconnu le gamin que j'avais tant de fois bercé et embrassé, les nuits où il avait fait pipi au lit et qu'il se glissait dans le mien, car il savait que je lui changeais les draps, le matin, sans rien dire.

— Moi, c'est différent. Moi… » Adela avait secoué la tête, se l'était prise à deux mains. « C'est trop long à raconter, alors… » Et puis elle avait tenté de changer de sujet. « Et celle-ci, qui est-ce ?

— Qui, celle-ci ? » Son fils était tellement déconcerté qu'il avait dû suivre la direction du doigt de sa mère pour se souvenir qu'une jeune fille se tenait à sa droite. « Ah ! C'est Marina, une amie… Marina, je te présente ma mère.

— Oui, j'ai compris. » Et la pauvre petite s'était approchée d'Adela avec un air contrit, pour lui faire une bise, puis une deuxième. « Enchantée.

— Moi aussi. » Mais ma belle-sœur, qui l'avait à peine regardée, s'était tournée vers moi, extrêmement nerveuse. Je ne l'avais jamais vue comme ça depuis le jour où je lui avais présenté Dolores Ibárruri. « Non, mais tu te rends compte ? » À ces mots, son fils m'avait remarquée, et s'était également aperçu que nous nous connaissions déjà. « Je vais te dire… tu crois que je peux continuer ain… »

Je n'avais pas prêté attention à ce qu'elle me disait et j'avais avancé doucement vers le garçon qui me regardait en fronçant les sourcils, le pressentiment d'un prénom affleurant à ses lèvres qui ne se décidaient pas à le prononcer.

« Et moi ? » J'avais tenté de l'aider. « Qui suis-je ?

— Ma tante Inés ? » avait-il enfin demandé, tandis que je hochais la tête. « Inés ! »

Et ce n'est qu'ensuite, lorsqu'il avait embrassé mon mari et mes enfants qui étaient avec nous, nous avait pris à tour de rôle dans ses bras en nous serrant si fort qu'il avait failli nous fracturer les côtes, qu'il s'était tourné vers sa mère et l'avait interpellée doucement, sur un ton presque moqueur.

« Mais, maman… Comment tu as pu me faire une chose pareille… à moi ?

— Comment j'ai pu te faire quoi ? » Adela l'avait regardé, pas très sûre de ce dont il voulait parler. « Et toi, alors… Hier, tu m'as dit que tu allais camper avec des amis en fin de semaine.

— Aïe, aïe, aïe… maman, maman ! » Son fils l'avait prise dans ses bras, il l'avait laissée poser la tête sur une de ses épaules et l'avait bercée comme une petite fille. « Que tu es naïve ! Voilà plus de dix ans que je te raconte que je vais camper, et tu ne t'es jamais doutée de rien, c'est incroyable. Mais voyons… » Il l'avait doucement repoussée et regardée. « Est-ce que j'ai des chaussures de marche, maman ? As-tu quelquefois vu un sac de couchage dans mon armoire ? Ou une tente ? Est-ce que je vais dans les Pyrénées ou dans les Alpes en été ?

— Ah, mon fils, je n'en sais rien ! » Et elle s'en était sortie une fois de plus par une pirouette inattendue. « Il y a bien plus d'années que tu avales l'histoire de Lourdes… »

Et lorsque Ricardo avait décidé de continuer la manifestation avec nous, il se tournait encore de temps en temps vers moi pour me regarder, n'en croyant pas ses yeux.

« Mais, ce gamin… » Car mon neveu connaissait déjà tout : toutes les consignes, tous les slogans, toutes les chansons. « Il a toujours été très rebelle et il ne s'entend pas du tout avec son père, mais je me demande vraiment où il a appris…

— Eh bien je pense… » Elle ne m'avait pas laissé le lui dire. « Et bien je pense que…

— Non, laisse tomber, je préfère ne pas le savoir. »

Nous avons continué à avancer ensemble en silence, Adela murmurant parfois des choses pour elle-même. « Je ne le comprends pas, vraiment, je ne le comprends pas. » D'autres fois levant les yeux au ciel et faisant non de la tête, pendant que son fils qui ne semblait nullement troublé par cette rencontre parlait à Galán avec une attitude respectueuse, les épaules ramassées, pour ne pas paraître plus grand que lui. C'est sans doute pour cette raison qu'avant d'arriver à la fin de la manifestation sa mère s'était soudain arrêtée en me prenant le bras.

« Écoute-moi, fais très attention à ce que tu vas lui raconter, hein ? » J'avais froncé les sourcils, montré la libellule que lui avait offerte Dolores, et elle avait une nouvelle fois secoué la tête. « Non, je ne veux pas parler de ça !... » Et elle avait parlé à voix basse, bien que personne n'eût pu l'entendre. « Je voulais parler des boîtes de conserve.

— Enfin, Adela, s'il te plaît, comment peux-tu envisager une chose pareille ? »

Lorsque Galán avait insisté pour que nous ayons un autre enfant, j'avais décidé que si c'était une fille, elle s'appellerait Adela, et j'avais eu du mal à ne pas le lui dire en lui apprenant la nouvelle.

« Encore ? avait dit Adela. Mais, ma fille, on dirait que vous militez à l'Action catholique !

— Tu le vois. » J'avais éclaté de rire. « C'est mon mari qui s'acharne à donner des bras à la révolution...

— Sérieusement ?

— Non, c'est une blague.

— Ah ! »

C'est pour cette raison qu'en mai 1953, à la naissance de ma fille, je le lui avais annoncé en premier. Elle avait été si heureuse qu'elle s'était convaincue qu'elle serait la marraine, et j'avais été peinée de lui rappeler que nous ne baptisions pas les enfants. Ensuite, Galán m'avait dit de faire ce que je voulais, mais qu'il trouvait idiot qu'elle soit contrariée pour si peu de choses. Il m'avait alors suggéré d'organiser une fête, une espèce de baptême sans baptême, la prochaine fois qu'elle viendrait. Enchantée de l'idée, Adela était revenue début septembre à Toulouse avec l'intention de devenir pour toujours la marraine du nouveau-né, mais elle avait apporté quelque chose d'autre avec elle, que je n'avais pas été la seule à remarquer. Elle avait toujours trente-huit ans, n'avait pas changé de style, était coiffée, habillée, maquillée de la même façon, et pourtant elle semblait avoir rajeuni de dix ans depuis notre dernière rencontre.

« Comme tu es belle, Adela ! » Le premier à le lui dire avait été mon mari, puis mes enfants, puis les filles et enfin, pendant la fête, ses admirateurs habituels.

« Ah bon ? avait-elle répondu à chacun. Merci beaucoup alors, mais je ne sais pas... »

Bien entendu qu'elle le savait. Cependant je ne lui avais rien demandé, car j'étais convaincue que je n'allais pas tarder à être mise au courant.

« À quelle heure veux-tu que je te réveille demain matin ? »

Je l'avais été le soir même après être rentrées à la maison.

« Ne m'appelle pas. Je me réveillerai toute seule.

— Mais tu ne vas pas à la messe ? »

Galán était resté boire un dernier verre, mais elle avait refusé de me répondre avant que les enfants ne soient couchés et que nous soyons seules dans le salon.

« Non, je ne vais pas à la messe, parce que... » Et elle s'était assise à l'autre bout du canapé pendant que je donnais le sein à sa filleule. « Dis-moi quelque chose, Inés... Tu as des amants ?

— Moi ? » J'avais éclaté de rire tout en montrant du bout du menton la tête du bébé. « Je ne vois pas comment je pourrais.

— Oui, mais je veux dire... Je ne sais pas, une fois, pas maintenant. » J'avais souri tout en faisant non de la tête. « Et pourquoi donc ?

— Je ne sais pas, je n'y ai jamais pensé. » Et c'était vrai que je n'y avais jamais pensé. « Je suppose que c'est parce que je n'en ai pas eu besoin.

— Oui, eh bien... Voyons, bientôt c'est moi qui vais être plus moderne que toi ! »

Car elle avait un amant. C'était le professeur de dessin de son fils Ricardo, un dessinateur industriel d'une trentaine d'années qui était célibataire et s'appelait Santiago.

« Mais ça c'est fait par hasard, je te le jure. Un pur hasard. Moi, je ne voulais pas... »

Je lui avais dit qu'elle n'avait pas à s'excuser, que ce n'était pas nécessaire, mais elle ne savait pas raconter les choses autrement. Et elle avait gardé le même ton pour me raconter qu'à la mi-juillet lorsqu'elle était toute seule à Madrid – son fils en train de camper, sa fille à la plage avec sa grand-mère, son mari théoriquement au Portugal en visite officielle –, ce garçon l'avait arrêtée en pleine rue. Quelle surprise ! Ce n'était pas la première fois qu'ils se croisaient, ils avaient déjà bavardé plusieurs fois, à la fête de Noël de l'école, à la fête de fin d'année, et c'était toujours lui qui commençait. Elle me l'avait juré avec véhémence, comme si ce détail était important.

« Et comme, moi, je ne bois jamais, eh bien... J'avais bu trois vermouths et... mine de rien... » Elle avait fait une pause, avait fermé les yeux, pris sa respiration, et s'était lancée : « Il m'a proposé d'aller chez moi pour que je lui montre les tableaux qu'avait achetés mon mari. Et moi, qui étais à moitié soûle, je m'étais dit, bon, finalement, si c'est juste pour voir des tableaux, et nous sommes montés, et... Voilà. »

Et à cause de ce « voilà », qui était un péché mortel, elle avait décidé de ne pas aller à la messe le lendemain.

« Si c'est juste une fois, il suffit d'aller se confesser...

— Oui, mais... » Et finalement elle avait ri à son tour. « Le problème c'est que... Je suis perdue dans les comptes.

— Écoute, Adela, Dieu n'existe pas. » Et à cet instant, elle m'avait inspiré autant de tendresse que la petite que j'étais en train d'installer à mon autre sein. « Mais je suis persuadée qu'il est capable d'exister à l'instant, rien que pour te pardonner toi. Je ne t'en dis pas plus.

— Oui, mais... Ce n'est pas seulement ça... Moi, je m'étais aussi dit que, au passage... » Et malgré la pénombre de la salle de séjour, je m'étais aperçue qu'elle rougissait une nouvelle fois. « Ici, en France... Les pharmacies vendent des préservatifs sans ordonnance, n'est-ce pas ? »

Voilà ce que je n'aurais jamais envisagé de raconter à mon neveu lorsque je l'avais revu en 1967 – que pendant de nombreuses années j'avais régulièrement envoyé à sa mère un carton de boîtes de conserve, que je remplissais de préservatifs. Car ma belle-sœur refusait d'emporter ce materiel avec elle, au cas où un douanier l'aurait obligée à ouvrir le carton à la frontière.

« Eh ben, dis donc, Adela ! » Galán s'esclaffait lorsque je lui confiais les cartons pour qu'il les expédie à Madrid avec un chauffeur de confiance. « Moi je préfère ne rien dire, mais il faut voir le rythme effréné que prennent les livraisons, hein ? »

Moi aussi j'avais préféré me taire, même si cela n'aurait sans doute pas plus surpris son fils que tout ce qu'il avait appris en passant le seuil de *Casa Inés*, un restaurant qu'il connaissait déjà pour y avoir mangé deux ou trois fois, sans savoir d'où venait ce nom. Il avait beaucoup aprécié, entre autres, la boîte de bonbons que La Pasionaria serrait contre sa poitrine sur la photo qui se trouvait près du comptoir.

« Regarde, maman, tu as remarqué ça ? » C'était ce qu'il lui avait montré en premier. « On dirait des *Vasquitos y Nesquitas*, n'est-ce pas ?

— On ne dirait pas, mon fils, avait-elle dit. Ce sont des *Vasquitos y Nesquitas*.

— Et comment est-ce...

— Ta mère le sait, avais-je répondu, parce que c'est elle qui les a offerts à Dolores, pour ses cinquante ans. La photo que tu vois est celle de son anniversaire.

— Toi ? » Et si la Sainte Vierge avait choisi ce moment pour réapparaître, mon neveu n'aurait pas été plus effaré. « C'est toi qui les lui as offerts ?

— Oui, c'est moi. Mais c'était juste pour qu'elle ne prenne pas ta tante en grippe.

— Adela ! Pourquoi dis-tu une chose pareille ?

— Parce que c'est vrai, Inés, qu'est-ce que tu croyais ? » Et puis j'avais compris qu'elle était en train de dire la vérité. « Ensuite, lorsque je l'ai mieux connue, j'ai ressenti de l'affection pour elle. Mais, au début, je m'étais dit : cette femme est toujours en train de commander, il ne faudrait pas qu'elle se fâche contre ma belle-sœur...

— Adela ! » Je n'avais pas eu le temps de digérer cette nouvelle que Lobo était entré. « Adela ! » Ensuite El Gitano accompagné de María Luisa et d'un drapeau tricolore plus grand que lui. « Adela ! » Ensuite El Botafumeiro et Perdigón et leurs femmes. « Adela ! » Et enfin Zafarraya, qui était venu de Lyon. « Quel bonheur de te voir ! Comment vas-tu, Adela ?

— Très bien. » Elle avait essayé de garder sa contenance comme elle avait pu. « Enchantée de vous voir... » Et elle aurait voulu que toutes ces bises et toutes ces accolades n'aient pas de conséquences, mais mon neveu avait vu les choses autrement.

« Mais maman. » Il avait fait un pas vers elle. « Tu ne me présentes pas tes amis ? »

Le dernier à se présenter avait été un cousin d'Afilador qui s'appelait Juan Alberto Domínguez et qui, avant d'être commandant de bord chez Air France, avait piloté des avions de chasse dans une école d'Union soviétique où l'avaient envoyé ses supérieurs des Forces aériennes de la République espagnole. Il les avait ensuite pilotés en Espagne pendant presque deux ans et à nouveau en URSS, jusqu'à la fin de la Seconde Guerre mondiale. Ce jour-là, il était habillé en civil comme tout le monde, mais on pouvait voir, fixée à la boutonnière du col de sa veste, une étoile rouge à cinq branches entourée de deux rameaux de laurier avec une inscription en caractères cyrilliques à la base.

« Approche, Juan Alberto, je vais te présenter mon fils Ricardo, qui... Je ne savais même pas qu'il était ici, mais... » Et après avoir rougi à maintes reprises, elle avait poursuivi : « Rien, on s'est retrouvés, c'est incroyable... »

Les deux hommes s'étaient tendu la main extrêmement poliment, le plus âgé très souriant, mais pas le jeune, qui avait les yeux rivés sur cette décoration dont il savait exactement ce qu'elle représentait, même sans connaître la signification des symboles qui y étaient représentés. Le silence avait duré une seconde interminable. Ensuite, le commandant Domínguez s'était dirigé vers sa table. Et Adela s'était mise à jacasser comme une pie soûle.

« Bon, je vais aller voir un moment ce que fait Lola, au cas où elle voudrait que je lui donne un coup de main, et... Je vais dire à Angelita qu'elle me place à la même table que vous, et que Ricardo aille s'asseoir avec tes enfant, d'accord, Inés ? » Ce n'est qu'après avoir dit cela, qu'elle avait enfin osé le regarder. « Comme ça, tu vas pouvoir faire la connaissance de tes cousins, ils sont nombreux, tu vas voir, et... » Elle s'était tue, avait regardé le plafond, puis haussé les épaules. « Bon, on se retrouvera tout à l'heure.

— Un instant, maman ! » Alors qu'elle était sur le point de prendre la fuite, Ricardo l'avait retenue par le bras pour lui poser la seule question que n'importe qui aurait posée dans cette même situation. « Dis-moi, tu es communiste ?

— Mais comment veux-tu que je sois communiste, mon fils ? Comment veux-tu que je sois communiste ? » Elle avait pris sa tête dans ses mains et fermé les yeux, avec une moue purement nerveuse. « Tu vas arrêter de dire des sottises ? »

Elle s'était éloignée en claquant presque furieusement des talons, tandis qu'Amparo m'appelait en hurlant : « Inés, c'est pour aujourd'hui ou pour demain ? » Mais j'avais d'abord serré Ricardo dans mes bras et l'avais embrassé sur la joue, comme lorsqu'il avait quatre ans, avant de me rendre à la cuisine.

« Je ne comprends rien, avait dit mon neveu. Absolument rien…

— Je reconnais que ce n'est pas facile. » C'était Galán qui s'était chargé de lui expliquer la situation. « Ta mère est un compagnon de route. » Et il avait souri. « Ce qui se passe, c'est qu'elle ne le sait pas encore. »

L'ignorance d'Adela avait brusquement cessé un jour de septembre 1973, lorsque son aîné s'était servi pour la première fois de son septième sens, en se rappelant soudain d'un conseil que lui avait plusieurs fois répété son oncle Fernando. Dans la clandestinité, la règle primordiale à ne jamais oublier, c'est qu'il vaut toujours mieux avoir l'air ridicule que de commettre une bourde.

Ricardo n'était pas habitué à courir des risques, car il était avocat. Cependant, voilà dix ans qu'il se consacrait presque exclusivement à la défense de prisonniers politiques. Ainsi, lorsqu'il avait vu arriver en face de lui deux véhicules de la police tous phares allumés, il avait dépassé le bâtiment vers lequel il se dirigeait et avait continué à marcher dans la rue Lista, comme si de rien n'était. En parvenant au carrefour, il avait eu le temps d'apercevoir six ou sept policiers pénétrant dans l'entrée et avait tout de suite compris que dans ce quartier, dans cette maison bourgeoise dont l'aspect extérieur lui avait permis de se protéger jusqu'alors, ils se rendaient certainement dans un des bureaux avec lesquels il travaillait. Tandis qu'il attendait que le feu passe au vert pour les piétons, afin de changer de trottoir, il avait entendu la voix de Galán dans sa tête et, simultanément son septième sens qui lui répétait la même phrase : ne va pas dormir chez toi, ne va pas dormir chez toi, ne va pas dormir chez toi… Ce soir-là, lorsque la police avait défoncé la porte, son ex-femme avait déjà eu le temps de le conduire en voiture jusqu'à Saragosse. Et le lendemain matin, lorsqu'ils étaient allés le chercher chez sa mère, il avait déjà regagné Barcelone. « Tu vas devoir passer à pied, comme dans le temps, lui avait-on dit, si tu es recherché pour être arrêté, et que tu veux passer en France tout de suite, il n'y a pas d'autre solution. » Il avait accepté sans savoir qu'il n'allait pas trouver de chaussures de marche à sa taille.

À midi, lorsque Adela m'avait appelée, en pleurs, c'est moi qui lui avais raconté que le plus dur était passé pour Ricardo.

« Ne t'en fais pas, les deux Fernando, le père et le fils, sont allés le récupérer. Il va bien, sauf qu'il a horriblement mal aux pieds.

— Aux pieds ?

— Oui. » J'avais éclaté de rire. « Il paraît qu'il a dû franchir les Pyrénées avec des chaussures trop grandes, et il a des ampoules spectaculaires. À présent il regrette vraiment de n'être jamais allé camper, mais c'est tout... »

En janvier 1974, Adela avait reçu l'appel d'une inconnue, une femme jeune qui, après avoir prononcé son nom, Julia, avait fondu en larmes au téléphone. « Excusez-moi, madame, mais la démarche n'est pas facile pour moi, j'ai vraiment honte... » La première chose qu'elle avait pensé, c'est que son fils l'avait mise enceinte, et elle avait même compté quatre mois sur ses doigts, mais elle n'avait pas osé lui couper la parole. C'est ainsi qu'elle avait appris qu'elle était devenue veuve dans la matinée. Son mari était mort en pleine rue d'une crise cardiaque, comme notre père, et ses gardes du corps l'avaient emmené dans la maison où il cohabitait discrètement avec cette femme depuis plus de cinq ans. Sa compagne était complètement défaite, mais la mort de mon frère avait si peu affecté son épouse légitime qu'elle-même en avait été surprise.

« Ça semble incroyable, non ? Quand je pense combien j'ai pu aimer cet homme... »

Elle m'avait avoué qu'elle avait essayé de ne pas avoir à organiser l'enterrement, mais qu'elle n'y était pas arrivée, car cette Julia ne voulait rien prendre en charge, et surtout pas l'enterrer à Salamanque pour ne pas donner à leur histoire d'amour la publicité qu'ils avaient toujours eu soin d'éviter. « La seule chose, avait-elle ajouté à la fin, si cela ne vous gêne pas, j'aimerais assister à... » Adela avait presque eu de la peine de l'entendre et qu'elle ait choisi le verbe assister pour le prononcer d'une voix aussi affectée. « En ce qui me concerne, ça m'est égal, faites ce qui vous plaira... » « Et vos enfants voudront bien aussi ? » « Je crois que oui. Je ne sais même pas si ma fille aura le temps de revenir de Washington, et mon fils, il n'est pas question qu'il rentre en Espagne. »

Elle m'avait raconté ensuite quelque chose qui m'avait confirmé que toutes ces visites à Toulouse lui avaient appris plus que je ne le pensais. « Et heureusement... Car il y avait deux policiers en civil au cimetière de la Almudena. Ils l'attendaient, tu sais ? »

Elle leur avait dit qu'elle n'avait pas réussi à joindre son fils pour le prévenir de la mort de son père et l'un d'entre eux, qui était commissaire et s'était présenté à elle en disant qu'il connaissait le défunt depuis le temps de la Croisade, lui avait présenté de doubles condoléances, en la plaignant une première fois pour avoir mis au monde un monstre tel que mon neveu, qui avait gâché les derniers jours de la vie de son père, et allez savoir si ce n'est pas lui qui l'a tué de chagrin, et une deuxième fois pour la perte d'un mari tel que mon frère. Ç'avait été la goutte d'eau qui avait fait déborder le vase pour cette femme qui, déjà trente ans auparavant avait su faire passer son affection pour moi avant sa foi religieuse, son approximative idéologie politique et même sa loyauté envers l'homme qu'elle aimait.

« Qu'est-ce que ce grand con vient dire sur mon fils, maintenant ? » Car son amour pour son fils était encore plus fort. « Allons, donc, mon gars, si tu crois que je vais tolérer ça ! Et toi tu es qui, hein ? Un tortionnaire, ni plus ni moins, un tortionnaire et un grand fils de pute. Tu veux peut-être me faire prendre des vessies pour des lanternes ?

— Adela ! » Ces mots avaient résonné avec une telle véhémence, une telle sincérité à mes oreilles, que j'avais pris peur. « Tu lui as vraiment dit ça ?

— Non, tu me prends pour qui ? Tu crois que je suis bête ? » Et j'avais presque pu la voir sourire au téléphone. « Mais je t'assure que je l'ai pensé très fort. »

Je ne lui avais jamais dit que la mort de son mari m'avait sans doute plus affectée qu'elle. À l'hiver 1974, j'avais énormément pensé à Ricardo, à ce frère si plaisant, si protecteur en même temps, qui disait « L'Espagne porte une robe trop longue, maman. Il faut la lui raccourcir... », qui profitait du monde à ma place et qui venait me le raconter le lendemain. Je pensais à lui comme s'il avait encore vingt ans, et j'étais effarée en repensant à ce qui s'était passé ensuite, au fait de l'avoir perdu si rapidement, de ne pas avoir pu faire mes adieux à ma mère, d'avoir vécu tant d'années sans ma sœur Matilde, de ne pas connaître le visage de ses fils adultes. Alors je m'étais également souvenue de Dolores, et m'étais dit que moi aussi j'étais devenue une imbécile, les années passant.

J'étais devenue vieille sans m'en apercevoir, mais il n'y avait pas que cela, et je le savais. Le temps s'était remis à se presser, la paresse des calendriers avait succombé à la rapidité des chronomètres, la fin définitive approchait, et je le redoutais. L'année où mon frère est mort, j'avais souvent traversé les Pyrénées, le val d'Aran dans mon dos, toujours plus bas, et ses pentes qui n'en finissaient pas, qui n'avaient pas encore fini lorsque nous avions atteint la vallée et qui avaient continué tous les matins, pendant trente ans.

Ma vie entière avait été une longue côte et je n'avais jamais pu me payer le luxe de l'immobilité, ni la consolation d'un découragement patiemment cultivé pour cueillir le fruit d'une élégante indolence, la tristesse assumée comme l'inévitable contretemps d'un climat étranger, tempéré et pluvieux. Ma vie entière avait été une longue côte, et j'avais creusé la pente avec mes mains, je m'étais fabriqué un refuge dans l'impitoyable dureté de la roche, et là, alors que je pensais m'être à peine mise à l'abri des intempéries, j'avais été heureuse, à tel point que je craignais de marcher en regardant par terre, de m'abandonner au vertige de descendre en un instant la côte que j'avais mis tant de temps à remonter, de me précipiter dans le vide pour me laisser tomber dans le pays dont la nostalgie avait structuré toute ma vie. Et cependant, la descente était inévitable. Je le savais parce que j'avais déjà un pied, un enfant, en Espagne.

Tandis que mon neveu Ricardo restait bouche bée en écoutant les péripéties de la clandestinité de Galán, mon fils Miguel restait encore plus bouche bée en écoutant les péripéties de la clandestinité de son cousin, des assemblées universitaires, des infiltrations syndicales, des rendez-vous de sécurité et des courses poursuites dans les tunnels du métro qui ne représentaient pas grand-chose pour nous, mais qui pour lui, qui ne connaissait que la paisible démocratie française, embellissaient une jungle si fantastique que Mai 68 ne lui avait pas semblé être à la hauteur. S'il avait vécu à Paris, sans doute que cela aurait suffi à étancher sa soif d'aventure, mais comme il habitait à Toulouse, et que les pavés avaient recouvré leur place dès le premier anniversaire de cette révolte, il avait décidé d'aller passer les vacances d'été à Madrid pour fêter son diplôme d'avocat. Nous avions tous vu venir ce qui allait se passer ensuite. Il s'était installé chez Adela, avait pris goût à vivre dangereusement, et avait convaincu son cousin de louer ensemble un appartement dans la rue Olivar. Ensuite, il avait obtenu presque simultanément un titre d'avocat en Espagne, une fiancée espagnole, un poste dans le cabinet de Ricardo et deux incarcérations : la première en 1971, sans autre conséquence, la deuxième en 1974 lorsque ma petite-fille María n'avait pas encore un mois, avec un décret d'expulsion qui avait fait moins peur à son père qu'à moi-même, à son cousin encore moins, et à lui pas du tout.

« Rentre en France, Miguel. » Pendant un long moment, mes conversations avec lui n'avaient pas eu d'autre sujet que celui-là. « Rentre, s'il te plaît ! Rentre ne serait-ce que pour quelques mois, et puis tu repars. Il n'y a même plus Ricardo, là-bas, pour te défendre !

— Écoute, maman, ne viens pas pleurer, je me défends très bien tout seul.

— Ah bon ? C'est ce que je vois.

— Mais bien sûr. » Et il riait. « Tu ne comprends pas qu'ils m'ont arrêté deux fois et que les deux fois ils ont été obligés de me relâcher ? Tu trouves que ce n'est rien, ça ? J'ai vingt-sept ans, maman, je suis adulte. Ne t'en fais pas.

— Comment veux-tu que je ne m'en fasse pas, mon fils ! Comment veux-tu que je ne m'en fasse pas, avec le métier que tu fais ?

— Je te dis qu'ils ne me feront rien, je suis un citoyen français, je ne sais pas si tu t'en souviens, alors s'ils m'expulsent, je n'aurai pas de chance. Mais je vis avec ma femme, j'ai une fille, je ne peux pas les laisser toutes seules ici, tu comprends ? J'ai des responsabilités.

— Mais tu peux les emmener avec toi, tu peux...

— Je te dis que non ! Je n'ai pas l'intention de retourner à Toulouse, pour m'ennuyer comme un rat mort, alors que je m'amuse tellement ici. »

Alors que je craignais encore pour lui, Vivi avait elle aussi décidé de partir avec son mari, qui avait abandonné la concession française de Siemens pour un poste équivalent au sein de la concession espagnole, lorsque Franco avait commencé à faire des allers-retours à l'hôpital. Elle était déjà en train de faire des travaux dans un local de la place de Chueca qui allait finir par devenir la succursale madrilène de *Casa Inés,* le jour même où tous les diables avaient décidé de le conduire une bonne fois pour toutes en enfer. Et, en février 1976, nous avions collé une image différente sur une des grandes vitres du restaurant, à côté de la porte. C'était un écriteau assez grand, avec deux photos en couleur, et une phrase écrite en lettres majuscules, « *Le meilleur restaurant espagnol de France conquiert Madrid !* », avec un point d'exclamation.

« Tu ne peux pas imaginer la quantité de gens de Toulouse qui vient manger, maman... » Vivi était enchantée. « Entre les Toulousains et les syndicalistes que m'emmène Miguel, le week-end dernier le restaurant était bondé.

— J'en suis très heureuse, ma fille. » J'avais tellement, tellement peur. « Je suis très fière de toi, très fière d'être ta mère.

— Merci, maman. Passe-moi Adela, allez... »

Car à présent le temps n'était même plus pressé, il courait tout simplement comme un dératé. Quelques semaines avant que Vivi ne me demandât de lui passer sa sœur au téléphone sans me dire pourquoi, mon neveu Ricardo, qui avait franchi la frontière juste avec ce qu'il portait sur lui et une carte d'identité, avait fait une demande de passeport au consulat espagnol. On n'avait même pas mis un mois à le lui accorder et il avait décidé de retourner en Espagne.

« Ils n'ont qu'à m'arrêter s'ils en ont les couilles », nous avait-il annoncé succinctement et Adela avait choisi ce moment pour dire à son tour qu'elle partait avec lui.

Son père avait été tellement effrayé que, lorsque notre fille avait ajouté que le fait de partir avec son cousin était une façon de parler et non pas une annonce de fiançailles, il n'avait eu d'autre choix que de la laisser partir. Ce n'est qu'ensuite qu'elle avait condescendu à nous expliquer que Vivi lui avait proposé de travailler avec elle au restaurant.

En avril 1976, nous étions restés seuls à Toulouse avec Fernando, qui s'était rendu en Espagne avant les filles, mais était toujours revenu après avoir réglé les démarches que son père avait déléguées à d'autres camarades, en attendant que père et fils commencent à travailler ensemble.

« Et vous… » nous avait-il demandé à la suite d'un de ses voyages et après nous avoir montré un tas de photos du restaurant de ses sœurs. « Vous n'allez pas venir le voir ?

— Moi j'aimerais bien, avais-je reconnu. On pourrait profiter des vacances d'été…

— Non. » Mais en entendant cela Galán avait replié sa langue dans sa bouche pour mordre dedans de bon cœur. « Lorsque je reviendrai en Espagne, ce sera pour y rester. Je n'ai pas l'intention de m'y rendre en touriste.

— Eh bien moi… » Fernando avait hoché la tête et m'avait regardée. « Je pense que c'est le mieux à faire, maman. »

En décembre 1976, nous avions installé un autre écriteau près des photos représentant le restaurant de Vivi. C'était la carte du repas de réveillon et en même temps une annonce d'adieux. Et cependant, j'avais cuisiné une fois encore à la *Casa Inés* du boulevard d'Arcole. Ma maison. Notre maison, car ce soir-là, le dernier soir à Toulouse, nous avions été à nouveau cinq.

« Ensuite, c'est bien plus facile, vraiment… » Mais Montse était en train de pleurer. « Dis-le-lui, Amparo, n'est-ce pas que c'est vrai ? » Et l'épouse de Lobo, qui était descendue toute joyeuse de l'avion le matin même, avait les yeux noyés de larmes. « Hein qu'ensuite c'est bien plus facile ? »

Angelita, qui ne pleurait jamais, s'était effondrée lorsque nous avions décidé de vendre le Picasso. Lola, qui était presque aussi dure qu'elle, avait pleuré lorsqu'elle avait proposé que nous offrions la photo de l'anniversaire de Dolores à Vivi. Et moi, qui avais toujours été la plus émotive de toutes, je n'avais même pas pris la peine d'essuyer mes larmes pour leur dire qu'en fait je ne pleurais pas.

« Nous devrions être joyeuses, car c'est bien ce que nous voulions, non ? » avait déclaré Amparo. Et cela m'avait crevé le cœur de me dire que je ne la reverrais plus derrière son comptoir. « Il faut voir… comme nous sommes devenues fragiles ! »

Nous avions passé de nombreuses années à remonter la pente, et elle avait été si raide qu'aucune d'entre nous ne s'était jamais permis de lâcher prise, ne serait-ce que d'un millimètre, avant d'atteindre le sommet de la côte.

Ensuite, oui.

Ensuite, lorsque nous nous sommes résignées à accepter que nos désirs se réalisent enfin, nous avons versé les larmes que nous n'avions pas versées depuis trente ans.

(Fin de l'histoire, à suivre...)

Pampelune, capitale de la Navarre, Espagne, le 13 mars 1959. Et pour la même action, mais pas à la même heure, peut-être même pas à la même date, Ciudad de México, capitale fédérale des États Unis du Mexique.

Dans deux villes, deux pays, deux continents différents séparés par un océan, un homme et une femme se marient par procuration. Voilà vingt ans qu'ils ne se sont pas vus, mais ils se connaissent très bien. Jusqu'à présent ils n'ont jamais été mariés, mais avant de s'unir à d'autres personnes, ils vivent ensemble comme s'ils l'étaient. Ensuite, l'Histoire leur passe dessus, les écrase comme les chenilles d'un tank broieraient un champ de marguerites, une guerre, un exil, un autre exil, la gloire pour lui, ensuite la prison, pour elle la pauvreté, l'oubli, un malheur immense et, enfin, quelque peu de paix, un peu plus de bien-être, une prospérité qui finit par prendre à l'autre bout du monde. Et à présent, à l'autre bout du temps, de la guerre, de la paix, de l'exil, de la prison, de la clandestinité un mariage par procuration. L'Histoire immortelle accomplit des choses étranges en croisant la trajectoire de l'amour des corps mortels.

En 1935, Aurora Gómez Urrutia a vingt ans et n'attire pas les regards seulement par sa beauté. Fille d'un professeur républicain, partisan d'Azaña, elle a été éduquée dans une atmosphère singulière, celle de l'élitisme cultivé et progressiste incrusté dans le cœur de plomb du traditionalisme de la Navarre. Ainsi, comme de nombreuses autres Espagnoles de province de sa génération, Aurora parvient à compléter, grâce à ses lectures, une formation d'autodidacte. Le calvaire que représenterait pour la réputation de sa famille le fait d'abandonner la maison paternelle, pour se rendre dans la ville universitaire la plus proche afin d'assister à des cours dans lesquels elle serait probablement reçue par des jets de pierres est évité.

Aurora possède une belle tête – de grands yeux sombres mais doux, un petit nez, une bouche pulpeuse, tout cela harmonieusement distribué dans un ovale aux profils équilibrés, le front, peut-être trop large, mais en revanche surmonté d'une épaisse et brillante coiffure brune – et de plus elle est particulièrement bien faite. Cette jeune fille intelligente possède également une très solide culture politique, elle fait partie des leaders des jeunesses de la Gauche républicaine et a la ferme conviction qu'il est indispensable de limiter à tout prix l'effrayant retour du carlisme propre à la Navarre, qui s'est déjà distingué pour son soutien inconditionnel à n'importe quelle insurrection, d'où qu'elle vienne, dirigée contre la République. Voilà qui est – belle, jeune, lumineuse, passionnément engagée dans le mouvement antifasciste et très sérieuse – Aurora Gómez Urrutia lorsqu'elle et Jesús Monzón Reparaz tombent amoureux l'un de l'autre.

À cette époque, il s'appelle encore Sito – apocope de Jesusito –, c'est un garçon quelque peu turbulent, aux opinions dangereuses, aux amitiés plutôt indésirables, avec une extravagante attirance pour les atmosphères prolétaires du quartier de la Rochapea. Mais il est surtout un Monzón Reparaz, c'est-à-dire le petit dernier d'une des plus grandes familles de Pampelune, le benjamin d'un célèbre médecin bourgeois et le descendant, par sa mère, d'une ancienne lignée d'aristocrates ruraux de Navarre, possédant armes et blason. Avec de tels ancêtres, on peut s'attendre à ce qu'il sache renoncer à temps à ce caprice de jeunesse que représente la fille d'un professeur partisan d'Azaña. Mais loin d'obéir à la voix du sang, Sito va consolider sa relation avec Aurora pour démontrer qu'il n'entre dans aucun des moules prévus pour lui, et son obstination finit par avoir raison des espoirs de ses parents et de ceux qui comme eux espèrent qu'il retournera un jour au bercail doré de ses origines.

À Pampelune on ne parle que de cela car, en mettant de côté l'insignifiant détail de leur amour réciproque, ce couple est tellement conforme aux temps qui courent qu'il n'est pas facile de distinguer quelle est la cause et d'où vient l'effet.

Et il ne s'agit pas seulement qu'elle soit issue d'une classe sociale très inférieure, mais aussi, et peut-être surtout, de son attitude. Que Sito joue au révolutionnaire, bon, pourquoi pas ? D'entrée, il sait ce qu'il veut et il l'exprime, et par des temps aussi mouvementés, le malheur d'avoir un fils moderne peut également toucher un Grand d'Espagne. Mais cette fille vicieuse et vociférante, si peu féminine, qui est capable de grimper sur une estrade afin que tout le monde la voie en train de hurler dans les meetings et de s'exhiber dans les rues en levant le poing en tête des manifestations, à côté de Jesús...

« Où a-t-on vu ça, mon Dieu ? » murmurent les excellentes amies de doña Salomé Reparaz – la pauvre épouse de Monzón – sans oser se montrer plus explicites devant la mère de cette calamité ambulante qui est en train de la tuer à petit feu.

Et celui qui fonde le parti communiste espagnol en Navarre n'est pas Aurora, mais Sito. Elle marche toujours un pas derrière lui, elle subordonne sa carrière politique à celle de son homme et n'hésite pas à mettre toutes ses capacités à son service. Elle l'adore. Elle est la première de la longue liste de celles qui adoreront Jesús Monzón Reparaz.

Cependant lui, tant qu'il pourra choisir, ne se départira jamais de sa constance envers Aurora, il l'aime comme il n'aimera personne d'autre. Voilà pourquoi, lorsque triomphe à Pampelune le coup d'État pour lequel les amies de sa mère ont prié depuis des années, et qu'il parvient à s'échapper, il pense avant tout à Aurora. En arrivant à Bilbao, il contacte simultanément la direction du parti communiste d'Euskadi et les cercles fascistes cachés dans la ville. Il cherche une femme à échanger contre la sienne, et il la trouve tout de suite dans la famille Ibarra, aussi célèbre par sa fortune que par les armoiries de ses navires. Alors, sans se recommander ni à Dieu ni au Diable, dans le plus pur style Monzón, il s'arrange pour que quelqu'un remette à Aurora, qui se trouve à Pampelune, un laissez-passer identique à celui qu'il est prêt à signer à Bilbao pour une femme d'âge et de corpulence semblables, qui échangera son identité avec celle de la républicaine devant traverser les lignes en même temps qu'elle, mais en sens inverse.

Voilà le plan et, très rapidement, un inconnu sonne chez les Gómez Urrutia. Le propriétaire de la maison est en prison. Il a été arrêté dans les heures qui ont suivi le soulèvement et condamné à mort sans le moindre procès. Mais l'intervention d'un vieil ami carliste a permis de suspendre l'exécution au tout dernier moment. Cependant le visiteur qui se présente ne vient pas pour le professeur. Il cherche Aurora. Sa sœur Elvira, qui est la seule personne de la famille pouvant aller ouvrir la porte, la cache dans la maison, mais elle le nie avec toute la conviction qu'elle peut improviser, Aurora n'est pas ici, elle a disparu et nous n'avons aucune nouvelle d'elle, je n'ai pas la moindre idée de l'endroit où… L'homme sourit et se contente de remettre à la belle-sœur de Monzón une feuille de papier pliée en quatre, sur laquelle il n'y a qu'un seul mot d'écrit.

« Ciruelica… » *Petite prune*.

La littérature, le théâtre, le cinéma, les livres d'histoire, les mémoires, la propagande fasciste et antifasciste ont souvent reproduit des scènes similaires, en Espagne et dans pratiquement tous les pays européens de l'époque. Une maison en zone ennemie, quelqu'un qui s'y cache, la sonnette retentit, des bruits de pas, une visite, beaucoup de transpiration, le nouveau venu qui retire son chapeau, ou sa casquette, et qui menace, ou s'énerve, et sort un pistolet, ou il titube et raconte une histoire plus ou moins confuse, remet une lettre, quelque chose de petit, parfois un bijou, d'autres fois un document, souvent un objet apparemment sans valeur, et son destinataire ment sur son identité, se fait passer pour quelqu'un d'autre, doute, soupçonne, tente de gagner du temps, demande au messager de revenir un autre jour, s'affale dans un fauteuil sans trop savoir que faire, que penser, à qui faire confiance, et réussit ou se trompe.

« Ciruelica… »

Cet inconnu se contente de laisser une feuille de papier pliée en quatre entre les mains d'Elvira Gómez Urrutia, il ajoute que c'est pour sa sœur, qu'il va revenir dans un moment et il s'en va. Elle déplie la feuille, mais ne comprend pas, tout comme aucun policier n'aurait pu le comprendre, aucun soldat, aucun fonctionnaire qui aurait décidé de fouiller son porteur. Ciruelica, *Petite prune*. Elvira lit ce diminutif, hoche la tête, fronce les sourcils. Ciruelica. Et qu'est-ce que cela signifie ? Aurora, elle, sait parfaitement ce que cela signifie. Elle sait parfaitement qui, comment et où il l'appelle comme ça. Lorsqu'elle lira ce nom, ses yeux se rempliront de larmes, son menton se couvrira de salive. Le cœur d'un amour si sauvage sera sur le point de faire exploser toutes ses artères. Aucun policier, aucun fonctionnaire ne peut le comprendre, mais ce seul mot fera déborder sa conscience du privilège d'être aimée par un homme tel que lui et surtout du bonheur de pouvoir l'aimer.

« Ciruelica... »

Un seul mot suffit pour expliquer à quel point il devait être difficile de résister à Jesús Monzón. Mais il est également facile d'imaginer que cette scène, sans cesser d'être très belle, très littéraire, très émouvante, devienne également très représentative du type d'attitude qui génère une certaine méfiance envers lui au sein du PCE. Ses camarades de la direction n'apprécient pas vraiment le romantisme et encore moins l'individualisme des hommes d'action. Ils ne peuvent pas dire que le dirigeant de Navarre fait mal son travail, mais le fait qu'il s'acharne à toujours le faire à sa façon est irritant pour eux. Aucun de ses supérieurs ne peut rien objecter au résultat de ses démarches, mais ils préféreraient le voir utiliser un procédé plus conventionnel, moins de petits mots et plus de réunions, plus de réunions, toujours plus de réunions, jusqu'à ce que ce soient eux qui décident comment et quand effectuer un échange tel que celui-là. À ce moment, ils ne peuvent même pas imaginer le genre de complications que vont créer dans leur organisation les petits mots de Monzón, l'amour fou que ces derniers sauront inspirer chez les femmes qui vont croiser sa route.

Mais pour l'instant, le plus important est la guerre, et la guerre ne marche pas bien. En juin 1937, lorsque la chute du front du nord les oblige à quitter Bilbao pour prendre la route de Valence, les Monzón sont désormais trois. Leur fils Sergio est déjà né, un garçon qui traversera avec ses parents un pays en guerre, qui survivra à deux années de bombardements de nuit et de jour, qui surmontera les dangers du froid et de la déshydratation tout le long des épuisants voyages sur des routes coupées et qui sortira sain et sauf du tragique chaos du port d'Alicante pour mourir avant l'heure, lorsqu'il semble être à l'abri de tout mal. Jesús réussit à trouver une place pour sa femme et son fils sur un des derniers bateaux appareillant et mettant le cap sur Oran, le 29 mars 1939, mais la fin heureuse ne va pas durer très longtemps. Quelques mois plus tard, alors qu'ils sont enfin tous les trois réunis en France, avec la Seconde Guerre mondiale qui pointe à l'horizon, c'est à nouveau lui – assumant toujours seul tout type de danger – qui prend une décision audacieuse, radicale et foudroyante, comme toutes celles qui vont à l'avenir le caractériser. Soumis à la pression de sa famille biologique, qui insiste pour élever l'enfant dans une Pampelune franquiste et carliste qu'il hait par-dessus tout, il choisit de la confier à sa famille idéologique.

Quant à elle, Aurora, qui n'a jamais inspiré à quiconque le moindre soupçon de connivence avec l'ennemi, qui n'a jamais cessé d'être catholique, mais n'est jamais parvenue à être communiste, se montre au début disposée à l'envoyer à Pampelune, chez ses beaux-parents, sacrifiant ainsi ses principes au bien-être de son fils. Et si elle s'oppose ensuite à l'envoyer à Moscou, ce n'est pas non plus à cause de préjugés idéologiques. Sergio, qui n'a que deux ans, lui semble trop petit pour effectuer un si long voyage. Mais Jesús ne prend même pas la peine de réfléchir à ce qu'elle pense. Voilà la contrepartie des doux mots de passe d'antan. Les hommes explosifs finissent toujours par exploser, car c'est leur condition, leur nature, et Monzón restera toujours fidèle à lui-même, pour le meilleur et pour le pire. Ainsi, avec la même détermination dont a bénéficié Aurora au moins à deux reprises, il s'arrange pour trouver une place à son fils dans un bateau qui doit se rendre en Union soviétique.

Pour être juste envers lui, il faut préciser qu'il ne fait que suivre l'exemple de la plupart de ses camarades, car bien d'autres communistes espagnols, liés ou pas au Comité central, ont envoyé leurs enfants en URSS, et il n'est rien arrivé de mal à un seul d'entre eux. Au contraire, ils ont été logés dans des appartements confortables et reçoivent une éducation soignée dans des conditions matérielles qui – comme certains d'entre eux seront surpris de le découvrir ensuite – leur garantissent un niveau de vie bien supérieur à celui dont profitent les enfants soviétiques. Cependant, Jesús prend une mauvaise décision, il fait un pari malheureux, car cette dernière expédition d'enfants de républicains espagnols connaîtra pour Sergio Monzón Gómez une fin tragique que ses parents mettront des années à connaître.

Dans le train qui conduit les derniers enfants évacués vers Moscou, une épidémie se déclare, dont la plupart des passagers réchappent sans difficulté majeure. Seuls quatre ou cinq enfants sont plus gravement atteints, et Sergio fait partie de ceux-là. Finalement la scarlatine donne cruellement raison à Aurora. Son fils, élevé dans les conditions alimentaires et sanitaires déficientes propres à un pays en guerre, n'a que deux ans et bien que les médecins soviétiques, au courant de la position politique de son père, fassent tout ce qu'ils peuvent pour le sauver, ils ne parviennent pas à l'arracher à la mort. Bien avant de connaître cette nouvelle, et y compris avant que son fils débarque en Union soviétique, Aurora abandonne Jesús. Elle ne lui pardonne pas de lui avoir arraché l'enfant de force, traîtreusement. Cependant, il semblerait qu'il l'ait également poussée à prendre cette décision.

D'après ce que raconte Manolo Azcárate dans ses Mémoires, il fait la connaissance de Monzón à l'époque de *la drôle de guerre*, ainsi que les Français ont baptisé les mois qui s'écoulent entre l'été 1939 et le début de l'offensive allemande sur l'Occident. Il ne précise pas la date de leur première rencontre, mais il explique que c'est Carmen de Pedro qui le lui présente et qu'il les fréquente tous les deux, toujours ensemble, avant le mois de février 1940, lorsque lui-même obtient enfin un visa pour partir retrouver sa famille à Londres. À cette date, avant de quitter la France, il est déjà évident pour lui que Carmen et Jesús ont une relation amoureuse solide, même s'ils évitent de s'afficher en public comme un couple.

Pendant ce temps, Aurora vit toujours à Paris, la même ville où Monzón s'installe avec sa nouvelle compagne pendant la période qui précède l'occupation nazie, mais Azcárate ne dit pas un seul mot à son propos. Ou Jesús ne la lui a jamais présentée, ou son ami Manolo décide de dépeindre son personnage en utilisant les innombrables avantages de la fraternelle solidarité masculine. Cependant, d'après la correspondance conservée et datant de la fin de 1941, Aurora, avec laquelle Monzón a perdu tout contact, se trouve encore à Paris, alors que Carmen, elle, est sur un petit nuage. La mère de Sergio est au courant des grandes fêtes que Jesús a organisées pour sa nouvelle compagne dans la période qui précède l'occupation allemande. Les absences systématiques du père de son fils, ses infidélités constantes pèsent déjà dans sa décision de l'abandonner avant qu'il ne séduise sans difficulté la femme qui lui convient le mieux pour arriver à ses fins. Sans doute qu'Aurora a appris l'existence de Carmen, car il a l'habitude de rompre par courrier avec force détails, mais elle demeure obstinément loin de lui et du parti qu'il dirige, et attend l'occasion d'émigrer au Mexique.

De nombreux siècles avant que cette histoire ne glisse vers sa fin surprenante, dans la Grèce antique, la légende du jeune Jason commence à circuler, c'est un jeune homme fort, mais sans plus, habile, mais sans plus, intelligent, mais sans plus, beau, mais sans plus, courageux, mais sans plus, rapide, mais sans plus, astucieux, mais sans plus, qui est tourmenté par le fait de se sentir limité. Jason est alors nommé capitaine de l'*Argo*, le navire qui, obéissant à un ordre sacré du roi Pélias, va sillonner la mer civilisée pour pénétrer dans les eaux sauvages bordant les côtes de Colchide, que nous appelons aujourd'hui le Caucase, la patrie de pirates barbares et impies qui refusent de remettre la Toison d'Or à leur propriétaire légitime. Le roi affirme que ce sont les oracles et non pas lui qui ont choisi Jason, car il est écrit que ce sera le seul guerrier capable de rendre la Toison d'Or aux Grecs. Son jeune sujet honore pieusement les desseins des dieux, mais en passant en revue son équipage, composé des héros les plus extraordinaires de tous les temps, Thésée et Orphée, Castor et Pollux, en passant par Ulysse d'Ithaque et Hercule, il se regarde lui-même et se trouve tellement inférieur à ses subordonnés qu'il est sur le point d'abandonner.

Pendant ce temps Chiron le Centaure, son maître et son mentor, un savant aux pouvoirs extraordinaires, à qui Apollon a conféré le don de la prophétie, qui décide de protéger Jason le jour où il voit sa mère l'abandonner près de sa grotte, comme si c'était le fils bâtard d'un berger et non pas un prince au sang royal, l'observe avec le sourire aux lèvres. Il sait que le verdict des oracles est un bobard. Pélias, en confiant cet impossible exploit à un de ses neveux qui ignore qui il est vraiment, veut en réalité l'envoyer à la mort, afin que Jason ne revienne pas de Colchide et ne réclame le trône qui lui revient de façon légitime, mais Chiron n'a pas l'air inquiet. Il ne doute pas un seul instant que la gloire guette son disciple. Il l'a éduqué en ce sens et apprécie sa modestie, son manque d'arrogance qui constitue le début de la sagesse. C'est sans doute pour cette raison, qu'il ne le laisse pas appareiller avec l'angoisse de se savoir voué par avance à l'échec et, la veille de son départ, il consent enfin à répondre à ses questions.

« La plupart des Argonautes sont meilleurs que moi, plus forts ou plus sages, plus intelligents ou plus astucieux. Ils ont déjà vaincu des monstres terribles, ils ont triomphé d'ennemis puissants, ils ont gravi l'Olympe, ils sont descendus à l'Hadès, mais moi... » Et le pauvre garçon laisse retomber sa tête, baisse les yeux, s'arrache les cheveux de désespoir. « Mais moi, que puis-je faire, mon maître ?

— Toi aussi tu possèdes un don et il est bien plus important que les leurs, car il te permettra de retourner triomphant jusqu'ici, avec la Toison d'Or. » Chiron observe son disciple avec une tendresse qui bientôt se dissipe, remplacée par un sourire lascif de vieillard vigoureux. « Tu es né avec le don de rendre les femmes amoureuses de toi, Jason. »

Ce dernier sait que Chiron est un sage, qu'il peut voir l'avenir, qu'il ne se trompe jamais, mais malgré cela il ne parvient pas à y croire. Comment va-t-il s'y prendre pour que les femmes tombent amoureuses de lui ? Il n'est même pas le plus beau. Certains de ses compagnons possèdent des corps bien plus magnifiques que le sien. Il ne sait pas faire la cour, ni jouer d'un instrument, sa voix n'est pas harmonieuse et il n'a pas un esprit très aiguisé. Ce n'est qu'un pauvre berger de village, rustre et fade, un homme ordinaire. Et cependant Jason dirige l'*Argo* jusqu'à Colchide en passant d'un lit à l'autre, d'une reine à l'autre, et au moment où la princesse Médée pose ses yeux sur lui, tous ses problèmes se règlent.

« Celui-ci est pour moi. »

Médée trahit sa patrie et ses dieux, sa famille et sa dynastie, son père et sa mère, par amour pour Jason. Elle va elle-même dérober la Toison d'Or, l'objet le plus précieux de son peuple, et la remet à cet étranger en échange d'une promesse de mariage. Le marché est tout ce qu'il y a de plus régulier, car Jason tient parole, il se marie avec elle. Elle devient sa reine. Mais il est né avec le don de rendre les femmes amoureuses de lui et Médée n'est pas la seule femme au monde. Comme cela se produit habituellement dans ce genre de situation, y compris lorsque l'exubérante volonté des dieux ne s'en mêle pas, aucun des deux n'est coupable de tout. Depuis cette époque, l'Histoire immortelle accomplit des choses étranges en croisant la trajectoire de l'amour des corps mortels, mais les enfants de Jason retombent presque toujours sur leurs pieds.

Aurora Gómez Urrutia arrive au Mexique sans bagages, dans un moment indéterminé, sûrement postérieur à la libération de la France, et elle croise enfin la chance, puis le succès. Cette femme brillante et autodidacte, intelligente et travailleuse, réussit à faire une carrière fulgurante à la concession mexicaine de la multinationale du pétrole Shell. Au début des années 1950, devenue une femme cadre promise à un grand avenir, elle se marie avec un exilé espagnol dont le nom n'a pas d'intérêt pour cette histoire. L'homme, en revanche, est un grand intérêt pour elle, car il lui enseigne quelque chose que ses compatriotes ont été forcés d'apprendre, pendant la terrible après-guerre qui, à cette époque, n'est pas complètement terminée. Il lui enseigne, qu'il est plus facile de se passer de café, de chocolat, de sel et de sucre que de s'habituer à en consommer des succédanés.

« Ciruelica… »

Au début des années 1950, lorsqu'il renoue sa relation avec son amour de jeunesse, il se trouve à la prison de Dueso, en Cantabrie. Il serait raisonnable de penser que c'est lui, ne sachant pas quel pourcentage de sa condamnation il a accompli, lui écrive le premier. Mais les choses ne se passent pas de cette façon. Malgré tout, et malgré la mort de Sergio dans un hôpital soviétique, c'est Aurora, libre et triomphante, indépendante et prospère, gâtée par la chance mais malheureuse dans son couple, qui écrit à Jesús. Et il lui suffit d'un seul mot.

« Ciruelica... »

Les lettres d'Aurora renferment une promesse d'avenir différente de celles que Jesús Monzón Reparaz a plusieurs fois refusé de considérer. En utilisant sa famille par exemple, qui ne l'a jamais abandonné et ne cesse d'user de son entregent pour accélérer sa mise en liberté, mais il fait lui-même régulièrement échouer toutes ces tentatives en refusant de collaborer avec ses geôliers. Peu de détenus ont eu autant d'opportunités de ne pas effectuer leur condamnation, mais Monzón préfère passer quinze ans dans les prisons espagnoles. Parfois on a l'impression qu'il va purger intégralement sa peine, car les juges des détentions ne lui accordent aucune réduction prévue par la loi, et refusent de lui appliquer plusieurs grâces auxquelles il a légalement droit. En 1956, Aurora, qui est déjà divorcée, lui obtient un visa pour se rendre au Mexique, mais le délai expire sans qu'il soit mis en liberté dans les temps. En 1958, on lui offre enfin la possibilité de bénéficier d'une grâce à condition de quitter immédiatement le pays, mais il refuse, en alléguant qu'il a déjà purgé sa peine et qu'il n'acceptera qu'une libération sans conditions.

Cette dernière arrive en janvier 1959, accompagnée de l'adjectif « provisoire », mais dans le constant bras de fer que le tout nouveau libéré maintient avec les autorités, lorsqu'il se marie par procuration avec Aurora, deux mois plus tard, il a l'interdiction de quitter l'Espagne et elle d'y entrer. Cependant elle y parvient au mois de juin 1960. Lorsque Ciruelica réussit à retrouver l'homme de sa vie à Pampelune, commence alors pour eux une étape américaine, calme et heureuse, plus courte que la période que Jesús Monzón a vécue dans les prisons de Franco.

L'Histoire immortelle accomplit des choses étranges en croisant la trajectoire de l'amour des corps mortels, mais lorsque cet amour s'achève, les destins qui ont su dessiner ensemble les plus baroques et les plus indéchiffrables arabesques, se tendent comme des cordes parallèles sur un monotone tapis aux couleurs passées, un paysage où se succèdent les biographies les plus anodines. Ainsi, pour Carmen de Pedro il n'existe pas de fin heureuse. L'insignifiante et commune jeune fille, qu'une passion amoureuse avait réussi à élever à des dimensions épiques, vit le reste de sa vie comme ce qu'elle est, une femme commune, insignifiante. Mais auparavant, elle doit payer le prix de son audace.

Elle n'est pas très intelligente, elle ne parvient certainement pas à prévoir la suite des événements que déchaîne la détention de Jesús Monzón, en juin 1945. Peut-être, croit-elle même entendre à distance un son de clochettes, les virevoltes d'une baguette magique s'agitant dans les airs sur les têtes des policiers qui passent les menottes à l'homme qu'elle a tant aimé. Pauvre Carmen. Peut-être se dit-elle que cette incarcération va tout arranger, que les accusations, les reproches, ses propres fautes, se sont dissous dans cette providentielle arrestation, comme un morceau de sucre dans un verre d'eau. Pauvre Carmen, qui devient veuve trop tôt, comme si cette baguette magique tenace, un peu folle et marxiste, qui semblait lui avoir jusqu'ici concédé le don de toujours inspirer à temps l'amour d'un dirigeant, ne pouvait pas la sauver une troisième fois. Pauvre Carmen, qui n'a jamais été, ni par son intelligence, ni par sa loyauté, ni par son courage, à la hauteur des autres femmes de cette histoire.

Après la détention de Jesús, la marraine, la fée de Carmen de Pedro doit se dire qu'elle a accompli suffisamment de choses pour cette imprudente jeune fille et elle va se reposer en abandonnant le destin de celle-ci à des mains moins charitables. Le hasard programme la chute d'Agustín Zoroa en automne 1946. Et s'il n'intervient pas dans sa sentence de mort – celle-ci est la responsabilité exclusive des tribunaux franquistes qui le condamnent –, il décrète cependant que son exécution aura lieu le 29 décembre 1947, en même temps que celle de Cristino García Granda. Celui-là même qui est passé à l'histoire comme un héros parmi les héros de la Résistance française, qui est aussi passé à l'histoire comme le responsable de l'assassinat de Gabriel León Trilla, qui est encore passé à l'histoire comme une lumière et une ombre, comme la misérable face de la gloire et la glorieuse face de la misère, comme le symbole inaltérable de la lutte antifasciste et la figure ineffaçable du pistolet stalinien, comme le plus courageux et le plus lâche, comme l'image persistante mais floue, de dizaines de milliers de communistes espagnols qui ont été aussi indignes de leurs vertus qu'innocents de leurs péchés.

Pauvre Carmen. Elle n'ose certainement pas le dire ouvertement, mais la détention de Monzón doit lui inspirer un soulagement infini, une paix instantanée, proche du bonheur, ou peut-être même pas. Peut-être, n'ose-t-elle pas reconnaître, y compris pour elle-même, qu'elle a envie de le revoir, de l'observer à nouveau, d'épier ses gestes, ses regards. Peut-être aimerait-elle apercevoir sa rivale, la femme qui le lui a volé, car elle doit préférer penser de cette façon, plutôt qu'admettre que Jesús n'a même pas eu besoin de tomber amoureux de Pilar Soler pour se détacher d'elle. Peut-être rêve-t-elle de se présenter devant lui comme la femme de Zoroa, la bonne épouse d'un bon communiste : Tu vois ? Me voici à nouveau en bonne grâce, plus que toi, qu'en penses-tu ? Mais cette rencontre, désirée et indésirable, ne se produira jamais, pour sa tranquillité et pour celle du Parti, en France.

Car il va se passer cinq ans avant que la direction du parti communiste espagnol n'ait plus peur de Jesús Monzón Reparaz. Cinq ans de calomnies, de rumeurs injurieuses, cinq ans de misères s'infiltrant lentement, goutte à goutte, dans les consciences de ceux qui ont suivi cet homme admirable dans tant d'aventures, qui n'a jamais été un saint mais qui a toujours été loin d'être un traître. Cinq ans avec Jesús hors jeu, de prison en prison, avec la bouche toujours bouclée des bons perdants. Ce n'est qu'ensuite, lorsqu'ils sont enfin sûrs que personne ne pourra leur reprocher leurs propres fautes, que les bénéficiaires des mérites de Monzón profitent d'une faveur de la police tchèque pour lui régler son compte.

En 1949, Noël Field est arrêté à Prague, il s'agit de ce mystérieux Nord-Américain employé par la Société des Nations qui collabore en qualité de volontaire avec l'Unitarian Service, une association soi-disant caritative qui se consacre en théorie à aider les réfugiés, mais qui dans la pratique contribue à secourir, avec des fonds et à travers des réseaux clandestins, les organisations antifascistes européennes. Noël, un vieil ami de Pablo Azcárate, reçoit à Genève, en 1943, son fils Manolo et Carmen de Pedro, pour leur remettre un demi-million de pesetas, que Monzón investit immédiatement dans la restructuration du Parti de l'intérieur. À l'époque où il se met en contact avec le PCE, et bien qu'à Genève on le soupçonne déjà d'être un sympathisant communiste, Field a déjà été recruté par Allen Dulles, chef de l'espionnage nord-américain en Suisse pendant la Seconde Guerre mondiale et éminent directeur de la CIA. À partir de ce moment, Field travaille en réalité comme agent double, bien que sa raison et son cœur soient toujours du côté de l'Union soviétique. Son travail consiste essentiellement à pousser Dulles à mettre en pratique les instructions qu'il reçoit pour lui de Moscou.

Malgré son histoire, l'implacable débordement de la terreur stalinienne le conduit à sa détention à Prague, où il vient d'arriver pour accomplir une mission commandée par la CIA, après avoir perdu son poste à la Société des Nations. Et ni sa raison, ni son cœur, ni ses années de travail pour le NKVD ne lui servent à rien. Interrogé avec d'atroces méthodes, il finit par avouer, au bord de la mort, ses relations avec les services d'espionnage nord-américains et tout ce que ses tortionnaires veulent lui faire dire. Son témoignage sert alors de base à un procès qui s'ouvre à Budapest et le condamne à la prison à vie en Hongrie. En 1954, après la mort de Staline, on lui rend sa liberté. Lorsqu'on lui demande pourquoi il préfère demeurer en Hongrie plutôt que de se rendre aux États-Unis, il fait une déclaration surprenante, qui aurait pu noyer de larmes les yeux de ses bourreaux, s'ils avaient conservé l'humaine propriété de s'émouvoir de quelque chose, bien entendu. Je veux continuer à vivre parmi les gens qui aiment ce que j'aime et qui haïssent les mêmes choses et les mêmes gens que je hais, déclare-t-il.

La détention de Noël Field fournit au PCE l'occasion de monter son propre procès, moralement cruel mais physiquement non sanglant, afin de se venger de Monzón à travers ses collaborateurs les plus proches. Le premier à être interrogé est Manolo Azcárate qui, pour décrire l'atmosphère des interrogatoires qui ont lieu en janvier 1950, à la cellule parisienne que possède le Parti, se souvient dans ses Mémoires qu'il sort d'une de ces séances en se disant que si ce n'était pas lui-même, s'il ne se connaissait pas, il penserait qu'il est un espion capitaliste.

Azcárate affirme que jamais, au grand jamais, l'idée que Monzón ait eu le moindre contact avec un espion nord-américain ne lui a effleuré l'esprit. Cependant, en répondant aux premières questions, apparemment innocentes, sur le fabuleux niveau de vie de Carmen et de Jesús dans la France occupée, il s'aperçoit que ses réponses peuvent contribuer à monter un chef d'accusation contre Monzón, mais aussi que, s'il intervient trop en sa défense, il court le risque d'être lui-même considéré comme un complice, car il ne peut pas s'appuyer sur les déclarations des autres témoins, dont il ne connaît même pas le nombre ni l'identité. Alors il conserve sa contenance comme il le peut, sans apporter à l'accusation d'éléments contre son ami, mais en défendant sa propre innocence contre vents et marées. Et il ne met pas longtemps à découvrir à quel point ses précautions sont fondées.

Car lorsqu'ils en finissent avec lui, ils prennent à partie le maillon le plus faible, et à la première occasion Carmen de Pedro ne résiste pas. Celle qui a été la compagne de Jesús pendant presque quatre ans s'effondre sans conditions pour déclarer ce que n'a pas déclaré Manolo Azcárate, ce que n'a pas déclaré Pilar Soler, ce que n'a pas déclaré Manuel Gimeno, ce qu'elle sait et ce qu'elle ne sait pas, ce dont elle se souvient et ce qui n'a jamais eu lieu, ce qui lui passe par la tête sur l'instant et ce que d'autres inventent à sa place. Carmen de Pedro déclare en tout cas ce qu'il faut contre Monzón et contre elle-même, mais ses accusateurs la poussent dans l'exercice de son auto-humiliation jusqu'à ce qu'elle rampe suffisamment et, à en juger par les procès-verbaux qui ont été conservés, bien plus qu'il ne fallait. L'héroïque mémoire d'Agustín Zoroa, dont le nom fait partie des arguments qu'on retient contre elle, comme si ses accusateurs avaient également eu besoin de cinq ans pour s'étonner d'un mariage qui avait stupéfié tous leurs camarades, ne peut pas grand-chose pour elle, bien qu'elle ne soit pas exclue du Parti. Ensuite, on l'envoie habiter à Moscou, très loin, très seule, ébranlée par une terreur continuelle, définitivement indigne d'avoir partagé les meilleures années de la vie de Jesús Monzón Reparaz.

Ainsi, le destin rend étrangement justice à l'honneur de l'homme qui a tenu à bout de bras le PCE en pleine Seconde Guerre mondiale. En fin de compte, Monzón, pour qui la sentence, prisonnier en Espagne, n'a d'autre conséquence que sa propre déception, est le seul qu'on exclut du Parti. Carmen de Pedro, qui l'a énormément aimé et a le moins de raisons de le condamner, est celle qui l'attaque de la façon la plus acharnée, mais aussi celle qui en supporte les conséquences.

Certains des collaborateurs les plus proches de Monzón jouissent d'une immunité absolue. En premier lieu, Domingo Malagón, le falsificateur le plus génial de l'histoire espagnole, dont Santiago Carrillo dira souvent que c'est la seule personne vraiment indispensable au Parti. Car, pendant plus de trente ans, il fabrique un nombre incalculable de faux papiers, de passeports, de laissez-passer et de cartes d'identité si parfaits que la police franquiste n'est pas capable de les distinguer de ceux que produisent ses propres fonctionnaires. Et la cellule militaire du monzonisme n'est pas du tout inquiétée non plus, ni avant ni après ce jour de 1945 que choisit La Pasionaria pour féliciter en public Vicente López Tovar. Ramiro López Pérez, alias Mariano, le conseiller militaire de Monzón et, probablement, l'auteur du plan de bataille de l'invasion du val d'Aran, ne fait l'objet à son tour d'aucune sanction. Il continue d'appartenir à l'appareil du Parti et, en 1952, se marie avec l'héritière d'une des grandes lignées de « l'aristocratie » communiste espagnole, Carmen López Landa, une de ces fillettes qui avaient profité de la magnifique hospitalité soviétique pendant la Seconde Guerre mondiale, la fille unique de Francisco López Ganivet, un dirigeant de Grenade, neveu d'Ángel Ganivet et de Matilde Landa, paradigme de l'héroïne de la résistance antifranquiste.

Mais ce n'est même pas encore le cas le plus significatif. À l'été 1956, lorsque Manolo Azcárate est à nouveau un des conseillers éditoriaux de diverses publications du Parti, qu'il a même représenté à l'occasion de plusieurs événements internationaux, Manuel Gimeno, qui n'a plus la moindre responsabilité depuis une dizaine d'années, reçoit un beau jour un message d'un inconnu, Santiago veut te voir. Santiago ne peut être que Carrillo, et Gimeno se rend au rendez-vous où il est confronté à la plus grande surprise de toute sa vie. Celui qui ne l'est pas encore, mais se conduit déjà comme le secrétaire général du PCE, l'a convoqué ni plus ni moins que pour lui demander de retourner clandestinement en Espagne.

Gimeno reste pantois tandis que Carrillo, comme s'il ne s'était rien passé, lui explique la nouvelle ligne politique, pour lui dire ensuite qu'ils ont perdu le contact avec le camarade qui travaille dans la région du Levante. Sa mission, dans le cas où il l'accepterait, consisterait à le remplacer, à expliquer la nouvelle orientation à la base, à organiser des journées pour la Réconciliation nationale et, bien entendu, à revenir en France pour rendre compte de la situation du Parti en Espagne. Pour extraire son interlocuteur de la profonde perplexité où l'ont plongé les mots qu'il vient de prononcer, et pour le rallier à sa cause, Carrillo lui dit que son « ami Monzón lui aussi » va travailler depuis sa prison à l'organisation de ces journées à Pampelune. Alors, incapable de se lever de sa chaise et de partir comme s'il ne s'était rien passé, Gimeno réaffirme son innocence et celle de tous ses camarades de la direction monzoniste, devant l'homme qui a été le principal accusateur pendant le procès qui a eu lieu six ans auparavant, à la cellule parisienne du Parti. Et il reçoit une réponse concise, directe et sincère, dans le plus pur style de Monzón, auquel il ne s'attendait probablement pas.

« Ces années-là ont été très dures, et j'ai eu très peur, nous avons tous eu très peur... »

Santiago Carrillo se justifie d'avoir poursuivi l'équipe de Monzón, en prétextant que la chasse était allée si loin que plus personne ne se sentait en sécurité et ne pouvait penser à autre chose qu'à se défendre. Certains trouveront qu'il s'agit encore là d'une démonstration de son instinct en matière de politique. D'autres, la preuve suprême de son cynisme. Gimeno, lui, le regarde dans les yeux et le croit, suffisamment en tout cas pour finir par accepter la mission qu'il vient de lui proposer. Quelque temps plus tard, il rentre à nouveau clandestinement en Espagne avec une consigne, la Réconciliation nationale, qui n'est pas très différente du programme de l'UNE, qu'il a défendu pendant d'autres séjours.

La réponse de Carrillo n'est pas le seul détail remarquable et stupéfiant de cette réunion à propos de laquelle Manuel Gimeno n'a jamais écrit, mais qu'il raconte cependant lors de certains entretiens. Plusieurs historiens du PCE confirment que la direction du Parti tente à plusieurs reprises de récupérer Monzón, pour le réintégrer dans l'organisation avant sa sortie de prison. Mais, s'agissant d'expliquer le réel charisme de Jesús, cette tentative de récupération se révèle sans doute moins significative que l'empreinte qu'il laisse non seulement chez les femmes, mais aussi chez les hommes qui le côtoient. Pour Gimeno, rien n'aurait été plus facile, plus prudent que de se taire, mais il ne le fait pas. Peu de dirigeants communistes ont suscité autant de loyauté que celle qui, en pleine fureur stalinienne et malgré son double malheur – exclu du Parti comme un traître et jeté en prison par Franco – continue à lier Monzón à ses collaborateurs les plus proches. Et encore moins de dirigeants communistes ont su conserver leur titre « d'ami » parmi leurs intimes, y compris dans des circonstances bien moins dures.

Les raisons qui ont poussé la direction du Parti à récupérer Monzón se résument à une seule. Celui-ci doit leur sembler être un ennemi plus dangereux par ses qualités que par ses défauts, en tout cas trop dangereux pour le laisser dans la nature. Mais s'il refuse d'intégrer à nouveau la discipline du PCE, les craintes de ses anciens camarades sont infondées. Grâce à l'aide des prestigieux contacts d'Aurora, Jesús réussit à vivre confortablement, d'abord au Mexique, puis au Venezuela, bien que sa trajectoire professionnelle comme professeur dans une école d'entrepreneurs fondée par l'Opus Dei soit une des données les plus invraisemblables de sa biographie, qui est déjà considérablement fantaisiste. Cependant, il ne considère jamais ce travail autrement que comme un moyen de gagner sa vie, et il ne cache pas, y compris pendant son entretien d'embauche, qu'il est marxiste, athée et dirigeant historique du PCE. Jesús Monzón Reparaz continue à être un communiste sans parti pour le reste de ses jours. Voilà pourquoi, même si pendant des années la plupart de ses élèves et de ses nouveaux amis le poussent à donner sa version des faits en écrivant ses

Mémoires, il repousse toujours cette éventualité avec le sourire aux lèvres et toujours la même raison.

« Non, parce que le Parti n'en sortirait certainement pas grandi. »

Francisco Antón n'écrira jamais ses Mémoires non plus. L'autre grand amant de cette histoire prend ses propres décisions, traverse son propre calvaire et affronte son propre ostracisme, mais il ne laisse aucun témoignage public de sa vie. Il est difficile de calculer la quantité de millions de pesetas que n'importe quel éditeur espagnol, et le fondateur des Éditions Planeta, José Manuel Lara Hernández en premier, aurait accepté de payer, pendant les dernières années du franquisme ou de la Transition qui a suivi, pour un manuscrit où il aurait raconté, y compris sans révéler de détails explicites, sa vie intime avec La Pasionaria. Ce livre aurait pu permettre à Francisco Antón et à ses descendants de mener grand train pendant un bon moment.

L'Histoire immortelle accomplit des choses étranges en croisant la trajectoire de l'amour des corps mortels, parfois en bien et parfois en mal. Chacun est comme il est, mais ce jeune garçon, avec une aussi belle prestance, si irrésistible dans son uniforme de commissaire de l'Armée du centre, est plutôt exceptionnel. Vu de loin, on pourrait penser qu'il est un opportuniste, un impertinent prêt à exploiter le capital de sa beauté physique, un séducteur sans scrupules prêt à tout et à n'importe quoi pour gravir les échelons. Mais, en vérité, il se conduit primo comme un homme et secundo comme un gentleman.

Francisco Antón se place tout à fait à la hauteur de Dolores Ibárruri le jour où il décide de lui dire, peut-être juste de lui confirmer, qu'il est tombé amoureux d'une autre femme et qu'il veut se marier avec elle. Il est impossible de savoir où cela s'est passé, ni précisément à quelle date, de quelle façon exactement, car le silence qui a enterré la fin de cette histoire est plus impénétrable que les confabulations imaginaires des communistes sourds-muets qui ont précisément décrété ledit silence. Mais, alors que la première décennie du XXIe siècle touche à sa fin, se permettre de mutiler la femme espagnole la plus importante du XXe siècle d'une passion qui transforme sa vie en une aventure exceptionnelle, dans tous les sens du terme, n'est certainement pas l'attitude la plus élégante.

L'Histoire immortelle accomplit des choses étranges en croisant la trajectoire de l'amour des corps mortels, mais au-delà de l'immuable et hasardeux miracle que sculptent deux regards au moment où ils se croisent, les êtres humains sont aussi du temps, de l'histoire avec un *h* minuscule. Même si pendant presque quarante ans cela semble être le contraire, le temps qui passe pour Dolores Ibárruri passe aussi pour son pays. Le mirage d'immobilité, d'asphyxie moribonde détachée du monde et de ses progrès que la loi du vainqueur applique à partir de 1939 sur ses otages – à savoir une génération entière d'Espagnols représentant son butin de guerre – n'est précisément que cela, un mirage, et sa surface commence à se craqueler. Ce travail lent et minutieux, l'implacable obstination avec laquelle de si nombreuses mains de fer s'emploient à vouloir imposer la pérennité de ce mirage dans les consciences de millions d'enfants terrorisés, ne valent en fin de compte même pas le prix de leurs heures de travail. Car l'homme qui gagne la guerre civile perd de façon éclatante, dans un temps record, les batailles décisives de sa postérité. Alors que des pièces de monnaie à son effigie circulent encore en Espagne, plus d'un acteur de cinéma, et même plus de deux, passent un uniforme de généralissime pour le ridiculiser. Mais les méfaits douloureux et dramatiques de la dictature auraient pu être définitivement établis si la démocratie n'avait pas succombé au monstrueux et incompréhensible syndrome de Stockholm qui encore aujourd'hui, alors que se finit la première décennie du XXIe siècle, l'empêche de rompre formellement et expressément ses liens avec le général qui l'a séquestrée le 18 juillet 1936. Mais ceci n'est pas le problème du franquisme, ni de l'antifranquisme, c'est plutôt celui de la démocratie espagnole actuelle.

« Elle est maligne comme un singe ! »

La grande ennemie de Francisco Franco Bahamonde, la seule personnalité de l'époque que le dictateur accepte de quelquefois admirer, ne peut pas voir de ses yeux la victoire pour laquelle elle a lutté toute sa vie, mais elle gagne d'autres batailles dont elle n'a sans doute jamais été consciente. Tous les tissus possèdent deux faces, et la face visible ne peut exister sans la trame, sans la chaîne, sans le squelette de ce qui ne se voit pas. Sur la face visible du tapis de sa vie, La Pasionaria échoue, mais pas sur sa face invisible. Les Espagnols ne sont jamais parvenus à faire la révolution prolétarienne, comme ils n'ont jamais réussi à faire auparavant une révolution bourgeoise, mais même sans cela, leur mode de vie diffère peu à peu à tel point de celui qu'on a voulu leur imposer par la force, que par force également celui-ci finit par ressembler à celui des hommes et surtout à celui des femmes qui ont osé mettre les pieds dans le plat. Voilà pourquoi la passion de Dolores Ibárruri envers Francisco Antón, qui aux yeux de ses contemporains représentait une immoralité impardonnable, une faiblesse assimilable au péché, un chiffon sale qu'on peut à peine nettoyer dans le lavoir de sa propre conscience, toutes persiennes baissées et toutes portes barricadées, prend soudain une valeur bien différente aux yeux de ses petits-fils. Sans parler de ceux de ses petites-filles.

Au-delà du temps et de l'Histoire, au-delà de certaines hontes méconnaissables, tellement elles sont déformées par leur désuétude et les poussiéreux préjugés qui les accompagnent dans le grenier aux vieilleries, Dolores Ibárruri est avantagée par l'amour de La Pasionaria, par la force et la faiblesse qui s'accouplent dans d'admirables proportions pour forger une histoire qui parle de liberté, d'audace, de dignité et d'autorité sur sa propre destinée. Elle est même avantagée par son désamour, car le dépit, qui est souvent maladroit, fréquemment misérable, le plus souvent contre-productif, représente également un symptôme déchirant, universel, de la nature humaine. Pour devenir fou de douleur lorsque l'amour s'achève, il faut avoir beaucoup aimé.

À un moment bien déterminé, à cheval entre les derniers mois de l'année 1952 et les premiers mois de l'année 1953, Francisco Antón affronte son propre procès. Il est suspecté de trahison. Et Dolores décide de descendre du sublime nuage sur lequel sa nouvelle, immaculée, presque éthérée nature lui a permis de grimper après la victoire des Alliés, pour présider en personne ce tribunal. Les charges qui pèsent contre Francisco sont très diverses et semblent même innombrables. Les séances, plus secrètes que d'habitude, se déroulent sous l'égide de consignes discrètes. Tous les participants reçoivent la même recommandation. Ce qui va se passer dans cette salle n'a rien à voir, ni de près ni de loin, avec une relation amoureuse déjà terminée, ni avec la présente situation de Francisco Antón qui, en 1948, lorsque Dolores part pour Moscou, cohabite avec une militante espagnole, de treize ans plus jeune que lui, avec laquelle ils ont une fille en 1949. Si cela était vrai, en tout cas cela ne semble pas très bien trouvé. Et si cela ne l'était pas, ce ne serait même pas en raison de cet événement-là que Francisco Antón a commencé à se comporter comme un homme.

Dans les premières années de la décennie des années 1950, il faut énormément d'amour, énormément de courage, pour rompre avec la secrétaire générale du parti communiste espagnol dans le but d'aller vivre avec une femme plus jeune. Francisco Antón ne s'est jamais autant placé à la hauteur de Dolores Ibárruri qu'au moment où il décide de lui raconter, ou de lui confirmer, quelque chose qui pouvait encore passer pour une simple infidélité, mais qui ne l'est déjà plus, et pas seulement parce que l'amour de Francisco a passé toutes les limites de la fidélité qu'il doit à sa secrétaire générale, pour la transformer à son tour en unique objet de son infidélité. Il est fort probable qu'à cette époque – elle, se trouvant à Moscou et allant vers la soixantaine, et lui, se trouvant en France à moins de quarante ans – leur relation ne ressemble plus à celle du bon temps. Il est presque inévitable de penser que leur différence d'âge et la distance qui les sépare géographiquement aient contribué à conduire leur histoire vers un lac pacifique, un pays tempéré où la passion physique se dissout en d'autres plaisirs ardents et aussi innocents que se tenir compagnie, que la complicité et le souvenir des jours glorieux du passé : Te souviens-tu, Dolores ? Mais il est cependant difficile de croire qu'elle ne se soit pas sentie humiliée, trahie, exposée à la détestable pitié d'autrui, à cause du seul homme dont elle a été amoureuse de toute sa vie.

Si cela est exact, Dolores refuse de se souvenir, d'observer le nouvel amour à la lumière de la passion qui les avait unis en 1937, un trésor qu'elle a défendu contre vents et marées, dans la défaite, dans l'exil, dans le malheur de tant et tant d'années, un amour qui la décharge de toute culpabilité, car c'était un amour authentique, immense, profond, aussi fort que peuvent l'être la faim, la soif, une passion totale, trop intense, trop puissante pour être confondue avec la faiblesse d'une femme dissolue. Te souviens-tu, Dolores ? Elle ne veut pas se souvenir qu'à ce moment-là elle a oublié son mari, et pas seulement parce qu'elle l'a laissé derrière elle, en Biscaye, en 1931, mais en plus et surtout parce qu'à cet instant suprême, souverain, de liberté absolue, qui consiste à remettre cette dernière à quelqu'un d'autre par amour, les vieilles attaches ne la gênent vraiment plus.

Peut-être Antón commence-t-il par là, par invoquer la totale liberté avec laquelle elle a décidé de se donner à lui, la totale liberté qui les a toujours unis au-delà des secrets et des portes fermées, avant de lui raconter la vérité habituelle, une version connue, y compris rebattue, usée d'avoir trop servi, d'avoir été tant de fois répétée, qui pour être familière n'en est cependant pas moins vraie. Je ne l'ai pas voulu, je ne l'ai pas cherché, mais je l'ai trouvé, cela m'est tombé dessus sans le vouloir et je n'ai rien pu y faire, je n'ai pas pu résister car il est authentique, grand, profond, car c'est de l'amour. Je suis tombé amoureux d'une autre femme et je vais me marier avec elle, Dolores. Personne n'inscrira ce moment en lettres d'or sur aucun blason. Personne ne brodera jamais ces mots sur un drapeau. Personne ne donnera jamais son nom à un régiment de l'armée espagnole, mais peu d'hommes ont été aussi valeureux que Francisco Antón dans cette affaire.

Elle ne le comprend pas, ne veut pas le comprendre, l'accepter, elle ne peut même pas penser à cette possibilité sans se dire qu'elle est en train de se trahir elle-même. Personne n'aurait jamais osé s'adresser franchement à elle pour la mettre en garde et cependant, on l'a tant de fois indirectement prévenue, elle l'a lu dans les yeux de tellement de monde, sur tant de sourires en coin, de mimiques malveillantes teintées d'un vernis d'amabilité feinte... Elle aurait pu le sentir, le voir avec des yeux secrets, mystérieux, l'entendre avec les oreilles insolites qui lui poussaient derrière la tête à l'instant même où elle tournait le dos à toutes ces voix, tu es en train de faire l'imbécile, ma chère, il va te laisser tomber pour une autre femme, plus jeune que toi et même plus jeune que lui. Tu ne le comprends pas ? Pourtant tu es intelligente. Tu ne le comprends pas, Dolores ?

Elle a lutté contre ces voix – qui étaient fréquemment mesquines et pratiquement toujours odieuses, car elles ne recelaient que des misères, de la jalousie, de l'insatisfaction – avec son amour, elle est devenue forte grâce à lui, elle l'a affirmé avec une main de fer, elle l'a caressé avec la douceur veloutée des paroles des boléros. Et puisque c'est l'histoire d'un amour sans pareil... comment peut-elle comprendre qu'il se finisse ainsi ?

Accepter cette possibilité serait admettre que tous ces méprisables petits maîtres du savoir-faire, qui la plaignent dans son dos depuis de si longues années, en ignorant le feu qui brûle à l'intérieur d'elle, avaient raison. Que peuvent-ils savoir de ce que je ressens ? Voilà ce qu'a dû se demander Dolores pendant des années, tout en leur souriant, tout en les appelant par leur prénom, en leur donnant l'accolade comme elle sait le faire avec les hommes, que pouvez-vous savoir de ce que je ressens, vous ? Et pendant qu'elle embrassait leur femme, elle a dû se poser la question avec encore plus d'intensité, et vous, pauvres malheureuses... Comment osez-vous me plaindre, alors que vous n'avez pas la moindre idée de ce que je vis avec Francisco ? Toutes les histoires d'amour sont exceptionnelles, chacune à sa manière. Celle-là l'est plus que toute autre, et bien peu de femmes amoureuses ont été aussi courageuses que Dolores Ibárruri, lorsqu'elle a décidé de partager sa vie avec un homme comme Francisco Antón, sans réfléchir à la note. Lorsque tout s'achève, elle ne s'imagine sans doute pas qu'à la fin elle va payer une note bien plus élevée que celle que va lui présenter son amant.

Au début des années 1950 Francisco ne fait rien d'autre que de suivre son exemple, que de reproduire son courage, et elle, qui a toujours été la plus forte des deux, devient soudain toute petite. Elle est incapable de se montrer à la hauteur de sa liberté, cette variante clandestine du légendaire courage qui l'a conduite à s'abandonner à un amour si fort, à une passion déplacée, interdite et donc encore plus douce. Dolores lui dit qu'elle va le saborder et elle le saborde, mais elle ne comprend pas à temps que sa cruauté, sa féroce vengeance, la sabordera plus que lui. La Pasionaria qui, à part d'aimer Antón de toutes ses forces, n'a jamais rien su faire de mieux que penser, se révèle soudain incapable d'analyser les éléments du problème. Elle calcule mal, parce que Francisco, qui aime déjà une autre femme, ne l'aimera jamais autant, jamais aussi tendrement, passionnément et inconditionnellement que pendant les longues, ténébreuses et interminables séances de son malheur, de suspicion en suspicion, d'humiliation en humiliation, un jour, et le lendemain, et le surlendemain encore, la tête haute et le cœur gros, il pense seulement à une chose : Je fais cela pour toi, je suis prêt à supporter leur condamnation et plus encore, rien que pour toi, parce que je t'aime. Au cours de ce procès, Francisco Antón serre les dents, garde la tête haute et, une fois de plus, se comporte avec courage.

Elle le traite de diviseur et tous les autres l'approuvent, prennent des notes, évitent de le regarder. Elle le traite d'individualiste, et il la regarde dans les yeux, pour qu'elle voie qu'il ne se démonte pas, qu'il n'a pas peur, qu'il n'a pas l'intention de demander pardon. Chaque soir, lorsque la séance se finit et que ses amis, ses camarades, se détournent de lui comme s'il avait la peste, Francisco Antón n'est pas seul. Et chaque matin, lorsque tout recommence, il est toujours aussi courageux que la veille au soir, sa force est intacte, ses épaules de fer, sa voix ferme n'hésite pas à se défendre de toutes les accusations qui pèsent contre lui. Il est peut-être tombé amoureux d'une autre femme, mais il n'a certainement jamais été un traître.

Dolores qui est maligne comme un singe, est cependant si bête, si bête, si bête, qu'elle ne comprend pas à temps que le fait de laisser libre cours à sa rancœur va surtout raffermir l'amour que ressent l'homme qu'elle aime pour une autre femme. Et elle perd l'occasion de se montrer digne de sa grandeur et de sa légende. Elle se comporte comme la femme qu'elle a toujours refusé d'être : une grenouille de bénitier, une mesquine, une réactionnaire, une épouse légitime conservatrice et rejetée. Elle se comporte comme ces femmes contre lesquelles elle avait une fois réussi à soulever les femmes d'Espagne. Mais lorsque la torture intime à laquelle elle a décidé de se soumettre touchera à sa fin, elle comprendra alors qui a perdu le plus dans l'affaire.

Francisco Antón est exclu du Parti. Après sa disgrâce, il ira vivre en Pologne sans le moindre avantage, travaillera dans une usine tel un réfugié anonyme, mais il rentre dormir tous les soirs avec la femme qu'il aime, conduit à l'école les enfants qu'il a eus avec elle, avant de se rendre à son travail. Et pendant ce temps, Dolores est seule.

Dolores le fait puis le défait, mais elle se défait également elle-même dans son effort suprême pour en finir avec lui. Le souffle qui soutient sa carrière politique, l'élan de ces moments décisifs où elle s'élève au-dessus de sa nature humaine pour se transformer en symbole immortel, coïncident pratiquement exactement avec les années que dure la grande histoire d'amour de sa vie. Après 1953, gorgée de rancœur, elle s'éteint peu à peu, jusqu'à se cacher derrière sa propre et gigantesque image, semblable à la plus belle, la plus aimée et la plus admirée des sculptures baroques, produisant une ferveur incomparable, des cris, des larmes, des évanouissements, lorsqu'elle sort en procession. Cependant, elle passe le reste de l'année dans le noir, enfermée dans une minuscule et fraîche chapelle, recevant à peine quelques visites et encore pas tous les jours.

« Dolores est amorphe », commencent à murmurer les plus audacieux, vers le milieu des années 1950, lorsqu'elle déménage à Bucarest. « Elle n'a plus envie de quoi que ce soit, tout lui est égal, elle est âgée et fatiguée, comme vidée de l'intérieur. »

Si cela s'est vraiment passé ainsi, cela aura été sa pénitence. Lorsque tout est fini, elle se regarde les mains et les trouve vides. Elle doit alors apprendre que la vengeance ne donne jamais rien, elle prend toujours, et à mesure que le temps passe, que la rancœur s'estompe dans la monotone grisaille des jours sans émotion, la jalousie finit par cesser de mordre pour retomber à ses pieds comme un chien fatigué de sa propre fureur. Alors elle commence à rêver de lui, endormie et surtout éveillée, tel qu'il était lorsqu'elle l'a connu, si jeune, si beau et si digne de son amour. Voilà quel sera son tourment, l'autocritique que personne ne la poussera jamais à faire en public, tout le temps qu'elle continuera à se déguiser en Pasionaria pour qu'on la sorte en procession, tout le temps qu'elle sourira et saluera et embrassera les enfants qui lui tendent des bouquets de fleurs. Elle ne parvient pas à le chasser de son esprit, elle se laisse encore aller à la passion ancienne et éternelle de la peau de Francisco Antón, de ses yeux, de ses lèvres, de son corps impitoyable de jeune homme, se rappelant chaque attitude, chaque baiser, la ligne de ses bras, le toucher de ses mains qui la caressaient, ce qu'elle a le plus aimé, ce qui l'a le plus blessée, la seule chose qui l'intéresse encore lorsque, en 1960, elle cède à Santiago Carrillo le secrétariat général d'un parti qui est tout pour elle, mais qui n'est rien en comparaison de ce qu'elle a perdu.

Et pendant qu'elle se gorge lentement de cette pluie fine, fiévreuse et continue, qui tombe à l'intérieur d'elle pendant une série de journées toutes identiques et de nuits sans horizon, elle parvient sans doute à penser à lui d'une autre façon. Francisco n'aurait eu aucun mal à vivre deux histoires à la fois, à continuer à lui tenir compagnie à Moscou de temps en temps et à vivre discrètement avec sa fiancée pendant les longs séjours qu'il passait en France. Il n'aurait eu aucun mal non plus à lui proposer un marché, un de ces accords auxquels finissent par arriver les vieux amants dans des situations semblables, voilà ce qui se passe, Dolores, je ne veux pas t'abandonner, je ne veux pas que quelqu'un puisse penser que je t'abandonne, tu as été la femme de ma vie, ma relation avec cette jeune femme n'a pas d'importance, mais je dois la vivre, laisse-moi la vivre et nous continuerons à être ensemble comme avant, comme toujours… Mais à la longue, aucune de ces deux solutions n'aurait été la bonne, ç'aurait été sans doute pire, et surtout plus humiliant pour elle.

Dolores, qui est si intelligente, finit peut-être par comprendre cela, par accepter une vérité que le temps rend moins cruelle, plus apaisante, car ce garçon que leurs ennemis communs avaient présenté comme un arriviste, un beau garçon professionnel, un exploiteur de sa propre attirance sexuelle, s'est conduit comme un homme, et a fait ce qu'il avait à faire, sans craindre de détruire sa carrière politique. Sans doute, vient le moment où Dolores est fière d'avoir été amoureuse d'un homme tel que lui. Si c'est le cas, de nombreuses années plus tard, l'Histoire avec un *H* majuscule lui offre un épilogue clément.

En 1968, le destin de Dolores Ibárruri croise une nouvelle fois celui de Francisco Antón, dans des circonstances qu'aucun d'entre eux n'aurait pu prévoir au moment de leur séparation, quinze ans auparavant. La Pasionaria retrouve le nom et la signature de Francisco, qui réhabilité par le Parti a déménagé en Tchécoslovaquie, apposée sur un rapport passionnant, favorable à la conduite des affaires du pays menée par Alexander Dubček. Peut-être le souvenir de son amour influe-t-il alors dans son non moins passionné soutien au Printemps de Prague, l'avant-dernier geste juvénile de sa vie, une crise de tendresse, et sa première dissidence à soixante-douze ans envers le Parti communiste d'Union soviétique. Les dirigeants de son parti n'ont jamais beaucoup apprécié le romantisme et cependant sans doute cette décision continue-t-elle à lui réchauffer le cœur neuf ans plus tard.

En mars 1977, exactement quatre décennies après avoir partagé la scène du *Monumental Cinema* avec un jeune dirigeant en pleine ascension, Dolores Ibárruri, La Pasionaria, peut enfin embarquer dans un avion pour retourner en Espagne. Des photographes du monde entier immortalisent le moment où elle descend une passerelle de la compagnie Iberia, pour fouler à nouveau le sol madrilène, un sourire plus large et plus lumineux que jamais à la bouche, sa blancheur immaculée de Vierge Marie du prolétariat international aussi intacte qu'en 1939, sa condition de Mère universelle des antifascistes espagnols de tous les temps toujours sauve et au-dessus de tout soupçon. Avec elle, c'est la mémoire d'un de ses fils qui revient à Madrid, et celle de l'amour de sa vie, un communiste oublié, désormais inconnu des jeunes qui se massent à l'aéroport pour lui souhaiter la bienvenue. Francisco Antón meurt quelques mois après Francisco Franco, mais malgré le signe des temps, il n'a jamais représenté un danger pour l'intouchable prestige de Dolores. Sa loyauté lui survit, car après s'être comporté à d'aussi nombreuses reprises comme un vrai homme, il a fini par mourir comme un gentleman.

L'Histoire immortelle accomplit des choses étranges en croisant la trajectoire de l'amour des corps mortels.

Si au printemps 1939, Dolores Ibárruri n'avait pas été amoureuse de Francisco Antón, elle ne serait pas partie à Moscou avec l'angoisse de l'abandonner en France, et sans doute aurait-elle mieux réfléchi au choix de la personne à qui confier la responsabilité de diriger le Parti au nord des Pyrénées.

Si quelques mois plus tard Carmen de Pedro n'était pas tombée amoureuse de Jesús Monzón, elle se serait certainement contentée d'aérer le bureau le matin et de faire la poussière de temps à autre, comme attendait d'elle la direction du Parti.

Si l'amour de La Pasionaria n'avait pas été si fort, si authentique que, au lieu de décliner il s'était renforcé avec la distance d'un monde en guerre, elle n'aurait jamais profité de l'occupation allemande en France pour étaler au grand jour la faiblesse qui l'a poussée à solliciter un service personnel à Staline.

Si tout cet amour n'était pas parvenu à réaliser le miracle de libérer Francisco Antón de sa captivité, et de l'envoyer à Moscou par le premier avion en partance, le Bureau politique du PCE aurait continué à posséder un représentant en Europe occidentale.

Si Francisco n'avait pas retrouvé Dolores à l'autre bout du continent, Jesús Monzón n'aurait pas osé se mettre en pleine lumière à l'été 1940.

Si l'amour de Carmen de Pedro n'avait pas été si fort et si constant pour la conduire à défier, si petite qu'elle était, la direction du Parti, Jesús Monzón ne serait jamais parvenu à devenir le dirigeant suprême du PCE en France et en Espagne.

Si Jesús Monzón n'avait pas été si sûr de l'amour de cette femme, il n'aurait pas osé partir à Madrid en mars 1943.

Si Carmen de Pedro n'avait pas été prête à faire n'importe quoi pour récupérer l'amour de cet homme, l'invasion militaire du val d'Aran n'aurait peut-être jamais eu lieu.

Et ainsi, l'ineffable Pilar Franco Bahamonde n'aurait jamais pu écrire dans ses Mémoires qu'elle ne se souvient d'avoir vu son frère furieux qu'une fois, et c'était en 1944 lorsque les maquisards ont traversé les Pyrénées. Ni que le Généralissime l'a toujours caché aux Espagnols pour qu'ils ne se fassent pas de souci.

Les bâtons de rouge à lèvres n'atteignent jamais les pages des manuels d'histoire. L'amour de la chair mortelle s'évanouit dans cette version officielle de l'histoire qui finit par être l'Histoire, avec une majuscule sévère, rigoureuse, parfaitement équilibrée grâce à ses angles parfaitement droits, qui condescend à peine à observer les amours de l'esprit.

L'Histoire avec un *H* majuscule méprise les amours des corps, de la chair faible qui la distord, l'ébranle, la met en pièces avec un acharnement qui est loin d'être à portée des amours de l'esprit, plus prestigieux, bien entendu, mais également bien plus pâles, et donc moins décisifs.

Les manuels d'Histoire ne savent pas décrire ces regards fouillant dans l'obscurité d'un ciel délimité par les quatre angles du plafond d'une chambre. Ils ne savent pas décrire le désir qui monte peu à peu, franchit les limites d'une fantaisie savoureuse, d'une polissonnerie insignifiante, d'une impertinence amusante, jusqu'à se mettre à bouillir avec la même épaisseur métallique que le plomb fondu, un liquide lourd qui sèche la bouche, lamine la gorge, comprime l'estomac et prolonge les flammes de son empire pour aller allumer un foyer jusque dans la plus infime cellule d'un pauvre corps humain, mortel et pris au dépourvu.

Les amours de l'esprit sont plus grands que cela, bien entendu, mais ils ne résistent pas à une telle secousse.

Rien ni personne ne peut y résister.

IV

Cinq kilos de *rosquillas*

Et enfin un après-midi lumineux et ensoleillé d'un autre mois d'avril était arrivé. Je m'étais enfermée dans la cuisine d'un autre appartement de Madrid, pour tenir une promesse plus vieille que mes enfants. Trente-trois ans après l'avoir formulée, j'avais respiré profondément, appuyé les mains sur une planche à pétrir toute blanche, toute neuve, destinée à vieillir moins vite que mon corps, et j'avais fermé les yeux.

J'avais recopié souvent les ingrédients, les proportions de cette recette pour la distribuer comme un souvenir de moi à plusieurs dizaines de femmes et à quelques hommes. Cet après-midi du printemps 1977, j'étais capable de me les rappeler toutes et tous, dans les bons et les pires moments passés ensemble : les femmes enceintes tant de fois et les hommes l'air sérieux, maigres, parfois déprimés, parfois euphoriques, et si jeunes au début, si jeunes encore, toujours et encore dans ma mémoire. Ah ! Eh bien ce n'est pas très difficile… Ce n'était pas très difficile, et c'est pour cette raison que je n'avais jamais recopié cette recette pour moi. De la farine, toute la farine.

Ma cuisine était toute neuve et sentait donc le neuf. Il y avait une fenêtre qui donnait sur une grande cour rectangulaire par laquelle un parfum confus de sauce à la tomate et de bouillon de viande montait tous les matins jusqu'au quatrième étage. C'est pour cette raison que j'aimais l'ouvrir en grand, afin d'évacuer, jusqu'au dernier effluve, ce parfum ancien cuisant à feux doux et imprégnant peu à peu la froideur synthétique du plastique et du silicone. Ma cuisine était neuve et très moderne, assez spacieuse, aux lignes régulières, dépouillée. Lorsque mon fils était allé visiter cet appartement, à la limite de mon ancien quartier, rue Sagasta, presque à l'angle de la rue Francisco Rojas, je lui avais demandé comment était la cuisine et il n'avait pas su me répondre.

« La cuisine ? » Et il était resté muet, comme s'il venait soudain de se souvenir que c'était le fils d'une cuisinière. « Eh bien, je n'en sais rien. Je crois qu'elle est bien, que veux-tu que je te dise ? C'est… une cuisine. Elles se ressemblent toutes, non ? »

Je lui avais demandé de retourner visiter l'appartement avec sa sœur avant de prendre une décision, et je m'étais bien mieux entendue avec Vivi, même si je trouvais le lieu toujours trop grand. Finalement, il ne l'avait pas été tant que cela car, à part Fernando qui continuait à faire des allers-retours entre Madrid et Toulouse pendant les deux premiers longs mois où nous avions habité là, je n'avais pas encore passé une fin de semaine sans recevoir au moins deux de mes petits-enfants, ceux de Miguel ou ceux de Vivi et parfois les quatre à la fois. Ils s'installaient le vendredi ou le samedi, ou le vendredi et le samedi. Et les dimanches, lorsqu'ils venaient manger tous ensemble à la maison, il me fallait faire asseoir quelqu'un sur le petit tabouret à marches que j'utilisais pour atteindre la plus haute étagère du cellier.

Cependant, ce samedi-là était particulier et les enfants étaient au courant, car nous les avions prévenus bien à l'avance. Vivi, qui parfois semblait être plutôt la fille d'Angelita, avait refusé de fermer le restaurant pour nous, mais son père s'était mis en colère, et cela avait eu plus d'impact que mes menaces voilées de désertion. Lorsque nous avions décidé de retourner en Espagne pour y rester définitivement, Galán savait déjà qu'il n'aurait pas de problème. Deux ou trois ou quatre jours après notre retour, il lui suffirait de se lever de bonne heure, de s'habiller, de sortir pour aller dans un des bureaux de l'entreprise que Fernando avait créée, quelques années plus tôt, et de continuer à faire la même chose que d'habitude, mais dans l'autre sens, et avec un Guillermo García Medina toujours disponible pour déjeuner avec lui pratiquement un midi sur deux. Je n'avais rien voulu lui dire, mais je me réveillais presque toutes les nuits en pensant au prix que j'allais devoir payer ce retour, ce désir que j'avais cultivé comme un jardin minuscule, secret et tropical, dans la dévastation glaciale de l'exil, le but d'une longue carrière dont la récompense allait me laisser isolée dans la monotonie routinière d'une maîtresse de maison à la retraite, une existence que je ne comprenais pas et que je détestais aussi au plus haut point.

Mais ma fille aînée qui était en train d'apprendre à maîtriser son orgueil comme j'avais moi-même dû apprendre en son temps à maîtriser le mien, et qui désormais ne s'affrontait guère à moi de façon plus résolue et systématique qu'à ses frères ou sa sœur, m'avait demandé, alors que mon appartement était encore plein de cartons à vider, jusqu'à quel point j'étais prête à m'associer avec elle. Un an et demi plus tôt, j'avais sollicité un crédit pour financer les deux tiers de l'investissement initial du *Casa Inés* de la place de Chueca, et je l'avais remboursé avec ma part de la vente du *Casa Inés* du boulevard d'Arcole, mais Vivi ne voulait pas parler de cela.

« Ma cuisine est suffisamment grande pour qu'on puisse travailler ensemble, maman. »

En me regardant à nouveau dans un miroir pour vérifier qu'avec une toque blanche enfoncée jusqu'aux sourcils j'étais aussi horrible à Madrid qu'à Toulouse, je m'étais sentie bien, à ce point à ma place, que j'avais décidé de ne toucher que les rendements de mon investissement et d'offrir mon travail à mes filles. Nous n'avions pas aboli la propriété privée, mais nous n'avions pas non plus besoin de monter une nouvelle coopérative. Et j'avais donc commencé à cuisiner avec Vivi tous les matins, les jours ouvrables et, de temps en temps, les après-midi j'allais y faire un tour pour donner un coup de main pendant deux heures.

Ce samedi d'avril 1977, mon premier week-end espagnol sans petits-enfants, je m'étais également rendue au restaurant le matin. Tandis que Vivi s'occupait du service de midi, je m'étais isolée du bruit, de l'agitation, de l'apparente confusion d'une cuisine bien organisée et à plein rendement, pour m'occuper toute seule du menu du dîner, une émotion que je n'aurais pu partager avec personne. Galán et moi avions ensuite déjeuné dans la cuisine de chez nous avec des œufs au plat et des frites, comme s'il faisait nuit au-dehors, et que nous étions jeunes et nus. Ensuite, il s'était rendu au salon, avait allumé la télévision et s'était endormi devant le poste. Moi, j'avais fait appel à ma mémoire, posé trois paquets de farine sur la planche à pétrir, un kilo de sucre, neuf œufs, un litre de lait, une bouteille de cognac et, cette fois-ci, une tablette de beurre. Trente-trois ans plus tard, il y avait du beurre dans mon réfrigérateur.

J'avais mesuré les ingrédients, fait la pâte, l'avais pétrie juste ce qu'il faut, ni trop ni trop peu, puis je l'avais divisée en petites parts égales pour fabriquer avec chacune d'elles des cylindres gros comme un pouce plus épais que le mien, puis j'avais collé les deux extrémités pour former un cercle.

« Comment tu arrives à les faire bien comme ça, grand-mère ? » me demandait la petite Inés, la fille aînée de Vivi, lorsqu'elle me voyait faire. « Comment tu fais pour qu'elles soient toutes de la même taille ?

— Je suis incapable de te le dire, lui répondais-je. Je les fais sans réfléchir, c'est sans doute parce que j'en ai tellement cuisiné dans ma vie…

— Combien ? » La dernière fois, ma petite-fille avait entrepris de le calculer elle-même. « Un million ?

— Non ! » J'avais éclaté de rire. « Juste la moitié. Un demi-million !

— Ah, bon ! » Et elle avait fait oui de la tête, très fière d'elle, comme si à sept ans, cinq cent mille *rosquillas* représentaient une grandeur tout à fait raisonnable, compréhensible, compatible avec mon âge, avec mes rides. « D'accord… »

Lorsque Galán s'était réveillé, j'avais déjà commencé à les faire frire. Ensuite, avant de me pomponner, je les avais saupoudrées de sucre et disposées en pyramide près de la fenêtre, pour les faire refroidir. Adela avait proposé de venir nous prendre à six heures et demie, mais bien qu'elle fût celle qui habitait en Espagne depuis le moins longtemps, elle était aussi celle qui s'était le mieux adaptée au concept espagnol de la ponctualité, et elle arrivait systématiquement dix minutes en retard. Je m'étais donc réservé cette marge pour ranger les *rosquillas* dans une boîte en carton ronde que j'avais achetée exprès pour cela et, lorsque ma fille avait ouvert la porte avec sa clé à sept heures moins vingt – ni à moins dix-neuf ni à moins vingt et une – j'avais déjà eu le temps de les disposer en couches concentriques, avec autant de précautions que si j'allais les transporter à dos de cheval.

« Du calme. » Adela avait levé la main sur le pas de la porte, tandis que trois de ses quatre neveux et nièces, les deux enfants de Vivi, et la fille aînée de Miguel, entraient en trombe et en même temps, en se disputant pour je ne sais quoi. « Les enfants restent avec moi... Car je suis la lauréate de l'Oscar de la plus gentille tante... Adela González Ruiz ! » Elle avait levé les bras au-dessus de sa tête et fait une révérence pour que les gamins rient, l'applaudissent et cessent de se chamailler. « Nous allons goûter et ensuite nous irons au cinéma, d'accord ? Mais je vous les ramène demain matin, parce que j'ai échangé mon tour de rôle au restaurant, et Andrés ne revient pas de Francfort avant le soir...

— Mais pourquoi es-tu montée avec tous les enfants, Adela ? lui avait reproché Galán après avoir neutralisé María et Juan qui avaient recommencé à se donner sournoisement des coups. Tu aurais pu appeler à l'interphone et nous serions descendus tout de suite. Tu vas encore attraper une contravention, ma fille.

— Pas du tout. Je me suis garée en double file, mais j'ai dit à Antonio de faire le tour du pâté de maisons s'il apercevait la police.

— Antonio ? » Et en entendant ce nom, nouveau également pour moi, son père s'était figé, une manche de la veste enfilée et l'autre flottant en l'air, avant de se tourner vers elle. « Mais quel Antonio ?

— Enfin, Antonio, papa. » Et Adela avait souri. « Un de mes amis, qui est photographe de presse. Il est venu vous prendre une photo sur le vif. Il serait enfin temps, vous ne croyez pas ? »

Pendant la dernière année, Adela nous rendait régulièrement visite à Toulouse, tous les deux mois, et presque toujours avec un garçon différent de celui qu'elle nous avait présenté comme un ami à son précédent voyage. Lorsqu'il réussissait à rester tout seul avec elle, Galán qui malgré toutes ses promesses n'avait jamais cessé de la traiter comme sa fille chérie, sa préférée, depuis le jour où il l'avait prise dans ses bras à l'hôpital, secouait la tête, esquissait une grimace de découragement et lui disait toujours la même chose, mais ce n'est pas possible, Adela, tu n'arrêtes pas, ma pauvre fille... Cependant ce soir-là, il s'était tu jusqu'au moment où nous étions descendus et qu'il avait vu sortir de la voiture que notre fille avait mal garée, en travers à l'angle de la rue, un garçon barbu et chevelu qui était la copie conforme de tous les autres. Mais celui-ci allait finir par devenir le père de nos derniers petits-enfants.

« Encore un ! » En l'apercevant il s'était approché de moi pour se plaindre dans un murmure. « Mais pourquoi faut-il qu'ils aient tous les cheveux longs ? »

J'avais haussé les épaules, car je n'avais pas la réponse à cette question. En tout cas, Antonio s'était montré un garçon aux cheveux longs extrêmement bien élevé. Après nous avoir salués avec une extrême courtoisie et m'avoir pris la boîte de *rosquillas* des mains pour la déposer dans le coffre, il avait cédé sa place de copilote au père de sa petite amie avec le même empressement que s'il mettait en pratique une leçon parfaitement apprise. Il était extrêmement grand, mais il s'était recroquevillé du mieux qu'il avait pu sur la banquette arrière, avec moi et les gamins : Inés entre nous deux, María, qui n'avait que trois ans et un frère de six mois qui la faisait crever de jalousie sur mon genou gauche, et enfin Juan, qui lui avait quatre ans mais n'aurait pour rien au monde prêté un bout de sa grand-mère, sur mon genou droit. J'avais passé mon bras autour d'eux et respiré la fragrance d'eau de Cologne et de pommes de terre frites, avec une petite touche de gomme à effacer, qu'exhalait leur tête. Ils avaient les cheveux aussi fins, la peau aussi douce et un poids aussi léger que celui du corps de leurs parents lorsque je les prenais sur mes genoux à leur âge. Cependant mon mari me manquait. J'aurais préféré effectuer ce trajet à son côté, en me serrant contre lui, en calant ma tête sur son épaule, les yeux fermés et sentir son odeur, bois et tabac, clou de girofle et savon et, en fond, une chose douce et acide, comme un zeste de citron pas très mûr, en surface, une chose qui piquait le nez, comme de la poudre de poivre tout juste moulu, ce parfum que je ne savais plus dissocier de celui de mon propre corps.

« Papa… » Sur le rond-point de Bilbao, Adela l'avait regardé, tout étonnée. « Je viens de brûler un feu rouge.

— J'ai vu… »

Mais il avait regardé à travers la vitre latérale.

« Et tu ne dis rien ?

— Non, pas aujourd'hui.

— Ah, bon ! Je vais bien conduire, alors. » À ma gauche, Antonio riait sous cape, mais personne n'avait à nouveau parlé de tout le reste du trajet.

J'aurais préféré faire ce voyage à côté de Galán. Adela ne pouvait pas comprendre ça, son petit ami non plus et nos petits-enfants encore moins, mais dans cette voiture qui descendait la rue San Bernardo en direction de la Gran Vía, il n'y avait que lui et moi, et en même temps beaucoup d'autres gens, quatre mille hommes armés et une centaine de civils en train de traverser les Pyrénées par un petit matin nuageux et froid d'octobre 1944, le 27 exactement. Ce matin-là, Comprentu n'était pas parti avec nous. Nous avions pris congé devant la porte de la maison qui était sur le point de redevenir celle du maire de Bosost, et il s'était déjà vêtu en berger. D'abord, Galán et lui s'étaient donné l'accolade la plus longue de toutes celles, et elles étaient nombreuses, que j'avais observées entre les deux hommes. Ensuite, Comprentu m'avait fixée d'un air très sérieux en pointant son index vers le ciel.

« Et toi, tu me dois cinq kilos de *rosquillas*, comprends-tu ? » Et ce n'est que lorsque j'avais fait oui de la tête, pour accepter l'engagement, qu'il m'avait prise dans ses bras, à mon tour. « Le jour où nous entrerons dans Madrid. N'oublie surtout pas ! »

Entre ces mots et la boîte à chapeaux qui se trouvait dans le coffre de la voiture d'Adela, il s'était passé une vie entière, trente-deux ans, cinq mois et vingt jours, mais je n'avais jamais oublié cette promesse. Tandis que nous nous rendions au cinéma Capitol, je m'étais remémoré mon histoire, le mauvais, le bon, le meilleur, des mots, des silences, et tellement d'émotion, tant d'amertume. Tandis que nous nous rendions au cinéma Capitol, et même si mes petits-enfants commençaient à devenir lourds sur mes genoux, j'étais redevenue la cuisinière de Bosost, une femme jeune, heureuse, amoureuse d'un homme et de nombreux hommes, d'un rêve brisé et de ses fragments, d'une cause enterrée, plus que perdue, condamnée à une inexistence plus injuste que l'oubli.

Le cauchemar était fini. Nous étions retournés à la maison, dans cette ville pleine de gens qui marchaient dans les rues étouffées par des affiches satinées, une ville aux murs empoisonnés par l'odeur toxique de la colle, une ville sans la mer, mais qui avait appris à se laisser bercer à toute heure dans une marée haute de portraits et de slogans, de mots et d'images, de sigles et encore de sigles inconnus pour moi, inconnus pour eux, tout juste sortis du four de l'opportunité, parfois absurdes, et même ridicules, mais efficaces pour ballotter des vagues qui n'existaient pas, pour créer l'illusion qu'il ne s'était jamais rien passé ici, que personne n'avait jamais lutté pour quoi que ce soit avant. Voilà à quoi ressemblera l'Espagne lorsque la marée aura descendu, me disais-je tous les jours, pendant que je marchais dans les rues, que je parlais aux gens, que j'écoutais leurs conversations. Je me répétais avec un nœud au fond de la gorge : Voilà à quoi elle ressemblera lorsque la marée aura descendu, et ce sera même vrai... Depuis que j'étais revenue vivre en Espagne, je me rappelais sans arrêt le jour où j'étais partie, le dernier jour que j'avais passé dans la maison de Ricardo, à Pont de Suert. Et tous les instants de tous les jours, ces nuits brillantes, lumineuses, que j'avais réussi à vivre dans un pays différent, un pays doux et tout petit qui ne possédait que quelques maisons sur les rives de la Garonne. Voilà ce qu'avait été l'Espagne pour moi. Le pays où j'étais retournée portait le même nom, mais je ne savais pas grand-chose de lui, et lui rien de moi, rien de tout cela.

Depuis mon départ de Bosost, notre *retirada* me faisait aussi mal qu'une blessure infectée et cependant, tandis que je me disais que j'aurais préféré faire ce trajet au côté de Galán, à un certain moment, dans un endroit entre la rue Sagasta et la place del Callao, cette cicatrice avait cessé de me faire souffrir. Pour moi, le val d'Aran avait toujours été un début, une fin et une frontière, la ligne qui séparait la meilleure vie que j'avais pu désirer, et la meilleure que la réalité m'avait donné à vivre, mais lorsque Adela s'était engagée sur la Gran Vía, les deux s'étaient superposées et ne faisaient plus qu'une seule, qui n'était autre que ma vie et le temps qui me restait à vivre.

« Et bien dis donc, papa, peut-être qu'en 1944 vous n'avez pas envahi l'Espagne, mais maintenant, il faut voir... » Adela avait également compris ce que je ressentais, à sa manière. « Tu ne peux plus te plaindre ! »

Lorsqu'elle s'était approchée du trottoir elle avait pointé son doigt en direction de l'escalier du cinéma, mais je les avais déjà aperçus, El Perdigón et Hélène tout en haut comme s'ils étaient arrivés les premiers, et à leur droite Zafarraya qui n'avait plus besoin de se raser le crâne car il était devenu complètement chauve, Marie-France suspendue à son bras, El Zurdo en revanche avait conservé ses cheveux, mais tous blancs, et il était très bronzé, Montse était aussi bronzée que lui avec ses cheveux courts toujours de la même couleur, et El Gitano semblait presque pâle comparé à eux, car María Luisa et lui étaient revenus habiter à Tordesillas, mais pas autant que Lola, leur voisine on ne peut plus pâle de Santander, tu ne peux pas imaginer ce qu'il pleut là-bas, me disait-elle chaque fois qu'on se rencontrait, et El Pasiego, avec des lunettes identiques à celles qu'il portait lorsque je l'avais rencontré la première fois, qui la serrait contre lui, tandis que son épaule frôlait celle d'Amparo, plus enrobée, très souriante, El Lobo à son côté, heureux lui aussi et en revanche de plus en plus maigre, El Sacristán avec son épouse, car cinq ans après que tout le monde avait donné pour acquis qu'il ne se marierait jamais, il l'avait fait avec Maruja, une cousine de Fernanda qui avait émigré au début des années 1950, cependant que Botafumeiro était venu tout seul, avec le visage toujours aussi triste depuis qu'il était veuf, et s'était placé derrière Comprentu et Angelita, les derniers à retourner au pays, tandis que Cabrero et Sole gravissaient les marches presque en même temps que Romesco, qui s'était présenté avec sa dernière conquête blonde, car depuis qu'il avait divorcé, alors qu'il habitait encore en France, chaque fois que nous le rencontrions, il était accompagné d'une fille différente qui ne posait jamais sur les photos.

Galán, qui était également l'instigateur du choix de nos retrouvailles sur ces marches, car Comprentu nous avait donné rendez-vous à tous au cinéma où ils étaient allés voir ensemble *La Fille de Juan Simon* de Luis Buñuel, lors de leur première permission en novembre 1936, m'avait prise par les épaules avant de commencer à monter, et j'avais calé ma tête dans le creux de son cou. Nous étions tous là, mais jusqu'au moment où j'avais enfin pu lui tendre la boîte à chapeaux, je m'étais uniquement fixée sur une seule personne.

« Je ne m'attendais pas à ça, comprends-tu ? » Sebastián Fernández Romero m'avait regardée derrière ses lunettes toutes sales, avec des yeux en revanche très brillants. « J'étais persuadé que tu ne t'en souviendrais pas.

— Et bien, je m'en suis souvenue, tu vois. » J'avais posé la boîte par terre et m'étais réfugiée dans ses bras pour ne pas me mettre à pleurer avant l'heure. « Comment voulais-tu que j'oublie une chose pareille ? »

Ensuite j'avais pris Angelita dans mes bras, puis Montse, et je ne sais plus qui, ni comment, ni dans quel ordre, perdue comme je l'étais dans cette confusion de fébrilité et de bras, de lèvres et de mains, le sang chaud et bouillonnant compliquant tout dans une espèce de renouveau généreux et traître de notre jeunesse qui s'en était déjà allée en attendant cet instant, cette émotion qui ne pouvait se tarir, car nous étions tous revenus, car Comprentu était rentré, car Angelita était là avec lui, car il ne manquait plus personne. Voilà exactement ce que j'avais ressenti, qu'il ne manquait personne, que ce soir, tous ceux qui le pouvaient étaient enfin réunis, nous pouvions nous regarder, nous embrasser, nous parler, nous toucher, ainsi que les autres, El Bocas et El Ninot, Tijeras, qu'on avait fusillé en 1945, El Afilador qui avait connu le même sort quelques mois plus tard, El Churrero qui l'avait accompagné devant le peloton d'exécution, et Paco El Rubio, qui était marié seulement depuis dix-sept jours lorsqu'il avait passé la frontière pour ne jamais revenir, et El Tarugo qui était tombé en 1949 dans un échange de coups de feu avec les gardes civils, dans les montagnes de Tolède, et Hormiguita qui s'était tué en voiture après avoir forcé un contrôle de la garde civile dans la province de Lérida en 1952, et El Tranquilo qui était mort à l'hôpital de la prison de Carabanchel quelques mois avant l'amnistie, et bien d'autres encore, tous les morts du val d'Aran et bien davantage, connus et inconnus, heureux ou malheureux, proches ou lointains, certains vivants, d'autres morts, et cependant tous présents, avec leur visage, avec leur histoire, leur prénom et leur nom, sur les marches du cinéma Capitol, cette soirée d'avril 1977.

Lorsque la longue et complexe cérémonie des retrouvailles avait été terminée, Antonio avait déjà monté son trépied sur une des marches les plus basses, et Adela – qui s'était contentée de garer la voiture sur le trottoir avec les feux de détresse allumés et un culot qui mettait son père hors de lui – se trouvait à côté de son ami avec un neveu et une nièce à chaque main, et une autre nièce collée à sa jupe, tout à fait concentrée sur les instructions qu'elle avait commencé à nous dicter :

« Voyons, mettez-vous sur trois rangées, les plus grands derrière, s'il vous plaît. » Et en la regardant, il m'avait semblé qu'Antonio et elle formaient un beau couple. « Juanito, je ne te vois pas, déplace-toi un peu… Sole, s'il te plaît ! Ne boude pas. Papa, tu caches complètement Diego, il faut changer d'endroit. Angelita, ma belle, pose ton sac par terre, on dirait que tu transportes une enclume, et toi Lola souris un peu, c'est gratuit… Ramón, toi aussi tu es très triste, comme ça, c'est mieux… » Et enfin, elle s'était tournée vers lui. « Qu'en penses-tu ?

— Excellent. » Et il l'avait embrassée sur la joue. « Tu es très douée pour donner des ordres.

— C'est de famille, avait répondu Adela en éclatant de rire. En ce qui concerne mon père, tu as déjà vu et lorsque tu vas faire la connaissance de ma sœur aînée, tu vas comprendre ce que cela signifie… Et, au fait, que faisons-nous avec les *rosquillas* ?

— Avec les *rosquillas*, rien du tout » Leur propriétaire avait placé la boîte à chapeaux sur la marche qui se trouvait juste en dessous de ses pieds. « Les *rosquillas* sont très bien là où elles sont, comprends-tu ?

— Oui, il vaut mieux », avait acquiescé Antonio, qui nous observait à travers l'objectif.

Ensuite il s'était penché sur Adela pour lui dire quelque chose à l'oreille.

« Benjamín, tu veux que ?… » Romesco avait fait non de la tête, sans même regarder la blonde qu'il avait abandonnée près des guichets. « Très bien. Manolo, retire tes lunettes de soleil, on dirait que tu es un vendeur de billets de loterie, et toi, maman, ne commence pas à pleurer, je te connais… Ça te plaît ? » Son fiancé avait acquiescé avant d'aller se cacher derrière l'appareil photo. « Très bien, je vais compter jusqu'à trois, un, deux et trois. Et maintenant... vous dites ouistiti ! »

Deux jours plus tard, le journal *Diario 16* publiait la photo sous un titre on ne peut plus succinct et mystérieux, « Cinq kilos de *rosquillas* ». Le texte transformait en événement le rendez-vous d'un groupe de combattants républicains venus fêter leurs retrouvailles à Madrid et la réalisation d'une promesse qui était restée aussi intacte que leur espoir de se réunir dans une Espagne démocratique, pendant plus de trente ans d'exil. Il n'y avait pas un mot de plus.

Vivi et Adela avaient été très contentes car, là où l'on aurait pu s'attendre à trouver l'invasion du val d'Aran, avec son ombre et sa lumière, ses victimes et ses héros, ses échecs et ses espoirs, là où l'on aurait pu s'attendre à trouver les amours de Dolores et le caractère de Monzón, la solitude et le plaisir de Carmen de Pedro, la chaleur de la victoire et le froid des camps d'internement, là où l'on aurait pu s'attendre à trouver un char blindé avec un nom espagnol écrit dessus entrant dans Paris, et l'héroïque obstination d'un parti illégal, qui n'avait pas cessé un seul jour la lutte, d'avril 1939 jusqu'à avril 1977, là où l'on aurait pu s'attendre à trouver le genre de rapports qu'entretenaient le gouvernement britannique et Franco, ainsi qu'une inscription sculptée sur une dalle, Miguel Silva Macías, 1923-1944, la seule chose qu'on avait pu trouver était le nom et l'adresse, l'histoire et les spécialités de la nouvelle *Casa Inés*. Ensuite, Antonio nous avait offert un agrandissement de cette photo dans un cadre qui se trouvera désormais toujours accroché dans le salon de notre appartement, mais cela n'avait cependant pas réussi à me consoler.

« Au bout du compte, qu'est-ce que le Parti ? »

Ce jour d'octobre 1965 avait commencé par l'enterrement d'El Ninot et allait finir par un dîner qui faisait également partie du rituel de ses adieux. Entre ces deux convocations, Galán et moi avions succombé à l'irrésistible sursaut des survivants et nous étions livrés, à contretemps, à une cérémonie intime, privée, qui avait abouti à un épilogue inattendu. Cet après-midi-là, dans notre propre lit, à l'intérieur de notre propre appartement, au sein de notre vie commune, ordinaire et courante, de tous les jours, nous avions parlé de choses dont nous n'avions jamais parlé auparavant. Et pour moi, qui n'avais plus besoin de penser sans cesse combien je l'aimais pour comprendre que je n'aurais jamais pu aimer à ce point quelqu'un d'autre, le silence que nous venions de rompre m'avait semblé monstrueux. Cependant Galán souriait, me racontait que pendant toutes ces années qu'il avait passées à entrer en Espagne et, en ressortir, pendant toutes ces années où j'avais vécu à Toulouse avec mes enfants et une photo de lui cachée dans un coin de mon armoire, il s'était toujours dit que moins j'en saurais et mieux ce serait.

Nous ne méritions pas cela. Moi je ne le méritais pas et lui ne le méritait pas non plus, mais lorsque je le lui avais dit, il avait souri à nouveau m'avait demandé « Qu'est-ce que le Parti ? », et je n'avais pas su lui répondre. Alors il avait lui-même répondu à sa question, avec cette assurance qu'il avait engrangée pendant toutes ces soirées où il donnait rendez-vous à ses amis à l'appartement, sans me prévenir, pour vider plusieurs bouteilles et prononcer toujours la même phrase : si j'habitais en Espagne, je quitterais le Parti sur-le-champ.

« Qu'est-ce que le Parti ? avait-il répété. Dolores ? Carrillo ? Les congrès ? Les conclusions ? Oui, bien entendu. »

Il avait fait une pause, s'était tourné dans le lit pour me regarder et m'avait replacé une mèche de cheveux derrière l'oreille.

« Mais le Parti, c'est aussi toi, Inés, descendant de cheval avec trois mille pesetas en poche et cinq kilos de *rosquillas*. Le Parti, c'est Angelita, retirant et remettant son chapeau sur une route bondée de nazis. Le Parti, c'est El Cabrero qui avait un beau-père riche, une vie toute tracée, et qui est en prison depuis cinq ans déjà, et qui est loin d'être sorti encore. Le Parti, c'est El Zurdo, allé habiter comme clandestin aux Canaries avec ses cinquante ans et toujours des couilles, pour finir par se faire arrêter le jour où l'on s'y attendait le moins. Et Sole, qui n'est même pas espagnole, déménageant à Santoña pour être près de Manolo. Et Montse, qui est allée vivre à Las Palmas en emmenant ses enfants. » Il avait fait une nouvelle pause et avait encore souri. « Pour moi, le Parti c'est même Guillermo García Medina, car si aucun d'entre nous n'existait, le Parti n'aurait pas pu faire la guerre tout seul. Et moi je suis très fier d'avoir été un élément de tout cela. »

Cet après-midi-là, en revenant du collège, Adela, qui avait treize ans, m'avait demandé si je ne trouvais pas que son père et moi étions un peu trop vieux pour être ensemble dans le lit à six heures de l'après-midi, mais j'étais tellement impressionnée, si surprise par ce qui venait de se passer, que je ne lui avais même pas reproché de me parler de cette façon.

« Nous avons fait beaucoup de mauvaises choses, avait récapitulé Galán pour lui-même et pour moi, juste avant d'entendre le grincement de la porte. Nous avons fait beaucoup de mauvaises choses, mais nous avons aussi fait beaucoup de bonnes choses. Et tu sais pourquoi ? Parce que nous ne sommes jamais restés immobiles. Nous avons fait énormément de choses et nous avons dû les faire seuls, sans l'aide de personne. Les seules personnes à ne pas avoir fait de mauvaises choses, ce sont celles qui n'ont rien fait, car c'est l'unique façon de ne pas se tromper. Je ne regretterai jamais d'avoir été communiste. »

Lorsque j'avais vu notre photo sur le journal, je n'avais pas eu besoin de me souvenir de ces mots, mais je n'avais jamais réussi à les oublier. Cependant j'étais tellement furieuse d'en lire d'autres, si différents, que depuis ce jour, je n'ai plus fait une seule *rosquilla*.

L'histoire d'Inés

Inés et la joie est la première livraison d'un projet narratif composé de six romans indépendants qui partagent un même esprit et un titre commun, « Épisodes d'une guerre interminable ». Le premier mot ne doit rien au hasard. J'ai voulu les appeler « épisodes », afin de les rapprocher, au-delà du temps et de mon savoir-faire, des « Épisodes nationaux » de Benito Pérez Galdós, qui est pour moi, comme je l'ai déclaré à plusieurs reprises, l'autre grand romancier – après Cervantès – de la littérature espagnole de tous les temps.

Benito Pérez Galdós est, par ailleurs, un des auteurs qui m'a le plus influencée dans mon existence de lectrice et de romancière. J'ai toujours pensé que, si je n'avais pas commencé à le lire à l'âge de quinze ans, il est fort probable que je ne serais jamais parvenue à être romancière. Mais à l'été 1975, à la mi-juillet, je me suis retrouvée sans le moindre livre à lire. J'avais lu tous ceux qui se trouvaient dans la maison que possédait mon grand-père, Manuel Grandes, dans un village du massif du Guadarrama, Becerril de la Sierra, où toute la famille passait l'été, à l'exception de quelques tomes reliés de cuir rouge, des éditions Aguilar, avec le dos estampillé de lettres dorées, Galdós, *Œuvres complètes*. Je ne me souviens pas de la date exacte où j'ai enfin osé saisir un de ces tomes et où je l'ai ouvert au hasard en m'amusant à tourner les pages jusqu'à tomber au hasard sur le début d'un roman. Mais je me rappelle fort bien, je ne pourrai jamais l'oublier, que ce premier roman sur lequel je suis tombée et que j'ai lu, s'intitulait *Tourment*. Ce livre a transformé ma vie car, entre autres choses, il a pulvérisé l'image que je me faisais jusqu'alors de l'Espagne. En lisant l'implacable chronique du morbide et impitoyable amour charnel d'un curé avec une orpheline désemparée – de la pure fiction pour une gamine du franquisme tardif – j'ai commencé à me dire que j'étais peut-être née et vivais dans un pays anormal, des circonstances que le temps qui passe a fini par transformer en une des clés de ma vie et de ma littérature.

Inés et la joie est donc la première livraison d'un ensemble qui se voudrait être un hommage et un témoignage public d'amour envers Pérez Galdós et envers l'Espagne qu'aimait Pérez Galdós, la seule patrie que Cernuda reconnaissait être la sienne, adorée et nécessaire, au moment d'écrire un magnifique poème, « Diptyque espagnol », dont j'ai choisi les derniers vers comme citation générique à tous mes Épisodes. J'aurais aimé rendre plus explicite ce rapport et pouvoir les intituler « Nouveaux épisodes nationaux », mais Franco et le franquisme ont dénaturé, peut-être pour toujours, l'adjectif *national* que Pérez Galdós avait su rendre digne comme personne d'autre.

J'ai cependant tenté d'être fidèle non seulement à l'esprit des « Épisodes » de Benito Pérez Galdós, mais aussi, dans la mesure du possible, au modèle formel qu'il avait construit et que Max Aub avait repris à sa façon, tout le long de six titres également, dans « Le Labyrinthe magique ». Mes romans, qui démarrent au moment où ceux de Max Aub s'achèvent, sont des fictions dont les personnages principaux, que j'ai moi-même créés, interagissent avec des personnages réels, dans des scènes historiques réelles, que j'ai reproduites le plus rigoureusement possible. Bien entendu, il ne s'agit pas de grandes batailles, comme celles de Trafalgar ou de Baylen. Les épisodes que je raconte sont des histoires aussi héroïques, mais beaucoup moins grandioses, des moments significatifs de la résistance antifranquiste, qui intègrent une épopée en apparence modeste, mais gigantesque si on la considère du point de vue de la durée et des conditions dans lesquelles elle s'est développée. Car ces épisodes embrassent, depuis des perspectives très différentes, presque quarante ans de lutte ininterrompue, un exercice continu de rage et de courage dans un contexte de répression féroce. Une détermination si solide que, pendant des années, elle a pu ressembler à un suicide, mais sans laquelle – même si l'on refuse officiellement de le reconnaître – l'Espagne ennuyeuse, démocratique, depuis laquelle je peux me payer le luxe de l'évoquer aujourd'hui n'aurait jamais pu être possible. Voilà pourquoi je suis persuadée que, s'il avait vécu à cette époque, Pérez Galdós aurait compris mon choix.

Inés et la joie raconte l'histoire de l'invasion du val d'Aran, une opération militaire méconnue de la grande majorité des Espagnols, qui a lieu entre le 19 et le 27 octobre 1944.

Dès l'instant où j'ai eu vent de cette effarante et donquichottesque prouesse, trop gigantesque, trop ambitieuse, trop importante pour accepter qu'elle reste méconnue, j'ai commencé à ressentir une sorte de démangeaison imaginaire, et j'ai vu une femme à cheval, en train de rejoindre les guérilléros, avec cinq kilos de *rosquillas*. Je ne sais pourquoi il s'agissait d'une femme, pourquoi elle était à cheval, pourquoi elle portait cinq kilos de pâtisseries ni pourquoi c'étaient obligatoirement des *rosquillas*, mais je sais parfaitement que je l'ai vue et que je l'ai vue ainsi. Et puis, en la voyant, je suis devenue encore plus nerveuse, comme si son histoire, que je ne connaissais pas encore, luttait à l'intérieur de moi pour sortir en pleine lumière.

Nous étions en février 2005, j'étais encore en train d'écrire *Cœur glacé* et je ne pouvais pas réfléchir à un autre roman. Pendant qu'on est en train d'écrire un roman de mille pages, il est impensable d'en écrire un autre juste après, car rien ne semble intéressant, rien d'autre n'est suffisant, et un livre aussi long semble être une absurdité aussi irréalisable qu'un petit roman de deux cents feuillets. Peut-être est-ce pour cette raison ou du fait de la nature de l'histoire qui se profilait dans mon imagination, que j'avais pensé que le mieux serait d'en faire un film. Et le lendemain, dans l'après-midi, j'ai appelé mon amie la Blonde, Azucena Rodríguez, la meilleure complice dont ait jamais pu rêver un narrateur. Je lui ai demandé à brûle-pourpoint ce qu'elle pensait d'une femme républicaine en train de rejoindre, sur son cheval, avec cinq kilos de *rosquillas*, les huit mille hommes armés qui – bien qu'elle l'ignorât également – avaient envahi l'Espagne en 1944. Puis, après avoir bavardé un moment au téléphone, elle m'a dit d'accord.

Sur la première page du cahier où j'ai commencé à écrire cette histoire, j'ai noté la date : 4 mars 2005. Depuis ce jour, jusqu'à ce printemps 2010, où je viens de finir ce roman, j'ai beaucoup tourné autour d'Inés, de Galán et de l'invasion du val d'Aran, parfois toute seule, et parfois avec Azucena, qui est autant auteure de cette histoire que moi.

Pendant des années, la Blonde et moi avons souvent réfléchi à la façon de pouvoir faire un film qui d'emblée semblait extrêmement cher pour les budgets actuels du cinéma espagnol. Pendant des années, nous avons décidé puis écarté plusieurs fois l'idée de le produire nous-mêmes, de chercher un producteur indépendant, un autre qui ne l'aurait pas été, de nous adresser directement aux chaînes de télévision, mais nous n'avons jamais réussi à mettre le film sur pied. Cependant, moi je continuais à croire aveuglément en Inés, tout en ne sachant toujours pas quoi écrire.

Aujourd'hui, je suis convaincue que la meilleure chose qui me soit arrivée ces dernières années est de ne pas avoir trouvé de producteur de cinéma pour cette histoire. Grâce à cela, j'ai compris que le mieux à faire était de continuer à écrire des romans. C'est ainsi qu'ont surgi les « Épisodes d'une guerre interminable ».

Il est rigoureusement exact que, le 19 octobre 1944, quatre mille hommes faisant partie de cette armée ont franchi les Pyrénées et envahi le val d'Aran, et que quatre mille autres hommes avaient déjà franchi la frontière dès la fin septembre par d'autres points, dans une manœuvre de diversion qui a été couronnée de succès, car elle a empêché l'armée de Franco de concentrer concrètement des troupes sur l'un ou l'autre des points de passage frontaliers. En général, les opérations, y compris la lenteur de la réaction du gouvernement de Madrid, ont eu lieu comme elles sont racontées ici. Cependant, même si Bosost est réellement le village où a été basé le poste de commandement de l'invasion, tous les occupants du Quartier général que le lecteur a rencontrés sont de mon invention.

C'est un peu la même chose pour les épisodes qui situent Galán et Comprentu dans le sud de la France pendant la

Seconde Guerre mondiale. Même si ce n'était pas eux qui étaient là-bas, les guérilleros de l'AGE (*Agrupación de Guerrilleros Españoles*, Groupement de Guérilleros Espagnols), engagés au sein des FFI (Forces Françaises de l'Intérieur), ont fréquemment affronté des groupes d'irréductibles allemands qu'ils avaient vaincus, mais refusaient de se rendre officiellement à des *rotspaniers*, ainsi qu'ils appelaient les Rouges espagnols. Ces crises se sont résolues de différentes façons, parmi lesquelles j'ai choisi de raconter la plus expéditive. Et en réalité, dans les défilés de la Libération, on pouvait voir des drapeaux tricolores tout en entendant l'Hymne de la République espagnole, *El himno de Riego*.

C'est moi qui ai inventé le nom de guerre Galán, mais il est vrai que les chefs de l'AGE obligeaient leurs hommes à se laver, à soigner leur tenue, leur uniforme et à se couper les cheveux avant d'entrer dans les villages qu'ils libéraient en défilant en formation parfaite. Ils suivaient l'exemple que José del Barrio, chef du XVIIe Corps de l'armée populaire de la république, avait donné à la frontière espagnole en février 1939, tandis que le général Jurado, ainsi que le raconte le général Cordón dans ses Mémoires, ne savait que répéter « nous sommes des connards, des connards, nous sommes des connards ». Pendant ce temps, un photographe étranger a pris ce qui est sans doute le cliché le plus cruel de la débâcle, en photographiant une femme exténuée donnant un sein complètement vide à son fils, que *Paris-Match* s'est empressé de publier en couverture du magazine. Le nom Comprentu (*Comprendes*) est également authentique. C'est celui d'un guérillero réel, dont le surnom était devenu si populaire que les historiens, dont j'ai pu consulter les œuvres, l'appellent ainsi sans jamais faire référence à son prénom ou à ses noms de famille.

De la même façon, les épisodes de l'invasion reflètent des événements réels. L'occupation du premier village se superpose presque scrupuleusement au récit que m'en a fait en personne un guérillero – Carlos Guijarro Feijóo, dont le témoignage m'est de plus en plus indispensable, de livre en livre – de l'occupation d'un village de la province de Huesca qui se nomme La Espuña. L'épisode du détachement de prisonniers et de la fuite qui s'ensuit est également authentique – bien qu'il ait lieu à une date et dans un endroit différents de ceux que j'ai choisis –, ainsi que la capture d'un officier de l'état-major de Garcia Valiño, et l'hostilité générale de la population civile dans les villages occupés.

En revanche, la bataille de Vilamós, c'est moi qui l'ai inventée. Je n'ai rien trouvé ayant trait à l'occupation de ce village et je me suis permis de le choisir pour des raisons de vraisemblance. Il est suffisamment près de Bosost pour pouvoir accueillir les faits que j'avais besoin de raconter, et il ne figure pas parmi les agglomérations dont on détaille la prise dans les livres, ce qui le transforme en quelque chose d'assez proche d'un territoire vierge. Les quelques historiens qui se sont intéressés à l'invasion du val d'Aran ont dû s'apercevoir que, au-delà des fruits de mon imagination, le déroulement de cette bataille fictive est très proche du déroulement de la prise réelle de Es Bordes. Dans ce village, les défenseurs s'étaient réfugiés dans le clocher de l'église et les guérilleros avaient essuyé des pertes assez importantes, qui ont terni leur joie après une victoire cependant bien plus importante que celle que réussit à remporter Galán dans ce roman.

Cependant, et même si j'aurais donné presque n'importe quoi pour avoir été capable de créer une trame aussi fascinante, aucun des éléments qui composent l'effarante trame politique développée dans les chapitres dont le titre est entre parenthèses ne provient de mon imagination. Les événements qu'on y raconte, depuis l'amour de Dolores Ibárruri pour Francisco Antón, jusqu'à l'itinéraire sentimental complexe de Carmen de Pedro et son mariage avec Agustín Zoroa, ont eu réellement lieu, aux mêmes dates et dans les lieux que je cite dans le livre. Pour les contrôler, j'ai tenté de maintenir le même équilibre entre fidélité et liberté que dans le reste du livre, mais je me suis la plupart du temps vue forcée d'interpréter, étant donné la nature pudique du rideau que – pour diverses raisons, toutes celles que l'on précise dans le roman – le PCE s'est efforcé de tirer sur les événements du val d'Aran et sur la trajectoire de leurs principaux acteurs, une pudeur que l'historiographie espagnole a toujours jusqu'ici respectée. Mais, pour le meilleur et pour le pire, Jesús Monzón, avec son gigantesque talent, sa non moins gigantesque ambition, son courage et sa capacité à porter à bout de bras ce que La Pasionaria a vanté, littéralement, comme un « magnifique parti » à son retour en

France en 1945, a existé, et il a réellement dû être un homme aussi irrésistible que ces pages le décrivent.

De façon générale, tous les personnages historiques qui interviennent dans l'action avec leur prénom et leur nom, depuis les plus circonstanciels comme Vicente López Tovar, Gustavo Durán, Sir Samuel Hoare, Manuel Azcárate, les frères Valledor, Fermín, Paco El Catalán, Cristino García Granda ou Staline lui-même, jusqu'à ceux qui sont plus directement impliqués – Como Dolores, Monzón, Antón, Zoroa, Carmen de Pedro et Santiago Carrillo, se sont en réalité retrouvés sur les lieux et aux dates cités dans le roman, en train de faire les choses dont il est question ici. Et même si *Casa Inés* n'a jamais existé, Picasso a assisté, à Toulouse, au repas d'anniversaire de La Pasionaria, pour les cinquante ans de celle-ci. Je ne sais pas si à cette date quelqu'un lui a offert une boîte de bonbons, mais en revanche je sais que Juan Negrín et le général Riquelme étaient prêts à présider un gouvernement républicain provisoire à Viella, au nom de l'Union nationale espagnole.

L'invasion du val d'Aran, méconnue de la plupart des citoyens espagnols en 1944, tout comme aujourd'hui, est pratiquement absente des bibliographies que peuvent consulter les lecteurs.

Complexes et contradictoires, les seules monographies qui existent sur cette campagne, comme *La Invasión de los maquis* de Daniel Arasa, ou *Hasta su total aniquilación*, de Fernando Martínez de Baños, relatent les faits d'une façon apparemment objective qui – parce qu'elle exclut la composante idéologique et, pourquoi ne pas le dire, patriotique, ayant animé les hommes de l'UNE, sans questionner la légitimité du régime franquiste – ne l'est finalement pas tant que cela.

Les ouvrages qui m'ont été les plus utiles pour comprendre les vraies raisons de l'invasion sont les récits partiaux de deux historiens spécialisés dans la guérilla. Je veux parler, une nouvelle fois, de mon irremplaçable ami Secundino Serrano, dans *La Última gesta. Los Republicanos que vencieron a Hitler*, et de Francisco Moreno Gómez, dans *La Resistencia armada contra Franco. Tragedia del maquis y la guerrilla.*

Derrotas y esperanzas, le premier tome des Mémoires de Manuel Azcárate, le livre dans lequel j'ai entendu parler pour la première fois de l'invasion du val d'Aran, est demeuré sur ma table de travail – avec de nombreuses pages cornées et d'innombrables Post-it de couleur – pendant tout le temps que j'ai passé à écrire l'histoire d'Inés. Manuel Azcárate, qui aurait certainement été la personne la plus indiquée pour raconter ce qui s'est réellement passé, car il a vécu les événements en première ligne, et pour rendre compte du travail et des plaisirs de Jesús Monzón et de Carmen de Pedro dans la France occupée, tait presque plus de choses qu'il n'en dit. À tel point que la description de Carmen qui se trouve dans ce roman, et coïncidera forcément avec celle que pourra en faire n'importe quel autre auteur contemporain dans un autre roman, provient de ses souvenirs. Après avoir cherché un portrait d'elle partout où cela m'était personnellement possible, j'ai eu recours à l'aide de personnes plus savantes que moi. Mais ni Fernando Hernández Sánchez, l'historien que l'on considère actuellement être celui qui fait manifestement autorité dans l'histoire du PCE pendant la Guerre civile, car en plus, il connaît ses archives absolument par cœur, ni María José Berrocal, la documentaliste qui travaille depuis quelque temps sur le catalogage des Archives générales de l'administration, où l'on conserve, parmi une infinité de documents, les fiches de police accumulées tout au long des quarante années de dictature, n'ont jamais réussi à voir une seule photo de Carmen de Pedro.

Le livre de Manuel Martorell, *Jesús Monzón, el líder comunista olvidado por la historia*, où l'on ne trouve pas non plus la moindre photo de Carmen, a été fondamental pour moi, bien que ma version de Jesús soit différente de la sienne, et même considérablement par certains aspects. En marge de ces dissemblances, quelques détails concrets, et notamment les circonstances de son arrestation ou ses rapports avec Aurora Gómez Urrutia, auraient été introuvables pour moi si je n'avais lu ce livre, raison pour laquelle je garderai une gratitude éternelle envers son auteur.

À propos de l'action de Jesús Monzón à l'intérieur, j'ai eu l'occasion de consulter un court récit fort intéressant dans *Madrid clandestino. La restructuration du PCE, 1939-1945*, de Carlos Fernández Rodríguez, un livre presque clandestin en lui-même par sa distribution, que j'ai pu lire grâce à mon amie Carmen Domingo qui m'a offert son exemplaire personnel.

Les informations à propos des fébriles activités diplomatiques qui se sont déroulées à Madrid pendant la Seconde Guerre mondiale sont une fois de plus tirées d'un autre de mes classiques, *La División Azul. Sangre española en Rusia*, du professeur Xavier Moreno Juliá. Cependant, je n'ai découvert la surprenante existence du mémorandum envoyé par Hoare au Foreign Office, le 16 octobre 1944, que dans *Père espion*, de Jimmy Burns Marañón, le fils de Tom Burns, l'étroit collaborateur de Hoare pendant la Seconde Guerre mondiale. Et en ce qui concerne un autre père, celui de Francisco Franco, c'est le poète Ángel González qui un soir, voilà de nombreuses années, m'avait expliqué que le dramaturge Jaime Salom, qui avait grandi tout près de la demeure madrilène de Nicolás Franco Salgado-Araujo, s'était consacré pendant des années à recueillir des informations auprès de ses voisins. Sa mémoire est la source primordiale de tous les récits de cet extraordinaire personnage que très peu de livres ont eu l'occasion de rapporter.

Ce roman est truffé d'une infinité de petits détails extraits de nombreux autres livres, mais je voudrais en mentionner un en particulier. Après m'être mise en quête de la date du procès qui avait écarté Jesús Monzón de la direction du PCE dans tous les livres où je me souvenais avoir lu quelque chose à ce sujet, et alors que je pensais que je ne la trouverais jamais, je suis tombé dessus dans la chronologie du livre que Santiago Carrillo a récemment consacré à La Pasionaria. Antón y est cité fréquemment, mais jamais comme amant de Dolores, et on ne le voit sur aucune des photographies, alors qu'il y en a une de Julián Ruiz en pleine page. Cependant, dans la chronologie qui figure en appendice, parmi les dates clés de la vie de Dolores Ibárruri, on cite la chute politique d'Antón, qui commence à la fin de l'année 1952 et se concrétise au début de l'année 1953. On pourrait se dire qu'il s'agit d'un acte manqué, un stratagème de la part cachée de la mémoire de l'auteur. Mais c'est sans doute également un trait de fidélité à la vérité que La Pasionaria avait tenté de projeter elle-même, et à la vérité de l'amour qui en réalité l'a dépassée.

Inés et la joie est un roman sur l'invasion du val d'Aran, écrit du point de vue des hommes qui, au mois d'octobre 1944, ont traversé les Pyrénées pour libérer leur pays d'une dictature fasciste. Ils ignoraient quels intérêts, quels calculs et quelles ambitions personnels s'entrecroisaient avec leur destin, mais n'ont jamais douté de leur véritable objectif.

J'aurais pu prendre un autre point de vue tout aussi intéressant, comme celui de Monzón, qui avait en partie raison, ou celui du Bureau politique du PCE, qui possédait l'autre partie de cette raison dont Monzón était dépourvu, mais aucun autre n'aurait été plus juste.

Aucun, non plus, n'aurait pu parvenir à m'émouvoir à ce point.

Almudena Grandes,
Madrid, mai 2010.

Table

Épisodes d'une guerre interminable

Plan de l'œuvre

I

Inés et la joie

L'armée de l'Union Nationale Espagnole
et l'invasion du val d'Aran
Pyrénées, 19-27 octobre 1944

II

Le lecteur de Jules Verne

La guérilla de Cencerro et les Trois Ans de Terreur
Jaén, montagne sud, 1947-1949

III

Les trois mariages de Manolita

Le curé de Porlier, le Service des révisions des peines
et la naissance de la résistance clandestine
contre le franquisme
Madrid, 1940-1950

IV

Les patients du docteur García

La fin de l'espoir et le réseau d'évasion des chefs nazis
dirigé par Clara Stauffer
Madrid-Buenos Aires, 1945-1954

V

La mère de Frankenstein

Agonie et Mort d'Aurora Rodríguez Carballeira
en pleine apogée de l'Espagne National-Catholique
Asile d'aliénés de Ciempozuelos (Madrid) 1955-1956

VI

Mariano sur le Bidasoa

Les caractéristiques de longue durée, de l'émigration
économique de l'intérieur et les vingt-cinq ans de paix
Catuera (Badajoz) – Eibar (Guipíscoa) 1939-1964

Pour l'éditeur, le principe est d'utiliser des papiers composés de fibres naturelles, renouvelables, recyclables et fabriquées à partir de bois issus de forêts qui adoptent un système d'aménagement durable.

En outre, l'éditeur attend de ses fournisseurs de papier qu'ils s'inscrivent dans une démarche de certification environnementale reconnue.